Karl-Heinz Seidel

# Handwörterbuch Technik

Englisch/Deutsch

5., erweiterte Auflage

bearbeitet von
Dr. Ekkehard Richter

Cornelsen

Bis zur 4. Auflage erschien das Werk bei
Cornelsen Verlag GmbH & Co. OHG, Berlin

Verlagsredaktion: Erich Schmidt-Dransfeld
Umschlaggestaltung: Knut Waisznor, Berlin
Technische Umsetzung: Holger Stoldt, Düsseldorf

 http://www.cornelsen-berufskompetenz.de

5. Auflage    Druck 4 3 2 1   Jahr 07 06 05 04

© 2004 Cornelsen Verlag Scriptor GmbH & Co. KG, Berlin

Das Werk und seine Teile sind urheberrechtlich geschützt. Jede
Verwertung in anderen als den gesetzlich zugelassenen Fällen
bedarf der vorherigen schriftlichen Einwilligung des Verlages.
Hinweis zu §52 a UrhG: Weder das Werk noch seine Teile dürfen
ohne eine solche Einwilligung eingescannt und in ein Netzwerk
eingestellt werden. Dies gilt auch für Intranets von Schulen und
sonstigen Bildungseinrichtungen.

Druck: Parzeller Druck- und Mediendienstleistungen, Fulda

ISBN 3-589-24020-2

Bestellnummer 240202

 Gedruckt auf säurefreiem Papier, umweltschonend
hergestellt aus chlorfrei gebleichten Faserstoffen.

# Vorwort zur 5. Auflage

Das vorliegende Wörterbuch ist in seinem Ursprung aus der jahrelangen Tätigkeit von Karl-Heinz Seidel in der Sprachenabteilung eines großen Industriebetriebes hervorgegangen. Das Ziel lag von Anfang an darin, den in technischen Bereichen und entsprechenden Institutionen tätigen Mitarbeitern sowie auch Studierenden ein handliches Wörterbuch für den aktuellen beruflichen Alltag zur Verfügung zu stellen.

Dieser Zielstellung folgend wurden zur einen Hälfte technisches und naturwissenschaftliches Querschnittsvokabular und Einträge aus der Allgemein- und der Wirtschaftssprache aufgenommen, deren Auswahl auf den fundierten praktischen Erfahrungen des Urhebers beruhte. Zur andere Hälfte wurden die Grundlagen aus ca. 20 technischen Fachgebieten berücksichtigt. Zusatzinformationen wie Fachgruppenschlüssel und einzelne Verwendungs- und Kontexthinweise unterstützen den Gebrauch in der alltäglichen Berufspraxis.

Nach dem Tod des Verfassers erfolgte durch den Bearbeiter in der 4. Auflage eine grundständige Aktualisierung und das Werk wurde neu ausgestattet. Dabei blieben seine charakteristischen Eigenschaften erhalten.

In der nun vorliegenden 5. Auflage wurde das Handwörterbuch ein weiteres Mal an die Erfordernisse des Marktes angepasst und aktualisiert, wobei der Bearbeiter viele Rückmeldungen von Praktikern berücksichtigt hat: Zu allgemeine Einträge wurden gestrichen und dafür zusätzliche Begriffe aus den Bereichen Elektro, Bau und neue Technologien aufgenommen. Somit bildet dieses Standardwerk noch stärker einen breiten Querschnitt technischen Vokabulars ab. In beiden Bänden zusammen sind jetzt mehr als 50.000 Einträge vorhanden. Durch eine gezielte Gestaltung der Typografie wurde der Umfang dennoch handlich gehalten.

Wie bisher ist der Bearbeiter für Anregungen und Hinweise zur Verbesserung des Werkes dankbar.

Essen/Herne, im Juli 2004 *Dr. Ekkehard Richter*

# Fachgruppenschlüssel

| | | |
|---|---|---|
| air | Lufttechnik, Luftreinhaltung | air treatment, air pollution control |
| aku | Akustik, Lärm | acoustics, noise |
| bau | Bauwesen, Architektur | civil engineering, architecture |
| bff | Botanik, Flora, Fauna | botany, flora, fauna |
| bio | Biotechnologie | biotechnology |
| bod | Boden | soil |
| cap | Geografie, Länder | geography, countries |
| che | Chemie | chemistry |
| con | Konstruktion, Zeichnungen | construction, drawings |
| eco | Wirtschaft, Unternehmen | economy, business |
| edv | Rechner, Informationstechnik, Kommunikationstechnik | computer, information technology, communication technology |
| elt | Elektrotechnik | electrical engineering |
| far | Landwirtschaft, Landbau | agriculture, soil cultivation |
| geo | Geologie | geology |
| hum | Medizin, menschlicher Körper | medicine, human body |
| jur | Recht, Versicherungen | laws, insurance |
| mas | Maschinenbau, Normteile | mechanical engineering, standarized parts |
| mat | Mathematik | mathematics |
| mbt | Bagger, Erdbau, Transportgeräte | excavators, earthwork, means of transportation |
| med | Medizin, menschlicher Körper | medicine, human body |
| met | Werkstoffe, Metall | materials, metals |
| min | Mineralogie | mineralogy |
| mot | Verkehr | traffic |
| nor | Normenwesen (RAL-Farben) | standards, RAL-standards |
| opt | Optik, Strahlen | optics, rays |
| phy | Physik | physics |
| pow | Energie-, Kesseltechnik, erneuerbare Energien | energy, power generation, boiler technology, renewable energy |
| prc | Anlagen-, Verfahrens- Prozesstechnik | chemical und process engineering |
| rec | Abfall, Recycling | waste, recycling |
| roh | Bergbau, Rohstoffgewinnung, -aufbereitung | mining, recovery of raw materials, material processing |
| tec | Technik, insb. Maschinenbau | technology, esp. engineering products |
| tel | Telekommunikation | telecommunications |
| was | Wasseraufbereitung, -gewinnung, -verunreinigung | water treatment, water pollution |
| wet | Wetter, Klima | weather, climate |
| wzg | Werkzeuge, Bearbeitungs-- maschinen | tools, machine tools |

# A

**abend** Abbruch *m* (eines Programms) [edv]; Programmabbruch *m* (Software) [edv]
**able to function** arbeitsfähig [met]
**able to negotiate curves** kurvengängig [mbt]
**abney level** Nivelliergerät *n* [mbt]
**abort** abbrechen *v* (ein Programm) [edv]
**above surface** übertage (also nicht untersage) [roh]
**abrade** scheuern *v* (verschleißen, abnutzen, abschleifen) [mas]; verschleißen *v* [mas]
**abrasion** Verschleißschicht *f* (der Straße) [mot]; Abrieb *m* (des Rohres) [wer]; Abrieb *m* (Reifen) [mot]; Verschleiß *m* (Abrieb) [mas]
**abrasion-free** verschleißfrei [mas]
**abrasion-resistant** abriebfest [wer]
**abrasion rods** Schleißbleche *pl* [mbt]
**abrasion surface** Verschleißoberfläche *f* (der Straße) [mot]
**abrasive belt** Schleifband *n* [wzg]
**abrasiveness** Abriebwirkung *f* [wer]
**abrasive paper** Schmirgelpapier *n* [wer]
**abrasive power** Angriffsschärfe *f* [wer]
**abrasives** Strahlmittel *n* [mas]
**abrasive wheel** Schleifscheibe *f* (zum Glätten, Kürzen) [wzg]
**absent** abwesend
**absolute error** absoluter Fehler *m* [mas]
**absolutely dry** absolut trocken [wer]
**absolutely rigid** verwindungsfest (z.B. Gerüst) [mbt]

**absolute pressure** Absolutdruck *m* [phy]
**absorb** absorbieren *v*; auffangen *v* (Nässe); dämpfen *v* [phy]
**absorbency** Saugfähigkeit *f* (Papier) [phy]
**absorption** Absorption *f*; Aufnahme *f* (z.B. Wärmeaufnahme) [pow]
**absorption capacity** Schluckstrom *m* (Pumpenaufnahmevermögen) [phy]
**absorption coefficient** Absorptionskoeffizient *m*
**absorption loss** Absorptionsdämpfung *f*
**absorption of water** Wasseraufnahme *f* [was]
**absorptive capacity** Saugfähigkeit *f* [was]
**abundance** Übermaß *n* (zuviel, mehr als ausreichend) [con]
**abundant** ergiebig [roh]
**abuse** Missbrauch *m* (falsches Nutzen)
**abuse** missbrauchen *v* (falsch nutzen)
**abut** aneinander stoßen *v* (angrenzen) [mas]
**abutment** Brückenaufschüttung *f* (unter Tragbrücke) [bau]; Auflager *n* [bau]; Widerlager *n* (unter Bahn-, Straßenbrücke) [bau]
**accelerate** beschleunigen *v* [mot]; Gas geben *v* [mot]; hochfahren *v* (den Kessel) [pow]
**accelerating pump** Beschleunigungspumpe *f* [mot]
**acceleration** Beschleunigung *f* (Fahrtaufnahme) [mot]; Beschleunigung *f* (Schnellerwerden) [mot]
**acceleration capability** Beschleunigungsvermögen *n* [phy]
**acceleration force** Beschleunigungskraft *f* [phy]
**acceleration tube** Beschleunigungsröhre *f* [elt]

**acceleration voltage**
Beschleunigungsspannung *f* [elt]
**accelerator** Beschleuniger *m*
(Gaspedal) [mot]; Gashebel *m* [mot];
Gaspedal *n* [mot]
**accelerator cable** Gaszug *m* (vom
Gaspedal abgehend) [mot]
**accelerator pedal** Fahrpedal *n* [mot]
**acceptance** Abnahme *f*; Annahme *f*
(des Antrages)
**acceptance certificate**
Abnahmezeugnis *n*
**acceptance drawing**
Abnahmezeichnung *f* [con]
**acceptance inspection**
Abnahmeprüfung *f* [msr]
**acceptance of construction work**
Bauabnahme *f* [bau]
**acceptance specification**
Abnahmevorschrift *f* [nrm]
**acceptance test** Abnahmeprüfung *f*
[msr]; Wareneingangsprüfung *f* [msr]
**acceptance-test minutes**
Abnahmeprüfprotokoll *n* [msr]
**acceptor** Akzeptor *m* (Fremdatom im
Halbleiter) [phy]
**accept-reject categories** Gut-
Schlecht-Klassen *pl*
**access** Aufstieg *m*; Zugang *m* (leichter
Zugang) [bau]; Zugang zwischen
Heizflächen *m* [pow]; Zugriff *m*
(Zugriff auf, z.B. EDV) [edv]
**access door** Einsteigtür *f*
**access, easy -** leichter Zugang *m*
(einfach erreichbar)
**accessibility** Zugänglichkeit *f*
**accessible** zugänglich (leicht zu
erreichen)
**accessible from ...** zugänglich von ...
**access opening** Einbringöffnung *f*
[mbt]
**accessories** Betriebsmittelsatz *m*
[mas]; Betriebsmittel *n* (Zubehör)
[mas]; Anbauteile *pl* (Zubehörteile)
[mas]; Armaturen *pl* (grobe
Armaturen) [mas]; Ausrüstungsteile
*pl* [mas]; Grobarmaturen *pl* [mas];
grobe Armaturen *pl* [mas];
Zubehörteile *pl* (z.b. für späteren
Anbau) [mas]; Zusatzteile *pl*
(Zubehör) [mas]
**accessories and spare parts** Zubehör
und Hilfseinrichtungen [mas]
**accessories, basic electrical -**
elektrisches Zubehör *n* [elt]
**accessory** Beipack *m* (Zubehör)
**accessory shaft** Stirnradwelle *f* [mas]
**access road** Zufahrtstraße *f* [mot];
Anfahrtsweg *m* (zum Ziel) [mot]
**access time** Zugriffzeit *f* (z.B. auf eine
Festplatte) [edv]
**access to assembly yard** Zufahrt
Montageplatz *f* [bau]
**accident** Unfall *m*
**accidental damage insurance**
Maschinenbruchversicherung *f* [jur]
**accident an employee suffers from
work** Arbeitsunfall *m*
**accident at work** Arbeitsunfall *m*
**accident hazard** Unfallgefahr *f*
**accident insurance**
Unfallversicherung *f* [jur]
**accident prevention** Unfallverhütung
*f*
**accompanying sheet** Beiblatt *n* (z.B.
zu Zeichnung) [con]
**according to ...** gemäß (in
Zeichnungen) [con]; laut
(entsprechend) [con]
**according to drawing** nach
Zeichnung [con]
**accordion hose** Faltenschlauch *m*
[mas]
**accountancy** Buchführung *f* [eco];
Buchhaltung *f* [eco];
Rechnungswesen *n* [eco]
**accountant** Buchhalter *m* (z.B. in
Firma) [eco]

**accounts payable**
Eingangsrechnungen *f* [eco];
Verbindlichkeiten *pl* [eco]
**accretion** Anlagerung *f* (in Rohren)
**acc. to instructions** nach
Behandlungsvorschrift [con]
**accumulation** Anreicherung *f*
(Ansammlung); Ansammlung *f*
(Akkumulation)
**accumulator** Speicherbatterie *f* [elt];
Druckölspeicher *m* [mot]
**accumulator battery**
Akkumulatorbatterie *f* [elt]
**accumulator cell** Speicherzelle *f* [elt]
**accuracy in fitting** Passgenauigkeit *f*
[con]
**accuracy in levelling**
Planiergenauigkeit *f* (auf dem Boden)
[mbt]
**accuracy of construction**
Baugenauigkeit *f* [bau]
**accurate** richtig (akkurat, genau)
**accurate to dimension** maßgenau
(maßgetreue Projektierung) [con];
maßgetreu (maßgenau, passend) [con]
**accurate to size** maßgenau
(maßgetreue Projektierung) [con];
maßgetreu (maßgenau, passend) [con]
**ache of the liver** Leberschmerzen *m*
[hum]
**achieve** vollbringen *v* (erreichen,
leisten)
**acid dew point** Säuretaupunkt *m*
[wet]
**acidic** säurehaltig [che]
**acid-proof coating** Anstrich *m*
(säurefester Anstrich) [wer]
**acknowledged** anerkannt (zugelassen)
**acorn nut** Hutmutter *f* [mas]
**acoustic** akustisch
**acoustical absorption**
Schallabsorption *f* [aku]
**acoustical absorption coefficient**
Schallabsorptionskoeffizient *m* [aku]
**acoustical impedance**
Schallimpedanz *f* [aku]
**acoustical shadow** Schallschatten *m*
[aku]
**acoustic construction**
schallabsorbierende Konstruktion *f*
[bau]
**acoustic contact** Strahlkontakt *m*
(fest, flüssig) [phy]
**acoustic impedance** Schallwiderstand
*m* [aku]
**acoustics** Akustik *f* [aku]
**acoustic tile** Akustikplatte *f* [aku]
**acoustoelasticity** Spannungsakustik *f*
[aku]
**acquaint** vertraut machen *v* (mit
etwas)
**acquaint with ...** einweisen IN ::: *v* (in
ein neues Gerät)
**acquisition** Erfassung *f* (z.B.
Datensammlung) [edv]
**acting in the name and for the**
**account of** handelnd im Namen und
für Rechnung *v* [eco]
**action time** Einwirkungszeit *f* [mas]
**activate** ansprechen *v*
(Messinstrumente) [msr]; betätigen *v*
(in Gang setzen); bewegen *v* (in Gang
setzen) [mot]
**active current** Wirkstrom *m* [elt]
**active gas metal arc welding**
Metallaktivgasschweißen *n* [mas]
**actual** Ist- (Kurve, Wert) [msr]
**actual dimension** Istmaß *n* [msr]
**actual indication** Istanzeige *f* (auf
Monitor, Schirm) [msr]
**actual interference** Istübermaß *n*
[con]
**actual value** Istwert *m* [msr]
**actuate** betätigen *v* (einen Hebel);
schalten *v* (Taste) [elt]
**actuating** Betätigung *f* (eines Hebels)
**actuating control** Steuerbetätigung *f*
[phy]

**actuator** Betätigungsvorrichtung *f* [mas]; Kraftschalter *m* [elt]; Stellglied *n* (Bremshebel) [mot]
**adapt** anpassen *v* (mit Stecker) [elt]
**adaptability** Anpassungsfähigkeit *f*; Einstellelastizität *f* (gegen Lastwechsel des Kessels) [pow]
**adaptable** anpassungsfähig
**adapter** Automatikkuppler *m* [elt]; Zahnhalter *m* (in der Schneide) [mas]; Anpassstück *n* (Stecker) [elt]; Passstück *n* (Adapter) [mas]; Verbindungsstück *n* [mas]; Vorsatzstück *n* (Adapter) [mas]; Zwischenstück *n* (Stecker passen nun) [elt]
**adapter housing** Anschlussgehäuse *n* [elt]
**adapter piece** Übergangsstück *n* (Anschluss) [mas]
**adapter pipe** Übergangsleitung *f* (zwei Rohrgrößen) [mas]
**add** anbauen *v* [bau]
**add a storey** aufstocken *v* [bau]
**addendum** Kopfhöhe *f* (Zahnrad) [mas]; Zahnkopfhöhe *f* (Zahnrad) [mas]
**addendum modification** Profilverschiebung *f* (am Zahnrad) [mas]
**adder** Zusetzer *m* [mas]
**addition** Anbau *m* [bau]
**additional** Hilfs-
**additional brake valve** Zusatzbremsventil *n* (Dampflok) [mot]
**additional counterweight** Zusatzgegengewicht *n* [mot]
**additional equipment** Zusatzgerät *n* (weiteres Gerät) [mas]
**additional force** Zusatzkraft *f* [phy]
**additional gear** Zusatzgetriebe *n* (Fuller) [mbt]
**additional moment** Zusatzmoment *n* [phy]
**additional relay** Zusatzrelais *n* [elt]
**additional valve** Zusatzventil *n* [mas]
**addition of vectors** Zeigeraddition *f* [mat]
**additive** Wirkstoff *m* [che]; Additiv *n* (beim Stahlvergüten) [wer]
**additives** Zulegierung *f* [mas]
**address** Adresse *f* (Anschrift); Ansprache *f* (Rede)
**address** ansprechen *v* (Personen)
**adequate** angemessen (Temperatur, Dicke); ausreichend (ausreichender Abstand)
**adhere** haften *v* (kleben) [mas]
**adherent water** Adhäsionswasser *n* [che]
**adhesive** haftend (klebend) [phy]
**adhesive** Klebstoff *m* [che]; Haftmittel *n* (Klebstoff) [che]
**adhesive cup gasket** Topfmanschette *f* [mas]
**adhesive factor** Reibungsfaktor *m* (der Räder am Gleis) [phy]
**adhesive strength** Haftfestigkeit *v* [phy]
**adhesive tape** Klebeband *n* [mas]
**adjacent** angrenzend (direkt benachbart); benachbart (direkt daneben)
**adjacent building** angrenzendes Gebäude *n* [bau]
**adjacent plot** benachbartes Grundstück *n* [bau]
**adjacent room** Nebenzimmer *n* [bau]
**adjoining building** Nebengebäude *n* [bau]
**adjoining room** Nebenraum *m* [bau]
**adjust** angleichen *v* (farblich); anpassen *v* (passend machen, angleichen); nachstellen *v* (eines Wertes) [msr]
**adjustable** einstellbar [msr]; nachstellbar (z.B. Ventil, Motor, Bremse) [msr]; verstellbar (nachstell-, einstellbar) [msr]

**adjustable capacitor** Stellkondensator *m* [elt]
**adjustable chain tensioning device** Kettenspanner in Umlenkstation *m* [mas]
**adjustable input** Stelleingang *m* [msr]
**adjustable oil motor** Verstellmotor *m* [mas]
**adjustable resistance** Regelwiderstand *m* [elt]
**adjustable ring** Stellring *m* [mas]
**adjustable stand** Verstellblock *m* [mas]
**adjust by flame-cutting** Nachschweißen *n* (wenn nicht passend) [mas]
**adjust cylinder** Stellzylinder *m*
**adjuster** Steller *m* [msr]
**adjusting** Anpassung *f* (zweier ungleicher Dinge); Einstellung *f* (Ausrichtung); Verstellen *n* [msr]
**adjusting cylinder** Verstellzylinder *m* [msr]
**adjusting device** Einstelleinrichtung *f* [msr]; Verstelleinrichtung *f* [msr]
**adjusting element** Einstellinstrument *n* [msr]
**adjusting facility** Einstellmöglichkeit *f* [msr]
**adjusting, hydraulic -** hydraulische Nachstellung *f* [mas]
**adjusting lever** Ausgleichshebel *m* [mas]; Einstellhebel *m* [mas]
**adjusting nut** Nachstellmutter *f* [mas]
**adjusting of the cutting angle** Schnittwinkelverstellung *f* (z.B. Grader) [mbt]
**adjusting ring** Einstellring *m* [msr]; Stellring *m* [msr]
**adjusting screw** Einstellschraube *f* [msr]; Stellschraube *f* [msr]; Verstellschraube *f* [msr]
**adjusting sleeve** Einstellhülse *f* [msr]

**adjustment** Bremsnachstellung *f* (Schwenkbremse) [mbt]; Einstellung *f* (Justierung) [msr]; Nachstellung *f*; Abgleich *m* (Anpassung); Nachstellen *n* (z.B. des Motors, Ventils) [msr]
**adjustment, coarse -** Grobeinstellung *f* [msr]
**adjustment of the premium** Beitragsangleichung *f* [jur]
**administration of bills of materials** Stücklistenverwaltung *f* (auf EDV)
**administrative directive** Verwaltungsanweisung *f* [jur]
**admissible emission** Emissionsgrenze *f* [air]
**admissible load** zulässige Belastung *f* [bau]
**admission** Zulassung *f* (zur Prüfung); Zutritt *m*
**admission, tangential -** tangentiale Beaufschlagung *f* [pow]
**admission velocity** Eintrittsgeschwindigkeit *f* [phy]
**admit** aufnehmen *v* (ins Krankenhaus) [hum]
**admixture** Beimengung *f* [che]; Beimischung *f* [roh]; Zusatz *m* [roh]; Zusatzstoff *m* [che]
**adobe** Ziegel *m* (luftgetrocknet) [bau]
**adobe block** Erdblock *m* [bau]
**adobe brick** Lehmziegel *m* [bau]
**advance** Vortrieb *m* (im Tunnelbau) [bau]
**advance** beschleunigen *v* (Zement) [bau]
**advanced** ausgereift (Kenntnisse)
**advanced rim** Schrägschulterfelge *f* [mbt]; Schrägschulterring *m* (an Reifen, Felge) [mbt]
**advance gear** Vorschubgetriebe *n* [mbt]
**advertisement** Anzeige *f* (Zeitung) [eco]
**advertising** Werbung *f* [eco]

**advice of dispatch** Versandanzeige *f* [mot]
**aerial** Antenne *f* (am Fernseher, Radio) [elt]
**aerial line** Freileitung *f* [elt]; Oberleitung *f* [elt]
**aerial platform** Plattform *f* (fahrbare Plattform) [mbt]; Steiger *m* (Korb am Teleskopmast) [mbt]; Steiger *m* (Lkw, Teleskopmast, Korb) [mbt]; Turmwagen *m* (mit <Scheren-> Plattform) [mbt]
**aerosol can** Sprühdose *f* [che]
**A-frame** Stützpunkt *m* (Fuß des Auslegers) [mbt]
**after-cooled** zwischengekühlt [pow]
**after cooler** Zwischenkühler *m* [pow]
**aftercooler coolant supply** Zwischenkühlerwasserzulauf *m* [pow]
**aftercooling** Nachkühlen *n* [pow]
**afterglow** Nachleuchten *n* (z.B. in Bildröhre) [phy]
**afterglow** nachglühen *v* [mas]
**afterglow tube** Bildröhre *f* (nachleuchtend) [phy]
**after-sales service** Kundendienst *m* (nach Inbetriebnahme) [eco]
**after-sales service points** Kundendienststellen *pl* (im Außendienst) [eco]
**aged** gealtert (verwittert) [bau]; verwittert (gealtert) [bau]
**agent** Bauleiter *m* (der Baufirma) [eco]
**agglomeration** Ballungsgebiet *n* [bau]
**aggravate** verschlimmern *v* (belasten, erschweren)
**aggregate** Zuschlag *m* (Stoff) [mas]; Aggregat *n* (Bauteilgruppe)
**aggregate limit** Höchstersatzleistung *f* [mas]
**aggregates** Mineralgemisch *n* [bau]
**aggregate wagon** Waggon *m* (hier Güterwagen) [mot]

**aggressive-products resistant** beständig gegen aggressive Produkte [che]
**agree** abstimmen *v* (auf ein Thema einigen)
**agreement** Vereinbarung *f* [jur]
**agreement, upon -** nach Absprache
**agree on** ausmachen *v* (einig werden über)
**aileron** Querruder *n* (des Flugzeuges) [mot]
**aiming gear cover** Stirnraddeckel *m* [mbt]
**air actuated** druckluftbetätigt [mas]
**air blast circuit breaker** Druckluftschalter *m* [mas]
**air bleeder** Entlüfterventil *n* [mas]
**air bleed valve** Entlüftungsventil *n* [mas]
**airborne** Luft- (in der Luft schwebend) [air]; schwebend (in der Luft enthalten) [air]
**air brake** Druckluftbremse *f* [mot]; Druckluftbremse *f* [mot]; Luftbremse *f* [mot]; Luftdruckbremse *f* [mot]
**air-break contactor** Luftschütz *m* [mas]
**air breather** Belüfter *m* [air]; Schnüffelventil *n* (Belüfter) [air]
**air bubble** Luftblasen *pl* [was]
**air cell brake cylinder** Luftspeicherbremszylinder *m* [mot]
**air chamber** Luftkammer *f* [air]
**air cleaner** Luftreiniger *m* [air]
**air cock** Entlüftungshahn *m* [mas]; Luftabsperrhahn *m* [mas]
**air compressor** Luftkompressor *m* [air]; Luftpresser *m* [wzg]
**air-condition** Klimagerät *n* [air]
**air-conditioning** Klimaanlage *f* [air]
**air-condition system** Klimaanlage *f* (der Bahn) [mot]
**air-connection** Luftleitungsanschlüsse *pl* [air]

**air conveying line** Luftleitung *f* [air]
**air-cooled condenser** Luftkondensator *m* [pow]
**air-cooling** Luftkühlung *f* [mot]
**air-cooling fan** Kühlluftgebläse *n* [mot]
**air cowling** Luftführungshaube *f* [mbt]
**air cowling base** Luftführungsunterteil *n* [mbt]
**air cushion** Luftpolster *n* [air]
**air cylinder** Druckluftzylinder *m* [air]
**air discharge frame** Abluftkasten *m* [mot]
**air discharge screw** Entlüftungsschraube *f* [mas]
**air discharge valve** Entlüftungsventil *n* [mas]
**air duct** Luftführung *f* [air]
**air-duct cover** Luftführungshaube *f* [mbt]
**air-entraining agent** Luftporenbildner *m* [bau]
**air filter** Luftfilter *m* [air]
**air flap** Luftklappe *f* [mbt]
**air flow** Luftmenge *f* [pow]
**air governor connection** Druckregleranschluss *m* [mas]
**air governor inlet** Druckregleranschluss *m* [mas]
**air guide plate** Luftführungsblech *n* [mbt]
**air heater** Luftvorwärmer *m* (Luvo) [pow]; Luftwärmer *m* [pow]
**air heating** Luftheizung *f* [pow]
**air inlet** Lufteintritt *m* [air]
**air intake hose** Luftsaugschlauch *m* [mot]
**air intake manifold** Ansaugkrümmer *m* (Teil des Motors) [mot]; Luftansaugrohr *n* [mot]
**air intake pipe** Luftsaugrohr *n* [mot]
**air jet** Luftdüse *f* [air]
**air lance** Luftblaslanze *f* [pow]

**air master** Hauptbremsluftzylinder *m* [mot]; Hauptbremszylinder *m* [mot]
**air motor** Luftdruckmotor *m* [pow]
**air nozzle** Luftdüse *f* [air]
**air operated** luftbetätigt [mas]
**air pipe** Luftleitung *f* (Pressluft) [air]; Belüftungsrohr *n* (Frisch-, Abluft) [air]
**air-placed concrete** Spritzbeton *m* [bau]
**air plenum chamber** Unterwindzone *f* [pow]; Unterwindzone *f* (Rost) [pow]
**air pocket** Blase *f* (Gaseinschluss) [air]
**airport fire engine** Flughafenfeuerwehr *f* [mot]
**airport vehicle** Flughafenfahrzeug *n* [mot]
**air pressure brake** Überdruckbremse *f* [mot]
**air pressure reducing valve** Druckluftreduzierventil *n* [mas]
**air receiver** Luftbehälter *m* [air]
**air register** Luftregister *n* (Brenner) [pow]
**air regulating damper** Luftregelklappe *f* [msr]
**air reservoir** Luftbehälter *m* [air]
**air separator** Windsichter *m* [roh]
**air service unit** Druckluftwartungseinheit *f* [air]
**air shaft** Wetterschacht *m* (Bergbau) [roh]
**air shield** Abschirmblech *n* [air]
**air side** luftseitig [air]
**airslide** Luftförderrinne *f* [roh]
**air starter** Pressluftstarter *m* [mot]
**air suctioning** Ansaugen von Luft *n* [air]
**air supply line** Füllleitung *f* [mas]
**air-supported building** Traglufthalle *f* [bau]
**air swept** luftbestrichen [mas]

**air-swept ball mill** Kugelmühle mit Luftsichtung *f* [roh]
**air-swept grinding plant** Luftstrommahlanlage *f* [roh]
**air-tight** luftdicht [air]
**air tool** Pressluftwerkzeug *n* [wzg]
**air vent** Entlüftung *f* [air]
**air vent tube** Entlüftungsrohr *n* [air]
**air wetting** Luftbefeuchtung *f* [phy]
**aisle** Zwischengang *m* [bau]
**alarm** Alarm *m* (Rauchdichtealarm)
**alarm device** Alarmgeber *m* (Arbeitssicherheit)
**alarm device, audible -** akustisches Alarmgerät *n* [aku]
**alarm, false -** falscher Alarm *m*
**alarm horn** Warnhupe *f*
**alarm release** Alarmauslösung *f* [elt]
**alarm switch** Alarmschalter *m* [elt]
**alarm whistle** Alarmpfeife *f*
**alert** ausgeschlafen; wendig (Mensch; wach, ausgeschlafen)
**algebraic sign** Vorzeichen *m* (z.B. +, -, :, *) [mat]
**align** angleichen *v* (ausrichten); ausrichten *v* [con]; ausrichten *v* (bündig machen) [con]; bündig machen *v* [mas]
**aligned** ausgerichtet (gerichtet) [mas]; bündig (flach) [mas]; fluchtend (bündig) [con]
**aligning device** Ausrichtvorrichtung *f* [met]
**aligning mark** Einstellmarke *f* (Bündigkeit) [msr]
**aligning marks** Zielmarken *pl* [msr]
**alignment** Ausrichtung *f* (Richten von Blechen) [met]; Einstellung *f* (Bündigkeit) [mas]; Trasse *f* (vorbereitet für Straße) [mot]; Ausrichten *n* (bündig machen) [mas]; Fluchten *n* (Lager) [mas]
**alignment pin** Passstift *m* [mas]
**alkali cleaning** Alkalireinigung *f* [che]

**alkaline cell** Alkalibatterie *f* [elt]
**alkalinity** Alkalität *f* [che]
**alkali volatility** Alkaliflüchtigkeit *f* [che]
**all-dry installation** Trockenverarbeitung *f* (d. Hochofenwand) [roh]
**Allen bolt** Inbusschraube *f* (mit Mutter) [mas]
**Allen cap screw** Zylinderschraube *f* [mas]
**Allen screw** Inbusschraube *f* [mas]; Innensechskantschraube *f* [mas]
**Allen-type wrench** Inbusschlüssel *m* [wzg]
**allocate** einteilen *v* (Personal einteilen); zuweisen *v* (einen Speicherblock zuw.) [edv]
**allocation** Umlage *f* (Verteilung Gemeinkosten) [eco]
**allocation of work** Lastverteilung *f* (zw. Abteilungen) [phy]
**all-out operation** Vollbetrieb *m* (ganz erprobt) [mas]
**allow** freigeben *v*
**allowance** Bearbeitungszugabe *f* [mas]
**alloy** Legierung *f* [mas]
**alloy** legieren *v* (Metalle -) [mas]
**alloy casting** Gussstück *n* (legiert) [mas]
**alloyed** legiert [mas]
**alloyed metal** Legierungsmetall *n* [mas]
**alloy steel** Sonderstahl *m* [mas]
**all-relay signal box** Gleisbildstellwerk *n* [mot]
**all-threaded rod** Gewindestange *f* [mas]
**all-transistor** volltransistorisiert [elt]
**all-weather road** Allwetterstraße *f* [mot]
**all-welded** vollständig geschweißt [mas]

**all-weld-test specimen**
 Schweißgutprüfung *f* [msr]
**all-wheel drive** Allradantrieb *m*
 [mot]
**alteration** Abänderung *f*
**alteration of the premium**
 Beitragsneufestsetzung *f* [jur]
**alternate** wechseln *v* (Strom) [elt]
**alternating current** Wechselstrom *m*
 [elt]
**alternating current power**
 Wechselstromleistung *f* [elt]
**alternating current supply**
 Wechselstromanschluss *m* [elt]
**alternating stress** Wechselspannung *f*
 (im Stahlgerüst) [elt]
**alternating voltage** Wechselspannung
 *f* (z.B. der Bundesbahn) [elt]
**alternative** Alternative *f*; Variante *f*
**alternative current**
 Wechselspannung *f* [elt]
**alternative motor** Drehstrommotor *m*
 [elt]
**alternator** Drehstromlichtmaschine *f*
 [elt]
**alternator brush**
 Kohlebürstenkollektor *m* [elt]
**altitude** Einsatzhöhe *f* (über NN);
 Höhenlage *f* (über NN); Höhe über
 NN *f*
**altitude capability** Höhenfähigkeit *f*
 [mot]
**alumina** Tonerde *f* [min]
**aluminium** Aluminium *n* [wer]
**aluminium alloy** Aluminiumlegierung
 *f* [wer]
**amber** gelb (bei Verkehrsampeln)
 [mot]
**ambient temperature**
 Außentemperatur *f*; Raumtemperatur
 *f* [bau]; Umgebungstemperatur *f*
 [wet]
**ambiguity** Mehrdeutigkeit *f* (bei
 geometrischer Analogie) [mat]

**ambulance** Krankenwagen *m*
 (Automobil) [hum]
**ammeter** Amperemeter *n* [msr]
**amperage** Stromstärke *f* [elt]
**amperage consumption**
 Stromverbrauch *m* [elt]
**amphibious vehicle**
 Amphibienfahrzeug *n*
 (Schwimmwagen) [mot]
**amplification** Verstärkung *f* [elt]
**amplifier** Verstärker *m* [elt]
**amplifier characteristic**
 Verstärkercharakteristik *f* [elt]
**amplifier circuit** Verstärkerschaltung
 *f* [elt]
**amplifier noise** Verstärkerrauschen *n*
 [elt]
**amplifier relay** Verstärkerrelais *n*
 [elt]
**amplifier stage** Verstärkerstufe *f* [elt]
**amplitude** Amplitude *f* (Schwingung)
 [phy]
**amplitude, complex -** komplexe
 Amplitude *f* [elt]
**amplitude distortion**
 Amplitudenverzerrung *f* [phy]
**amplitude modulation**
 Amplitudenmodulation *f* [phy]
**amplitude of movement**
 Bewegungsamplitude *f* [phy]
**analogy** Analogie *f* (geometrische
 Analogie)
**analogy, geometric -** geometrische
 Analogie *f* [mat]
**analyser** Prüfer *m* [msr]
**analysis** Analyse (Messung) [msr]
**analysis** Untersuchung *f* [mat]
**analysis of mistakes** Fehleranalyse *f*
 [mat]
**analysis, static -** statische Analyse *f*
 [edv]
**anchor** Verankerung *f* (Befestigung)
 [bau]; Anker *m* (Schiffsgerät,
 Bauwesen) [mot]

**anchor** ankern *v* [mot]
**anchor bar** Verankerungseisen *n* [bau]
**anchor bolt** Ankerschraube *f* [bau]; Fundamentanker *m* [bau]
**anchor cable** Ankerkette *f* [mot]
**anchor chain** Ankerkette *f* [mot]
**anchor clamp** Ankerhalter *m* (Schalung) [bau]
**anchoring** Verankerung *f* [bau]; Verankerung *f* (Maschine, Zelt) [bau]
**anchor lamp** Ankerlaterne *f* (Schiff) [mot]
**anchor, permanent -** Daueranker *m* [bau]
**anchor plate** Ankerplatte *f* (Stahlbau) [mas]
**anchor point** Festpunkt *m* [bau]
**anchor screw** Fundamentschraube *f* [bau]
**anchor windlass drive** Ankerspill *m* (Schiff) [mot]
**ancillary building** Nebengebäude *n* [bau]
**angle** Gegenwinkel *m* (z.B. Rohr) [con]; Winkelstahl *m* [wer]; Kniestück *n* [wer]
**angle-beam probe** Winkelprüfkopf *m* (Qualitätskontrolle) [msr]; Winkelprüfkopf *m* (Qualitätskontrolle) [msr]
**angle bracket** Haltewinkel *m* [mas]
**angle check valve** Winkelrückschlagventil *n* [mot]
**angle-constant** winkelkonstant [con]
**angle, critical -** kritischer Winkel *m* [con]
**angle cut** Gehrungsschnitt *m* [met]
**angled joint** Winkelgelenk *n* [mas]
**angled lever** Winkelhebel *m* [mas]
**angle drive** Winkelantrieb *m* (z.B. Messgerät, Uhr) [mas]
**angled screw coupling** Winkelverschraubung *f* [mas]

**angle flange** Winkelflansch *m* [mas]
**angle grinder** Schleifhexe *f* (Winkelschleifer) [wzg]
**angle of departure** Aufsetzkante *f* [con]; hintere Aufsetzkante *f* [mot]
**angle of friction** Reibungswinkel *m* [phy]
**angle of heap** Haldenböschung *f* [bod]
**angle of incidence** Einfallswinkel *m* [phy]
**angle of internal friction** Reibungswinkel *m* [phy]
**angle of landing** Antrittswinkel *m* (Rolltreppe) [mbt]
**angle of pressure** Eingriffswinkel *m* (Zahnrad) [mas]
**angle of reflection** Reflexionswinkel *m* [phy]
**angle of refraction** Brechungswinkel *m* [phy]
**angle of repose** resultierender Außenwinkel *m* [con]; Schüttkegel *m* [phy]
**angle of spread** Öffnungswinkel *m* [con]
**angle probe reflection** Winkelkopfreflexion *f* [msr]
**angles** Winkelstahl *m* [mas]
**angle sander** Winkelschleifer *m* [wzg]
**angle section** Winkelprofil *n* [wer]; Winkelstück *n* [mas]
**angle sections** Winkelstahl *m* [mas]
**angle thermometer** Winkelthermometer *n* [msr]
**angle transmission** Winkelgetriebe *n* [mas]
**angle valve** Eckventil *n* [mas]; Winkelventil *n* [mas]
**angling blade** Schwenkschild *n* [mbt]
**angular** winklig [con]
**angular contact ball bearing, double-row -** zweireihiges Schrägkugellager *n* [mas]

**angular contact ball bearing, single-row -** einreihiges Schrägkugellager *n* [mas]
**angular degree** Winkelgrad *m* [con]
**angular frequency** Kreisfrequenz *f* [phy]
**angular guide plate** Winkelführungsplatte *f* (neben Schiene) [mbt]
**angular incidence** Schrägeinfall *m* [elt]
**angular radiation** Schrägeinschallung *f* [elt]
**animal** tierisch (z.B. Fette) [bff]
**animal charcoal** Tierkohle *f* (tierische Holzkohle) [bff]
**anneal** anlassen *v* (Metallbearbeitung) [met]
**annealed** angelassen [wer]
**annealing** Anlassen *n* (zwecks Spannungsabbau) [wer]
**annex** Nebengebäude *n* [bau]
**announcement of a claim** Schadensmeldung *f* [jur]
**annual general meeting** Hauptversammlung *f* [eco]
**annual premium** Jahresbeitrag *m* (der Versicherung) [jur]
**annual report** Geschäftsbericht *m* (einer Firma) [eco]
**annular spring tensioning set** Ringfederspannelement *n* [mas]
**annulus** Kreisring *m* [mas]; Ringraum *m* [mas]
**annunciator** Signalapparat *m*
**anode battery** Anodenbatterie *f* [elt]
**anode voltage** Anodenspannung *f* [elt]
**anodic treatment** Eloxierung *f* [elt]; Eloxieren *n* [mas]
**anodized** eloxiert [mas]
**anodized coating** Eloxalschicht *f* [mas]
**answering signal** Rückmeldung *f* [mas]

**antenna** Antenne *f* (am Fernseher, Radio) [elt]
**anthracite** Anthrazit *m* (Kohle) [roh]
**anti-cavitation valve** Nachsaugventil *n* [mbt]; Nachspeiseventil *n* [mas]
**anticipated** vorausgesetzt (wird angenommen, dass ..)
**anti-clockwise rotation** Drehung entgegen dem Uhrzeigersinn *f*
**anti-condensation heating** Stillstandheizung *f* [mot]
**anti-dazzle position** Abblendstellung *f* (Rückspiegel) [mot]
**antidote** Gegengift *n* (z.B. gegen Biss) [hum]; Gegenmittel *n* (Medizin., z.B. gegen Gift) [hum]
**anti-fatigue bolt** Dehnschraube *f* [mas]
**anti-freeze** Frostschutz *m* [mot]; Gefrierschutzmittel *n* [mot]
**anti-freeze device** Frostschützer *m* [mot]
**anti-freeze solution** Frostschutzmittel *n* [mot]
**antifriction bearing** Rollenlager *f* [mas]; Wälzlager *n* [mas]
**anti-friction bearing** wälzgelagert (meist Rollenlager) [mas]
**anti-friction bearing** Wälzlager *n* [mas]
**anti-frost thermostat** Frostschutzthermostat *m* [mot]
**anti-glare position** Abblendstellung *f* (Rückspiegel) [mot]
**anti-interference device** Entstörzusatz *m* [elt]
**antilog circuit** Delogarithmierschaltung *f* [edv]
**anti-magnetic** antimagnetisch [wer]
**anti-noise shield** Lärmschutzwand *f* [bau]
**antiresonant circuit** Sperrkreis *m* [mbt]

**anti-resonant-circuit**
 Entkopplungskreis *m* [elt]
**anti-seize paste** Montagepaste *f*
 (zwischen 2 Metallen) [mas]
**anti-seizing paste** Montagepaste *f*
 (zwischen 2 Metallen) [mas]
**anti-skid** Gleitschutz *m* (gegen
 Ausrutschen) [mas]
**anti-skid chain** Gleitschutzkette *f*
 [mbt]
**anti-skid flooring** rutschfester Belag
 *m* [bau]
**anti-slip** trittsicher (gegen
 Ausrutschen)
**anti-slip control** Antischlupfregelung
 *f* (von Rädern) [mot]
**anti-slip floor covering**
 rutschsicherer Bodenbelag *m* [bau]
**anti-spin pack** Durchrutschsicherung
 *f* [mot]
**anti-static** antistatisch [elt]
**anti-vibrating screw**
 Schwingmetallschraube *f* [mas]
**anvil** Amboss *m* (Arbeitsgerät in
 Schmiede) [wzg]
**apartment** Wohnung *f* [bau]
**apartment block** Wohnblock *m*
 [bau]
**apartment building** Wohnhaus *n*
 (Mehrfamilienhaus; US) [bau]
**apex** First *m* [bau]
**apparent power** scheinbare Leistung
 *f* [elt]; Scheinleistung *f* [elt]
**apparent resistance**
 Scheinwiderstand *m* [elt]
**appearance** Aussehen *n* (glänzendes
 Aussehen)
**appendix** Anlage *f* (zum Buch);
 Anhang *m* (an Text)
**appliance** Vorrichtung *f*
 (Küchengeräte, z.B. Herd) [mas]
**appliance, electric -** Elektrogerät *n*
 (Herd usw.) [elt]
**appliances** Haushaltgeräte *n* [elt]

**application** Anwendung *f*
 (Anwendungsprogramm); Bewerbung
 *f* [eco]; Einsatzart *f* (Verwendungsart)
 [met]; Verwendung *f* (Anwendung)
 [met]; Antrag *m* (Antrag einreichen);
 Anwendungsfall *m*; Auftrag *m*
 (Farbe) [bau]; Gesuch *n* (Antrag)
 [jur]
**application engineering**
 Anwendungstechnik *f* [mas];
 Ausführungsbeispiel *n* [con]
**application of bearing**
 Lageranordnung *f* [mas]
**application of load** Kraftangriff *m*
 [phy]
**application program**
 Anwenderprogramm *n* (Software)
 [edv]
**applied** angezogen (Bremse im
 Eingriff) [mot]
**apply** Eingriff *m* (im Eingriff sein)
**apply** im Eingriff sein *v*; in
 Anwendung bringen *v*
**apply to ..** auftragen *v* (Putz, u.a.)
 [bau]
**apply voltage** Spannung anlegen *v*
 [elt]
**appointment** Verabredung *f*
 (Terminabsprache) [eco]
**apprentice** Anfänger *m* (Lehrling,
 Auszubildender); Lehrling *m*
 (Auszubildender)
**apprentice** in die Lehre gehen *v*
**apprenticeship** Ausbildung *f* [eco];
 Lehre *f* (Ausbildung des Lehrlings)
 [eco]; Lehrwerkstatt *f* [eco]
**approach** Rampe *f* (Brücken-) [bau];
 Zulauf *m*
**approach** heranfahren *v* (Material an
 Maschine) [met]
**approach angle** Böschungswinkel *m*
 (des Lkw) [mot]
**approval** Abnahme *f* (von Geräten,
 Einverständnis) [eco]

**approval certificate** Abnahmezeugnis *n*
**approval test** Abnahmetest *m* [msr]
**approve** anerkennen *v* (einen Garantieantrag); zulassen *v* (z.B. ein Dichtungsmittel) [nrm]
**approved** anerkannt (genehmigt); zugelassen (genehmigt) [nrm]
**approximate analysis** Kurzanalyse *f* [msr]
**apron** Schürze *f*
**apron feeder** Plattenband *f* (z.B. in Zementanlage) [roh]
**apron feeder drive** Plattenbandantrieb *m* (im Brecher) [mbt]
**arbour** Laube *f* [bau]
**arc** Bogenlinie *f* [con]; Kante *f* (in Übergansnetzen) [elt]; Kreisbogen *m* [mat]; Lichtbogen *m* (z.B. beim Schweißen) [mas]
**arc-air gouging** ausfugen *v* (Schweißnähte) [met]
**arc discharge** Bogenentladung *f* [elt]
**arc furnace** Lichtbogenofen *m* [mas]
**arch** Wölbung *f* [con]; Bogen *m* (Bauwerk) [bau]; Bügel *m* (Bogen, Arkade) [bau]; Gewölbe *n* [bau]
**arch** biegen *v* (bogenförmig wölben) [mas]; wölben *v* (biegen) [met]
**arched bridge** Bogenbrücke *f* [bau]
**arched trough bridge** Bogenbrücke mit eingehängter Fahrbahn *f* [mot]
**arch, front -** vordere Hängedecke *f* (Kessel) [pow]
**architecture** Architektur *f* [bau]
**architrave** Türstock *m* [bau]
**archiving** Archivierung *f*
**arch, rear -** hintere Hängedecke *f* (Kessel) [pow]
**arc of contact** Umschlingungswinkel *m* [mas]
**arc pressure welding** Lichtbogenpressschweißen *n* (Flussstahlelektrode) [mas]

**arc second** Bogensekunde *f* [mat]
**arcs in nets** Kanten in Netzen *pl* [edv]
**arc stud welding** Lichtbogenbolzenschweißen *n* [mas]
**arc stud welding with initiation by collar** Lichtbogenbolzenschweißen mit Ringzündung *n* [mas]
**arc thickness** Zahndicke *f* (als Bogen am Teilkreis) [mas]
**arc type plant** Stranggussanlage *f* (kreisbogenförmige) [roh]
**arc welding** Lichtbogenschweißung *f* [mas]; Lichtbogenschmelzschweißen *n* [mas]
**arduous** anstrengend (schwer, schwierig)
**area** Bodenfläche *f* [bod]; Bereich *m*
**area at root of thread** Kernquerschnitt *m* (Gewinde (B)) [met]
**area code** Vorwählnummer *f* (beim Telefon) [tel]
**area of hypocentre** Herdgebiet *n* (Erdbeben) [geo]
**area of validity** Geltungsbereich *m* (geografisch)
**arguable** nachweislich (unstreitig); unbestreitbar (unstreitlich)
**arm** Arm *m* (auch Körperteil); Baggerstiel *m* [mbt]; Schaufelarm *m* [mbt]; Schenkel *m* (eines Gerätes) [mas]; Stiel *m* (des Baggers, Wettbewerb) [mbt]
**armature** Armatur *f*; Anker *m* (Elektrogerät) [elt]
**armature coil** Ankerspule *f* (Elektromotor) [elt]
**armature field** Ankerfeld *n* (elektrische Maschine) [elt]
**armature reaction** Ankerrückwirkung *f* (elektrische Maschine) [elt]
**armature spindle** Ankerwelle *f* [elt]
**armature voltage** Ankerspannung *f* [elt]

**armature winding** Ankerwicklung *f* [elt]

**arm cylinder** Stielzylinder *m* [mbt]

**armour** bewehren *v* [bau]

**armoured** aufgepanzert [wer]; bewehrt [bau]

**armoured chain conveyor** Panzerkettenförderer *m* [mbt]

**armoured door** Panzertür *f* [bau]

**armoured hose** Panzerschlauch *m* [mas]

**armoured plate** Panzerplatte *f* (austauschbar in Brecher) [mas]

**armouring** Armierung *f* (Stahlbeton) [bau]; Bewehrung *f* (Stahlbeton) [bau]

**arranged** angeordnet (hingestellt) [con]

**arrangement** Anordnung *f* (von Teilen) [con]; Gliederung *f* [con]; Montagegruppe *f* [mas]; Vereinbarung *f*

**arrangement drawing** Anordnungsplan *m* [con]

**arrangement in parallel** Parallelschaltung *f* [con]

**arrangement in series** Hintereinanderschaltung *f* [con]

**arrangement of oil burners** Ölbrenneranordnung *f* [pow]

**arrangement of pumps** Pumpenanordnung *f* [pow]

**arrangement of tubes** Rohranordnung *f* [pow]

**arrangement plan** Anordnungsplan *m* [con]

**arrears** Zahlungsrückstand *m* [eco]

**arrears in payment** Rückstand *m* (der Prämienzahlung) [eco]

**arrester** Fangvorrichtung *f* (Arretierung) [mas]; Blitzschutz *m* [elt]; Überspannungsableiter *m* [elt]

**arresting device** Feststeller *m* (z.B. Raste) [mas]

**arrestor** Arretierung *f* (Raste, Schlitz o.ä.) [mas]; Flugstaubabscheider *m* (grobes Korn) [air]

**arris** Grat *m* (Dach) [bau]

**arrival** Ankunft *f*

**arrival siding** Ankunftsgleis *n* [mot]

**arrival time** Ankunftszeit *f*

**arrival track** Ankunftsbahnsteig *m* [mot]

**arrive** ankommen *v* [mot]; anreisen *v* [mot]; einfahren *v* (in Bahnhof) [mot]

**arrive at ...** ankommen in ... *v* (Ort) [mot]

**arson** Brandstiftung *f*

**artery** Arterie *f* (Ader) [hum]

**artic-frame steering** Knicklenkung *f* (z.B. Muldenkipper) [mbt]

**artic steering** Knickrahmenlenkung *f* [mbt]

**articulated** eingeknickt (Knickrahmenlenkung) [mbt]; zweigliedrig (z.B. Fahrzeug) [mot]

**articulated beam** Gelenkträger *m* [bau]

**articulated connection** Gelenkverbindung *f* [bau]

**articulated cylinder** Nackenzylinder *m* (zum Auslegeroberteil) [mbt]

**articulated frame** Knickrahmen *m* (z.B. bei Radladern) [mbt]

**articulated frame steering** Knickrahmenlenkung *f* [mbt]

**articulated girder** Gelenkträger *m* (Stahlbau) [bau]

**articulated joint** Kippgelenk *n* (Schalung) [bau]

**articulated pin** Bolzen im Knickgelenk *m* [mbt]

**articulated railcar** Gelenktriebwagen *m* (der Bahn) [mot]

**articulated shaft** Gliederwelle *f* [mas]

**articulation angle** Knickwinkel *m* [mbt]

**artificial daylight** künstliches Tageslicht *n* [bau]
**artificially produced** künstlich erzeugt
**artificial resin** Kunstharz *n* [che]
**asbestos** Asbest *n* [wer]
**asbestos rope** Asbestschnur *f* [wer]
**asbestos sealing** Asbestdichtung *f*
**ascend** Aufstieg *m* (auf Berg)
**as-forged** roh (wie geschmiedet) [mas]
**ash** Asche *f* [rec]
**ash bogie** Schlackenwagen *m* [pow]
**ash compartment isolating damper** Aschenklappe *f* (Rostkessel) [pow]
**ash content** Aschengehalt *m* [che]
**ash-discharge opening** Aschenabzugsöffnung *f* [pow]
**ash disposal** Aschenbeseitigung *f* [rec]
**ash dry free** wasser- und aschefrei (Brennstoff) [msr]
**ashes** Verbrennungsrückstände *pl* (Asche) [pow]
**ash extractor** Aschenabzug *m* [pow]
**ash free** aschenfrei [wer]
**ash fusion temperature** Aschenfließtemperatur *f* [che]
**ash handling plant** Entaschungsanlage *f* [pow]
**ash hopper** Aschentrichter *m* [pow]; Schlackentrichter *m* [pow]
**ash pan** Aschkasten *m* (Dampflok) [pow]
**ash pump** Aschenpumpe *f* (Spülentaschung) [pow]
**ash removal** Aschenbeseitigung *f* [rec]; Entaschung *f* [pow]
**ash removal, dry -** trockene Entaschung *f* [pow]; trockener Schlackenabzug *m* [pow]
**ash removal, liquid -** flüssige Entaschung *f* [pow]
**ash retention** Ascheneinbindung *f*
**ash volatilization** Aschenverflüchtigung *f*
**askew** schiefwinklig [con]
**aspect** Aspekt *m*
**asphalt** Asphalt *m* [che]
**asphalt carpet** Asphaltbelag *m* (Straßendecke) [bau]
**asphalt concrete** Asphaltbeton *m* [bau]
**asphalt-impregnated paper** Dachpappe *f* [bau]
**aspiration** Ansaugung *f* (der Motorluft); Ansaugen *n* (der Motorluft) [mot]
**as-rolled** roh (nur gewalzt) [mas]
**assault** Angriff *m* (Gewalttätigkeit)
**assemble** verlegen *v* (Rohrleitungen) [bau]; zusammenfügen *v* (montieren) [mas]
**assembled in works** fertige Werksmontage *f* [mas]; Werksmontage *f* (fertige Werksmontage) [mas]
**assembling** Montage *f* (Zusammenbau) [mas]
**assembling device** Montagehilfe *f* [mas]
**assembling hall** Montagehalle *f* [bau]
**assembling rig** Montagehilfe *f* (z.B. Gerüst) [mas]
**assembling workshop** Montagehalle *f* [bau]
**assembly** Baugruppe *f* [mas]; Montage *f* [met]; Aufbau aus mehreren Teilen *m*; Gesamtprüfstück *n* (für Schweißprobe) [mas]
**assembly bay** Montagestand *m* [mas]
**assembly break** Montageunterbrechung *f* [mas]
**assembly crane** Montagekran *m* [mbt]
**assembly drawing** Zusammenstellungszeichnung *f* [con]
**assembly, during -** bei Montage [met]

**assembly equipment**
Montageausrüstung *f* [mas]
**assembly hall** Montagehalle *f* [mas]
**assembly-hall crane** Hallenkran *m* [mbt]
**assembly-hall nave** Hallenschiff *n* (z.B. Werkshalle) [bau]
**assembly instruction** Montageanweisung *f* [mas]; Montagehinweis *m* [mas]
**assembly kit** Montagesatz *m* [mas]
**assembly line** Fertigungsstraße *f* [mas]; Band *n* (Montageband) [mas]; Montageband *n* (Bandstraße) [mas]
**assembly list** Zusammenstellungsliste *f* [con]
**assembly method** Montagemethode *f* [mas]
**assembly of prefabricated machine parts** Baukastensystem *n* [con]
**assembly opening** Montageöffnung *f* (beim Einbau) [mbt]
**assembly outfit** Montageausrüstung *f* [mas]
**assembly part** Montageteil *n* [con]
**assembly plate** Montageplatte *f* [mas]
**assembly process** Montagemethode *f* [mas]
**assembly pull** Montagezug *m* (Winde, Seil) [mas]
**assembly set** Bausatz *m* (fertig bestehend) [mas]
**assembly shop** Montagehalle *f* [mas]
**assembly stand** Montagebock *m* (zerlegbar) [mas]
**assembly system** Montagesystem *n* [mas]
**assembly transport** Montagetransport *m* [mas]
**assembly, welded -** Schweißkonstruktion *f* (Schweißteil) [met]; Schweißteil *n* (Schweißkonstruktion) [met]
**assembly yard** Montageplatz *m* [mas]
**assert** behaupten *v* (streiten)
**assert in writing** schriftlich geltend machen
**assessment** Bewertung *f*
**assessment of the concrete quality** Beurteilung der Betongüte *f* [msr]
**assessment principle** Bewertungsregel *f* [msr]
**assets** Guthaben *n* (Sachwerte) [eco]
**assign** anweisen *v* (zuweisen); zuweisen *v* (z.B. einer Variablen einen Wert) [edv]
**assigned** vorgesehen (am vorgesehenen Ort) [con]
**assignee** Rechtsnachfolger *m* [jur]
**assistance** Rückhalt *n*
**assistants** Hilfskräfte *pl*
**assorted** sortiert (gut sortiert)
**assortment** Sortiment *n*
**assume** übernehmen *v* (Verantwortung)
**assurance** Versicherung *f* [jur]
**assure** versichern *v* (ich versichere Ihnen)
**astride ground clearance** Bauchfreiheit *f* (unter Portalachse) [mbt]
**asymmetrical** asymmetrisch [con]
**asynchronous generator** Asynchrongenerator *m* [elt]
**asynchronous motor** Asynchronmotor *m* [elt]
**atmosphere** Atmosphäre *f* [air]
**atmospheric conditions** Witterungseinfluss *m* [wet]
**atomized air** Zerstäuberluft *f* [air]
**atomizer nozzle** Zerstäuberdüse *f* [air]
**atomizer pressure** Zerstäuberdruck *m* [air]
**attach** anbauen *v* [met]; anbringen *v* (Ausrüstung) [met]
**attaching** Anbau *m* (von Ausrüstung) [mas]
**attaching disk** Beilagscheibe *f* [mas]

**attachment** Anlage *f* (zu Vertrag, Brief); Arbeitsausrüstung *f*; Ausrüstung *f* (des Baggers); Anbaugerät *n* (z.B. an Grader, Lader) [mbt]; Vorsatzteil *n* (Zubehör) [mas]; Zubehör *n* (Zusatzgerät) [mas]; Zusatzgerät *n* [mas]; Anbauteile *pl* (zusätzliche. Ausrüstungen) [mas]

**attachment, front -** Frontausrüstung *f* (Ladeschaufel) [mot]

**attachment rail** Befestigungsleiste *f* [mas]

**attack** angreifen *v* (Säure) [che]

**attemperator** Kühler *m* [pow]; Regler *m* [pow]; Temperaturregler *m* [pow]

**attemperator connections** Kühlerverbindungsrohre *pl* [pow]

**attention-free** wartungsfrei [mas]

**attenuate** abschwächen *v* [elt]

**attenuation** Dämpfung *f* (z.B. eines Signals) [elt]; Schwächung *f* [con]

**attenuation coefficient** Dämpfungsbeiwert *m* [elt]

**attenuation equalization** Dämpfungsentzerrung *f* [elt]

**attenuation equalizer** Dämpfungsentzerrer *m* [elt]

**attenuation factor** Abschwächungsfaktor *m* [elt]

**attenuation law** Schwächungsgesetz *n* [phy]

**attenuation of sound** Schallschwächung *f* [aku]

**attenuator** Abschwächer *m* [elt]; Spannungsteiler *m* [elt]

**attenuator pad** Dämpfungsglied *n* [elt]

**attic** Bodenkammer *f* (unter dem Dach) [bau]; Mansarde *m* (unter dem Dach) [bau]; Dachgeschoss *n* [bau]

**attraction** Anziehungskraft *f* (gutes Gemälde) [phy]

**attractive force** Anziehungskraft *f* (Planeten) [phy]

**attribute** Attribut *n*

**attribute to ..** zurückführen auf .. *v*

**audible** hörbar (hörbares Signal) [mot]

**audible alarm** Hupe *f* (der Ton) [mot]

**audio cassette** Musikkassette *f* (Audiokassette) [edv]

**audio frequency** Hörfrequenz *f* [aku]

**auger head** Bohrkopf *m* [wzg]

**auger worm** Bohrschnecke *f* [wzg]

**augment** verbessern *v* (vergrößern, vermehren)

**austenite** Austenit *m* [wer]

**austenitic steel** austenitischer Stahl *m* [wer]

**authority** Behörde *f*

**authorized to sign** unterschriftsberechtigt (für Firma) [eco]; zeichnungsberechtigt (für Firma) [eco]

**autoclave** Autoklav *m*

**autogenous hand-cutter** Handbrenner *m* [wzg]

**autogenous welder** Autogenschweißer *m* [met]

**autogenous welding** Autogenschweißen *n* [met]

**automatic** selbsttätig

**automatically** unaufgefordert (von alleine)

**automatically operated** selbsttätig

**automatic block system** Selbstblocksystem *n* (der Bahn) [mot]

**automatic casing drive** Automatikdrehteller *m* [met]

**automatic circuit breaker** Selbstschalter *m* [elt]

**automatic circuit breaker for blower** Automat für Lüfter *m* [elt]

**automatic circuit breaker for brake** Automat für Bremse *m* [elt]

**automatic control loop** Regelkreis *m* [elt]

**automatic evaluation system**
Auswerteautomatik *f* [msr]
**automation**  Automatisierung *f*
**automation, industrial** -  technische Automation *f* [mas]
**automobile**  Kraftfahrzeug *n* (US: auf Straße) [mot]
**automobile car**  Automobil *n* [mot]
**automobile mechanic**
Kraftfahrzeugschlosser *m* [mas]
**automotive body parts**
Automobilteile *pl* [mot]
**automotive industry**
Automobilindustrie *f* [mot]
**autowalk**  Fahrsteig *m* [mbt]; Rollsteig *m* [mbt]
**auxiliaries**  Hilfseinrichtungen *f*
**auxiliary**  Hilfs- (Neben-); Neben- (z.B. Nebenantrieb); Zusatz- (z.B. Zusatzheizung) [pow]
**auxiliary air reservoir**
Zusatzluftbehälter *m* [mas]
**auxiliary attachment**
Hilfseinrichtung *f*
**auxiliary axle**  Hilfsachse *f* [con]
**auxiliary bores**  Hilfsbohrungen *pl* [roh]
**auxiliary burners**  Zusatzfeuerung *f* [pow]
**auxiliary circuit**  Hilfskontakt *m* [elt]; Hilfsstromkreis *m* [elt]
**auxiliary consumer**
Nebenverbraucher *m* [elt]
**auxiliary contactor**  Hilfsschütz *m* [elt]
**auxiliary control**  Hilfssteuerung *f* [msr]
**auxiliary drive**  Hilfsantrieb *m* [mbt]; Nebenantrieb *m* [mbt]
**auxiliary drive, central** -  zentrischer Nebenantrieb *m* [mot]
**auxiliary drive, lateral** -  seitlicher Nebenantrieb *m* [mot]
**auxiliary drive lock**
Nebenantriebssperre *f* [mbt]

**auxiliary engine**  Hilfsmotor *m* [mot]
**auxiliary firing equipment**
Zusatzfeuerung *f* [pow]
**auxiliary frame**  Hilfsrahmen *m* [con]
**auxiliary fuel**  Hilfsbrennstoff *m* [pow]; Zusatzbrennstoff *m* [pow]
**auxiliary fuel line**
Kraftstoffhilfsleitung *f* [mot]
**auxiliary fuel pump**
Hilfskraftstoffpumpe *f* [mot]
**auxiliary gate**  Hilfsblende *f* [mas]
**auxiliary head lamp**
Zusatzscheinwerfer *m* [mot]
**auxiliary heating**  Standheizung *f* [mot]
**auxiliary idler shaft**  Hilfsachse *f* [con]
**auxiliary jet**  Hilfsdüse *f* [air]; Zusatzdüse *f* [air]
**auxiliary means**
Betriebshilfseinrichtungen *pl* [mas]
**auxiliary member**  Hilfsstab *m* [bau]
**auxiliary motor**  Hilfsmotor *m* [mot]
**auxiliary petrol line**
Benzinhilfsleitung [mot]
**auxiliary product**  Zusatzgerät *n*
**auxiliary relay**  Hilfsrelais *n* [elt]; Hilfsrelais *n* [elt]
**auxiliary remote pressure control**
Druckvorsteuerung *f* [mas]
**auxiliary reservoir**  Hilfsluftbehälter *m* (der Bremsanlage) [mot]
**auxiliary sash**  Vorfenster *n* [bau]
**auxiliary shaft**  Hilfswelle *f* [con]; Nebenabtriebswelle *f* [mas]; Nebenantriebswelle *f* [mas]
**auxiliary spring**  Hilfsfeder *f* [mas]
**auxiliary steam heating of the boiler**
Fremddampfbeheizung *f* [pow]
**auxiliary support**  Hilfsstütze *f* [bau]
**auxiliary switch**  Hilfsschalter *m* [elt]
**auxiliary transmission**
Gruppengetriebe *n* [mas]; Zusatzgetriebe *n* [mas]

**auxiliary voltage** Hilfsspannung *f* [elt]
**auxiliary wheel** Hilfsrad *n* [mas]
**availability** Verfügbarkeit *f*
**available** verfügbar; vorhanden (verfügbar, existent)
**available space** Platzverhältnis *n* [con]
**average** Durchschnitt *m* [mat]; Mittelwert *m* (Durchschnitt) [mat]
**average, above -** über dem Durchschnitt [mat]
**avionics** Luftfahrtelektronik *f* [elt]
**awning** Markise *f* (über Veranda, Bauteil) [bau]; Sonnenschutzdach *n* (über Veranda, Bauteil) [bau]
**axe** Axt *f* (langstieliges Beil) [wzg]
**axial** axial
**axial centre crankshaft** Seele der Kurbelwelle *f* (Motor-Kreuz) [mas]
**axial compensator** Axialkompensator *m* [mas]
**axial compression** mittiger Druck *m* [bau]
**axial compressor** Axialgebläse *n* [met]
**axial face seal ring** Gleitring *m* [mas]
**axial flow fan** Axialgebläse *n* [air]
**axial force** Axialkraft *f* [mas]
**axial gasket** Axialdichtring *m* [mas]
**axial piston pump** Axialkolbenpumpe *f* [mas]
**axial pitch** Axialteilung *f* (des Schneckenrades) [con]
**axial seal** Axialdichtung *f* [mas]
**axial stress** Normalspannung *f* [wer]
**axial thrust** Axialdruck *m* [mas]
**axis** Achse *f* (gedachte Mitte eines Rohres, mathematische Achse) [con]; Sehne *f* (gedachte Linie) [mat]
**axis intersection angle** Achsenkreuzungswinkel *m* [con]
**axis, neutral -** neutrale Faser *f* (bei gebogenem Blech) [wer]
**axis of ordinates** Ordinatenachse *f* [mat]
**axis of rotation** Drehachse *f* [con]
**axis of sound beam** Schallstrahlachse *f* [aku]
**axle** Achse *f* [mas]; Achswelle *f* (in Maschine) [mas]
**axle arch** Achsbrücke *f* [mas]
**axle arrangement** Achsanordnung *f* [con]
**axle ball bearing** Achslager *n* [mas]
**axle base** Achsabstand *m* [con]
**axle beam, front -** Vorderachskörper *m* [mot]
**axle bearing** Achslager *n* [mas]
**axle body** Achsschaft *m* [mas]
**axle box** Achslager *n* (des Waggons) [mas]
**axle box arrangement** Achslagerung *f* [mas]
**axle bush** Achsmantel *m* [mas]
**axle casing** Achsgehäuse *n* [mas]
**axle entrance** Achseingang *m* (in Nabe) [mas]
**axle floating** Querspiel *f* (der Waggonachse) [mot]; Längsspiel *n* (z.B. von Achsen) [mot]
**axle, front -** Vorderachse *f* [mot]
**axle guard** Achsgabel *f* [mas]
**axle guide stay** Achshalter *m* [mas]
**axle journal** Achsschenkel *m* [mas]; Lagerhals *m* [mas]
**axle load** Achslast *f* [mas]
**axle mounting** Achshalter *m* [mas]
**axle nut spanner** Radnabenschlüssel *m* [wzg]
**axle nut wrench** Radnabenschlüssel *m* [wzg]
**axle pivot pin** Achsmittellager *n* [mas]
**axle probe** Achsenprüfkopf *m* (Ultraschalltest) [msr]
**axle, rear -** Hinterachse *f* [mot]

**axle shaft**  Achswelle *f* [mas]; Differentialseitenwelle *f* [mas]; Welle *f* (Achswelle) [mas]
**axle shaft gasket**  Achswellendichtung *f* [mas]
**axle spacing**  Achsstand *m* [con]
**axle stay**  Achsabstrebung *f*
**axle support**  Achsabstützung *f* [mot]; Achshalter *m* [mas]
**axle support trunnion**  Achstragbolzen *m* [mas]
**axle suspension**  Achsaufhängung *f* [mot]
**axle tube**  Achsrohr *n* [mas]
**axle weight**  Achskraft *f* (bei der Bahn) [mot]

# B

**babbitt** Lagermetall *n* (Weißmetall) [wer]; Weißmetall *n* (Lagermetall) [wer]

**back** Rückseite *f* [con]; Rückgrat *n* (Wirbelsäule, Kreuz) [hum]

**back actor** Tieflöffel *m* (Ausrüstung u. Grabgefäß) [mbt]

**backbone** Rückgrat *n* [hum]

**backdoor** Tür *f* (Hoftür) [bau]

**back end loss** Zugverlust *m* (Aggregatende) [pow]

**back entrance** Hintereingang *m* [bau]

**backfill** Berge verblasen [roh]

**backfill** Auffüllung *f* [bau]; Verfüllung *f* [bau]

**backfill** Strecke verblasen *v* (im Bergbau) [roh]; verblasen *v* (Berge mit Druckluft) [roh]

**backfilling** Hinterfüllung *f* [bau]

**back fire** Fehlzündung *f* (Frühzündung usw.) [mot]

**back flow** Rückströmung *f* [mot]

**back gouged** ausgefugt (bearbeiteter Riss) [wer]

**background noise** Rauschen *n* [mas]

**back haul** Rückholseil *n* [mbt]

**backhoe** Bagger *m* (mit Tieflöffel) [mbt]; Löffelbagger *m* (mit Tieflöffel) [mbt]; Tieflöffel *m* (Grabgefäß u. ganzes Gerät) [mbt]

**backhoe application** Tieflöffeleinsatz *m* [mbt]

**backhoe arm** Tieflöffelstiel *m* [mbt]

**backhoe attachment** Grabausrüstung *f* (Tieflöffel) [mbt]

**backhoe bucket** Tieflöffel *m* (das Grabgefäß) [mbt]

**backhoe excavator** Bagger mit Tieflöffel *m* (Variante) [mbt]; Tieflöffelbagger *m* [mbt]

**backhoe stick** Tieflöffelstiel *m* [mbt]

**backhoe with grab** Bagger mit Greifer *m* [mbt]; Greiferbagger *m* [mbt]; Tieflöffelbagger mit Greifer *m* [mbt]

**backhoe with ripper tooth** Bagger mit Reißzahn *m* [mbt]

**backhoe work** Tieflöffeleinsatz *m* [mbt]

**backing** unterstützend

**backing** Badsicherung *f* (beim Schweißen) [met]; Unterlage *f* (beim Schweißen) [met]

**backing out punch** Durchtreiber *m* [met]

**backing ring** Einlagering *m* (Rohrschweißung) [met]

**backing strip** Badsicherungsblech *n* (beim Schweißen) [met]

**back kick** Frühzündung *f* (Fehlzündung) [mot]; Rückschlag *m* (beim Motor) [mot]

**backlash** Verzahnung *f* (ungewolltes Klemmen) [mot]

**back lash** Rückprall *m* (Aufprall, Rückstoß) [phy]; Endspiel *n* (auch unerwünschtes Achsspiel) [con]; Flankenspiel *n* (Spiel) [con]

**backlash adjusting** Verzahnungseinstellung *f* (Zahnräder) [mas]

**backlash valve** Druckausgleichsventil *n* [mas]

**back leakage sump** Leckölwanne *f* [mot]

**back load** Gegenlast *f* [phy]

**back off** zurückschrauben *v* [met]; zurückstellen *v* (eines Druckventils) [met]

**back of weld** Nahtunterseite *f* (Schweißnaht) [met]; Wurzelseite *f* (Nahtunterseite) [met]

**back out** herausdrücken *v* (sich -) [met]
**back pass** Nachschaltzug *m* [pow]
**backplate** Rückholplatte *f* (der Pumpe) [mas]; Bremsschild *n* (Bremsankerplatte) [mot]
**back pressure** Rückstau *m* (bei Druck) [phy]
**back pressure extraction unit** Gegendruckanzapfturbine *f* [pow]
**back pressure turbine** Gegendruckturbine *f* [pow]
**back-pressure utilization** Rückdruckverwertung *f* (Serienschaltung) [mbt]
**back-pull wire-drawing** Drahtziehen mit Gegenzug *m* [met]
**back scatter** Rückstrahlung *f* [elt]
**back scattering** Rückstrahlung *f* [elt]
**backseat** Rücksitz *m* (im Auto) [mot]
**back seat** Rücksitz *m* (im Auto) [mot]
**back spacing** Längsteilung *f* (Rohrbündel) [pow]
**backstay** Rückhaltekette *f* [mas]
**back-stop** hinterer Anschlag *m* [mas]
**back-to-back house** Reihenhaus *n* [bau]
**backtracking** Rückziehen *n* [edv]
**back up** rückwärts fahren *v* (ein wenig) [mot]; zurücksetzen *v* (Pkw rangieren) [mot]; zurückstoßen *v* (Pkw rangieren) [mot]
**back up alarm** Rückfahrsignal *n* (akustisch) [mot]
**back-up lamp** Rückfahrscheinwerfer *m* [mot]
**back up light** Rückfahrscheinwerfer *m* [mot]
**back up ring** Stützring *m* [mot]
**back-up roller** Mitnehmerrolle *f* [mas]
**back up stock** Reservebestand *m* (zum gelieferten Gerät) [eco]

**back up warning** Rückfahrwarnleuchte *f* [mot]
**back up warning device** Rückfahrwarneinrichtung *f* [mot]
**backwall** Rückwand *f* [pow]; Rückwand *f* [bau]
**backwall echo** Rückwandecho *n* [aku]
**backward chaining** Rückwärtsverkettung *f* [edv]
**backward/forward adjustable** längsverstellbar [mot]
**backward/forward adjusting** Längsverstellung *f* [mot]
**back weld** aufschweißen *v* (mit Badsicherung) [met]; gegenschweißen *v* (von Gegenseite) [met]
**back welded** aufgeschweißt [wer]
**back-welded** gegengeschweißt [met]
**baffle** Strömungslenkwand *f* (feststehend) [pow]; Strombrecher *m* [was]; Lenkblech *n* [pow]
**baffle plate** Prallplatte *f* [mot]
**baffle ring** Zwischenring *m* (bei Reifen) [mot]
**baffle wall** Lenkwand *f* [pow]; Strömungslenkwand *f* (feststehend) [pow]
**bag** Beutel *m*
**baggage car** Gepäckwagen *m* (Eisenbahnwagen) [mot]; Packwagen *m* (der Bahn) [mot]
**baggage stop** Rutschsicherung *f* [mot]
**bagged lime** Sackkalk *m* [bau]
**bail** Brechstange *f* [wzg]; Henkel *m* (der Gießpfanne) [roh]; Brecheisen *n* [wzg]
**bail pull** Reißkraft *f* (beim Seilbagger) [mbt]
**balance** Bilanz *f* [pow]; Ausgleich *m* (Gewichtsausgleich) [phy]; Mittelteil *n* (hält Gleichgewicht) [con]

**balance** abgleichen *v* (einstellen) [elt]; angleichen *v* (Gewicht) [phy]; auswuchten *v* (Autorad mit Unwucht) [mot]
**balance beam** Ausgleichsträger *m* [bau]
**balance, coarse -** Grobabgleich *m* [mbt]
**balanced** ausgewuchtet [mas]
**balanced piston** hydraulisch entlasteter Kolben *m* [mot]
**balanced piston type relief valve** Druckeinstellventil *n* [mas]
**balance piston** Ausgleichskolben *m* [mot]; Entlastungskolben *m* (Ausgleich) [mas]
**balancer** Balancier *m* (Hebelstange an Dampflok) [mot]; Schwingungsdämpfer *m* (nicht Auto) [mas]; Ausgleichsgewicht *n*
**balancer shaft** Ausgleichswelle *f* [mas]
**balance section** Ausgleichsstück *n* [mas]
**balance springs** Ausgleichsfedern *pl* [mas]
**balance weight** Auswuchtgewicht *n* (an Felge) [mot]; Gegengewicht *n* [mot]
**balancing** Auswuchtung *f* (eines Rades)
**balancing network** Ausgleichsleitung *f* [elt]
**balcony drainage** Balkonentwässerung *f* [bau]
**balcony parapet** Balkongeländer *n* [bau]
**bale** Ballen *m* (Material)
**bale clamp** Ballenklammer *f*
**bale clamps** Ballenklammer *f* [mot]
**bale press** Ballenpresse *f* [roh]
**baling hoop** Ballenband *n* (Verpackung) [mas]
**ball and socket gear change** Kugelschaltung *f* [mot]

**ball and socket joint** Stützkugel *f* (zum Schneckenradkranz) [mbt]; Kugelgelenk *n* [mot]
**ballast** Ballast *m* (Gleisschotter) [bau]; Schotter *m* (zwischen Gleisen) [bau]
**ballast** aufschottern *v* [bau]
**ballast grab** Schwellenkastengreifer *m* (Gleisschotter) [mbt]
**ballast-less** schotterlos (schotterloser Oberbau) [bau]
**ball bearing** Kugellager *n* [mas]
**ball-bearing** Rillenkugellager *n* [mas]
**ball bearing slewing ring** Kugeldrehverbindung *f* [mas]
**ball-bearing slewing-ring** Drehkranz *m* (an Kugellagern) [mbt]; Kugeldrehkranz *m* (mit Kugellagern) [mbt]
**ball-bearing slew ring** Drehverbindung *f* [mas]
**ball bushing** Kugelhülse *f* [mas]
**ball cage** Kugellaufbahn *f* [mot]
**ball charge** Kugelfüllung *f* (Kugelmühle) [roh]
**ball handle** Kugelgriff *m* [mas]
**ball joint** Kugelgelenk *n* [mas]
**ball journal** Kugelpilz *m* [mbt]; Kugelzapfen *m* [mas]
**ball mug** Kugelpfanne *f* [mbt]
**ball pin** Kugelpilz *m* [mbt]
**ball race** Laufring *m* (eines Kugellagers) [mas]
**ball retainer** Kugelkäfig *m* [mas]
**ball retaining ring** Kugelring *m* [mot]
**ball retaining valve** Kugelrückschlagventil *n* [mas]
**ball rod** Kugelstange *f* (in Axialkolbenpumpe) [mas]
**ball rod end** Spurstangenkopf *m* [mot]
**ball-shaped** kugelförmig [con]
**ball shot** Kugelregen *m* [pow]
**ball socket** Kugelpfanne *f* [mas]; Kugelschale *f* [mas]

**ball stud** Kugelbolzen *m* [mot]
**ball valve** Kugelventil *n* [mas]
**balustrade** Balustrade *f* (Geländer) [bau]; Brüstung *f* (Geländer) [bau]
**balustrade bracket** Geländerhalter *m* (Scheibenhalter) [mbt]
**balustrade end** Balustradenkopf *m* (an Rolltreppe) [mbt]
**balustrade lighting** Balustradenbeleuchtung *f* [mbt]
**balustrade newel** Balustradenkopf *m* [mbt]
**banana jack** Bananenbuchse *f* [elt]
**banana plug** Bananenstecker *m* [elt]
**bandage** Radreifen *m* (auf Rad aufgeschrumpft) [mot]; Umschlag *m* (auf Schwellung, Wunde) [hum]; Verband *m* (über Wunde) [hum]
**bandage** verbinden *v* (die Verletzung) [hum]
**band-aid kit** Betriebsmittel *n* (für den Anfang) [eco]
**band brake** Bandbremse *f* [mot]
**band-clamp** Schelle *f* (Rohrschelle) [mas]
**banded structure** Zeilenstruktur *f* [edv]
**band iron** Bandeisen *n* [wer]
**band iron strap** Bandeisen *n* (für Kisten) [wer]
**band system** Schienensystem *n* [mot]
**band thickness** Banddicke *f* [mas]
**band width** Bandbreite *f* (der Schelle) [mas]; Bandbreite *f* (z.B. Kurzwelle) [edv]
**banister** Geländer *n* (Treppen-) [bau]
**banjo bolt** Hohlschraube *f* [mas]; Hohlbolzen *m* [mas]
**bank** Leiste *f* (Ausgleichsleiste) [mbt]; Strosse *f* (Tunnel, unter Tage) [roh]; Strosse *f* (unterer Stollenteil) [roh]; Damm *m* (Flusseinuferung) [bau]; Flussrand *m* (Flussufer) [bod]; Stollen *m* (unter Tage) [roh]

**bank of valves** Ventilgruppe *f* (Ventilleiste) [mot]; Ventilkombination *f* [mot]; Blocksteuergerät *n* [mot]
**bank up** andämmen *v* [bau]; aufschütten *v* [bau]
**banner** Fahne *f*
**bar** Bahnschranke *f* [mot]; Schranke *f* (vor der Bahnkreuzung) [mot]; Stange *f* (aus Walzwerk) [mas]; Tragstange *f* (als Maschinenteil) [mbt]; Balken *m* [mas]; Riegel *m* (Schloss) [bau]; Stollen *m* (auf Kettenplatte) [mbt]
**bar brickwork** Rohbau *m* [bau]
**bar chart** Balkendiagramm *n* (Balkenplan) [bau]; Säulendiagramm *n* [mat]
**bare electrode** blanke Elektrode *f* [elt]
**bare thermocouple** gewöhnliches Thermoelement *n* [msr]
**barge** Zille *f* (Flusskahn) [mot]
**barge suction dredger** Schutensaugbagger *m* [mot]
**barging** Verklappung *f* (von Stoffen auf See) [jur]
**bar inspection** Stangenprüfung *f* (aus Walzwerk) [msr]
**bark-burning boiler** Rindenkessel *m* [pow]
**bar magnet** Stabmagnet *m* [mas]
**barn** Scheune *f* (für Erntegut, auch Stall) [msr]
**barometric pressure** Barometerstand *m* [msr]
**barred** vergittert
**barred window** Gitterfenster *n* [bau]
**barrel** Zylindermantel *m* [mot]
**barrier** Abschrankung *f* (Absperrung); Absperrung *f*; Absperrvorrichtung *f* (Gitter, Kette); Schranke *f* (der Bahn) [mot]; Schutzwand *f* [bau]; Damm *m* (Sperre, Absperrung) [bod]

**barrier chain**  Absperrkette *f*
**barrier layer**  Sperrschicht *f* (Halbleiter) [elt]
**barrier transistor**  Sperrschichttransistor *m* [elt]
**barrow**  Tragekasten *m* [mbt]
**bar steel**  Stabstahl *m* [wer]; Stabstahl *m* (Sechskant, usw.) [mas]
**basal surface**  Grundfläche *f* [con]
**basalt grey**  basaltgrau (RAL 7012) [nrm]
**base**  Auflage *f* (Basis, Abstützung) [bau]; Basis *f* (Anschluss eines Transistors) [elt]; Gründung *f* (Fundament) [bau]; Tragschicht *f* [mot]; Unterlage *f* [mas]; Sockel *m* (Konsole) [bau]; Unterbau *m* (Basis, Fundament) [bau]; Unterteil *m* (Basis, Grundplatte) [bau]; Fundament *n* (Untergrund) [bau]; Liegende *n* (das Liegende) [roh]
**base a finished level**  Planum erstellen *v* [mot]
**base a road level**  Planum erstellen *v* [mot]
**base boom**  Auslegerunterteil *n* [mbt]
**base circuit**  Grundschaltung *f* [elt]
**base column**  Grundsäule *f* [roh]
**base contact**  Basisanschluss *m* (beim Transistor) [elt]
**base course**  Tragschicht *f* [bau]; Unterbau *m* [bau]
**base current**  Basisstrom *m* (beim Transistor) [elt]
**base exchanger**  Basenaustauscher *m* [che]
**base frame**  Grundrahmen *m* (Hauptrahmen) [mot]
**base line**  Grundlinie *f* [con]
**base load**  Grundlast *f* (z.B. ohne Zusatzlast) [pow]
**baseload power**  Antriebskraft *f* [mas]
**base load station**  Grundlastkraftwerk *n* [pow]
**base material**  Grundwerkstoff *m* [mas]
**basement**  Gründung *f* (Fundament) [bau]; Kellergeschoss *n* (Souterrain) [bau]; Untergeschoss *n* [bau]
**basement door**  Kellertür *f* [bau]
**basement drainage**  Kellerentwässerung *f* [bau]
**basement excavation**  Baugrubenaushub *m* [bau]
**basement foundation**  Kellergründung *f* [bau]
**basement retaining wall**  Kelleraußenwand *f* [bau]
**basement stairs**  Kellertreppe *f* [bau]
**base metal**  Grundmetall *n* (Haupt-, Originalstoff) [mas]
**base of the road**  Koffer der Straße *m* (Auskofferung) [mot]; Wegekörper *m* [mot]
**base plate**  Bodenplatte *f* (z.B. eines Kastens) [mbt]; Fundamentplatte *f* [bau]; Grundplatte *f* [mas]; Podestplatte *f* (Fußboden im Fahrerhaus) [mbt]; Schienenbodenplatte *f* (Grundplatte) [mbt]
**base plate of upper carriage**  Oberwagengrundplatte *f* [mbt]
**base point**  Basispunkt *m*
**base resistance**  Basiswiderstand *m* (beim Transistor) [elt]
**base rim**  Grundfelge *f* [mot]
**base scale**  Abbildungsmaßstab *m* [edv]
**base sealing**  Basisabdichtung *f* [bau]
**base side, on -**  auflageseitig [mas]
**base slab**  Fundamentplatte *f* [bau]
**base surface**  Grundfläche *f* [bod]
**base tangent length**  Zahnweite *f* (z.B. über 6 Zähne) [mas]
**base wall**  Grundmauer *f* [bau]
**base wall masonry**  Sockelmauerwerk *n* [bau]

**base width** Basisweite *f* (beim Transistor) [elt]
**basic arithmetic** Grundrechenarten *pl* [mat]
**basic design** Grundform *f* [con]
**basic equipment** Grundausstattung *f* [mas]
**basic form** Grundform *f*
**basic frequency** Grundfrequenz *f* [elt]
**basic handling** Grundbehandlung *f* [met]
**basic load rating** Tragzahl *f* [con]
**basic position** Grundstellung *f* (des Baggers) [mbt]
**basic scheme** Prinzipschema *n* [con]
**basic work hardening** Grundverfestigung *f* [bau]
**basis** Basis *f* (Grundlage); Unterlage *f* (Fundament) [bau]
**basket strainer** Korbfilter *m* (Flüssigkeiten) [che]
**batch** Mischung *f* (Beton, u.a.) [bau]; Reihe *f* (im Hintergrund bei EDV) [edv]
**batch** dosieren *v* (Beton, u.a.) [bau]; zumessen *v* [msr]
**batch annealing** Haubenglühe *f* [mas]
**batch clause** Serienschadenklausel *f* (allgemein) [jur]
**batching and mixing plant** Dosier- und Mischanlage *f* [roh]
**batch process** Chargenprozess *m* [met]
**batch processing** Schubverarbeitung *f* (Stapelverarbeitung) [met]; Stapelverarbeitung *f* [met]
**bathe** tauchen *v* (baden, eintauchen) [met]
**bath-mixer** Mischbatterie *f* (Warm- und Kaltwasser) [bau]
**bath tub** Wanne *f* (Badewanne)
**batten** Latte *f* (Holzlatte) [bau]; Dachlatten *pl* [bau]
**batten floor** Dielung *f* [bau]

**batter** Böschung *f* (flache Straßenschulter) [mot]
**batter angle** Böschungswinkel *m* [con]
**battery** Batterie *f* [elt]; Element *n* (Batterie) [elt]
**battery acid** Batteriesäure *f* [elt]
**battery box** Batterietrog *m* [elt]
**battery cell cover** Zellendeckel *m* [mot]
**battery cell plug** Zellenstopfen *m* [mot]
**battery charger** Batterieladegerät *n* [elt]
**battery checking device** Batterieprüfgerät *n* [elt]
**battery exchange** Batteriewechsel *m* [elt]
**battery filling agent** Batterieflüssigkeit *f* [elt]
**battery harness** Batteriegeschirr *n* (Zubehör) [elt]
**battery module** Batterieeinschub *m* [elt]
**battery mounting** Batterieträger *m* [elt]
**battery-operated** batteriebetrieben [elt]
**battery-powered** batteriebetrieben [elt]
**battery railcar** Akkumulatortriebwagen *m* [mot]; Akku-Triebwagen *m* [mot]
**battery terminal** Batterieklemme *f* [elt]
**battery terminal clip** Batterieklemme *f* [elt]
**battery voltage** Batteriespannung *f* [elt]
**battle of forms** Papierkrieg *m* (Bürokratie) [eco]
**bay** Erker *m* [bau]; Schiff *m* (Halle) [bau]
**bayonet cap** Renkverschluss *m* [con]

**bayonet catch**  Bajonettverschluss *m* [con]
**bayonet holder**  Bajonettfassung *f* [con]; Ringfassung *f* [mas]
**beacon**  Bake *f* (bei Schiff und Bahn) [mot]; Rundumleuchte *f* (an Maschine, Polizei) [mbt]; Warnblinkanlage *f* [mot]
**bead**  Armierung *f* (im Reifenwulst); Raupe *f* (Schweißnaht) [met]; Wulst *f* (z.B. am Bierfass) [met]
**bead**  aufbördeln *v* [met]; bördeln *v* [met]
**beading**  Bördelung *f* (Sicke) [mas]; Sicke *f* (Bördelung) [mas]
**beads of weld metal**  Schweißperlen *pl* [met]
**bead weld**  Wölbnaht *f* (Schweißnaht) [met]; Wölbnaht *f* (eine oder mehrere Raupen) [met]
**beam**  Bündelung *f* (z.B. von Licht) [phy]; Balken *m* (Träger; Holz oder Stahl) [bau]; Träger *m* (z.B. Deckenbalken) [bau]
**beam angle**  Schallwinkel *m* [aku]
**beam connection**  Trägeranschluss *m* [bau]
**beam divergence**  Schallstrahldivergenz *f* [aku]
**beam expander**  Strahlaufweiter *m* [phy]
**beam, focussed -**  gebündelter Strahl *m* [elt]
**beam index**  Schallstrahleintrittsmittelpunkt *m* [aku]
**beaming direction**  Einstrahlrichtung *f* [elt]
**beam rail brake**  Balkengleisbremse *f* (am Ablaufberg) [mot]
**beam, rolled -**  Profilträger *m* [mas]
**beam splitter**  Strahlteiler *m* [mas]
**beam spread**  Öffnung des Schalls *f* [aku]
**beam support**  Balkenauflage *f* [bau]
**beam welding**  Strahlschweißen *n* [met]
**beam width**  Bündelweite *f* [elt]
**bear**  aufsetzen *v*
**bearable**  tragbar (tolerierbarer Zustand)
**bearer**  Unterzug *m* (Träger im Fachwerkverband) [con]; Auflager *n* [bau]; Stützlager *n* [con]
**bearing**  Bodendruck *m* [mbt]; Auflager *n* (z.B. für Brücke) [bau]; Lager *n* (Abstützung) [bau]
**bearing area**  Bodendruckfläche *f* [phy]; Gelenkfläche *f* [mas]
**bearing, bilateral -**  doppelseitige Lagerung *f* [mas]
**bearing block**  Lagerbock *m* [mbt]
**bearing body**  Lagerkörper *m* [mas]
**bearing bracket**  Lagerbock *m* [mot]
**bearing bush**  Lagerbuchse *f* [mas]
**bearing bushing**  Lagerbuchse *f* [mas]
**bearing cage**  Käfig *m* [mas]; Lagerkäfig *m* [mas]
**bearing capacity**  Tragfähigkeit *f* (Rolltreppe, Auflager) [mbt]
**bearing clearance**  Lagerspiel *n* (in Maßen erwünscht) [con]
**bearing corner radius**  Kantenabstand *m* (beim Lager) [con]
**bearing cover**  Lagerdeckel *m* [mas]
**bearing edge**  Auflage *f* (Balken, Träger) [bau]
**bearing, expansion -**  bewegliches Auflager *n* [bau]
**bearing eye**  Bolzenauge *n* (Bolzenlager) [mas]
**bearing-eye**  Lagerauge *n* (an Kolbenstange) [mas]
**bearing face**  Tragbild *n* (auf Zahnflanke Getriebe) [con]
**bearing flange**  Lagerflansch *m* [mas]
**bearing, floating -**  hydraulisch entlastetes Lager *n* [mas]; Loslager *n*

(Festlager andere Seite) [mas]; schwimmendes Lager *n* [mas]
**bearing friction** Lagerreibung *f* [mas]
**bearing housing** Lagergehäuse *n* [mas]
**bearing insert** Lagereinsatz *m* [mas]
**bearing internal clearance** Lagerluft *f* [mas]
**bearing length** Bodendrucklänge *f* (der aufliegende Kette) [mbt]
**bearing load** Lagerbeanspruchung *f* [con]; Lagerbelastung *f* [con]
**bearing lug** Lagerauge *n* [mbt]
**bearing pedestal** Lagerbock *m* (nimmt ein Lager auf) [mas]
**bearing plate** Auflagerplatte *f*
**bearing play** Lagerspiel *n* (unerwünscht) [con]
**bearing pressure** Auflagerdruck *m* [bau]; Sohldruck *m* [bau]
**bearing ring** Lagerring *m* [mas]
**bearing shell** Lagerschale *f* [mot]
**bearing sleeve** Lagerhülse *f* [mas]
**bearing support** Lagerbock *m* [mas]
**bearing surface** Lauffläche *f* (des Eisenbahnrades) [mot]
**bearing surface for races** Sitzfläche für Lagerringe *f* [mas]
**bearing type** Lagerausführung *f* [mas]
**bearing wall** tragende Mauer *f* [bau]
**bearing with butt ends** geteiltes Lager *n* (z.B. Rollenlager) [mas]
**bearing with part grooves** geteiltes Lager *n* (z.B. mit Nuten) [mas]
**beater mill** Schlägermühle *f* [pow]
**bed** Gründung *f* (Fundament) [bau]; Fundament *n* (Untergrund) [bau]
**bedding** Lager *n* (im Bauwesen) [bau]
**bed plate** Auflagerplatte *f* (Lagerplatte) [mas]; Fundamentplatte *f* [bau]; Sohlplatte *f* [bau]
**bedsitter** Einraumwohnung *f* [bau]
**beechwood shavings** Buchenholzspäne *pl* [jur]

**be fed through** eingespeist werden *v* [mas]
**beginning of opening** Öffnungsbeginn *m* (Ventil) [mas]
**beginning of regulation** Regelbeginn *m* [mot]
**behaviour** Verhalten *n* (z.B. in Kälte oder Hitze) [mas]
**behaviour during application** Einsatzverhalten *n* [mas]
**behaviour in application** Einsatzverhalten *n* [mas]
**beige** beige (RAL 1001) [nrm]
**beige brown** beigebraun (RAL 8024) [nrm]
**beige grey** beigegrau (RAL 7006) [nrm]
**beige red** beigerot (RAL 3012) [nrm]
**bell** Schelle *f* (Glocke) [mot]; Trichter *m* (hier: Haube) [mbt]
**bell check** ausklingeln *v* (Kabeltest) [msr]
**bell crank** Winkelhebel *m* (Werkzeug) [wzg]
**bell crank linkage** Z-Kinematik *f* (für Laderausrüstung) [mot]
**bell founding** Glockenguss *m* [met]
**bell frame** Glockenstuhl *m* [bau]
**bell housing** Anschlussstück *n* (Kupplung, Getriebe) [mas]
**bell mouth** Aufwerfung *f* (trompetenartig)
**bellow** Faltenbalg *m* [mas]
**bellows** Blasebalg *m* [mas]; Dichtungsbalg *m* [mas]; Federbalg *m* [mas]
**bellows expansion joint** Balgkompensator *m* [mas]; Balgkompensator *m* (in Leitungen) [mas]
**bellows-type accumulator** Blasenbalgspeicher *m* (Kettenspannen) [mas]
**bellow-type seal** Balgdichtung *f* [mas]

**bell seam** Tulpennaht *f* (an Stumpf- u. T-Stößen) [met]
**bell signal system** Läutewerk *n* (Bahn) [mot]
**bell valve** Glockenventil *n* [mas]
**belly** Schiffsbauch *m* (in Rumpf, Laderäumen) [mot]
**belly plate** Motorschutzplatte *f* [mbt]; untere Motorschutzplatte *f* [mbt]
**below regulated range** Regelbereichsunterschreitung *f* [mot]
**below surface** untertage (im Bergbau also nicht oben) [roh]
**below the dew point** Taupunktunterschreitung *f* [air]
**belt** Riemen *m* [mot]; Treibriemen *m* [mot]; Gepäckband *n* (im Flughafen) [mot]
**belt connector** Gurtanschluss *m* [bau]
**belt conveying** Bandförderung *f* (Streckenförderung) [mbt]; Streckenförderung *f* (Bandförderung) [mbt]
**belt conveyor** Bandförderanlage *f* [mbt]; Bandförderer *m* [roh]; Bandförderer *m* [mbt]; Gurtbandförderer *m* [mbt]
**belt conveyor, shiftable -** rückbare Bandförderanlage *f* [mbt]
**belt conveyor system** Bandanlage *f* [roh]; Förderbandanlage *f* [mbt]
**belt drive** Riemenantrieb *m* [mas]; Riementrieb *m* [mas]
**belt grinding machine** Bandschleifmaschine *f* [wzg]
**belt guard** Riemenschutz *m* [mbt]
**belt joint** Riemenverbinder *m* [mas]
**belt off-track limit switch** Bandschieflaufendschalter *m* [mbt]
**belt pulley** Gurtscheibe *f* [mas]; Riemenscheibe *f* (Treibriemenscheibe) [mas]
**belt pulley, high crowned -** ballige Riemenscheibe *f* [mas]
**belt pulley, high faced -** ballige Riemenscheibe *f* [mas]
**belt speed** Riemengeschwindigkeit *f* (Riemenantrieb) [mas]
**belt stacker** Bandabsetzer *m* [mbt]
**belt tension** Riemenspannung *f* [mas]
**belt tightener** Riemenspanner *m* [mas]
**belt width** Riemenbreite *f* [mas]
**bench** Abbaubank *f* (im Steinbruch) [roh]; Strosse *f* (Tagebau, Planum für Gerät) [roh]
**bench hutch** Strossenhaus *n* (Schutz Kabelanschlüsse über Tage) [roh]
**benchmark** Festpunkt *m*; Höhenfestpunkt *m*
**bend** Durchbiegung *f* [mas]
**bend** biegen *v* (entlang Biegelinie) [met]; krümmen *v* (biegen) [met]; verbeulen *v*; verbiegen *v* (mit oder ohne Absicht) [met]
**bend connector** Bogenstück *n* [mas]
**bended** geneigt (gebogen) [wer]
**bending** Beugung *f* (Biegen) [met]; Durchbiegung *f* [pow]; Biegehalbmesser *m* [con]; Biegen *n* [met]
**bending devices** Biegevorrichtungen *pl* [met]
**bending line** Biegelinie *f* [con]
**bending line, bottom** Biegelinie unten *f* [con]
**bending line, top** Biegelinie oben *f* [con]
**bending machine** Biegemaschine *f* [wzg]; Kantmaschine *f* [wzg]
**bending momentum** Biegemoment *n* [con]
**bending radius, permissible -** zulässiger Biegeradius *m* [mas]
**bending roll** Biegewalze *f* [met]
**bending schedule** Biegeliste *f* [bau]
**bending stiffness** Biegesteifigkeit *f* [wer]

**bending strength** Biegefestigkeit *f* [wer]
**bending stress fatigue limit** Dauerbiegewechselfestigkeit *f* [mas]
**bending test** Biegeprobe *f* [msr]
**bending wave** Biegungswelle *f* (des Drahtes) [mas]
**bending wrench** Biegezange *f* [wzg]
**bend-line** Biegelinie *f* [con]
**bend-line, bottom** Biegelinie, unten *f* [con]
**bend loss** Verlust durch Umlenkung *m* [pow]
**bend radius** Krümmungsradius *m* [con]
**bend test** Biegeprobe *f* [msr]
**bend test specimen** Biegeprobe *f* (verwendetes Teststück) [msr]
**bend up** aufbiegen *v* [met]
**beneficiary certificate** Werksattest *n* (bei Lieferungen) [eco]
**benefits for social security** Sozialabgaben *pl* (Arbeitgeber) [eco]
**bent** gekrümmt (auch Straße) [con]; verbeult; verbogen
**bent axis** Schrägachse *f* (an Hydraulikpumpe) [mas]
**bent characteristic** Knickkennlinie *f* [elt]
**bent lug link plate** Winkellasche *f* [mas]
**bent tube boiler** Steilrohrkessel *m* [pow]
**benzine** Waschbenzin *f* [che]
**berth** Slip *m* (Helling) [mot]
**Bessemer bulb** Bessemer-Birne *f* (Stahlerzeugung) [roh]
**bevel** Schrägkante *f* [mas]
**bevel** abschrägen *v* (abkanten) [met]
**bevel drive gear** Antriebskegelrad *n* [mas]
**bevel drive pinion** Antriebskegelrad *n* [mas]
**bevel gear** Kegelradkranz *m* [mas]; Kegelrad *n* [mas]; Kegelradgetriebe *n* [mas]; Tellerrad *n* (Kegelrad) [mas]
**bevel gear casing** Kegelradgehäuse *n* [mot]
**bevel gear pinion** Kegelrad *n* [mas]; Kegelritzel *n* [mas]
**bevel gear shaft** Kegelradwelle *f* [mas]
**bevel gear wheel** Kegelradantrieb *m* [mas]
**bevel hub** Kegelnabe *f* [mot]
**bevelled** geschnitten [met]; kantig
**bevel pinion** Kegelrad *n* [mas]; Kegelritzel *n* [mas]; kleines Kegelrad *n* [mas]
**bevel seam** HV-Naht *f* [met]
**bevel spur gear** Kegelstirnrad *n* [mas]
**beyond repair** unreparierbar [mas]
**biannual** zweijährig
**bias** Vorspannung *f* (Gitter-) [mas]
**bicycle** Zweirad *n* [mot]
**bicycle industry** Zweiradindustrie *f* [mot]
**bi-drum boiler** Zweitrommelkessel *m* [pow]
**big bag** Großgebinde *n*
**bilge** Kielraum *m* (Bilge) [mot]
**bilge pump** Lenzpumpe *f* [mot]
**billet** Bramme *f* (Knüppel) [mas]; Knüppel *m* (z.B. Stahl, Roheisen) [mas]
**billet probe holder** Knüppelprüfer *m* (Halter) [mas]
**billet sledge** Knüppelschlitten *m* [mas]
**billet test installation** Knüppelprüfanlage *f* [msr]
**bill of materials** Stückliste *f* [con]
**bill of quantities** Leistungsverzeichnis *n* [bau]
**bi-metal fuse** Bimetallsicherung *f* [elt]
**bi-metal relay** Bimetallrelais *n* [elt]
**bi-metal spring** Bimetallfeder *f* [mas]

**bin** Büchse *f* [mas]
**bin-and-feeder system** Zwischenbunkerung *f* [pow]
**binary image** Binärbild *n* [edv]
**bind, double -** gegenseitige Abhängigkeit *f*
**binder** Binderfarbe *f* (Binder) [mas]; Binder *m* (Binderfarbe) [mas]; Bügel *m* (in Stützen) [bau]; Vernetzer *m* (Kleber) [mas]; Bindemittel *n* [mas]; Trägermetall *n* [mas]
**binding** Bindung *f* [edv]
**binding beam** Unterzug *m* (Binder im Fachwerkverband) [bau]
**binding material** Bindemittel *n* [mas]
**biohouse** Biohaus *n* [bau]
**bipolar** zweipolig [elt]
**bird's view** Draufsicht *f* [con]
**bit** Schneide *f* [mbt]
**bit string** Bitkette *f* [edv]
**bitumen sealing** Bitumenabdichtung *f* [bau]
**bituminous** bituminös [che]; teerhaltig (z.B. Asphalt) [che]
**bituminous aggregates** Bitu-Kies *m* (bituminöser Kies) [bau]
**biweekly** vierzehntägig; zweiwöchentlich
**black blue** schwarzblau (RAL 5004) [nrm]
**black brown** schwarzbraun (RAL 8022) [nrm]
**black cotton soil** Schwarzerde *f* [bod]
**black green** schwarzgrün (RAL 6012) [nrm]
**black grey** schwarzgrau (RAL 7021) [nrm]
**black ice** überfrierende Nässe *f* (Glatteis) [wet]
**blackiron metallurgy** Schwarzmetallurgie *f* [mas]
**black lacquered** schwarzlackiert; schwarzlackiert (Metalloberfläche)

**black liquor recovery boiler** Schwarzlaugenkessel *m* [pow]
**black olive** schwarzoliv (RAL 6015) [nrm]
**blackout** Verdunkelung *f*; Stromausfall *m* (vollständig) [elt]; Stromausfall *m* [elt]
**black plate, also temporary protected** Feinstblech, auch behandelt *n* [mas]
**black red** schwarzrot (RAL 3007) [nrm]
**blacksmith's hammer** Schmiedehammer *m* [wzg]
**blacktop** Schwarzdecke *f* (Verschleißoberfläche) [mot]; Teerdecke *f* (Asphaltoberfläche) [mot]
**black top** Straßenoberfläche *f* (z.B. Asphalt) [mot]
**black top material** Schwarzmaterial *n* (Asphalt, Teerdecke) [mot]
**bladder type accumulator** Druckblasenspeicher *m* [mot]
**blade** Klinge *f* (Messer, Rasierklinge) [mas]; Schar *f* (des Graders) [mbt]; Schneide *f* (Messer) [mas]; Schild *n* (am Grader) [mbt]
**blade control** Scharsteuerung *f* [mbt]
**blade cylinder** Scharzylinder *m* [mbt]
**blade extension** Scharverlängerung *f* [mbt]
**blade, front -** Frontschar *f* [mbt]; Stirnschar *f* [mbt]; Stirnschild *n* [mot]
**blade lift arm** Hubarm für Planierschild *m* [mbt]
**blade ring** Laufschaufelkranz *m* [mbt]
**blade support frame** Hobelkreuz *n* (des Graders) [mbt]
**blade wing** Scharseitenblech *n* [mbt]
**blading** Beschaufelung *f* (Turbine) [pow]
**blading station for turbine rotors** Beschaufelungsstand für Turbinenläufer *m* [pow]

**blank** blank (poliert, geschliffen) [met]
**blank** Zuschnitt *m* (Vorschnitt des Werkstücks) [met]; rohes Formstück *n* (unbearbeitet) [met]
**blank cut** Zuschnitt *m* (Vorschnitt des Werkstücks) [met]
**blanket** Blankett *n* (Rolltreppen-Beschreibung für Architekten) [bau]
**blank hardening** blindhärten *v* [met]
**blanking** Austastung *f* [elt]; Austastung *f* [elt]; Dunkeltastung *f* [elt]; Schwarztastung *f* (auf Monitor) [edv]; Stanzteil *n* [mas]
**blanking** ausblenden *v* (ganze Fläche leeren)
**blanking control** Dunkelsteuerung *f* (Bildschirm) [edv]
**blanking plug** Sperrstopfen *m* [mas]
**blank key** Leertaste *f* (auf Tastatur) [edv]
**blank-off flange** Blindflansch *m* [mas]
**blank-out** Ausblendung *f* (auf Schirm)
**blast** Sprengung *f* (im Steinbruch) [roh]
**blast** sprengen *v* (im Steinbruch) [roh]
**blasted material** gesprengtes Material *n* [roh]
**blast-furnace slag** Hochofenschlacke *f* [mas]
**blasting** Sprengarbeit *f* [roh]
**blasting agents** Sprengmittel *n* (z.B. im Bergbau) [roh]
**blasting fuse** Anzündschnur *f* [roh]
**blasting, without prior -** ungesprengt [roh]
**blast pattern** Sprengmuster *n* (z.B. im Tagebau) [roh]
**blast pipe** Düse *f* (Hüttenwesen) [mas]
**blast shelter** Schutzraum *m* [bau]
**blast table spreader** Blastischaufgabe *f* [pow]
**bleach** bleichen *v* (z.B. Haare) [che]

**bled steam** Anzapfdampf *m* [pow]
**bled steam tapping point** Anzapfstelle *f* [pow]
**bleed** ablassen *v* (Druck, Flüssigkeit) [air]; anzapfen *v* [air]; entlüften *v* (z.B. Bremsleitung) [mot]; nachlassen *v* (der Spannung) [elt]
**bleeder** Ableitwiderstand *m* [elt]; Entlüfter *m* (z.B. Bremsleitung) [mot]
**bleeder pipe** Abfackelrohr *n* [air]
**bleeder screw** Entlüftungsschraube *f* [mas]
**bleeding** blutig (offene Wunde) [hum]
**bleeding** Anzapfung *f* [pow]; Entlüften *n* (das Entlüften) [air]
**bleeding valve** Leckventil *n* [mot]
**bleed off** Nebenschluss *m* (wenn Öl zum Zylinder) [mot]
**bleed off** abfackeln *v* (nicht nutzbare Gase) [air]
**bleed-off** Lecköl *n* [mot]
**bleed oil** Lecköl *n* [mot]
**bleed pipe** Leckleitung *f* [mot]
**bleeper** Pieper *m* (Piepser) [tel]; Taschenempfänger *m* (Pieper) [tel]
**blending bed** Mischbettanlage *f* [roh]
**blending equipment** Mischeinrichtung *f* [roh]
**blending reclaimer** Mischbettaufnahmegerät *n* [roh]
**blind** Blende *f* (am Fenster) [bau]; Markise *f* [bau]
**blind current** Blindstrom *m* [elt]
**blind flange** Blindflansch *m* [mas]
**blind flight** Blindflug *m* [mot]
**blinding concrete** Sauberkeitsschicht *f* [bau]
**blind plate** Blindplatte *f* [mas]
**blind rivet** Blindniete *f* [mas]
**blind shaft** Blindwelle *f* (meist Hohlwelle) [mot]
**block** Auflage *f* (Abstützung); Aussperrung *f* (bestimmtes Material); Anschlag *m* (auf Anschlag fahren)

[mas]; Häuserblock *m* [bau]; Klotz *m* (Holzklotz) [bau]; Körper *m* (z.B. des Motors) [mot]
**block** zustellen *v* (versperren)
**blockage** Verstopfung *f* (durch Schmutz, Pfropfen)
**block brake** Klotzbremse *f* [mbt]; Klotzsohle *f* (auswechselbarer Bremsschuh) [mbt]
**block braked** klotzgebremst [mbt]
**block clamp** Steinklammer *f* (an Lader oder Stapler) [mbt]
**block clearance** Bremsklotzabstand *m* (Bremsklotzspiel) [mbt]; Bremsklotzspiel *n* [mbt]; Klotzspiel *n* (des Bremsklotzes) [mot]
**block diagram** Schema *n* [con]
**blocked** gesperrt
**blocking** Verstärkungsleiste *f* [con]
**blocking oscillator** Sperrschwinger *m* [elt]
**blocking the readout** Anzeigensperre *f*
**blocking voltage** Sperrspannung *f* [elt]
**block leveller** Hobelmaschine *f* [wzg]
**block load** Bremsklotzkraft *f* (am Waggon) [mot]
**block of buildings** Gebäudekomplex *m* [bau]
**block off** abdämmen *v* (abdecken) [bau]
**block of flats** Wohnblock *m* [bau]; Wohnhaus *n* (Mehrfamilienhaus) [bau]
**block operation** Blockbetrieb *m* (im Tagebau) [roh]
**block post** Blockstelle *f* (der Bahn) [mot]
**block radiator** Teilblockkühler *m* [mot]
**block section** Blockabschnitt *m* (der Bahn) [mot]
**block signal** Blocksignal *n* (der Bahn) [mot]

**block system** Blocksystem *n* (der Bundesbahn) [mot]
**block systems** Blockanlagen *pl* (der Bahn) [mot]
**block tackle** Seilflasche *f* [bau]
**block train** Blockzug *m* (alle Waggons gleich) [mot]; Vollzug *m* (Blockzug; Wagen alle gleich) [mot]
**block tyre** Blockreifen *m* [mot]
**blood infection** Blutinfektion *f* [hum]
**bloom** Block *m* (Walzblock) [met]; Walzblock *m* (Block) [met]
**bloomed** blockgewalzt [met]
**blooming mill** Blockwalzwerk *n*
**blow** Stoß *m* (des Hammers) [met]
**blow** blasen *v* (pusten); durchbrennen *v* (Sicherung) [elt]; wehen *v* (verwehen, wegwehen)
**blow bar** Schlagleiste *f* (im Brecher) [mbt]
**blow-down** Absalzung *f* (Abschlammung) [pow]; Abschlämmung *f* (Absalzung) [pow]
**blow-down valve** Abschlämmventil *n* [pow]; Abschlämmventil *n* [pow]
**blower fan** Drucklüfter *m* [air]
**blow folding press** Schlagpresse *f* (zum Abkanten) [met]
**blow forging press** Schlagpresse *f* (zum Schmieden) [met]
**blowhole** Lunker *m* (Hohlraumbildung, Schrumpfung) [wer]
**blow-in** einblasen *v* [pow]
**blowing-in device** Einblasevorrichtung *f* [pow]
**blowing-in, radial -** radiale, Einblasung- *f* [pow]
**blow lamp** Lötlampe *f* [wzg]
**blow-off valve** Abblasventil *n* [air]
**blow out** ausblasen *v* (Überhitzer) [pow]; ausplatzen *v* (Dichtung reißt heraus) [mas]; herausplatzen *v* (herausfliegen) [wer]; verpuffen *v* [che]

**blow-out coil** Blasspule *f* [mas]
**blowpipe** Lötrohr *n* [met]
**blow up** sprengen *v* (zur Explosion bringen) [roh]
**blued** gebläut (Metalloberfläche) [met]
**blue green** blaugrün (RAL 6004) [nrm]
**blue grey** blaugrau (RAL 7031) [nrm]
**blue lilac** blaulila (RAL 4005) [nrm]
**blue-line print** Blaupause *f* [con]
**blueprint** Pause *f* (Blaupause, Kopie) [con]
**blue print paper** Blaupauspapier *f* [con]
**blueprints** technische Zeichnungen *pl* (allgemein) [con]
**blunt** unscharf (Messer) [wzg]
**blunt angle** stumpfer Winkel *m* [con]
**bluntness** Unschärfe *f* (des Messers) [con]
**blurred** unscharf (Photo)
**board** Bohle *f* (Planke) [mbt]
**board** verschalen *v* [bau]
**boarding** Bretterverkleidung *f* [bau]
**boarding-house** Fremdenheim *n* [bau]
**board of directors** Vorstand *m* [eco]
**board of management** Unternehmensleitung *f* [eco]
**board of managers** Vorstand *m* [eco]
**boards formwork** Bohlenschalung *f* [bau]
**board transformer** Bordtransformator *m* [mbt]
**boardwalk** Fußweg *m* (aus Holz neben Fahrweg) [bau]
**board wall** Bohlenwand *f* [bau]
**bob** Schwabbelscheibe *f* (Polierwerkzeug) [wzg]
**bobbin** Haspel *f* [roh]
**Bode plot** Bode-Diagramm *n* (z.B. von elektrischer Schaltung) [elt]
**bodily injury** Personenschaden *m* (bei Versicherungen) [jur]

**body** Karosserie *f* (des Autos) [mot]; Mulde *f* (des Dumpers); Aufbau *m* (Fahrzeug-) [mot]; Körper *m* (Ventilkörper) [mas]; Körper *m* (von Mensch oder Tier) [hum]; Leib *m* (z.B. menschlicher Körper) [hum]; Rumpf *m* [mas]
**body-bound rivet** Spreizniet *f* (meist Kunststoff) [mas]
**body extension** Bordwanderhöhung *f* (am Lkw) [mot]
**body making** Karosserierohbau *m* [mot]
**body plan** Spantenriss *m* [con]
**body shell** Baukörper *m* [bau]
**bog down** festfahren *v* (im Schlamm) [mbt]; stecken bleiben *v* (im Schlamm) [mot]
**bogged down** steckengeblieben (Auto) [mot]
**bogie** Drehgestell *n* [mbt]; Untergestell *n* [bau]
**bogie beam** Pendelbalken *m* (Tandemachse) [mbt]
**bogie-bearing cup** Gleiteinlage *f* (in Drehgestellpfanne) [mot]
**bogie-bearing pad** Gleitplatte *f* [mot]
**bogie for goods wagon** Güterwagendrehgestell *n* [mot]
**bogie frame** Drehgestellrahmen *m* [mbt]
**bogie pin** Drehzapfen *m* (z.B. an Drehgestell) [mas]
**bogie side frame** Drehgestellseitenrahmen *m* [mot]
**bogie unit** Drehgestelleinheit *f* [mot]
**bog removal** Baggern *n* [mbt]
**boil** kochen *v* (Wasser) [pow]
**boiler air valve** Kesselentlüftung *f* [pow]
**boiler arrangement drawing** Kesselzeichnung *f* [pow]; Kesselzeichnung *f* (Kesselzusammenstellungs-Zeichnung) [pow]

**boiler barrel** Kesselschuss *m* (gebogenes Blech als Stütze) [pow]
**boiler blow-down tank** Abschlämmbehälter *m* [pow]
**boiler, bottom-supported -** unten abgestützter Kessel *m* [pow]
**boiler brickwork** Kesseleinmauerung *f* [pow]
**boiler capacity** Kesselleistung *f* [pow]
**boiler casing** Kesselverschalung *f* [pow]
**boiler cleansing compound** Kesselsteinlöser *m* (Reinigungsmittel) [pow]; Kesselsteinlösemittel *n* [pow]
**boiler column base plate** Kesselsäulenfundament *n* [pow]
**boiler components** Kesselteile *pl* [pow]
**boiler control board** Kesselpult *n* [pow]
**boiler control room** Kesselwarte *f* [pow]
**boiler data** Kesselangaben *pl* (Kesseldaten) [pow]
**boiler dimension** Kesselabmessung *f* [pow]
**boiler drain valve** Kesselablassventil *n* [pow]
**boiler drawing** Kesselzeichnung *f* [pow]
**boiler efficiency** Kesselwirkungsgrad *m* [pow]
**boiler feed pump** Kesselspeisepumpe *f* [pow]
**boiler feed water** Kesselspeisewasser *n* (Dampflok) [mot]; Speisewasser *n* (im Kessel) [pow]
**boiler fittings** Kesselarmaturen *f* (Dampflok) [pow]
**boiler foundation** Kesselfundament *n* [pow]
**boiler furnace roof** Kesseldecke *f* (Feuerraum) [pow]

**boiler heating surface** Kesselheizfläche *f* [pow]
**boiler house** Kesselhaus *n* [pow]
**boiler instruments panel** Instrumententafel *f* (Kesselschild) [pow]; Kesselschild *n* (Instrumententafel) [pow]
**boiler, long -** Langkessel *m* (auf Dampflok) [mot]
**boiler maker's plate** Kesselherstellerschild *n* (Dampflok) [mot]
**boiler making plant** Kesselschmiede *f* [pow]
**boiler name plate** Kesselschild *n* (Hersteller) [pow]
**boiler panel** Kesselschild *n* (Instrumententafel) [pow]
**boiler panel instruments** Kesseltafelinstrumente *pl* [pow]
**boiler patcher** Kesselflicker *m* (meist kleine Gefäße) [pow]
**boiler plant** Anlage *f* (Kessel-Anlage) [pow]; Kesselanlage *f* (Anlage) [pow]
**boiler plate** Kesselblech *n* [mas]
**boiler preservation** Kesselkonservierung *f* [pow]
**boiler pressure** Kesseldruck *m* (Dampflok) [pow]
**boiler-pressure gauge** Kesseldruckmanometer *n* (Dampflok) [msr]
**boiler rating** Kesselnennleistung *f* [pow]
**boiler ring** Kesselbekleidung *f* (Kesselringe) [pow]; Kesselring *m* (Bleche für Kessel) [mot]
**boiler routine inspection** Kesselüberholung *f* [pow]
**boiler scale** Kesselstein *m* [pow]
**boiler shell** Kesselschuss *m* (gebogenes Blech als Stütze) [mot]
**boiler shut-down** Kesselaußerbetriebnahme *f* (Abfahren)

**boiler steel**

[pow]; Abfahren *n* (Kesselaußerbetriebnahme) [pow]
**boiler steel** Kesselbaustahl *m* [mot]
**boiler steel structure** Stahlgerüst *n* (Kesselgerüst) [pow]
**boiler support** Kesselaufhängung *f* [pow]
**boiler support steel work** Kesselgerüst *n* [pow]
**boiler test instrument** Versuchsinstrument *n* [msr]
**boiler top casing** Kesseldecke *f* (Blechdecke) [pow]
**boiler tube** Apparaterohr *n* (Kessel, Apparate) [pow]; Kesselrohr *n* (für Kessel, Apparate) [mas]; Kessel- und Apparaterohr *n* [mas]; Siederohr *n* [mas]
**boiler-tube section** Kesselschuss *m* (z.B. unter Drehverbindung) [mbt]
**boiler unit** Aggregat *n* (Kessel) [pow]; Kesselaggregat *n* [pow]
**boiler wash-out** Kesselspülung *f* (Spülung) [pow]
**boiler water blow-down** Absalzung *f* (Abschlammung) [pow]; Abschlämmung *f* (Absalzung) [pow]; Entsalzung *f* (Trommel) [pow]; Kesselwasserabschlämmung *f* [pow]
**boiler welding** Kesselschweißen *n* [met]
**boiler with a stationary grate** Planrostkessel *m* [pow]
**boiler with forced circulation** Zwangumlaufkessel *m* [pow]
**boiler with integral furnace** Integralkessel *m* [pow]
**boiler with natural draught** Naturzugkessel *m* [pow]
**boiler with pressurised furnace** Kessel mit Druckfeuerung *m* [pow]
**boiler with slag-tap furnace** Schmelzkessel *m* [pow]
**boiling point** Siedepunkt *m* [phy]

**boiling test** Kochversuch *m* (z.B. Stahl) [msr]
**boil out** auskochen *v* (Kessel) [pow]
**bollard** Poller *m* (am Kai) [mot]
**bolster** Hauptquerträger *m* (des Waggons) [mot]
**bolt** Schraube *f* [mas]; Bolzen *m* [mas]; Riegel *m* [mas]
**bolt** verschrauben *v* [met]
**bolt and nut** Schraube und Mutter [mas]
**bolt, black -** rohe Schraube *f* [mas]
**bolt circle diameter** Lochkreis *m* [con]
**bolt cutter** Bolzenschneider *m* [wzg]
**bolted connection** Schraubenverbindung *f* [mas]; Schraubverbindung *f* [mas]
**bolted connection broken** Schraubverbindung gerissen *f* [mas]
**bolted connection loose** Schraubverbindung lose *f* [mas]
**bolted connection overwound** Schraubverbindung überdreht *f* [mas]
**bolt head** Schraubenkopf *m* [mas]
**bolt hole** Laschenloch *n* [mas]
**bolt on** anschrauben *v* (festziehen) [met]; schrauben *v* (einer Metallschraube) [met]
**bolt-on** angeschraubt [mas]
**bolt-on teeth** Schraubzahn *m* (Hülsenzahn) [mas]
**bolt pocket** Aussparung für Schrauben *f* [mas]
**bomb** Fallbirne *f* [mbt]
**bond** Einbindelänge *f* [bau]; Haftung *f* [bau]; Mauerverband *m* [bau]; Verbund *m* [bau]
**bond** durchbinden *v* [bau]
**bonded** gefugt *f* (Wand) [bau]
**bonded masonry** verbundenes Mauerwerk *n* [bau]
**bonder** Binderstein *m* [bau]
**bonderize** phosphatieren *v* [wer]

**bonding** Klebung *f* [mas]
**bonding coat** Grundierung *f* (zum Aufkleben von Bahnen) [bau]
**bonding mortar** Haftmörtel *m* [bau]
**bond of mortar** Mörtelhaftung *f* [bau]
**bond plaster** Haftputz *m* [bau]
**bondstone** Bindestein *m* [bau]
**bondstones** durchbindende Steine *pl* [bau]
**bone** Knochen *m* [hum]
**bone dry** knochentrocken
**boning rod** Visiertafel *f* [mas]
**bonnet** Deckel *m* [mas]
**bonnet hinge** Haubenscharnier *n* [mot]
**bonnet lock** Haubenschloss *n* [mot]
**bonnet stay** Haubenstütze *f* [mot]
**bonnet truck tractor** Haubenzugmaschine *f* [mot]
**book keeper** Buchhalter *m* (z.B. in Firma) [eco]
**boom** Ausleger *m* (Abstützung) [mbt]; Gittermastausleger *m* [mbt]; Mast *m* [mbt]
**boom adjusting cylinder** Nackenzylinder *m* (Verstellzylinder) [mbt]
**boom angle** Auslegerwinkel *m* (Standfläche Ausleger) [mbt]
**boom crowd force** Knippkraft *f* (eines Auslegers) [mbt]
**boom cylinder** Auslegerzylinder *m* [mbt]; Hubzylinder *m* [mas]
**boom extension** Auslegerverlängerung *f* (für Ramme) [mbt]
**boom foot pin** Auslegeroberteil *n* [mbt]
**boom gantry** Seilgerüst *n* (hält Ausleger über Seile) [mbt]
**boom lowering** Auslegersenken *n* [mbt]
**boom moment** Auslegermoment *n* [mbt]

**boom position** Auslegerstellung *f* [mbt]
**boom, upper -** Obergurt *m* (Stahlbau) [bau]; Auslegeroberteil *n* [mbt]
**boost** anheben *v* (verstärken) [elt]; nachhelfen *v* (unterstützen); unterstützen *v* (kräftigen, fördern); verstärken *v* [elt]
**boost charge** Schnellladung *f* (Batterie) [elt]
**booster** Servoeinrichtung *f* (hilft arbeiten) [mot]; Booster *m* (Zusatzantrieb der Lok) [mot]; Verstärker *m* [elt]; Zusatzantrieb *m* (meist im Tender) [mot]
**booster cylinder** Hilfszylinder *m* [mot]; Servozylinder *m* (Druckübersetzer) [mot]
**booster fan** Druckerhöhungsgebläse *n* (Zusatzgebläse) [pow]; Zusatzgebläse *n* (Druckerhöhungsgebläse) [pow]
**booster pump** Förderpumpe *f* (zusätzlich) [mot]
**booster pump station, floating -** schwimmende Pumpstation *f* [mot]
**boot** Ansenkung *f* (Vertiefung); Manschette *f* (Einsteckmuffe) [mas]
**boot floor** Kofferboden *m* [mot]
**booth** Messestand *m* [eco]
**boot lid** Gepäckraumklappe *f* [mot]; Kofferraumdeckel *m* [mot]
**boot lid handle** Deckelgriff *m* [mot]
**boot lid hinge** Deckelscharnier *n* [mas]
**boot lid lock** Deckelschloss *n* [mot]
**boot lid support** Deckelstütze *f* [mot]
**boot plate** Flansch *m* [mas]
**border** Rahmen *m* (Begrenzung)
**border line** Begrenzung *f* (auch territorial)
**border stone** Bordstein *m* [bau]
**bore** Bohrloch *n* (im Metall) [met]
**bored all through** Durchgangsbohrung *f* [con]

**bore diameter** Bohrungsdurchmesser *m* [con]
**bore fit** Bohrloch *n* (im Metall) [mas]
**borefit for dowel** Passbohrung *f* [con]
**bore hole diameter** Bohrdurchmesser *m* [con]
**bore pattern** Bohrbild *n* (Muster, Design) [con]
**boring machine** Bohrmaschine *f* [wzg]
**boring mill** Bohrwerk *n* [wzg]
**boring mill, vertical -** Vertikalbohrwerk *n* [wzg]
**boring socket** Bohrfutter *n* [wzg]
**borrowed workforce** Leiharbeitnehmer *m* [eco]
**borrowing area** Gewinnungsfläche *f* [bau]
**boss** Ansenkung *f* (Nabe) [mas]; Lagernabe *f* [mas]; Vorsprung *m* (Maschinenteil) [mas]
**boss plate** Lochplatte *f* [mas]
**both-to-blame collision clause** Kollisionsklausel *f* (beiderseitige Schuld) [jur]
**bottle green** flaschengrün (RAL 6007) [nrm]
**bottleneck** Engpass *m* (enge Stelle) [mot]; Nadelöhr *n* (Engpass, enge Stelle)
**bottom** unten (Zeichnungen) [con]
**bottom** Sohle *f* (Boden, auch des Meeres) [geo]; Kiel *m* (Schiffsteil) [mot]; Kielraum *m* (Bilge) [mot]; Liegendes *n* (im Kohlen-, Erzstollen) [roh]
**bottom air duct** Unterwindkanal *m* [pow]
**bottom block** Bodenstein *m* [bau]
**bottom boom** Untergurt *m* (Unterzug) [bau]
**bottom centre discharge wagon** Mittenentladewagen *m* [mot]
**bottom chord** Untergurt *m* (bei Kastenkonstruktion) [mbt]

**bottom discharge wagon** Bodenentleerwagen *m* [mot]
**bottom-discharge wagon** Bodenentladewagen *m* [mot]
**bottom dump** Bodenentleerung *f* [mot]
**bottom dump shovel** Klappschaufel *f* (Erdaushub) [mbt]
**bottom-dump shovel** Bodenentleerschaufel *f* (Klappschaufel) [mbt]
**bottom echo** Rückwandecho *n* [aku]
**bottom face of the plate** Blechunterseite *f* [mbt]
**bottom-fired unit** Feuerung mit unten liegenden Brennern *f* [pow]
**bottom flange** Untergurt *m* (Stahlbau) [bau]; Untergurt *m* (I-Träger) [mas]
**bottom-hinged sash** Kippflügel *m* (Fenster) [bau]
**bottom hung** Kippflügel *m* (Fenster) [bau]
**bottom layer** untere Bewehrung *f* [bau]
**bottom of foundation** Fundamentsohle *f* [bau]
**bottom of furnace** Brennkammerboden *m* [pow]
**bottom of the sea** Meeresboden *m* [geo]
**bottom paving** Bodenbelag *m* [bau]
**bottom plate** Bodenplatte *f* (z.B. eines Kastens) [mbt]; Fundamentplatte *f* [bau]
**bottom reinforcement** untere Bewehrung *f* [bau]
**bottom roller** Laufrolle *f* (Stützrolle oben) [mas]
**bottom sealing** Basisabdichtung *f* [bau]
**bottom tank** unterer Teil des Kühlers *m* [mot]
**bottom view** Ansicht von unten *f* [con]

**bottom width** Breite, untere *f* (Keilriemen) [mas]; Sohlenbreite *f* (des Grabens) [bau]
**boulder** Block *m* (großer Stein) [roh]; Knäpper *m* (großer Steinbrocken) [roh]
**boulder** knäppern *v* (Brocken bearbeiten) [roh]
**boulder clay** Geschiebelehm *m* [bod]
**boulders** Geröll *n* (grobes Haufwerk) [roh]
**boulder window** Knäpperscheibe *f* (Fenster Fahrerhaus) [roh]
**boulder work** Knäppereinsatz *m* (z.B. des Baggers) [roh]
**bounce** Stoß *m* (Schlag, Schubs) [mot]
**boundary** Begrenzung *f* (des Erlaubten, des Landes)
**boundary conditions** Grenzbedingungen *f* [mat]
**boundary echo** Begrenzungsecho *n* [aku]
**boundary effect** Randeffekt *m*
**boundary layer** Grenzschicht *f* [air]
**boundary layer waves** Grenzschichtwellen *pl* [elt]
**boundary surface** Grenzfläche *f* [edv]
**boundary surface waves** Grenzflächenwellen *pl* [elt]
**boundary wall** Grenzmauer *f* [bau]
**bow** Biegung *f* (z.B. der Straße) [bau]; Durchbiegung *f* [mas]; Krümmung *f*; Bügel *m* (Griff; Rüsche) [mas]
**Bowden cable** Bowdenzug *m* [mot]
**Bowden control** Betätigungszug *m* (Bowdenzug) [mot]
**Bowden line** Bowdenzug *m* [mot]
**bowed** geneigt (bogenförmig)
**bowed section** Bogenstück *n* (z.B. in Rohr) [mas]
**bow girder** Bremsdreieck *n* (des Waggons) [mot]
**bowing** Durchhang *m* [bau]
**bowing under load** Durchbiegung *f* (vorübergehendes Nachgeben) [wer]
**bowl brake valve** Kübelbremsventil *n* [mas]
**bowl mill** Schüsselmühle *f* [roh]
**bow screw** Bügelschraube *f* [mas]
**box** Schachtel *f*; Anschnitt *m*; Schrank *m* (Verteilerschrank) [elt]
**box body** Oberwagen *m* (des Güterwagens) [mot]
**boxcar** gedeckter Güterwagen *m* [mot]; Güterwagen *m* (geschlossen) [mot]
**box design** Kastenträgerkonstruktion *f* (geschweißt) [mbt]
**box design** Kastenkonstruktion *v* (z.B. geschweißt) [mbt]
**boxed** umschweißt (Naht um drei Seiten) [mas]
**boxed-in section** Kastenquerschnitt *m* [mas]
**box end wrench** Ringschlüssel *m* [wzg]
**boxing** Umschweißung *f* (Naht um drei Seiten) [met]
**box nut** Kastenschraube *f* [mas]
**box pile** Kastenspundwand *f* [mas]
**box-section frame** Kastenrahmen *m* [mbt]
**box spanner** Ringschlüssel *m* [wzg]; Sechskantstiftschlüssel *m* [wzg]; Stiftschlüssel *m* [wzg]
**box-type frame** Rahmen *m* (mit Kastenprofil) [mbt]
**box wagon** Kastenwagen *m* (offener Güterwagen) [mot]
**box wrench** Ringschlüssel *m* [wzg]
**brace** Bohrwinde *f* (Handbohrer) [wzg]; Strebe *f* (hält, drückt auseinander) [mas]; Stütze *f* (auch in Prothesen) [mas]; Verstrebung *f* [mas]; Handbohrer *m* (spindelförmig) [wzg]

**brace** sich versteifen *v* (anspannen); versteifen *v* (sich versteifen, anspannen); verstreben *v* [bau]
**bracing** Versteifung *f* (z.B. Fachwerkverband) [bau]; Verstrebung *f* (z.B. Fachwerkverband) [bau]; Verbau *m* (Graben) [bau]
**bracing plate** Versteifungsblech *n* [mot]
**bracket** Befestigung *f* [mas]; Halteplatte *f* [mas]; Halterung *f* (Konsole) [mas]; Stütze *f* (Konsole, Auflage) [mas]; Bügel *m* (Klammer); Halter *m* (Konsole) [mbt]; Träger *m* (Abstützung) [bau]; Träger *m* (Konsole) [mas]
**bracket clip** Steglasche *f* [mot]
**bracket plate** Konsolplatte *f* [pow]
**bracket support** Kragstütze *f* [mas]
**braid** Tresse *f* (Litze aus Textil od. Metall) [mas]
**braid** flechten *v* (zopfartig verweben) [met]
**braided hose** Panzerschlauch *m* [mas]
**brake** abbremsen *v* (den Zug, die Fahrzeuge) [mot]; bremsen *v* [mot]
**brake actuator** Bremshebel *m* [mbt]
**brake anchor plate** Bremsankerplatte *f* [mot]; Bremsträger *m* [mot]
**brake application, graduated -** stufenweises Bremsen *n* (des Zuges) [mot]
**brake assembly** Betriebsbremse *f* (Bremssystem) [mbt]
**brake band** Bremsband *n* [mot]
**brake bleeder** Bremslüfter *m* [mbt]
**brake bleeder switch** Bremslüfterüberwachung *f* [mbt]
**brake block** Bremsklotz *m* (am Waggon) [mot]
**brake block load** Bremsklotzkraft *f* (am Waggon) [mot]
**brake block plate** Bremsklotzteller *m* [mot]
**brake block shoe** Bremsklotzschuh *m* [mot]
**brake body** Bremssattel *m* (Grundteil der Bremse) [mot]
**brake buffer** Bremsanschlag *m* [mot]
**brake cable** Bremsseil *n* [mot]
**brake cable assembly** Bremsseilzug *m* [mot]
**brake cam** Bremsnocken *m* [mot]
**brake cam bushing** Bremsnockenlager *n* [mot]
**brake cam lever** Bremsnockenhebel *m* [mot]
**brake cam shaft** Bremsnockenwelle *f* [mot]
**brake circuit** Bremsstromkreis *m* [elt]
**brake-compensating lever** Bremsausgleichhebel *m* [mot]
**brake-compensating shaft** Bremsausgleichwelle *f* [mot]
**brake compensator** Bremsausgleich *m* [mot]
**brake connector rod** Bremsstange *f* [mbt]
**brake coupling hose** Bremskupplung *f* (an Eisenbahnwagen) [mot]
**brake cylinder** Bremszylinder *m* (des Waggons) [mot]; Bremszylinder *m* (Federspeicher-Bremse) [mot]
**brake-cylinder pressure gauge** Bremszylinderdruckmanometer *n* (Dampflok.) [mot]
**brake disk** Bremsscheibe *f* [mot]
**brake drum** Backenbremstrommel *f* [mot]; Bremstrommel *f* [mot]
**brake drum hub** Bremstrommelnabe *f* [mot]
**brake energizer** Bremskraftverstärker *m* [mot]
**brake fluid** Bremsflüssigkeit *f* [mot]
**brake force, load-depending -** lastabhängige Bremskraft *f* [mot]
**brake gear** Bremssystem *n* [mbt]
**brake hose** Bremsschlauch *m* [mot]

**brake hose coupling**
Bremsschlauchkupplung *f* [mbt]
**brake hub** Bremsnabe *f* [mot]
**brake, hydraulic -** hydraulische
Bremse *f* [mas]
**brake indicator** Bremsanzeiger *m*
[mbt]
**brake information sheet**
Bremsprüfblatt *n* [mbt]
**brake lever** Bremshebel *m* [mbt]
**brake light** Bremsleuchte *f* [mot];
Bremslicht *n* [mot]
**brake-light switch** Bremslichtschalter
*m* [mot]
**brake line** Bremsleitung *f* [mot];
Bremsbelag *m* [mot]
**brake lining** Bremsbelag *m* [mot]
**brake linkage** Bremsgestänge *n* [mot]
**brake linkage bush**
Bremsgestängebuchse *f* [mbt]
**brake magnet** Bremsmagnet *m* (der
Bahn) [mbt]
**brake, mechanical -** mechanische
Bremse *f* [mot]
**brake pad** Bremsbacke *f* [mot];
Bremssohle *f* (Bremsbacke) [mbt];
Bremsklotz *m* (Belag) [mot]
**brake pedal** Bremsfußhebel *m* [mot];
Bremspedal *n* [mot]
**brake-pipe pressure gauge**
Bremsleitungsdruckmanometer *n*
(Dampflok) [mot]
**brake pipe stowage hook**
Bremskupplungshalter *m* (an
Waggons) [mot];
Bremsrohraufnahmehaken *m* (an
Waggon) [mot]
**brake pressure regulator**
Bremskraftregler *m* [mot]
**brake pulley** Bremstrommel *f* [mot]
**brake pull rod** Bremszugstange *f*
[mot]
**brake release** Lösen der Bremse *n*
[mot]

**brake release, graduated -**
stufenweises Lösen der Bremsen *n*
[mot]
**brake retardation** Bremsverzögerung
*f* (des Waggons) [mot]
**brake rigging** Bremsgestänge *n* [mbt]
**brake shaft** Bremswelle *f* [mbt]
**brake shoe** Bremsbacke *f* [mot];
Bremsklotz *m* (am Waggon) [mot];
Bremsschuh *m* (Bremsklotz) [mot]
**brake shoe pin bushing**
Bremsbackenlager *n* [mot]
**brake shoe sole** Bremsklotzsohle *f*
[mbt]
**brake spanner** Bremsschlüssel *m*
(Schraubenschlüssel) [wzg]
**brake subplate** Bremsendeckplatte *f*
[mbt]
**brake switch** Bremsschalter *m* [mot]
**brake system** Bremsanlage *f* [mot];
Bremsausrüstung *f* [mot]
**brake-system** Bremssystem *n* [mot]
**brake valve** Bremsventil *n* [mot]
**brake wear-limit switch**
Bremshubendschalter *m* [mot]
**brake weight** Bremsgewicht *n* [mbt]
**braking capacity** Schaltleistung *f*
[mot]
**braking couple** Bremsmoment *n*
[mot]
**braking distance** Bremsstrecke *f*
[mot]; Bremsweg *m* (der Bahn) [mot]
**braking force** Bremskraft *f* [mot]
**braking motor** Bremsmotor *m* [mot]
**braking time** Bremszeit *f* (der Bahn)
[mot]
**braking, wear-free -** verschleißfreies
Bremsen *n* [mot]
**branch** abzweigen *v*
**branch box** Abzweigdose *f* [elt]
**branch joint** Abzweigklemme *f*
**branch line** Abzweigleitung *f* [elt];
Gebäudeanschlussleitung *f*
(Versorgung / Entsorgung) [bau]

**branch office, authorized -**
zuständige Zweigniederlassung *f* [jur]
**branch pipe** Abzweigung *f* (des Rohres) [met]
**brand** Marke *f* (z.B. Markenartikel) [eco]
**brand-name product** Markenartikel *m* [eco]
**braze** löten *v* (hartlöten) [met]
**brazed** hart gelötet [met]
**brazing** Hartlöten *n* [met]
**break** Kontaktabstand *m* [elt]
**break** brechen *v*; knicken *v* (brechen) [met]
**break a circuit** Stromkreis ausschalten *v* [elt]
**breakage** Brechen *n*
**break contact** Abschaltkontakt *m* [elt]; Öffnungskontakt *m* [elt]
**break current** Ruhestrom *m* [elt]
**breakdown** Aufschlüsselung *f* (Einzelteile); Panne *f* [mot]; Störung *f* (Panne, Zusammenbruch); Ausfall *m* [met]; Durchbruch *m* (bei einer Diode) [elt]
**breakdown strength** Durchschlagfeldstärke *f* [elt]
**breakdown voltage** Durchbruchspannung *f* [elt]
**breaker** Aufbrechhammer *m* [mbt]; Aufbruchhammer *m* [mbt]; Handhammer *m* [wzg]; Schalter *m* (Aus-, Abschalter) [elt]; Unterbrecher *m* [elt]
**breaker attachment** Abbruchhammerausrüstung *f* [bau]
**breaker ball** Fallbirne *f* [bau]
**breaker contact** Unterbrecherkontakt *m* [elt]
**breaker hammer** Abbauhammer *m* (auch im Bergwerk) [bau]
**breaker, hydraulic -** Hydraulikhammer *m* (Aufbruchhammer) [wzg]

**breaker lever** Unterbrecherhebel *m* [elt]
**breaking capacity** Ausschaltvermögen *n* (stark genug)
**breaking current** Ausschaltstrom *m* [elt]; Ausschaltstrom *m* [elt]
**breaking load** Bruchbelastung *f* [wer]; Bruchlast *f* [wer]
**breaking stress** Bruchbeanspruchung *f* [wer]
**breaking test** Bruchprobe *f* [mas]
**break-in period** Einlaufzeit *f* (z.B. neue Maschinen) [mot]
**break-off pin** Abbrechstift *m* (rutschfeste Platte)
**breakout** knippen *v* (das Material) [mbt]
**break out** lösen *v* (mit Löffelstiel) [mbt]
**breakout force** Knippkraft *f* (einer Ladeschaufel) [mbt]; Losbrechkraft *f* (Knippkraft) [mbt]
**breakout force** Aufbrechkraft *v* [phy]
**break pin** Sollbruchbolzen *m* [mas]
**break the circuit** Stromkreis unterbrechen *v* [elt]
**breakwater** Buhne *f* (in Fluss, an Strand) [geo]
**breakwater stones** Wasserbausteine *pl* [roh]
**breast** Fensterbrüstung *f* [bau]
**breather** Entlüftung *f* (Entlüfter) [mot]; Entlüftungseinrichtung *f* [mot]; Belüfter *m* [air]; Entlüfter *m* (Beatmer) [mot]; Schnüffelventil *n* [mot]; Ventil *n* [mot]
**breather cap** Entlüfterkappe *f* [mot]; Filterhaube *f* [mot]
**breather pipe** Entlüfterstutzen *m* [mot]
**breeches pipe** Gabelrohr *n* [pow]; Zweiwegegabelstück *n* (Hosenrohr) [pow]
**breeze** Feinkoks *m* [mas]

**brewery effluent** Brauereiabwasser *n* [was]
**brick** Backstein *m* [bau]; Ziegel *m* (Lehm/Ton mit Sand gemischt) [bau]
**brick baffle** Lenkwand *f* [pow]
**brick building** Backsteinbau *m* [bau]
**brick, burnt -** gebrannter Mauerziegel *m* [bau]
**brick facing** Ziegelverblendung *f* [bau]
**brick grapple** Steingreifer *m* (am Stapler) [mbt]
**brick in** einmauern *v* [bau]
**bricking** Ausmauerung *f* [bau]
**brick kiln** Ziegelofen *m* [bau]
**bricklaying** Mauern *n* [bau]
**brick lining** Ausmauerung *f* [bau]
**brick lintel** gemauerter Sturz *m* [bau]
**brickmaker** Ziegler *m* (in Ziegelei) [met]
**brick tie** Mauerwerksanker *m* [bau]
**brick up** zumauern *v* [bau]
**brick veneer** Verblendmauerwerk *n* [bau]
**brick wall** Ziegelmauer *f* (z.B. Berliner Bahnhöfe) [bau]
**brickwork** Mauerwerk *n* [bau]; Maurerarbeiten *pl* [bau]
**brickwork bond** Mauerwerksverband *m* [bau]
**brickwork joint** Mauerwerksfuge *f* [bau]
**brickwork setting** Einmauerung *f* [bau]
**brickyard** Ziegelei *f* (meist Pressverfahren) [bau]
**bridge** Brücke *f* [bau]; Leiste *f* (z.B. Ventilleiste) [mbt]; Überführung *f* (Brücke allgemein) [mot]
**bridge bars** Heftklammern *pl* (bei Rohrschweißen) [met]
**bridge belt** Brückenband *n* [mbt]
**bridge circuit** Brückenschaltung *f* [elt]
**bridge circuit of probe** Brückenschaltung des Prüfkopfes *m* [elt]
**bridge crane** Brückenkran *m* [mbt]
**bridged** überbrückt [elt]
**bridge, double-deck -** doppelstöckige Brücke *f* [mot]
**bridge floor** Brückenfahrbahn *f* [bau]
**bridge girder** Brückenträger *m* (Fachwerk) [bau]
**bridge head** Brückenkopf *m* [bau]
**bridge pier** Brückenpfeiler *m* (an Land) [bau]
**bridge pillar** Brückenpfeiler *m* [bau]
**bridge plate** Ladebrücke *f* [mot]
**bridge, pylon** Brückenpfeiler *m* [bau]
**bridge reclaimer** Brückenkratzer *m* [roh]
**bridge resistance** Brückenwiderstand *m* [elt]
**bridge sleeper** Brückenbalken *m* (Bahnschwelle) [mot]
**bridge span** Brückenstützweite *f* [mot]
**bridge spreader** Absetzerbrücke *f* [mbt]; Brückenabsetzer *m* (im Tagebau) [mbt]
**bridge support** Brückenlager *m* [bau]
**bridge tie** Brückenbalken *m* (Bahnschwelle) [mot]
**bridge truss** Brückenträger *m* [bau]
**bridge type bucket wheel reclaimer** Brückenschaufelradgerät *n* [roh]
**bridge-type crane** Brückenkran *m* [mbt]
**bridging** Aussteifung *f* [bau]; Brückenbildung *f* (Brennstoff) [pow]
**bridle bridge** Zügelbrücke *f* [bau]
**briefing** Einsatzbesprechung *f*; Anweisungen *pl* (Software)
**bright** blank (bei Metallen) [mas]
**bright drawn** blankgezogen [mas]
**brightness** Bildhelligkeit *f* (des Schirmbilds) [edv]

**brightness constraint** Helligkeitsbedingung *f* (b. Bildverstellung) [edv]
**brightness control** Helligkeitsregler *m* [elt]
**bright red orange** hellrotorange (RAL 2008) [nrm]
**brillant blue** brillantblau (RAL 5007) [nrm]
**brilliance** Bildhelligkeit *f* (des Schirmbilds) [edv]
**Brinell hardness** Brinellhärte *f* [mas]
**bring close to ...** heranfahren *v* (Material an Maschine)
**bring down** abbrechen *v* (ein altes Haus) [rec]
**bring out** herausfahren *v* [mot]
**bring suit against a person** Klage erheben gegen *v* (eine Person) [jur]
**bring up** hochfahren *v* (den Kessel) [pow]
**brittle** bröckelig [mas]; brüchig (spröde) [wer]; spröde (zerbrechlich) [wer]
**brittle fracture** Sprödbruch *m* [wer]
**brittleness** Brüchigkeit *f* [mas]
**broach** Ahle *f* [wzg]; Räumnadel *f* (macht Vielkeilprofil) [wzg]; Pfriem *m* (Ahle; Werkzeug) [wzg]
**broach** räumen *v* (Rohrwand bearbeiten) [met]
**broaching operation** Räumarbeit *f* (mit Räumnadel) [met]
**broaching pass** Räumdurchgang *m* (in Zylinderrohr) [met]
**broad band** Breitband *n* (Funkverkehr) [tel]
**broadcast** senden *v* (Radio etc.) [tel]; übertragen *v* (ein Radio-, Fernsehprogramm) [tel]
**broadening** Aufweitung *f*
**broad-section V-belt** Breitkeilriemen *m* [mas]
**brochure** Prospekt *n* (z.B. Werbebroschüre) [eco]

**broken chain device** Kettenbruchsicherung *f* [mbt]
**broken rock** Bruchstein *m* [bau]
**broken step** Stufenbruch *m* (an Rolltreppe) [mbt]
**broken step device** Stufenabsenksicherung *f* [mbt]
**broken stone** Brechschotter *m* [bau]; Bruchstein *m* [bau]
**broker** Vermittler *m* (Versicherungsagent) [jur]; Vertreter *m* (einer Versicherung) [jur]
**broom yellow** ginstergelb (RAL 1032) [nrm]
**brown beige** braunbeige (RAL 1011) [nrm]
**brown coal fired boiler** Braunkohlenkessel *m* [pow]
**brown coal mill** Braunkohlenmühle *f* [pow]
**brown green** braungrün (RAL 6008) [nrm]
**brown grey** braungrau (RAL 7013) [nrm]
**brown red** braunrot (RAL 3011) [nrm]
**browse** durchblättern *v* (flüchtig ansehen) [edv]
**brush** Bürste *f* [elt]; Stromabnehmer *m* [elt]
**brush** anstreichen *v* [met]
**brush block** Bürstenblock *m* [elt]
**brush for screw** Schneckenbesen *m* (Werkzeug) [wzg]
**brushless** bürstenlos [elt]
**brush shifting mechanism** Bürstenverstellantrieb *m* [elt]
**brush switch** Handlaufeinlaufsicherung *f* (Rolltreppe) [mbt]; Bürstenschalter *m* [elt]
**brush technique** Bürstenmethode *f* [elt]
**bubble** Wasserblase *f* [was]

**buck** Türzarge *f* [bau]
**bucket** Kübel *m* (größerer Eimer); Löffel *m* (Grabgefäß an Baumaschine) [mbt]; Grabgefäß *n* (z.B. Löffel) [mbt]
**bucket arm** Schaufelstiel *m* (am Bagger) [mbt]
**bucket capacity** Löffelinhalt *m* (max. Volumen) [mbt]; Schaufelinhalt *m* (Fassungsvermögen) [mbt]; Tieflöffelinhalt *m* (Fassungsvermögen) [mbt]
**bucket chain conveyor** Becherwerkbandanlage *f* [mbt]
**bucket chain excavator** Eisenkettenbagger *m* [mbt]; Trockeneimerbagger *m* [mbt]
**bucket contents** Löffelinhalt *m* (effektives Volumen) [mbt]; Schaufelinhalt *m* (Inhalt) [mbt]
**bucket control** Schaufelsteuerung *f* [mbt]
**bucket conveyor** Kübelfördergerät *n* [mbt]
**bucket cylinder** Gefäßzylinder *m* (für Schaufel) [mbt]; Löffelzylinder *m* [mbt]; Schaufelzylinder *m* [mbt]
**bucket discharging device** Behälterentleerer *m* [mot]
**bucket dredger** Eimerkettenbagger *m* [mbt]; Eimerkettenschwimmbagger *m* [mbt]
**bucket excavator** Löffelbagger *m* (fast immer Tieflöffel) [mbt]
**bucket hinge** Löffelanlenkung *f* (an Baumaschine) [mbt]; Schaufelanlenkung *f* [mbt]; Tieflöffelanlenkung *f* [mbt]
**bucket, hydraulic -** Hydrauliklöffel *m* (Grabgefäß) [wzg]
**bucket hydraulics** Schaufelhydraulik *f* [mbt]
**bucket ladder** Eimerleiter *f* (an Bagger) [mbt]

**bucket lip** Schaufelvorderteil *n* [mbt]
**bucket pin** Löffellagerung *f* (Bolzen) [mbt]
**bucket pivot** Löffeldrehpunkt *m* (an Baumaschine) [mbt]
**bucket safety bar** Löffelhalter *m* [mbt]
**bucket tooth** Schaufelzahn *m* [mbt]
**bucket wheel** Schaufelrad *n* (an Schaufelradbagger) [mbt]
**bucket wheel discharge chute** Schaufelradaustragsschurre *f* [mbt]
**bucket wheel excavator** Schaufelradbagger *m* [mbt]
**bucket wheel gear** Schaufelradgetriebe *n* (am Bagger) [mbt]
**bucket wheel loader** Rückladegerät *n* (hier Schaufelradgerät) [mbt]
**bucket wheel reclaimer** Schaufelradentnahmegerät *n* [mbt]
**bucket with discharge** Behälter mit Entleeröffnung *m* [mbt]
**buckeye coupling** Mittelkupplung *f* [mbt]
**buckle** knicken *v*
**buckling** Knickbeanspruchung *f* [mas]; Knicken *n* [wer]
**buckling length** Knicklänge *f* [bau]
**buckling load** Knicklast *f* [wer]; Traglast *f* [mbt]
**buckling stress** Knickbeanspruchung *f* [wer]
**bucksaw** Spannsäge *f* (seilgespannt. Holzrahmen) [wzg]; Zimmermannssäge *f* (Spannsäge) [wzg]
**buckstay** Balken *m* (Träger) [pow]; Riegel *m* (Gerüst) [pow]; Träger *m* (Balken) [pow]
**buffer** Anschlag *m* (Puffer, Stopper) [mas]; Zwischenspeicher *m* (Puffer) [edv]
**buffer amplifier** Trennverstärker *m* [elt]

**buffer beam** Kopfträger *m* (bei Schienenfahrzeugen) [mot]; Pufferträger *m* (bei Schienenfahrzeugen) [mot]
**buffer coupling** Pufferkupplung *f* [mot]
**buffer disk** Pufferteller *m* [mot]
**buffer head** Pufferstößel mit Teller *m* [mot]
**buffer, hydraulic -** hydraulischer Puffer *m* [mbt]
**bufferless wagons** pufferlos [mot]
**buffer on glass panel** Glasscheibeneinfassprofil *n* [mot]
**buffer plate** Anlaufplatte *f* [was]
**buffer relay** Trennrelais *n* [elt]
**buffer stop** Prellbock *m* (am Gleisende) [mot]; Puffer *m* (Prellbock) [mot]
**buffet car** Gesellschaftswagen *m* [mot]; Speisewagen *m* [mot]
**build** erbauen *v* (Gebäude) [bau]
**build an extension** anbauen *v* (Haus, etc.) [bau]
**builder** Bauunternehmer *m* (Hoch-, Tief-, Kanal-Bau) [bau]
**builder's hoist** Bauaufzug *m* [bau]
**building** Errichtung *f* (z.B. eines Hauses) [bau]; Aufbau *m* [bau]; Bau *m* (Gebäude) [bau]; Hochbau *m* (Bau von Häusern) [bau]; Erstellen *n* (z.B. eines Hauses) [bau]
**building authorities** Baubehörde *f* [bau]
**building brick** Baustein *m* (z.B. Ziegel) [bau]
**building carcass** Rohbau *m* [bau]
**building components** Bauteile *pl* [mas]
**building control authority** Bauaufsichtsbehörde *f* [bau]
**building control system** Hausleitsystem *n* [bau]
**building demolition material** Gebäudeabbruchmaterial *n* [rec]
**building design** Bauplanung *f* [bau]
**building freeze** Baustopp *m* [bau]
**building industry** Bauwirtschaft *f* [bau]
**building insulation** Gebäudeisolierung *f* (Wärme-) [bau]
**building load** Gebäudelast *f* [bau]
**building machinery** Baumaschinen *pl* [bau]
**building maintenance** Gebäudeunterhaltung *f* [bau]
**building material** Baustoff *m* [bau]; Baumaterial *n* (Sand, Kies, ...) [bau]
**building material, local -** einheimische Baustoffe *pl* [bau]
**building material processing** Baustoffaufbereitung *f* [rec]
**building measure** Baumaßnahme *f* [bau]
**building of a dam** Dammbau *m* [bau]
**building permit** Baugenehmigung *f* (von Behörde) [bau]
**building pit** Baugrube *f* [bau]
**building plaster** Innenputz *m* [bau]
**building plot** Baugrundstück *n* [bau]
**building-project** Baumaßnahme *f* [bau]; Bauvorhaben *n* (Idee, Planung) [bau]
**building ready for occupation** bezugsfertiges Gebäude *n* [bau]
**building regulation** Bauvorschrift *f* [bau]
**building restriction** Baubeschränkung *f* [bau]
**building rubbish** Bauschutt *m* [rec]
**buildings** Bauten *pl* (Gebäude, Bauwerke) [bau]
**building services** technische Gebäudeausrüstung *f* [bau]
**building site** Baustelle *f* [bau]
**building-site crane** Baustellenkran *m* [bau]
**building society** Baugesellschaft *f* [bau]

**building space** Baufläche *f* (Platzbedarf) [pow]
**building space, required -** erforderlicher Grundflächenbedarf *m* (für Gebäude) [bau]
**building system** Bauart *f* (Bauweise) [con]
**building under construction** Neubau *m* [bau]
**building-up time** Anstiegzeit *f*; Einschwingzeit *f* [elt]
**building yard** Baustelle *f* [bau]
**build on** anbauen *v* [bau]
**build over** überbauen *v* [bau]
**build up** aufschweißen *v* (Auftragsschweißung) [met]
**build-up of coats** Schichtaufbau *m* (z.B. Farbe, Chrom, etc.) [mas]
**build-up welding** Auftragschweißung *f* (Reparatur) [met]
**built area** bebaute Fläche *f* [bau]
**built-in** eingebaut (z.B. Lichtmaschine) [elt]; eingebettet [bau]
**built-in direction indicator** Einbauwinker *m* [mot]
**built-in part** Einbauteil *n* [bau]
**built-in support** eingespanntes Auflager *n* [bau]
**built-up** zusammengesetzt (Stab, Stütze) [bau]
**built-up area** Bebauungsgebiet *n* [bau]
**built-up beam** zusammengesetzter Träger *m* [bau]
**built-up column** zusammengesetzte Stütze *f* [bau]
**built-up material** Schweißgut *n* (vom Schweißdraht abgetropft) [met]; Schweißgut *n* (von Schweißdraht abgetropft) [met]
**bulb** Glühbirne *f* [elt]; Thermostatkugel *f* [msr]
**bulb plate** Tränenblech *n* [mas]

**bulb-tee** Stahl *m* (Wulststahl) [bau]; Wulststahl *m* [bau]
**bulge** Aufweitung *f* (Rohrausbeulung) [wer]; Ausbeulung *f* (Ausbuchtung); Ausbeulung *f* (Rohraufweitung); Ausbuchtung *f* (Ausbeulung); Kielraum *m* (Bilge) [mot]
**bulge** bauchen *v* (aufbauchen) [pow]; bauchig werden *v* [met]
**bulging** Aufbauchen *n* (unerwünschtes Aufblähen) [wer]; Ausbauchen *n* (unerwünschtes Aufblähen) [wer]; Schwellen *n* [bau]
**bulk** unverpackt (daher sperrig) [bau]
**bulk** Menge *f* (großer Umfang) [bau]; Massengut *n* (Schüttgut)
**bulk cargo** Massenschüttgut *n* (Schüttgut); Schüttgut *n* (lose, flüssig, saug- und schaufelfähig)
**bulk carrier** Massengutfrachter *m* [mot]
**bulk distribution and time schedule** Massenverteilungs- und Zeitplan *m* [mot]
**bulked** aufgelockert (größer im Umfang)
**bulker** Massengutfrachter *m* [mot]
**bulk excavation** Massenaushub *m* [bau]
**bulk goods** Schüttgut *n* (z.B. Getreide, Erz, Kohle) [mot]; Massengüter *pl* [mas]
**bulkhead** Spundwand *f* [bau]; Stirnwand *f* [mot]; Schott *n* (in Schiff, Flugzeug) [mot]
**bulking** Auflockerung *f*; Volumenvergrößerung *f* [bau]
**bulk material** Schüttgut *n*
**bulk materials handling equipment** Umschlaganlagen *pl* [mot]
**bulky** sperrig (sehr breit, hoch etc.)
**bull clam** Klappschaufel *f* (Erdaushub) [wzg]
**bulldoze** einebnen *v* [bau]

**bulldozer** Planiereinrichtung *f* [mbt]; Planierraupe *f* (kann Reißzahn haben) [mbt]; Schubraupe *f* [mbt]
**bulldozer blade** Stirnschar *f* [mbt]
**bulldozer, by -** mit Planierraupe [mbt]
**bullet-proof glass** Panzerglas *n* (Bank, Limousine) [wer]
**bulwark** Wall *m* (Schutzwall, Festungswall) [bau]
**bump** Bodenwelle *f* (konvex, nach oben) [bod]; Erschütterung *f* (durch Straße) [bau]
**bumped** lockerungsgesprengt [roh]
**bumper** Stoßstange *f* (des Autos) [mot]; Stoßfänger *m* [mot]
**bumper, front -** vordere Stoßstange *f* [mot]
**bumper, rear -** hintere Stoßstange *f* [mot]
**bumper support** Stoßstangenhalterung *f* (am Auto) [mot]
**bumping** Lockerungssprengung [roh]
**bumping plane** Stoßebene *f* [mot]
**bump stop** Blockstellung *f* (bei Federanschlag) [mbt]
**bunker** bunkern *v* (Kohle, Öl übernehmen) [mot]
**bunker coal gate** Bunkerabsperrschieber *m* [pow]
**bunker extractor** Bunkeraustragegerät *n* [pow]
**bunker outlet** Bunkerauslass *m* [pow]
**bunker slope** Bunkerschräge *f* [pow]
**bunker vibrator** Bunkerrüttelvorrichtung *f* [pow]
**buoyancy** Auftrieb *m* (im Wasser) [phy]
**buoyant** tragend (z.B. Wasser trägt Floß) [mot]
**bur** entgraten *v* (abgraten) [met]
**burglar alarm** Alarmanlage *f* (gegen Einbruch usw.) [bau]
**burglar resistance** Einbruchhemmung *f* [bau]
**buried cable** Erdkabel *n* [elt]
**burn** Brandstelle *f* (am Körper) [hum]; Verbrennung *f* (am Körper) [hum]
**burn** verbrennen *v* (Kohle, auch: sich verbrennen) [pow]; versengen *v* [che]
**burn down** abbrennen *v* [che]
**burner adjustment** Brennereinstellung *f* [pow]
**burner, ceramic -** keramischer Brenner *m* [pow]
**burner, combined -** kombinierter Brenner *m* [pow]
**burner, dual-fuel -** kombinierter Brenner *m* [pow]
**burner element can** Brennelementhüllrohr *n* [pow]
**burner level** Brennerbühne *f* (Bedienungsstand) [pow]; Bühne *f* (Brennerbühne) [pow]
**burner mouth** Austrittsöffnung *f* (Brenner) [pow]; Brennermaul *n* [pow]
**burner throat** Brennerkehle *f* [pow]
**burner throat brick** Kehlstein *m* (Ölbrenner) [pow]
**burning in suspension** Verbrennung in der Schwebe *f* [pow]
**burning-off** Abbrennen *v* (Anstriche, Glas) [met]
**burning velocity** Abbrandgeschwindigkeit *f* [che]
**burnish** Rollen *n* (des Zylinderrohres, innen) [met]
**burnish** feinrollen *v* (Zylinderinnenwand) [met]; rollen *v* (letztes Feinrollen) [met]
**burnished** gerollt (letztes Feinrollen) [mas]
**burn off** abfackeln *v* (nicht nutzbare Gase) [air]
**burn out** ausbrennen *v* [pow]
**burnt lime** Branntkalk *m* [bau]

**burnt out** ausgebrannt (durch Feuersbrunst) [pow]
**burn-up rate** Ausbrand *m* [che]
**burr** Schnittgrat *m* [met]
**burr** abgraten *v* [met]
**bursting pressure** Explosionsdruck *m* (Zerknallen) [phy]
**bury** in die Erde verlegen *v* (Leitungen) [bau]
**bus** Sammelleitung *f* [elt]; Schiene *f* (Sammelschiene) [elt]
**bus bar** Sammelschiene *f* [mot]
**bush** Buchse *f* [mas]; Hülse *f* [mas]; Muffe *f* [mas]
**bush chain** Buchsenkette *f* (Hülsenkette) [mas]; Hülsenkette *f* (Buchsenkette) [mas]
**bushed transporting chain** Buchsenförderkette *f* [mas]
**bushing** Buchse *f* [mas]; Durchführung *f* (z.B. durch Wand) [bau]; Gewindebuchse *f* [mas]; Hülse *f* (Kugelhülse) [mas]; Distanzring *m* [mas]; Lagerring *m* [mbt]; Rohrstummel *m* [mas]; Distanzstück *n* [mas]; Lager *n* [mot]
**bushing-type bearing** Gleitlager *n* [mas]
**bushing with collar** Bundbuchse *f* [mas]
**business card** Visitenkarte *f* [eco]
**business form** Büroformular *n* (z.B. Anforderung) [eco]; Geschäftsformular *n* [eco]
**business room** Geschäftsraum *m* [eco]
**business trip** Dienstreise *f* [eco]; Geschäftsreise *f* [eco]
**bus line** Sammelleitung *f* [elt]
**bus terminal** Busklemme *f* [elt]
**busy** verkehrsreich (Straße, Bahn, Rhein) [mot]
**busy line** besetztes Telefon *n* [tel]
**butt** Stoß *m* (Stoßnaht; Bleche schweißen) [met]

**butt contact** Druckkontakt *m* [mas]
**butterfly valve** Drosselklappe *f* [pow]
**butt joint** Stumpfnaht *f* (an Stumpfstößen) [met]; stumpfer Stoß *m* (Verbindung) [mas]
**button** Knopf *m* (z.B. Schaltknopf)
**button battery** Knopfzelle *f* (Batterie) [elt]
**buttress** Stützpfeiler *m* [bau]
**buttress wall** Stützmauer *f* [bau]
**butt-strap** Stoßplatte *f* (Lasche) [mas]
**butt-strap joint** Laschenstoß *m* [bau]
**butt weld** Stumpfschweißnaht *f* [met]; Stumpfschweißung *f* [met]
**buzzer** Hupe *f* (Summer) [mot]; Summer *m* (akust. Signal) [elt]
**bypass** Umführung *f* [pow]; Umgehungsleitung *f* [mot]; Umleitung *f* [elt]; Nebenschluss *m* [elt]
**bypass** umführen *v* (z.B. Rauchgas) [pow]; umgehen *v* (z.B. durch Bypass) [pow]; vorbeifließen *v* (im Zylinder) [mot]
**bypass damper** Umführungsklappe *f* [pow]
**bypass filter** Nebenstromfilter *m* [mot]
**bypass line** Kurzschlussleitung *f* [elt]; Nebenstromleitung *f* [mot]
**bypass oil filter** Nebenstromölfilter *m* [mot]
**bypass return** Rücklaufleitung *f* [mot]
**bypass valve** Nebenstromventil *n* [mot]; Sicherheitsüberströmventil *n* [mas]; Sicherheitsventil *n* [mas]; Überströmventil *n* [mot]; Überströmventil *n* (Bypass) [mot]; Umgehungsventil *n* [mas]
**by-product** Abfallprodukt *n*
**by the building contractor** bauseits [bau]

# C

**cab** Fahrerkabine *f* [mot]; Kabine *f* [mot]; Führerstand *m* (der Diesel- oder E-Lok) [mot]; Fahrerhaus *n* [mot]; Führerhaus *n* (der Diesel- oder E-Lok) [mot]

**cab heating system** Fahrerhausheizung *f* [mot]

**cable** Leitung *f* [elt]; Drahtseil *n* [wer]; Leitungskabel *n* [elt]; Seil *n* (Bremsseil) [mot]

**cable** verkabeln *v* [elt]

**cable adapter** Kabelanpasser *m* [elt]

**cable and reel** Drahtseil mit Rolle *f* [wer]

**cable brake** Seilbremse *f* [mot]; Seilzugbremse *f* [mot]

**cable bushing** Kabeldurchführung *f* (z.B. Buchse) [elt]

**cable car** Hängebahn *f* (Passagier-Drahtseilbahn) [mot]; Kabelbahn *f* [mot]; Luftseilbahn *f* (Personen-) [mot]; Standseilbahn *f* [mot]

**cable chain** Fleyerkette *f* [wer]

**cable channel** Kabelkanal *m* [elt]

**cable clamp** Kabelklammer *f* [elt]; Kabelklemme *f* [elt]; Kabelschelle *f* [elt]

**cable clip** Feststellasche *f* [mot]; Kastenseilklemme *f* [mot]; Kabelschuh *m* [elt]

**cable conduit** Seilhülle *f* [mot]

**cable connection** Kabelverbindung *f*

**cable connector** Steckverbinder *m* [elt]

**cable coupler** Kabelkupplung *f* [elt]; Kabelmuffe *f* [elt]

**cable coupling** Kabelverbindung *f* [elt]

**cable crane** Kabelkran *m* [mbt]

**cable cross-section** Kabelquerschnitt *m* [elt]

**cable cutter** Seilkappvorrichtung *f* [wer]

**cable designation** Kabelmarke *f* [mot]

**cable diagram** Kabelplan *m* (Schaltplan, Zeichnung) [con]

**cable drum** Kabeltrommel *f* [elt]

**cable duct** Einführtrompete *f* [wer]; Kabeleinlass *m* [elt]

**cable excavator** Seilbagger *m* [mbt]

**cable fitting** Kabelverschraubung *f* [elt]

**cable gallows** Kabelsattel *m* [mbt]

**cable guide** Kabelführung *f* [elt]

**cable guide arrangement** Kabelführung am Gerüst *f* [mbt]

**cable harness** Kabelarmierung *f* [elt]; Kabelbaum *m* (mehrere Kabel zusammen) [elt]

**cable inlet** Kabeldurchführung *f* [elt]; Kabeleinführung *f* [elt]

**cable jacket** Kabelüberzug *m* [elt]

**cable joint** Kabelverbindung *f* [elt]

**cable junction** Kabelverbindung *f* [elt]

**cable laying** Kabelmontage *f* [elt]

**cable link** Kabelverbindung *f* [elt]

**cable loop** Kabelbaum *m* (mit Schlaufe, Schlinge) [elt]

**cable marker** Kabelmarke *f* (kleine Anhänger) [elt]

**cable-mounted** aufgehängt (am Drahtseil)

**cable-mounted buckets** Hängebahn *f* (z.B. für Gestein, Kohle) [roh]

**cable net cooling tower** Naturzugkühlturm *m* [pow]

**cable passage** Kabeldurchführung *f* (z.B. durch Wand) [elt]

**cable plug** Kabelstecker *m* [elt]

**cable pull** Seilzug *m* [mbt]

**cable railway** Kabelbahn *f* [mbt]

**cable reel** Kabelhalterung *f* (Kabel auf Rolle) [mbt]; Kabeltrommel *f* [elt]; Leitungstrommel *f* (Kabeltrommel) [elt]

**cable reel car** Kabelrollenwagen *m* [elt]; Kabeltrommelwagen *m* [mbt]

**cable routing** Kabelführung *f* [elt]

**cable set** Kabelsatz *m* [elt]

**cable sheath** Kabelmantel *m* (Verkleidung, Hülle) [elt]

**cable sheathing** Kabelummantelung *f* [elt]

**cable sheave** Seilumlenkrolle *f* (bei Seilbagger) [mas]

**cable shovel** Seilbagger *m* [roh]

**cable sleeve** Kabelschelle *f* [elt]

**cable socket** Kabelschuh *m* [elt]

**cable television** Kabelfernsehen *n* [tel]

**cable terminal** Kabelklemme *f* [elt]

**cable thimble** Kabelschuh *m* [elt]

**cable through panel** Kabeldurchführungsplatte *f* [elt]

**cable tunnel** Kabelkanal *m* [elt]

**cable winch** Seilwinde *f* [mot]

**cable wiring** Kabel *n* (Verdrahtung) [elt]

**cabling** Verdrahtung *f* [elt]

**cadastral map** Katasterkarte *f* [bau]

**cadmium-plate** kadmieren *v* (Oberflächenbehandlung) [wer]

**cadmium-plated** kadmiert (z.B. Schrauben) [wer]

**cadmium yellow** kadmiumgelb (RAL 1021) [nrm]

**cage rotor** Käfigläufer *m* (Motor) [elt]

**cage screen** Wandschirm *m* (Rohrwände) [pow]

**caisson** Senkkasten *m* [bau]

**caisson foundation** Hohlkastengründung *f* [bau]

**cake of cement paste** Zementleimkuchen *m* [bau]

**caking coal** Backkohle *f* [pow]

**calcareous encrustation** Kalkkrusten *pl* [bau]

**calculated** gerechnet (durchgerechnet) [eco]

**calculation** Berechnung *f* (z.B. eines Auftrages) [eco]

**calendar period** Kalenderzeit *f*

**calibrate** einteilen *v* (bemessen) [msr]; normieren *v* (passend machen)

**calibration block** Eichkörper *m* (geprüftes Maß) [msr]

**calibration voltage** Kalibrierspannung *f* [elt]

**calibrator** Kalibriereinrichtung *f* [msr]

**calk** durchpausen *v* (durchzeichnen) [con]

**call** Telefonat *n* (Ferngespräch) [tel]

**call** einberufen *v* (eine Sitzung)

**calliper** Bremssattel *m* (der Scheibenbremse) [mot]; Bremssatz *m* [mot]

**calliper face spanner** Stirnlochschlüssel *m* [wzg]

**calm** ruhig [wet]

**calm** setzen *v* (Sedimente beruhigen sich) [roh]

**calorie** Kalorie *f* (Wärmeeinheit) [pow]

**calorific value, gross -** oberer Heizwert *m* [che]

**calorific value, lower -** unterer Heizwert *m* [che]

**calorific value, net -** unterer Heizwert *m* [pow]

**calorific value, upper -** oberer Heizwert *m* [pow]

**calotte** Kalotte *f* (Tunneldach, im Ausbau) [roh]; Lagerschale *f* [wer]

**calotte driving** Kalottenvortrieb *m* [roh]

**cam** Knagge *f* [bau]; Nocke *f* (z.B. Erhöhung auf Nockenwelle) [mot]; Daumen *m* (Nocke) [hum]; Mitnehmer *m* (Nocke) [wer]

**cam and stop plate**
Unterbrechernocken *m* [mot]
**cam angle** Steuerwinkel *m* [wer]
**camber** Überhöhung *f* (Quergefälle, Überlappung) [bau]; Straßenprofil *n* (Querprofil) [bau]
**camberboard** Profillehre *f* [msr]
**cam contactor** Nockenschalter *m* (Schütz) [elt]
**cam follower** Kurvenrolle *f* [wer]; Nockenläufer *m* [mot]; Ventilstößel *m* [mot]
**cam ground** oval geschliffen [met]
**cam lever** Nockenhebel *m* [mot]
**cam mechanism** Mitnehmersteuerung *f* [mot]
**cam operation** Mitnehmersteuerung *f* [mot]
**camouflage** Tarnung *f* (Tarnanstrich)
**cam plate** Kurvenscheibe *f* [mot]
**cam ring** Nockenring *m* [mot]
**cam roller** Laufrolle *f* [wer]
**camshaft** Mitnehmerwelle *f* (Nockenwelle) [mot]; Nockenwelle *f* [mot]
**camshaft bearing** Nockenwellenlager *n* [mot]
**camshaft cover** Nockenwellendeckel *m* [mot]
**camshaft drive** Abtrieb der Nockenwelle *m* [mot]
**camshaft grinding machine** Nockenwellenschleifmaschine *f* [wzg]
**cam shaft seal** Nockenwellendichtung *f* [mot]
**camshaft timing gear** Nockenwellenantriebsrad *n* [mot]
**camshaft timing gear wheel** Nockelwellenrad *n* [mot]
**cam switch** Nockenschalter *m* (Schütz) [elt]
**cam valve** Stößelventil *n* [mot]
**cancel** abbrechen *v* (Programm) [edv]
**cancellation** Auslöschung *f* (durch Interferenz) [elt]

**canning tubes** Hüllrohre *pl* [wer]
**canopy** Markise *f* [bau]; offenes Fahrerhaus *n* [mot]; Vordach *n* [bau]
**canopy roof** Schutzdach *n* [bau]; Wetterdach *n* [bau]
**cant** abkanten *v* (dünnes Blech) [met]; abkanten *v* (mit scharfem Grat) [met]
**canted** geneigt (geneigte Rippenplatte) [mbt]
**cantilever** Auskragung *f* (Stahlbau) [bau]; Ausleger *m* [bau]; Kragbalken *m* [bau]; Kragträger *m* (Stahlbau) [bau]
**cantilever arm** Kragarm *m* (Stahlbau) [bau]
**cantilever beam** auskragender Balken *m* [bau]; Kragträger *m* (Stahlbau) [bau]
**cantilever construction** freitragende Konstruktion *f* [bau]
**cantilever girder** Gelenkträger *m* (Stahlbau) [bau]; Kragträger *m* (Stahlbau) [bau]
**cantilevering** ausladend (überstehend) [bau]
**cantilever platform** Kragplatte *f* (Hochbau) [bau]
**cantilever roof** Vordach *n* [bau]
**can-time** Topfzeit *f* (Farbe in offener Büchse) [wer]
**canting** Verarbeitung *f* [bau]
**canvas** Leinwand *f* [wer]; Plane *f* (das Material Segeltuch) [mot]; Wagenplane *f* [mot]; Segeltuch *n* (Plane) [mot]
**canvas cover** Abdeckung *f* (durch Plane)
**cap** Abdeckkappe *f* (Haube); Kappe *f* (Mütze, Haube, auch auf Rohr); Aufsatz *m* (Haube, Deckel) [mas]; Deckel *m* (Abschluss, Haube) [wer]
**capacitance** Kapazität *f* (Kondensator) [elt]; kapazitiver Widerstand *f* [elt]

**capacitor** Kondensator *m* [elt]
**capacitor, ceramic -** keramischer Kondensator *m* [elt]
**capacitor motor** Kondensatormotor *m* [elt]
**capacity** Aufnahmefähigkeit *f*; Fassungsvermögen *n* [wer]
**capacity exchange** Kapazitätsaustausch *f* [elt]
**capacity factor** Belastungsgrad *m* [pow]
**capacity, maximum -** größtmögliche Leistung *f* (Maschine) [mas]
**capacity of the motor** Motornennleistung *f* [mot]
**capillary crack** Kapillare *f* [wer]; Haarriss *m* [wer]
**capillary drainage** Kapillardränage *f* [bau]
**capillary tubing** Kapillarrohr *n* [wer]
**capital** Metropole *f* (Zentrum) [bau]; Kapitell *n* [bau]
**capital cost** Anlagekosten *pl* [eco]
**capital goods** Investitionsgüter *pl* [eco]
**cap nut** Hutmutter *f* (Überwurf-, Kapselmutter) [wer]; Kapselmutter *f* (Hutmutter) [wer]; Rohrmutter *f* [wer]
**capping** Deckschicht *f* [bau]; Mauerabdeckung *f* [bau]
**Capri blue** capriblau (RAL 5019) [nrm]
**cap screw** Kopfschraube *f* [mas]; Zylinderschraube *f* [mas]
**capsize** kentern *v* (Schiff) [mot]
**capstan** Ankerspill *m* [mot]
**capstan screw** Kreuzlochschraube *f* [mas]
**capstone** Deckstein *m* [bau]
**capsule** Kapsel *f*
**caption board** Gerätehinweisschild *n* (neben Exponat)
**captive dispenser** Ausstoßgerät *n* [mas]
**captive dispensing charge** Ausstoßkartusche *f*; Ausstoßladung *f*
**captive nut** Käfigmutter *f* (Schraube) [mas]
**car** Fahrstuhlkorb *m* [mbt]
**car body** Unterwagenrahmen *m* [mbt]; Autowrack *n* [mot]
**car body pressing** Karosseriebau *m* (des Autos) [mot]
**carbon-arc welding** Kohlelichtbogenschweißen *n* [met]
**carbon brush** Kohlebürste *f* [elt]; Schleifbürste *f* [elt]
**carbon deposit** Kohlenstoffrückstand *m* [roh]
**carbon face seal** Dichtung mit Kohleauflage *f* [wer]
**carbon fibre** Kohlefaser *f* [wer]
**carboniferous** kohlehaltig [che]
**carbonize** einsatzhärten *v* [met]; karbonisieren *v* [che]; verkohlen *v* [che]
**carbonized** einsatzgehärtet [met]
**carbon steel** Kohlenstoffstahl *m* [wer]
**carbon steel, deep-drawable -** tiefziehfähiger Kohlenstoffstahl *m* [wer]
**carburettor control** Gasgestänge *n* [mot]
**carburettor control linkage** Vergasergestänge *n* [mot]
**carburettor flange** Vergaseranschlussstutzen *m* [mot]
**carburettor main body** Vergasergehäuse *n* [mot]
**car carrier** Autoreisezug *m* [mot]
**carcass** Gerippe *f* [bau]; Karkasse *f* (im Reifen) [mot]
**carcassing** Rohbauarbeiten *pl* [bau]
**cardan joint** Kreuzgelenk *n* [mot]
**cardan shaft** Kardangelenkwelle *f* [mot]; Kardanwelle *f* [mot]
**card deck** Kartenstapel *m* [edv]
**card reader** Lochkartenleser *m* [edv]

**career** Laufbahn *f* (Karriere, Berufsweg) [eco]; Aufstieg *m* (Beförderung) [eco]
**car ferry** Autofähre *f* [mot]
**cargo** Ladung *f* (Schiff, Lkw, Bahn) [mot]
**cargo gear** Ladegeschirr *n* [mot]
**cargo handling equipment** Lastumschlagausrüstung *f* [mot]
**cargo insurance** Transportversicherung *f* [jur]
**car jack** Wagenheber *m* [mot]
**car-like** autokonform [mot]
**carmine red** karminrot (RAL 3002) [nrm]
**car navigation** Fahrzeugnavigation *f* [mot]
**Carnot cycle** Carnot Kreisprozess *m* [pow]
**carpenter** Zimmermann *m* [met]
**car position indicator** Wagenstandsanzeiger *m* (auf Bahnsteig) [mot]
**carriage** Gabelschlitten *m* [mot]; Gabelträger *m* [mot]; Rollenschlitten *m* [mot]; Schlitten *m* (Maschinenteil) [wer]; Fahrgestell *n* (des Waggons) [mot]; Fahrwagen *n* [mot]
**carriage of cars** Kraftwagenbeförderung *f* (der Bahn) [mot]
**carriage return** Zeilenumschalter *m* (Pfeil mit Haken) [edv]
**carriageway** Fahrbahn *f* [bau]
**carriage width** Fahrbahnbreite *f*
**carried** transportiert (befördert) [mot]
**carried over** übertragen (von Vorseite zur nächsten) [mat]
**carrier** Spediteur *m* (befördert nur) [mot]; Fahrgestell *n* (z.B. bei Kranfahrzeugen) [mbt]; Rollfuhrunternehmen *n* [mot]
**carrier amplifier** Trägerfrequenzverstärker *m* [elt]
**carrier bolt** Mitnehmerbolzen *m* [mbt]
**carrier bolt bushing** Mitnehmerhülse *f* [mbt]
**carrier cell** Tragzelle *f* (z.B. am Kratzer) [mbt]
**carrier cell design** Tragzellenkonstruktion *f* (am Kratzer) [mbt]
**carrier engine** Fahrzeugmotor *m* [mot]
**carrier plate** Tragplatte *f* [wer]
**carrier plate disc** Tragplattenscheibe *f* [wer]
**carrier rail** Tragschiene *f* [wer]
**carrier roller** Stützrolle *f* (oben an Raupenkette) [mbt]
**carry** Überlauf *m* [edv]
**carry** befördern *v* (z.B. auf Lkw) [mot]; transportieren *v* (tragen, befördern) [mot]
**carrying air** Primärluft *f* (Trägerluft) [pow]; Trägerluft *f* (Primärluft) [pow]
**carrying bar** Tragbalken *m* [bau]
**carrying gas** Trägergas *n* [pow]
**carrying handle** Tragbügel *m* (Knebel am Päckchen) [wer]
**carrying out** Abwicklung *f* (einer Arbeit)
**carrying ram** Tragdorn *m* (für Coils etc.) [mot]
**carrying structure** Trägerkonstruktion *f* [bau]
**carry out** ausfahren *v* (eine Aufgabe durchfuhren)
**carryover** Mitreißen *n* [pow]
**carry over** Übertrag *m* [eco]
**car tippler** Wipperanlage *f* (im Bergwerk) [roh]
**cartridge** Kassette *f*
**cartridge kit** Pumpeneinsatz *m* [mot]
**cartridge primer** Anzündhütchen *n* [mbt]
**carve** schnitzen *v* [met]
**car wing** Kotflügel *m* (z.B. an klassischen Pkw) [mot]
**cascade** stufenförmig

**cascade** Kaskade *f* (stufenförmig fallendes Wasser)
**cascade connection** Kaskade *f* [elt]; Kettenschaltung *f* [mot]; Stufenschaltung *f* [elt]
**cascade multiplier** Vervielfacherkaskade *f* [elt]
**cascade stage** Kaskadenstufe *f* [phy]
**cascading** Abrollen *n* (der Mahlkörper) [roh]
**cased** verrohrt [wer]
**case depth** Härtetiefe *f* (einsatzgehärtet) [wer]
**case-harden** einsatzhärten *v* [met]
**case hardened** gehärtet [wer]; oberflächengehärtet (hart/weich) [wer]; oberflächenverfestigt [wer]
**case-hardened** einsatzgehärtet [wer]
**case hardening** Einsatzhärtung *f* [wer]
**case hardening steels** Einsatzstahl *m* [wer]
**casement** Drehflügel *m* [bau]
**casement hinge** Fensterband *n* [bau]
**casement window** Drehfenster *n* [bau]; Flügelfenster *n* [bau]
**case of fault** Schadensfall *m* (Schadensereignis) [jur]
**casing** Einrahmung *f* (Fenster, Tür) [bau]; Kapsel *f* [mot]; Verkleidung *f* (Ummantelung, Kiste) [mot]; Verschalung *f* (Einkapselung) [pow]; Schutzgehäuse *n* [wer]
**casing diameter** Bohrrohrdurchmesser *m* [con]
**casing material** Schalungsmaterial *n* [bau]
**cassette radio** Kassettenradio *n* [elt]
**cast** vergossen [met]
**cast** vergießen *v* [met]
**castable refractories** Stampfmasse *f* [pow]
**cast alloy** Gusslegierung *f* [wer]
**cast bearing** Gusslagerung *f* [wer]
**cast brass** Messingguss *m* [wer]

**cast bronze** Gussbronze *f* [wer]
**cast concrete** Gussbeton *m* [bau]
**cast concrete** betonieren *v* [bau]
**cast design** Gusskonstruktion *f* [wer]
**casting** Hochdruckguss *m* [wer]; Gussstück *n* [wer]; Gussteil *n* [wer]
**casting box** Gussform *f* (mit Gießsand gefüllt) [wer]
**casting general tolerance** Gussfreimaßtoleranz *f* [con]
**casting number** Gussnummer *f* [wer]
**castings cleaning** Gussputzen *n* (durch Strahlen) [met]
**castings for hydraulic applications** Hydraulikguss *m* [wer]
**casting test** Gussprüfung *f* [msr]
**cast iron** Grauguss *m* (verschiedene Qualitäten) [wer]; Gusseisen *n* [wer]; gusseiserne Tübbinge *pl* [wer]
**cast iron disc wheel** Grauguss-Scheibenrad *n* [mot]
**cast iron, ductile -** globularer Grauguss *m* [wer]; Sphäroguss *m* [wer]
**cast iron, heat-resistant -** hitzebeständiges Gusseisen *n* [wer]
**cast iron scrap** Gussschrott *m* [jur]
**cast iron spooked wheel** Grauguss-Speichenrad *n* [mot]
**cast iron, wear-resistant -** verschleißbeständiges Gusseisen *n* [mas]
**cast iron with vermicular graphite** Gusseisen mit Vermiculargraphit *n* [wer]
**castle nut** Kronenmutter *f* [mas]
**cast metal** Metallguss *m* [wer]
**cast on** angegossen [wer]
**cast on** angießen *v* (hinzufügen) [roh]
**cast seal** Gussband *n* (als Dichtung am Kolben) [mot]
**cast steel** Gussstahl *m* (besser: Stahlguss) [wer]; Stahlguss *m* [wer]; Stahlguss *m* (für allgemeine Zwecke, warmfest, ferritisch) [wer]

**cast steel disc wheel**
Stahlgussscheibenrad *n* [mot]
**cast steel, heat-resistant -**
hitzebeständiger Stahlguss *m* [wer]
**cast steel, heat-treatable -**
vergütbarer Stahlguss *m* [wer]
**cast steel spoked wheel**
Stahlgussspeichenrad *n* [mot]
**cast structure** Gussstruktur *f* [wer]
**cast welding** Gießschweißen *n* [met]
**casualties** Verluste *pl* (an Menschen tot, verletzt) [mot]
**catch** Raste *f* [wer]; Riegel *m* (an Tür) [bau]; Schnapper *m* (Raste) [wer]
**catching loop** Fangschlinge *f* (an Drehgestell) [mbt]
**catchment area** Niederschlagsgebiet *n* (zu entwässernde Fläche) [wet]
**catchment basin** Niederschlagsgebiet *n* (Mulde, Stausee) [wet]
**categorize** einordnen *v*; gliedern *v* (sich gliedern in)
**catenary idler, lower -**
Untergurtgirlande *f* (Großförderband) [mbt]
**catenary wire** Oberleitung *f* [mot]; Fahrdraht *m* (Oberleitung) [mot]
**catenary wire yoke** Oberleitungsjoch *n* [mot]
**caterpillar** Schubraupe *f* [mot]; Raupenbagger *m* [mot]
**caterpillar tractor** Raupenschlepper *m* [mbt]
**cathode** Kathode *f* [elt]
**cathode circuit** Kathodenschaltung *f* [elt]
**cathode follower** Impedanzwandler *m* [elt]; Kathodenfolger *m* [elt]; Kathodenverstärker *m* [elt]
**cathode ray** Kathodenstrahl *m* [elt]
**cathode ray tube** Bildröhre *f* [elt]; Elektronenstrahlröhre *f* [elt]; Kathodenstrahlröhre *f* [elt]

**cation exchange** Kationenaustausch *m* [che]
**cat ladder** Steigleiter *f* [bau]
**cat's eye** Rückstrahler *m* [mot]; Katzenauge *n* (Rückstrahler) [mot]
**catwalk** Wartungsbühne *f* (Laufsteg) [wer]; Laufsteg *m* (Wartungsbühne) [met]
**cat wire** Oberleitung *f* [mot]
**cat wire gallows** Oberleitungsgalgen *m* [mot]
**caulk** dichten *v* (verstemmen) [pow]; verstemmen *v* (z.B. ein Niet nachstemmen) [mas]
**caulk welding** Dichtungsschweißung *f* [met]
**cause** verursachen *v*
**causeway** Dammstraße *f* [bau]; Straße *f* (mit Dammschüttung) [mot]; Damm *m* [bau]
**causing the damage**
schadenverursachend [jur]
**caustic embrittlement**
Laugensprödigkeit *f* [che]
**caving** Einsturz *m* (absichtlich hinter Schild) [roh]; Verfüllen *n* (Einsturz hinter Schild) [roh]; Brocken *pl* (Bergbau) [roh]
**caving shield** Hinterschild *m* (im Bergbau) [roh]
**cavitation** Hohlraumbildung *f* [mot]
**cavity** Höhlung *f* [geo]; Kammer *f* (Gaseinschluss) [wer]; Fehler *m* (Lunker) [wer]; Hohlraum *m* [geo]; Lunker *m* (Hohlraumbildung) [wer]
**cavity brick** Hohlblockstein *m* [bau]
**cavity plug** Spreizdübel *m* [bau]
**cavity wall** Hohlwand *f* [bau]
**ceiling** Decke *f* (im Zimmer) [bau]; Zimmerdecke *f* [bau]
**ceiling beam** Deckenbalken *m* [bau]
**ceiling, false -** Doppeldecke *f* (abgehängte Decke (B)) [bau]

**ceiling for of the contribution** Beitragsgrenze *f* [jur]
**ceiling joist** Deckenträger *m* [bau]; Deckenunterzug *m* [bau]
**ceiling lamp** Deckenleuchte *f* [bau]
**ceiling rings** Deckenösen *f* [mbt]
**ceiling slab** Deckenscheibe *f* [bau]; Scheibe *f* (Deckenscheibe) [bau]
**cell** Batterie *f* [elt]; Zelle *f* (Kloster, Batterie) [bau]; Element *n* [elt]
**cellar** Keller *m* [bau]
**cellar drainage** Kellerentwässerung *f* [was]
**cellar excavation** Kelleraushub *m* [bau]
**cellar floor** Kellerdecke *f* [bau]
**cellar foundation** Kellergründung *f* [bau]
**cellarless** kellerlos [bau]
**cellular brick** Lochziegel *m* [bau]
**cellular radiator** Lamellenkühler *m* [mot]
**cement** Kleber *m* (für Modellbau, Plastik) [che]; Klebstoff *m* (z.B. für Modellbauer) [che]
**cementation** Verkittung *f* [bau]; Zementieren *n* [bau]
**cement clinker** Zementklinker *m* (zw. Brenner und Rohgips) [bau]
**cemented** abgebunden (Zement) [wer]; hartmetallbestückt [wer]
**cement floor** Zementboden *m* [bau]
**cement floor, floating -** schwimmender Estrich *m* [bau]
**cement grey** zementgrau (RAL 7033) [nrm]
**cement grouting** Zementverguss *m* [bau]
**cement in** einzementieren *v* [bau]
**cementing** Zementieren *n* [bau]
**cementing capacity** Bindefähigkeit *f* [bau]
**cementitious** zementgebunden [wer]
**cementitious material** Bindemittel *n* [bau]

**cement kiln** Zementofen *m* [bau]
**cement mortar lining** Zementmörtelauskleidung *f* (Rohre) [bau]
**cement plant** Zementwerk *n* [roh]
**cement screed** Zementestrich *m* [bau]
**cement tailing** Zementgrieß *m* [roh]
**cement wash** Zementanstrich *m* [bau]
**centering roll** Zentrierrolle *f* [mot]
**central** mittig [con]
**central articulated steering** Knickrahmenmittellenkung *f* [mot]
**central brake rods** Mittenbremsgestänge *n* [mot]
**central computer** Zentralrechner *m* (Rechenwerk) [edv]
**central control room** Hauptwarte *f* (Zentral-Leitstand) [pow]; Leitstand *m* (Hauptwarte, Schaltraum) [pow]; Schaltraum *m* (Leitstand) [pow]; Zentralleitstand *m* (Hauptwarte) [pow]
**centralisation** Zentrierung *f* [mot]
**central lubrication** Zentralschmierung *f* [mot]
**central lubrication system** Zentralschmieranlage *f* [mot]
**centrally-heated** zentralbeheizt [pow]
**central point** Schwerpunkt *m* (wichtige Sache) [mot]
**central position** Mittelstellung *f* (genau Mitte) [msr]
**central processing unit** Hauptprozessor *m* [edv]
**central support** Mittelstütze *f* [bau]
**central tube frame** Mittelrohrrahmen *m* [mot]
**centre** Mitte *f* (des Werkstückes) [con]
**centre bay** Mittelschiff *n* (Halle)
**centre body** Mittelteil *n* (des Unterwagens) [mbt]
**centre bore** Mittenbohrung *f* [con]; Zentrierbohrung *f* [con]
**centre bushing** Zentrierring *m* [mot]
**centre cutting edge** Mittelschneidmesser *n* [wer]

**centre distance** Achsabstand *m* (bei Rollenkette) [con]
**centre-fire ignition** Zentralfeuerzündung *f* [pow]
**centre frame** Unterwagenrahmen *m* [mbt]
**centre gangway coach** Personenwagen mit Mittelgang *m* [mot]
**centre hinge** Mittelgelenk *n* (Stahlbau) [bau]
**centre-hung sash** Schwingfester *n* [bau]
**centre-hung window** Drehkippfenster *n* [bau]
**centre key** Schlussstein *m* (in Gewölbe, Brücke) [bau]
**centre lathe** Spitzendrehmaschine *f* [wzg]
**centre line flaw** Kernfehler *m* (Fehler in Kern) [wer]
**centre line of boiler** Kesselmitte *f* [pow]
**centreline of drum** Trommelmitte *f* [pow]
**centre of gravity** Anziehungspunkt *m* (Schwerkraft) [phy]; Schwerpunkt *m* (physikalisch) [phy]
**centre of mesh** Maschenmitte *f* (bei Gitterrost) [wer]
**centre of population** Ballungszentrum *n* [bau]
**centre of rotation** Drehpunkt *m* [mas]
**centre of vehicle** Gerätemitte *f* [con]
**centre part** Mitte Teil (auf Zeichnungen) [con]
**centre part** Traverse *f* (Mittelteil Unterwagen) [mbt]
**centre pin** Königswelle *f* [mbt]; Königsbolzen *m* [mbt]
**centre pivot** Drehpfanne *f* [mot]
**centre-pivot insert** Gleiteinlage *f* [mot]
**centre point** Einstichpunkt *m* (für Radius) [wer]
**centre post** Drehdurchführung *f* [mbt]
**centre punch** Körner *m* [wzg]
**centre ring** Zentrierring *m* [mot]
**centre section** Mittelstück *n* [con]
**centre shift pinion** Seitenschubritzel *n* [mot]
**centre support** Mittelauflager *n* [mas]
**centre tank** Mitteltank *m* [mot]
**centre tapping** Mittelanzapfung *f* (stößelartig) [mbt]
**centrifugal air cleaner** Schleuderluftfilter *m* [mot]
**centrifugal casting** Schleuderguss *m* [met]; Schleudergießen *n* [met]
**centrifugal disc** Schleuderscheibe *f* [wer]
**centrifugal dredge pump** Baggerkreiselpumpe *f* (Unterwasserarbeiten) [mbt]
**centrifugal governor** Fliehkraftregler *m* [mot]; Zentrifugalregler *m* [mot]
**centrifugal pump** Kreiselpumpe *f* [pow]
**centrifuge** abschleudern *v*
**ceramic backing** Keramikunterlage *f* [met]
**ceramic mould** Keramikform *f* [wer]
**ceramic ring** Keramikring *m* [wer]
**ceramic tile** Keramikfliese *f* [bau]
**certificate** Zeugnis *n*
**certificate of acceptance** Abnahmeprotokoll *n* [msr]
**certificate of approval for tank containers for the transport of dangerous goods** Gefahrgutbestätigung *f* [wer]
**certificate of disability** Arbeitsunfähigkeitsbescheinigung *f*
**certificate of origin** Ursprungszeugnis *n* [eco]
**certification for welding** Eignungsnachweis zum Schweißen *m* [met]

**chaff** Abrieb *m* (Späne, Splitter) [met]; Häcksel *pl* (Späne) [jur]
**chaff** abreiben *v* (spanen, zerreiben) [met]
**chain** Hubkette *f* (des Staplers) [mot]; Band *n* (Kettenband) [wer]
**chain adjuster** Kettenspanner *m* [wer]
**chain band** Kettenstrang *m* [mbt]
**chain break** Kettenbruch *m* [mbt]
**chain casing** Kettengehäuse *n* [wer]
**chain conveyor** Kettenförderer *m* [roh]
**chain drive** Laufkette *f* (Kettenantrieb) [mot]; Kettenantrieb *m* (Rost) [pow]; Kettentrieb *m* [wer]; Kettengetriebe *n* [mot]
**chain drive, hand-operated -** handbetätigter Kettenantrieb *m* [pow]
**chain drive wheel** Kettenantriebsrad *n* [mbt]
**chained to** angekettet an
**chain elevator** Kettenbecherwerk *n* [roh]
**chain fracture** Kettenbruch *m* [mbt]
**chain grate** Kettenrost *m* [pow]
**chain grate stoker** Kettenrostfeuerung *f* [pow]
**chain guide** Kettenführung *f* [mbt]
**chain guide shoe** Ketteneinlaufführung *f* [mbt]; Ketteneinlaufzunge *f* [mbt]
**chain guide system** Stufenkettenführung *f* [mbt]
**chain hoist** Kettenzug *m* (Lastenheber, Kran) [roh]; Kettenhebewerk *n* [bau]
**chaining** Längenmessung *f* [msr]; Verkettung *f* [edv]
**chain latch** Kettenanker *m* (des Gabelstaplers) [mot]
**chain length** Kettenlänge *f* [con]
**chain link** Schake *f* (Federaufhängung Drehgestell) [mbt]; Kettengelenk *n* [mbt]; Kettenglied *n* [wer]

**chain link, conical -** konisches Kettenglied *n* [wer]
**chain link, cranked -** gekröpftes Kettenglied *n* [wer]
**chain link, tapering -** verjüngendes Kettenglied *n* [mas]
**chain loading** Kettenbelastung *f* [mbt]
**chain mat** Kettenmatte *f* [mbt]
**chain mounting** Kettenbefestigung *f* [wer]
**chain pitch** Kettenteilung *f* [wer]
**chain pull** Kettenzug *m* [mbt]
**chain reduction gear** Kettenvorgelege *n* [wer]
**chain retainer guide** Zwangsführung *f* (der Kette, Rolltreppe) [mbt]
**chain roller** Kettenrolle *f* (für Rolltreppe) [mbt]
**chain scraper** Kettenkratzer *m* [roh]; Kettenkratzförderer *m* [roh]
**chain shaft** Kettenwelle *f* [mbt]
**chain side bar** Kettenlasche *f* [mbt]
**chain slack** Kettendurchhang *m* [mbt]
**chain sprocket** Kettenrolle *f* [mbt]; Kettenrad *n* [mbt]
**chain stretching** Kettenlängung *f* [mbt]
**chain stud** Kettenbolzen *m* [mbt]
**chain suspension** Kettengehänge *n* [mbt]
**chain suspension tackle** Magnetkettengehänge *n* [mbt]
**chain tension device** Kettenspannvorrichtung *f* [mbt]
**chain tensioner** Spannvorrichtung *f* (Kette) [pow]
**chain tensioners** Kettenspannvorrichtung *f* [mbt]
**chain tensioning** Kettenspannung *f* [mbt]
**chain tension switch, lower -** unterer Kettenspannkontakt *m* [mbt]
**chain wheel** Kettenrad *n* [mbt]
**chain wrench** Kettenspannschlüssel *m* (für Rohre) [wzg]

**chairman** Vorsitzender *m* (des Vorstandes) [eco]
**chairman of the board** Vorstandsvorsitzender *m* [eco]
**chamber** Vorkammer *f* [mot]
**chamber of the probe block** Kammer des Prüfblocks *f* [met]
**chamfer** Fase *f* [mas]
**chamfer** abkanten *v* (Kanten abschrägen) [met]; abschrägen *v* (abkanten) [met]
**chamfered** abgeschrägt (Kante) [mas]
**chamfer start depth** Anschnitttiefe *f* [met]
**champignon rail** Vignolschiene *f* [mot]
**change** Umrüstung *f* (Veränderung des Gerätes) [mot]; Umbau *m* (Abänderung, Änderung) [wer]; Wechsel *m* (Umbesetzung im Personal) [eco]
**change** ändern *v* (z.B. Konstruktion, Ausrüstung); umrüsten *v* (auswechseln) [met]; umsetzen *v* (z.B. Bagger, neue Stelle) [mot]
**change in colour** Farbveränderung *f*
**change in gain** Verstärkungsnachführung *f* [elt]
**change in section** Querschnittsänderung *f* [con]
**change location** versetzen *v* (einen Bagger) [mbt]
**change of addendum** Kopfhöhenänderung *f* (Zahnrad) [wer]
**change of attachment** Umrüsten *n* (z.B. andere Ausrüstung dran) [mbt]
**change of shifts** Schichtwechsel *m* (Nachmittags- zu Nachtschicht) [eco]
**change over** umschalten *v* [elt]
**change-over** Umschaltung *f* [elt]
**change-over contact** Umschaltkontakt *m* [elt]
**change-over relay** Wechselrelais *n* [elt]
**change-over switch** Umschalter *m* [elt]; Wechselschalter *m* [elt]
**change speed gearbox** Wechselgetriebe *n* [mot]
**change-speed gear, infinitely variable -** stufenloses Getriebe *n* [mas]
**changing** veränderlich (Wetter) [wet]
**changing construction** Konstruktionsänderung *f* [con]
**channel** Fahrrinne *f* [mot]; Kanal *m* (ausgebild. Kanal beim Halbleiter) [elt]; Kanal *m* (natürliche Wasserstraße) [bau]; U-Eisen *n* [wer]; U-Profil *n* [wer]
**channels** U-Stahl *m* (als Ware, Träger) [wer]
**channel switch selector** Kanalumschalter *m* [elt]
**character** Schriftzeichen *n* (z.B. chinesisch)
**characteristic** Charakteristik *f* [elt]; Eigenschaft *f* (Charakteristikum); Merkmal *n* (Kennzeichen)
**characteristic curve of spring** Federkennlinie *f* [wer]
**characteristic function** Eigenfunktion *f* (bei Differentialgleichung) [mat]
**characteristic impedance** Wellenwiderstand *m* [elt]
**characteristic polynomial** Polynom, charakteristisches *n* [mat]
**characteristics** Kennwert *m* (z.B. für Zukaufteile)
**characterized in that ...** dadurch gekennzeichnet, dass ... (Patent) [jur]
**character set** Zeichenvorrat *m* (bei EDV) [edv]
**charge** Auflaḍung *f* (Batterie) [elt]; Charge *f* [roh]; Ladung *f* [elt]
**charge** aufladen *v* [elt]; speisen *v* (etwas einspeisen, laden) [mot]
**charge a battery** Batterie laden *f* [elt]

**charge air cooler** Ladeluftkühler *m* [mot]
**charge air cooling** Ladeluftkühlung *f* [mot]
**charge air pipe** Ladeluftleitung *f*
**charge carrier** Ladungsträger *m* [elt]
**charge control** Ladekontrolle *f* (Lichtmaschine) [elt]
**charge control lamp** Ladekontrollleuchte *f* [elt]; Ladestromkontrollleuchte *f* [elt]
**charged** geladen [elt]
**charge density** Ladungsdichte *f* [elt]
**charge period** Einsatzdauer *f* [wer]
**charge pressure** Speisedruck *m* (in Hydraulik) [mot]
**charge pump** Ladepumpe *f* [mot]; Speisepumpe *f* (Hydraulik) [mot]
**charger** Aufgabeapparat *m* [met]; Ladegerät *n* (für Batterien) [elt]
**charge transfer** Ladungsübertragung *f* [elt]
**charging** Beschickung *f* (z.B. des Hochofens) [roh]
**charging and discharging device** Beschickungs-/Entleerungsvorrichtung *f* [wer]
**charging box** Chargiermulde *f* [wer]
**charging condition** Ladezustand *m* (Batterie) [elt]
**charging device** Chargiergerät *n* (am Gabelstapler) [mbt]
**charging period** Ladedauer *f* [elt]
**charging rectifier** Ladegleichrichter *m* [elt]
**charging roller** Zuführrollgang *m* [wer]
**charging, roller conveyer** Einlaufrollgang *m* [wer]
**charging roller conveyor** Zulaufrollgang *m* [mot]
**charging spoon** Chargierlöffel *m* [wer]
**charging voltage** Ladespannung *f* [elt]

**chart** Übersicht *f* (Tafel, Bild, Chart) [con]
**chart design** Diagrammkonstruktion *f* [con]
**charterer** Befrachter *m* [mot]
**chase** Aussparung *f* (im Mauerwerk) [bau]; Schlitz *m* (für Installationsleitung) [bau]
**chassis** Fahrwerk *f* (Chassis) [mot]; Baugruppenträger *m* (Platine) [mot]; Hauptrahmen *m* [mot]; Rahmen *m* (Grundplatte) [mot]; Unterbau *m* [mot]; Unterwagenrahmen *m* [mot]; Chassis *n* (Fahrgestell) [mot]; Fahrgestell *n* [mot]; Untergestell *n* [mot]
**chassis cross number** Querträger *m* [mot]
**chassis frame** Fahrwerksrahmen *m* [mbt]
**chassis unit** Laufwerk *n* (des Eisenbahnwagens) [wer]
**chatter** rattern *v* (vibrieren, schnattern) [mot]
**chatterfree** ratterfrei [wer]
**check** Kontrolle *f* (der Ausweise, Monitoren) [msr]; Überprüfung *f* (Kontrolle, Durchsehen) [msr]
**check** überprüfen *v* (Material, Pässe) [msr]
**check analysis** Kontrollanalyse *f* [msr]
**checked** geprüft [msr]
**checker and floor plate** Riffel- und Tränenblech *n* [wer]
**checkered plate** Warzenblech *n* [wer]
**checker plate** Riffelblech *n* [wer]
**check for damage** Prüfung auf Beschädigungen *f*
**checking personnel** Prüfpersonal *n* [msr]
**checking staff** Prüfpersonal *n* [msr]
**checking tap** Kontrollöffnung *f* (z.B. an Getriebe) [mot]

**checking tool**  Prüfwerkzeug *n* [wzg]
**checklist**  Checkliste *f* [mot]
**check list**  Prüfliste *f*
**check nut**  Gegenmutter *f* [mas]; Kontermutter *f* [mas]
**check oil level**  Ölstand prüfen *v* [mot]
**check plate**  Sperrplatte *f* [mot]
**check rail**  Fangvorrichtung *f* (am Eisenbahngleis) [mot]; Entgleisungsschutz *m* [mot]; Radlenker *m* (der Bahn; z.B. an Weichen) [mot]
**check sheet**  Checkliste *f* [msr]
**check valve**  Kontrollventil *n* (Prüfventil) [wer]; Prüfventil *n* (Kontrollventil) [pow]; Rückschlagventil *n* [wer]
**check zero**  Nulllinienprüfung *f* [msr]; Nullpunktprüfung *f* [msr]
**cheek**  Seitenwand *f* [bau]
**cheek casting**  hinterer Anschlag *m* [mas]
**cheese head screw**  Zylinderschraube *f* [mas]
**chemical and petrochemical industries**  chemische und petrochemische Industrie *f* [che]
**chemical plaster**  Edelputz *m* [bau]
**chemicals dosing plant**  Dosieranlage *f* (Speisewasseraufbereitung) [che]
**chemicals proportioning plant**  Dosieranlage *f* (Speisewasseraufbereitung) [pow]
**chemical tanker**  Chemikalientanker *m* [mot]
**chequered plate**  Riffelblech *n* [pow]
**chequer plate**  Riffelblech *n* (gegen Ausrutschen) [wer]
**chestnut brown**  kastanienbraun (RAL 8015) [nrm]
**chevron packing**  Ledermanschette *f* [wer]
**chief erector**  Montageleiter *m* [eco]
**child node**  Nachfolgerknoten *m* [edv]

**chill casting**  Hartguss *m* [wer]; Schalenhartguss *m* [wer]
**chilled cast iron**  Hartguss *m* [wer]; Spezialhartguss *m* [wer]
**chilled slag**  granulierte Schlacke *f* [pow]
**chimney**  Esse *f* (Kamin) [bau]; Esse *f* (Kamin) [pow]; Rauchfang *m* (Schornstein im Haus) [bau]
**chimney access ladder**  Schornsteinsteigleiter *f* [bau]
**chimney discharge**  Schornsteinauswurf *m* [pow]
**chimney draught**  Schornsteinzug *m* [pow]
**chimney emission**  Schornsteinauswurf *m* [pow]
**chimney junction**  Schornsteinanschluss *m* [bau]
**chimney with guy ropes**  Schornstein mit Seilabstützung *m* [pow]
**chip**  integrierter Schaltkreis *m* [elt]
**chip**  auskreuzen *v* (Fuge vor Gegenschweißen) [met]; meißeln *v* [met]
**chip control**  Verschmutzungsschalter *m* (an Hydraulikpumpen) [mas]
**chip detector**  Spänefinder *m* (z.B. im Ölumlauf) [mot]
**chip off**  abplatzen *v* (reißen, wegbrechen) [wer]
**chippings**  Schotter *m* (kleiner Sch; Steinsplitter) [bau]; Splitt *m* [bau]
**chisel**  Meißel *m* (Aufbrechwerkzeug) [wzg]; Reibebrett *n* [bau]
**chisel**  meißeln *v* [bau]
**chisel a hole**  durchstemmen *v* [bau]
**chisel point**  Meißelspitze *f* [wzg]
**chisel through**  durchstemmen *v* [bau]
**chock**  Bremsklotz *m* (mit Spikes) [mot]; Hemmkeil *m* [mot]; Klotz *m* (als Unterlegkeil) [mot]; Unterlegkeil *m* (für Kfz) [mot]
**chock-hazard voltage**  Berührungsspannung *f* [elt]

**chocolate brown** schokoladenbraun (RAL 8017) [nrm]
**choice** Auswahl *f* (aus mehreren)
**choke** Drossel *f* (Veränderung Heizgasweg) [wer]; Luftklappe *f* (am Motor) [mot]; Starterklappe *f* [mot]; Staurohr *n* [mot]
**choke** absaufen *v*; verstopfen *v* [mot]
**choke adjustment** Drosseleinstellung *f* [mot]
**choke coil** Schutzdrossel *f* [wer]
**choke control** Choke *m* [mot]; Drosselkabel *n* [mot]
**choke control knob** Luftklappenknopf *m* [mot]
**choke plate** Drosselplatte *f* [mot]; Luftklappe *f* (die eigentliche Klappe) [mot]
**choke valve** Drosselrückschlagventil *n* [mot]
**choking resistance** Drosselwiderstand *m* [mot]
**choose** auswählen *v* (aus mehreren)
**chopper** Zerhacker *m* [elt]
**chopping knife** Hackmesser *n* [wzg]
**chord** Gurt *m* (z.B. Fachwerk, Fachwerkträger) [bau]
**chordal pitch** Zahnteilung *f* (entlang Sehne) [mas]
**chordal tooth thickness** Zahndickensehne *f* (am Zahnrad) [wer]
**chording** Gurtung *f* [bau]
**chord member** Gurtstab *m* (Stahlbau) [bau]
**chord plate** Gurtblech *n* [roh]
**chrome green** chromoxidgrün (RAL 6020) [nrm]
**chrome yellow** chromgelb (RAL 1007) [nrm]
**chromium-plated** chrombeschichtet [wer]; verchromt [mot]
**chromium-plated to size** maßverchromt (nicht mehr zu bearbeiten) [wer]

**chute** Bodenklappe *f* [roh]; Rutsche *f* (am Brecher) [roh]; Zuführrinne *f* [mbt]
**cinder** Asche *f* (Schlacke, Zunder) [rec]; Zunder *m* [wer]
**cinder** ausglühen *v* (aus Versehen) [met]
**cinder hopper** Aschentrichter *m* [pow]; Schlackentrichter *m* [pow]
**cinder return** Flugaschenrückführung *f* (grobes Korn) [pow]
**circle bogie** Drehkranz *m* (des Graders) [mbt]; Schardrehkranz *m* (des Graders) [mbt]
**circle drive** Drehgetriebe *n* [mbt]
**circle sideshift** Seitenverstellung *f* (z.B. Graderschar) [mbt]
**circle swing assembly** Drehdurchführung *f* [mot]
**circlip** Spannschelle *f* [mas]; Federdrahtring *m* [wer]; Seegerring *m* [wer]; Sicherungsring *m* (z.B. Seegerring) [wer]
**circlip pliers** Einsprengzange *f* [wzg]
**circuit** Schaltung *f* [elt]; Verbindung *f* (z.B. Stromkreislauf) [elt]; Stromkreis *m* [elt]; Umlauf *m* (Kreislauf des Kühlwassers) [pow]
**circuit amplifier** Schaltverstärker *m* [elt]
**circuit board** Schaltkarte *f* [elt]
**circuit breaker** Abschalter *m* (in Schaltanlage eines Kraftwerks) [elt]; Ausschalter *m* [elt]; Leistungsschalter *m* [elt]; Leistungstrenner *m* [elt]; Sicherungslasttrenner *m* [elt]; Stromabschalter *m* [elt]; Trennschalter *m* [elt]; Unterbrechungsschalter *m* (Unterbrecher) [elt]
**circuit capacity** Leitfähigkeit *f* (eines Stromkreises) [elt]
**circuit, closed -** geschlossener Kreislauf *m* [elt]; geschlossener Stromkreis *m* [elt]

**circuit diagram** Schaltplan *m* [elt]; Schaltbild *n* [elt]
**circuit element** Schaltelement *n* [elt]
**circuit, hydraulic -** Flüssigkeitsumlauf *m* (Kreislauf) [mot]
**circuit, independent -** geschlossener Kreislauf *m* (z.B. Hydraulik) [mas]
**circuit, integrated -** integrierte Schaltung *f* [elt]
**circuitry** Verdrahtungstechnik *f* [elt]
**circuit stage** Schaltstufe *f* [elt]
**circuit water system** Kreislaufwasserwirtschaft *f* [bau]
**circular arch** Ringausbau *m* (im Bergwerk) [roh]
**circular arc type plant** kreisbogenförmige Stranggussanlage *f* [wer]; kreisförmige Stranggussanlage *f* [wer]
**circular blending bed** Kreislager *n* (Mischbett) [roh]
**circular pitch** Zahnteilung *f* (im Teilkreis) [mas]
**circular potentiometer** Ringpotentiometer *n* [msr]
**circular saw** Kreissäge *f* [wzg]
**circular thickness** Zahndicke *f* (Zahnrad) [mas]
**circulating air heating** Umluftheizung *f* [mot]
**circulation** Zirkulation *f* (z.B. von Öl, Kühlwasser) [wer]
**circulation pump** Umwälzpumpe *f* (z.B. für Kühlwasser) [mot]
**circulation tube** Kurzschlussrohr *n* [pow]
**circumference** Peripherie *f*; Umfang *m* [con]
**circumferential speed** Umfangsgeschwindigkeit *f* [phy]
**circumferential tyre** Kennlinie *f* (Reifen, Bahnrad) [mot]
**circumferential weld** Rundschweißung *f* [met]; Umfangsschweißung *f* [met]

**citation** Ladung *f* (vor ein Gericht) [jur]
**city planning** Städtebau *m* [bau]
**civil engineering** Ingenieurbau *m* (Bauingenieurwesen) [bau]; Bauingenieurwesen *n* [bau]
**civil engineering construction** Ingenieurbauarbeiten *pl* [bau]
**civil engineering structures** Ingenieurbaukonstruktionen *pl* [bau]
**civil law** Zivilrecht *n* [jur]
**cladded** verkleidet (außen geschützt)
**cladding** Auskleidung *f* [mas]; Gebäudeverkleidung *f* [bau]; Panzerung *f* (Brecherverkleidung) [roh]; Verkleidung *f* (zudecken, ausfüttern) [mas]
**claim** Anspruch *m* [jur]; Schadenersatzanspruch *m* [jur]; Schadensersatzanspruch *m* [jur]
**claim** fordern *v* (Schadenersatz u.ä.) [jur]
**claims to compensation** Anspruch auf Entschädigung *m* [jur]
**clamp** Klammer *f* (z.B. an Kabel) [elt]; Klemme *f* [elt]; Gegenwinkel *m* (z.B. Halterung) [mas]
**clamp** anschließen *v* (eine Leitung) [elt]
**clamp bolt** Spannschraube *f* [mas]; Klemmbolzen *m* [wer]
**clamp connection** Klemmverbindung *f* [elt]
**clamped** geklammert [elt]; geklemmt [wer]; verklammert (Elektronik) [elt]
**clamping** Klemmvorrichtung *f* [roh]
**clamping collar** Klemmstück *n* [wer]
**clamping device** Spannvorrichtung *f* (Schelle, Schlauch) [wer]
**clamping fixtures** Spannvorrichtung *f*
**clamping jaw** Spannbacken *pl* (am Schraubstock) [wer]
**clamping lever** Klemmhebel *m* [mot]
**clamping piece** Spannelement *n* [wer]

**clamping plate** Klemmlasche *f* [wer]; Klemmplatte *f* (für Bodenbohlen) [mbt]

**clamping range** Spannbereich *m* (der Schelle) [wer]

**clamping ring** Spannzange *f* [wzg]

**clamping sleeve** Spannhülse *f* (evtl. konisch, verjüngt) [wer]

**clamp lock** Klammerverschluss *m* (der Weiche) [mot]

**clamp number** Klemmennummer *f* [elt]

**clamp ring** Klemmring *m* [mot]

**clamshell** Klappschaufel *f* (Erdaushub) [mbt]; Greifer *m* [mbt]

**clam shell** Greiferschale *f* [mbt]

**clamshell bucket** Grabgreifer *m* [mbt]

**clamshell cylinder** Klappzylinder *m* (der Klappschaufel) [mbt]

**clamshell cylinder valve** Klappenzylinderventil *n* [mbt]

**clamshell equipment** Greifer-ausrüstung *f* [mbt]

**clamshell valve** Klappenzylinderventil *n* [mas]

**claret violet** bordeauxviolett (RAL 4004) [nrm]

**clashing** Anstoßen *n*

**clasp** einhaken *v* (mit Klammer)

**clasp brake** Klotzbremse *f* [mot]

**clasp braked** klotzgebremst [mot]

**clasp brake shoe** Bremsklotzsohle *f* [mot]

**clasp-pattern brake** Klotzbremse *f* [mot]

**class** Bauart *f* (Lok, Wagen) [mot]; Baureihe *f* (Lok, Wagen) [mot]; Baureihe *f* (z.B. von Lokomotiven) [mot]; Gütestufe *f* [pow]

**classification** Klassifizierung *f* (Einstufung); Sichtfähigkeit *f* [roh]; Sortierung *f* (Einstufung)

**classification of rocks** Einstellung der Gesteine *f* [roh]

**classification of soils** Klassifizierung von Lockergesteinen *f* [roh]

**classification of structure** Bauwerksklasse *f* [bau]

**classification, statistical -** statistische Diagnostik *f* [edv]

**classifier beater mill** Sichterschlägermühle *f* [roh]

**classifier vane** Sichterklappe *f* [roh]

**classify** einteilen *v* (in Güteklassen)

**classifying screen** Klassiersieb *n* (Größenklassierung) [roh]

**class of cars** Wagengattung *f* [mot]; Waggongattung *n* [mot]

**class of coach** Wagenklasse *f* (Personenwagen der Bahn) [mot]

**class of coaches** Wagengattung *f* [mot]

**class of insulation** Isolationsklasse *f* [elt]; Isolierungsklasse *f* [elt]

**class of performance** Leistungsklasse *f*

**class of soil** Bodenklasse *f* [bod]

**class of strength** Festigkeitsklasse *f* [phy]

**class of wagon** Wagengattung *f* [mot]

**clause** Klausel *f* (in der Logik) [edv]; Klausel *f* (in einem Vertrag) [jur]

**claw** Klaue *f* (an Schraubstock) [wzg]; Kralle *f* [wer]; Pratze *f* (hauptsächlich des Tiers) [bff]

**claw coupling** Klauenkupplung *f* [mot]

**claw pole generator** Klauenpolgenerator *m* [elt]

**claw spanner** Klauenschlüssel *m* [wzg]

**claw wrench** Kuhfuß *m* (Nagelzieher) [wzg]; Nagelzieher *m* (Kuhfuß) [wzg]

**clay** Ton *m* (Erde im Kannenbäckerländchen) [bau]

**clay brown** lehmbraun (RAL 8003) [nrm]

**clay bucket** Tonlöffel *m* [mbt]

**clay, coarse -** Schluff *m* (Grobton) [roh]
**clay, cohesive -** klebriger Ton *m* [bod]
**clay pit** Tongrube *f* [bau]
**clean** putzen *v* (säubern); säubern *v* (sauber wischen, putzen usw.)
**cleaned metallically blank** metallisch blank gesäubert [wer]
**cleaned to be metallically blank** metallisch blank gesäubert [wer]
**cleaner** Reiniger *m* (ein Gebäudereiniger) [met]
**cleaner bar** Abstreifer *m* [mbt]
**cleaning agent** Reiniger *m* (Reinigungsmittel) [che]; Reinigungsmittel *n* [che]
**cleaning device** Reinigungsgerät *n* [wzg]
**cleaning door** Reinigungsklappe *f* (Reinigungstür) [pow]; Reinigungstür *f* (Reinigungsklappe) [pow]
**cleaning flap** Reinigungsklappe *f* (am Axialkompensator) [pow]
**cleaning powder** Scheuermittel *n* (Scheuerpulver) [che]
**cleaning-up costs** Sanierungskosten *pl* [bau]
**cleanliness** Sauberkeit *f* (Reinheit, frei von Schmutz)
**cleanliness factor** Verschmutzungsfaktor *m* (Heizflächenberechnung) [pow]
**clearance** Abstandsfläche *f* [bau]; Freigängigkeit *f* (von Rädern) [mot]; Passung *f* [con]; Toleranz *f* [con]; Spalt *m* (zwischen Sockel und Stufe) [con]; Spielraum *m* (z.B. der Achse) [con]; Kopfspiel *n* (Zahnrad) [wer]; lichtes Abmaß *n* (freier Raum z.B. zwischen Behältern) [con]; Spaltmaß *n* (Spiel zwischen Teilen) [con]; Spiel *n* (Freiheit der Bewegung) [con]
**clearance compensation** Spielausgleich *m* [mot]

**clearance height** Durchfahrhöhe *f* (des Tunnels) [mot]; lichte Höhe *f* (z.B. unter Brücke) [con]
**clearance indicator** Abstandsanzeiger *m* [msr]
**clearance width** Durchfahrbreite *f* (des Tunnels) [mot]
**clear dimension** Lichtmaß *n* [con]
**clear height** lichte Höhe *f* [con]
**clearing width** Räumbreite *f* [mbt]
**clearing worm** Räumschnecke *f* (der Fräse) [mbt]
**clearly visible** übersichtlich (klar zu erkennen)
**clear span** lichte Weite *f* [con]
**clear through customs** verzollen *v* (durch den Zoll schicken) [jur]
**clear width** lichte Breite *f* [con]
**cleat** Verbindungslasche *f* (Stahlbau) [bau]; Befestigungswinkel *m* [bau]; Keil *m* (Treibkeil, Knagge) [wzg]
**cleaver** Hackmesser *n* (Küche) [wzg]
**clevis** Bügel *m* (Gabel, Einspannvorrichtung) [wer]; Auge *n* [mas]
**clevis foot** Lagerbock *m* (einfach) [mot]
**clevis head** Gabelkopf *m* (z.B. Kopf des Gabelbolzens) [mot]
**clevis pin** Gabelbolzen *m* [mot]; Gabelstift *m* [mot]
**clevis pin without head** Bolzen ohne Kopf *m* [wer]
**clevis yoke** Gabelkopf *m* [mot]
**client** Bauherr *m* (Kunde) [bau]; Mandant *m* [jur]
**climatic chamber** Klimakammer *f* [wet]
**climatic load** Wind- und Schneelast *f* [wet]
**climatic zone, moderate -** gemäßigte Klimazone *f* [wet]
**climbing bracket** Klettergerüst *n* [bau]
**climbing-crane** Kletterkran *m* [bau]

**climbing formwork** Kletterschalung *f* [bau]
**climbing shuttering** Kletterschalung *f* [bau]
**clincher band** Wulstband *n* [mot]
**clincher rim** Wulstfelge *f* [mot]
**clincher tyre** Wulstreifen *m* [mot]
**clinker** Klinker *m* [bau]
**clinker crusher** Schlackenbrecher *m* [pow]
**clinkers** Klinkersteine *pl* [bau]
**clip** Klammer *f* (zum Festhalten) [mas]; Klemme *f* [wer]; Bügel *m* (Klammer) [wer]
**clip and pin arrangement** Bügelfederanordnung *f* [mot]; Kipphebelanordnung *f* [mot]
**clip bolt** Klemmplattenschraube *f* [mot]
**clip plate** Klemmplatte *f* (an Schiene) [mot]
**clock, around the -** rund um die Uhr (Tag und Nacht)
**clock hour** Zeitstunde *f*
**clock relay** Schaltuhr *f* [msr]
**clock spring** Drehfeder *f* [wer]
**clock valve** Klappenventil *n* [wer]
**clockwise** Uhrzeigersinn *m* (im Uhrzeigersinn)
**clockwise direction** Uhrzeigersinn *m*
**clockwise rotation** Drehung im Uhrzeigersinn *f* (rechtsdrehend)
**clod** Klumpen *m* [bau]
**clog** blockieren *v* (verstopfen) [wer]; verstopfen *v* (z.B. ein Kanalrohr) [bau]
**clogged** verstopft (z.B. ein Rohr); zugesetzt (verstopft)
**clogging** Verstopfung *f* (eines Rohres) [bau]
**clogging of coal** Hängen bleiben der Kohle *n* (Bunker) [roh]
**clogging point** Versetzungsstelle *f* [mot]

**close** absperren *v* (Straße) [mot]; schließen *v*; sperren *v* (eine Straße) [mot]
**close a circuit** Stromkreis einschalten *v* [elt]; Stromkreis schließen *v* [elt]
**close coupled** kurzgekuppelt [mot]
**close coupling** Kurzkupplung *f* [mot]
**closed** gesperrt [mot]
**closed-circuit current** Ruhestrom *m* [elt]
**closed-circuit grinding plant** Becherwerksumlauf-Mahlanlage *f* [mbt]
**closed-cycle gas turbine** Gasturbine mit geschlossenem Kreislauf *f* [pow]
**closed joint** geschlossene Fuge *f* [bau]
**closed-loop control** Regelung *f* [elt]
**closed-loop control circuit** Regelkreis *m* [elt]
**close range, at -** im Nahbereich; im Nahbereich
**closet** Schrank *m* (Kleiderschrank) [bau]
**closing** Absperrung *f* (Baustelle) [bau]; Sperre *f* (Verschluss) [mas]
**closing coil** Schließspule *f* [elt]; Spirale *f* (auch elektr.) [elt]
**closing contact** Schließer *m* [elt]
**closing delay** Schaltverzögerung *f* [elt]
**closing sheet** Verschlussblech *n* (Metall-Deckel) [wer]
**closing switch** Einschalter *m* [elt]
**closing time** Schließzeit *f* (des Greifers) [mbt]
**closure** Deckel *m* (Verschluss) [pow]; Verschluss *m* (Deckel) [pow]
**cloth filter** Tuchfilter *m* [air]
**cloud white** wolkenweiß (Farbton) [nrm]
**cloverleaf junction** Kleeblattkreuzung *f* (Autobahnen) [mot]
**clue** Aufschluss *m* (Information)
**cluster** Satz *m* (Bündel, Gruppe) [wer]

**clutch**

**clutch** Kupplung $f$ [mot]; Wellenkupplung $f$ [mot]; Mitnehmer $m$ (kupplungsartig) [mas]
**clutch adjusting nut** Kupplungsstellmutter $f$ [mot]
**clutch, automatic -** selbsttätige Kupplung $f$ [mot]
**clutch brake** Kupplungsbremse $f$ [mot]
**clutch carrier** Kupplungsträger $m$ [mot]
**clutch, cerametallic -** keramische Scheibenkupplung $f$ [mot]
**clutch collar** Kupplungsausrückmuffe $f$ [mot]
**clutch control** Kupplungshebel $m$ [mot]; Kupplungsgestänge $n$ [mot]
**clutch cover** Kupplungsdeckel $m$ [mot]
**clutch disc** Kupplungsscheibe $f$ [mot]; Mitnehmerscheibe $f$ (Kupplungsscheibe) [mot]
**clutch drive plate** Kupplungstreibscheibe $f$ [mot]
**clutch driving ring** Antriebsring der Kupplung $m$ [mot]
**clutch facing** Kupplungsbelag $m$ [mot]
**clutch fork** Kupplungsgabel $f$ (Gestänge) [mot]
**clutch guide bearing** Kupplungsführungslager $n$ [mot]
**clutch housing** Kupplungsgehäuse $n$ [mot]
**clutch hub** Kupplungsnabe $f$ [mot]
**clutch, hydraulic -** Flüssigkeitskupplung $f$ [mot]; hydraulische Kupplung $f$ [mot]
**clutch lining** Kupplungsbelag $m$ [mot]
**clutch linkage** Kupplungsgelenk $n$ [mot]
**clutch lock-up, mechanical -** mechanische Sperrung der Kupplung $f$ [mot]
**clutch pedal** Kupplungspedal $n$ [mot]

**clutch plate** Kupplungslamelle $f$ [mot]; Kupplungsscheibe $f$ [mot]
**clutch pressure plate** Kupplungsdruckplatte $f$ [mot]
**clutch release bearing** Ausrücklager $n$ [mas]
**clutch release lever** Ausrückhebel $m$ [mas]
**clutch release plate** Ausrückplatte $f$ [mot]
**clutch release shaft** Ausrückwelle $f$ [mot]
**clutch release sleeve** Ausrückmuffe $f$ [mot]
**clutch release yoke** Ausrückgabel $f$
**clutch shaft** Kupplungswelle $f$ [mot]
**clutch spring** Kupplungsfeder $f$ [mot]
**clutch thrust bearing** Kupplungsdrucklager $n$ [mot]
**clutch thrust spring** Kupplungsdruckfeder $f$ [mot]
**$CO_2$ content** $CO_2$-Gehalt $m$
**$CO_2$ degassing plant** Entkarbonisierungsanlage $f$ [was]
**$CO_2$-shielded metal-arc welding** $CO_2$-Schweißen $n$ [met]
**$CO_2$-welding** $CO_2$-Schweißen $n$ [met]
**coach** Reisezugwagen $m$ [mot]; Wagen $m$ (hier: Personenwagen der Bahn) [mot]
**coach, double-deck -** Doppelstockwagen $m$ (Personenwagen) [mot]
**coach screw** Schwellenschraube $f$ [mot]
**coach station** Busbahnhof $m$ [mot]
**coal briquet** Brikett $n$ [pow]
**coal car** Tender $m$ (trägt Wasser und Kohle) [mot]
**coal chute** Schurre $f$ (Fallschacht) [pow]; Kohlenfallschacht $m$ (Schurre) [pow]; Kohlenzulaufrohr $n$ (z.B. zur Mühle) [pow]
**coal, crushed -** vorgebrochene Kohle $f$ [pow]

**coal dump** Kohlenhalde *f* [jur]
**coal dust** Kohlenstaub *m* [pow]
**coal face** Kohlenstreb *m* [roh]
**coal feeder spout** Kohlenzulaufrohr *n* (z.B. zur Mühle) [pow]
**coal feed spout** Kohlenzulaufrohr *n* [pow]
**coal fired** kohlegefeuert (z.B. Dampflok) [mot]
**coal gate** Kohleabsperrschieber *m* [pow]
**coal handling plant** Bekohlungsanlage *f* [pow]
**coal hopper** Rosttrichter *m* [pow]
**coaling plant** Bekohlungsanlage *f* (Kraftwerk) [pow]
**coaling track** Bekohlungsgleis *n* (Bahn) [mot]
**coal mine** Kohlengrube *f* (Bergbau) [roh]; Kohlenbergwerk *n* [roh]
**coal preparation** Kohlenaufbereitung *f* [pow]
**coal reserves** Kohlelager *n* (Kohlevorräte) [roh]
**coal sample** Kohlenprobe *f* [msr]
**coal scale** Kohlenwaage *f* [msr]
**coal screen** Kohlensieb *n* (grob) [pow]
**coal seam** Kohleflöz *n* [roh]
**coal segregation** Kohlenentmischung *f* (auf Rost) [pow]
**coal silo** Kohlensilo *m* [pow]
**coal storing** Kohlenbunkerung *f* [pow]
**coal thickness** Schichthöhe *f* (Rost) [pow]
**coal train** Kohlenzug *m* (Zug mit Kohlenwagen) [mot]
**coal washing plant** Kohlenwäsche *f* (Berge entfernen) [roh]
**coal with high moisture content** Kohle mit hohem Wassergehalt *f* [pow]
**coarse** grob [wer]

**coarse feed machining** Schruppen *n* [wer]
**coarse-grain annealing** glühen *v* (Grobkorn-Glühen) [met]
**coarse-grain content** Grobkorngehalt *m* [bau]
**coarse-grained** großkörnig [roh]
**coarse-grained ore** Stückerz *n* (nicht Feinerz) [roh]
**coarse ore** Groberz *n* [roh]
**coarse-ore wagon** Groberzwagen *m* (z.B. für Kupferbergwerk) [mot]
**coarse particles return** Grießrückführung *f* (Mühle) [pow]
**coarse screening** Grobsiebung *f* [pow]
**coarse tuning, coarse adjustment** Grobabstimmung *f* [elt]
**coat** Beschichtung *f* [bau]; Putzschicht *f* [bau]; Anstrich *m* (Farbe) [wer]; Belag *m* (z.B. Farbschicht) [wer]; Mantel *m* (Ummantelung) [bau]
**coated** beschichtet (laminiert, kaschiert) [wer]; umhüllt (beschichtet)
**coating** Beschichtung *f* (z.B. mit Dichtmittel) [wer]; Bestreichung *f* (Überzug) [pow]; Veredelung *f* (der Stahloberfläche) [met]; Anstrich *m* (Farbschicht) [wer]; Überzug *m* (z.B. Lackschicht) [wer]; Verputz *m* [bau]; Beschichten *n* [met]; Beläge *pl* (auf Rohren) [pow]
**coating line** Beschichtungsanlage *f* [wer]
**coating line for particle boards** Beschichtungsanlage für Trägerplatten *f* [wer]
**coating of zinc** Zinkauflage *f* (Beschichtung) [wer]
**coat of paint** Anstrichschicht *f* [wer]; Anstrichschicht *m* (Anstrich) [wer]

**coat thickness** Farbschichtdicke *f* [wer]; Schichtdicke *f* (der Farbe) [wer]

**coat thickness measuring** Schichtdickenmessung *f* (der Farbschicht) [msr]

**coaxial cable** Koaxialkabel *n* (Hochfrequenzkabel) [elt]

**co-axial cable** Breitbandleitung *f* [elt]

**cobalt alloys** Kobalt-Basislegierungen *pl* [wer]

**cobalt blue** kobaltblau (RAL 5013) [nrm]

**cobble stone** Pflasterstein *m* [bau]

**cock** verkanten *v* (eine Kiste, ein Bauteil) [met]

**cockpit** Kanzel *f* (Flugzeug) [mot]

**cock support** Hahnsicherung *f* [mot]

**code** Chiffre *f* (Code, Verschlüsselung); Schlüssel *m* (Code)

**code converting** Umkodierung *f* [edv]

**code marking** Ordnungsmerkmal *n* (in Stammsatz usw.)

**code of practice** Merkblatt *n* (Anleitung)

**coding disc** Abtastscheibe *f* [msr]

**coding switch** Kodierschalter *m* [elt]

**coefficient** Beiwert *m* [phy]

**coefficient of expansion** Dehnungszahl *f* [wer]

**coefficient of friction** Reibungszahl *f* [phy]

**coefficient of radiation** Strahlungszahl *f* [pow]

**coefficient of thermal conductivity** Wärmeleitzahl *f* [pow]

**cofactor** Adjunkte *f* (spezifische. Determinante) [mat]

**coffer** Kassette *f* (Decke) [bau]

**coffin rod** Bremsumführungsstange *f* [mot]

**cog** Daumen *m* (Mitnehmer) [wer]; Holzpfeiler *m* [bau]; Zahn eines Zahnrades *m* (aus Holz) [mas]

**cog** kämmen *v* (im Eingriff stehende Räder) [mot]

**cog railway** Zahnradbahn *f* (Zahnstange zw. Gleis) [mot]

**cog wheel** Zahnrad *n* [mas]

**coherent** zusammenhängend *m* (z.B. Speicherblock) [edv]

**cohesive** bindig [bau]; klebrig (backend, haftend) [bod]

**coil** Bandstahlrolle *f* [wer]; Wicklung *f* (Spirale) [wer]; Windung *f* (Feder) [wer]; Coil *n* (aufgewickeltes Bandeisen) [wer]

**coil base** Spulenhalter *m* (elektr. Kabel, Schnur) [elt]

**coil diameter** Windungsdurchmesser *m* (Feder) [con]

**coil diameter, inside -** innerer Windungsdurchmesser *m* [mas]

**coiler** Haspel *f* [wer]; Haspelwickelmaschine *f* [wer]

**coil frame** Spulenhalter *m* (elektr. Kabel, Schnur) [elt]

**coiling ratio** Winkelverhältnis *n* (Feder) [wer]

**coil processing line** Bandbehandlungsanlage *f* [wer]

**coils** Rolle *f* (Spule, Walze) [wer]

**coil spring** Schraubenfeder *f* [mas]; Spiraldruckfeder *f* (z.B. im Puffer) [mas]

**coil stock** Bandmaterial *n* (aus Walzwerk) [wer]

**coil valve** Schlangenventil *n* [mot]

**coil weight** Bundgewicht *n* [wer]

**coil winder** Spulvorrichtung *f* (z.B. auf Schlitten) [elt]; Spulwickelmaschine *f* (z.B. auf Schlitten) [elt]

**coin** prägen *v* (von Münzen) [met]

**coincidence, by -** zufällig

**coke breeze** Feinkoks *m* [roh]

**coke button** Blähprobe *f* (Probe) [msr]

**coke grab** Koksgreifer *m* [roh]

**coke oven gas** Koksofengas *n* [pow]

**coking test** Blähprobe *f* (Verfahren)
**cold adhesive** Kaltkleber *m* [wer]
**cold air** Kaltluft *n* [wet]
**cold drawn** kalt gezogen (Stahl) [wer]
**cold end blower** Nachschaltheizflächenbläser *m* [pow]
**cold face of the boiler** Kesselaußenwand *f* [pow]
**cold-forming** Kaltumformen *n* [met]
**coldness** Kälte *f* [wet]
**cold pressure extrusion welding** Fließpressschweißen *n* [met]
**cold pressure upset welding** Anstauchschweißen *n* [met]
**cold pressure welding** Kaltpressschweißen *n* [met]
**cold pull up** Vorspannung *f* (gewöhnliche. Verbindung) [wer]
**cold roll** kaltwalzen *v* [met]
**cold rolled** kaltgewalzt [met]; kalt gewalzt [met]
**cold rolled section** Kaltprofil *n* [wer]
**cold rolled strip** Kaltband *n* [wer]
**cold rolled strip in special qualities** Spezialbandstahl *m* [wer]
**cold rolling** Kaltwalzen *n* [met]
**cold rolling plant** Kaltwalzwerk *f* [met]
**cold roof** Kaltdach *n* [bau]
**cold saw** Kaltsäge *f* [wzg]
**cold start** Kaltstart *m* [mot]
**cold start aid** Kaltstarthilfe *f* [mot]
**cold start capacity** Kaltstartkapazität *f* (von Batterien) [elt]
**cold start equipment** Kaltstarteinrichtung *f* [mot]
**cold-weather-conditions steel** kaltzäh (Stahl, Eisen) [wer]
**cold-weather kit** Kältepaket *n* (z.B. für arktische Temperaturen) [mas]
**cold-weather package** Kältepaket *n* (z.B. für arktische Temperaturen) [mas]
**cold weather protection** Witterungsschutz *m* [wet]

**collaboration** Zusammenarbeit *f*
**collapse** Zusammenbruch *m* (Haus und Lebewesen); Zusammenfall *m*
**collapse** einbrechen *v* (unter Last) [bau]
**collapsible** faltbar (klappbar); klappbar (faltbar, z.B. Stativ)
**collar** Hülse *f* (Buchse) [wer]; Manschette *f* [mot]; Bund *m* (z.B. Kragen an Welle) [wer]
**collar beam** Kehlbalken *m* [bau]
**collar bone** Schlüsselbein *n* [hum]
**collar bushing** Bundbuchse *f* [wer]; Kragenbüchse *f* [wer]
**collar nut** Bundmutter *f* [mas]
**collar screw** Bundschraube *f* [mas]
**collar tie** Kehlbalken *m* [bau]
**collateral** weitergehend (z.B. - Schäden, häufig zynisch gebraucht, wenn Menschen Schaden nehmen)
**collect** erfassen *v* (von Daten) [edv]; kassieren *v* (eintreiben) [eco]
**collecting anode** Niederschlagsanode *f* [elt]
**collecting electrode** Abscheiderelektrode *f* (E-Filter) [air]
**collecting flask** Sammelflasche *f* [pow]
**collecting function** Sammelfunktion *f*
**collecting lens** Sammellinse *f* (Optik) [phy]
**collecting of the premium** Erhebung des Beitrages *f* [jur]
**collecting ring** Schleifring *m* (Motor) [elt]
**collection efficiency** Abscheidegrad *m*
**collection of productivity data** Leistungsabschätzung *f*
**collective fault indicator** Sammelstörmeldung *f* (z.B. Rolltreppe) [elt]
**collective fault indicator relay** Relais für Sammelstörmeldung *n* [elt]

**collect on delivery** per Nachnahme
**collector** Auspuffkrümmer *m* [mot]; Stromabnehmer *m* (nicht bei der Bahn) [elt]
**collector card** Sammelkarte *f* (elektronisches Teil) [elt]
**collector current** Kollektorstrom *m* [elt]
**collector diode** Kollektordiode *f* [elt]
**collector efficiency** Abscheidegrad *m* (E-Filter) [air]
**collector machine** Kollektormotor *m* [elt]
**collector quiescent current** Kollektorruhestrom *m* [elt]
**collector ring** Schleifring *m* (Motor) [elt]
**collect the premium** Beitrag erheben [jur]
**collie specification** Beipackliste *f* [mbt]
**collision** Karambolage *f* [mot]; Zusammenstoß *m* (Unfall, Crash) [mot]
**colour coating** Farbanstrich *m* [wer]
**colour of wire** Aderfarbe *f* (Kabel)
**column** Säule *f* [bau]; Spalte *f* (mathematisch, Matrix) [mat]; Spalte *f* (Tabelle) [edv]; Stütze *f* (Podest, Säule, Sockel) [bau]; Welle *f* (als Maschinenteil) [wer]; Pfeiler *m* [bau]
**column footing** Kesselsäulenfundament *n* [pow]
**column shaft** Stützenschaft *m* (Stahlbau) [bau]
**comb** Kamm *m* [mas]
**comb carrier** Kammträger *m* [mbt]
**combination** Kombination *f*
**combination end spanner** Ring-Maulschlüssel *m* [wzg]
**combination end wrench** Ring-Maulschlüssel *m* [wzg]
**combination pliers** Kombizange *f* [wzg]; Kombizange *f* [wzg]

**combination wrench** Ring-Maulschlüssel *m* [wzg]
**combine** verbinden *v* (kombinieren); vereinigen *v* (z.B. mehrere Maschinen) [wer]
**combined** kombiniert
**combined drying and pulverising** Mahltrocknung *f* [pow]
**combined flasher and tail lamp** Blinkschlussleuchte *f* [mot]
**combined flow** Doppelbeaufschlagung *f* [mot]
**combined grinding and drying** Mahltrocknungsanlage *f* (kombiniert) [pow]
**combined harvester** Mähdrescher *m* [pow]
**combined heat transfer** Wärmedurchgangszahl *f* (K-Wert) [pow]
**combined instrument** Kombiinstrument *n* [wzg]
**combined single limit** pauschal (Versicherungsjargon) [jur]
**combined stop and tail lamp** Bremsschlussleuchte *f* [mot]
**comb light** Kammleuchte *f* [mbt]; Kammplattenbeleuchtung *f* [mbt]
**comb plate** Kammplatte *f* [mbt]; Kammträger *m* [mbt]
**comb plate finish** Kammplattenoberfläche *f* [mbt]
**comb protection device** Stufeneinlaufsicherung *f* [mbt]
**comb safety switch** Stufeneinlaufsicherung *f* [mbt]
**comb segment** Kammzinke *f* [mbt]; Kammsegment *n* [mbt]
**combustible matter in residues** Brennbares in den Rückständen [pow]
**combustibles** Brennbares (Analyse) [pow]
**combustion air, preheated -** vorgewärmte Verbrennungsluft *f* [pow]

**combustion calculation** Verbrennungsrechnung *f* [pow]
**combustion chamber** Brennkammer *f* (des Motors) [mot]; Primärkammer *f* (Feuerraum) [pow]; Verbrennungskammer *f* (des Motors) [mot]; Explosionsraum *m* [mot]; Feuerraum *m* [mot]; Verbrennungsraum *m* [mot]
**combustion chart** Verbrennungsdreieck *n* (Bunte Diagramm) [pow]
**combustion, complete -** vollständige Verbrennung *f* [pow]
**combustion engine** Kraftmaschine *f* (Verbrennungsmotor) [mot]; Verbrennungskraftmaschine *f* [mot]; Verbrennungsmaschine *f* [mot]; Verbrennungsmotor *m* [mot]
**combustion, incomplete -** unvollständige Verbrennung *f* [pow]
**combustion, poor -** schlechte Verbrennung *f* [pow]
**combustion temperature** Verbrennungstemperatur *f* [pow]
**combustion time** Brenndauer *f* [pow]
**come in** landen *v* (des Flugzeuges) [mot]
**coming in** Landeanflug *m* (im Landeanflug) [mot]
**command** Befehl *m* [edv]; Impuls *m* (Gerät einen Impuls geben) [elt]
**command line** Befehlszeile *f* [edv]
**command variable** Führungsgröße *f* (Regelung) [msr]
**commence** anfangen *v*
**commencement of construction** Baubeginn *m* [bau]
**commercial** handelsüblich (z.B. Rohre) [eco]
**commercial airline** Verkehrsluftlinie *f* (z.B. Lufthansa) [mot]
**commercial airliner** Verkehrsflugzeug *n* [mot]
**commercial airport** Verkehrsflughafen *m* [mot]
**commercial area** gewerbliche Nutzfläche *f* [bau]; Gewerbegebiet *n* [bau]
**commercially approved** handelsüblich (gebräuchlich) [eco]
**commercial vehicle** Nutzfahrzeug *n* [mot]
**commercial zone** Gewerbegebiet *n* [bau]
**commission** einweihen *v* (in Betrieb setzen) [met]
**commission a boiler** betriebsfertig machen *v* [pow]
**commissioning** Einweihung *f* (z.B. einer Fabrik) [met]; Inbetriebnahme *f* [wer]; Inbetriebnahme des Gerätes *f* (z.B. Bagger) [mbt]; Inbetriebsetzung *f* (eines Gerätes) [met]; Indienststellung *f* (Schiffe, Züge u. ä.) [mot]; Werkseinweihung *f* (z.B. Werk Berlin) [met]
**commissioning of machines** Inbetriebnahme von Maschinen *f* [wer]
**commissure** Trennfuge *f* (Linie) [wer]
**committee** Ausschuss *m* (Kommission)
**committee, constant -** ständiger Arbeitskreis *m*
**commodities** Verbrauchsgüter *pl*
**common** gängig (z.B. gängige Abmessung); verbreitet
**common-collector-circuit** Kollektorschaltung *f* [elt]
**common crossing** Kreuzung *f* (- von Bahnstrecken) [mot]
**common-emitter circuit** Emitterschaltung *f* [elt]
**common ground** Sternpunkt *m* [elt]
**common-mode gain** Gleichtaktverstärkung *f* [elt]
**common-mode rejection ratio** Gleichtaktunterdrückung CMRR *f* [elt]
**common switching** Parallelschaltung *f* [elt]

**commutation** Stromwendung *f* [elt]; Umschaltung *f* [elt]
**commutator** Stromwender *m* [elt]; Umschalter *m* [elt]
**commuter** Pendler *m* [mot]
**commuter traffic** Nahverkehr *m* (z.B. Deutsche Bahn) [mot]
**compact** kompakt; raumsparend
**compact** kompaktieren *v* (zusammendrücken) [bod]; verdichten *v* (Material im Müllwagen) [jur]
**compact design** Kompaktkonstruktion *f* [mot]
**compacted** verdichtet [bau]; verfestigt [bau]
**compacted concrete** Stampfbeton *m* [bau]
**compacted subgrade** verdichteter Untergrund *m* [bod]
**compact engine** Kompaktmaschine *f* (Motor) [mot]
**compact excavator** Kompaktbagger *m* [mbt]
**compact gear** Kompaktgetriebe *n* [mas]
**compacting** Kompaktieren *n* [bau]
**compaction** Kompaktierung *f* [bau]; Verdichtung *f* [bau]
**compaction of soil** Bodenverdichtung *f* [bau]
**compaction system** Verdichtungssystem *n* (im Müllfahrzeug) [bau]
**compaction work** Verdichtungsarbeit *f* [bau]
**compactness** Dichte *f* (Kompaktheit) [roh]
**compactor** Verdichter *m* [mbt]
**compact soils** schwer lösbare Bodenarten *pl* [bod]
**compact step** Kompaktstufe *f* [mbt]
**company** Unternehmen *n* (Firma) [eco]
**company car** Dienstwagen *m* [mot]; Werkswagen *m* (Firmenfahrzeug) [mot]
**company certificate** Qualitätszertifikat *n* (Werkstattest) [msr]; Werksattest *n* (Qualitätszeugnis) [msr]; Werkszeugnis *n* (Attest) [msr]
**company policy** Unternehmenspolitik *f* [eco]
**comparable** gleichwertig
**comparable (to)** vergleichbar (mit)
**comparator** Vergleichsschaltung *f* [elt]; Komparator *m* [elt]
**comparison, in - with ...** im Vergleich zu...
**compartment** Abteil *n* (Eisenbahn) [mot]
**compartment coach** Abteilwagen *m* [mot]
**compartment door** Abteiltür *f* (Eisenbahn) [mot]
**compartment pressure** Zonenpressung *f* [pow]
**compass** Kompass *m* (z.B. Kreiselkompass) [phy]; Zirkel *m* (zum Zeichnen) [con]
**compass needle** Kompassnadel *f* [phy]
**compass saw** Stichsäge *f* [wzg]
**compatibility** Kompatibilität *f* [edv]
**compatible** übereinstimmend (kompatibel) [edv]; verträglich
**compatible with codes** Regeln, übereinstimmend mit - [con]; übereinstimmend mit Regeln [con]
**compensate** abgleichen *v* (einstellen) [msr]
**compensating cable** Ausgleichskabel *f* (Thermoelement) [elt]
**compensating control** Ausgleichsteuerung *f* [msr]
**compensating jet** Ausgleichsdüse *f* [air]
**compensating value** Nachführwert *m* (Regelung) [msr]
**compensation** Entzerrung *f* [elt]; Kompensation *f* [elt]; Abgleichen *n* (Einstellen) [elt]

**compensation washer** Ausgleichsscheibe *f* (Unterlegscheibe) [mas]
**compensator** Ausgleicher *m* (Kompensator) [elt]; Kompensator *m* (Ausgleicher) [pow]; Phasenschieber *m* [elt]
**compensator control** Ausgleichsteuerung *f* [msr]
**compensator pipe** Kompensatorrohr *n* [mot]
**compensator reservoir** Ausgleichbehälter *m* [was]
**competency** Fähigkeit *f* (vom Können her)
**competency of court** Gerichtsstand *m* (Ort und anzuwendendes Recht) [jur]
**competition** Wettbewerb *m* [eco]
**competitive** konkurrenzfähig [eco]; wettbewerbsfähig (marktgerecht) [eco]
**competitiveness** Wettbewerbssituation *f* [eco]
**competitor** Wettbewerber *m* (Konkurrent) [eco]
**compile** zusammentragen *v* [bau]
**compiler** Compiler *m* [edv]; Übersetzer *m* [edv]
**complement** Ergänzung *f* (Vollendung); Vervollständigung *f* (Ergänzung)
**complementary** ergänzend
**complete** vollständig (alle) [wer]
**complete demineralisation** Vollentsalzung *f* [pow]
**completely** absolut (vollständig)
**complete maintenance** Vollwartung *f* [met]
**complete package** Komplettpaket *n* [mas]
**complete plant** Gesamtanlage *f*
**complete steel** Ganzstahl *m* [wer]
**complete steel box** Ganzstahlkasten *m* [wer]

**complete train** Güterwagenganzzug *m* (Gag) [mot]
**completing** ergänzend (überlappend)
**completion** Ergänzung *f*; Fertigstellung *f*; Abschluss *m* (Beendigung einer Arbeit)
**completion of the interior** Innenausbau *m* [bau]
**compliance, in - with ...** in Übereinstimmung mit ...
**compliant motion** nachgebende Bewegung *f* [phy]
**comply with** einhalten *v* (z.B. Vertragsbestimmungen) [jur]
**component** Baustein *m* (Teil des Ganzen) [wer]; Arbeitsgerät *n*; Bauteil *n* (z.B. der Maschine); Bestandteil *n* [bau]; Bestandteil *n* (einer Maschine) [wer]
**component mounting diagram** Bestückungsplan *m* [elt]
**component parts** Bestückung *f* [wer]
**compose** zusammensetzen *v* (Blumen, Dekor, Musik); zusammenstellen *v* (Blumen, Möbel, Aufsatz)
**composite beam** Verbundträger *m* [bau]
**composite casting** Verbundguss *m* [wer]; Verbundgießen *n* [met]
**composite design** Verbundbauweise *f* [bau]; Verbundkonstruktion *f* (Blech u. Guss) [bau]
**composite girder** Verbundträger *m* [bau]
**composite spring** Verbundfeder *f* [wer]
**composite structure** Verbundkonstruktion *f* [bau]
**composite window** Verbundfenster *n* [bau]
**composition** Stampfmasse *f* [pow]
**compost** Kompost *m* [bod]
**compound construction** Verbundbauweise *f* [bau]

**compound girder** Verbundträger *m* [bau]
**compound material** Verbundwerkstoff *m* [wer]
**compound material, sound-absorbing -** schalldämpfender Verbundwerkstoff *m* [wer]
**compound tool-sets** Folgeverbundwerkzeuge *pl* [wer]
**compound type transistor** Verbundtransistor *m* [elt]
**compound walking mechanism** Verbundschreitwerk *n* [roh]
**comprehensible** verständlich (klar ausgedrückt)
**comprehensive** umfassend (z.B. umfassendes Programm)
**comprehensive general liability insurance** Produkthaftpflichtversicherung *f* [jur]
**comprehensive insurance** Maschinenbruchversicherung *f* [jur]
**compress** verdichten *v* (Kompressorluft) [air]
**compressed air cleaner** Druckluftfilter *m* [air]; Druckluftreiniger *m* [air]
**compressed air distributor** Druckluftverteiler *m* [air]
**compressed air filter** Druckluftreiniger *m* [air]
**compressed air hose** Druckluftschlauch *m* [air]
**compressed air line** Druckluftleitung *f* [air]
**compressed air reservoir** Druckluftbehälter *m* [air]
**compressed air shift cylinder** Druckluftschaltzylinder *m* [air]
**compressed bale** Pressballen *m* [wer]
**compression** Verdichtung *f* (Gase) [air]
**compressional wave** Kompressionswelle *f* [mot]

**compression bar** Druckstab *m* (im Fachwerkverband) [bau]
**compression flange** Druckflansch *m* [mas]; Druckgurt *m* (z.B. eines Blechträgers) [bau]
**compression gland** Stopfbuchse *f*
**compression member** Druckstrebe *f* (im Fachwerkverband) [bau]; Druckstab *m* (im Fachwerkverband) [bau]
**compression moulding technology** Pressen und Formtechnik *f* [met]
**compression ratio** Kompressionsverhältnis *n* [mot]; Verdichtungsverhältnis *n* [mot]
**compression release lever** Dekompressionshebel *m* [mot]
**compression ring** Druckring *m* [mot]; Kolbenring *m* [mot]; Kompressionsring *m* [mot]
**compression rivet** Hohlniete *f* [wer]
**compression spring** Druckfeder *f* [mot]
**compression stroke** Verdichtungshub *m* [mot]
**compression wave** Druckwelle *f* (auch Unglück)
**compressive reinforcement** Druckbewehrung *f* [bau]
**compressive strength** Druckfestigkeit *f* [wer]; Druckwiderstand *m* [wer]
**compressive yield stress** Quetschspannung *f* [wer]
**compressor** Kompressor *m* [air]
**compressor inlet** Gebläseeinlauf *m* [air]
**compressor wheel** Verdichterlaufrad *n* [air]
**computability** Berechenbarkeit *f* [edv]
**computation, local -** lokale Berechnung *f* [edv]
**computer** Rechenanlage *f* [edv]; Rechenmaschine *f* [edv]

**computer aided** computergestützt [edv]; rechnerunterstützt [edv]
**computer-aided design** rechnergestützte Konstruktion *f* [con]
**computer-aided measurement and control** rechnerunterstütztes Messen und Regeln *n* [msr]
**computer-integrated systems for factory automation** rechnerintegrierte Produktionssysteme *pl* [edv]
**computer network** Rechnernetz *n* [edv]
**computer print** Computerausdruck *m* (z.B. auf Drucker) [edv]
**computer system** Computersystem *n* [edv]; Rechnersystem *n* [edv]
**computing error** Rechenfehler *m* (im Rechner) [edv]
**computing machine** Rechenmaschine *f* [edv]
**concave** hohl (Linse, Stein) [con]
**concave fillet weld** Hohlkehle *f* (Naht) [wer]; Hohlkehlnaht *f* (Hohlkehle) [wer]
**concave mirror** Hohlspiegel *m* [phy]
**concave moulding** Hohlkehle *f* [bau]
**concave transducer** Hohlstrahler *m* (gekrümmter Strahler) [elt]
**conceal** verbergen *v* (verstecken)
**concealed** verborgen (versteckt)
**concealed cable** Unterputzkabel *n* [elt]
**concealed pipe** Unterputzrohr *n* [bau]
**conceive** konzipieren *v* (erdenken, ausdenken)
**conceived** konzipiert (entwickelt)
**concentrated force** Einzelkraft *f* (auf einen Punkt wirkend) [phy]
**concentrated load** Einzelkraft *f* (auf einen Punkt wirkend) [phy]; Punktlast *f* [phy]
**concentrating mirror** Sammelspiegel *m* (auch Sternwarte) [phy]

**concentration** Anreicherung *f* (Konzentration) [che]
**concentration of mixture** Gemischkonzentration *f* [wer]
**concentric cable** Koaxialleiter *n* [elt]
**concentricity, required -** geforderte Laufgenauigkeit *f* [mas]; notwendige Laufgenauigkeit *f* [mas]
**concentricity requirement** Laufgenauigkeit *f* [mot]
**concept to reorganize** Umstrukturierungskonzept *n* [eco]
**concertina clash** Auffahrunfall *m* (mehrere Fahrzeuge) [mot]; Zusammenstoß *m* (Auffahrunfall) [mot]
**concert, in - with ...** zusammen mit ...
**concessions, agreed -** erlaubte Abweichungen *pl* [con]
**concluded** abgeschlossen (Vertrag) [jur]
**concluding terms** Schlussbestimmung *f* [jur]
**conclusion** Regelung *f* (Beschluss); Rückschluss *m*
**conclusion of business** Geschäftsschluss *m* [eco]
**concourse** Halle *f* (in Flughafen) [bau]
**concrete** Beton *m* [bau]
**concrete** betonieren *v* [bau]
**concrete anchorage** Betonverankerung *f* [bau]
**concrete beam** Betonträger *m* [bau]
**concrete blocks** Betonsteine *pl* [bau]
**concrete body** Betonwanne *f* [bau]
**concrete breaker** Abbauhammer *m* [bau]
**concrete bucket** Betonkübel *m* (am Kran) [bau]
**concrete cast in situ** Ortbeton *m* [bau]
**concrete compactor** Betonverdichter *m* [bau]
**concrete construction** Betonbau *m* [bau]

**concrete cover** Betonüberdeckung *f* [bau]; Ummantelung mit Beton *f* [bau]

**concrete curbstone** Betonrandstreifen *m* [bau]

**concrete dam** Staumauer *f* [bau]

**concrete duct** Betonkanal *m* (Leitungsführung) [bau]

**concrete filling** Betonverfüllung *f* [bau]

**concrete floor** Betondecke *f* [bau]; Massivdecke *f* [bau]

**concrete formwork** Betonschalung *f* [bau]

**concrete foundation** Betonfundament *n* [bau]

**concrete girder** Betonträger *m* [bau]

**concrete grey** betongrau (RAL 7023) [nrm]

**concrete in** einbetonieren *v* [bau]

**concrete joist** Betonträger *m* [bau]

**concrete lining** Betonauskleidung *f* [bau]

**concrete mixer** Betonmischer *m* [bau]

**concrete over** zubetonieren *v* [bau]

**concrete pile foundation** Betonpfahlgründung *f* [bau]

**concrete pipe** Betonröhre *f* [bau]

**concrete reinforcement** Armierung *f* (Beton-) [bau]; Bewehrung *f* (Beton-) [bau]

**concrete skip** Betonkübel *m* (am Lader) [mbt]

**concrete skip attachment** Betonkübelausrüstung *f* [mbt]

**concrete slab** Betonfahrbahn *f* (bei Bahn) [mot]; Betonplatte *f* [bau]

**concrete sleeper** Betonschwelle *f* (der Bahn) [mot]

**concrete steel** Armierungsstahl *m* [bau]; Betonstahl *m* [bau]

**concrete surfacing** Betonauskleidung *f* [bau]

**concrete testing** Betonprüfung *f* [msr]

**concrete tie** Betonschwelle *f* (der Bahn) [mot]

**concrete transport** Betontransport *m* [mbt]

**concrete transport system** Betontransportsystem *n* [roh]

**concrete vibrator** Betonrüttler *m* (Betonverdichtung) [bau]

**concrete wall** Betonwand *f* [bau]

**concrete work** Betonarbeiten *pl* [bau]

**concreting** Betonieren *n* [bau]; Betonarbeiten *pl* [bau]

**concurrency control** Synchronisation *f* [elt]

**concurrency logic** Gleichzeitigkeitslogik *f*

**concur with** einhalten *v* (eine Bestimmung) [jur]

**condensate pump** Kondensatpumpe *f* [pow]

**condensate return** Kondensatrückführung *f* [pow]

**condensate storage vessel** Kondensatspeicher *m* [pow]

**condensed water** Kondenswasser *n* [pow]

**condenser** Kondensator *m* [elt]

**condenser-discharged arc stud welding** Lichtbogenbolzenschweißen mit Spitzenzündung *n* [met]

**condenser hot well** Heißwasserbehälter *m* (hinter Kondensator) [pow]

**condensing turbine** Kondensationsturbine *f* [pow]

**condition** Gegebenheit *f* (örtliche -) [bau]; Zustand *m* (der Maschine, Abnutzung)

**condition of aggregation** Aggregatzustand *m* [phy]

**condition of hardness** Härtezustand *m* [phy]

**condition of the site** Baustellenverhältnis *n* (Zustand) [mbt]

**condition of truncation**
Abbruchbedingung *f* [edv]
**conditions, local -** örtliche
Gegebenheiten *pl*
**conditions of contract**
Vertragsbedingungen *pl* [jur]
**conditions of payment** Zahlungs-
bedingungen *pl* [eco]
**condominium** Eigentumswohnung *f*
((A)) [bau]
**conduct** leiten *v* (übertragen) [elt]
**conductance** Leitfähigkeit *f* [elt];
Leitwert *m* [elt]
**conducting** leitfähig [elt]
**conduction** Leitung *f* (Strom-) [elt]
**conductive** durchlässig (Halbleiter)
[elt]; leitfähig (z.B. Strom) [elt]
**conductivity** Leitfähigkeit *f* (z.B. von
Blechen) [elt]
**conductor** Ader *m* (in Kabel) [elt];
Fernleitungsdraht *m* (auf Masten)
[elt]; Leitungsdraht *m* (auf Masten)
[elt]; Zugführer *m* [mot]
**conductor bar** Stromschiene *f* [elt]
**conductor fault** Leiterschluss *m* [elt]
**conductor, neutral -** Nullleiter *m* [elt]
**conductor rail** Schleifleitung *f* [elt]
**conduit** Stromzuführung *f* [elt];
Kanal *m* (Leitung) [pow];
Klemmkasten *m* [elt]; Rohr *n*
(Leitung) [wer]; Schutzrohr *n* [wer]
**conduit box** Verteilerkasten *m* [elt]
**conduit coupling** Muffe *f* [wer]
**conduit elbow** Bogen *m* (in Leitung)
[wer]
**conduit groove** Leitungsschlitz *m*
[bau]
**cone crusher** Kegelbrecher *m* [roh];
Kreiselbrecher *m* [roh]
**cone defect** Kegelfehler *m* [wer]
**cone gauge** Konuslehre *f* [msr]
**cone packing** Dichtkegel *m* [wer]
**conference rooms** Tagungsräume *pl*
[bau]

**configuration** Zusammenstellung *f* (in
dieser Zusammenstellung) [con];
Aufbau *m* (in dieser Zusammenstellung) [con]
**configuration system**
Konfigurationssystem *n* (für
Computer) [edv]
**confirmation data** Bestätigung *f*
(EDV-Begriff) [edv]
**conflat** Behältertragwagen *m* (für
Container) [mot]
**conflict-resolution strategy** Kon-
fliktlösungsstrategie *f* [edv]
**conformity** Gesetzmäßigkeit *f* (der
Arbeit) [roh]
**conformity, strict -** strikte
Übereinstimmung *f* (mit Gesetz) [jur]
**congested area** Ballungsgebiet *n*
[bau]
**congestion** Verkehrsstau *m* (zu viele
Autos) [mot]
**conglomerate** Konglomerat *n* (Teile
in eine Masse) [roh]
**congruence** Deckung *f* (Zufall, auch
zeitgleich)
**conical** konisch [con]; konusförmig
[con]; zapfenförmig (konisch) [con]
**conical pin** Kegelstift *m* [wer]
**conical piston** Kegelkolben *m* [wer]
**conical spring** Kegelstumpffeder *f*
[wer]
**conical spring washer** Spannscheibe
*f* [wer]
**conic bearing** Kegellager *n* [wer]
**conjunction, in - with ...** in
Verbindung mit ...
**connect** anschließen *v* [elt];
verbinden *v* (zusammenbringen)
[met]; zusammenfügen *v* (verbinden)
[met]
**connect as per customer's voltage**
Anschluss nach Spannung des
Kunden *m* [elt]
**connected load** Anschlusswert *m* [elt]

**connecting block** Schaltleiste *f* [wer]
**connecting bridge** Laufbrücke *f* [mot]
**connecting cable** Anschlussleitung *f* [elt]
**connecting chart** Anschlusstabelle *f*
**connecting clamp** Anschlussstück *n* [mas]
**connecting door** Verbindungstür *f* [bau]
**connecting hose** Verbindungsschlauch *m* [mot]
**connecting parts** Anschlussteile *pl*
**connecting piece** Anschlussstück *n* [bau]; Zwischenstück *n* [mas]
**connecting pipe** Verbindungsrohr *n* [wer]
**connecting piping** Verbindungsleitung *f* [wer]
**connecting plate** Anschlussblech *n* [bau]; Knotenblech *n* [bau]
**connecting ring** Verbindungsring *m* [wer]
**connecting rod** Führungsstange *f* (Lenkerstange) [mot]; Lenkerstange *f* [mbt]; Pleuelstange *f* [mot]; Verbindungsstange *f* (an Lok) [mot]; Pleuel *m* (Pleuelstange) [mot]; Gestänge *n* [mot]
**connecting rod bearing** Pleuellager *n* [mot]
**connecting rod bearing cap** Pleueldeckel *m* [mot]
**connecting rod bearing shell** Pleuellagerschale *f* [mot]
**connecting rod bolt** Pleuelschraube *f* [mot]
**connecting rod drilling machine** Pleuelstangenbohrmaschine *f* [wzg]
**connecting rod shank** Pleuelschaft *m* [mot]
**connecting sleeve** Rohrmuffe *f* [pow]
**connecting splice** Verbindungslasche *f* (Stahlbau) [mas]
**connecting surface** Anschlussfläche *f*; Auflagefläche *f*; Kopfauflage *f* (Schraubenkopf / Blech) [wer]; Sitzfläche *f* (des Bolzenkopfes) [wer]; Übergang *m* (zwei Bleche aneinander) [met]
**connect in series** vorschalten *v* [elt]
**connection** Anschluss *m* (Verbindung, auch Stahlbau); Anschlussstutzen *m* (Stutzen) [was]; Stutzen *m* (Anschluss, Anschlussstutzen) [pow]
**connection angle** Anschlusswinkel *m* (Stahlbau) [bau]
**connection cable** Anschlusskabel *n* [elt]; Verbindungskabel *n* [elt]
**connection component** Verbindungselement *n* (in Zeichnung) [con]
**connection diagram** Anschlussplan *m* [elt]
**connection for power supply** Stromanschluss *m* [elt]
**connection interchanged** Anschluss vertauscht *m* [elt]
**connection, mechanical -** mechanische Verbindung *f* [bau]
**connection plate** Anschlussplatte *f* [mas]; Anschlussblech *n* [mas]
**connection terminal** Anschlussklemme *f* [elt]
**connection tube** Anschlussstutzen *m* [was]
**connection voltage** Anschlussspannung *f* [elt]
**connection, welded -** Schweißverbindung *f* [met]
**connector** Anschlussklemme *f*; Lasche *f* [mbt]; Steckbuchse *f* (Steckdose) [elt]; Gerätestecker *m* [elt]; Halter *m* [mbt]; Steckanschluss *m* [elt]; Verbindungsteil *m* [mot]; Verteiler *m* (mit einem Anschluss und mehreren Auslässen) [mot];

Anschlussstück *n* (Verbinder) [elt];
Passstück *n* [mas];
Verbindungsstück *n* (bringt zusammen) [mot]
**connector bar** Verbindungsschiene *f* [mot]
**connector chain** Laschenkette *f* [mbt]
**connector flange** Kupplungsscheibe *f* [mot]
**connect to earth** erden *v* ((B)) [elt]
**connect to ground** erden *v* ((A)) [elt]
**connect to terminals** anklemmen *v* [elt]
**conscious** bewusst (z.B. qualitätsbewusst) [wer]
**consecutive** aufeinanderfolgend
**consecutive number** fortlaufende Nummer *f* [con]
**consequential damage** Folgeschaden *m* (einschl. Drittschaden) [jur]
**considerate** überlegt (wohl durchdacht)
**consistency** Konsistenz *f* [bau]
**consistent** regelmäßig (anhaltend, beständig)
**consist of ...** bestehen aus ... *f*
**console** Bedienungspult *n* [elt]
**consolidate** verdichten *v* (Untergrund) [bau]
**consolidated rock** Festgestein *n* [min]
**consolidation** Verdichtung *f* (Straßen, Boden) [bau]
**constant** dauernd; ständig
**constant displacement pump** Pumpe mit konstantem Förderstrom *f* [mot]
**constant feed regulating valve** Mengenregelventil *n* [mot]
**constant mesh** Eingriff; dauernder *m* (der Zahnräder) [wer]
**constant mesh gear** Getrieberäder im ständigen Eingriff *pl* [mot]
**constant-velocity joint** Doppelgelenk *n* [mot]

**constant volume** Raumbeständigkeit *f* [bau]
**constitute** ausmachen *v*; einrichten *v* [bau]; gründen *v* [bau]
**constrained beam** eingespannter Träger *m* [bau]
**constricted** eng (wenig Platz, Zeit)
**constriction** Einschnürung *f* [wer]
**construct** bauen *v* [bau]; erbauen *v* [bau]; konstruieren *v* (tatsächlich bauen) [con]
**construction** Bauweise *f* [pow]; Erstellung *f* (Bauen) [bau]; Konstruktion *f* (Bau, z.B. einer Brücke) [con]; Tiefbau *m* [mbt]; Bauwerk *n* [bau]
**construction authority** Baubehörde *f* [bau]
**construction body** Baukörper *m* [bau]
**construction company** Bauunternehmen *n* [bau]
**construction contract** Bauauftrag *m* [bau]
**construction cost** Baukosten *pl* [pow]
**construction crane** Baukran *m* [bau]
**construction drawing** Bauzeichnung *f* [con]
**construction engineer** Hochbauingenieur *m* [bau]
**construction engineering** Hochbau *m* [bau]
**construction industry** Bauindustrie *f* [bau]; Bauwirtschaft *f* [bau]
**construction joint** Arbeitsfuge *f* [bau]
**construction machine** Baumaschine *f* [bau]
**construction material** Baumaterial *n* [bau]
**construction measure** Baumaßnahme *f* [bau]
**construction method, indigenous -** örtlich übliche Bauweise *f* [bau]
**construction of dams** Dammschüttung *f* [bau]

**construction of farming and forestry roads** Wegebau *m* (z.B. Gradereinsatz) [bau]

**construction period** Bauzeit *f* [bau]

**construction phase** Bauabschnitt *m* [bau]

**construction progress** Baufortschritt *m* [bau]

**construction project** Bauvorhaben *n* [bau]

**construction schedule** Bauzeitenplan *m* [bau]; Arbeitsprogramm *n* [con]

**construction site** Baustelle *f* [bau]; Bauplatz *m* [bau]

**construction stage** Bauabschnitt *m* [bau]

**construction standard** Baunorm *f* [bau]

**construction surveillance** Bauüberwachung *f* [bau]

**construction timber** Bauholz *f* [bau]

**construction time** Bauzeit *f* [bau]

**construction, under -** im Bau befindlich [bau]

**construction, welded -** Schweißkonstruktion *f* [mas]

**construction year** Baujahr *n* [bau]

**consumable** Schweißzusatz *m* (-zusätze) [met]

**consumables** Verbrauchsartikel *m* (z.B. Filtereinsätze) [mot]; Kleinmaterial *n* (Schrauben u. ä.) [wer]; Hilfsstoffe *pl* [mot]

**consumable welding material** Schweißzusatzwerkstoff *m* [met]

**consume** aufbrauchen *v* (bis Ende verbrauchen); verbrauchen *v* (aufbrauchen)

**consumer electronics** Unterhaltungselektronik *f* [elt]

**consumer goods** Verbrauchsgüter *pl* (z.B. Lebensmittel) [eco]

**consumption** Zerstörung *f* (durch Aufbrauchen) [wer]; Verbrauch *m* (an Kraftstoff) [mot]

**consumption of petrol** Benzinverbrauch *m* [mot]

**consumption rate** Verbrauchsmenge *f*

**contact** Verbindung *f* [elt]; Anschluss *m* [elt]

**contact breaker** Unterbrecher *m* [mot]

**contact breaker cam** Unterbrechungsnocken *m* [mot]

**contact breaker point** Unterbrecherkontakt *m* [mot]

**contact face of radiator** Strahlerfläche *f* [phy]

**contact line** Fahrleitung *f* (Oberleitung) [mot]

**contact mat piloting** Kontaktmattensteuerung *f* [mbt]

**contact mat steering** Kontaktmattensteuerung *f* [mbt]

**contactor** Fahrschütz *m* [elt]; Kontaktgeber *m* [elt]; Schalter *m* (Kontaktschalter) [elt]; Schaltschütz *m* [elt]; Schütz *m* (Relais) [elt]; Einstellstück *n* [elt]

**contactor equipment** Schützensteuerung *f* [elt]

**contact pin** Kontaktstift *m* [elt]

**contact point** Kontaktpunkt *m* [wer]; Schaltkontakt *m* [elt]

**contact rail** Stromschiene *f* [elt]

**contact ratio** Überdeckungsgrad *m* (Zahnrad) [mas]

**contact resistance** Kontaktwiderstand *m* [elt]

**contact surface** Berührungsfläche *f* [wer]; Übergang *m* (2 Bleche beim Schweißen) [met]

**contact travel** Schaltweg *m* [mot]

**contact welding** Kontaktschweißen *n* [met]

**contagion, floating -** Gleitkomma-Formatanpassung *f* [edv]

**contain** enthalten *v* (als Inhalt haben) [mot]
**container** Behälter *m* [wer]; Behälter *m* (Ausgleichsbehälter) [mot]; Container *m* (Behälter) [mot]
**container carrier** Container-Carrier *m* [mot]
**container cell** Containerzelle *f* [elt]
**container depot** Container-Bahnhof *m* [mot]
**container multi-purpose carrier** Container-Mehrzweckfrachter *m* [mot]
**container terminal** Container-Bahnhof *m* [mot]
**container-vessel** Containerschiff *n* [mot]
**container wagon** Behälterwagen für Container *m* [mot]; Containertragwagen *m* [mot]
**containment** Reaktorkuppel *f* (im Kernkraftwerk) [pow]
**contaminate** verschmutzen *v* (u.a. allergisch machen) [rec]
**contamination** Verschmutzung *f* (Ansteckung, Unsauberkeit) [rec]; Verunreinigung *f* [pow]
**content** Gehalt *m* [pow]
**contents of transport container** Inhalt des Fördergefäßes *m* [mot]
**continuation** Fortführung *f* [jur]
**continuation of production** Fertigungsfluss *m* [met]
**continued fraction expansion** Kettenbruchentwicklung *f* [mot]
**continuous** fortlaufend; ununterbrochen [roh]
**continuous annealing line** Contiglühe *f* [wer]
**continuous band clamping** Spannbandschelle *f* [wer]
**continuous basin** Durchlaufbecken *n* [wer]
**continuous beam** Durchlaufbalken *m* [bau]; Durchlaufträger *m* [bau]

**continuous caster** Stranggießanlage *f* [wer]
**continuous casting** Strangguss *m* [wer]; Stranggießen *n* [wer]
**continuous casting of slabs** Stranggusshalbzeug *n* [wer]
**continuous chain mesh** Laufnetz *n* (Schneekette) [mot]
**continuous fatigue test** Dauerermüdungstest *m* [msr]
**continuous floor** durchgehende Decke *f* [bau]
**continuous line** Contiglühe *f* [wer]
**continuous loop** Rohrschlange *f* [pow]
**continuous loop tube evaporator** Schlangenrohrvorverdampfer *m* [pow]
**continuous loop tube steaming economizer** Schlangenrohrvorverdampfer *m* [pow]
**continuous operation** Dauerbetrieb *m* [mot]
**continuous rating** Dauerbelastung *f* [roh]; Dauerleistung *f* [mot]
**continuous rooflight** Lichtband *n* (Dachlicht) [bau]
**continuous stream crusher** Schlagkopfbrecher *m* [wzg]
**continuous wave generator** Dauerschallerzeuger *m* [aku]; Dauerschallgenerator *m* [aku]
**continuous wave modulation** Dauermodulation *f* [elt]; Dauerstrichmodulation *f* [elt]
**continuous weld** durchgehende Schweißnaht *f* [met]
**continuous window** Fensterband *n* [bau]
**contour** Gestalt *f* (Kontur, Umriss) [wer]; Höhenlinie *f* [bau]; Hülle *f* [wer]; Kontur *f* [wer]; Umfang *m* (Kontur, Silhouette) [wer]
**contour echo** Formecho *n* [aku]
**contours of defect** Fehlerumrisse *m* (Form und Aussehen) [wer]

**contract** Abmachung *f* (Vertrag, Abkommen) [jur]
**contract** einziehen *v* (Rohre) [met]; verengen *v* (verdichten) [mot]; zusammenziehen *v* (einer Feder) [wer]
**contract conditions, technical -** technische Vertragsbedingungen *pl* [jur]
**contracting** Einfederung *f* (Spannung Kettenfeder) [elt]
**contraction** Einschnürung *f* (Feuerraum; Rohre) [pow]; Einziehung *f* (Einschnürung) [pow]; Verengung *f* (Feuerraum; Rohre) [pow]; Zusammenziehung *f* (Einschnürung) [pow]
**contraction cavity** Kernlunker *m* (Fehler in Materialmitte) [wer]
**contraction choke** Staurohr *n* [msr]
**contraction joint** Dehnfuge *f* [bau]; Schwindfuge *f* [bau]
**contract of affreightment** Befrachtungsvertrag *m* [mot]
**contractor** Nachunternehmer *m* (Subunternehmer) [bau]
**contrary flexure turnout** Außenbogenweiche *f* [mot]
**contributions and allowances** Arbeitgeberanteil *m* [eco]
**control** Ansteuerung *f* [elt]; Bedienung *f* (einer Maschine) [met]; Beeinflussung *f*; Beobachtung *f* (Kontrolle) [elt]; Betätigung *f* [mot]
**control air** Steuerluft *f* [mot]
**control block** Vierfach-Steuerblock *m* [mot]; Zweifachsteuerblock *m* [elt]
**control box** Schaltkasten *m* [elt]; Schaltschrank *m* [elt]; Steuerkasten *m* [wer]; Kasten für Kontrollgeräte *n* [elt]
**control bush** Steuerbuchse *f* [wer]
**control cabin** Steuerkabine *f* [wer]
**control cabinet** Kontrollschrank *m* (Schaltschrank) [elt]; Schaltschrank *m* [wer]; Steuerschrank *m* [elt]

**control characteristic** Regelkennlinie *f* [elt]
**control circuit** Regelkreis *m* [mot]; Steuerkreis *m* [mas]; Steuerkreislauf *m* [mot]; Steuerstromkreis *m* [elt]; Steuerungskreis *m* [mot]
**control circuit breaker** Steuerstromunterbrecher *m* [elt]
**control circuitry cabinet** Steuerschrank *m* [elt]
**control column** Schaltturm *m* [mot]
**control console** Schaltpult *n* [mot]
**control contactor** Steuerschütz *m* [elt]
**control, continuous -** stetige Regelung *f* [elt]
**control current** Steuerstrom *m* [mot]
**control current cut-out** Steuerstromunterbrecher *m* [elt]
**control cylinder** Steuerzylinder *m* [mot]
**control desk** Schaltpult *n* [pow]; Schaltpult *n* [mot]; Steuerpult *n* [mot]
**control deviation** Regelabweichung *f* [elt]
**control device** Betätigung *f* (z.B. Knopf oder Hebel) [mas]; Regelvorrichtung *f* (Regelgetriebe) [pow]; Betätigungsknopf *m* [mas]; Regelgerät *n* [mot]; Steuerelement *n* [mot]; Steuergerät *n* [mot]
**control drive** Regelantrieb *m* [mot]
**control edge** Steuerkante *f* [wer]
**control, electronic -** elektronische Steuerung *f* [edv]
**control element** Regelglied *n* [mot]; Schaltelement *n* [elt]
**control frequency** Steuerfrequenz *f* [elt]
**control gear** Regelvorrichtung *f* (Regelgetriebe) [pow]; Regelgetriebe *n* [pow]; Schaltrad *n* [mot]
**control, hydraulic -** hydraulische Betätigung *f* [mas]

**control key** Befehlstaste *f* [elt]
**control knob** Reglerknopf *m* [mot]
**control lamp** Kontrolllampe *f* [mot]; Kontrollleuchte *f* [mot]
**controlled** geregelt (z.B. thermostatisch) [wer]
**controller** Apparat *m* (Steuerapparat) [msr]; Controller *m* [elt]; Steuerapparat *m* [msr]
**control lever** Bedienungshebel *m* (Schalthebel) [msr]; Schalthebel *m* [mot]; Steuerhebel *m* [wer]; Verstellhebel *m* [mot]
**control logic** Ansteuerlogik *f* [msr]
**control of carburettor** Gasgestänge *n* [mot]
**control of gear shift** Schaltgestänge *n* [mot]
**control of goods processing** Beobachtung des Warenausganges *f* [eco]
**control of goods withdrawal** Beobachtung des Warenausganges *f* [eco]
**control panel** Bedienungstafel *f* [elt]; Instrumententafel *f* (Kesselschild) [pow]; Schalttafel *f* [mot]; Bedienpanel *n* [wer]; Kesselschild *n* (Instrumententafel) [pow]; Schaltpult *n* [mot]
**control plate** Steuerfläche *f* [wer]; Steuerplatte *f* (in hydraulischem Motor) [mot]; Steuerspiegel *m* (in Pumpe, Motor)
**control position** Steuerstand *m* [mot]
**control position, stationary -** ortsfester Steuerstand *m* [mot]
**control precision** Regelgenauigkeit *f* [elt]
**control pressure** Regeldruck *m* [mot]; Steuerdruck *m* [mot]
**control rack** Regelstange *f* [mot]
**control range** Regelbereich *m* [mot]
**control relay** Steuerrelais *n* [elt]

**control reservoir** Steuerluftbehälter *m* (des Wagens) [mot]
**control room** Schaltwarte *f* [elt]
**controls** Steuermechanismus *m* [elt]
**control sequence** Steuerfolge *f* (Ablauf) [elt]
**control signal** Steuersignal *n* [elt]
**control spindle** Reglerspindel *f* [mot]
**control spool** Schieberstange *f* (im Steuerblock) [mot]; Steuerstange *f* (im Steuerblock) [mot]
**control station** Leitstand *m* (z.B. eines Bergwerks) [roh]
**control structure** Kontrollstruktur *f* [edv]
**control switch** Kontrollschalter *m* [elt]; Steuerschalter *m* [msr]
**control system** Steuereinrichtung *f* [elt]; Steuerungssystem *n* [edv]
**control system, load-levelling -** niveauregulierendes Aggregat *n* [mot]
**control theory** Regelungstheorie *f* [edv]
**control trailer** Steuerwagen *m* (am Zugende, Pendelzug) [mot]; Steuerwagen *m* (für Wendezugbetrieb) [mot]
**control transformer** Regeltransformator *m* [elt]; Steuertransformator *m* [elt]
**control transmitter** Steuersender *m* [elt]
**control unit** Schaltanlage *f* [elt]; Steuereinheit *f* [edv]; Befehlsgerät *n* [edv]; Steuergerät *n* [elt]
**control valve** Regelventil *n* [mot]; Steuerventil *n* [mot]; Wegeventil *n* [mot]
**control valve, hydraulic -** Hydrauliksteuerventil *n* [mas]
**control voltage** Regelspannung *f* (etwas wird gesteuert) [elt]; Stellspannung *f* [elt]; Steuerspannung *f* [elt]
**conurbation** Ballungsraum *m* [bau]; Ballungsgebiet *n* [bau]

**convection heating surface**
Berührungsheizfläche *f* [pow]
**convenience, at your earliest -**
umgehend (sofort mehr höflich ausgedrückt)
**conveniently** günstig
**conventional symbol** Sinnbild *n* [con]
**conversation** Besprechung *f* (Unterhaltung)
**converse** ändern *v* (der Ausrüstung); umbauen *v* (z.B. Schaufel auf Tieflöffel) [met]
**conversion** Umrüstung *f* (Änderung, z.B. Ausrüstung) [met]; Übergang *m* (z.B. auf anderen Brennstoff) [pow]; Umbau *m* (z.B. der Baggerausrüstung) [mbt]
**conversion kit** Änderungssatz *m* (notwendig für andere Ausrüstung) [mas]; Umrüstsatz *m* (Umbausatz) [met]
**conversion set** Umbausatz *m* [met]; Ümrüstsatz *m* (Umbausatz) [met]
**conversion table** Umrechnungstafel *f* [mot]
**conversion temperature** Umwandlungstemperatur *f* [wer]
**convert** umformen *v* [elt]; umrüsten *v* (andere Ausrüstung) [met]
**converter** Umformer *m* (z.B. Drehmomentwandler) [elt]; Umsetzer *m* [mbt]
**converter, electro-acoustical -** elektro-akustischer Wandler *m* [elt]
**converter gear** Wandlergetriebe *n* [mot]
**converter waste heat boiler** Konverterkessel *m* [pow]
**convertible** umrüstbar [met]
**convertible** Kabriolett *n* [mot]
**converting kit** Knickgelenk *n* (z.B. an Baggern) [mbt]
**convex contour** Naht mit Wulst *f* [met]

**convey** befördern *v* [pow]
**conveying and storage systems** Förder- und Lagersysteme *n* [roh]
**conveying line** Förderleistung *f* [pow]
**conveying pipe** weiterführende Leitung *f* [roh]
**conveying rack** Transportvorrichtung *f* [mbt]
**conveying system** Transportsystem *n* [mot]
**conveying worm** Förderschnecke *f* [mot]
**conveyor** Bandstraße *f* (in Werkshalle) [roh]; Rollenbahn *f* [wer]; Transporteinrichtung *f* [roh]; Zuführrollgang *m* [wer]
**conveyor belt** Bandanlage *f* [mbt]; Förderband *f* [roh]; Gurtförderband *n* [roh]
**conveyor belt housing** Förderbandüberdachung *f* [pow]; Überdachung *n* [pow]
**conveyor belt station** Bandstation *f* [mbt]
**conveyor bridge** Förderbrücke *f* [mbt]
**conveyor bridge for open-pit mining** Abraumförderbrücke *f* [mbt]
**conveyor chain** Transportkette *f* [wer]
**conveyor sized** bandfähig [mbt]
**conveyor station** Bandstation *f* [mbt]
**convolution** Faltung *f* (beim Bildverstehen) [edv]
**convoy** Kolonne *f* (Fahrzeugkolonne) [mot]
**cool** kühl [wet]
**cool** abkühlen *v* [pow]
**cool-air ducting** Kühlluftabführung *f* [air]
**coolant** Kühlflüssigkeit *f* [mot]; Kühlmittel *n* [mot]
**coolant around liners** Kühlwasser an Laufbuchsen *n* [mot]
**coolant inlet** Wasserzulauf *m* (zu Motor, Maschine) [mot]

**coolant testing device**
Kühlwasserprüfgerät *n* [msr]
**cool down** abkühlen *v*
**cooler** Kühler *m* [mot]
**cooling** Abkühlung *f* [pow]; Kühlen *n* [roh]
**cooling air blower** Kühlgebläse *n* [mot]
**cooling air thermostat** Kühlluftthermostat *m* [mot]
**cooling fan** Kühlgebläse *n* [mot]
**cooling in furnace** Abkühlung im Ofen *f* [roh]
**cooling rate** Abkühlungsgeschwindigkeit *f* [pow]
**cooling screen** Kühlschirm *m* [pow]
**cooling surface** Abkühlungsfläche *f* [pow]
**cooling system** Kühlanlage *f* [pow]
**cooling tower** Kühlturm *m* (z.B. bei Kraftwerken) [elt]
**cooling water** Kühlwasser *n* [mot]
**cooling water additive** Kühlwasserzusatz *m* [mot]
**cooling water pipe** Kühlwasserleitung *f* [mot]
**cooling water piping** Kühlwasserleitung *f* [mot]
**cooling water pump** Kühlwasserpumpe *f* [mot]
**cooling water thermometer** Kühlwasserthermometer *n* [mot]
**cooling water thermostat** Kühlwasserthermostat *m* [mot]
**cool off** abkühlen *v* (langsam im Ofen erkalten) [roh]
**cooperation** Zusammenarbeit *f*
**coordination** Zuordnung *f* [bau]
**coordination flame cutting machine** Koordinaten-Brennschneidmaschine *f* [wzg]
**coping** Abdeckung *f* (auf Mauer) [bau]; Mauerabdeckung *f* [bau]
**copper alloy** Kupferlegierung *f* [wer]
**copper alloys** Kupfer-Basis-Legierungen *pl* [wer]
**copper asbestos gasket** Kupferasbestdichtung *f* [wer]
**copper brown** kupferbraun (RAL 8004) [nrm]
**copper mandrel** Kupferdorn *m* [wer]
**copper seal** Kupferdichtung *f* [wer]
**copper zinc accumulator** Kupferzinkakkumulator *m* [elt]
**copy** Pause *f* (Kopie) [con]
**copy** übertragen *v* [edv]
**coral red** korallenrot (RAL 3016) [nrm]
**cord** Litze *f* (Stromkabel) [elt]
**corduroy** Knüppel *m* (Straßenbefestigung) [bau]
**corduroy road** Knüppeldamm *m* (mit Knüppeln befestigte Straße) [bau]
**core** Seele *f* (des Seils, des Kabels) [wer]
**core component** Herzstück *n* (wichtiges Bauteil)
**core crack** Scheibchenriss *m* [wer]
**core cutter** Kernbohrer *m* [wzg]
**core diameter** Bohrkerndurchmesser *m* [con]
**core flaw** Kernfehler *m* (Fehler in der Gießform) [wer]
**core sand** Kernsand *m* (Gießereisand) [wer]
**core section** Kernquerschnitt *m* (z.B. einer Schraube) [con]
**core strength** Kernfestigkeit *f* [wer]
**cork-faced clutch plate** Kupplungslamelle mit Korkbelag *f* [mot]
**cork insulation** Korkisolation *f* [bau]
**cork plug** Korkstopfen *m* [wer]
**cork slab** Korkplatte *f* [bau]
**corner** Kante *f* (Ecke) [bau]
**corner bit** Eckmesser *n* [mbt]
**corner block** Eckstein *m* [bau]
**corner bumper** Eckenstoßfänger *m*

**corner burner** Eckenbrenner *m* [pow]
**corner, dead -** toter Winkel *m* (Strömung) [pow]
**corner jack** Abstützung *f* (Ausleger an Waggonecken) [mot]
**corner joint** Eckverbindung *f* [met]; Eckstoß *m* (Plattenverbindung) [met]
**corner post** Eckpfosten *m* [bau]
**corner shoe** Eckmesser *n* [mbt]
**corner stone** Eckpfeiler *m* [bau]; Grundstein *m* (Eckstein des Hauses) [bau]
**corner tooth** Eckzahn *m* (z.B. an Schaufelrad-Schaufel) [mbt]
**corner-tube boiler** Eckrohrkessel *m* [pow]
**corner weld** Ecknaht *f* [met]
**corner window** Eckfenster *n* [bau]
**cornice** Sims *m* (Tür/Dach) [bau]
**corona discharge** Sprühentladung *f* [elt]
**correct** korrigieren *v*; verbessern *v* (berichtigen, korrigieren)
**correction** Korrektur *f* (z.B. Fadenkorrektur) [pow]
**correctness** Korrektheit *f* (eines Programms) [edv]
**corrector** Entzerrer *m* [elt]
**correlation** Wechselbeziehung *f* (Messgrößen) [msr]
**correspondence, in - with the drawing** zeichnungsgerecht (entspricht der Zeichnung) [con]
**corresponding with ...** entsprechend ... ((Genitiv))
**corridor** Gang *m* (im Gebäude) [bau]
**corridor connection** Balg *m* (an Reisezugwagen) [mot]; Faltenbalg *m* (zwischen Wagen) [mot]; Übergangsbalg *m* (an Reisezugwagen) [mot]
**corridors** Zwischengänge *pl* [bau]
**corrode** ätzen *v* (ungewollt) [wer]
**corroded** verwittert [wer]
**corrodible** rostanfällig [wer]

**corrosion crack** Korrosionsriss *m* [wer]
**corrosion free** alterungsbeständig (Wasserrohr) [wer]; heißwasserbeständig [wer]
**corrosion-protected** korrosionsgeschützt [wer]
**corrosion-resistant** korrosionsbeständig [mot]; korrosionsfest [wer]
**corrosion scars** Korrosionsnarben *pl* (Grübchen) [wer]
**corrosive** rostanfällig [wer]
**corrugate** riefen *v* (wellig machen, mit Riefen versehen) [met]
**corrugated expansion bend** Faltenrohrbogen *m* [pow]
**corrugated-furnace boiler** Wellrohrkessel *m* [pow]
**corrugated iron** Wellblech *n* [wer]
**corrugated iron pipe** Wellblechrohr *n* [wer]
**corrugated packing ring** Welldichtung *f* (Eco-Krümmer) [pow]
**corrugated sheet** Wellblech *n* (aus Walzwerk) [wer]
**corrugated sheet, checker plate** Riffelblech *n* (gegen Ausrutschen) [wer]
**corrugated sheeting** Wellblech *n* [wer]
**corrugation** Riffelung *f* [wer]
**corundum** Korund *m* (Strahlmittel) [wer]
**cost accounting** kostenmäßige Bearbeitung *f* [eco]
**cost estimation** Kostenschätzung *f* [eco]
**cost model** Kostenmodell *n* [eco]
**cost of living** Lebenshaltungskosten *pl* [eco]
**cost study** Berechnung *f* (Kostenstudie) [eco]
**cotter bolt** Vorsteckbolzen *m* [mot]
**cotter brake** Keilbremse *f* [mbt]

**cotter pin** Kerbstift *m* [wer]; Spannbolzen *m* (Splint) [wer]; Splint *m* [wer]
**cotter pin drive** Splintentreiber *m* [wzg]
**cotton, compressed -** gepresste Baumwolle *f* [wer]
**couchette coach** Liegewagen *m* [mot]
**counselling** beratend
**counsellor** Berater *m*
**counsellor for the defence** Verteidiger *m* (Anwalt vor Gericht) [jur]
**count** rechnen *v* [mat]
**counter** Gegenstab *m* (Fachwerk) [bau]; Schalter *m* (in Bank) [bau]; Zählwerk *n* [elt]
**counter** kontern *v* (eine zweite Mutter aufsetzen) [mas]
**counterbalance valve** Druckverhältnisventil *n* [mot]; Vorspannventil *n* [mot]
**counter bearing** Gegenhalterung *f* [mas]; Gegenlager *n* (am Waggon) [mot]
**counterbore** Senkung *f* (im Material) [wer]
**counterbore** ansenken *v* [met]
**counterbored** angesenkt [mas]; versenkt (hineingeschraubt) [wer]
**counterbrace** Diagonalstrebe *f* [bau]; Wechselstab *m* (Fachwerk) [bau]
**counterclockwise** linksdrehend (gegen Uhrzeigersinn) [con]
**counter-clockwise** gegen den Uhrzeigersinn [con]
**counter-clockwise rotation** Drehung entgegen dem Uhrzeigersinn *f* [con]
**counter-current cooling** Gegenstromkühlung *f* [pow]
**counter-current heat-exchanger** Gegenstromwärmetauscher *m* [pow]
**counter die** Matrize *f* (Gegenstück beim Stanzen) [met]
**counterflange** Gegenflansch *m* [wer]

**counter gear** Vorgelegerad *n* [mot]
**counter-hold** abfangen *v* (halten)
**counternut** Gegenmutter *f* [mas]; Kontermutter *f* [mas]
**counterpiece** Gegenstück *n* [wer]
**counter profile** Gegenprofil *n* [wer]
**counter rotate** kontern *v* (am Drehwerk) [met]
**counter-rotating** gegenläufig
**counter-rotating** Gegenläufigkeit *f* (der Kette) [wer]
**counter-rotating chains** gegenläufige Ketten *pl* [wer]
**counter rotation** Gegenlauf *m*
**counter shaft** Gegenwelle *f* (z.B. im Getriebe) [mot]; Vorgelegewelle *f* [mot]; Vorlegewelle *f* [mot]; Zahnradvorgelegewelle *f* (des Motors)
**counter shaft drive gear** Vorgelegetriebrad *n* [mot]
**counter-sign** gegenzeichnen [eco]
**counter sink** ansenken *v* (von Gewinde, Schraube) [met]
**countersink for countersunk head screws** Senkung für Senkschrauben *f* [met]
**counter slew** gegenschwenken *v* [mbt]
**counter store** Zählspeicher *m* [elt]
**countersunk** versenkt (Schraube, Mutter bündig) [met]
**countersunk bolt** Senkkopfschraube *f* (teilweise Gewinde) [mas]; Senkschraube *f* (teilweise Gewinde) [mas]
**countersunk diameter** Senkdurchmesser *m* [con]
**countersunk head grooved pin** Senkkerbnagel *m* [wer]
**countersunk head rivet** Senkniete *f* [wer]
**countersunk head tapping screw** Senkblechschraube *f* [mas]
**countersunk nut** Senkmutter *f* (versenkten Kopf) [mas]

**counter-sunk screw** Senkschraube *f* (Gewinde bis Kopf) [mas]
**countersunk socket screw** Senkschraube mit Innensechskant *f* [mas]
**counter weight** Gegengewicht *n* [wer]
**counterweight, rear -** Heckgewicht *n* [mot]
**counter wheel** Gegenrad *f* [wer]
**counting method** Auszählverfahren *n* [msr]
**counting unit** Zähleinheit *f* [elt]
**country of origin** Ursprungsland *n* [eco]
**country road** Straße *f* (Landstraße durch das Land) [bau]
**coupled** gekoppelt
**coupling** Anhängerkupplung *f* [mot]; Ankopplung *f* [mas]; Buchse *f* (Gewindebuchse) [wer]; Gewindebuchse *f* [wer]; Kopplung *f*; Anschlussstück *n* [mas]; Anschlussstück *n* (Kupplungsstück) [mas]; Gelenkstück *n* (Kupplung) [wer]
**coupling capacitor** Koppelkondensator *m* [elt]
**coupling cocks** Kupplungsventile *pl* (z.B. Luftdruck) [mot]
**coupling, flexible -** elastische Kupplung *f* [mas]
**coupling half** Kupplungshälfte *f* [mot]
**coupling hook** Kupplungshaken *m* [mot]
**coupling, hydraulic -** Flüssigkeitskupplung *f* [mas]
**coupling joint** Koppelfuge *f* [bau]
**coupling link** Verbindungsglied *n* [mas]
**coupling pin** Vorstecker *m* [mot]
**coupling-pin ring** Kupplungsbolzenring *m* [mot]
**coupling rod** Kupplungsstange *f* (der Lok) [mot]
**coupling section** Kupplungssegment *n* [bau]
**coupling sleeve** Gelenkstulpe *f* [mot]
**coupling triangle** Kupplungsgabel *f* (des Anhängers) [mot]
**coupling with pin** Kupplungskopf mit Stift *m* [mot]
**course** Bahn *f* (z.B. Ziegelschicht) [bau]; Schicht *f* (der Straße) [bau]
**coursed** geschichtet [bau]
**course, in the - of ...** im Rahmen von... [jur]
**court fees** Gerichtskosten *pl* [jur]
**court hearing** Prozess *m* (bei Gericht) [jur]
**court trial** Gerichtstermin *m* [jur]; Termin *m* (bei Gericht) [jur]
**cover** Abdeckung *f*; Deckplatte *f* [mbt]; Klappe *f* (Deckel, Haube) [mas]; Plane *f* (Abdeckung) [mot]; Planenabdeckung *f* [mbt]; Abschlussdeckel *m* [mas]; Verschluss *m* (Deckel); Verschlussdeckel *m* (Deckel); Abdeckblech *n* (Deckel) [mas]
**cover** überdachen *v* [bau]
**coverage** Bearbeitungsschadendeckung *f* [jur]; Bedachung *f* [bau]; Deckung *f* (durch Versicherung) [jur]; Dachwerk *n* [bau]
**cover bar** Deckleiste *f* [bau]
**covered** abgedeckt (Plane, Blech, Bretter); überdacht (Plane, Dach drauf) [bau]; überdeckt (mit Plane) [bau]; umhüllt (bedeckt)
**covered area** überbaute Fläche *f* [bau]
**covered up** verdeckt (vertraulich behandelt)
**covered wagon** Güterwagen *m* (gedeckt) [mot]
**covered wagon with skeleton sides for the carrying of small animals** Verschlagwagen *m* (der Bahn) [mot]

**covered with snow** verschneit [wet]
**cover for hand hole** Handlochdeckel *m*
**cover, front -** vorderer Deckel *m* [mot]
**covering** Abdeckung *f* (Deckel, Plane, Tarnung); Decke *f* (Abdeckung) [wer]; Verkleidung *f* [mot]; Verkleidung *f* (Abdeckung gegen Wetter)
**covering contribution above own costs** Deckungsbeitrag *m* [eco]
**cover lid** Verschlussdeckel *m* [mot]
**cover plate** Abdeckplatte *f*; Abdeckplatte *f* (Blech mit Rahmen) [mas]; Deckplatte *f*; Rostabdeckplatte *f* [pow]; Abdeckblech *n* (Deckel) [mas]; Schleppblech *n* (über einer Dehnungsfuge) [bau]
**cover-strip** Deckleiste *f* [bau]
**cover tube** Schutzrohr *n* [wer]
**cover up** abdecken *v*
**cover with idler pulley** Deckel mit Spannrolle *f* [wer]
**cow-catcher** Schienenräumer *m* (z.B. pfeilförmige Gitter) [mot]
**cowl** Stirnwand *f* [mot]; Verkleidung *f* (unter Kappe, Haube) [mot]
**cowling** Haube *f* (Stirnwand, z.B. Motorraum) [mot]
**cowl support** Stirnwandstütze *f* (rechte, linke) [mot]
**cowper** Winderhitzer *m* (z.B. bei Hochofen, E-Werk) [wer]
**crack** Spalte *f* (bei der Analyse von Linien) [edv]; Spalt *m* (unerwünscht, in Materialien) [wer]
**crack** knicken *v* (abbrechen)
**cracked** geknickt (gebrochen) [mot]
**crack, hot -** Warmriss *m* [wer]
**cracking** Rissbildung *f* [wer]
**cracking pressure** Öffnungsdruck *m* (Druck, bei dem z.B. Ventil öffnet) [mot]
**crack initiation** Anriss *m* (Beginn des Risses) [wer]
**crackling** Prasseln *n* (Störung des Schirmbildes) [elt]
**cracks in cap** Kappenriss *m* [mot]
**crack starting point** Bruchausgang *m* (Beginn des Bruchs) [wer]
**crack test** Rissprüfung *f* [msr]
**crack-tested** rissgeprüft
**cradle** Wiege *f*
**cramping and distorting** Verspannen und Verziehen [mot]
**cramp iron** Klammer *f* (Bauklammer) [bau]
**crane** Kran *m* [met]; Hebezeug *n* (Kran) [met]
**crane boom** Ausleger *m* (des Krans) [mbt]; Kranausleger *m* [mbt]; schwenkbarer Kranausleger *m* (Stapler) [mot]
**crane boom with hydraulic continuous slewing** hydraulisch schwenkbarer Kranausleger *m* [mot]
**crane capacity** Krankapazität *f* [mot]
**crane carriage** Laufkatze *f* (Kran) [bau]
**crane carrier** Kranwagenfahrgestell *n* [mot]
**crane column** Kranbahnstütze *f* [mbt]
**crane crab** Laufkatze *f* [wer]
**crane crawler unit** Kranlaufwerk *n* [mot]
**crane, electric -** Elektrokran *m* [mbt]
**crane, floating -** Schwimmkran *m* [mot]
**crane gantry** Kranbahn *f* [met]
**crane hook** Lasthaken *m* (Kran) [met]
**crane jib** Kranausleger *m* [mot]
**crane leg** Kranbein *n* [bau]
**crane load** Kranladung *f* [mot]
**crane roller** Kranlaufrolle *f* [mot]
**crane runway** Kranbahn *f* [met]
**crane tower** Kranturm *m* [mot]

**crane travelling gear** Kranfahrwerk *n* [bau]
**crane undercarriage** Kranlaufwerk *n* [mot]
**craneway** Kranbahn *f* [bau]
**crank** Handkurbel *f* [mot]
**crank** ankurbeln *v* (Motor) [mot]; durchdrehen *v* (Motor anwerfen) [mot]
**crank case** Kurbelgehäuse *n* (Kurbelwellengehäuse) [mot]
**crankcase bottom half** Kurbelgehäuseunterteil *n* [mot]
**crankcase guard** Panzerwanne *f* [mot]
**crank case guard** Kurbelgehäuseschutz *m* [mot]
**crankcase top half** Kurbelgehäuseoberteil *n* [mot]
**cranked** abgebogen; aufgebogen; gekröpft [met]
**cranked off** abgekröpft (verschwenkt) [con]
**cranking motor** Anlasser *m* (auf Lkw, für Flugzeuge) [mot]
**cranking power** Anwerfkraft *f* [mot]; Belastung des Anlassers *f* [mot]
**crank operated window** Kurbelfenster *n* [mot]
**crank pin** Kurbelzapfen *m* [mot]
**crankshaft** Kurbelwelle *f* (mit Kurbellagern) [mot]
**crankshaft bearing** Hauptlager *n* (der Kurbelwelle) [mot]; Kurbelwellenlager *n* [mot]
**crankshaft bearing cap** Kurbelwellenlagerdeckel *m* [mot]
**crankshaft bearing shell** Kurbelwellenlagerschale *f* [mot]
**crankshaft drive** Kurbeltrieb *m* [mot]
**crankshaft gear** Kurbelwellenrad *n* [mot]
**crankshaft grinding machine** Kurbelwellenschleifmaschine *f* [wzg]

**crankshaft oil seal** Kurbelwellendichtung *f* [mot]; Kurbelwellenradialdichtung *f* [mot]
**crash into** auffahren *v* (Verkehr) [mot]
**crash landing** Bruchlandung *f* (Flugzeug) [mot]
**crate** Kiste *f* (Holzkasten) [wer]; Verschlag *m* (Holzgestell für Sperrgut) [mot]
**crater at end of weld pass** Endkrater *m* (am Ende der Schweißnaht) [met]
**crater crack** Endkraterriss *m* (an Schweißnaht) [met]; Kraterriss *m* [met]
**crater plate** Kraterblech *n* [met]
**crater plates at end of weld pass** Endkraterblech *n* (Endkrater) [met]
**crawler base** Raupenträger *m* [mbt]; Unterwagenrahmen *m* [mbt]
**crawler bearing** Kettenlagerung *f* [mbt]
**crawler chain link** Raupenkettenglied *n* [mbt]
**crawler-chain link pin** Raupenkettenbolzen *m* [mbt]
**crawler excavator** Raupenbagger *m* [mbt]; Raupengerät *n* [mbt]
**crawler-mounted front-end loader** Raupenlader *m* [mbt]
**crawler support** Längsträger *m* (beim Bagger) [mbt]; Langträger *m* (des Baggers) [mbt]
**crawler track** Raupenkette *f* (z.B. Bagger) [mbt]; Raupenfahrwerk *n* [roh]
**crawler traction** Kettenzugkraft *f* [mbt]; Kettenzug *m* (Kraft an Raupenkette) [mbt]
**crawler tractive force** Kettenzugkraft *f* [mbt]
**crawler tractor** Raupenschlepper *m* [mot]; Laufwerk *n* (der Raupe) [mot]
**crawler tread belt** Raupenkette *f* (z.B. Seilbagger) [mbt]

**crawler undercarriage** Raupenunterwagen *m* [mbt]
**crawler unit** Fahrantrieb *m* (des Baggers) [mbt]; Baggerlaufwerk *n* (Raupe) [mbt]; Seitenschiff *n* (Baggerlaufwerk) [mbt]
**cream** cremeweiß (RAL 9001) [nrm]
**creasing** Sicke *f* (Versteifungsstanzen) [met]
**create space** Platz schaffen *v* [bau]
**creep** niedriger Durchlass *m* [bau]
**creep** schleichen *v* (langsam)
**creeping** Abrollen *n* (des Baggers am Hang) [mbt]
**creeping** kriechen *v* (Öl an Kolben vorbei) [mot]
**creep-resistant** warmfest [wer]
**creep strength** Kriechfestigkeit *f* [pow]
**crest** Spitze *f* (beim Schraubgewinde) [wer]; Dachfirst *m* [bau]; Kamm *m* (des Berges) [roh]
**crest meter** Scheitelwertmesser *m* [msr]
**crest tile** Firstziegel *m* [bau]
**crevasse distance** Klüftigkeitsziffer *f* [geo]
**crevasse formation** Klüftigkeit *f* [geo]
**crevice** Fuge *f* (Mauerwerk) [bau]
**crew's cabin** Mannschaftskabine *f* (auf Schiff) [mot]
**crimp** sicken *v* (z.B. Rohr bördeln) [met]
**crimped sheet** Sickenblech *n* [wer]
**criss-cross arrangement** Überkreuzanordnung *f* (von Rolltreppen) [mbt]
**criteria for success** Erfolgskriterien *pl* [edv]
**critical angle** Grenzwinkel *m* [con]
**critical defect, positive -** positiver Grenzfehler *m* [elt]
**critical range** Unsicherheitsbereich *m* [elt]

**critical value** Grenzwert *m*
**crooked** krumm [wer]
**crop out** ausreißen *v* (Kohle tritt zu Tage) [roh]
**cross** Überkreuzung *f*
**cross** übersetzen *v* (Fluss überqueren) [mot]
**crossbar** Querbalken *m* [bau]; Querriegel *m* [bau]; Querträger *m* (z.B. Waggon, Lkw) [bau]
**cross-beam** Querstrebe *f* [bau]; Querbalken *m* [bau]; Querriegel *m* [bau]; Querträger *m* [bau]
**crossbond** Kreuzverband *m* (Mauerwerk) [pow]
**cross brace** Querstrebe *f* [bau]; Querverstrebung *f* [bau]
**cross butt joint** Kreuzstoß *m* (kreuzartig verschweißte Bleche) [met]
**cross country tyre** Geländereifen *m* [mot]
**cross country vehicle** Geländewagen *m* (z.B. Landrover) [mot]
**cross-cut chisel** Kreuzmeißel *m* [wzg]
**crosscut saw** Bandsäge *f* [wzg]; Baumsäge *f* [wzg]; Schrotsäge *f* (Baumsäge) [wzg]; Ziehsäge *f* (Schrot- oder Baumsäge) [wzg]; Zweimannsäge *f* (Schrotsäge) [wzg]
**cross-drum boiler** Quertrommelkessel *m* [pow]
**cross girder** Querbalken *m* [bau]; Querträger *m* [bau]
**cross grind** Kreuzschliff *m* [met]
**cross-head** Traverse *f* [bau]; Kreuzkopf *m* (der Lok; in Gleitbahnen) [mot]; Querträger *m* [bau]
**cross-heading** Querstrecke *f* (unter Tage) [roh]; Streb *m* (parallel zum Hauptstollen) [roh]
**crossing** Kreuzung *f* [mot]; Kreuzweiche *f* [mot]
**cross joint** Kreuzstoß *m* [mas]

**cross-levelling device** Querautomatik *f* [mbt]
**cross link** Vernetzer *m* (keine Chemikalien) [wer]
**cross member** Querstrebe *f* [bau]; Traverse *f* (z.B. verbindet Hauptträger) [bau]; Querträger *m* (Stahlbau, Waggon) [bau]
**crossover** Kreuzung *f* (Kreuzweiche) [mot]; Kreuzweiche *f* [mot]; Schieberbewegung *f* [mot]; Verbindungsleitung *f* (Hinüberleitung) [mot]
**crossover valve** Kurzschlussventil *n* (Druckbegrenzungs- und Überströmventil) [wer]
**cross piece** Kreuzstück *n* [wer]
**cross pin** Kreuzzapfen *m* (bei Maschinen) [wer]; Zapfenkreuz *n* (z.B. beim Grader) [mbt]
**cross pit dumping** Direktversturz *m* [mbt]
**cross recessed countersunk head screw** Senkschraube mit Kreuzschlitz *f* [mas]
**cross recessed raised counter sunkhead screw** Linsensenkschraube mit Kreuzschlitz *f* [mas]
**cross run** Kreuzlauf *m* [mbt]
**cross saddle** Quersattel *m* [wer]
**cross-section** Querprofil *n* (Schnitt durch Straße) [bau]; Spurkreuz *n* [mot]
**cross-sectional area** Querschnittsfläche *m* [con]
**cross-sectional picture** Schnittbild *n* (z.B. in Zeichnung) [con]
**cross-section of sound beam** Schallstrahlquerschnitt *m* [aku]
**cross-section recorder** Schnittbildgerät *n* [con]
**cross shaft** Querwelle *f* [mot]
**cross-slope** Quergefälle *n* [bau]
**cross slot bolt** Schlitzschraube *f* [mas]

**cross stay** Querverankerung *f* [bau]
**cross stop** Queranschlag *m* [wer]
**cross stream separator** Querstromsichter *m* [roh]
**cross talk** nebensprechen *v* (Telefon) [tel]
**cross talk attenuation** Gegentaktneutralisation *f* [tel]
**cross-talk echo** Überkoppelecho *n* [aku]
**cross tie** Querträger *m* (z.B. Waggon) [mot]; Verbindungsstück *n* [mot]
**cross truss** Querbalken *m* [bau]
**cross tube** Querrohr *n* [wer]
**cross-wall** Querwand *f* [bau]
**cross-wall junction** Wandeinbindung *f* [bau]
**crosswise** kreuzweise
**crow, as the - flies** Luftlinie *f* (kürzester Weg) [mot]
**crowbar** Brechstange *f* [wzg]; Hebestange *f* (Brechstange) [wzg]; Brecheisen *n* (Brechstange) [wzg]
**crowd** Vorschub *m* (der Ladeschaufel) [mbt]
**crowd** eindringen *v* (der Ladeschaufel) [mbt]; vorschieben *v* (die Ladeschaufel) [mbt]; vorstoßen *v* (mit Auslegerstiel) [mbt]
**crowd back** ankippen *v* (Ladeschaufel) [mbt]
**crowd-back position** Ankippstellung *f* (Ladeschaufel) [mbt]
**crowd distance** Vorschubweg *m* (Vorschubweg auf Planum) [mbt]
**crowd force** Vorschubkraft *f*
**crowd length** Vorschublänge *f* (der Ladeschaufel)
**crown** Mauerkrone *f* [bau]
**crowning** Balligkeit *f* (beim Fräsen von Getrieben) [met]
**crown tile** Firststein *m* [bau]
**crown wheel** Tellerkegelrad *n* (im Differential) [mot]; Tellerrad *n* [mot]

**crow's feet** Krähenfüße *pl* (Schweißen) [met]
**crucible type furnace** Schmelztiegelfeuerung *f* [pow]
**cruciform brick** Kreuzstein *m* [bau]
**crude** unbearbeitet [bau]
**crude steel** Rohstahl *m* [mas]
**crude water** Rohwasser *n* [was]
**crumble** zerbröckeln *v* [bau]; zermahlen *v* (zerbröckeln, zerreiben); zerreiben *v*
**crumbly** bröckelig [bau]
**crunch** knirschen *v* [bau]
**crush** Zerkleinerung *f* (in Brecher) [roh]
**crush** brechen *v* (zerkleinern) [roh]; grob mahlen *v* (vorbrechen) [roh]; vorbrechen *v* (grob mahlen) [pow]; zerkleinern *v* (Steine brechen) [roh]
**crushability of rock** Gesteinbrechbarkeit *f* [roh]
**crushed rock** Schotter *m* [bau]
**crusher** Brecher *m* [roh]
**crusher chamber** Brecherraum *m* [roh]
**crusher discharge belt** Brecherabzugsband *n* (am Steinbrecher) [roh]
**crusher, mobile -** Mobilbrecher *m* [roh]
**crusher plant** Brecheranlage *f* (im Steinbruch) [roh]
**crusher plant, mobile -** mobile Brecheranlage *f* [roh]
**crusher speed** Brecherdrehzahl *f* [roh]
**crusher work** Brecherarbeit *f* (im Steinbruch) [roh]
**crushing** Brechen *n* (von Steinen) [roh]
**crushing, coarse -** Grobzerkleinerung *f* [roh]
**crushing installation** Brechanlage *f* (Steinbrecher) [roh]
**crushing machine** Zerkleinerungsmaschine *f* (Brecher) [roh]
**crushing plant** Brecherwerkanlage *f* [roh]; Vorbrechanlage *f* [roh]
**crushing plant, coarse -** Grobzerkleinerungsmaschine *f* [roh]
**crust** Kruste *f* (z.B. Erdkruste) [geo]
**crutch** Krücke *f*
**crystal backing** Kristallunterlage *f* [met]
**crystal mounting** Kristallbefestigung *f* [wer]
**cubical** kubisch [bau]
**cubical-shaped** würfelförmig [con]
**cul-de-sac** Sackgasse *f* (im Straßenverkehr) [mot]
**culpable** schuldhaft (z.B. schuldhafter Verstoß) [jur]
**culvert** Durchlass *m* [bau]
**cup** Kalotte *f* [roh]
**cup head nib bolt** Halbrundschraube mit Nase *f* [wer]
**cup nib bolt** Halbrundschraube mit Nase *f* [mas]
**cupola** Kuppel *f* [bau]
**cupric oxide** Grünspan *m* (Kupferoxid) [che]
**cup spring** Tellerfeder *f* [mas]
**cup square neck bolt** Flachrundschraube mit Vierkantansatz *m* [mas]
**cup washer** Rosettenscheibe *f* (für Senkkopfschraube) [mas]; Tellerfeder *f* [wer]
**curb** Bordkante *f* (des Bürgersteiges) [bau]; Bordschwelle *f* (des Bürgersteiges) [bau]; Bordstein *m* [bau]; Rinnstein *m* [bau]; Schrammbord *n* [bau]
**curbstone** Betonrandstreifen *m* [bau]; Kantstein *m* (Bordstein) [bau]; Randstein *m* (an Bordkante der Straße) [bau]
**curbstone blade** Auskofferungsschar *f* (Anbauschar) [mbt]
**curbstone mouldboard** Auskofferungsschar *f* [mbt]

**cure** nachbehandeln v [met]
**Curie point** Curie-Temperatur f (Magneteigenschaften) [wer]
**curing** Nachbehandlung f [bau]
**curling** Überkippen n (der Schaufel des Baggers) [mbt]
**currency** Laufzeit f (des Versicherungsvertrags) [jur]
**current** Strom m [elt]
**current circuit** Stromkreis m [elt]
**current collector** Bügel m (Stromabnehmer) [mot]; Stromabnehmer m [elt]
**current consumption** Stromaufnahme f [elt]; Stromverbrauch m [elt]
**current converter** Stromrichter m [elt]
**current divider** Stromteiler m [elt]
**current failure** Stromausfall m [elt]
**current gain** Stromverstärkungsfaktor m [elt]
**current generator** Stromerzeuger m (Gerät) [elt]
**current input** Stromaufnahme f [elt]
**current limiter** Strombegrenzer m [elt]
**currently** gegenwärtig (zur Zeit)
**current-on-breaking** Abschaltstrom m [elt]
**current peak** Stromspitze f [elt]
**current rail** Stromschiene f [elt]
**current source** Stromquelle f [elt]
**current supply** Stromabgabe f [pow]; Stromversorgung f [elt]
**current-to-voltage converter** Strom-Spannungswandler m [elt]
**current transformer** Stromwandler m (z.B. beim Bagger) [elt]
**curry** currygelb (RAL 1027) [nrm]
**curvature** Biegung f [wer]; Bogenlinie f [con]; Krümmung f [wer]
**curve** Rundung f (Straße, Person) [bau]; Bogen m (Führungsbogen) [con]

**curved** gekrümmt (auch Eisenbahn) [mot]; gewölbt (z.B. Scheibe) [mot]
**curved crossing** Bogenkreuzung f (der Bahnstrecke) [mot]
**curved crystal** Hohlstrahler m (gekrümmter Strahler) [elt]
**curved slip** Bogenkreuzungsweiche f (der Bahnstrecke) [mot]
**curve radius** Kurvenradius m [mot]
**curve rating** Kurvenradius m [mot]
**curve resistance** Kurvenwiderstand m
**cushion** gefedert
**cushion** Kissen n [bau]; Polster n (Kissen, Dämmstoff) [bau]
**cushioned** gedämpft (Fahrersitz) [mot]
**cushioned seat** Schwingsitz m [mot]
**cushioning** Dämpfung f [mot]
**cushioning cylinder, hydraulic -** Ölbremszylinder m [wer]
**cushioning effect** Dämpfung f [mot]
**cushioning insert** Dämpfungseinlage f [wer]
**cushion-mounted** elastisch gelagert [mot]
**cushion push block** gefederter Schubblock m [wer]
**cushion seat** gepolsterter Sitz m [mot]
**cushion-type** hochelastisch (z.B. Reifen) [mot]
**cushion tyre** hochelastischer Reifen m [mot]
**customary** gebräuchlich (gebr. Stahlsorten) [wer]
**custom-built** nach Kundenwunsch gebaut [con]
**customer design** gegebene Konstruktion f (vom Kunden) [wer]
**customer-made** kundenorientiert (auf Wunsch des Kunden) [wer]
**customer-provided** kundenseitig (Kunde stellt Teil) [eco]
**customer-specified** kundenspezifisch [eco]

**customized part** Zeichnungsteil *n* [con]
**customs-cleared** verzollt (durch den Zoll gegangen) [jur]
**customs regulations** Zollvorschriften *f* [jur]
**cut** geschnitten [met]
**cut** Einschnitt *m* (Schnitt, auch negativ)
**cut a roadside ditch** Graben ziehen *v* (Bagger oder Grader) [mbt]
**cutaway diagram** Schnittbild *n* [con]
**cutaway view** Ausschnittzeichnung *f* [con]; Schnitt *m* [con]; Schnittbild *n* [con]
**cut edge** Schnittkante *f* [wer]
**cut into length** ablängen *v* (Rohre) [met]
**cut off** abschalten *v* (nicht mehr versorgen); absperren *v* (Stelle)
**cut off cock** Absperrhahn *m* [was]
**cut-off current** Ausschaltspitzenstrom *m* [elt]
**cut-off delay** Abschaltverzögerung *f*
**cut-off frequency** Grenzfrequenz *f* [elt]
**cut-off gear** Steuerungsskala *f* (Dampflok) [mot]
**cut-off gear wheel** Steuerungshandrad *n* (Dampflok) [mot]
**cut-out** Abschalter *m* (in Schaltanlage eines Kraftwerks) [elt]; Rückstromschalter *m* [mot]
**cut-pliers** Kombizange *f* [wzg]
**cutspike** Schwellennagel *m* (heute Federklammer) [mot]
**cut teeth** Zähne schneiden *v* [met]
**cutter bar** Messerbalken *m* (der Mähmaschine) [wer]
**cutter head** Schneidkopf *m* [mot]
**cutter head suction dredger** Schneidkopfsaugbagger *m* [mot]
**cut the base of a road** auskoffern *v* (eine Straße) [bau]

**cutting** Schlucht *f* (Einschnitt für Eisenbahn) [mot]; Taleinschnitt *m* (für Eisenbahn) [mot]; Zuschnitt *m* (hier Teil des Werkes) [mot]
**cutting allowance** Schnittzugabe *f* [wer]
**cutting angle** Schnittwinkel *m* [wer]
**cutting a trench** Ausheben eines Grabens *n* [bau]
**cutting change** Schnittveränderung *f* [wer]
**cutting depth** Schneidtiefe *f* [wer]; Schnitttiefe *f* [wer]
**cutting device** Schneidvorrichtung *f* [wer]
**cutting disc** Schneidscheibe *f* [wer]
**cutting edge** Schaufelschneide *f* [mbt]; Schneidkante *f* (Schnittkante) [wer]; Schneidlippe *f* [wer]; Schneidmesser *m* [wer]; Scharende *n* (Schneide) [mbt]; Scharmesser *n* [mbt]
**cutting edge, extended -** umlaufendes Schneidmesser *n* [mas]
**cutting edge, rear -** Rückenschneide *f* [bau]
**cutting edge, trailing -** nacheilendes Scharende *n* [mbt]
**cutting edge, wrap-around -** umlaufendes Schneidmesser *n* [wzg]
**cutting head** Bohrkopf *m* [bau]
**cutting height** Schnitthöhe *f* [bau]
**cutting lip** Schneidelippe *f* [wer]
**cutting list** Schneideliste *f* [bau]
**cutting-off wheel** Trennscheibe *f* (schneidet Stein, Metall) [wzg]
**cutting oil** Bohröl *n* [wer]; Schneidöl *n* [wer]
**cutting position** Fräsposition *f* [met]; Schnittstellung *f* (z.B. bei Blechen) [met]
**cutting resistance** Grabwiderstand *m* [mbt]; Schneidwiderstand *m* [met]; Schnittwiderstand *m* [met]

**cutting ridge** Grat *m* (scharfe Kante nach Schneiden) [met]
**cutting ring** Schneidering *m* [bau]; Schneidring *m* [wer]
**cutting scrap** Verschnitt *m* (Restmaterial, Schrott) [wer]
**cutting to length** Querteilen *n* [met]
**cutting-to-length line** Kaltbandzerteilanlage *f* [wer]
**cutting tool** Spanwerkzeug *n* [wzg]
**cutting tools** Beschneidewerkzeuge *pl* [wzg]
**cutting torch** Schneidbrenner *m* [wzg]
**cutting to width** Querteilen *n* [met]
**cutting wheel** Schneidrad *n* [mot]
**cutting width** Fräsbreite *f* (Breite der Fräsnut) [met]; Schnittbreite *f* (z.B. des Löffels) [mbt]
**cut to length** ablängen *v* (schneiden) [met]
**cycle** Arbeitsablauf *m* [met]; Arbeitsgang *m* [met]; Kreislauf *m* [bau]; Takt *m* (Arbeitstakt, Arbeitsspiel) [met]; Arbeitsspiel *n* (Gerät) [mas]; Spiel *n* (Arbeitsspiel) [mot]
**cycle changeover** Frequenzumschaltung *f* [elt]
**cycle duration** Periodendauer *f* [elt]
**cycle time** Spielzeit *f* (eine komplette Baggerbewegung) [mbt]; Umlaufzeit *f*; Arbeitsspiel *n* (Dauer des Umlaufs) [met]
**cyclic running** Rundlauf *m* [mot]
**cycloidal toothing** Zykloidenverzahnung *f* [mas]
**cyclone** Zyklon *m* [roh]
**cyclone air separator** Zyklonumluftsichter *m* [roh]
**cyclone fired boiler** Zyklonkessel *m* [pow]
**cyclone firing** Zyklonfeuerung *f* [pow]
**cyclone precipitator** Zyklonabscheider *m* (Staub) [pow]
**cyclone separator** Zyklonabscheider *m* (Staub) [pow]
**cyclone steam separator** Dampfzyklonabscheider *m* [pow]
**cyclone throat** Zyklonmündung *f* (Kragen) [pow]; Kragen *m* (Zyklon) [pow]
**cyclone tube** Wirbelrohr *n* [roh]; Zyklonrohr *n* [roh]
**cylinder barrel** Zylinderrohr *n* (meist innengerollt) [mot]
**cylinder bearing** Zylinderlager *n* (Zylinderauge) [mot]
**cylinder block** Zylinderblock *m* (des Motors) [mot]
**cylinder block and crankcase** Zylinderkurbelgehäuse *n* [mot]
**cylinder block drilling machine** Zylinderblockbohrmaschine *f* [met]
**cylinder bore** Zylinderbohrung *f* (Innendurchmesser) [con]
**cylinder control** Zylindersteuerung *f* [mot]
**cylinder controlled** zylindergesteuert [mot]
**cylinder cover** Zylinderdeckel *m* [mot]
**cylinder, double-acting -** doppeltwirkender Zylinder *m* [mot]
**cylinder, enclosed -** innenliegender Zylinder *m* [mas]
**cylinder feed transfer block** Verteilerklotz *m* [mot]
**cylinder guard** Zylinderschutz *m* [mot]
**cylinder head** Zylinderkopf *m* (des Motors) [mot]
**cylinder head cover** Zylinderkopfhaube *f* [mot]
**cylinder head gasket** Zylinderkopfdichtung *f* [mot]

**cylinder head screw**
 Zylinderschraube *f* [mas]
**cylinder liner** Laufbuchse *f* (des Zylinders) [mot]; Zylinderbuchse *f* (trocken u. nass) [mot]; Zylinderbuchse *f* (trocken und nass) [mot]; Zylinderlaufbuchse *f* [mot]; Zylinderrohr *n* [wer]
**cylinder liner boring machine** Zylinderbüchsenausbohrmaschine *f* [wer]
**cylinder liner, dry -** trockene Laufbuchse *f* [mas]; trockene Zylinderbuchse *f* [mot]; trockene Zylinderlaufbuchse *f* [mot]
**cylinder liner turning machine** Zylinderbüchsendrehmaschine *f* [met]
**cylinder lock** Zylinderschloss *n* [mot]
**cylinder mounting** Zylinderfußpunkt *m* [mot]
**cylinder piston** Zylinderkolben *m* [mot]
**cylinder rod** Kolbenstange *f* [mot]
**cylinder rod compartment** Kolbenstangenaussparung *f* [mot]
**cylinder roller wheel bearing** Zylinderrollenradsatzlager *n* [mot]
**cylinder sleeve** Zylinderlaufbuchse *f* [mot]
**cylinder sleeve, dry -** trockene Zylinderlaufbuchse *f* [mot]
**cylinder stroke** Zylinderhub *m* [mas]
**cylinder wall** Zylinderwandung *f* [mot]
**cylindrical mirror** Zylinderspiegel *m* [mot]
**cylindrical roller** Zylinderrolle *f* [wer]
**cylindrical surface grinder** Außenrundschleifmaschine *f* [met]
**cylindrical valve** Kolbenventil *n* [mot]
**cylindrical wave** Zylinderwelle *f* [mot]
**cylindric cell** Rundzelle *f* [elt]

# D

**daily consumption** Tagesbedarf *m* (Kohle, Strom) [pow]
**daily output** Tagesleistung *f*
**daily service tank** Tagesbehälter *m* (Öl) [pow]
**dam** Abdämmung *f* [bau]; Auftrag *m* (Dammaufschüttung) [bau]; Staudamm *m* (Staumauer) [bau]
**damage** Beschädigung *f* (am Material) [wer]; Bearbeitungsschaden *m* [jur]; Entladeschaden *m* [jur]
**damage** beschädigen *v* (zerstören) [mot]
**damage adjustment** Schadensregulierung *f* [jur]
**damaged** beschädigt (z.B. durch Unfall) [mot]
**damage done to health** Gesundheitsschädigung *f* [jur]
**damage done to waterways** Gewässerschaden *m* (Verunreinigung) [was]
**damage handling** Schadensbearbeitung *f* [jur]
**damage in transport** Ladeschaden *m* (Transportschaden) [jur]; Transportschaden *m* (Ladeschaden) [jur]
**damage of surface** Oberflächenbeschädigung *f* [wer]
**damage prevention** Schadensverhütung *f* [jur]
**damage resulting from loading and unloading** Belade- und Entladeschäden *pl* [jur]
**damages resulting from loading and unloading** Be- und Entladeschäden *pl* [jur]
**damage to premises and buildings resulting from collapsing due to coal and/or ore mining** Bergschaden *m* (Schaden durch Bergbau) [roh]
**damage to property** Sachschaden *m* [jur]
**damage to the environment** Umweltschaden *m* (z.B. durch Treibgas) [air]
**dam construction** Staudammbau *m* (Staumauer) [bau]
**damming** Abdämmung *f* (Verfahren) [bau]; Eindämmung *f* (Verfahren) [bau]
**damp course** Feuchtigkeitssperre *f* [bau]
**dampener** Dämpfer *m* (Rad); Dämpfungsstift *m* [mas]
**damper** Drehklappe *f* [pow]; Klappe *f* [wer]; Druckumformer *m* [mot]; Rundpuffer *m* [wer]; Schieber *m* [wer]; Schwingungsdämpfer *m* (Gummikupplung) [mot]
**damper-controlled gas pass** Rauchgasregelzug *m* [pow]
**damper gear** Klappenbetätigung *f* (Antrieb) [wer]
**damper plastic insert** Dämpfungseinlage *f* [mas]
**damping** Schwingungsdämpfung *f* [mot]
**damping behaviour** Dämpfungsverhalten *n* [wer]
**damping body** Dämpfungskörper *m* [wer]
**damping capacity** Dämpfungsvermögen *n* [wer]
**damping coefficient** Dämpfungsbeiwert *m* [elt]
**damping diode** Dämpfungsdiode *f* [elt]
**damp-proof** nässebeständig [wer]
**damp-proof cable** Feuchtsicherungskabel *n* [elt]

**damp-proof course** Sperrschicht $f$ (Feuchtigkeitssperre) [bau]
**dam toe** Böschungsfuß $m$ [bau]
**dam up** abdämmen $v$ (aufstauen) [bau]
**danger of accidents** Unfallgefahr $f$ [mot]
**danger of being drawn in** Einzugsgefahr $f$ [mbt]
**danger of being trapped** Einzugsgefahr $f$ [mbt]
**danger of cavitation** Kavitationsgefahr $f$ [wer]
**danger of exposure to heavy rain** Schlagregengefährdung $f$ [bau]
**dark current** Dunkelstrom $m$ [elt]
**dashboard** Armaturenbrett $n$ (des Autos) [mot]; Bedienungspult $n$ [elt]; Schaltpult $n$ (Armaturenbrett) [mot]
**dashboard gear change** vorgesetzte Schaltung $f$ [mot]
**dashboard lamp** Instrumentenleuchte $f$ [mot]
**dashboard lights** Armaturenbeleuchtung $f$ [elt]
**dash light** Armaturenbeleuchtung $f$ [elt]
**data administration** Datenadministration $f$ [edv]
**database application** Datenbankanwendung $f$ [edv]
**database query** Datenbankabfrage $f$ [edv]
**data block** Datenblock $m$ [edv]
**data coding unit** Datenverschlüssler $m$ [edv]
**data collecting** Datenerfassung $f$ (Daten sammeln) [edv]
**data evaluation** Datenauswertung $f$ [edv]
**data gathering** Datenerfassung $f$ (Festhalten) [edv]
**data interface** Datenschnittstelle $f$ [edv]

**data logging** Datenaufzeichnung $f$ [edv]
**data model** Datenmodell $n$ [edv]
**data plate** Typenschild $n$ (Geräteinformation) [con]
**data processing** Datenverarbeitung $f$ [edv]
**data processing, electronic -** elektronische Datenverarbeitung $f$ [edv]
**data processor** Datenverarbeiter $m$ [edv]
**data protection** Datenschutz $m$ [edv]
**data set** Datenbestand $m$ (Datei) [edv]
**data sheet** Datenblatt $n$ [edv]; Typenblatt $n$ (mit Gerätedaten) [con]
**data signal** Ausgabesignal $n$ [edv]
**data storage** Datenspeicherung $f$ [edv]
**data storage, digital -** digitale Messdatenspeicherung $f$ [edv]
**data storage unit** Datenspeicher $m$ [edv]
**data, technical -** technische Daten $pl$ [con]
**data transmission** Datenübertragung $f$ [edv]
**data type** Datentyp $m$ [edv]
**data type, compound -** zusammengesetzter Datentyp $m$ [edv]
**date of effectiveness** Termin $m$ (zum nächstmöglichen Termin)
**date of expiration** Ablauf der Vertragszeit $m$ [jur]
**date of payment** Zahltag $m$ [eco]
**daub** Bewurf $m$ (Verputz) [bau]
**daylight** Tageslicht $n$
**daylighting** Tageslichtbeleuchtung $f$ [bau]
**day of departure** Abreisetag $m$ [mot]
**day shift** Tagesschicht $f$ [eco]
**D.C. converter** Gleichstromumformer $m$ [elt]
**D.C. field coil** Gleichstromwicklung $f$ (Motor) [elt]

**D.C. motor** Gleichstrommotor *m* [elt]
**D.C. signal** Gleichstromimpuls *m* [elt]
**D.C. voltage** Gleichspannung *f* [elt]
**D.C. voltage signal** Gleichspannungssignal *n* [elt]
**dead** spannungsfrei [elt]; stromlos [elt]
**dead-centre point** Totpunkt *m* [mot]
**dead centre position** Mittelstellung *f* (Totpunktstellung) [mot]
**dead-centre position, closed -** geschlossene Mittelstellung *f* [mot]
**dead centre, top -** oberer Totpunkt *m* [mas]
**dead centre, upper -** oberer Totpunkt *m* [mot]
**dead-end street** Sackgasse *f* (im Straßenverkehr) [mot]
**deadline** Schlusstermin *m* (letzter Zeitpunkt); Termin *m* (letzter Termin)
**dead load** Eigenlast *f* [met]
**deadlock** Verklemmung *f* (in Netzwerken) [edv]
**dead man's control** Totmannschaltung *f* (Sicherheitsfahrschaltung) [mot]
**dead man's device** Sicherheitsfahrschaltung *f* [mot]
**dead man's handle** Totmann.. (Sicherheitsfahrschalter) [mot]
**dead movement** Bewegungsspielraum *m* (mechanischer Teile) [mas]
**dead weight** Ballast *m* (zur Gewichtserhöhung) [mot]; Eigengewicht *n* (nicht Nutzlast) [mot]
**de-aerating plant** Entgasungsanlage *f* (Speisewasser) [pow]
**deaerator** Entgasungsanlage *f* (Speisewasser) [pow]
**deaf** taub (nicht hörend) [hum]
**debris** Abfall *m* [rec]; Fremdkörper *m* (z.B. im Luftfilter) [air]; Unrat *m* [jur]; Bruchstücke *pl* (Trümmer) [jur]

**debris and washery refuse** Abraum *m* [rec]
**debugger** Entwanzer *m* [edv]
**deburr** entgräten *v* (z.B. glatt schleifen) [met]
**deburred, not -** nicht entgratet [mas]
**decade** dekadisch [mat]
**decade code system** dekadisches System *n* [mat]
**decade connection** Dekadenschaltung *f* [elt]
**decade counter tube** Dekadenzählröhre *f* [msr]
**decarbonizer** Entkarbonisierungsanlage *f* [pow]
**decay** Verwitterung *f* [bau]; Zerfall *m* (Zersetzung) [bau]
**decay** abfallen *v* (Spannung) [elt]; verfallen *v* (altes Haus) [bau]; verwesen *v* [bau]
**decaying** modrig [bau]
**decay process** Ausschwingvorgang *m* [phy]
**decay rate** Abfall *m* (Schwächerwerden)
**decay time** Abklingzeit *f* (schwächer werden); Aussschwingdauer *f* [phy]
**decelerate** abbremsen *v* (den Zug, die Fahrzeuge) [mot]; abbremsen *v* (langsamer werden) [phy]; verlangsamen *v* (Fuß vom Gas, Bremse) [mot]; verzögern *v* [mot]
**deceleration** Verzögerung *f* [pow]
**deceleration valve** Verzögerungsventil *n* [mot]
**decent** anständig
**de-centralized** dezentralisiert (verteilt)
**decibel** Dezibel (Geräusch-Messeinheit) [aku]
**decinder** entzundern [met]
**decindering plant** Entzunderungsanlage *f* [met]
**decipher** dechiffrieren *v*

**deck** Abdeckung *f*; Rost *m* (Gitter, Grill) [mot]; Verdeck *n* [mot]
**deck area** Greiferweite *f* [mbt]
**deck crane** Bordkran *m* [mot]
**deck edge** Deckkante *f* [mot]
**decking** Balustradenabdeckung *f* [mbt]; Decklage *f* (Anstrich, Putz) [bau]; Dach *n* (Abdeckung)
**decking, inner -** innere Abdeckleiste *f*
**decking width** Gesamtbreite *f* [con]
**declare** verzollen *v* (beim Zoll melden)
**decline in output** Leistungsabfall *m* [bau]
**decode** dekodieren *v*; entschlüsseln *v* (Kodiertes -) [edv]
**decoder** Dekodierer *m*
**decoding** Dekodierung *f*
**de-coiling reel** Abspulhaspel *f* [roh]
**decompressor** Dekompressor *m* [mot]
**decouple** entkoppeln *v* [mot]
**decrease** Verminderung *f*; Verringerung *f* (Druck, Temperatur etc.) [pow]
**decrease** vermindern *v*
**decrease in load** Lastabnahme *f* (Lastabsenkung) [pow]; Lastabsenkung *f* (Lastabnahme) [pow]
**decrement** Verringerung *f* (Abnahme der Leistung)
**dedendum** Zahnfußhöhe *f* (Zahnrad) [con]
**dedicated line** Standleitung *f* (EDV, Telefon) [edv]
**deduct** abziehen *v* (subtrahieren) [mat]
**deductibles** Ersatzleistung *f* (Versicherter zahlt Teil selbst) [jur]; Selbstbeteiligung *f* (z.B. Teilkasko) [jur]
**deduction for holes** Lochabzug *m* [con]
**deductions for social security** Sozialabgaben *pl* (Arbeitnehmer) [eco]

**de-energized** stromlos [mot]
**deep cut** Tiefschnitt *m* (des Eimerkettenbaggers) [mbt]
**deep discharge** Tiefentladung *f* (Batterie) [elt]
**deep-drawing** Tiefziehen *n* (Blechbearbeitung) [met]
**deep earthquake** Tieferdbeben *n* [geo]
**deepening of an open pit mining operation** Tagebauvertiefung *f* [roh]
**deep foundation** Tiefgründung *f* [bau]
**deep groove ball bearing** Rillenkugellager *n* [mas]
**deep-hole boring machine** Tieflochbohrmaschine *f* [met]
**deep mining** Untertagebau *m* [roh]
**deep mining operation** Untertagebetrieb *m* [roh]
**deep-reaching** tiefgreifend (Grabtiefe u.ä.) [bau]
**deep-ripper tooth** Tiefreißzahn *m* (z.B. am Bagger) [mbt]
**deep sea hopper suction dredger** Laderaumsaugbagger *m* [mot]
**deep sea tug** Hochseeschlepper *m* [mot]
**deep vibration** Tiefenrüttlung *f* [bau]
**deep well** Tiefbrunnen *m* [bau]
**default** voreingestellter Wert *m* (Ersatzwert) [edv]
**defaults on production** Produktfehler *m* (Fehler bei Produktion) [wer]
**defect in design** Konstruktionsfehler *m* [con]
**defect in manufacturing** Fabrikationsfehler *m* [jur]
**defective area** Fehlerstelle *f* (Schadensstelle) [wer]
**defective spot-area** Fehlerstelle *f* (genaue Schadensstelle) [wer]
**defect of construction work** Baumangel *m* [bau]

**defend a position** behaupten *v* (auf dem Markt behaupten)
**deficiency** Gerätefehler *m* (fehlerhafte Funktion) [mot]
**deficiency of air** Luftmangel *m* [pow]
**definite** endgültig
**definitely necessary** unbedingt erforderlich
**definite time-lag** unabhängig verzögert [elt]
**deflection** Ablenkung *f*; Durchbiegung *f* [wer]; Ausschlag *m* (Änderung der Welle) [wer]; Durchhang *m* [wer]
**deflection coefficient** Ablenkungskoeffizient *m* [elt]
**deflection, elastic -** elastische Durchbiegung *f* [wer]
**deflection voltage** Ablenkspannung *f* [elt]
**deflector** Ablenkfläche *f* [was]; Abweiser *m* (Windleitblech) [air]; Ölschutz *m* (Leitblech) [wer]; Leitblech *n* (z.B. an Lok) [mot]
**deflector guide** Leitblech *n* (Windleitblech) [mot]
**deflector plate** Spritzblech *n* [mot]
**deform** verformen *v* (absichtlich) [met]
**deformability** Verformbarkeit *f* (ist einzuhalten) [wer]
**deformation** Formänderung *f* [wer]; Verformung *f* [wer]
**deformation, elastic -** elastische Verformung *f* [wer]
**deformation energy** Verformungsenergie *f* [bau]
**deformation point** Halbkugelpunkt *m* [pow]
**deforming** gestaltverändernd [bau]
**defrost** abtauen *v*
**defrosting thermostat** Abtauthermostat *m*
**degrease** entfetten *v* [wer]

**degree** Stufe *f* (Grad der Abwicklung)
**degree of flexibility** Freiheitsgrad *m* (Gelenke, Verbindungen) [mot]
**degree of gloss** Glanzgrad *m* [mot]
**degree of mechanization** Mechanisierungsgrad *m* [met]
**degree of saturation** Sättigungsgrad *m* [bau]
**degree of shovel filling** Schaufelfüllungsgrad *f* [mbt]
**degree of the angle** Winkelgrad *m* [con]
**dehydrated** entwässert [wer]
**delay** Bindefrist *f* (Kleber muss hart werden) [wer]; Verzögerung *f*; Verzögerung *f* (z.B. Einschaltverzögerung) [elt]
**delay** anhalten *v* (im Prozess wird angehalten); verzögern *v* [elt]
**delay block** Vorlaufstrecke *f* (Material) [wer]
**delay cable** Verzögerungskabel *n* [elt]
**delayed** verzögert (verspätet) [wer]
**delayed erase** verzögert löschen *v* [elt]
**delay in delivery** Lieferverzug *m* (verspätet liefern) [eco]
**delaying** Verzögern *n*
**delaying element** Verzögerungselement *n* [elt]
**delay line** Verzögerungsleitung *f* [elt]
**delay relay** Verzögerungsrelais *n* [elt]
**delay store** Verzögerungsspeicher *m* [elt]
**delay time** Durchschallzeit *f* [aku]; Verzögerungszeit *f*
**delete** löschen *v* (durchstreichen) [edv]
**delete what is not applicable** nicht Zutreffendes streichen
**deliberate** vorsätzlich (eine vorsätzliche Tat) [jur]
**deliberately, not -** unabsichtlich
**deliberation** Vorsatz *m* (mit Vorsatz, mit Absicht) [jur]

**delimination** Materialtrennung *f* [wer]
**delivered at site** Lieferung zur Baustelle *f* [bau]
**delivery** Beförderung *f* (Ablieferung); Förderung *f* (Transport auf Maschine) [mot]
**delivery a. acceptance specification** Liefer- und Abnahmevorschrift *f* [eco]
**delivery characteristics** Fördereigenschaften *pl* [mot]
**delivery, constant -** konstanter Förderstrom *m* [roh]
**delivery plunger** Förderkolben *m* [mot]
**delivery pump** Förderpumpe *f* [mot]
**delivery rate** Förderstrom *m* [mot]
**delivery rating of a pump** Förderstrom einer Pumpe *m* [mot]
**delivery schedule** Lieferplan *m* [met]; Lieferumfang *m*
**delivery specification** Liefervorschrift *f* (meist verwandt) [met]
**delivery specifications** Liefervorschrift *f* (LV) [mot]
**delivery test** Ablieferungsprüfung *f* [msr]
**delivery time** Lieferfrist *f*; Lieferzeit *f* (Zeitpunkt der Lieferung)
**delivery valve** Abflussventil *n* [mot]; Druckventil *n* [mot]; Zuflussventil *n* [wer]
**delta circuit** Dreieckschaltung *f* [elt]
**delta contactor** Dreieckschütz *m* [elt]
**delta ferrite steel** Deltaferritstahl *m* [wer]
**delta star** Sterndreieck- [elt]
**delta star connection** Stern-Dreieck-Schaltung *f* [elt]
**demagnetisation** Entmagnetisierung *f* [elt]
**demand planning** Bedarfsplanung *f*
**demarcation lights** Trennlicht *n* (Demarkierungslicht)

**demineralisation plant** Entsalzungsanlage *f* (Speisewasser) [pow]
**demobilize** räumen *f* (Baustelle -) [bau]
**demodulate** demodulieren *v* [elt]
**demolish** abbrechen *v* (ein altes Haus) [bau]; abreißen *v* (ein altes Haus) [bau]
**demolition** Abbruch *m* (eines Hauses) [bau]
**demolition equipment** Abbruchausrüstung *f* (alte Gebäude) [bau]
**demolition hook** Abbruchhaken *m* (am Bagger) [mbt]
**demolition of industrial plants** Abbruch von Industrieanlagen *m* [rec]
**demolition site** Gewinnungsort *m* (Abbruch) [roh]
**demonstrate** vorführen *v* (ein Gerät im Einsatz) [mot]
**demonstration** Vorführung *f* [mot]; Vorstellung *f* (Vorführung der Maschine) [mot]
**demoulding** Ausformen *n* [met]
**demurrage** Liegegeld *n* (Hafengebühr) [mot]
**denomination** Benennung *f* (Name eines Werkstückes) [con]
**denote** bezeichnen *v* [bau]
**dense** blasenfrei (dicht) [wer]
**densely populated** dicht besiedelt [bau]
**density** Dichte *f* [pow]
**density of traffic** Verkehrsdichte *f* [mot]; Verkehrsaufkommen *n* [mot]
**dent** Beule *f* (z.B. am Auto) [wer]; Druckstelle *f* (Delle) [wer]; Einbeulung *f* [mot]
**dent** einbeulen *v* (z.B. die Karosserie) [mot]
**departable** trennbar [mot]
**department** Abteilung *f* (in Firma, Einkauf) [eco]

**departure** Abreise *f* [mot]; Abflug *m* [mot]; Abgang *m* (Weggang, Verlassen, Abreise) [mot]
**departure angle** Böschungswinkel *m* (des Lkw) [mot]
**departure sign** Abfahrtanzeiger *m* [mot]
**departure terminal** Abflughalle *f* [mot]
**departure time** Abfahrtzeit *f* (Bus, Bahn) [mot]; Abflugzeit *f* [mot]
**departure track** Abfahrtbahnsteig *m* (Bahnhof) [mot]
**dependence** Abhängigkeit *f* (Frequenzabhängigkeit)
**dependent on** gekoppelt [bau]
**depleted** ausgebrannt (Atombrennstoff) [pow]
**depletion** Verarmung *m* (z.B. Elektronen) [elt]
**deposit** Ablagerung *f*; Bodenablagerung *f* [bod]; Lagerstätte *f* (z.B. Rohstoffe) [roh]; Bodensatz *m* (Sinkstoff u. ä.) [was]; Satz *m* (Ablagerung) [was]; Sinkstoff *m* (Ablagerung) [was]; Lager *n* (Lagerstätte, z.B. von Kohle) [roh]; Vorkommen *n* [roh]
**deposit** ablagern *v* [rec]; absetzen *v* (Sinkstoff) [was]; niederschlagen *v* (Sinkstoffe) [was]
**deposit of boiler scale** Kesselsteinablagerung *f* [mot]
**deposit premium** Vorausbeitrag *m* (zuerst leisten) [jur]
**deposits** Beläge *pl* (auf Rohren) [pow]
**deposit-water** Niederschlagswasser *n* [was]
**deposit welding** Auftragsschweißung *f* [met]
**depot** Bahnhof *m* (Güter- oder Personen-Bahnhof) [mot]
**depth** Mächtigkeit *f* [geo]
**depth bolt** Schraubbolzen *m* [wer]

**depth extension** Tiefenausdehnung *f*
**depth-first search** Tiefensuche *f* [edv]
**depth gauge** Tiefenmessschieber *m* [msr]
**depth of a girder** Trägerhöhe *f* [bau]
**depth of crack** Risstiefe *f* (im Material) [wer]
**depth of focus** Schärfentiefe *f* [phy]
**depth of girder** Trägerhöhe *f* [bau]
**depth of hardness** Härtetiefe *f* [wer]
**depth of hypocentre** Herdtiefe *f* [geo]
**depth of penetration** Eindringtiefe *f* [bau]
**depth of roughness** Rautiefe *f* (der Oberfläche) [wer]
**depth of thread** Gewindetiefe *f* [con]
**depth of tooth** Zahnhöhe *f* [con]
**depth range** Tiefenbereich *m* (der Baggerung) [mbt]
**depth scan** Tiefenprüfkopf *m* [msr]
**depth scanning** Dickenprüfung *f* [msr]; Tiefenprüfung *f* [msr]
**deputy** Stellvertretender *m* [eco]
**derail** entgleisen *v* [mot]
**derailed** entgleist (aus den Schienen gesprungen) [mot]
**derailing** Herausspringen *n* (aus den Schienen) [mot]
**derailment guard** Entgleisungsschutz *m* [mot]
**derate** drosseln *v* [mot]
**derelict land** Brache *f* (z.B. Industrie-) [bau]
**derivation tree** Ableitungsbaum *m*
**derivative action** Differential-verhalten *n* (Regelung) [msr]
**derivative-action controller** Differentialregler *m* [msr]
**derive from** ableiten *v* [mat]
**derive from ...** abstammen von ... *v*
**derrick** Auslegerkran *m* [bau]; Ladebaum *m* (Lademast, Derrick) [mot]; Lademast *m* (Ladebaum) [mot]

**derust** entrosten *v* [wer]
**descale** entzundern *v* [wer]
**descend** befahren *v* (in Bergwerk einfahren) [roh]; begehen *v* (besuchen, einfahren) [roh]; einfahren *v* (in Bergwerk) [roh]
**describing of the fault** Fehlerbeschreibung *f*
**description** Benennung *f* (Beschreibung; auf Zeichnung) [con]; Beschreibung *f* (in Zeichnungen) [con]; Bezeichnung *f* (eines Bauteils) [con]
**description of occupation** Betriebsbeschreibung *f* [jur]; Unternehmensbeschreibung *f* [jur]
**design** Ausbildung *f* (Gestaltung); Ausführung *f* (Konstruktion) [con]; Auslegung *f* (Entwurf, Konstruktion) [con]; Bearbeitung *f* (Entwurf) [con]; Berechnung *f* [bau]; Konstruktion *f* (Gestaltung, Auslegung) [con]; Aufbau *m* (Planung und Aussehen) [con]; Aufbau der Maschine *m* [con]; Baumuster *n* [con]
**design** berechnen *v* (planen) [con]; konstruieren *v* (planen, entwerfen) [con]
**design approval** Bauartzulassung *f* [nrm]
**designate** bezeichnen *v* (benennen)
**designated** vorgesehen (z.B. als Nachfolger)
**design base** Berechnungsgrundlage *f* [con]
**design characteristics** Konstruktionsmerkmale *pl* [con]
**design, computer-aided -** rechnergestützte Konstruktion *f* [con]
**design concepts** konstruktive Details *pl* [con]
**design data** Auslegungswerte *pl* [con]
**design description** Konstruktionsbeschreibung *f* [con]
**design detail** Konstruktionseinzelheit *f* [con]
**design dossier** Konstruktionsunterlagen *pl* (kompletter Satz) [con]
**design draft** Entwurfzeichnung *f* [con]
**design drawing** Entwurfszeichnung *f* [con]; Konstruktionszeichnung *f* [con]
**designed** ausgelegt (geplant für) [con]
**designed that** ausgelegt, dass .. [mot]
**design engineer** Konstrukteur *m* [con]
**design, extending -** ausladende Bauweise *f* [con]
**design feature** Konstruktionsmerkmal *n* [con]
**design load** berechnete Last *f* [bau]; Lastannahme *f* [bau]
**design of joints** Fugenausbildung *f* [met]
**design of the chassis** Fahrwerkskonstruktion *f* [mot]
**design of the mouldboard** Scharanordnung *f* [mbt]
**design of the roof** Dachausführung *f* [bau]
**design pressure** Genehmigungsdruck *m* [pow]
**design speed** Ausbaugeschwindigkeit *f*
**design standard** Ausbaugrad *m*
**design, welded -** Schweißkonstruktion *f* [mas]
**deslagging hammer** Schlackenhammer *m* [wzg]
**destination** Bestimmungsart *f* [mot]; Bestimmungsort *m* [mot]
**destination board** Zuglaufschild *n* [mot]
**destination button** Zieltaste *f* (Strecke auf Stellwerk) [mot]
**destination dis** Zieldiskette *f* (bei Kopiervorgang) [edv]

**destroy** zerstören *v* (vernichten) [wer]
**destroy tectonically** verwerfen *v* (Erdschichten verschoben) [bod]
**destruction** Zerstörung *f* [bau]
**destructive** zerstörerisch (destruktiv) [wer]
**destructive test** zerstörende Prüfung *f* [msr]
**destructive verification** Nachkontrolle *f* (Zerreißprobe) [msr]; Zerreißprobe *f* [msr]
**detached house** Einzelhaus *n* [bau]
**detail** Angabe *f* (Einzeldaten, Einzelheiten) [con]; Detail *n* [con]
**detail drawing** Einzelzeichnung *f* [con]; Teilzeichnung *f* [con]
**detailed parts list** Abrufstückliste *f* (kundenspezifische Daten) [con]
**detailed schematic diagram** Stromlaufplan *m* [elt]
**detectable defect** auffindbarer Fehler *m*
**detected** ermittelt
**detection** Nachweis *m* (Aufspüren von Fehlern) [msr]
**detector** Signalgeber *m* [elt]
**detent** Halteraste *f* [mot]; Sperrklinke *f* [wer]; Auslöser *m* (im Sinne von Festhalten); Sperrkegel *m* [mot]; Synchronkörper *m* [mot]
**deteriorate** verschlechtern *v* (z.B. eine Lage)
**determination** Ermittlung *f* (Feststellung); Festlegung *f*
**determination of hardness** Härtebestimmung *f* [msr]
**determination of position** Lagebestimmung *f* (Ortung) [msr]
**determination of shape** Formbestimmung *f* [msr]
**determination of structure** Gefügebestimmung *f* [msr]
**detonate** auslösen *v* (sprengen) [roh]
**detonating agents** Sprengmittel *n* (z.B. im Bergbau) [roh]

**detonating fuse** Zündschnur *f* (Lunte) [roh]
**detonating primer** Explosionszünder *m* (Bergbau) [roh]
**detonation** Sprengung *f* (Zündung) [roh]; Zündung *f* (elektrische Zündung) [elt]
**detour** Umweg *m* (längere Strecke) [mot]
**detrimental** nachteilig (schädlich) [wer]; schädlich [che]
**detrital** Gesteinsschutt *m* [geo]; Geröll *n* (durch Korrosion brüchig) [geo]; Geschiebe *n* (geologisch) [geo]
**develop** erschließen *v* (z.B. Baugrund) [bau]
**developed** konzipiert
**developed area** erschlossenes Bauland *n* [bau]
**developing** Ausbau *m* (Weiterentwicklung)
**development** Erschließung *f* (Bauland) [bau]
**development costs** Erschließungskosten *pl* (z.B. Baugrund) [bau]
**development environment** Entwicklungsumgebung *f* (Programmierung) [edv]
**development of pressure** Druckaufbau *m* [mot]
**deviate from ...** abweichen von ... *v*
**deviation** Abweichung *f*
**deviation of dimension** Bauabweichung *f* (Toleranz) [bau]
**deviation of the angle(-s)** Winkelabweichung *f* [con]
**deviation of the cyclic running** Rundlaufabweichung *f* [mot]
**deviation, permissible -** zulässige Abweichung *f* (in Zeichnungen) [con]
**device** Anlage *f* (Warnanlage); Apparat *m*

**device for handwinding** Handdrehvorrichtung *f*
**device plug** Gerätesteckbuchse *f* [elt]
**de-watering** Wasserhaltung *f* (im Tagebau) [roh]
**dew-point corrosion** Taupunktkorrosion *f* [wer]
**diagnosis system** Diagnosesystem *n* [msr]
**diagnostics** Diagnostik *f* [edv]
**diagonal** Diagonale *f* [con]
**diagonal bar** Diagonalstab *m* [bau]
**diagonal bracing** Kreuzverband *m* [met]
**diagonal cut** Schrägschnitt *m* (schräger Schnitt) [met]
**diagonal cut gate shears** Schrägschnitttafelschere *f* [met]
**diagonal cutting pliers** Seitenschneider *m* (Zange) [wzg]
**diagonal frame** Diagonalrahmen *m* [bau]
**diagonal stay** Diagonalstrebe *f* [bau]
**diagonal tension failure** Schubbruch *m* [bau]
**diagonal tire** Diagonalreifen *m* [mot]
**dial** Einstellscheibe *f* [mot]; Skala *f* (Gradeinteilung) [msr]; Wählscheibe *f* (des Telefons) [tel]; Zeigerplatte *f* [edv]; Zifferblatt *n* (der Uhr) [msr]
**dial** wählen *v* (am Telefon) [tel]
**dial balance** Anzeigewaage *f* [msr]
**dial count** Zählerstand *m* [elt]
**dial gauge** Messuhr *f* [msr]
**dial recording** Zählerstand *m* [elt]
**diameter, hydraulic -** hydraulischer Durchmesser *m* [mot]
**diameter of wheel** Raddurchmesser *m* [mot]
**diameter range** Durchmesserbereich *m* [con]
**diamond crossing** Kreuzung *f* (2 Bahnstrecken) [mot]
**diamond mine** Diamantmine *f* [roh]

**diaphragm** Wandscheibe *f* [bau]
**diaphragm pump** Membranpumpe *f* [pow]
**diaphragm-type pump** Membranpumpe *f* [wer]
**diaphragm wall** Dichtungswand *f* [bau]; Schlitzwand *f* [bau]
**die** Gießform *f* [roh]; tempel *m* (Prägen) [roh]; Gesenk *n* [roh]; Schneideisen *n* [met]
**die** stoßen *v* (Stanzen) [met]
**die-away time** Nachschwingzeit *f* [elt]
**die cast** Druckguss *m* [met]; Spritzguss *m* (z.B. bei Spielzeug) [met]
**die casting** Druckgießen *n* [met]
**die forged** gesenkgeschmiedet [met]
**diesel drive** Dieselantrieb *m* [mot]
**diesel-driven generator** Dieselaggregat *n* [mot]
**diesel-electric** diesel-elektrisch [mot]
**diesel engine** Dieselmotor *m* [mot]
**diesel motor coach** Triebkopf *m* [mot]
**diesel oil** Dieselkraftstoff *m* [mot]; Dieselöl *n* [mot]
**diesel railcar** Dieseltriebwagen *m* [mot]
**diesel roller** Dieselwalze *f* [mot]
**difference amplifier** Differentialverstärker *m* [mot]
**difference in wall thickness** Wanddickenschwankung *f* [wer]
**differential amplifier** Differenzverstärker *m* (el. Schaltung) [elt]
**differential bevel gear** Achskegelrad *m* [mas]
**differential bevel pinion** Ausgleichkegelrad *n* [mas]
**differential case** Ausgleichgehäuse *n* [mas]
**differential control** Differenzialregelung *f* [msr]

**differential diagnosis** differentielle Diagnose *f* [edv]
**differential gear** Differentialgetriebe *n* [mot]
**differential gear unit** Ausgleichgetriebe *n* [mas]; Ausgleichsgetriebe *n* [mas]
**differential housing** Ausgleichsgehäuse *n* [mas]
**differential lock** Ausgleichsperre *f* [mas]; Differentialsperre *f* [mot]
**differential pinion shaft** Ausgleichradachse *f* [mot]
**differential piston** Differentialkolben *m* [mot]
**differential pressure regulator** Differenzdruckregler *m* [pow]
**differential pulley block** Differentialflaschenzug *m* [pow]
**differential side gear** Hinterachswellenrad *n* [mot]
**differential spider** Ausgleichstern *m* [mot]
**differential spur gear** Ausgleichstirnrad *n* [mas]
**differentiator** Differenzierer *m* (elektrische Schaltung) [elt]
**differently coloured** abgesetzt (farblich)
**diffraction sound field** Beugungsschallfeld *n* [aku]
**diffuser plate** Verdichterplatte *f* [mot]; Leitrad *n* (elektrisch) [elt]
**diffuser type pump** Pumpe mit Leitschaufelkranz *f* [mot]; Pumpe mit Leitschaufeln *f* [mot]
**diffusion welding** Diffusionsschweißen *n* [met]
**dig** abbauen *v* (weggraben) [bau]; ausschachten *v* (ein Loch) [bau]; baggern *v* (graben allgemein) [bau]; lösen *v* (den Boden) [met]
**diggable** lösbar (-er Boden) [roh]
**diggable grounds** Grabböden *pl* [bod]

**digging** Abbau *m* (Graben) [bau]; Aushub *m* [bau]; Ausschachten *n* [bau]
**digging arc** Grabkurve *f* (Bogen des Grabgefäßes) [mbt]
**digging depth** Grabtiefe *f* [bau]
**digging diagram** Grabdiagramm *n* (geometrisches Bild) [bau]
**digging force** Grabkraft *f* [bau]
**digging grab** Drainagelöffel *m* [mbt]; Grabgreifer *m* [mbt]
**digging height** Abtragshöhe *f* [mbt]; Reichhöhe *f* (beim Graben) [mbt]
**digging resistance** Grabwiderstand *m* [mbt]
**digging shovel** Grabschaufel *f* [mbt]
**digging width** Grabweite *f* [mbt]
**digital-analog converter** Digital-Analog-Wandler *m* [elt]
**digital circuit** Digitalschaltung *f* [elt]
**digital control** digitale Regelung *f* [msr]
**digital display** Digitalanzeige *f* [msr]
**digital display unit** Zählerkarte *f* [elt]
**digital readout** Digitalablesung *f* [elt]
**digital rotational regulator** Digitaldrehgeber *m* [elt]
**dike** Wall *m* (Deich, Damm (A)) [bau]
**dike rock** Ganggestein *n* ((A)) [geo]
**dilapidated** heruntergewirtschaftet (verrottet); verrottet (vergammelt)
**dilapidation** Verwahrlosung *f* (eines Hauses) [bau]; Verfall *m* (eines Hauses) [bau]
**dilatational wave** Dehnungswelle *f* [elt]
**dilatation joint** Dehnungsfuge *f* [bau]
**diluent** Verdünner *m* [che]; Verdünnungsmittel *n* [che]
**dilute** verdünnen *v* [met]; verflüssigen *v* [che]
**diluted** verdünnt [che]
**dim** abblenden *v* (Autoscheinwerfer) [mot]

**dimension** Umfang *m* (Maß, Ausmaß) [con]; Maß *n* (Ausmaß, z.B. 8x4 cm) [con]; Passmaß *n* [con]

**dimension, adequate -** angemessene Ausmaße *pl* [con]

**dimensional accuracy** Maßgenauigkeit *f* [con]

**dimensional deviation, allowable -** zulässige Maßabweichung *f* [con]

**dimensional tolerance** Maßtoleranz *f* [con]

**dimension and performance sheet** Maß - und Leistungsblatt *n* (Angaben) [con]

**dimension line** Maßlinie *f* [con]

**dimension line termination** Maßlinienbegrenzung *f* [con]

**dimension outside boiler** Außenabmessung *f* [con]

**dimensions** Anschlussmaße *pl* [con]; Maße *pl* (auf Zeichnungen) [con]

**dimensions and weights** Abmessungen und Gewichte *pl*

**dimension sheet** Maßblatt *n* [con]

**dimension sketch** Maßskizze *f* [con]

**dimensions of surface** Oberflächenmaße *pl* [con]

**dimensions outside boiler** Außenabmessungen des Kessels *pl* [pow]

**dimensions, without -** unbemaßt (in Zeichnungen) [con]

**dimension table** Maßtabelle *f* [con]

**diminish** mindern *v* (vermindern, verkleinern); verkleinern *v* (verringern, vermindern)

**dimmed light** abgeblendet (Autoscheinwerfer) [mot]

**dimmed light** Abblendlicht *n* (Autoscheinwerfer) [mot]

**dimmed position** Abblendstellung *f* (Scheinwerfer) [mot]

**dimmer switch** Abblendschalter *m* (Autoscheinwerfer) [mot]

**dining car** Speisewagen *m* [mot]

**diode** Zweipolröhre *f* [elt]

**diode amplifier** Diodenverstärker *m* [elt]

**diode characteristic** Diodenkennlinie *f* [elt]

**diode circuit** Diodenschaltung *f* [elt]

**diode gate circuit** Diodentorschaltung *f* [elt]

**diode load resistance** Diodenaußenwiderstand *m* [elt]

**dip** Bodenvertiefung *f* [bau]; Bodenwelle *f* (konkav, nach unten) [bod]

**dip** eintauchen *v* (in Wasser) [wer]; tauchen *v* (z.B. beim Galvanisieren) [met]

**dipmeter analysis** Dipmeteranalyse *f* [elt]

**dipmeter log** Dipmeterbericht *m* [elt]

**dipper** Hochlöffel *m* (Seilbagger) [mbt]; Löffel *m* (beim Seilbagger) [mbt]

**dipper arm** Löffelstiel *m* (beim Seilbagger) [mbt]; Schaufelstiel *m* (am Bagger) [mbt]

**dipper capacity** Tieflöffelinhalt *m* (engl. Wort, unüblich) [mbt]

**dipper contents** Tieflöffelinhalt *m* (altes SAE-Wort) [mbt]

**dipper handle** Löffelstiel *m* (geteilt, bei Seilbahn) [mbt]

**dipper shovel** Hochlöffelbagger *m* [mbt]

**dipstick** Messstab *m* (Ölstand prüfen) [mot]; Peilstab *m* (in Tank) [mot]

**dip switch** Abblendschalter *m* [mot]

**direct** unmittelbar

**direct competition** Wettbewerbsvergleich *m* [eco]

**direct control** Direktsteuerung *f* [msr]

**direct current** Gleichstrom *m* [elt]

**direct current amplifier** Gleichspannungsverstärker *m* [elt]

**direct current recording**
Gleichstromregistrierung *f* [elt]
**direct drive** Direktantrieb *m* [mot]
**direct firing mill** Einblasemühle *f* [pow]
**direct firing system** Einblasefeuerung *f* [pow]
**direct injection** Direkteinspritzung *f* [mot]
**direct injector** Direkteinspritzer *m* [mot]
**direction** Richtung *f* (z.B. Verkehr, Wind) [mot]; Tendenz *f* (Richtung)
**directional characteristic** Richtcharakteristik *f*
**directional controls** Steuergeräte *pl* [mot]
**directional control valve** Wegeventil *n* [mot]
**directional indicator** Blinkgeber *m* (Richtungsanzeiger Auto) [mot]; Fahrtrichtungsanzeiger *m* [mot]
**directional sensitivity** Richtungsempfindlichkeit *f* [elt]
**directional start switch** Richtungsschalter *m* (der Rolltreppe) [mbt]
**direction indicator control lamp** Blinkerkontrollleuchte *f* [mot]; Winkerkontrollleuchte *f* [mot]
**direction indicator lamp** Blinkleuchte *f* [mot]
**direction indicator lights** Fahrtrichtungsanzeigeleuchten *pl* [mot]
**direction of coil** Windungsrichtung *f* (Feder) [wer]
**direction of force** Kraftrichtung *f* [phy]
**direction of load** Belastungsrichtung *f* [wer]
**direction of oscillation** Schwingungsrichtung *f* [wer]
**direction of rotation** Drehrichtung *f* [phy]; Drehsinn *m* [phy]

**direction of sound propagation** Schallumlaufrichtung *f* [aku]
**direction of travelling** Fahrtrichtung *f* [mot]
**directive** Richtlinie *f* (Anweisung)
**directivity function** Richtungsfunktion *f*
**directly operated** direkt gesteuert [mot]
**directory** Telefonverzeichnis *n* (Telefonbuch) [tel]; Verzeichnis *n* (Telefonverzeichnis) [tel]
**direct overthrow** Direktversturz *m* [mbt]
**direct recording instrument** Registriergerät *n* (direktschreibend) [msr]
**direct voltage** Gleichspannung *f* [elt]
**direct wage costs** Lohnsumme *f* [eco]
**dirt skimmer** Abstreifring *m* (Schmutz am Zylinder) [mot]; Schmutzabstreifring *m* (am Zylinder) [mot]
**disability** körperbehindernde Krankheit *f* [hum]
**disability access** behindertengerechter Eingang *m* [bau]
**disabled** körperbehindert [hum]; schwerbeschädigt (Unfall) [hum]
**disassembly** Abbau *m* (Zerlegung) [rec]; Auseinandernehmen *n* (Demontage) [rec]
**disaster** Katastrophe *f* (großes Unglück)
**discard** ausschalten *v* [elt]
**disc capacitor** Plattenkondensator *m* [elt]
**disc carrier** Plattenträger *m* (Schieber) [pow]
**discharge** Ausgangsseite *f* (Ventil); Entladung *f* [elt]; Abfluss *m* [was]; Ablauf *m* [was]; Auslass *m* [was]; Austrag *m*
**discharge** freistellen *v* (entlassen)

**discharge boom** Abwurfausleger *m* [mbt]; Abwurfbandausleger *m* [mbt]; Abwurfbandträger *m* [mbt]
**discharge boom length** Abwurfbandträgerlänge *f* [mbt]
**discharge bridge** Verladebrücke *f* (ausladen, löschen) [mbt]
**discharge chute** Austragsschurre *f* [roh]; Auslauf *m* (aus Waggon) [mot]; Entladeausgang *m* [mot]
**discharge coefficient** Durchflusszahl *f* [pow]
**discharge coil** Erdungsdrossel *f* [elt]
**discharge conveyor** Abzugsförderer *m* [roh]; Abwurfband *n* [roh]; Abzugsband *n* [roh]
**discharge current** Ableiterstrom *m* [elt]; Entladestrom *m* [elt]
**discharged material** Austragsgut *n* (von Brecher zerkleinert) [mbt]
**discharge end** Auslaufseite *f*; Abwurfende *n* [roh]
**discharge flap** Entladeklappe *f* [mot]
**discharge, front -** Vorderentladung *f* (z.B. Schütter, Kipper) [mot]
**discharge funnel** Abwurftrichter *m* [roh]
**discharge funnel with pre-screen** Abwurftrichter mit Vorsieb *m* [roh]
**discharge height** Beladehöhe *f* (z.B. der Schaufel) [mbt]
**discharge lamp** Entladungslampe *f* [elt]
**discharge outlet** Abflussöffnung *f* [was]
**discharge position** Entladeposition *f* [mot]
**discharge pulley** Abwurftrommel *f* [mbt]
**discharge to atmosphere** Abführung ins Freie *f* [was]
**discharge valve** Ablassventil *n* [air]; Druckminderventil *n* [mot]; Entlastungsventil *n* [mot]

**discharge velocity** Auswurfgeschwindigkeit *f* (Schornstein) [air]
**discharge volume** abgegebener Förderstrom *m* [mot]
**discharge wall** Austragswand *f* [bau]
**discharging** Entladen *n* [elt]
**discharging, controlled -** dosierte Entladung *f* [elt]
**discharging device** Entladeeinrichtung *f* [mot]; Behälterentleerer *m* [mot]
**discharging resistor** Entladewiderstand *m* [elt]; Erdungswiderstand *m* [elt]
**disc joint** Scheibengelenk *n* [mot]
**disconnect** abschalten *v* [elt]; auskuppeln *v* (Antriebsmaschine) [mot]; ausrücken *v* (Räder im Getriebe) [mas]; lösen *v* (eine Verbindung) [mot]; Verbindung lösen *v*
**disconnecting switch** Trennschalter *m* [elt]
**disconnection** Abschaltung *f* (eines Hauses) [elt]
**discontinue** abbrechen *v* (ein Gespräch)
**discontinuity** Schweißnahtunterbrechung *f* [met]
**disc-shaped fissure** Scheibenbruch *m* (Fehler) [wer]
**disc spring** Tellerfeder *f* [wer]
**discussion** Beratung *f* (Diskussion, Besprechung); Besprechung *f* (Diskussion)
**disc wheel** Scheibenrad *n* [mot]
**disease** Krankheit *f* [hum]
**disembark** ausschiffen *v* (Personen, Güter)
**disembarkation** Ausschiffung *f* [mot]
**disengage** abhängen *v* (Telefon) [tel]; auskuppeln *v* (Antriebsmaschine) [mot]; ausrücken *v* (Räder im

**disengagement** 114

Getriebe) [mas]; ausschalten *v* (trennen) [mas]; lösen *v* (abmachen, entfernen) [mot]
**disengagement** Lösung *f* (Kupplung) [mot]; Trennung *f* (Kupplung) [pow]; Lösen *n* (Kupplung) [mot]
**disinfectant** Desinfektionsmittel *n* [hum]
**disintegrate** zerfallen *v* [bau]
**disintegration** Verwitterung *f* (Auflösung) [bau]
**disk** Lamelle *f* (in Lamellenbremse) [mot]
**disk clutch** Scheibenkupplung *f* [mot]
**disk drive** Diskettenlaufwerk *n* [edv]; Laufwerk *n* (des Rechners) [edv]; Plattenlaufwerk *n* [edv]
**diskette** Diskette *f* [edv]
**disk valve** Tellerventil *n* [mot]
**dislocation** Delokalisation *f* (Atome) [phy]
**dismantle** ausbauen *v* (Maschine demontieren) [mas]
**dismantling** Entfernung *f* (Abbau) [met]; Abbau *m* (Entfernung, Ausbau) [mas]; Ausbau *m* (Entfernung, Abbau) [mas]
**dismantling** auseinanderbauen *v* (Demontage) [met]
**dismantling equipment** Ausbauvorrichtung *f* [met]
**dismountable** zerlegbar (in Teile demontierbar) [met]
**disparity** Disparität *f* (beim Bildverstehen) [edv]
**dispatch** Beförderung *f* (Versendung, Versand); Versand *m* (Verteilen, Absenden) [mot]
**dispatch note** Versandanzeige *f* [mot]
**dispatch procedure** Verzweigungsprozedur *f* [edv]
**dispatch table** Verzweigungstabelle *f* [edv]
**dispensary** Sanitätsraum *m* [hum]
**dispense** verzichten *v* (verzichten auf ...)
**dispersing lens** Zerstreuungslinse *f* [phy]
**dispersing mirror** Zerstreuungsspiegel *m* [phy]
**displace** verdrängen *v* [bau]
**displaceable** verschiebbar [bau]
**displacement** Schiebung *f* [mot]; Verdrängung *f* [mot]; Förderstrom *m* (Schluckstrom) [elt]; Hubraum *m* (aller Zylinder des Motors) [mot]; Kolbenhub *m* (Verdrängung) [mot]; Schluckstrom *m* (Förderstrom) [mot]; Hubvolumen *n* [mot]; Schluckvolumen *n* (z.B. des Ölmotors) [mot]
**displacing** Verschiebung *f* (an anderen Ort) [mot]
**display** Abbildung *f* (auf Bildschirm) [elt]; Anzeige *f* (Bildschirmanzeige); Bildschirm *m* (Anzeige) [edv]
**display** abbilden *v* (z.B. Bild im Text) [con]; anzeigen *v* (auf Display) [edv]
**display cycle** Abbildungstakt *m* [edv]
**display goods** Messegut *n*
**display method** Abbildungsverfahren *n* [edv]
**display model** Vorführmodell *n* [mot]
**display, three-dimensional -** dreidimensionale Darstellung *f* [edv]
**disposal car** Schlackenwagen *m* [jur]
**disposition** Veranlagung *f* (erblich oder erworben) [hum]
**disregard** unberücksichtigt lassen
**disregarded** unberücksichtigt
**disruptive voltage** Durchschlagspannung *f* [elt]
**dissimilar** nicht artgleich [bff]
**dissipated energy** Verlustleistung *f* [elt]
**dissipation** Verlustleistung *f* [elt]
**dissipation factor** Verlustfaktor *m* [elt]

**dissolve**  auflösen *v* [che]; zerfallen *v* (z.B. aus Altersschwäche) [bau]; zergehen *v* (sich auflösen, zerfallen) [che]
**distance**  Weite *f* (Transportweite) [mot]; Abstand *m* (Entfernung) [con]
**distance between axes**  Achsabstand *m* (zwischen gedachten Achsen) [con]
**distance between fins**  Lamellenteilung *f* (Abstand Kühllamellen) [mot]; Lamellenabstand *m* (Kühlerlamellen) [mot]
**distance between supports**  Auflagerabstand *m* [con]
**distance bushing**  Distanzhülse *f* [wer]
**distance law**  Abstandsgesetz *n* [mot]; Entfernungsgesetz *n* [phy]
**distance piece**  distance piece *n* [mas]
**distance pin**  Abstandsring *m* [mas]
**distance recorder, inductive -**  induktiver Wegaufnehmer *m* [msr]
**distance ring**  Abstandsring *m* [mas]
**distance scale**  Abstandsskala *f* [msr]
**distance through hub**  Nabenlänge *f* [wer]
**distant signal**  Vorsignal *n* [mot]
**distillation zone**  Trockenzone *f* (am Rost) [pow]
**distort**  verdrehen *v* (Form verlieren) [wer]; verziehen *v* [mot]
**distortion**  Abbildverzerrung *f* [edv]; Schräglage *f* (Unausgeglichenheit) [pow]; Unausgeglichenheit *f* (Schräglage) [pow]; Verformung *f* [wer]; Verwindung *f* (Verlust der Form) [wer]; Verzerrung *f* (z.B. nichtlineare Verzerrung) [elt]
**distortion factor**  Klirrfaktor *m* (Verstärker) [elt]
**distraction**  Ablenkung *f*
**distribute**  verteilen *v* (Ware, Strom, Wasser usw.); verzweigen *v* (z.B. mittel Mehrfachsteckdose) [elt]
**distributed load**  verteilte Last *f* [bau]
**distributing, coarse -**  grobes Verteilen *n* [mbt]
**distributing valve**  Wegeventil *n* (2/2 Wegeventil etc.; verteilt in x Richtungen) [mot]
**distribution**  Verteilung *f* (z.B. Lastverteilung) [pow]; Verzweigung *f* [elt]
**distribution box**  Abzweigdose *f*; Verteilerkasten *m* [elt]
**distribution cable**  Verteilerkabel *n* [elt]
**distribution cubicle**  Verteilerschrank *m* [elt]
**distributor**  Aufprallverteiler *m*; Kugelprallverteiler *m* [pow]; Verteiler *m* (z.B. Zündverteiler) [mot]
**distributor bank**  Verteilerleiste *f* [mot]
**distributor block**  Verteilerleiste *f* (Ventil/Verteilerleiste) [mot]; Verteilerklotz *m* [mot]
**distributor body**  Verteilergehäuse *n* [mot]
**distributor book**  Händlerverzeichnis *n* [eco]
**distributor box**  Verteilerkasten *m* (des Baggers) [elt]
**distributor conference**  Händlertagung *f* [eco]
**district heating power station**  Fernheizkraftwerk *n* [pow]
**disturbance**  Störung *f* (geistig verwirrt)
**disturbance level**  Störpegel *m* [elt]
**disturbance suppression**  Störungsunterdrückung *f* [elt]
**disturbance, tectonic -**  tektonische Verwerfung *f* [geo]
**disturbed**  gestört [bau]
**disturbing current**  Störstrom *m* [elt]
**ditch**  Grabenmulde *f* (3-eckiger Querschnitt) [mbt]; Rinne *f* (kleiner Graben an Straße) [bau]

**ditch bank** Grabenböschung *f* (z.B. Drainage) [geo]
**ditch-cleaning bucket** Grabenräumschaufel *f* [mbt]; Grabenlöffel *m* [mbt]
**ditch cutting** Grabenschneiden *n* [mbt]
**ditching bucket** Grabenlöffel *m* [mbt]
**ditch mill** Grabenfräse *f* [wzg]
**ditch profile** Grabenmulde *f* [bod]; Grabenprofil *n* [bod]
**ditch wall** Flachböschung *f* [bau]
**diversification** Diversifikation *f*
**diverter valve** Wegeventil *n* (verteilt in x Richtungen) [mot]
**dive under** Unterführung *f* (für Bahn) [mot]
**divide** aufteilen *v* (in Teile); einteilen *v* (aufteilen)
**divided** geteilt; zweiteilig (geteilt, z.B. Lagerschale) [mas]
**divide into ...** teilen in ... *v* (z.B. in vier Teile)
**divider** Teiler *m* [mat]; Verteiler *m* (z.B. Mengenteiler, Aufteiler) [mot]
**dividing point** Trennstelle *f*
**dividing rate** Untersetzungsverhältnis *n* [elt]
**dividing switch** Untersetzungsschalter *m* [elt]
**dividing valve** Mengenteiler *m* [mot]
**dividing wall** Trennwand *f* [pow]
**division** Werksbereich *m* (Abteilung, Ressort) [met]
**division wall** Zwischenwand *f* [bau]
**dock** andocken *v* (Raumschiffe)
**dock, floating -** Schwimmdock *n* [mot]
**docking** Andocken *n* (Raumschiffe)
**dock railway** Hafenbahn *f* [mot]
**dockside crane** Hafenkran *m* [mot]
**dockyard** Reparaturwerft *f* [mot]; Schiffsreparaturwerft *f* [mot]
**document** Unterlage *f* (Ausschreibungsunterl.) [bau]

**documentation** Aufzeichnung *f* (Dokumentation)
**document dissemination** Dokumentenverteilung *f* [edv]
**documented** beurkundet
**documented, not -** nicht beurkundet [jur]
**document management** Dokumentenverwaltung *f* [edv]
**document processing** Dokumentverarbeitung *f* [edv]
**documents** Unterlagen *pl* (Dokumente, Akten)
**documents, other -** sonstiges Schrifttum *n*
**dog** Klammer *f* (Bauklammer) [bau]
**dog clutch shaft** Klauenwelle *f* [mas]
**dogspike** Schwellennagel *m* [mot]
**dolly** Nachläufer *m* [mot]
**dolomite split** Dolomitsplitt *m* [roh]
**dolomite stone** Dolomitstein *m* [roh]
**domain** Bereich *m* (Zeitbereich) [edv]
**domain, technical -** technische Anwendung *f*
**dome** Haube *f* (Kuppel) [bau]; Gewölbe *n* [bau]
**dome car** Aussichtswagen *m* (Gläserner Zug) [mot]
**dome heat** Stauhitze *f* (unter dem Dach) [mot]
**dome light** Innenbeleuchtung *f* [mot]
**door** Klappe *f* [mot]
**door bolt** Türriegel *m* [bau]
**door case** Türzarge *f* [bau]
**door closing device** Türschließanlage *f* [mot]
**door fitting** Türbeschlag *m* [bau]
**door frame** Türrahmen *m* [bau]
**door guide** Türführung *f* [mot]
**door handle** Türgriff *m* [bau]
**door hinge** Türscharnier *n* [mot]
**door hinge bolt** Türscharnierbolzen *m* [mot]

**door hinge pillar** Türscharniersäule *f* [mot]

**door holder** Türgestell *n* (Türrahmen) [bau]

**door knob** Klinke *f* (der Tür) [bau]; Türgriff *m* [bau]

**door latch** Türverriegelung *f* [mot]; Klemmhebel *m* (Türverschluss) [mot]; Türverschluss *m* (Klemmverschluss) [pow]

**door leaf** Türblatt *n* (an Fitsche und Zarge) [bau]

**door lock** Türschloss *n* (verriegelt, verschließt) [bau]

**door lock cylinder** Türschließzylinder *m* [mot]

**door lock pillar** Türschlosssäule *f* [mot]

**door nail** Scharnierbolzen *m* [mas]

**door-opening system, automatic -** automatische Türöffnungsanlage *f* [bau]

**door, rear -** Rückwandtür *f* [mot]

**doorsill** Türschwelle *f* [bau]

**doorway** Toreinfahrt *f* [bau]

**door window** Türfenster *n* [mot]

**dot** strichein *v* (mit punktierter Linie) [con]

**dotted** gestrichelt (mit punktierter Linie) [con]; punktiert (punktierte Linie) [con]

**dotted line** punktierte Linie *f* [con]

**dotting** Punktierung *f* [con]

**double** doppelt; zweifach

**double** doppeln *v*

**double acting** doppelt wirkend

**double-acting multi-stage hydraulic cylinder** Hub- und Zugpresse *f* [mot]

**double bevel** Doppel-Y Naht *f* [met]

**double block brake** Doppelklotzbremse *f* [mot]

**double branch pipes** Zweikreisverrohrung *f* [mot]

**double butterfly valve** Mischschieber *m* [pow]

**double clip** Doppellasche *f* [mot]

**double crossover** Doppelkreuzweiche *f* [mot]; Kreuzung *f* (Doppelkreuzweiche) [mot]

**double-crystal method** Zweikristallverfahren *n* [elt]

**double cyclone arrangement** Doppelzyklonkessel *m* [pow]

**double-deck coach** Doppelstockwagen *m* (Personenwagen) [mot]

**double-decker** doppelstöckig (Bus) [mot]

**double-deck vibrating screen** Zweideckfreischwingsieb *n* [roh]

**double-deck wagon for the carriage of cars** Kfz-Transportwagen, doppelstöckiger *m* [mot]

**double disc clutch** Zweischeibenkupplung *f* (trocken, in Öl laufend) [mot]

**double disc dry clutch** Zweischeibentrockenkupplung *f* [mot]

**double-ended ring-spanner** Doppelringschlüssel *m* [wzg]

**double-ended spanner** Doppelmaulschlüssel *m* [wzg]

**double end stud** Schraubenbolzen *m* [mas]

**double filament bulb** Zweidrahtlampe *f* [mot]

**double fillet** Doppelkehlnaht *f* [mas]

**double flange** Zwischenstück *n* (Doppelflansch)

**double-flanged** Bördelnaht *f* [met]

**double-flange hub** Zweiflanschnabe *f* [mot]

**double-flap valve** Doppelpendelschleuse *f* [mas]

**double-flow** zweiflutig [pow]

**double-flow superheater** zweiflutiger Überhitzer *m* [pow]

**double-flow turbine**
Zweigehäuseturbine *f* [pow]

**double four-point contact bearing**
Doppelvierpunktkugellager *n* [mas]; Vierpunktlager *n* (Doppelvierpunktlager) [mas]

**double-glazed casement**
Verbundfenster *n* [bau]

**double-glazed window** Isolierfenster *n* [bau]

**double glazing** Doppelverglasung *f* [bau]

**double hose** Doppelschlauch *m* [mas]

**double joint** Doppelglied *n* [mas]

**double joint deck crane** Gelenkkran *m* (Gelenkbordkran) [mot]

**double-joint deck crane** Gelenkbordkran *m* [mot]

**double junction** Doppelkreuzung *f* [mot]

**double ladder** Bockleiter *f* [bau]

**double nibble** Doppelnippel *m* [mot]

**double non-return valve** Doppelrückschlagventil *n* [mot]

**double open ended wrench** Doppelgabelschlüssel *m* [mas]; Doppelmaulschlüssel *m* [mas]

**double plate clutch** Zweischeibenkupplung *f* [mot]; Zweischeibenkupplung *f* (trocken, in Öl laufend) [mot]

**double plug** Doppelstecker *m* [elt]

**double-probe reflection method** Zweikopfreflexionsverfahren *n* [elt]

**double-probe through-trans-mission technique** Zweikopfdurchschallungsverfahren *n* [elt]

**double propeller shaft** Doppelgelenkwelle *f* [mot]

**double pump** Doppelpumpe *f* [mas]

**double reduced** doppelt reduziert [mas]

**double refraction** Doppelbrechung *f* (z.B. von Licht, Schall) [elt]

**double return valve** Doppelrückschlagventil *n* [mot]

**double-roll crusher** Doppelwalzenbrecher *m* [wzg]

**double roller chain** Zweifachrollenkette *f* [mot]

**double row** zweireihig (Nietverbindung) [mas]

**double-seated valve body** Doppelsitzventilkörper *m* [pow]

**double-shaft hammer crusher** Doppelwellenhammerbrecher *m* [wzg]

**double-sided** beidseitig

**double side shifting device** Doppelseitenschieber *m* [mot]

**double-skin façade** Doppelfassade *f* [bau]

**double-stage superheater** zweistufiger Überhitzer *m* [pow]

**double-T beam** Doppel-T-Träger *m* [mas]

**double thread** zweigängig (Zahnrad) [mas]

**double T-iron** Doppel-T-Eisen *n* [mot]

**double-track** zweigleisig

**double-tracked autowalk** Zweiwegerollsteig *m* [mbt]

**double-tracked escalator** Parallelrolltreppe *f* [mbt]

**double U** Doppel-U-Naht *f* [met]

**double V** DV-Naht *f* [met]

**double V-belt** Doppelkeilriemen *m* [mas]

**double V seam** DV-Naht *f* [met]; X-Naht *f* (neu: DV-Naht) [met]

**double-wall elbow** Doppelwandrohrbogen *m* [mot]

**double-wall pipe** Doppelwandrohr *n* [mot]

**do up** restaurieren *v* (nur oberflächlich) [bau]; zurechtmachen *v* (leicht aufarbeiten) [mas]

**dowel** Hülse *f* (Spannhülse) [mas]; Dübel *m* (Schraubenuntergrund) [mas]; Passstift *m* (auch Dübel) [mas]
**dowel pin** Spannstift *m* (Passstift) [mas]; Zylinderstift *m* [mas]
**dower take off** Zapfwelle *f* (zusätzliche Kraftabnahme) [mot]
**down** abwärts; unten
**down-acting design hydraulic press** Oberkolbenpresse *f* [met]
**downcoiling unit** Haspelanlage *f* [met]
**downcomer** Fallrohr *n* [pow]; Rohr *n* (Fallrohr) [pow]; zuführendes Verbindungsrohr *n* (Fallrohr) [pow]; Zuführrohr *n* (Fallrohr) [pow]
**downcomer header** Fallrohrsammler *m* [pow]
**down-draught carburettor** Fallstromvergaser *m* [mot]
**down-flow** Abwärtsströmung *f* [was]
**downgrade** niederstufen *v* (abwerten); niedrig einstufen *v*
**downhand** Wannenlage *f* (günstige Schweißposition) [met]; Zwangslage *f* (in Zwangslage nach unten schweißen) [met]
**downhand welding** Fallnaht *f* (senkrechtes Schweißen) [met]
**downhill** bergab (bergab rollen)
**downline** nachgeschaltet [mot]
**down line** oberes Fallrohr *n* (Kugelregen zur Entrußung) [pow]
**download** Vertikallast *f* [mot]
**downpipe** Regenfallrohr *n* [bau]
**down-shot burner** Deckenbrenner *m* [pow]
**downstream** nachgeschaltet [mot]; stromabwärts
**downstream** Auslaufseite *f* (einer Maschine); Auslaufstrecke *f*
**downstream process stage** nachgeschaltete Verfahrensstufe *f* [mas]
**downstream switching** Nachschaltung *f* [mot]
**downstream switching** nachschalten *v* [mot]
**downtake tube** Zuführrohr *n* (Fallrohr) [pow]
**down-to-earth** bodenständig
**downward direction, in the -** abwärts [was]
**downward gas passage** fallender Zug *m* (Fallzug) [pow]; Fallzug *m* (fallender Zug) [pow]; Steigzug *m* (Aufwärtszug; Fallzug) [pow]
**downward inclination** Neigung *f* (der Bahnstrecke) [mot]
**downward travel** Abwärtslauf *m* (Rolltreppe) [mbt]
**doze** schieben *v* (Aushub mit Planierschild) [mbt]
**doze out** auskoffern *v* (eine Straße) [bau]
**dozer** Planiergerät *n* [mbt]
**dozer blade** Frontschar *f* [mbt]; Planierschar *f* [mbt]; Vorderschar *f* [mot]; Planierschild *m* [mbt]; Räumschild *n* [mbt]; Stirnschild *n* [mbt]
**dozer blade stabilizer** Planierschildabstützung *f* [mbt]
**dozing capacity** Längstransportleistung *f* (z.B. Grader) [mbt]
**dozing distributing work** Längsverteilerarbeit *f* (z.B. Grader) [mbt]
**draft** Schräge *f* (Gesenk-, Gussschräge) [mas]; Tiefgang *m* (des Schiffes, Wasserzug (A)) [mot]; Zug *m* (Wind, Durchzug (A)); Manuskript *n* (Entwurf, Skizze)
**draft gear** Federeinrichtung *f* (am Wagon) [mot]
**drafting machine** Zeichenmaschine *f* [bau]

**draftsman** technischer Zeichner *m* [con]

**drag** Widerstand *m* (im Material bei Dehnung) [mas]; Zug *m* (als Widerstand) [mas]

**drag chain** Schleppkette *f* (z.B. an Schleppschaufel) [mas]

**dragline** Schleppschaufel *f* [mbt]; Zugschaufel *f* (Schleppschaufel) [mbt]; Schürfkübelbagger *m* (Schleppschaufel) [mbt]

**dragline bucket** Schleppschaufel *f* [mbt]

**dragline fairlead** Schleppschaufeleinziehwinch *f* [mbt]

**drag link** Lenkzwischenstange *f* [roh]

**drag link conveyor** Trogkettenförderer *m* [mas]

**drag link conveyor chain** Laschenkette *f* (Trogkettenförderer) [mas]

**drag-shoe** Hemmschuh *m* [mot]

**drain** Rinne *f* (Regenrinne) [was]; Tiefentladung *f* [elt]; Überlauf *m* (bei einem Tank) [mot]

**drain** abpumpen *v* (Flüssigkeit) [was]; trockenlegen *v* (Gelände) [mot]

**drainage** Ablauf *m* [was]; Wasserablauf *m* [bau]; Verrohrungssystem *n* (zur Drainage) [bau]

**drainage bucket** Drainagelöffel *m* [mbt]

**drainage ditch** Drainagegraben *m* [bau]

**drainage grab** Drainagegreifer *m* [mbt]

**drainage holes** Drainagelöcher *n* (z.B. im Grabenlöffel) [bau]

**drainage pipe** Abflussrohr *n* (Wasser u.a.) [was]

**drainage pump** Drainagepumpe *f* [mas]

**drainage trench** Rigole *f* (Wasserversickerung) [bau]

**drain cock** Ablasshahn *m* [was]; Entwässerungshahn *m* [pow]

**drain cup** Entwässerungstopf *m* (Wassersammler) [mot]; Tropfbecher *m* (für Wasser in Bremse) [mot]

**drained** abgeleitet (Wasser) [was]

**drain elbow** Ablasskniestück *n* [was]

**draining ditch** Entwässerungsgraben *m* [bau]

**drain pipe** Abflussleitung *f* [was]; Ablassleitung *f* [was]; Regenrinne *f* [mot]; Wasserabfluss *m* [bau]

**drain plug** Ablassschraube *f* [was]; Ablassstopfen *m* [was]; Abschlussstopfen *m* [was]

**drain tubing** Ablassleitung *f* [was]

**drain valve** Abflussventil *n* (Drainage) [was]; Ablassventil *n* (Entwässerungsventil) [air]; Entwässerungsventil *n* (Ablassventil) [pow]

**draught** Tiefgang *m* (des Schiffes) [mot]; Zug *m* (ausgeglichener Zug) [pow]

**draught, artificial -** künstlicher Zug *m* (Zug im Kessel) [pow]

**draught loss** Zugverlust *m* (allgemein) [pow]

**draught loss at unit end** Zugverlust *m* (Aggregatende) [pow]

**draught, natural -** natürlicher Zug *m* [pow]

**draught regulation** Zugregulierung *f* [pow]

**draughtsman** Zeichner *m* [con]

**draughtsperson** Zeichner/in [con]

**draughtswoman** Zeichnerin *f* [con]

**draw** zeichnen *v* (z.B. eine Linie) [con]; ziehen *v* (gleichmäßig, z.B. Linie) [con]

**draw a curbstone trench** auskoffern *v* (Randsteingraben) [bau]

**drawback** Mangel *m* (als Nachteil); Nachteil *m* (einer Sache)

**drawbar** Anhängerdeichsel *f* (am Lkw-Hänger) [mot]; Kupplungsstange *f* (des Anhängers) [mot]; Zughaken *m* (nicht Bahn) [mas]

**draw bar** Zugstange *f* (als Bauteil, z.B. an einer Brücke) [mot]

**draw bar coupling** Abschleppkupplung *f* [mot]

**drawbar pull** Zugkraft *f* (Fahreug. mit Anhängerkupplung) [mot]

**draw bead** Ziehwulst *m* [met]

**drawbridge** Zugbrücke *f* (z.B. an alter Burg) [bau]

**draw-cable clamp** Zugseilklemme *f* [mot]

**drawer** Lade *f* (in Möbelstück) [bau]; Schublade *f* (in Möbelstück) [bau]

**draw floor** Abzugbühne *f*

**draw gear** Zugeinrichtung *f* (am Waggon) [mot]

**drawhook** Zughaken *m* (Lok zieht Waggons) [mot]

**draw hook** Zughaken *m* (Lok zieht Waggons) [mot]

**draw-hook guide** Zughakenführung *f* [mot]

**drawing** Schaubild *n* (Zeichnung) [con]

**drawing amendment service** Zeichnungsänderungsdienst *m* [con]

**drawing board** Zeichenbrett *n* (Zeichenmaschine) [con]

**drawing compasses** Zirkel *m* [con]

**drawing floor** Abzugbühne *f*

**drawing in** Einzug *m* [mbt]

**drawing instructions** zeichnerische Ausführung *f* [con]

**drawing, in the -** eingezeichnet [con]

**drawing machine** Zeichenmaschine *f* (Reißbrett) [con]

**drawing no.** Zeichnungsnummer *f* [con]

**drawing of jigs** Vorrichtungszeichnung *f* [con]

**drawing panel** Zeichnungsfeld *n* (Raum für Zeichnungen) [con]

**drawing sheet** Zeichnungsblatt *n* [con]

**drawings, resulting -** angefallene Zeichnungen *pl* [con]

**drawing, technical -** technische Zeichnung *f* [con]; technisches Zeichnen *n* [con]

**drawing title** Zeichnungskopf *m* (meist unten rechts) [con]

**drawing tools** Ziehwerkzeuge *pl* [wzg]

**draw in shortened form** gekürzt zeichnen *v* [con]

**draw in the mated condition** ineinander zeichnen *v* [con]

**drawn** gezogen (z.B. gezogener Stahl) [met]

**drawn arc stud welding** Lichtbolzenschweißen m. Hubzündung *n* [met]

**drawn cup needle roller bearing** Nadelhülse *f* [mas]

**drawn offset** versetzt gezeichnet (in Zeichnung) [con]

**drawn tube** gezogenes Rohr *n* [mas]

**drawn wire** gezogener Draht *m* [mas]

**draw off** absaugen *v* [air]

**draw separately** herauszeichnen *v* (in Details) [con]

**draw shackle** Zuglasche *f* (d. Feststellbremse) [mot]

**draw spring** Zugfeder *f* [mot]

**draw staggered** versetzt zeichnen *v* [con]

**draw to a larger scale** vergrößert zeichnen *v* [con]

**dredge** Bagger *m* (Schwimmbagger) [mbt]; Flussbagger *m* (Schwimmbagger) [mbt]

**dredge** ausschachten *v* (unter Wasser) [bau]; baggern *v* (unter Wasser) [mbt]

**dredged** ausgebaggert (unter Wasser)
**dredge pump impeller** Baggerpumpenrad *n* (am Nassbagger) [mbt]
**dredger** Flussbagger *m* [mbt]; Schwimmbagger *m* [mbt]
**dredger components** Baggerkomponenten *pl* [mbt]
**dredger freight** Flussbaggerfracht *f* [mot]
**dredging depth** Baggertiefe *f* (des Nassbaggers) [mbt]; Grabtiefe *f* (unter Wasser) [mbt]; Schleppschaufeltiefe *f* [mbt]
**dredging slide valve** Baggerschieber *m* (am Nassbagger) [mbt]
**dredging task** Baggerarbeit *f* (Aufgabe unter Wasser) [mbt]; Baggeraufgabe *f* (Arbeit unter Wasser) [mbt]
**dredging technology** Nassbaggertechnik *f* [mbt]
**dress** verputzen *v* [bau]
**dried out** ausgetrocknet
**drift** Strecke *f* (im Bergbau) [roh]
**drift punch** Durchtreiber *m* [mas]
**drill** Bohrmaschine *f* [wzg]; Bohrer *m* [wzg]; Bohrturm *m* [mas]
**drill** ausbohren *v* [met]; durchbohren *v* [met]
**drilled during assembly** gebohrt bei Montage [mas]
**drilled hole** Bohrung *f* [mas]
**drill hole** Gewindebohrung *f* [mas]
**drilling attachment** Bohrgerätausrüstung *f* [roh]
**drilling core** Bohrkern *m* [roh]
**drilling depth** Bohrtiefe *f* [mbt]
**drilling device for taphole** Abstichlochbohrer *m* (am Teleskoparm) [roh]
**drilling head** Bohrkopf *m* [mas]
**drilling machine** Bohrmaschine *f* [wzg]

**drilling mill, vertical -** Vertikalbohrwerk *n* [wzg]
**drilling mud** Bohrschlamm *m* [bau]
**drilling pattern** Bohrraster *m* [mas]
**drilling platform** Bohrplattform *f* [roh]
**drilling profile** Bohrprofil *n* [mas]
**drilling rig** Bohrinsel *f* [mot]
**drilling work** Bohrarbeit *f* [mas]
**drill plan** Bohrplan *m* [mas]
**drill-rods** Bohrgestänge *n* [mas]
**drip** Hohlkehle *f*
**drip** tropfen *v* (z.B. Wasser tropft herunter)
**drip lubricator** Tropföler *m* [mas]
**drip lubricator relay** Zeitrelais für Tropföler *n* [elt]
**drip-proof** spritzwassergeschützt (Motor)
**drive** Antrieb *m* (Fahrzeug, Gerät) [mas]
**drive** eintreiben *v* [bau]
**drive assembly** Antriebsstation *f* [mas]
**drive axle** Antriebsachse *f* [mas]; Treibachse *f* (bei Bahn, Auto) [mot]
**drive battery** Antriebsbatterie *f* [elt]
**drive belt** Antriebsriemen *m* (Keilriemen) [mas]; Transmissionsriemen *m* (Motor/Maschine) [mot]
**drive control** Fahrsteuerung *f* [mbt]
**drive, crossed -** gekreuzter Trieb *m* [wer]
**drive device** Triebwerk *n* [mot]
**drive, electric -** Elektroantrieb *m* [elt]
**drive, enclosed -** innenliegender Antrieb *m* [mbt]
**drive engine** Antriebsmaschine *f* (Verbrennungsmotor) [mot]
**drive flange** Antriebsflansch *m* [mas]
**drive gear** Antriebsrad *n* [mas]; Antriebsritzel *n* [mas]

**drive, hydraulic -** hydraulischer Antrieb *m* [mot]
**drive in** einfahren *v* (in Einfahrt) [mot]
**drive light** Fernlicht *n* [mot]
**driveline** Kardanwelle *f* [mot]
**drive line** Antriebsstrang *m* (Motor bis Räder) [mot]
**drive motor** Antriebsmaschine *f* (Elektromotor) [elt]; Antriebsmotor *m* (Elektromotor) [elt]
**drive motor track motor** Raupenmotor *m* (Antriebsmotor) [mot]
**driven end** Abtriebsseite *f* [mas]
**drive nut** Antriebsmutter *f* [mas]
**drive off** austreiben *v* [met]
**driver** Mitnehmer *m* [mot]
**drive, rear -** Hinterantrieb *m* [mot]
**drive roll** Antriebsrolle *f* [mas]
**driver's cab** Führerstand *m* [mot]
**driver's license** Führerschein *m* [mot]
**driver's seat** Fahrersitz *m* (Pkw, Lkw) [mot]
**driver wheel** Mitnehmerrad *n* (z.B. Rolltreppe) [mbt]
**drive screw** Schlagschrauber *m* [wzg]
**drive shaft** Antriebsachse *f* [mas]; Antriebswelle *f* [mas]; Betätigungswelle *f* [mot]; Kardangelenkwelle *f* [mas]
**drive shaft, flexible -** biegsame Welle *f* [mas]
**drive shaft stub** Antriebswellenstumpf *m* [mot]
**drive shaft tube** Gelenkwellenrohr *n* [mot]
**drive station** Antriebsstation *f* (im Tagebau) [roh]
**drive technology** Antriebstechnik *f* [mas]
**drive to** ansteuern *v* (ein Ziel) [mot]
**drive towards** ansteuern *v* (ein Ziel) [mot]
**drive truck** Lastkraftwagen *m* [mot]
**drive tumbler** Turas *m* (hier: Antriebsrad der Kette) [mbt]; Antriebsrad *n* [mas]
**drive tumbler body** Triebradkörper *m* [mbt]
**drive tumbler shaft** Triebradwelle *f* [mbt]
**drive unit** Antrieb *m* [mas]; Antriebsmodul *m* (Antriebseinheit) [mas]; Fahrantrieb *m* (auch Endantrieb) [mot]; Antriebsaggregat *n* (als Einheit) [mas]
**drive-unit** Antriebsstation *f* [mas]
**drive wheel** Treibrad *n* [mot]
**driving clutch** Antriebskupplung *f* [mot]
**driving energy** Rammenergie *f* [bau]
**driving force** Antriebskraft *f* [mas]
**driving gear** Antriebsrad *n* [mas]
**driving-in** Einschlagen *n* [bau]
**driving motor** Antriebsmotor *m* [elt]
**driving parts** Antriebstelle *f* [mas]
**driving while intoxicated** betrunken am Steuer (Trunkenheit) [mot]
**drop** Senkung *f* (Abfall) [pow]; Abfall *m* (Senkung); Absturz *m* (Gefälle) [geo]
**drop** abfallen *v* (Spannung) [elt]; absinken *v*
**drop anchor** Ankerwerfen *n* [mot]
**drop anchor** ankern *v* [mot]
**drop arm** Lenkspurhebel *m* [mot]; Lenkstockhebel *m* [mot]
**drop ball** Fallbirne *f* (Abbruch) [bau]; Fallkugel *f* (Knäpperarbeit) [bau]; Knäpperkugel *f* (fällt auf Stein) [roh]
**drop-bottom bucket** Fallbodenbehälter *m* [mot]
**drop centre rim** Tiefbettfelge *f* [mot]
**drop feed** Tropfölschmierung *f* [mas]
**drop forged** gesenkgeschmiedet [mas]
**drop forging** Gesenkschmiedestück *n* [mas]

**drop-forging** Gesenkschmieden *n* [met]

**drop frame** Niederrahmen *m* [mot]

**drop-head coupe** Kabriolett *n* [mot]

**dropping cut** Fallschnitt *m* (im Tagebau) [roh]

**drop plate** Ladebrücke *f* (an Flachwagen) [mot]

**drop resistance** Vorwiderstand *m* (das Geschehen) [elt]

**drop side** klappbare Wand *f* (am Güterwagen) [mot]; Klappwand *f* (am Güterwagen) [mot]

**drug** Medikament *n* [hum]

**drum** Tonne *f* (Blechtonne) [bau]; Walze *f* [mas]

**drum axle** Trommelachse *f* [mot]

**drum body** Trommelmantel *m* [roh]

**drum brake** Trommelbremse *f* [mot]

**drum brake lining** Backenbremsfutter *n* [mot]

**drum clamp** Fassklammer *f* [mot]

**drum connecting tube** Trommelverbindungsrohr *n* [pow]

**drum controller** Walzenschalter *m* [mas]

**drum encased** gekapselt [mot]

**drum end, dished -** gekümpelter Boden *m* (Trommel) [pow]

**drum-end disk** Trommelboden *m* [roh]

**drum feed piping** Speiseleitung *f* [pow]

**drum for industrial waste** Industriemüllfass *n* [mas]

**drum for poisonous substances** Fass für giftig Stoffe *n* [mas]

**drum for radioactive waste** Fass für radioaktiven Abfall *n* [mas]

**drum internals** Trommeleinbauten *pl* [pow]

**drum, lower -** Untertrommel *f* [pow]

**drum-mixer** Trommelmischer *m* [mot]

**drum pressure** Trommeldruck *m* [pow]

**drum pump** Fasspumpe *f*

**drum reclaimer** Trommelaufnahmegerät *n* [roh]

**drum saddle** Trommelsattel *m* [pow]

**drum shaft** Trommelwelle *f* [mot]

**drums with removable heads** Spundbehälter *m* [nrm]

**drum-type idler** Scheibenleitrad *n* [mas]

**drum water** Trommelwasser *n* [pow]

**drum with removable head** Deckelbehälter *m* [mas]

**drum with removable head and rolling beads** Rollsickenfass *n* [mas]

**drum with removable head and rolling hoop** Rollreifenfass *f* [mas]

**dry batching** Trockendosierung *f* [bau]

**dry battery** Trockenbatterie *f* [elt]

**dry-bottom boiler** Staubfeuerung mit trockener Entaschung *f* [pow]

**dry bottom furnace** Feuerung mit trockener Entaschung *f* [pow]

**dry-bulb thermometer** Normalthermometer *n* [msr]

**dry cell** Trockenbatterie *f* [elt]

**dry-disc joint** Trockengelenk *n* [mot]

**drying area** Trockenplatz *m* [bau]

**drying bay** Trockenplatz *m* [bau]

**drying nozzle** Trocknungsdüse *f* [mot]

**drying-out period** Trockenfeuerzeit *f* [pow]

**drying-out the refractory setting** Innentrocknung des Feuerraumes *f* [pow]

**drying plant** Trocknungsanlage *f* [roh]

**drying time** Trockenzeit *f* [che]

**dry masonry** Trockenmauer *f* [bau]; Trockenmauerwerk *n* [bau]

**dry out** austrocknen *v*
**dry run** Probelauf *m* (nicht unter Last) [met]; Trockenlauf *m* (der Lamellenbremse) [mot]
**dry season** Trockenperiode *f* [wet]; Trockenzeit *f* [wet]
**dry strength test** Trockenfestigkeitsversuch *m* [bau]
**dry-weather road** Trockenwetterstraße *f* [bau]
**dual-beam** Zweistrahl *m* [elt]
**dual carriageway** Straße *f* (mit geteilter Fahrbahn) [bau]
**dual charger** Doppelladegerät *n* [elt]
**dual circuit** Zweikreis *m* [mot]
**dual circuit disk brake** Zweikreisscheibenbremse *f* [mot]
**dual circuit oil circulation** Zweikreisölumlauf *m* [mot]
**dual-circuit oil disc brake** Zweikreisölscheibenbremse *f* [mot]
**dual control** Doppelsteuerung *f* [msr]
**dual pump** Doppelpumpe *f* [mot]
**dual-purpose unit** Zweizweckgerät *n*
**dual sensitivity probe** Schalterprüfkopf *m* [met]
**dub** überspielen *v* (Kassetten überspielen) [edv]
**dubbing** Überspielen *n* (das Überspielen von Kassetten) [edv]
**dubious range** Unsicherheitsbereich *m* [elt]
**duck tail** Schüttschräge *f* (am Muldenkipper) [mot]
**duct** Kanal *m* (Leitung) [pow]; Stollen *m* [roh]; Rohr *n*
**ductile** dehnbar [mas]
**ductile fracture** Verformungsbruch *m* [wer]
**ductility** Dehnbarkeit *f* [mas]; Formbarkeit *f* (z.B. warmer Stahl) [mas]
**duct vanes** Lenkbleche *pl* (im Blechkanal) [pow]

**dumb barge** Schute *f* (ohne Antrieb) [mot]; Zille *f* (ohne Antrieb) [mot]; Kahn *m* (ohne Antrieb) [mot]
**dummy cylinder** Steuerzylinder *m* (verteilt Luft) [mot]
**dummy panel** Blindplatte *f* [mas]
**dummy rivet** Blindniet *m* [mas]
**dump** Füllstrecke *f* (für Verfüllmaterial) [roh]; Mülldeponie *f* (normale Kippe) [rec]
**dump** auskippen *v* [rec]; kippen *v* (auskippen, auch beseitigen) [roh]; verklappen *v* (verklappen) [mot]
**dumped material** geschüttetes Material *n* [roh]
**dumper** Kipper *m* [mot]; Kipper *m* [mot]; Muldenkipper *m* (straßen-, geländegängig) [mot]
**dumping body** Kippvorrichtung *f* (Kippermulde) [mot]
**dumping clearance** Abkipphöhe *f* [mbt]
**dumping equipment** Verkippungsgerät *n* [mbt]
**dumping grate** Ausbrennrost *m* [pow]
**dumping height** Abkipphöhe *f* [mbt]; Entladehöhe *f* [mbt]; Schütthöhe *f* [mot]
**dumping lorry** Kipplastwagen *m* [mot]
**dump pit** Abfallgrube *f* (Müllkippe, Deponie) [rec]
**dump truck** Dumper *m* (Kipper, Muldenkipper) [mot]; Muldenkipper *m* [mot]; Schwerlastkraftwagen *m* [mot]
**dunnage** Polster *n* (z.B. Holzbalken auf Schienen) [mot]
**duo-cone seal** Gleitringdichtung *f* [mas]
**duo-cone seal ring** Gleitringdichtung *f* [mas]
**duplex cable** Doppelkabel *n* [elt]
**duplex-chain** Duplexkette *f* [mas]

**duplex roller chain**
Zweifachrollenkette *f* [mas]
**durability** Beständigkeit *f* [bau]; Dauerhaftigkeit *f* [mas]; Haltbarkeit *f* [mas]; Lebensdauer *f*
**durable sheet material** Plastikfolie *f* [wer]
**duration of combustion** Brenndauer *f* [pow]
**during operation** bei der Arbeit [met]
**during work** bei der Arbeit [met]
**duroplastic** Hartplastik *f* [wer]
**dust** bestäuben *f*
**dust and grit arrestor** Entstauber *m* (für Staub, grobes Korn) [pow]
**dustbin** Abfalleimer *m* [rec]
**dust boot** Staubmanschette *f* [mot]
**dust cap** Staubkappe *f* [mot]
**dust, coarse -** grober Staub *m* (Entstaubung) [air]
**dust collector** Staubabscheider *m* [mot]; Staubfänger *m*; Staubsammler *m* [mot]
**dust collector efficiency** Abscheidegrad *m* (E-Filter) [air]
**dust concentration** Staubkonzentration *f* [mot]
**dust cover** Dichtungskappe *f* (gegen Staub) [mas]
**dust formation** Staubbildung *f*; Staubentwicklung *f* [bau]
**dust hood** Rostabdeckplatte *f* [pow]
**dusting** Staubbildung *f*
**dust loading** Staubbelastung *f* (Filter) [pow]
**dust particle** Schmutzteil *n*
**dust precipitator** Abscheider *m* (Staub) [air]
**dust protection** Staubschutz *m* [bau]
**dust removing plant** Entstaubungsanlage *f* [mas]
**dust sampler** Staubprobenentnahme *f* (Entstaubung) [msr]
**dust separator** Staubaustragung *f*; mechanischer Filter *m* [air]
**dust separator, mechanical -** mechanischer Entstauber *m* [pow]
**dust shield** Staubschutz *m* [mot]
**dust-shield collar** Notschenkel *m* [mot]
**dust-tight** staubdicht
**dusty grey** staubgrau (RAL 7037) [nrm]
**duty at the fair** Messedienst *m* (z.B. für Transport) [eco]
**duty cycle** Einschaltdauer *f* [elt]
**duty stroke** Arbeitsweg *m* (Hub der Feder) [mot]
**dying away** Ausschwingvorgang *m* [phy]
**dyke** Abdämmung *f* (Ufer (B)) [bau]; Stauwehr *n* ((B)) [bau]
**dynamic balance test** Schleuderprüfung *f* [msr]
**dynamo** Lichtmaschine *f* [mot]
**dynamo battery ignition** Lichtbatteriezünder *m* [mot]
**dynamo machine** Lichtmaschine *f* [elt]
**dynamo magneto ignition** Lichtmagnetzünder *m* [elt]
**dynamo sheet** Dynamoband *n* [elt]

# E

**ear** Öhr *n* (der Nadel)
**early retirement** Frühpensionierung *f* [eco]
**early-warning system** Frühwarnsystem *n* [elt]
**ear muffs** Ohrenschützer *m* (gegen Lärm)
**earphone** Kopfhörer *m*
**earth auger drive** Erdbohrgetriebe *n* [mbt]
**earth cable** Masseleitung *f* ((B)) [elt]; Massekabel *n* ((B)) [elt]
**earth clamp** Erdklammer *f* (zum Schutzerden (B)) [elt]
**earth connection** Erdleitung *f* ((B)) [elt]; Erdung *f* ((B)) [elt]
**earthed** geerdet ((B)) [elt]
**earthed, not -** ungeerdet [elt]
**earth excavation** Erdaushub *m* [bau]
**earth fault** Erdschluss *m* (unerwünschte Masseleitung (B)) [elt]
**earth fault protection** Erdschlussschutz *m* (gegen Erdschluss (B)) [elt]
**earthing hook** Erdungsstange *f* ((B)) [elt]
**earthing key** Erdtaster *m* ((B)) [elt]
**earthing, neutral -** Sternpunkterdung *f* ((B)) [elt]
**earthing resistor** Erdungswiderstand *m* ((B)) [elt]
**earthing socket** Erdungsbuchse *f* ((B)) [elt]
**earthing strap** Masseband *n* ((B)) [elt]
**earth lead** Erdungskabel *n* ((B)) [elt]
**earthmoving** Erdbewegung *f* [mot]
**earth moving and road construction** Tiefbau *m* (kein Einzelwort im Englischen) [bau]
**earthmoving machine** Erdbaumaschine *f* (Baumaschine) [mot]; Erdbewegungsmaschine *f* [mot]
**earth moving machine** Erdbewegungsmaschine *f* [mot]
**earth-moving machine** Abtragungsgerät *n* (Erdbewegungsgerät) [roh]
**earthmoving machines** Erdbewegungsgeräte *n* [mot]
**earthmoving unit** Erdbewegungsgerät *n* [mot]
**earthquake danger** Erdbebengefährdung *f* [geo]
**earthquake hazard** Erdbebengefährdung *f* [geo]
**earthquake-prone area** Erdbebengebiet *n* [geo]
**earthquake proof** erdbebensicher [bau]
**earthquake, tectonic -** tektonisches Erdbeben *n* [geo]
**earth road** Erdstraße *f* [bau]; Piste *f* [bau]
**earth rod** Erdstab *m* ((B)) [elt]
**earth terminal** Erdklammer *f* (zum Schutzerden (B)) [elt]; Erdungsklemme *f* ((B)) [elt]; Erdungsanschluss *m* ((B)) [elt]
**earthwork** Erdbau *m* [bau]; Erdarbeiten *pl* [bau]
**ease and convenience** ergonomische Bequemlichkeit *f*; Komfort *m* (im Fahrerhaus) [mot]
**ease of manufacture** Stoffschwierigkeit *f* [nrm]
**easy reach, within -** in Griffnähe (des Bedieners)
**easy to service** servicefreundlich [mot]; wartungsgerecht [mot]

**eaves** Traufe *f* (Haus) [bau]
**eaves gutter** Dachrinne *f* [bau]
**eaves trough** Dachrinne *f* [bau]
**ebullient cooling** Heißwasserkühlung *f* [pow]
**eccentric clamp** Frosch *m* (Klemme) [elt]
**eccentric motion** Planetenbewegung *f* [mot]
**echo method** Echoverfahren *n* [elt]
**economizer** Speisewasservorwärmer *m* [pow]
**economizer and air heater soot blower** Nachschaltheizflächenbläser *m* [pow]
**economizer jet** Spardüse *f* [mot]
**economizers and air heaters** Nachschaltheizflächen *pl* [pow]
**ecosystem** Lebensgemeinschaft *f* (natürliche -); natürliche Lebensgemeinschaft *f* (z.B. in einem Fluss); Ökosystem *n*
**ecosystem model** Ökosystemmodell *n* [edv]
**eddy current** Wirbelstrom *m* [elt]
**edge** Kante *f* (Rand)
**edge-bending machine** Kantmaschine *f* [wzg]
**edge detection** Kantendetektion *f* [edv]
**edge echo** Kantenecho *n* (beim Laminieren) [met]
**edge effect** Randeffekt *m* [elt]
**edge frequency** Knickfrequenz *f* [elt]
**edge, front -** Vorderkante *f* [mot]
**edge girder** Kantenträger *m* (Stahlbau) [bau]
**edge indentation** Kantenverzahnung *f* [bau]
**edge joint** Eckverbindung *f* [bau]
**edge protection** Kantenschutz *m* [mot]
**edge protection tube** Kantenschutzschlauch *m* [mbt]
**edge, rear -** Hinterkante *f* [mot]

**edges broken during machining** Kanten bei Bearbeitung gebrochen *pl* (in Zeichnung) [met]
**edges, cleanly cut -** saubere Schnittkanten *pl* [wer]
**edge sealing ring** Dichtkantenring *m* (gräbt sich ein) [mas]
**edges rounded off** Kanten gerundet *pl* (in Zeichnung) [met]
**edge-type filter element** Spaltfilterelement *n* [mas]
**edgeways** hochkant (auf dem Rande) [con]
**edge weld** Stirnflachnaht *f* [met]
**edgewise** hochkant (auf dem Rande) [con]
**edge-zone hardened** randschichtgehärtet [met]
**edge-zone hardening** Randschichthärtung *f* [met]
**edging** Kanten *pl* (Anfertigen von Kanten) [met]
**edit key** Editiertaste *f* (auf Tastatur) [edv]
**education** Ausbildung *f* (schulische)
**effect** Auswirkung *f*; Wirkung *f* [bau]
**effective** nutzbar (wirkungsvoll, effektiv)
**effective cross-section** nutzbarer Querschnitt *m*
**effective diameter** Effektivdurchmesser *m* [con]
**effectiveness** Wirksamkeit *f*
**effective power** Wirkleistung *f* [elt]
**effective stroke** Effektivhub *m* (tatsächlicher Weg) [mbt]; Nutzhub *m* [mot]
**effect of cutting** Schnittwirkung *f* [met]
**effect of the lateral wall** Seitenwandeffekt *m* [mot]
**efficiency** Leistung *f* (Leistungsfähigkeit) [pow]; Tüchtigkeit *f* (Einsatz, Streben); Wirkungsgrad *m* [elt]

**efficiency, mechanical -**
mechanischer Wirkungsgrad *m*
**efficiency proof**
Funktionstüchtigkeitsnachweis *m*
[mot]
**efficiency test**
Gewährleistungsnachweis *m* [pow]
**efficiency, thermal -** thermischer
Wirkungsgrad *m* [pow]
**efficient** leistungsfähig; wirkungsvoll
(leistungsfähig)
**efficient during use**
Gebrauchstauglichkeit *f*
**effluent** Abfluss *m* [was]; Ausfluss *m*
[was]; Überfluss *m* [bau]; Abwasser
*n* (Brauerei, u.a.) [was]
**effort** Anstrengung *f*; Aufwand *m*
(Mühe)
**egress** Abgang *m* (Weggang,
Verlassen)
**eigenfunction** Eigenfunktion *f* (bei
Differentialgleichung) [elt]
**eigenvalue** Eigenwert *m* (bei
Differentialgleichung) [elt]
**eigenvector** Eigenvektor *m* (bei
Differentialgleichung) [elt]
**ejection** Ausstoß *m* (auch per
Auswerferklappe) [mas]; Ausstoß *m*
(beim Scraper) [mbt]
**ejector** Ausstoßer *m* (aus Maschine)
[mas]; Auswerfer *m* [mas]
**ejector cylinder** Ausstoßzylinder *m*
[mas]
**ejector flap** Auswerferklappe *f*
[mas]
**ejector floor** Kippboden *m* (zum
Auswerfen) [mot]; Rollboden *m*
[mas]
**ejector line** Ausstoßleitung *f* [mas]
**ejector sequence valve**
Ausstoßfolgeventil *n* [mas]
**ejector valve** Ausstoßventil *n* [mas]
**elastic** elastisch [wer]
**elastic rail clip** Federklammer *f* [mot]

**elastic rail spike** Federnagel *m*
(Schiene - Schwelle) [mot]
**elbow** Biegung *f* (Knick) [pow];
Bogen *m* (des Rohres) [mas]; Knick
*m* (Biegung) [mas]; Krümmer *m* (des
Rohres) [mot]; Rohrbogen *m* [mas];
Knie *n* (bei Rohren) [mas]; Kniestück
*n* (bei Rohren) [mas]
**elbow connector** Winkelstück *n* [mot]
**elbow fitting** Kniestück *n* (Anschluss)
[mas]
**elbow ingot** Schenkelkokille *f* [met]
**electrical conductivity test**
Leitfähigkeitsprobe *f* (Wasser) [elt]
**electric arc** Lichtbogen *m* (z.B. beim
Schweißen) [elt]
**electric arc furnace**
Elektrolichtbogenofen *m* [met]
**electric arc welding**
Lichtbogenschweißung *f* [met]
**electric circuit diagram**
Elektroschaltplan *m* [elt]
**electric equipment**
Elektroausstattung *f* [elt]
**electric flash-weld**
abbrennstumpfschweißen *v* [met]
**electric flash-welded**
abbrennstumpfgeschweißt [wer]
**electric generator** Lichtmaschine *f*
(Wechselstrom-) [elt]
**electric impedance** Scheinwiderstand
*m* [elt]
**electric resistance thermometer**
Widerstandsthermometer *n* [msr]
**electric resistance welding**
Widerstandsschweißung *f* [met]
**electrics** Elektrik *f* (Haus, Starkstrom,
usw.) [elt]
**electric shock** Stromschlag *m* [elt]
**electric steel** Elektrostahl *m* [wer]
**electric supply**
Elektrizitätsversorgung *f* [elt]
**electric welding** Elektroschweißen *n*
[met]

**electric winch** Elektrozug *m* [met]
**electrode, coated -** Mantelelektrode *f* (Schweißelektrode) [met]; umhüllte Elektrode *f* (Schweißelektrode) [met]
**electrode, covered -** umhüllte Schweißelektrode *f* [met]
**electrode group designation** Elektrodengruppenbezeichnung *f* [elt]
**electrodeposit** galvanisieren *v* [elt]
**electrodeposition** Galvanisierung *f* [elt]
**electrode quiver** Elektrodenköcher *m* [met]
**electro-galvanized** korrosionsgeschützt [met]
**electro-galvanizing** elektrolytische Verzinkung *f* [met]
**electrogas** Elektrogas *n* [met]
**electrogas welding** Elektrogasschweißen *n* [met]
**electro-hydraulic** elektrohydraulisch [elt]
**electrolyte** Batteriesäure *f* [elt]
**electrolytic capacitor** Elektrolytkondensator *m* [elt]
**electrolytic condenser** Elektrolytkondensator *m* [elt]
**electrolytic galvanized** elektrolytisch verzinkt [met]
**electrolytic leaded** elektrolytisch verbleit [met]
**electromagnet** Elektromagnet *m* [elt]
**electromotive** elektromotorisch [elt]
**electromotive power** elektromotorische Kraft *f* [elt]
**electron affinity** Austrittsarbeit *f* [elt]
**electron beam** Elektronenstrahl *m* [elt]
**electron beam welding** Elektronenstrahlschweißen *n* [met]
**electron ray** Kathodenstrahl *m* [elt]
**electroplate** galvanisieren *v* [elt]
**electroplating** Galvanisierung *f* [elt]

**electro-sensitivity** Elektroempfindlichkeit *f* [elt]
**electroslag welding** Elektroschlackeschweißen *n* [met]
**electro weld** elektroschweißen *v* [met]
**electro welded** elektrogeschweißt [met]
**element** Zelle *f* (Batteriezelle) [elt]
**elementary waves** Elementarwellen *pl* [phy]
**elements for spring suspensions** Federungselemente *n* [mas]
**elevated** erhöht [mot]; hochgestellt (z.B. Fahrerhaus); hochgezogen (z.B. Führerhaus)
**elevated frame** Hochrahmen *m* [mot]
**elevated railway** Hochbahn *f* [mot]
**elevated tank** Hochbehälter *m* [bau]
**elevating adjustment** Höheneinstellung *f* [msr]
**elevating device** Hubvorrichtung *n* [mot]
**elevating grader** Förderlader *m* [mot]
**elevating platform** Hubinsel *f* (hebt sich an) [mot]
**elevating spindle** Gewindespindel *f* [mas]
**elevating spindle guide bushing** Gewindebuchse *f* [mas]
**elevation** Ansicht *f* (Seitenansicht) [con]; Draufsicht *f* [con]
**elevation, front -** Vorderansicht *f* (Zeichnung) [con]
**elevator** Aufzug *m* (Fahrstuhl (A)) [bau]
**elevator scraper** Selbstladeschürfkübel *m* [mot]
**eliminating danger** gefahrabweisend
**elimination of a deficiency** Behebung eines Mangels *f*
**elliptical pre-classification screen** Ellipsenvorklassiersieb *n* (a. Brecher) [roh]
**elongation** Verlängerung *f*

**elongation at fracture** Bruchdehnung $f$ [wer]
**embank** abdämmen $v$ (Damm errichten) [bau]
**embanking** Dammbau $m$ [bau]
**embankment** Böschung $f$ (Ufer-) [geo]; Bahndamm $m$ [mot]
**embankment dam** Staudamm $m$ [was]
**embark** einschiffen $v$ (Personen, Güter) [mot]
**embedded** eingebettet [pow]
**embed in concrete** einbetonieren $v$ [bau]
**emboss** narben $v$ (prägen) [met]
**embrittlement** Versprödung $f$ [wer]
**emerald green** smaragdgrün (RAL 6001) [nrm]
**emergence** Hervortreten $n$ [bau]
**emergency** Notfall $m$; Notruf $m$ (am Telefon)
**emergency brake** Notbremse $f$ [mot]
**emergency brake control valve** Parkbremsventil $n$ [mot]
**emergency braking** Notbremsung $f$ [mot]
**emergency button** Alarmknopf $m$ (Schalter)
**emergency control** Notsteuerung $f$
**emergency cord** Notleine $f$
**emergency exit** Fluchtweg $m$ [bau]; Notausgang $m$ (Fluchtweg) [bau]
**emergency fuel tank** Reservetank $m$ [mot]
**emergency generator** Notstromgenerator $m$ [elt]
**emergency hammer** Nothammer $m$ (in öff. Fahrzeugen) [mot]
**emergency landing** Notlandung $f$ (Flugzeug, Bruchlandung) [mot]
**emergency-out** Not-Aus (von Geräten)
**emergency power set** Notstromaggregat $n$ [elt]
**emergency relay valve** Sicherheitsbremsventil $n$ [mot]
**emergency rope-down device** Notabstieg $m$ (am Kran) [mot]
**emergency service** Katastrophenschutz $m$ (z.B. bei Erdbeben)
**emergency staircase** Nottreppe $f$ [bau]
**emergency-steering pump** Notlenkpumpe $f$ (bei Motorausfall) [mot]
**emergency stop** Not-Aus (von Geräten) [elt]
**emergency stop** Notaus-Schalter $m$ [elt]
**emergency stop button** Notfallknopf $m$; Nothalteknopf $m$; Notschalter $m$; Stopptaster $m$
**emergency stop valve** Notabsperrschieber $n$ [pow]
**emergency switch** Katastrophenschalter $m$ [elt]; Notschalter $m$; Notzugschalter $m$
**emergent stem correction** Fadenkorrektur $f$ [pow]
**emery** Schleifpapier $n$ (Schmirgelpapier) [met]
**emery** schmirgeln $v$ [met]
**emery cloth** Schmirgelleinen $n$ [met]
**emery paper** Schmirgelpapier $n$ [met]
**emery stick** Schmirgelstein $m$ [met]
**emission** Aussendung $f$; Ausströmung $f$ [air]; Austrag $m$ [air]
**emission level** Emissionspegel $m$ [msr]
**emission protection** Emissionsschutz $m$ [air]
**emit** ausgeben $v$ (neue Währung o.ä.)
**emitter** Emitter $m$ [elt]
**emitter contact** Emitteranschluss $m$ [elt]
**emitter current** Emitterstrom $m$ [elt]
**emitter diode** Emitterdiode $f$ [elt]

**emitter follower** Emitterfolger *m* [elt]
**emitter-to-gate spacing** Emittertorabstand *m* [elt]
**employ** anstellen *v* [eco]; beschäftigen *v* (in einer Firma) [eco]; verwenden *v* (gewisse Methoden)
**employed on a daily basis** tageweise angestellt sein *v* (Tagelohn) [eco]
**employed with ...** beschäftigt bei ... (z.B. bei Firma) [eco]
**employees** Arbeitnehmer *m* (Personal)
**employer** Auftraggeber *m* (Kunde); Bauherr *m* (Arbeitgeber) [bau]; Unternehmer *m* (Arbeitgeber) [eco]
**employer's liability** Arbeitgeberhaftpflicht *f* [jur]
**employment** Anstellung *f* (in Firma); Beschäftigung *f* [eco]; Beschäftigungsverhältnis *n* [eco]
**employment contract** Anstellungsvertrag *m* (Arbeitsvertrag) [eco]; Arbeitsvertrag *m* (Anstellungsvertrag) [eco]
**empty** leer (geleert) [mot]; unbeladen [mot]
**empty** leeren *v* (entleeren) [mot]
**emulsify** verseifen *v* [met]
**emulsion resistant** verseifungsfest (Schmierfett) [met]
**enamelling** Emaillieren *n* [met]
**encase** einschalen *v* (verkleiden, umhüllen) [bau]
**encased** gekapselt [met]
**enclosed** gekapselt [met]; geschlossen (umhüllt, ummantelt) [met]; innenliegend
**enclosing wall** Umfassungsmauer *f* [bau]
**enclosure** Anlage *f* (zu Schreiben)
**encode** verschlüsseln *v* (nur mit Kode lesbar) [elt]
**encoded** verschlüsselt (nur mit Kode lesbar) [elt]
**encompass** umfassen *v*
**encryption** Verschlüsselung *f* [edv]
**end** Kopf *m* [mas]
**endangered by frost** frostgefährdet [wer]
**end batten plate** Endbindeblech *n* (Stahlbau) [bau]
**end bearing** Endlager *n* (Wellenlager) [mot]
**end bearing flange** Endlagerflansch *m* [mas]
**end bit** Eckmesser *n* [mbt]
**end blocks** Endklötze *m* (Schweißen) [met]
**end cap** Endkappe *f* [mas]
**end clearance** Axialspiel *n* [con]
**end column** Endstütze *f* [bau]
**end cover** Abschlussdeckel *m* [mas]; Verschlussdeckel *m* [mot]
**end cover, rear -** hinterer Verschlussdeckel *m* [mot]
**end cushioning** Endlagendämpfung *f* [mot]
**end cushioning, adjustable -** einstellbare Endlagendämpfung *f* [mas]
**end deformation** Endverformung *f* (unerwünscht) [met]
**end disc** Endscheibe *f* [mbt]
**end door** Stirnwandtür *f* (am Güterwagen) [mot]
**end eye** Lagerauge *n* (an Kolbenstange) [mbt]
**end frame** Endrahmen *m* (Stahlbau) [bau]; Lagerdeckel *m* [mas]
**endless chain conveyor** Kettenförderer *m* [roh]
**endless conveyor** Kreisförderer *m* [roh]
**end, lower -** unterer Kopf *m* [mbt]
**end of stroke** Anschlag *m* (im Zylinder) [mas]; Hubende *n* [mot]
**end-of-stroke damper** Endlagendämpfung *f* [mas]
**end of the belt** Riementrumm *n* [mas]

**end of the stroke, go to the -** zum Anschlag fahren (den Zylinder) [mot]
**end of the test** Versuchsende *n* [pow]
**endorsement** Nachtrag *m* (bei Versicherungen) [jur]
**end pin** Endbolzen *m* [mas]
**end plate** Abschlussplatte *f*; Endscheibe *f* [mbt]; Endstück *n* [mas]; Lagerschild *n* [mas]
**end position** Endstellung *f*; Anschlag *m* [mas]
**end-position** Grenze *f* (Grenzstellung des Kolbens) [mot]; Grenzstellung *f* (des Kolbens) [mot]
**end-restraint, elastic -** elastische Einspannung *f* [bau]
**ends closed and ground** Enden, angebogen und geschliffen *pl* [met]
**end shaping** Endverformung *f* (absichtlich) [met]
**end shield** Lagerschild *n* [mas]
**end stay plate** Endbindeblech *n* (Stahlbau) [bau]
**end stiffener** Endaussteifung *f* (Stahlbau) [bau]
**end stopper** Endabschluss *m* (z.B. von Laufgitter) [mot]
**end support** Endstütze *f* (Stahlbau) [bau]; Stirnlager *n* (Stahlbau) [bau]
**end thrust** Axialdruck *m* [mas]; Längsdruck *m* [mas]
**end, upper -** oberer Kopf *m* [mbt]
**endurance** Widerstandsfähigkeit *f* (Ausdauer)
**endurance limit** Ermüdungsgrenze *f* [wer]
**end wall** Stirnwand *f* (Vorder-, Rückwand Wagen) [mot]
**energization** Erregung *f* [mot]
**energize** aktivieren *v* (einschalten) [elt]
**energize a solenoid** Magnet erregen *v*; Magnetventil erregen *v* [mot]
**energizing** Erregung *f* [elt]

**energizing circuit** Ansteuerschaltung *f* [msr]
**energy consumption** Energieverbrauch *m* [mot]
**energy demand** Energiebedarf *m* [pow]
**energy distribution** Energieverteilung *f* [mot]
**energy loss** Energieverlust *m* [mot]
**energy panel** Energiefassade *f* [bau]
**energy reduction** Energie-Einsparung *f* [pow]
**energy retrieving** Energierückgewinnung *f* [mot]
**energy roof** Energiedach *n* [bau]
**energy saving** arbeitssparend [pow]
**energy saving** Energieeinsparung *f* [mot]
**energy, static -** statische Energie *f* (potentielle Energie) [phy]
**energy supply** Energieversorgung *f* (allgemein) [mot]
**enforced** zwangsweise (mit Gewalt erzwungen) [mot]
**enforcement** Durchsetzung *f*
**engage** eingreifen *v* (z.B. Raste) [mot]
**engaged** besetzt (z.B. Telefon) [tel]; eingelegt (Kupplung) [mot]; eingerostet [mot]; eingerückt (in Raste); im Eingriff (Zahnräder) [mas]
**engagement nut** Einrückmuffe *f* [mas]
**engaging** einfallend (z.B. in eine Raste) [mas]; einrückend (in Raste) [mas]
**engine** Kraftmaschine *f* (Verbrennungsmotor) [mot]; Lokomotive *f* (auch Dampflokomotive) [mot]
**engine base** Motorbock *m* [mot]; Motorfundament *n* [mot]
**engine bearer** Motorträger *m* [mot]
**engine block** Motorblock *m* [mot]
**engine bonnet** Motorhaube *f* [mot]; Motorhaube *f* [mot]

**engine brake** Auspuffklappenbremse *f* [mot]; Drosselbremse *f* (Auspuffklappenbremse) [mot]; Motorbremse *f* (Auspuffklappenbremse) [mot]
**engine breathing system** Entlüftungsanlage des Motors *f* [mot]; Gaswechselsystem *f* [mot]; Motorentlüfter *m* [mot]
**engine compartment** Motorverkleidung *f* [mot]; Motorraum *m* (im Verbrennungsmotor) [mot]
**engine control room** Maschinenkontrollraum *m* (z.B. Schiff) [mot]
**engine coupling** Motorkupplung *f* [mot]
**engine cross** Motorkreuz *n* (Achsmitte Kurbelwelle) [mot]
**engined** strahlig (z.B. zweistrahliges Flugzeug) [mot]
**engine-driven** motorgetrieben [mot]
**engine driver** Lokführer *m* ((A)) [mot]
**engineering** Anlagenbau *m*
**engineering change note** Änderungsmitteilung *f*
**engineering insurance** Maschinenbruchversicherung *f* (technische) [jur]
**engineering plastics** technische Kunststoffe *pl* [wer]
**engineering release note** Änderungsmitteilung *f* [con]
**engineer's pliers** Kombizange *f* [wzg]
**engine for motor boat** Bootsmotor *m* [mot]
**engine front support** vordere Motoraufhängung *f* [mot]
**engine fuel transfer pump** Kraftstofförderpumpe *f* [mot]
**engine guard plate** Motorschutzblech *n* [mot]

**engine hood** Motorhaube *f* [mot]
**engine lubrication** Motorenschmierung *f* [mot]
**engine mounting** Motoraufhängung *f* [mot]; Motorträger *m* [mot]; Motorlager *n* [mot]
**engine mounting base** Motoraufhängung *f* [mot]
**engine oil** Motoröl *n* [mot]
**engine plate** Motorschild *n* [mot]
**engine rating** Motornennleistung *f* (Verbrennungsmotor) [mot]
**engine, rear -** Heckmotor *m* [mot]
**engine repair** Maschinenreparatur *f* [mas]; Motorreparatur *f* [mot]
**engine revolution** Motordrehzahl *f* [mot]
**engine revolutions** Drehzahl *f* (des Motors) [mot]
**engine room** Maschinenraum *m* [mot]
**engine speed** Motordrehzahl *f* [mot]
**engine-speed reduction** Drehzahlrückstellung *f* [mot]
**engine support bracket** Motoraufhängung *f* (am Rahmen) [mot]
**engine suspension** Motoraufhängung *f* (Zwischenteile) [mot]
**engine tachometer** Motordrehzahlmesser *m* [mot]
**engine tilt angle** Motorschräglage *f* (Bagger am Hang) [mot]
**engine tilt-angle, permissible -** zulässige Motorschräglage *f* [mot]
**engine timing** Motorsteuerung *f* [mot]
**engine unit** Einbaumotor *m* [mot]
**engine variation** Motorversion *f* [mot]
**engine version** Motorversion *f* [mot]
**engraphed** eingraviert [met]
**engrave** gravieren (Platte beschriften) [met]
**enlarge** vergrößern *v* (Zeichnung, Foto) [con]

**enlarged** vergrößert (Fläche, Foto) [con]
**enlargement** Aufweitung *f*
**enlargement scale** Vergrößerungsmaßstab *m* [con]
**enrich** anreichern *v* (verbessern, ausbauen)
**enrichment** Anreicherung *f* (Zusatzstoffe) [che]
**enter** eintragen *v* (z.B. in Liste)
**entering** Eintragung *f* (in Liste)
**enthalpy** Wärmeinhalt *m* [pow]
**entire installation** Gesamteinrichtung *f* (Ausstattung)
**entirely** vollständig [bau]
**entrance** Einfahröffnung *f* [mbt]
**entrance angle** Eintrittswinkel *m* [pow]
**entrance door** Eingangstür *f* [bau]
**entrance loss** Eintrittsverlust *m* [pow]
**entrance of the rear axle** Hinterachseingang *m* [mot]
**entry** Stollen *m* (unter Tage) [roh]; Zugang *m* (Eingang; Tür)
**entry in the minutes** Protokolleintragung *f* (in Sitzungsprotokoll.)
**entry looper** Einlaufspeicher *m* [mas]
**entry point** Antritt *m* (Rolltreppe) [mbt]; Eintrittsmittelpunkt *m* [elt]
**entry steam cock** Dampfeinlasshahn *m* [mot]
**enveloping body** Hüllkörper *m* (Schmiedeumhüllung) [mas]
**environment** Umfeld *n*
**environment, current -** aktuelle Umgebung *f*
**equalising bar** Ausgleichsschiene *f* [mas]
**equalization** Entzerrung *f* [elt]
**equalize** entzerren *v* [elt]
**equalizer** Entzerrer *m* [elt]
**equalizer bar** Quertraverse *f* [mas]
**equalizer spring** Ausgleichsfeder *f* [mas]

**equalizing bar** Hebelarm *m* (bei Gabelstaplern) [mas]
**equalizing resistor** Angleichwiderstand *m* [elt]
**equalizing valve** Druckausgleichventil *n* [mot]
**equidistant** gleichweit entfernt [mot]
**equilibrium** Beharrungszustand *m* (Gleichgewicht)
**equilibrium of forces** Kräftegleichgewicht *n* [phy]
**equip** versorgen *v* (ausstatten)
**equipment** Anlage *f* (im Sinne von Einrichtung); Ausrüstung *f*; Arbeitsgerät *n*
**equipment cabinet** Geräteschrank *m* [bau]
**equipment, electrical -** Elektrik *f* [elt]; elektrische Anlage *f* [elt]; elektrische Ausrüstung *f* [elt]; elektrisches Gerät *n* (Zubehör, Teile) [elt]
**equipment, electronic -** elektronische Geräte *pl* [elt]
**equipment, mobile -** selbstfahrende Arbeitsmaschine *f* [mot]
**equivalent flaw** Ersatzfehler *m* [elt]
**eraser head** Löschkopf *m* (z.B. im Kassettenrecorder) [elt]
**erect** aufstellen *v* (aufbauen) [bau]
**erecting crane** Montagekran *m* [met]
**erecting scaffold** Montagegerüst *n* [bau]
**erection** Errichtung *f* [bau]; Konstruktion *f* [bau]; Montage *f* (Aufstellung, Errichtung) [met]
**erection and assembly insurance** Bauleistungsversicherung *f* [jur]; Montageversicherung *f* [jur]
**erection bolt** Montageschraube *f* [mas]
**erection cost** Baukosten *pl* [bau]; Montagekosten *pl* (z.B. Aufbau Großgerät) [met]

**erection drawing** Montagezeichnung $f$ [con]
**erection time** Montagedauer $f$ [met]; Montagezeit $f$ [met]
**erection welding** Montageschweißung $f$ [met]
**erection works** Montagearbeiten $pl$ [met]
**ergonomics** Ergonomie $f$ (wissenschaftlich) [hum]
**ermeto coupling** Schneidring $m$ [wzg]
**eroded by heat** ausgebrannt (Landschaft durch Hitze) [wet]
**erosion-resistant** erosionsfest [pow]
**escalator** Rolltreppe $f$ [mbt]; Aufzug $m$ [bau]
**escalator arresting-device** Fahrstuhlfanggerät $n$ [bau]
**escalator entrance** Rolltreppenzugang $m$ [mbt]
**escalator gearbox** Rolltreppengetriebe $n$ [mbt]
**escalator landing** Rolltreppenzugang $m$ [mbt]
**escalator step** Rolltreppenstufe $f$ [mbt]
**escape** ausströmen $v$ (Gase) [air]; entweichen $v$ (z.B. Gas) [mot]
**escape staircase** Nottreppe $f$ [bau]
**establish** aufstellen $v$ [met]
**estate** Siedlung $f$ [bau]
**estimate** Angebotssumme $f$ [eco]; Berechnung $f$ (Schätzung, Einschätzung) [con]
**estimate** abschätzen $v$ (Entfernung)
**estimated data** Anhaltswert $m$
**estimate on information** Orientierungsvoranschlag $m$
**estimating** Abschätzung $f$ (Entfernung, Menge)
**estimation** Bewertung $f$ (Einschätzung)
**estimation of productivity data** Leistungsabschätzung $f$

**estuary** Mündung $f$ (des Flusses) [was]
**etch** ätzen $v$ [wer]
**etching** beizen $v$ (Materialbehandlung) [met]
**etch primer** Ätzprimer $m$ [che]
**evacuate site** Baustelle räumen (z.B. vor Sprengung) [bau]
**evaluation** Auswertung $f$ [msr]
**evaluation, static -** statische Bewertung $f$ [edv]
**evaluation system** Auswerteeinrichtung $f$ [msr]
**evaporate** verdunsten $v$ [phy]
**evaporating coil** Verdampfungsspule $f$ [mot]
**evaporating cooler** Verdampferkühler $m$ [mot]
**evaporation** Verdampfung $f$ [mot]; Verdunstung $f$ [phy]
**evaporator** Verdampfer $m$ (Endverdampfer) [pow]
**event** Vorgang $m$ (Ereignis, Vorfall, Geschehen)
**evidence** Beweis $m$ (für eine These)
**evolution** Abwicklung $f$ (Entwicklung); Entwicklung $f$ (Abwicklung)
**examination** Prüfung $f$ [pow]; Untersuchung $f$ (auch ärztlich)
**examine** überprüfen $v$ (z.B. Pässe examinieren); untersuchen $v$ (z.B. ein defektes Gerät)
**example** Muster $n$ (Beispiel)
**example heuristic** Beispielheuristik $f$ [edv]
**excavate** ausgraben $v$ (ausheben) [bau]; ausheben $v$ (ausgraben) [bau]; ausschachten $v$ (eine Baugrube usw.) [bau]; baggern $v$ (ausschlammen) [mbt]
**excavated** ausgebaggert (an Land)
**excavated earth** Erdaushub $m$ [bau]

**excavated material** Aushub *m* [bau]; Auswurf *m* (ausgehobener Boden) [bau]
**excavated soil** Bodenaushub *m* (ausgehobener Boden) [bau]
**excavating** Ausheben *n* [bau]
**excavating blade** Auskofferschar *f* [mbt]
**excavating depth** Baggertiefe *f* (an Land) [mbt]
**excavation** Ausschachtung *f* (Loch ausheben) [bau]; Aushub *m* [bau]
**excavation material** Aushubmaterial *n* [bod]
**excavation pit** Baugrube *f* [bau]
**excavation work** Erdaushub *m* (Ausschachten) [bod]; Ausschachten *n* (Erdaushub) [bau]
**excavator** Bagger *m* [mbt]
**excavator axle** Baggerachse *f* (Spezialachse) [mbt]
**excavator bucket** Baggerlöffel *m* [mbt]
**excavator, electrical -** Elektrobagger *m* [mbt]
**excavator engineering** Baggertechnik *f* (Arbeit mit Bagger) [mbt]
**excavator, hydraulic -** Hydraulikbagger *m* [mbt]
**excavator/loader** Baggerlader *m* [mbt]
**excavator manufacture** Baggerbau *m* [mbt]
**excavator monitoring** Baggerüberwachung *f* [elt]
**excavator operator** Baggerführer *m* [mbt]
**excavator study** Baggerstudie *f* [mbt]
**excavator with grab** Bagger mit Greifer *m* [mbt]; Greiferbagger *m* (Bagger mit Greifer) [mbt]
**excavator with ripper tooth** Bagger mit Reißzahn *m* [mbt]
**excavator work** Baggerarbeit *f* (an Land) [mbt]

**exception** Ausnahme *f*
**exception agreement** Ausnahmegenehmigung *f*
**excess** überflüssig (z.B. überflüssiger Kleber); überschüssig (z.B. zu viel Kapazität)
**excess air** Luftüberschuss *m* [pow]
**excess air coefficient** Luftüberschusszahl *f* [pow]
**excess capacity** überschüssige Kapazität *n* [eco]
**excess current** Überstrom *m* [elt]
**excess current relay** Überstromsrelais *n* [elt]
**excess current switch** Überstromschalter *m* [elt]
**excessive** überhöht (z.B. Geschwindigkeit) [mot]
**excessive penetration** Wurzeldurchfall *m* (der Schweißnaht) [met]
**excess material at root of seam** Schweißbart *m* [met]
**excess pressure valve** Druckbegrenzungsventil *n* [mot]
**excess temperature of coolant** Kühlerwasserübertemperatur *f* [mot]
**excess voltage** Überspannung *f* [elt]
**exchange** Austausch *m*; Austausch *m* (Ionenaustausch) [che]
**exchange** austauschen *v*
**exchangeability** Austauschbarkeit *f*
**exchangeable** auswechselbar
**exchangeable container** Wechselbehälter *m* (Container) [mot]
**exchangeable gland** Wechselblende *f* [mot]
**exchangeable packing** Wechselblende *f* [mot]
**exchange part** Austauschaggregat *n*; Austauschteil *n*
**exchanger** Austauscher *m* (Ionenaustauscher) [che]; Umwandler *m* [pow]

**excitation** Erregung *f* (eines Strahlers) [elt]
**excitation current** Erregerstrom *m* [elt]
**excitement** Erregung *f* (Mensch) [elt]
**exciter** Erzeuger *m* (z.B. von Schwingungen) [mot]; Steuersender *m* [elt]
**exciting** aufregend
**exciting electricity** Erregerstrom *m* [elt]
**exclamation mark** Ausrufungszeichen *n*
**exclusion** Ausschluss *m* (einer Haftung, Person) [jur]
**excrescence** Protuberanz *f* (Ausstülpung) [met]
**execute** ausfahren *v* (durchführen) [met]; verrichten *v* (ausfahren)
**execution** Abwicklung *f* (einer Arbeit); Ausführung *f* (einer Aufgabe); Durchführung *f* (einer Aufgabe)
**execution of work** Bauausführung *f* [bau]
**executive** Manager *m* (Chef, Leiter) [eco]
**exhaust** Entlüftung *f* (beim Ventil) [mot]; Auspuff *m* [mot]
**exhaust** absaugen *v* [mot]
**exhaust air bend** Abluftkrümmer *m* [mot]
**exhaust air flap** Abluftklappe *f* [air]
**exhaust brake** Auspuffbremse *f* (Motorbremse) [mot]; Auspuffklappenbremse *f* [mot]; Drosselklappenbremse *f* [mot]; Motorbremse *f* (Auspuffklappenbremse) [mot]
**exhaust cleaner** Abgasreiniger *m* [air]
**exhaust duct** Abzugshaube *f* [air]
**exhausted** ausgebeutet (Bergwerk) [roh]
**exhaust elbow** Abgaskrümmer *m* (auch Auto) [mot]

**exhauster** Entlüfter *m* (Gase entfernen) [mot]
**exhauster fan** Mühlenventilator *m* (Mühlenfeuerung) [pow]
**exhaust flap brake** Auspuffklappenbremse *f* [mot]
**exhaust gas** Abgas *n* (aus Auspuff) [mot]
**exhaust gas burner** Abfackelanlage *f*
**exhaust-gas conditioner** Abgasreiniger *m* [air]
**exhaust gas heated** abgasbeheizt [pow]
**exhaust-gas thermostat** Abgasthermostat *m* [msr]
**exhaust gas turbine** Abgasturbine *f* [pow]
**exhaust in** Auspuffgase-Eintritt *m* [mot]
**exhaustion** Ermüdung *f* (von Material) [wer]; Verbrauch *m* (Erschöpfung) [mot]
**exhaustion of the limit** Erschöpfung der Deckungssumme *f* [jur]
**exhaust manifold** Auspuffkrümmer *m* [mot]
**exhaust manifold connection** Auspuffrohrverbindung *f* [mot]
**exhaust-operated air heating** Abgasheizung *f* [pow]
**exhaust out** Auspuffgase-Austritt *m* [mot]; Gasaustritt *m* [mot]
**exhaust pipe** Abgasleitung *f* (auch Auto) [air]; Auspuffleitung *f* [mot]; Auspuffrohr *n* [mot]
**exhaust pressure** Auspuffdruck *m* [mot]
**exhaust silencer** Auspuffdämpfer *m* [mot]; Auspuffschalldämpfer *m* [mot]
**exhaust steam** Abdampf *m* [pow]
**exhaust steam oil separator** Abdampfentöler *m* [pow]
**exhaust steam utilization** Abdampfverwertung *f* [pow]

**exhaust stroke**  Anstoßhub *m* [mot]
**exhaust system**  Abgasanlage *f* (auch Auto) [air]
**exhaust turbo charger**  Abgasturbolader *m* [mot]
**exhaust turbo-supercharger**  Abgasturbolader *m* [mot]
**exhaust valve**  Auspuffklappe *f* [mot]; Auslassventil *n* [mot]
**exhaust valve cap**  Auslassventilverschraubung *f* [mot]
**exhaust valve seat**  Auslassventilsitz *m* [mot]
**exhaust valve spring**  Auslassventilfeder *f* [mot]
**exhibit**  Ausstellungsstück *n* (ein Gerät)
**exhibit**  ausstellen *v* (Messe)
**exhibit booth**  Messestand *m* [eco]
**exhibition**  Ausstellung *f* (auch: Messe)
**exhibition ground**  Ausstellungsgelände *n*; Messegelände *n* (Ausstellungsgelände)
**exhibition space**  Messestand *m* (außen)
**exhibitor**  Aussteller *m* (stellt auf Messe aus)
**exit**  Ausfahrt *f* (von der Autobahn) [mot]; Ausgang *m* (eines Hauses) [bau]
**exit angle**  Austrittswinkel *m* [con]
**exit gas**  Abgas *n* (tritt aus) [air]
**exit gas fan**  Abgasgebläse *n* [air]
**exit gas temperature**  Abgastemperatur *f* [air]
**exit loss**  Austrittsverlust *m* [air]
**expand**  aufwerfen *v* (Rohre); einwalzen *v* (Rohre) [met]; nachrüsten *v* (ergänzen)
**expanded clay**  Blähton *m* (Bodenart) [wer]
**expanded metal**  Streckgitter *n* (aus Walzwerk) [mas]
**expanded metal walkway**  Streckmetallbelag *m* [pow]
**expanded tube joint**  Walzverbindung *f* [pow]
**expansion**  Aufweitung *f*; Ausdehnung *f*; Nachrüstung *f* (zusätzlicher Anbau)
**expansion anchor**  Spreizdübel *m* [bau]
**expansion joint**  Dehnungsfuge *f* (Stahlbau) [bau]; Kompensator *m* (Ausgleicher) [pow]
**expansion kit**  Nachrüstsatz *m* (zusätzlicher Anbau)
**expansion of the port**  Hafenausbau *m* [mot]
**expansion tank**  Ausgleichsbehälter *m*
**expansion, thermal -**  Wärmedehnung *f* [pow]
**expectancy range**  Erwartungsbereich *m* [elt]
**expected time**  Vorgabezeit *f* [met]
**expedient solution**  Notlösung *f* (schnelle Lösung)
**expedite**  beeilen *v* (zügig bearbeiten); beschleunigen *v* (Druck machen)
**experimental process**  Versuchsverfahren *n* [msr]
**experimental stress analysis**  Festigkeitsversuch *m* [msr]
**expert**  Fachmann *m*
**expert language**  Expertensprache *f* (Datenverarbeitung) [edv]
**expert opinion**  Fachgutachten *n* (auch schriftlich); Gutachten *n* (Expertise)
**expert's fees**  Sachverständigenkosten *pl* [jur]
**expert's opinion**  Sachverständigengutachten *n*
**expert system**  Expertensystem *n* [edv]
**expiration**  Ablauf *m* (Ablauf der Vertragszeit)
**expire**  ablaufen *v* (enden, beendigen)

**expired** abgelaufen (nicht wirksam, beendigt)
**explode** detonieren v (explodieren) [roh]
**exploit** ausbeuten f (Bergbau)
**exploit** ausnutzen v (ausbeuten) [roh]
**exploratory drilling** Erkundungsbohrungen pl [roh]
**explosion** Detonation f [roh]; Sprengung f (Explosion) [roh]; Verpuffung f (Entzündung) [mot]
**explosion diaphragm** Reißfolie f [pow]
**explosion door** Explosionstür f [pow]
**explosion fumes** Explosionsgase pl [roh]
**explosion of coal dust** Kohlenstaubexplosion f (unter Tage) [roh]
**explosion pressure** Explosionsdruck m [roh]
**explosion-proof** explosionssicher [roh]
**explosions-proof** ex-geschützt [elt]
**explosion train** Explosionswelle f (Druckwelle) [roh]
**explosion welding** Explosionsschweißen n [met]
**explosive agents** Zündmittel n [roh]
**explosive charge** Ausstoßladung f
**explosives** Sprengstoff m [roh]; Sprengstoffe pl [roh]
**explosive welding** Sprengschweißen n [met]
**export sales** Vertrieb Ausland m
**exposed** erhöht (herausragend) [bau]
**exposed aggregate concrete** Waschbeton m [bau]
**exposed concrete** Sichtbeton m [bau]
**expression** Ausdruck m (in der Logik)
**express railcar** Schnelltriebwagen m [mot]
**expressway** Autobahn f (Autoschnellstraße USA) [mot]

**extend** ausbauen v [bau]; ausdehnen v [phy]; ausfahren v (den Zylinder) [mbt]; vergrößern v (das Ausmaß) [con]; verlängern v (um ein Meter) [con]
**extended** verlängert (um 1 m länger gemacht) [con]
**extended sound path** Umwegfehler m [elt]
**extensible** dehnbar [wer]
**extension** Ergänzung f (Ausweitung) [con]; Verlängerung f (Kabel, usw.) [elt]; Ausbau m
**extension of coverage** Deckungserweiterung f (bei Versicherung) [jur]
**extension sleeve** Dehnhülse f [mas]
**extent** Weite f (z.B. des Grundstücks) [bau]; Umfang m (z.B. einer Aufgabe); Ausmaß n (Umfang) [con]
**extent of validity** Gültigkeitsdauer f (z.B. 5 Jahre); Gültigkeitsbereich m (z.B. Deutschland)
**extent, to a great -** weitgehend (in großem Ausmaß)
**exterior admission** außenbeaufschlagt
**exterior wall** Außenwand f [bau]
**exterminate** vernichten v (Insekten, Schädlinge)
**external** außen (äußerlich); extern; fremd (funktionstechnisch extern)
**external band brake** Außenbandbremse f [mbt]
**external flaw** Außenfehler m [wer]
**external geared wheel** Koppelrad n [mot]
**external gearing** Außenverzahnung f [mas]
**external mounting housing** Anbaugehäuse n [mas]
**external panelling** Außenverkleidung f (die Platten) [mas]
**external plant** Außenanlage f

**external rendering** Außenputz *m* [bau]
**external sealing** Außenabdichtung *f* [bau]
**external synchronisation** Fremdsynchronisation *f* [elt]
**external teething** Außenverzahnung *f* [mas]
**external toothing** Außenverzahnung *f* [mas]
**external wall** Außenwand *f* [bau]
**external welding** Außenschweißung *f* [met]
**extinguish** löschen *v* (Feuer bekämpfen)
**extraction device** Auszugvorrichtung *f* [met]
**extraction steam** Anzapfdampf *m* [pow]
**extraction steam line** Anzapfleitung *f* [pow]
**extraction steam preheater** Anzapfvorwärmer *m* [pow]
**extractor** Abziehvorrichtung *f* [met]; Abziehvorrichtung *f* (Nabe) [met]; Abzieher *m* (Werkzeug) [met]
**extractor device** Abzugsvorrichtung *f* [met]
**extra weight** Zusatzmasse *f* [mot]
**extreme-in position of a lever** Endstellung eines Hebels *f* [mot]
**extreme limit switch** Grenzschaltung *f*
**extreme service shoe** Bodenplatte für den Schwersteinsatz *f* [mbt]
**extrinsic base resistance** Basisbahnwiderstand *m* (im Transistor) [elt]
**extrinsic resistance** Basisbahnwiderstand *m* (im Transistor) [elt]
**extruding axis** Profilachse *f* [mbt]
**extrusion** Aushalsung *f* [mas]; Herausdrücken *n* [mot]

**exude** abgeben *v* (ausschwitzen, ausstrahlen)
**eye** Lasche *f* (Transportbefestigung) [mas]; Schlaufe *f* (klein); Schlinge *f* (klein); Auge *n* (Öse) [mas]; Öhr *n* (der Nadel) [mas]
**eyebolt** Tragöse *f* [pow]
**eye bolt** Augenschraube *f* [mas]; Ringschraube *f* [mas]
**eyelet** Lagerauge *n* [mas]
**eye plate** Augplatte *f* (Anschlagen Seil) [mas]
**eye rod** Ösenstange *f* [mas]
**eye-sight** Sehvermögen *n* [hum]

# F

**fabric** Geflecht n (Textil, Gewebe) [wer]
**fabric belt tyre** Textilgürtelreifen m [mot]
**fabric lining** Gewebeeinlage f [mot]
**fabric reinforcement** Gewebeeinlage f (Baustahlgewebe) [bau]; Baustahlgewebe n [bau]
**fabric reinforcing** Seele f (des Gummischlauchs) [wer]
**face** Abbauwand f (vor Ort) [roh]; Front f (Vorderseite) [con]; Kante f (Ecke) [con]; Streb m (Wand; Kohlenwand, vor Ort) [roh]
**face** auskleiden v (z.B. einen Schacht) [bau]; verblenden v [bau]
**face, at the -** vor Kohle (vor Ort unter Tage) [roh]; vor Ort (vor Kohle unter Tage) [roh]
**face bend test** Flächenbiegungsprobe f [met]
**face grinding** planschleifen v [met]
**face, natural -** natürliche Wand f (des Steinbruches) [min]; ungesprengte Wand f [min]
**face plate** Planscheibe f [mas]
**face pressure** Flächenpressung f [mas]
**face shield** Schweißerschild n (Handschild) [met]
**face shovel** Grabschaufel f [mbt]; Ladeschaufel f [mbt]; Hochlöffel m [mbt]; Ladeschaufelbagger m [mbt]
**face side** Stirnseite f (schmalere Seite) [con]
**face side, on the -** stirnseitig [con]
**facet** Aspekt m (Facette, Rautenfläche)
**face wall** Stirnmauer f [bau]
**facilities** Anschlüsse pl (im Haus) [bau]
**facing** Verkleidung f [bau]; Belag m (Oberfläche) [wer]
**facing brickwork** Sichtmauerwerk n [bau]
**facing concrete** Sichtbeton m [bau]
**facsimile** Telefax n [tel]
**factory** Produktion f (im Werk)
**factory approval** Werksabnahme f [msr]
**factory building** Fabrikgebäude n [bau]
**factory floor** Werk n (im Werk, in der Produktion) [met]
**factory floor** Fertigung v (Produktion) [met]
**factory-provided** werksseitig (vom Werk geliefert) [met]
**factory railway** Werksbahn f [mot]
**factory standard** Werksnorm f (fabrikeigene Norm) [con]
**factual mobility** Kopffreiheit f (tatsächlicher Abstand) [con]
**fade out** ausblenden v (langsam rausgehen) [edv]
**fading of colour** Veränderung des Farbtons f [met]
**fading out** Ausblendung v (langsam rausgehen) [elt]
**failure** mangelhafte Arbeit f [met]; Panne f (Ausfall, Versagen) [mot]; Ausfall m (einer Pumpe) [met]; Stillstand m (Versagen) [pow]; Versagen n (eines Gerätes)
**failures, with -** mängelbehaftet
**failure to signal** nicht blinken v (beim Abbiegen) [mot]
**failure to warn** Instruktionsfehler m [jur]
**failure type** verworfene Art f (Ausschuss) [met]
**failure zone** Bruchzone f [wer]

**faint** ohnmächtig werden [hum]
**fair** Ausstellung *f* (Messe)
**fair** windschlüpfig machen *v* (verkleiden) [mas]
**faired** stromlinienförmig (windschlüpfig) [mas]; verkleidet (außen geschützt); windschlüpfig (stromlinienförmig) [mas]
**fair-faced plaster** Glattputz *m* [bau]
**fair goods** Messegut *n*
**fair ground** Messegelände *n*
**fair hall** Messehalle *f* [bau]
**fairlead** Führungsrolle *f* [mas]
**fair-lead sheave** Seilführungsrolle *f* [mot]
**fair stand** Messestand *m* (innen und außen)
**fair store** Messelager *n*
**fairway** Fahrrinne *f* [mot]
**fall, free -** freier Fall *m* [phy]; Freifall *m*
**falling gradient** Neigung *f* (der Bahnstrecke) [mot]
**falling rocks** Steinschlag *m* (z.B. Verkehrszeichen) [mot]
**fall pipe** Regenfallrohr *n* [bau]
**fall plate** Tenderbrücke *f* (zwischen Lok & Tender) [mot]; Übergangsbrücke *f* (zwischen Lok & Tender) [mot]
**fall plate stanchion** Stirnwandrunge *f* (am Flachwagen) [mot]
**fall short of ...** unterschreiten *v* (ein gesetztes Ziel)
**fall through** scheitern *v* (z.B. Verhandlungen)
**fall time** Abfallzeit *f*
**false ceiling** abgehängte Decke *f* [bau]
**falsework** Baugerüst *n* (z.B. am Neubau) [bau]
**fan** Windflügel *m* (im Auto) [air]
**fan baffle** Lüfterleitblech *n* [air]
**fan belt** Keilriemen *m* (zur Kraftübertragung) [mot]; Lüfterriemen *m* (meist Keilriemen) [mot]; Ventilatorriemen *m* [mot]
**fan belt adjusting pulley bracket** Halterung der Spannscheibe *f* [air]
**fan blade** Lüfterflügel *m* [air]; Ventilatorflügel *m* [air]; Ventilatorblatt *n* [air]
**fan blast deflector** Kühlwindabweiser *m* [air]
**fan bracket** Lüfterbock *m* [mot]
**fan casing** Gebläsegehäuse *n* [air]
**fan cowl** Lüfterhaube *f* [mot]
**fan drive** Gebläseantrieb *m* [air]
**fan drive shaft** Lüfterwelle *f* [mot]
**fan driving pulley** Lüfterscheibe *f* [mot]; Ventilatorriemenscheibe *f* [mot]; Ventilatorscheibe *f* [mot]
**fan-driving pulley** Riemenscheibe *f* (Gebläse, Lüfterschraube) [mot]
**fan efficiency** Gebläsewirkungsgrad *m* [air]
**fan fixed shaft** Lüfterachse *f* [air]
**fan grill** Lüfterschutzgitter *n* [air]
**fan guard** Ventilatorschutzgitter *n* [air]
**fan heater** Heizlüfter *m* [air]
**fan hub** Lüfternabe *f* [air]
**fan margin** Zugreserve *f* (Gebläse) [air]
**fan out** Auffächerung *f*
**fan pulley** Lüfterriemenscheibe *f* [mot]
**fan-shaped** fächerförmig [roh]
**fan-shaped washer** Fächerscheibe *f* [mas]
**fan shroud** Lüfterhaube *f* [mot]
**fan-type air cooling** Gebläseluftkühlung *f* [mot]
**fan wheel** Lüfterrad *n* (Lüfterflügel) [mot]
**fare-dodger** Schwarzfahrer *m* (z.B. in der Bahn) [mot]
**fare-dodging** schwarzfahren *v* (z.B. in der Bahn) [mot]

**far field**  Fernfeld *n* [tel]
**far-sighted**  weitsichtig
**fast acting**  schnellansprechend [pow]
**fasten**  anbringen *v* (befestigen, nageln) [met]; anschlagen *v* (Seil befestigen); befestigen *v* (z.B. mit Nagel) [met]; sichern *v* (befestigen) [met]
**fastener**  Befestiger *m* [met]; Halter *m* (Befestigung) [met]; Ringbolzen *m* [mas]; Verschluss *m* (Befestigung) [mas]
**fastening**  Befestigung *f* (Halt, Anbringung) [mas]; Verschluss *m* [mas]
**fastening bores**  Befestigungsbohrungen *pl* [mas]
**fastening parts**  Befestigungsteile *pl* [mas]
**fastenings**  Schienenbefestigung *f* (allgemein) [mot]
**fastening system**  Befestigungssystem *n* [mot]
**fastening with noise abatement**  Befestigung mit Lärmdämpfung *f* [mot]
**fast-fall**  schnelles Absenken *n* (Absenken des Baggers) [mbt]
**fast fall device**  Schnellsenkeinrichtung *f* (Freifall) [mbt]
**fast fuelling system**  Druckbetankungsanlage *f* [mot]; Schnellbetankungsanlage *f* [mot]
**fast-lowering device**  Schnellsenkeinrichtung *f* [mbt]
**fast train**  Schnellzug *m* (der Eisenbahn) [mot]
**fast wear part**  Schnellverschleißteil *n* [met]
**fatigue**  Ermüdung *f* (von Material) [wer]; Ermüdungserscheinung *f* [wer]
**fatigue bend test**  Dauerbiegeversuch *m* [msr]
**fatigue crack**  Ermüdungsriss *m* [wer]

**fatigue fracture**  Dauerbruch *m* (z.B. Metallermüdung) [wer]; Ermüdungsbruch *m* [wer]
**fatigue free**  dauerfest [wer]
**fatigue limit**  Dauerfestigkeit *f* [wer]
**fatigue strength**  Dauerfestigkeit *f* [wer]
**fatigue test**  Dauerversuch *m* (Ermüdungsversuch) [msr]
**faucet**  Wasserhahn *m* (Hahn, Sperrventil) [was]
**fault**  Störung *f* (Fehler, Versagen)
**fault clearance**  Entstörung *f* [elt]
**fault current**  Fehlerstrom *m* [elt]; Kurzschlussstrom *m* [elt]
**fault current protection switch**  Fehler-Strom-Schutzschalter *m* [elt]
**fault indicator relay**  Störmelderelais *n* [elt]
**faulting**  Verwerfung *f* (z.B. durch Erdbeben) [geo]
**faultless**  lückenlos (einwandfrei)
**faults**  Verwerfungen *pl* [geo]
**faulty installation**  Einbaufehler *m* [met]
**faulty measurement**  Fehlanzeige *f* (unrichtige Anzeige) [msr]
**favour**  schonen *v* (ein verletztes Bein) [hum]
**fawn brown**  rehbraun (RAL 8007) [nrm]
**feasibility report**  Studie über Durchführbarkeit *f* [eco]
**feasibility-report**  Durchführbarkeitsstudie *f* [eco]
**feature**  Funktion *f* (eines Programms) [edv]; charakteristisches Merkmal *n*; Merkmal *n* (Haupteigenschaft)
**features and flaws**  Eigenschaften und Fehler *pl* [edv]
**features, known -**  bekannte Merkmale *pl*
**feed**  Einspeisung *f* [mot]; Zuführung *f* (von Material, Heizmater.) [met];

Vorschub *m* [mot]; Vorschub *m* (auf Bearbeitungsmaschine) [met]; Zulauf *m* [mot]

**feed** einspeisen *v* [mot]; nachspeisen *v* [mot]; speisen *v* (Wasser einspeisen) [mot]

**feedback** Rückkopplung *f* (positive Rückkopplung) [elt]

**feed back** Rückkopplung *f* [elt]; Rückleistung *f* [mot]; Regelkreis *m* [mot]; Regler *m* [mot]

**feedback network** Rückkopplungsnetzwerk *n* [elt]

**feedback, positive -** positive Rückkopplung *f* [elt]

**feedback value** Istwert *m* (im Regelkreis) [elt]

**feed chute** Beschickungsschurre *f* [roh]

**feed, coarse -** grober Vorschub *m* (Schruppen) [met]

**feed control** Vorschubregelung *f* [mot]

**feed control pump** Vorschubregelpumpe *f* [mot]

**feed control valve** Vorschubregelventil *n* [mot]

**feed conveyor** Aufgabeförderer *m* [met]; Aufgabeband *n* [roh]

**feed cylinder** Vorschubzylinder *m* [mas]

**feed device** Beschickungsschurre *f* [roh]

**feeder** Speiseleitung *f* (Öl, Wasser, Gas etc) [mot]; Aufgabeapparat *m* [met]; Zubringer *m* (z.B. kleine Bahnlinie) [mas]

**feeder chute** Füllschacht *m* [mas]

**feeder gauge** Blechstreifen *m* (zum Einsetzen Ritzel) [mas]

**feeder grate** Aufgabegitter *n* [roh]

**feeder line** Bimmelbahn *f* (Neben-, Schmalspurbahn) [mot]; Nebenbahn *f* [mot]; Nebenstrecke *f* (der Bahn) [mot]; Schmalspurbahn *f* [mot]; Schmalspurstrecke *f* (der Bahn) [mot]; Speiseleitung *f* [mot]

**feeder-line rolling stock** Feldbahnmaterial *n* [mot]

**feeder road** Zubringerstraße *f* [mot]

**feed, fine -** kleiner Vorschub *m* (beim Schlichten) [met]

**feed hopper** Aufgabebunker *m* (des Brechers) [met]; Chargiertrichter *m* [mas]

**feed in** hereinfahren *v* (Material in Maschine) [roh]

**feeding** Aufgabe *f* (von Material in Maschine); Beschickung *f* (z.B. des Ofens) [roh]; Zuleitung *f* [mot]

**feeding chute** Beschickungsschurre *f* [roh]

**feeding drum** Obertrommel *f* (Speisetrommel) [mas]

**feeding hopper** Fülltrichter *m* [mas]

**feeding line** Nachspeiseleitung *f* [mot]

**feeding rack** Vorlagerost *m* [mas]

**feeding valve** Nachspeiseventil *n*

**feeding voltage** Speisespannung *f* [elt]

**feed inlet** Aufgabeöffnung *f* [roh]

**feed line** Zulaufleitung *f* [mot]

**feed opening inlet** Aufgabeöffnung *f* [roh]

**feed path** Schaltweg *m* [elt]

**feed pipes** Zulaufweg *m* (des Öls)

**feed pump** Speisepumpe *f* (Dampflok) [mot]

**feed rate** Vorschubgröße *f* [mot]

**feed roll** Transportrolle *f* [mas]

**feed roller** Zuführrollgang *m* [mas]

**feed size** Kantenlänge *f* (der Steine vor Brechen) [roh]

**feed terminal** Einspeisungsklemme *f* [elt]

**feed the boiler** aufspeisen *v* (Kessel) [pow]

**feed water** Speisewasser *n* [was]

**feed water flow meter**
 Wassermengenmesser *m* [was]
**feedwater heater**
 Speisewasservorwärmer *m* [was]
**feed water heating** Speisewasservorwärmung *f* [was]
**feed water piping** Speiseleitung *f* [was]
**feed water preheater** Speisewasservorwärmer *m* [was]
**feed-water pressure gauge** Manometer für Speisepumpe *n* (Dampflok) [mot]
**feed-water pump valve** Ventil für Kolbenspeisepumpe *n* (Dampf) [mot]
**feed water regulator** Speisewasserregler *m* [was]
**feedwater softening plant** Enthärtungsanlage *f* [was]
**feed water storage tank** Speisewasserbehälter *m* [was]
**feed water tank** Speisewasserbehälter *m* [was]
**feed water temperature** Speisewassertemperatur *f* [was]
**feed water treatment plant** Speisewasseraufbereitung *f* [was]
**feed winch** Vorschubwinde *f* [mbt]
**feeler gauge** Einstellehre *f* [msr]; Temperaturfühler *m* [msr]
**fees** Gebühren *pl* [jur]
**felt** verfilzen *v* [wer]
**felt filter** Filzfilter *m* [mot]
**felt packing** Filzdichtung *f* [mot]
**female socket** Buchsenteil *n* (nimmt etwas auf) [mas]
**female thread** Innengewinde *n* [mas]
**female union** Gewindestück mit Innengewinde *n* [mas]
**fender** Radabdeckung *f* (Kotflügel) [mot]; Abweiser *m* [mot]; Kotflügel *m* [mot]; Rammschutz *m* (z.B. an kleinem Bagger) [mbt]; Schutzblech *n* [mot]

**fender bender** Karambolage *f* (kleiner Unfall) [jur]; Blechschaden *m* (kleiner Autounfall) [mot]; Unfall mit Blechschaden *m* [mot]
**fermenting vat** Gärbottich *m* [bff]
**fern green** farngrün (RAL 6025)
**ferritic** ferritisch [wer]
**ferro-alloys** Ferrolegierungen *f* [wer]
**ferroconcrete** armierter Beton *m* [bau]
**ferrotron** Ferrotron *n* [wer]
**ferrous alloy** Stahllegierung *f* [wer]
**ferrous compound** Eisenverbindung *f* [wer]
**ferrous metallurgy** Eisenhüttenkunde *f* [roh]
**ferrule** Endhülse *f* (für Kabel) [elt]; Zwinge *f* [wzg]; Sperrring *m* [mas]
**ferry barge** Prahm *m* (Fähre) [mot]
**festoon bulb** Soffittenlampe *f* [mot]
**fettle** entgraten *v* [met]
**fibre** Textur *f* [wer]
**fibre board** Hartfaserplatte *f* [wer]
**fibreglass** Fiberglas *n* [wer]
**fibre-reinforced** faserverstärkt [wer]
**field coil** Erregerwicklung *f* [elt]
**field-effect-transistor, enhancement-type -** selbstsperrender Feldeffekttransistor *m* [elt]
**field erection job** Baustellenfertigung *f* [met]
**field, in the -** Einsatz, im praktischen -; in der Praxis (z.B. beim eigentlichen Arbeiten); praktisch (im praktischen Einsatz)
**field investigation** Felduntersuchung *f* [msr]
**field mounted** Baustellenfertigung *f* [met]
**field of application** Anwendungsbereich *m*; Einsatzgebiet *n*
**field office** Baubüro *n* (auf der Baustelle) [met]
**field of tolerance** Toleranzfeld *n*

**field painting** Baustellenanstrich *m* [bau]
**field rheostat** Feldregler *m* [elt]
**field service report** Montagebericht *m* (Monteurbericht)
**field switch** Übergabestation *f* (Stromverteilhaus) [roh]; Übergabeschalthaus *n* (Stromverteiler) [roh]
**field weld** Schweißung am Einsatzort *f* [met]
**field welding** Baustellenschweißung *f* [met]
**fifth wheel load** Sattellast *f* (der Zugmaschine) [mot]
**figures (erroneously) turned around** Zahlendreher *m* (aus 1117 wird 1171) [mat]
**filament** Faden *m*
**file** Ablage *f* (Abheften); Akte *f*; Aktenstück *n* (Akte, Unterlage)
**file charges against somebody** Klage erheben *v* (anzeigen) [jur]; klagen *v* (Klage erheben) [jur]
**filings** Feilspäne *pl* [wer]
**fill** Auffüllung *f* (künstliche Auffüllung)
**fill** aufschütten *v* [bau]; verfüllen *v* [bau]
**fill, artificial -** künstliche Auffüllung *f* [bod]
**filled-in** ausgefacht
**filled-up road shoulder** Auftragsböschung *f* (aufgefüllt) [bod]
**filler** Einfüllöffnung *f* (z.B. Tank) [mot]; Einfüllstutzen *m* [mot]
**filler cap** Verschlusskappe *f* (z.B. Tank) [mot]; Einfüllverschluss *m*
**filler cap assembly** Einfüllstutzen und Deckel *m* [mot]
**fillet** Ausrundung *f* [con]; Kehlnaht *f* (z.B. an senkrecht aufeinanderstehenden Blechen) [met]
**fillet weld** Ecknaht *f* (z.B. an senkrecht aufeinanderstehenden Blechen) [met]; Hohlkehlschweißung *f* [met]; Kehlnaht *f* [met]; Kehlschweißung *f* (Kehlschweißnaht) [met]
**fill, hydraulic -** Aufspülung *f* (des Deiches) [bod]
**fill in** auftragen *v* (Boden) [bau]; ausfüllen *v* (ein Formular); einbauen *v* (z.B. Schlacke in Straße) [mbt]
**filling** Aufschüttung *f* [bau]; Füllung *f* [mot]
**filling cover** Einfülldeckel *m*
**filling degree** Füllungsgrad *m* [mot]
**filling in of material** Materialeinbau *m* [mbt]
**filling nipple** Füllnippel *m* [mot]
**filling of the dyke, hydraulic -** Deichaufspülung *f* [bau]
**filling plant** Abfüllbetrieb *m* (Getränke in Flaschen)
**fillings** Berge *pl* (taubes Gestein) [min]
**filling up of layers** Auftragen von Schichten *n* [mbt]
**fill the boiler** aufspeisen *v* (Kessel) [pow]
**fill toe** Dammfuß *m* [bau]
**fill up** auffüllen *v* (Öl)
**film** Schicht *f* (von Öl, Ölfilm) [wer]
**film capacitor** Folienkondensator *m* [elt]
**film of lubricant** Schmierfilm *m* [mot]
**film resistor** Schichtwiderstand *m* [elt]
**film technology** Schichttechnologie *f* [elt]
**filter bracket** Filterkonsole *f* [mot]
**filter cartridge** Filterpatrone *f* [mot]; Filtereinsatz *m* (Patrone) [mot]
**filter element** Filtereinsatz *m* (Element) [mot]
**filter housing** Filtergehäuse *n* [mot]
**filter insert** Filtereinsatz *m* (Einschubteil) [mot]

**filter mounting** Filterbefestigung *f* [mot]
**filter poppet** Tellerfilter *m* [mot]
**filter screen** Filtersieb *n* [mot]
**filter wool** Filterwolle *f* [mot]
**fin** Lamelle *f* (im Kühler) [mot]; Wabe *f* (des Ölkühlers) [mot]
**final** endgültig
**final account** Schlussrechnung *f* [bau]
**final amplifier** Verstärkerendstufe *f* [elt]
**final assembly** Endmontage *f* (z.B. Geräte) [mot]
**final certificate of acceptance** Endabnahmeprotokoll *n* [msr]
**final contour** Fertigkontur *f* [met]
**final damping** Enddämpfung *f* (langsamer werden) [mas]
**final drive** Endantrieb *m* (Ölmotor) [mot]; Fahrmotor *m* (an Raupenkette) [mot]; Seitenantrieb *m* [mot]
**final drive reduction** Endantriebuntersetzung *f* [mot]
**final erection** Endmontage *f* (z.B. Anlage) [mot]
**final evaporator** Endverdampfer *m* (Benson-Kessel) [pow]
**final inspection** Endabnahme *f* [met]
**final inspection report** Endabnahmeprotokoll *n* [msr]
**finalize** beenden *v* [bau]; fertig stellen *v* [bau]
**final payment** Restzahlung *f* [eco]
**final piece** Mittelteil *n* (letztes eingebautes Teil) [met]
**final position** Endstellung *f* (z.B. eines Zylinders) [mas]
**final section** Ausgleichsleiste *f*; Ausgleichsstück *n* [mas]
**final steam temperature** Überhitzung *f* (Endüberhitzung) [pow]
**final superheater** Endüberhitzer *m* [pow]

**financial highlights** Kennzahlen *pl* [eco]
**find out** ermitteln *v* (herauskriegen)
**fine** Geldstrafe *f* (zu einer G. verurteilt) [jur]
**fine adjustment** Feineinstellung *f*
**fine control** Feinsteuerung *f* [met]
**fine crushing** Feinzerkleinerung *f* [roh]
**fine cutting quality** Feinschneidgüte *f* [wer]
**fine-grained ore** Feinerz *n* (nicht Stückerz) [min]
**fine-grained steel for structural use** Feinkornbaustahl *m* [wer]
**fine-grain film** Feinkornfilm *m*
**fineness** Mahlfeinheit *f* [met]
**fine regulation** Feinregulierung *f* [roh]
**fines** Feinstaub *m* (Flugasche) [pow]; Feinkorn *n* (Rost) [met]; Korn *n* (Feinkorn) [met]
**fines content** Feinkorngehalt *m* [pow]
**fine screening** Feinsiebung *f* [roh]; Feinsieben *n* [roh]
**fine thread** Feingewinde *n* [mas]
**fine-tuned** abgestimmt [elt]
**finger** Zapfen *m* (herausragend) [mas]
**finger guard** Fingerschutz *m*
**finger protection device** Fingerschutzeinrichtung *f*
**finger protection extrusion** Fingerschutzleiste *f* (Rolltreppe) [mbt]
**fingertip easy** leichtgängig (nur geringe Berührung); mühelos (z.B. Gerätebedienung)
**fingertip test** Fingertupfprobe *f* [met]
**finish** Oberflächenausführung *f* (z.B. lackiert) [met]; Deckanstrich *m*; Putz *m* [bau]
**finish** fertig machen *v* (beenden) [met]; verputzen *v* [bau]; versiegeln *v* (z.B. Parkett, Dach) [bau]
**finish broach** Schlichträumen *n* [met]

**finish coat**  Feinputz *m* [bau]; Fertiganstrich *m*
**finished**  fertiggemacht (abgeschlossen)
**finished dimension**  Fertigmaß *n* [con]
**finished goods**  Fertigerzeugnisse *pl* [met]
**finished material**  Fertiggut *n* [met]
**finished newel**  Balustradenkopf *m* [mbt]
**finished product**  Fertigteil *n* [con]
**finished product bin**  Staubzwischenbunker *m* [air]
**finishing**  Fertigstellung *f* [met]; Schlichten *f* (Metall glätten) [met]
**finishing coat**  Deckanstrich *m* (letzte Farbschicht) [nrm]
**finishing lathe**  Fertigdrehmaschine *f* [wzg]
**finishing of tubes**  Rohrweiterverarbeitung *f* [met]
**finishing rolled steel**  Walzstahlveredelung *f* [met]
**finishing tool**  Schlichtmeißel *m* [wzg]
**finish machine**  schlichten *v* (Fläche bearbeiten) [met]
**finish machined**  fertig bearbeitet (z.B. gedreht) [met]
**finned tube**  Flossenrohr *n* [pow]; Rippenrohr *n* [pow]
**finned tubular radiator**  Rippenrohrkühler *m* [pow]
**fin tube economizer**  Rippenrohr-Eco *m* [pow]
**fire alarm contact**  Feuermeldekontakt *m*
**fire alarm system**  Feuermeldeanlage *f* [bau]
**fire brick**  Schamottestein *m* [mot]
**fire clay lining**  Schamotteauskleidung *f* [pow]
**fire danger**  Brandgefahr *f*
**fire door**  Brandschutztür *f* [bau]; Notausgang *m* [bau]
**fire escape ladder**  Notleiter *f* [bau]
**fire extinguishing equipment**  Löschgeräte *pl*
**fire extinguishing system**  Feuerlöschanlage *f* [mot]
**fire fighting**  Brandbekämpfung *f* [bau]
**fire-fighting vehicle**  Löschfahrzeug *n* (der Feuerwehr)
**firehole door**  Feuertür *f* (Dampflok) [bau]
**fire-hole door**  Feuertür *f* [bau]
**fire hose**  Feuerwehrschlauch *m*
**fire hydrant**  Hydrant *m* (Feuerwehranschluss) [bau]
**fireless steam-storing locomotive**  Dampfspeicherlokomotive *f* [mot]
**fire load**  Brandlast *f* [bau]
**fire partition**  Brandmauer *f* [bau]
**fireproof**  feuerfest (nicht brennbar) [wer]
**fireproof door**  Brandschutztür *f* [bau]
**fireproof wall**  Brandmauer *f* [bau]
**fire protection**  Brandschutz *m* [bau]
**fire pump**  Löschpumpe *f* (der Feuerwehr) [mot]
**fire pump engine**  Löschpumpenmotor *m* [mot]
**fire resistance**  Feuerbeständigkeit *f* [wer]
**fire-resistant**  feuerfest (widersteht Feuer) [wer]
**fire shutter**  Brandschott *n* (gegen Kamineffekt)
**fire spreading**  Brandausbreitung *f* (von einem Gebäude zum nächsten)
**fire station**  Feuerwache *f* (Gebäude) [bau]
**fire tender**  Feuerlöschfahrzeug *n* [mot]
**fire tube boiler**  Rauchrohrkessel *m* [pow]
**fire wall**  Brandmauer *f* [bau]; Feuerschutzwand *f* [bau]

**fir green** tannengrün (RAL 6009) [nrm]
**firing** Zündung *f* [elt]
**firing, combined -** kombinierte Feuerung *f* [pow]
**firing equipment** Feuerungseinrichtung *f* [pow]
**firing equipment, mechanical -** mechanische Feuerung *f* [pow]
**firing point** Zündzeitpunkt *m* [mot]
**firing sequence** Zündfolge *f* (des Zündverteilers) [mot]
**firing, tangential -** Tangentialfeuerung *f* [pow]
**first aid service and repair kit** Betriebsmittelsatz *m* (Werkzeug und Teile)
**first cost** Anlagekosten *pl* [eco]
**first off** Abnahme Erstgerät *f* (Erstabnahme); Erstabnahme *f* (Abnahme Erstgerät) [msr]; Abnahmetest Erstgerät *m* [msr]
**fish** Stoß *m* (Laschenverbindung bei Kettenführung) [mas]
**fish** verlaschen *v* [mas]
**fish bellied girder** Fischbauchträger *m* [mot]
**fish bolt** Laschenschraube *f* (z.B. für Schienen) [mot]
**fisherman's knot** Fischerknoten *m* [mot]
**fish girder** Fischbauchträger *m* (Stahlbau) [bau]
**fish plate** Lasche *f* (an der Schiene) [mot]; Stoßlasche *f* (Stahlbau) [bau]
**fish-plate connection** Stoß *m* (des Fachwerkgerüstes) [mot]
**fissured** klüftig (rissig, zerklüftet) [roh]; rissig (z.B. Felsformation) [roh]
**fissure water** Kluftwasser *n* [bau]
**fit** passen (z.B. Größe) [con]
**fit** anbauen *v* (montieren) [met]; anbringen *v* (montieren) [met]; anpassen *v* (Maschinenteil) [met]

**fit out of supply** ausrüsten *v* (versorgen mit) [met]
**fitted** aufgesetzt [mas]; eingebaut (installiert) [mot]; installiert
**fitted bolt** Passschraube *f* [mas]
**fitted with lock and key** verschließbar
**fitted with lock and key** Verschließbarkeit *f* (ist gegeben)
**fitters** Montagehilfe *f* (Personal) [met]
**fitter's charges** Montagekosten *pl* (im Werk; ohne Reise) [met]
**fitter's work** Montageeinsatz *m* [met]
**fitting** passend (Größe stimmt)
**fitting** Armatur *f*; Montage *f* (Anbringen, Verlegen) [met]; Passung *f* [mas]; Schelle *f* (am Schlauch) [met]; Anschlussstück *n* [mas]; Rohrleitungsverbindungsstück *n* [pow]
**fitting banjo** Rohrschelle *f* [mas]
**fitting bolt** Passschraube *f* [met]
**fitting frame** Anbaurahmen *m* (Stützhalterung) [mas]
**fitting key** Passfeder *f* [mas]
**fitting piece** Passstück *n* [mas]
**fittings** Befestigungsmaterial *n* [met]; Armaturen *pl* (am Schlauch) [mas]; Beschläge *pl* [bau]
**fitting surface** Passfläche *f* [mas]
**fitting tolerance** Einbautoleranz *f* [mas]
**fitting tool** Montagewerkzeug *n* [met]
**fitting wedge** Keil *m* (hält z.B. Zahnspitze) [mas]
**fix** verlegen *v* [bau]
**fix a target** Ziel ins Auge fassen
**fixed beam** eingespannter Träger *m* [bau]
**fixed bearing** Festlager *n* (Lagerbock) [mas]
**fixed bearing ring** Festlagerring *m* [mas]
**fixed carbon** gebundener Kohlenstoff *m* [che]

**fixed contact** Festkontakt *m* [elt]
**fixed displacement pump** Konstantpumpe *f* [mot]
**fixed-end beam** eingespannter Balken *m* [bau]
**fixed point** Festpunkt *m* [bau]
**fixed premium** Festbeitrag *m* (zur Versicherung) [jur]
**fixed price** Festpreis *m* [eco]
**fixed propeller** Festpropeller *m* [mot]
**fixed resistor** Festwiderstand *m* [elt]
**fixed spanner** Maulschlüssel *m* [wzg]
**fixing** Befestigung *f* [mas]; Einspannung *f* [mas]
**fixing pin** Passstift *m* [mas]
**fixing screw** Befestigungsschraube *f* [mas]
**fixity** Einspannung *f* [met]
**fixture** Befestigung *f* (z.B. Waschbeckenkonsole) [bau]; Haltevorrichtung *f* [met]; Vorrichtung *f* (im Stahlbau) [met]
**fixture, forming -** formgebende Vorrichtung *f* [wzg]
**flag** Fahne *f*
**flake cracks** Flockenrisse *pl* [wer]
**flake-graphite cast iron** Gusseisen mit Lamellengraphit *n* [wer]
**flaking** Schuppung *f* (der Schweißnaht, -raupe) [met]; Abblättern *n* (von Reifenlauffläche) [wer]
**flame** Flamme *f* [pow]
**flame** brennen *v* (mit Flammen) [met]
**flame-clean** flammstrahlen *v* [met]
**flame cut** Brennschnitt *m* (Platten geschnitten) [met]
**flame cut** abbrennen *v* (durch Schweißen) [met]; brennschneiden *v* [met]
**flame-cut** abgebrannt (geschnittenes Metall) [wer]; ausgebrannt (durch Schweißen) [wer]

**flame-cut** abtrennen *v* (abbrennen) [met]; ausbrennen *v* [pow]; brennschweißen *v* [met]
**flame-cut edge** Brennkante *f* (nach Abbrennen) [met]
**flame-cut plates** Maßbleche *pl* (Eisen und Stahl) [met]
**flame-harden** flammhärten *v* [met]
**flame monitor** Flammenwächter *m* [pow]
**flame pipe** Flammrohr *n* (vor Röhrenkessel) [pow]
**flame red** feuerrot (RAL 3000) [nrm]
**flame-type heater-plug** Flammglühkerze *f* (für Diesel) [mot]
**flame-type kit** Flammglühanlage *f* (für Diesel) [mot]
**flaming process** Flämmverfahren *n* (Verkleben von Dichtbahnen) [bau]
**flange** Dichtflansch *m* [mot]; Flansch *m* [mas]; Laufkranz *m* [mas]; Spurkranz *m* (führt Eisenbahnrad) [mot]
**flange bushing** Bundbuchse *f* [mas]
**flange-connected** mit Flanschanschluss *m* [mot]
**flange connection** Flanschverbindung *f* [mot]
**flange coupling** Mitnehmerscheibe *f* (flanschartig) [mas]
**flange cover** Abschlussdeckel *m* [mas]
**flanged** angeflanscht [mas]
**flanged bearing** Flanschlager *n* [mot]
**flanged connection** Flanschanschluss *m* [mot]
**flanged edge joint** Stumpfstoß *m* [met]
**flanged joint** Flanschverbindung *f* [met]
**flange double joint** Flansch-doppelgelenk *n* [mot]
**flanged pulley** Bordscheibe *f* [met]
**flange housing** Flanschbuchse *f* [mas]

**flange hub** Flanschnabe *f* [mot]
**flange joint** Flanschbefestigung *f* [mot]; Flanschverbindung *f* [mot]
**flange-mounted** angeflanscht [mas]
**flange-mounted** mit Flanschanschluss *m* [mas]
**flange-mounted motor** Flanschmotor *m* [mot]
**flange mounting** Flanschbefestigung *f* [mot]
**flange plate** Gurtplatte *f* (Stahlbau) [bau]
**flange ring** Flanschring *m* [mot]
**flange sealing groove** Dichtungsrille *f*
**flange union** Flanschbefestigung *f* [mot]; mit Flanschanschluss *m* [mot]
**flange, welded -** Einschweißflansch *m* [mas]
**flap actuating** Klappenbetätigung *f* (am Güterwagen) [mot]
**flapper-type rain cap** Auspuffrohrklappe *f* [mot]; Auspuffrohrdeckel *m* [mot]
**flaps, rear -** Heckklappen *pl* [mot]
**flap switch** Schalterklappe *f* [elt]
**flap valve** Klappenventil *n* (am Güterwagen) [mot]
**flare** bördeln *v* (Rohre) [pow]
**flared tube** Achstrichter *m* [mas]
**flared tube end** Bördel *n* [pow]
**flare type burner** Flachbrenner *m* [pow]
**flare type fitting** Bördelverschraubung *f* [mot]
**flash** Blitz *m*
**flash back** zurückschlagen *v* (Flamme) [pow]
**flash box** Entspanner *m* [pow]
**flashed** entspannt
**flashed steam** entspannter Dampf *m* [pow]
**flasher motor** Blinkmotor *m* [mot]
**flasher unit** Blinkgeber *m* [mot]
**flashover** Überschlag *m* [elt]

**flash over** überspringen *v* (Funke) [elt]
**flash point** Flammpunkt *m* [met]
**flash pressure** Entspannungsdruck *m* [pow]
**flash steam** Entspannungsdampf *m* [pow]
**flash tank** Entspanner *m* [pow]
**flash time** Ablüftzeit *f* (Trocknungsdauer) [bau]
**flash weld** Stumpfschweißung *f* [met]
**flat** platt (flach, zusammengedrückt) [met]
**flat** Etagenwohnung *f* ((B)) [bau]; Plattfuß *m* (Reifenpanne) [mot]; Flacheisen *n* (Flachstahl) [wer]
**flat bar** Flachstab *m* (Flachstahl) [wer]
**flat-base rim** Flachbettfelge *f* [mot]
**flatbed car** Flachwagen *m* [mot]
**flat belt conveyor** Flachgurtförderer *m* [mas]
**flat block** Flachbau *m* [bau]
**flat-bottom ditch** Trapezgraben *m* [bod]
**flat bottomed hole** Flachbodenloch *n* [mot]
**flat bottom rail** Vignolschiene *f* [mot]
**flat chisel** Flachmeißel *m* [wzg]
**flat countersunk head rivet** Flachsenkniet *m* [mas]
**flat countersunk nib bolt** Senkschraube mit Nase *f* [mas]
**flat file** Flachstumpffeile *f* [wzg]
**flat gib key** Nasenflachkeil *m* [mas]
**flat glass** Flachglas *n* [wer]
**flat head bolt** Flachrundschraube *f* [mas]
**flat head machine screw** Senkschraube *f* [mas]
**flat head screw** Senkschraube *f* [mas]
**flat iron** Flacheisen *n* [wer]
**flat member** Flachstab *m* (Stahlbau) [bau]

**flat-nosed and cutting nippers** Kombizange *f* [wzg]
**flat premium** Festbeitrag *m* (zur Versicherung) [jur]
**flat product** Flachprodukt *n* (kalt- oder warmgewalzt) [met]
**flat rail** Vignolschiene *f* [mot]
**flat roof** Flachdach *n* [bau]
**flat round head rivet** Flachrundkopfniete *f* [mas]
**flats** Flacherzeugnisse *f* [mas]; Flachstahl *m* [mas]; Flacheisen *n* [mas]
**flat spiral spring** Flachspiralfeder *f* [mas]
**flat steel** Flachstahl *m* [mas]
**flatten** abflachen *v* [met]; anflachen *v* [met]
**flattened** angeflacht (flach gedruckt o.ä.)
**flattening** Abflachung *f* (Rad, Rolle); Anflachung *f* [bod]
**flat wagon** Flachwagen *m* [mot]
**flat wagon spec. fit for the carriage of containers** Behältertragwagen *m* [mot]
**flat web section** Flachprofil *n* [mas]
**flaw** Lunker *m* (Hohlraumbildung, Schrumpfung) [wer]; Sprung *m* (im Material) [met]
**flaw, artificial -** künstlicher Fehler *m* [mas]
**flaw depth** Fehlertiefe *f* (z.B. Riss, Bruch) [msr]
**flaw detectability** Erkennbarkeit von Fehlern *f* [msr]; Fehlernachweisbarkeit *f* [msr]
**flaw detection sensitivity** Fehlernachweisempfindlichkeit *f* [msr]
**flaw distance, reduced -** reduzierter Fehlerabstand *m* [mas]
**flaw echo** Fehlerecho *n* [msr]
**flaw echo amplitude** Fehleramplitude *f* [msr]

**flaw extension** Fehlerausdehnung *f* [msr]
**flaw indication** Fehleranzeige *f* [msr]
**flaw input** Eingangsfehler *m* (falsche Eingabe) [edv]
**flawless** fehlerfrei [wer]
**flaw location, orientation** Fehlerortung *f* [msr]
**flaw signal** Fehleranzeige *f* [msr]
**flaw signal release** Fehlersignalfreigabe *f* [msr]
**flaw signals blocking** Fehlersignalsperrung *m* [elt]
**flaw signal store** Fehlersignalspeicher *m* [elt]
**flaw size** Fehlergröße *f* [elt]
**flaw size, reduced -** reduzierte Fehlergröße *f* [mas]
**fleet** Maschinenpark *m* (z.B. mehrere Lkw) [mot]
**fleet of freight cars** Güterwagenpark *m* [mot]
**fleet of goods wagons** Güterwagenpark *m* [mot]
**flex** Litze *f* (Stromkabel) [elt]
**flexibility** Einstellelastizität *f* [pow]
**flexibility in operation** Betriebselastizität *f* [pow]
**flexibility of the coat** Elastizität des Auftrages *f* [met]
**flexible** biegeweich [met]; biegsam (flexibel) [met]; nachgiebig [met]
**flexible bellows joint** Balgkompensator *m* (in Leitungen) [pow]
**flexible mounting** Bimetallpuffer *m* [met]
**flexible offset joint** Kompensator *m* (Ausgleicher) [pow]
**flexible part** Biegeteil *n* [mas]
**flexible spike** Federnagel *m* (Schiene - Schwelle) [mot]
**flexible spring** Biegefeder *f* [mas]
**flexible spring, wound -** gewundene Biegefeder *f* [mas]

**flexible-wedge gate valve**
Keilschieber mit elastischen Verschlussplatten *m* [pow]

**flexibly mounted** elastisch gelagert (Sitz) [mas]

**flexibly suspended** beweglich aufgehängt [mas]

**flexi-time** gleitende Arbeitszeit *f* [eco]; Gleitzeit *f* [eco]

**flexural rigidity** Biegesteifigkeit *f* [wer]

**flexural stiffness** Biegesteifigkeit *f* [wer]

**flicker** flimmern *m* (Bildschirm) [elt]

**flight** Treppenlauf *m* [bau]

**flip-type switch** Klappenweiche *f* [mot]

**float** Mörtel *m* [bau]

**float** schweben *v*

**floatable** schwimmfähig [mot]

**float chamber** Schwimmergehäuse *n* [mot]

**float clear** floatklar [met]

**float control** Schwimmersteuerung *f* [mot]

**floated back** zurückgespült [bau]

**floating** Überflutung *f* [bau]

**floating axle, full -** schwimmend gelagerte Steckachse *f* [mot]

**floating pin, full -** schwimmend gelagerter Bolzen *m* [mas]

**floating position** Schwimmstellung *f* (z.B. des Baggers) [mbt]

**float needle** Schwimmernadel *f* [mot]

**float switch** Schwimmerschalter *m* [mot]

**float valve** Schwimmerventil *n* [mot]; Ventil mit schwimmenden Kolben *n* [mot]

**flood** Überschwemmung *f* (Wasserschaden) [was]; Hochwasser *n* [was]

**flooded** überflutet (bei Unwetter, Deichbruch) [mot]

**flooding** Einbruch *m* (von Wasser) [was]

**flood lamp** Arbeitsscheinwerfer *m* [met]

**flood light** Scheinwerfer *m* [mot]

**flood water level** Hochwasserstand *m* [was]

**floor** Bühne *f* [pow]; Decke *f* (Boden-) [bau]; Etage *f* (Bergbau) [roh]; Sohle *f* (im Bergwerk) [roh]; Fußboden *m* [bau]; Stand *m* (Heizerstand) [pow]; Geschoss *n* (Etage) [bau]

**floor area** Grundfläche *f*

**floor beam** Unterzug *m* (Stahlbau: Hauptträger im Fachwerk) [bau]

**floor boards** Fußbodendielen *pl* [bau]

**floor conveyors** Flurförderzeug *n* (z.B. Gabelstapler) [mot]

**floor covering** Fußbodenabdeckung *f* [bau]; Bodenbelag *m* [bau]

**floor frame** Bodenrahmen *m* [mot]

**floor heating** Fußbodenheizung *f* [pow]

**floor height** Geschosshöhe *f* (im Haus) [bau]

**flooring** Bodenbelag *m* [bau]; Beläge *pl* (Gitterrost) [pow]

**floor joist** Deckenträger *m* [bau]

**floor level** Stockwerkhöhe *f* [bau]

**floor loading** Deckenlast *f* [bau]

**floor material** Bodenbelag *m* [bau]

**floor opening** Bodendurchbruch *m* (für einzubauende RT) [bau]; Deckendurchbruch *m* (Rolltreppe) [bau]

**floor plate** Bodenplatte *f* [pow]; Fußbodenabdeckung *f* (Rolltreppe) [bau]

**floor-plate finish** Fußbodenabdeckung *f* [bau]

**floor-rupture** Bodendurchbruch *m* (zu stark belastet) [bau]

**floor screed** Estrich *m* [bau]

**floor space** Nutzfläche *f* [bau]
**floor tile** Bodenfliese *f* [bau]
**floor, upper -** Geschossdecke *f* (im Haus) [bau]; Obergeschoss *n* (z.B. 2. Etage) [bau]
**floury** mehlig [wer]
**flow** Durchgang *m* (Leitfähigkeit) [elt]; Umlauf *m* (z.B. Fluss des Kühlwassers) [mot]; Zufluss *m* (Daten, Öl, Wasser) [met]
**flow chart** Ablaufplan *m* [con]
**flow control** Mengenregelung *f* [mot]
**flow control throttle** Drosselregelung *f* [mot]
**flow control valve** Strömungswächter *m* [msr]; Mengenregelventil *n* [mot]
**flow deviation** Strahlablenkung *f* [pow]; Strömungsablenkung *f* [pow]
**flow divider** Mengenteiler *m* [msr]
**flowing** fließend (z.B. Wasser) [was]
**flowing soil** fließende Bodenarten *pl* [bod]
**flow meter** Mengenmessgerät *n* [mot]
**flow monitor** Durchflusswächter *m* [mot]; Strömungswächter *m* [pow]
**flow off** Abfluss *m* (von Regenwasser) [was]
**flow of information** Informationsfluss *m* [edv]
**flow of material** Materialfluss *m* [met]
**flow path** Flussrichtung *f* [mot]; Strömungsstrecke *f* [pow]
**flow rate** Durchflussstrom *m* [mot]
**flow rate control** Regelung des Förderstroms *f* [mot]
**flow rate value transmitter** Durchflussaufnehmer *m* [mot]
**flow traverse** Pitotmessung *f* [pow]
**flow velocity** Strömungsgeschwindigkeit *f* [pow]
**fluctuating load** Wechsellast *f* [pow]
**flue** Rauchgaskanal *m* [pow]
**flue cross sectional area** Rauchgaskanalquerschnitt *m* [pow]
**flue gas** Abgas *n* [air]; Rauchgas *n* [pow]
**flue gas analysis** Rauchgasanalyse *f* [pow]
**flue gas bypass damper** Rauchgasumführungsklappe *f* [pow]
**flue gas canal** Rauchgaskanal *m* [pow]
**flue gas damper** Rauchgasklappe *f* [pow]
**flue gas loss** Abgasverlust *m* [mot]
**flue gas outlet** Rauchgasaustritt *m* [pow]
**flue gas outlet damper** Rauchgasschieber *m* [pow]
**flue gas recirculation** Rauchgasrücksaugung *f* [pow]
**flue gas recirculation duct** Rauchgasrückführungskanal *m* [pow]
**flue gas sample** Rauchgasprobe *f* [pow]
**flue gas temperature** Abgastemperatur *f* [air]; Rauchgastemperatur *f* [pow]
**flue gas velocity** Rauchgasgeschwindigkeit *f* [pow]
**fluid container** Flüssigkeitsbehälter *m* [mot]
**fluid coupling** hydraulische Kupplung *f* [mot]
**fluid distributor** Flüssigkeitsverteiler *m* [mot]
**fluid drive** hydraulischer Antrieb *m* [mot]
**fluid element** Stromfaden *m* [pow]
**fluid flow** Strömung *f* [mot]
**fluid jet** Flüssigkeitsstrahl *m* [mot]
**fluid level indicator** Ölstandanzeiger *m* [mot]
**fluid level measurement** Füllstandsmessung *f* [msr]
**fluid motor** Druckölmotor *m* [mot]
**fluid pressure** Flüssigkeitsdruck *m* [mot]

**fluid transmission** Strömungsgetriebe *n* (in Gabelstapler) [mot]
**fluorescent lamp** Leuchtstofflampe *f* [elt]
**fluorescent paint** Leuchtfarbe *f* [mot]
**fluorescent screen** Leuchtschirm *f* [elt]
**fluorescent tube** Leuchtstoffröhre *f* [elt]
**fluorescent tube transformer** Leuchtröhrentransformator *m* [elt]
**flush** bündig (flach) [met]; fluchtgerecht (bündig) [met]
**flush** spülen *v* (wegspülen, auch WC) [bau]
**flush bushing** Buchse *f* (Bundbuchse) [mas]; Bundbuchse *f* (bündig bis Kante) [mas]
**flush contour** Naht ohne Wulst *f* [mas]
**flushing oil** Spülöl *n* [met]
**flush-mounted** eingelassen (unter Putz) [bau]
**flush mounting** Unterputzmontage *f* [elt]
**flush type fluid indicator** Schwimmerflüssigkeitstandsanzeiger *m* [mot]
**flute** Nute *f* (Rille, Einkerbung) [met]
**fluting** Riffelung *f* [met]
**flux** Schweißmittel *n* [met]
**flux-cored arc welding** Röhrchendrahtschweißen *n* [met]
**fluxes** Flussmittel *n* (für Schlacke und Schweißen) [met]; Mittel *n* (Flussmittel) [met]
**fly ash coarse particles** Grobstaub *m* [pow]
**fly ash hopper** Flugaschentrichter *m* [pow]; Flugkokstrichter *m* [pow]
**fly ash refiring** Flugaschenwiederaufgabe *f* [pow]
**fly ash retention** Flugascheneinbindung *f* [pow]
**fly ash return** Flugaschenrückführung *f* (Staubfeuerung) [pow]
**fly ash slag-tap cyclone** Flugascheneinschmelzzyklon *m* [pow]
**fly ash slag tapping** Flugascheneinschmelzung *f* [pow]
**fly ash storage bin** Flugaschensammelbunker *m* [pow]
**fly cutter** Schlagfräser *m* [wzg]
**flying boat** Wasserflugzeug *n* [mot]
**flying scaffold** Hängegerüst *n* [bau]
**flying sparks** Funkenflug *m* [roh]
**flyover** Überführung *f* (meist für Autoverkehr) [mot]
**fly pump** Flügelzellenpumpe *f* [mot]
**flywheel** Schwungscheibe *f* [mot]; Schwungrad *n* [mot]
**flywheel clutch** Hauptkupplung *f* [mot]
**flywheel clutch control** Hauptkupplungsgestänge *n* [mot]
**flywheel with starting gear** Schwungrad mit Anlassverzahnung *n* [mot]
**foam rubber** Schaumgummi *m* [wer]
**foam rubber component** Schaumgummiteil *n* [wer]
**focal point** Brennpunkt *m* (auch Mittelpunkt) [phy]
**focus** Schärfe *f* (der Linse, des Bildes) [phy]
**focussing** Fokussierung *f* [elt]; Scharfeinstellung *f* [elt]
**focussing control definition** Bildschärfenregulierung *f* [elt]
**fog lamp** Nebelscheinwerfer *m* [mot]
**fog light** Nebellampe *f* [mot]; Nebelleuchte *f* [mot]
**foil coating** Folienbeschichtung *f* [met]
**fold** Falz *m* (Faltung) [met]
**fold** abkanten *v* [met]
**folding bench** Abkantbank *f* [met]
**folding bow** Faltspiegel *m* [met]

**folding door**  Falttür *f* [mot]
**folding down device**  Umlegeeinrichtung *f* (für Ramme) [mbt]
**folding machine**  Abkantmaschine *f* [met]
**folding press**  Abkantpresse *f* [met]
**folding roof**  Faltdach *n* [mot]
**foldings**  Faltungen *pl* [bau]
**folding stool**  Klappstuhl *m* (faltbarer Hocker) [bau]
**folding top**  Verdeck *n* [mot]
**folding top base**  Verdecklager *n* [mot]
**folding top bow**  Verdeckspriegel *m* [mot]
**folding top cover**  Verdeckhülle *f* [mot]
**folding top frame**  Verdeckrahmen *m* [mot]
**folding top structure**  Verdeckgestell *n* [mot]
**foliage**  Laub *n* (gesamtes Laub) [bff]
**follow current**  Nachlaufstrom *m* [elt]
**follower**  Gewindebacke *f* [met]; Manschette *f* (Stößel des Ventils) [mas]; Mitnehmerscheibe *f* [mas]; Mitnehmer *m* (Stößel) [mot]; Nachlaufregler *m* [mot]
**follow through**  verfolgen *v* (einen Plan, dranbleiben)
**follow-up, mechanical -**  mechanisches Gestänge *n* [mot]
**foolproof**  narrensicher [pow]
**footboard**  Trittbrett *n* (Auto, Waggon) [mot]
**foot brake**  Fußbremse *f* [mot]
**footbridge**  Steg *m* (kleine Brücke) [bau]
**foot control**  Fußbedienung *f* [mot]
**foot dip switch**  Fußabblendschalter *m* [mot]
**footing**  Gründung *f* (Fundament) [bau]; Fundament *n* (Sockel) [bau]
**foot mounting**  Fußbefestigung *f* [mot]
**foot-operated pump**  Fußpumpe *f*
**foot operated valve**  Fußventil *n* (Pedal) [mot]
**footpath**  Fußweg *m* [bau]
**foot pedal**  Fußhebel *m* [mot]; Fußpedal *n* (Fußhebel, z.B. Bremse) [mot]
**footplate**  Führerstand *m* (der Dampflok) [mot]; Führerhaus *n* (der Dampflok) [mot]
**footplate man**  Lokführer *m* ((B)) [mot]
**foot rail**  Vignolschiene *f* [mot]
**foot rest**  Fußstütze *f* [mot]
**foot starter switch**  Fußanlassschalter *m* [mot]
**foot-sure**  rutschfest (sicheres Gehen)
**foot wall**  Liegendes *n* (im Stollen) [roh]
**footway**  Fußweg *m* [bau]
**footway bracket**  Fußwegkonsole *f* [bau]
**footway railing**  Fußweggeländer *n* [bau]
**forced circulation**  Zwangumlauf *m* [pow]
**forced circulation boiler**  Zwangumlaufkessel *m* [pow]
**forced draught compartment**  Unterwindzone *f* [pow]; Unterwindzone *f* (Rost) [pow]
**forced draught compartment-travelling grate stoker**  Unterwindzonenwanderrost *m* [pow]
**forced draught fan**  Frischluftventilator *m* [pow]; Unterwindventilator *m* [pow]
**forced-feed lubrication**  Druckumlaufschmierung *f* [mot]
**forced lubrication**  Druckölschmierung *f* [pow]; Druckschmierung *f* [pow]
**force of sectioning**  Schnittkräfte *pl* [met]

**force polygon** Krafteck *n* [con]
**forcing bolt** Druckbolzen *m* [mas]
**fore** vorne (auf Schiffen, Pontons) [mot]
**forehead** Stirn *f* (Teil des Kopfes) [mot]
**forehead joint** Stirnstoß *m* [met]
**foreign matter** Fremdkörper *m* [wer]
**foreman** Bauführer *m* [met]; Polier *m* [met]; Vorarbeiter *m* [met]
**foreship** Vorschiff *n* (Vorn, Bug) [mot]
**forge** Schmiede *f* [met]
**forge** schmieden *v* [met]
**forged** freiformgeschmiedet [met]; geschmiedet [met]
**forged on** angeschmiedet [wer]
**forge draft** Gesenkschräge *f* [met]
**forged ring** Schmiedestück *n* [met]
**forge welding** Feuerschweißen *n* [met]
**forging** Schmieden *n* [met]
**forging blank** Schmiederohling *m*
**forging from two different grades** Zweistoffschmiedestück *n* [met]
**forging hammer** Schmiedehammer *m* [wzg]
**forging out of two different grades** Zweistoffschmiedestück *n* [met]
**forging press** Presse *f* (Schmiedepresse) [wzg]; Schmiedepresse *f* [wzg]
**forging steel** Schmiedestahl *m* [wer]
**forging test** Schmiedeteilprüfung *f* [msr]
**forging/welding construction** Schmiedeschweißkonstruktion *f* [mas]
**fork** Abzweigung *f* (auch einer Straße); Zinke *f* [mas]
**fork axle** Gabelachse *f* [mot]
**fork carriage** Gabelträger *m* [mot]
**fork clamp** Klammergabel *f* [mot]
**fork clamp with turnable forks** Drehgabelklammer *f* [mot]

**forked** gegabelt
**forked open jaw wrench** Gabelschlüssel *m* (Werkzeug) [wzg]
**fork, front axle -** Vorderachsgabel *f* [mot]
**fork joint** Gabelgelenk *n* [mot]
**fork lever** Gabelhebel *m* [mot]
**fork-lift roller** Hubstaplerrolle *f* [mot]
**forklift truck** Gabelstapler *m* (Flurförderzeug) [mot]; Stapler *m* [mot]
**fork lift trucks** Flurförderzeug *n* (meist Gabelstapler) [mot]
**fork off** abzweigen *v* (ein Kabel)
**fork rod** Lenkerstange *f* [mbt]
**fork-sprocket chain** Gabellaschenkette *f* [mot]
**fork tappet** Mitnehmergabel *f* [mot]
**form** Term *m* [edv]; Vordruck *m* (z.B. Formular); Formblatt *n*; Formular *n* (Büroformular)
**form** bilden *v* (z.B. einen Kreis)
**formation** Zusammensetzung *f* (Bespannung d. Zuges) [mot]; Aufbau *m*; Bahnkörper *m* [mot]; Gebilde *n* (Gegenstand)
**formation of foam** Schaumbildung *f* (z.B. Fehler in Ölleitung) [mas]
**formation of layers** Strähnenbildung *f* (Flamme) [pow]
**formation of skulls** Bärenbildung *f* (Hüttenwesen) [wer]
**form-closed** formschlüssig [mas]
**formed leaf spring** Flachformfeder *f* [mas]
**forming roller unit** Abzugsgerüst *n* (Hüttenwerk) [roh]
**forming tools** Formwerkzeuge *pl* [wzg]
**form of tender** Angebotsformular *n* [eco]
**form of use** Nutzungsart *f* (wie etwas genutzt wird)
**formula** Gleichung *f* (z.B. Blendengleichung) [pow]

**formula to convert** Umrechnungsformel *f* (z.B. lbf in kp) [mat]
**formwork** Schalung *f* [bau]; Verschalung *f* (Betonbau) [bau]
**formwork board** Schalbrett *n* [bau]
**formwork panel** Schalungsplatte *f* [bau]
**for rent** zu vermieten (Zimmer frei, Büro frei) [bau]
**fortnightly** vierzehntägig
**forty foot-container** Zwölfmeter-Container *m* [mot]
**forward** weiterleiten (weitersenden)
**forward** befördern *v* (z.B. mit der Post); senden *v* (verschicken); zustellen *v* (postalisch)
**forward and sides discharge skip** Dreiseitenkippmulde *f* [mot]
**forward clutch** Vorwärtskupplung *f* [mot]
**forward-control truck tractor** Frontlenker *m* (Frontlenkerzugmaschine) [mot]
**forward gear** Vorwärtsgang *m* [mot]
**forwarding company** Spediteur *m* (alle Spediteurtätigkeiten) [mot]
**forward movement of a piston** Vorlauf eines Kolbens *m* [mot]
**forward speed** Vorwärtsgang *m* [mot]
**forward travel of a piston** Vorlauf eines Kolbens *m* [mot]
**fouling** Verschmutzung *f* (Verrottung)
**found** gründen *v* (eine Firma) [eco]; unterfangen *v* [bau]; untermauern *v* (z.B. Beton/Steinfundament) [bau]
**foundation** Bodenplatte *f* [bau]; Einrichtung *f* (Gründung) [bau]; Unterbau *m* [bau]; Grundmauerwerk *n* [bau]
**foundation base** Fundamentplatte *f* [bau]
**foundation bolt** Fundamentschraube *f* [bau]
**foundation excavation** Fundamentaushub *m* [bau]
**foundation exploration in-situ** Baugrunderkundung im Feld *f* [bau]
**foundation plan** Fundamentplan *m* [bau]
**foundation plate** Ankerplatte *f* [bau]; Gründungsplatte *f* [bau]
**foundation stone** Grundstein *m* (Gründungsstein Bau) [bau]
**foundation wall** Grundmauer *f* [bau]; Kellermauer *f* [bau]
**foundation work** Fundamentarbeiten *f* [bau]; Tiefbau *m* [bau]
**founded** gegründet (auf Untergrund) [bau]
**foundry auxiliary material** Gießerei- und Stahlwerksbedarf *m* [met]
**foundry cement** Hüttenzement *m* [roh]
**four axle** vierachsig (z.B. 4-achsiger Tieflader) [mot]; vier-achsig (vierachsig) [mot]
**four-axle bogie** vierachsiger Drehgestellaufwagen *m* [mot]
**four cycle engine** Viertaktmotor *m* [mot]
**four cycle motor** Viertaktmotor *m* [mot]
**four-pole** Vierpol *m* [elt]
**four speed shift** Viergangschaltung *f* [mot]
**four speed shift transmission** Vierganggetriebe *n* [mot]
**four-way connector** Kreuzstück *n* [mot]
**four-way coupling** Kreuzverschraubung *f* [mot]
**four-way valve** Vierwegeventil *n* [mot]
**four-way wheel brace** Kreuzschlitzschraubendreher *m* [wzg]
**four-wheel bogie** Vierradschwinge *f* (des Schaufelrad-Baggers) [mbt]

**four wheel brake** Vierradbremse *f* [mot]
**four wheel drive** Vierradantrieb *m* [mot]
**four-wheel drive** Allradantrieb *m* [mot]
**four-wheel drive truck** Allradlastkraftwagen *m* [mot]
**four wheel steering** Vierradlenkung *f* [mot]
**fraction** Bruchteil *n* [mat]
**fractional horsepower drive** Kleinstmotorenantrieb *m* [mot]
**fracture face** Bruchfläche *f* [wer]
**fracture point** Bruchstelle *f* [wer]
**fragility** Bruchkraft *f* [mas]
**fragmented** klüftig (Gestein) [min]
**frame** Spant *m* (Spante) [mot]; Wagenrahmen *m* (des Waggons) [mot]; Fachwerk *n* (Stahlbau) [bau]; Skelett *n* [bau]; Tragwerk *n* (Stahlbau) [bau]
**frame** einrahmen *v* [met]
**frame articulation** Knickrahmenlenkung *f* [mot]; Zentralgelenk *n* (für Knicklenkung) [mot]
**frame centre rest** Rahmenbrille *f* [mot]
**frame column** Rahmenstütze *f* (Stahlbau) [bau]
**frame construction** Rahmenkonstruktion *f* (Stahlbau) [bau]
**frame extension** Rahmenverlängerung *m* [mot]
**frame fork** Rahmengabel *f* [mot]
**frame girder** Rahmenträger *m* [bau]
**frame screen** Rahmengitter *n* [met]
**frame side member** Längsträger *m* [mas]
**frame stanchion** Rahmenstütze *f*
**frame structure** Rahmenkonstruktion *f* [mas]
**frame trussing** Rahmenunterzug *m* [mot]
**frame, welded -** Schweißrahmen *m* [mas]
**framework** Verstrebung *f* [mas]; Rahmen *m* (z.B. Plan, Fachwerk) [bau]; Gerippe *n* (Rahmen der Maschine) [mas]
**framework construction** Fachwerkbauweise *f* (Stahlbau) [bau]
**framing** Spantenwerk *n* (Gerippe des Schiffes) [mot]
**free cutting steel** Automatenstahl *m* (Massenschrauben) [wzg]
**freed** entbunden (befreit) [wer]
**free flow outlet** Ölausfluss *m* (freier Ölausfluss) [mot]
**free from cracks** rissfrei [met]
**free from distortion** verzugsfrei (nicht verbogen) [met]
**free from grease** fettfrei [met]
**free from notches** kerbfrei [met]
**freehand drawing** Freihandskizze *f* (ohne Lineal) [con]
**free piston pump** Freikolbenpumpe *f* [mas]
**freeway** Autobahn *f* (in den USA) [mot]
**free wheel brake roller** Freilaufklemmrolle *f* [mot]
**free wheeling** Freilauf *m* [mot]
**free wheeling hub** Freilaufnabe *f* [mot]
**free wheel inner ring** Freilaufinnenring *m* [mot]
**free wheel lock** Freilaufsperre *f* [mot]
**free wheel outer ring** Freilaufaußenring *m* [mot]
**freeze** abkühlen *v* [pow]
**freezing point** Gefrierpunkt *m* [pow]
**freezing point bath** Gefrierpunktmethode *f* (bei Thermoelementen) [pow]
**freight** Fracht *f* (Ladung, Transportgut)
**freight car** Güterwagen *m* (allgemein (A)) [mot]

**freight depot** Güterbahnhof *m* [mot]
**freighter** Befrachter *m* (Frachtversender) [mot]
**freight forwarder** Spediteur *m* (fährt Speditionsgut) [mot]
**freight traffic** Güterverkehr *m* [mot]
**freight train** Güterzug *m* [mot]
**freight wagon brake** Güterwagenbremse *f* [mot]
**freight yard** Güterbahnhof *m* [mot]
**frequency analysis** Frequenzanalyse *f* [msr]
**frequency axis** Frequenzachse *f* [elt]
**frequency changer** Frequenzumformer *m* [elt]
**frequency, complex -** komplexe Frequenz *f* [elt]
**frequency control** Frequenzregelung *f* [elt]
**frequency dependence** Frequenzabhängigkeit *f* [elt]
**frequency divider** Frequenzteiler *m* [elt]
**frequency drift** Frequenzwanderung *f* [elt]
**frequency modulated** frequenzmoduliert [elt]
**frequency modulation** Frequenzmodulation *f* [elt]
**frequency modulation method** Frequenzmodulationsverfahren *n* [elt]
**frequency multiplier** Frequenzvervielfacher *m* [elt]
**frequency, natural -** Eigenfrequenz *f* (natürliche Frequenz) [phy]
**frequency of oscillation** Schwingungsfrequenz *f* [elt]
**frequency range** Frequenzbereich *m* [elt]
**frequency response** Frequenzgang *m* (des Verstärkers) [elt]
**frequency response curve** Durchlasskurve *f* [elt]
**frequency swing** Frequenzhub *m* [elt]
**frequency transformer** Frequenzwandler *m* [elt]
**fresh air** Frischluft *f* (für Kühler, Bergwerk) [roh]
**fresh air heating** Frischluftheizung *f* [mot]
**freshly roll** neu walzen *v* (im Walzwerk) [met]
**freshly rolled material** Neuwalzung *f* (neues Material) [met]
**fresh water** Süßwasser *n* (in Fluss und Binnensee) [was]; Trinkwasser *n* [was]
**fresh water pipe** Trinkwasserleitung *f* [was]
**fretsaw** Laubsäge *f* [wzg]
**fretting** Abschleifen *n* (unerwünschtes Fressen) [mas]; Fressen *n* (des Materials) [wer]
**fretting corrosion** Passflächenrost *m* (Oxidation) [wer]
**fretting failure** Fressschaden *m* (oft Schwingungsabrieb) [wer]
**fretting of pendulum ball** Steuerlinsenfresser *m* [mbt]
**friable** bröckelig [bau]
**friable structure** Krümelstruktur *f* [bau]
**friction** Reibeffekt *m* (Reibeffekt senken) [phy]
**frictional connection** Kraftschluss *m* [mas]
**frictional corrosion** Passflächenrost *m* (Oxidation) [wer]
**friction clutch** Reibkupplung *f* [mot]
**friction disc** Bremslasche *f* [mot]; Reibscheibe *f* [wzg]
**friction drive** Reibradantrieb *m* [mas]
**friction factor** Reibungsbeiwert *m* [phy]
**friction-free** reibungslos (auch zwei Flächen)
**frictioning** reibend
**frictionless** reibungslos

**friction loss** Reibungsverlust *m* [phy]
**friction roller** Mitnehmerrolle *f* [mas]
**friction roller drive** Reibrollenantrieb *m* (der Drehmaschine) [wzg]
**friction roller station** Reibradstation *f* [roh]
**friction shock absorber** Reibungsstoßdämpfer *m* [mot]
**friction stud welding** Reibbolzenschweißen *n* [met]
**friction surface** Reibfläche *f* (z.B. zwei Teile reiben); Reibungsfläche *f*
**friction test** Reibeversuch *m* [msr]
**friction-type differential** Sperrdifferential *n* [mot]
**friction welding** Reibschweißen *n* [met]
**friction wheel** Reibrad *n* [mas]
**fringe benefits** Zulagen *pl* (freiwillige von Firma) [eco]
**fringe flaw** Randfehler *m* (Rand ausgefranst) [met]
**fringe radiation** Randstrahlung *f* (streut, franst aus) [met]
**front** vordere [mot]
**front** Front *f* (Stirnseite) [con]; Vorderseite *f* [mot]
**front-** Vorder- (z.B. Vorderrad) [mot]
**front door** Eingangstür *f* [bau]; Haustür *f* [bau]
**front-door key** Hausschlüssel *m* [bau]
**front drive** Vorderantrieb *m* [mot]
**fronted** gefrontet (bei Versicherungen) [jur]
**front-end loader** Frontlader *m* [mot]; Radlader *m* [mot]; Raupenlader *m* [mot]
**front-end processor** Datenkonzentrator *m* [edv]
**front engine mounting** vorderer Motorträger *m* [mot]
**front-fired boiler** Kessel mit Frontalfeuerung *m* [pow]

**front-mounted winch** Seilwinde, vordere *f* [mot]
**front-panel frame** Vorderwandrahmen *m* [mot]
**front-panel mounting** Frontplatteneinbau *m* [mot]
**front ripper** Frontrechen *m* [mbt]
**front ripper attachment** Frontrechenausrüstung *f* [mbt]
**front seat** Vordersitz *m* [mot]
**front side** Stirnseite *f* (Vorderseite) [mas]; Vorderseite *f* [mot]
**front spring hanger** Vorderfederbock *m* [mot]
**front spring support** Vorderfederstütze *f* [mot]
**front-surface echo** Überkoppelecho *n* [elt]
**front tumbler** Umlenkturas *m* (des Schaufelrad-Baggers) [mbt]
**front view** Vorderansicht *f* [con]
**front wall** Stirnwand *f* (Vorder-, Rückwand Wagen) [mot]; Vorderwand *f* [pow]
**front wall downcomer** Vorderwandfallrohr *n* [pow]
**front wall drain** Vorderwandentwässerung *f* [pow]
**front wall header** Vorderwandsammler *m* [pow]
**front wall riser** Vorderwandsteigrohr *n* [pow]
**front wheel** Vorderrad *n* [mot]
**front wheel brake** Vorderradbremse *f* [mot]
**front wheel drive** Frontantrieb *m* [mot]; Vorderradantrieb *m* [mot]
**front wheel hub** Vorderradnabe *f* [mot]
**front wheel stub axle** Vorderachsschenkel *m* [mot]
**front wheel suspension** Vorderradaufhängung *f* [mot]
**front window** Frontscheibe *f* (an Baumaschinen) [mot]

**fuel** Treibstoff *m* [mot]; Heizöl *n* [bau]
**fuel adjustment hole** Kraftstoffeinstellbohrung *f* [mot]
**fuel bed** Brennstoffbett *n* [pow]
**fuel bed controller** Schichthöhenregler *m* [pow]
**fuel bed regulator** Schichthöhenregler *m* [pow]
**fuel bed thickness** Schichthöhe *f* (Rost) [pow]
**fuel blending elevator** Brennstoffmischförderer *m* [pow]
**fuel bowl** Schwimmergehäuse *n* [mot]
**fuel can** Kraftstoffkanister *m* [mot]
**fuel consumption** Kraftstoffverbrauch *m* [mot]
**fuel consumption, average -** mittlerer Kraftstoffverbrauch *m* [mot]
**fuel consumption indicator** Kraftstoffverbrauchsmesser *m* [mot]
**fuel consumption, mean -** mittlerer Kraftstoffverbrauch *m* [mot]
**fuel consumption rate** Kraftstoffverbrauchsmenge *f* [mot]
**fuel cut-off** Brennstoffschieber *m* [pow]
**fuel demand** Brennstoffbedarf *m* [pow]
**fuel dip stick** Kraftstoffmessstab *m* [mot]
**fuel drying in the mill** Mahltrocknung *f* [pow]
**fuel dust** Abgasstaub *m* [air]
**fuel economy** Brennstoffersparnis *f* [pow]; Kraftstoffwirtschaftlichkeit *f* [mot]; Wirtschaftlichkeit des Kraftstoffes *f* [mot]
**fuel efficient** kraftstoffsparend [mot]
**fuel elements for nuclear reactors** Brennstoffelement für Kernreaktoren *m* [wer]
**fuel feeder** Brennstoffzuteiler *m* [pow]
**fuel feed pipe** Kraftstoffleitung *f* [mot]
**fuel feed pump** Speiseölpumpe *f* [mot]
**fuel filler neck** Kraftstoffeinfüllstutzen *m* [mot]
**fuel-filling** Betankung *f* [mot]
**fuel-filling device** Betankungseinrichtung *f* [mot]
**fuel filter** Brennstofffilter *m* [mot]; Kraftstofffilter *m* [mot]
**fuel fired per square foot of grate** Rostbelastung *f* [pow]
**fuel gas** Treibgas *n* [mot]
**fuel, gaseous -** gasförmiger Brennstoff *m* [pow]
**fuel gas equipment** Treibgasanlage *f* [mot]
**fuel gasification** Brennstoffvergasung *f* [pow]
**fuel gate** Brennstoffschieber *m* [pow]
**fuel gauge** Kraftstoffmesser *m* (auch Schauglas) [mot]; Kraftstoffvorratszeiger *m* [mot]
**fuel heating** Kraftstoffheizung *f* [mot]
**fuel injection system** Einspritzsystem *n* [mot]
**fuel injection valve** Einspritzdüse *f* [mot]; Kraftstoffeinspritzdüse *f* [mot]; Einspritzventil *n* [mot]
**fuel-laden air** Staubluft *f* [pow]
**fuel leak** Kraftstoffflecks *pl* [mot]
**fuel lever plunger** Kraftstoffmessstab *m* (mit Schwimmer) [mot]
**fuel line** Kraftstoffleitung *f* [mot]
**fuel oil** Heizöl *n* [pow]
**fuel oil additives** Heizöladditive *pl* [pow]
**fuel-oil heater** Heizölvorwärmer *m* (Ölvorwärmer) [pow]; Ölvorwärmer *m* (Heizölvorwärmer) [pow]
**fuel oil storage tank** Heizölbehälter *m* (Ölbehälter) [pow]

**fuel pedal** Gaspedal *n* [mot]
**fuel pipe** Kraftstoffleitung *f* [mot]
**fuel pre-filter** Kraftstoffvorfilter *m* [mot]
**fuel pump** Brennstoffpumpe *f* (elektrische Brennstoffpumpe) [mot]; Kraftstoffförderpumpe *f* [mot]; Kraftstoffpumpe *f* [mot]
**fuel pump body** Kraftstoffpumpengehäuse *n* [mot]
**fuel pump control** Brennstoffpumpengestänge *n* [mot]
**fuel pump cover** Kraftstoffpumpendeckel *m* [mot]
**fuel pump diaphragm** Kraftstoffpumpenmembran *f* [mot]
**fuel pump drive** Kraftstoffpumpenantrieb *m* [mot]
**fuel pump housing** Kraftstoffpumpengehäuse *n* [mot]
**fuel pump screen** Kraftstoffpumpensieb *n* [mot]
**fuel pump tappet** Kraftstoffpumpenstößel *m* [mot]
**fuel rack** Reglerzahnstange *f* [mot]
**fuel ratio control** Kraftstoffregler *m* [mot]
**fuel return line** Kraftstoffrücklaufleitung *f* [mot]
**fuel saving version** Kraftstoffsparausführung *f* (Drehzahl) [mot]
**fuel screen** Kraftstoffsieb *n* [mot]
**fuel sender** Tauchrohrgeber *m* (Kraftstoffsensor) [mot]
**fuel sensor** Kraftstoffsensor *m* [mot]
**fuel shut-off** Kraftstoffabstellhahn *m* [mot]
**fuel storage** Bunkerung *f* [pow]
**fuel strainer** Kraftstoffsieb *n* [mot]
**fuel supply** Kraftstoffzufuhr *f* [mot]
**fuel system** Kraftstoffanlage *f* [mot]
**fuel tank** Kraftstoffbehälter *m* [mot]; Kraftstofftank *m* [mot]; Kraftstoffvorratsbehälter *m* (Tank) [mot]
**fuel tank filler cap** Tankverschlusskappe *f* [mot]; Verschlusskappe des Kraftstofftanks *f* [mot]
**fuel tank, underground -** unterirdischer Brennstoffbehälter *m* [pow]
**fuel transfer pump** Kraftstoffförderpumpe *f* [mot]
**fuel type range** Brennstoffband *n* [pow]
**fuel type range, narrow -** schmales Brennstoffband *n* [pow]
**fuel-type range, wide -** breites Brennstoffband *n* [pow]
**fuel valve** Kraftstoffhahn *m* [mot]
**fulcrum** Drehachse *f* [mot]
**full** besetzt (z.B. Bus) [mot]; durchgehend; durchgezogen
**full employment** Vollbeschäftigung *f* (alle in Arbeit) [eco]
**full engine revolutions** Vollgas *n* [mot]
**full-flow filter** Hauptstromfilter *m* [mot]
**full-flow oil filter** Hauptstromölfilter *m* [mot]
**full-grained** vollkörnig [bau]
**full line** durchgehende Linie *f* (durchgezogen) [con]; durchgezogene Linie *f* [con]
**full load** Volllast *f* [mot]; Gesamtgewicht *n* (von Ladung od. Fahrzeug) [mot]
**full load needle** Volllastnadel *f* [mot]
**full load power shift** Volllastschaltgetriebe *n* [mot]
**full-mould casting** Vollformgießen *n* [met]
**full power** volle Leistung *f* [mot]
**full power shift** Volllastschaltgetriebe *n* [mot]
**full-rigged ship** Vollschiff *n* [mot]
**full-wave rectifier** Doppelweggleichrichter *m* [elt]

**fully automatic**  vollautomatisch [met]
**fully balanced stacker/reclaimer**  Wippengerät *n* (z.B. Schaufelradlader) [roh]
**fully deoxydized cast**  voll beruhigt vergossen [met]
**fully hydraulic**  vollhydraulisch [mot]
**fully killed**  doppelt beruhigt (Stahl) [met]
**fully loaded**  vollbeladen [mot]; vollbeladen [mot]
**fully saturated**  vollangesteuert [elt]
**fully swept**  vollbestrichen (Heizfläche) [pow]
**fumes**  Qualm *m* (meist Rauch und Dampf) [air]; Rauch *m* [air]; Abgas *n* [air]
**function**  Tätigkeit *f* (eines Geräteteils)
**functional building**  Zweckbau *m* [bau]
**functional demonstration of the installation**  Funktionsnachweis *m* [mot]
**functionally organized**  funktional organisiert
**functional testing**  funktionsbezogenes Testen *n* [edv]
**functioning**  arbeitsfähig [met]
**functioning guarantee**  Funktionsgarantie *f* [eco]
**function key**  Funktionstaste *f* (auf Tastatur) [edv]
**function of time**  Zeitfunktion *f* [elt]
**function of time, complex -**  komplexe Zeitfunktion *f* [elt]
**fundamental frequency**  Grundfrequenz *f* [phy]
**fundamental mode**  Grundschwingung *f* [phy]
**funnel**  Abzugsröhre *f*; Schornstein *m* (Schiff) [bau]
**funnel-shaped**  trichterförmig
**funnel wagon**  Trichterwagen *m* (der Bahn) [mot]

**furnace**  Ofen *m* (in der Industrie) [pow]
**furnace arch**  Hängedecke *f* (Bogen) [pow]
**furnace cooling tube**  Kühlrohr *n* (Feuerraum) [pow]; Wandrohr *n* (Strahlraum) [pow]
**furnace, electric -**  Elektroofen *m* (im Stahlwerk) [met]
**furnace floor**  Brennkammerboden *m* [pow]
**furnace gas outlet temperature**  Feuerraumendtemperatur *f* [pow]
**furnace hardened**  flammgehärtet [met]
**furnace heating surface**  Brennkammerberohrung *f* [pow]; Strahlungsheizfläche *f* (Feuerraum) [pow]
**furnace hopper**  Brennkammertrichter *m* [pow]
**furnace roof**  Brennkammerdecke *f* [pow]
**furnace with slag screen**  geschlossene Brennkammer *f* [pow]
**furnish**  versehen *v* (z.B. mit einem Anstrich)
**furrow**  Grabenmulde *f* [mbt]
**fuse**  Anzündschnur *f* (Anzünder) [roh]; Schmelzsicherung *f* [met]; Sicherung *f* [elt]; Zündschnur *f* (Lunte; Steinbruch, Bergbau) [roh]
**fuse**  absichern *v* (durch Sicherung) [elt]; verschmelzen *v* (durch Hitze) [met]
**fuse, automatic -**  Sicherungsautomat *m* [elt]
**fuse block**  Sicherungsblock *m* [elt]; Sicherungskasten *m* [elt]; Sicherungssockel *m* [elt]
**fuse box**  Sicherungsdose *f* [elt]; Sicherungskasten *m* [elt]
**fused**  abgesichert [elt]

**fuse element**  Schaltereinsatz *m* [elt];
Schmelzleiter *m* [elt];
Sicherungselement *n* [elt]
**fuse elements**  Schutzeinsatz *m* (z.B.
Sicherung) [elt]
**fuse holder**  Sicherungsdose *f* (z.B. im
Auto) [elt]
**fuse link**  Schmelzeinsatz *n* [elt]
**fuse link block**  Sicherungsbaugruppe
*f* [elt]
**fuse-protect**  absichern *v* (durch
Sicherung) [elt]
**fuse-protected**  abgesichert (durch
Sicherung) [elt]
**fuse socket**  Sicherungshalter *m* [elt]
**fuse tongs**  Sicherungszange *f* [elt]
**fusion point**  Halbkugelpunkt *m* [pow]
**fusion welding**  Schmelzschweißen *n*
[met]
**fusion welding with liquid heat transfer**  Gießschmelzschweißen *n*
[met]
**fuzzy control**  Fuzzy-Regelung *f* [msr]

# G

**gable**  Giebel *m* [bau]
**gabled roof**  Giebeldach *n* [bau]
**gable end**  Giebelwand *f* [bau]
**gable roof**  Satteldach *n* [bau]
**gain**  Verstärkung *f* [elt]
**gain**  zunehmen *v* (an Gewicht)
**gain control**  Verstärkungsregelung *f* [elt]
**gain reserve**  Verstärkungsreserve *f* [elt]
**gallery**  Bühne *f* [pow]; Stollen *m* (unterirdischer Gang in Bergwerk) [roh]
**galley**  Schiffsküche *f* [mot]
**galling**  Fressen *n* (Reiben, Scheuern) [mas]; Reiben *n* (Scheuern, Fressen) [mas]; Scheuern *n* (Reiben, Fressen) [mas]
**gallon**  Gallone *f* (Hohlmaß) [mot]
**galvanic battery**  Batterie, galvanische - *f* [elt]
**galvanic cell**  Primärelement *n* [elt]
**galvanic isolation**  Potenzialtrennung *f* [elt]
**galvanic plating**  galvanische Überzüge *pl* (Zinkschicht) [met]
**galvanic protection**  galvanischer Schutz *m* (von Bauteilen) [met]
**galvanize**  galvanisieren *v* [elt]
**galvanized**  galvanisiert [met]
**galvanizing**  Galvanisieren *n* [met]
**gang**  Kolonne *f* (Mannschaft) [eco]
**gang switch**  Reihenschalter *m* [edv]
**gantry**  Bockkran *m* [mot]
**gantry crane**  Portalkran *m* (klein) [mot]
**gap**  Lücke *f* (Riss, Loch); Spalt *m* (zwischen Stücken); Zwischenraum *m* (Lücke, Spalte) [bau]

**gap covers**  Zwischenabdeckung *f* (Rolltreppe) [mbt]
**gap filter**  Spaltfilter *m* [mot]
**gap scanning**  berührungslose Prüfung *f* [msr]
**garbage**  Abfall *m* (Unrat, Müll) [rec]; Unrat *m* (wertloser Abfall) [rec]
**garbage can**  Mülltonne *f* [rec]
**garbage disposal**  Abfallgrube *f* (kleine Deponie) [rec]; Müllgrube *f* [rec]
**garbage pit**  Müllgrube *f* [rec]
**garbage sorting grab**  Müllsortiergreifer *m* [rec]
**garbage truck**  Müllwagen *m* (Müllfahrzeug) [mot]; Müllfahrzeug *n* [mot]; Müllsammelfahrzeug *n* [mot]
**garden hut**  Gartenlaube *f* (zum Aufenthalt) [bau]
**garden shed**  Gartenlaube *f* (fast nur für Geräte) [bau]; Laube *f* (im Schrebergarten) [bau]
**garter spring**  Feder *f* (an Radialdichtringen) [mas]
**gas baffle**  Zuglenkwand *f* [pow]
**gas balloon**  Gasballon *m* [mot]
**gas burner**  Gasbrenner *m* [pow]
**gas burner port**  Gasbrennermaul *f* (Mauerwerksöffnung) [pow]
**gas-carburized**  aufgekohlt [wer]
**gas carburizing procedure**  Gaskohlungsverfahren *n* [met]
**gas cutting**  Brennschneiden *n* [met]
**gas cylinder**  Gasflasche *f* [mot]
**gas damper**  Rauchgasregelklappe *f* [pow]
**gas drive**  Benzinantrieb *m* [mot]
**gas dump**  Benzinlager *n* (Notversorgung) [mot]
**gas generator**  Gaserzeuger *m* [mot]
**gas hardening**  Flammhärtung *f* [met]
**gas ignitor**  Gaszündbrenner *m* [pow]
**gas inclusion**  Gaseinschluss *m* [wer]

**gasket** Dichtscheibe f [mas]; Flachdichtung f [mas]; Dichtungsring m [mas]
**gas lighting-up burner** Gaszündbrenner m [pow]
**gas metal arc welding** Schutzgaslichtbogenschweißen n [met]
**gas-mixture shielded metal-arc weld** Mischgasschweißen n [met]
**gas oil** Gasöl n [mot]
**gasoline starter engine** Benzinstartermotor m [mot]
**gas pass** Rauchgaszug m [pow]
**gas pedal** Gashebel m [mot]; Gaspedal n [mot]
**gas pipe** Gasrohr n [bau]
**gas pocket** Gasblase f (Gaseinschluss in Werkstoff) [wer]
**gas-powder welding** Gaspulverschweißen n [met]
**gas-pressurized spring** Gasdruckfeder f [mot]
**gas pump** Zapfsäule f (bei Tankstelle) [mot]
**gas sampling hose** Rauchgasentnahmeschlauch m (für Orsat-Analyse) [pow]
**gas-shielded metal arc welding** Schutzgasschweißung f [met]; Schutzgasschweißen n [met]
**gas-shielded tungsten-arc welding** Wolfram-Schutzgasschweißen n [met]
**gas shield welding** Schutzgasschweißung f (DIN 1910) [met]
**gas side** rauchgasseitig [pow]
**gas-side tube fault** rauchgasseitiger Rohrschaden m [pow]
**gassing coal** Gasflammkohle f [pow]
**gas spring** Gasfeder f [mas]
**gas sweeping of heating surfaces** Heizflächenbestreichung f [pow]
**gas tank** Gasometer n [pow]
**gas-tight** gasdicht [pow]
**gas turbine engine** Gasturbinenmotor m [mot]
**gas valves** Gasarmaturen pl [mot]
**gas weld** Gasschweißung f [met]
**gas-weld** gasschweißen v [met]
**gas welding** Autogenschweißung f [met]; Gasschmelzschweißung f [met]
**gate** Gatter n (Gitter) [elt]; Tor n (Durchfahrt) [bau]
**gate amplifier** Torverstärker m [elt]
**gate area** Blendenbereich m [elt]
**gate circuit** Torschaltung f [elt]
**gate curtain system** Torschleieranlage f (gegen Durchzug) [bau]
**gate monitoring** Blendennachführung f [elt]
**gate position card** Blendenkarte f [elt]
**gate shears** Schlagschere f (Tafelschere) [wzg]; Tafelschere f (Schlagschere) [wzg]
**gate valve** Schieber m [pow]; Absperrventil n [met]
**gate valve operating mechanism** Schieberbetätigung f [pow]
**gateway** Tordurchfahrt f [bau]
**gate width** Blendenbreite f [elt]
**gating** Torsteuerung f [elt]
**gauge** Drahtstärke f [mas]; Lehre f (Messlehre, Messwerkzeug) [msr]; Messlehre f (Messwerkzeug) [msr]; Messuhr f [msr]; Spurbreite f (auch Spurweite) [mot]; Spurweite f (Spurbreite der Bahn) [mot]; Messgerät n (Lehre) [msr]; Messinstrument n (Lehre, Fühler) [msr]; Messwerkzeug n [msr]; Panel n (Messlehre) [msr]
**gauge cock** Wasserhahn m [pow]; Manometerabsperrventil n [mot]
**gauge configuration** Spurabmessung f (Spurbild) [mot]

**gauge-glass test cock** Wasserstandsprüfhahn *m* (Dampflok) [mot]
**gauge lens** Spurlinse *f* (Eisenbahn) [mot]
**gauge, narrow -** Schmalspur *f* (meist Eisenbahn) [mot]
**gauge, no go -** Schlechtlehre *f* [msr]
**gauge pressure** Manometerdruck *m* [mot]; Überdruck *m* (atü) [pow]
**gauging station** Messstation *f* [bau]
**gauze** Siebblech *n* [mas]
**gauze filter** Siebfilter *m* [mot]
**gear** Übersetzung *f* (Zahnrad) [mas]; Antrieb *m* [mas]; Gang *m* (in Schaltung) [mot]; Zahn *m* (an der Drehdurchführung) [mot]; Zahnrad *n* (in Getriebe) [mas]
**gear** verzahnen *v* (eine Welle) [mas]
**gear body** Radkörper *m* (des Zahnrades) [mot]
**gearbox** Fahrgetriebe *n* [mot]; Schaltgetriebe *n* [mot]
**gear box** Getriebekasten *m* [mot]; Getriebegehäuse *n* [mas]
**gearbox case cap** Getriebegehäusedeckel *m* [mot]
**gearbox casing** Getriebegehäuse *n* [mot]
**gearbox casing halves** Getriebegehäusehälfte *f* [mot]
**gearbox cover** Getriebedeckel *m* [mot]
**gearbox flange** Getriebeflansch *m* [mot]
**gear case** Räderkasten *m* [mot]; Spindelkasten *m* [mot]; Antriebsgehäuse *n* [mas]
**gear change** Schaltung *f* [mot]
**gear change arrangement** Ganganordnung *f* [mot]
**gear change box** Wechselgetriebe *n* [mot]
**gear change, hydraulic -** Druckölschaltung *f* [mot]
**gear change rod** Schaltstange *f* [mot]
**gear changing** Schalten eines Ganges *n* [mot]
**gear clearance** Spiel *n* (bei Zahnrädern) [mas]
**gear cover** Getriebedeckel *m* [mot]
**gear cutting** Zahnradschneiden *n* [met]
**gear drive** Räderantrieb *m* [mot]; Zahnradantrieb *m* [mot]
**gear, first -** erster Gang *m* (beim Auto) [mot]
**gear hobbing machine** Zahnradfräsmaschine *f* (vertikal) [wzg]
**gear housing** Zahnradkasten *m* [mas]; Getriebegehäuse *n* [mot]; Zahnradgehäuse *n* [mas]
**gear hub** Radnabe *f* (des Zahnrades) [mot]; Zahnradnabe *f* [mas]
**gearing** Verzahnung *f* (Ausstatten mit Zähnen) [mas]
**gear lock** Schaltstangenverriegelung *f* [mot]
**gear, low -** erster Gang *m* (langsamer Gang) [mot]
**gear manufacturing** Getriebebau *m* [mot]
**gear motor** Getriebemotor *m* [elt]
**gear oil change** Getriebeölwechsel *m* [mas]
**gear pinion** Ritzel *n* (treibt an, bewegt) [mot]
**gear pump** Zahnradpumpe *f* [mas]
**gear rack** Zahnstange *f* [mot]
**gear ratio** Übersetzungsverhältnis *n* (d. Getriebes) [mot]
**gear rim** Zahnkranz *m* [mot]
**gear ring** Zahnkranz *m* [mas]
**gear ring thickness** Zahnradbandage *f* (v. innen bis Zahnfuß) [mot]
**gear rod** Getriebestange *f* [mot]

**gear segment** Zahnsegment *n* [mas]
**gear selector lever** Gangschalthebel *m* [mot]; Gangwahlhebel *m* [mot]
**gear shaft** verzahnte Welle *f* [mas]; Zahnwelle *f* [mas]
**gear shift column and gear shift lever** Gangschaltspindel mit Schalthebel *f* [mot]
**gear shift control** Schaltgestänge *n* [mot]
**gear shift cover** Schaltdeckel *m* (auf Schaltung) [mot]
**gear shift dome** Schaltturm *m* [mot]
**gear shifter fork** Schaltgabel *f* [mot]
**gear shift fork** Schaltgabel *f* [mot]
**gear shift housing** Schaltgehäuse *n* [mot]
**gear shifting** Schalten eines Ganges *n* [mot]
**gear-shifting lock** Reglersperre *f* (Strömungsgetriebe, Gabelstapler) [mot]; Schaltsperre *f* (im Strömungsgetriebe) [mas]; Schaltsperre *f* (mechanisch mit Magnet) [mas]
**gear shift lever** Schalthebel *m* [mot]
**gearshift lever shaft** Schaltwelle *f* [mot]
**gearshift mechanism** Gangschaltanlage *f* [mot]
**gear shift rail** Schaltschiene *f* [mot]
**gear thickness** Bandage *f* (Zahnrad) [mot]
**gear tooth** Zahn *m* (Drehdurchführung) [mas]
**gear train** Zahnradübersetzung *f* (ganzer Satz) [mas]; Antrieb *m* (von Motor bis Endantrieb) [mot]; Steuerräder *pl* (Zahnräder im Getriebe) [mot]
**gear-type pump** Zahnradpumpe *f* [mot]; Zahnradpumpe *f* [mas]
**gear wheel** Getrieberad *n* [mot]; Zahnrad *n* [mot]; Zahnrad *n* (Ölpumpenzahnrad) [mot]
**gear wheel, involute -** evolventenverzahntes Rad *n* [mas]
**gear wheel pump** Zahnradpumpe *f* [mas]
**gear with dog clutch** Klauenrad *n* [mot]
**gemmer steering** Gemmerlenkung *f* [mot]
**general** allgemein
**general arrangement** Übersichtszeichnung *f* [con]
**general arrangement drawing** Gesamtzeichnung *f* [con]
**general cargo** Stückgut *n* (allgemeine Waren) [mot]
**general conditions** Rahmenbedingungen *pl*
**general contractor** Generalunternehmer *m* [eco]
**general drawing** Hauptzeichnung *f* (Zusammenstellung) [con]; Zusammenstellung *f* (Hauptzeichnung) [con]
**general foreman** Bauführer *m* [bau]; Polier *m* (Vorarbeiter) [bau]; Vorarbeiter *m* (Polier) [bau]
**general layout** Schema *n* [con]
**general ledger** Tagesheft *n* (allgemeines Tagesheft) [elt]
**general liability insurance** Haftpflichtversicherung *f* [jur]; Industriehaftpflichtversicherung *f* [jur]
**general liability policy** Betriebshaftpflichtvertrag *m* [jur]; Haftpflichtvertrag *m* [jur]
**general power outlet** Steckdose *f* [elt]
**general view** Gesamtansicht *f* [con]
**generate** aufbauen *v* (Druck aufbauen)
**generation** Erzeugung *f* (z.B. von Strom) [elt]
**generator** Lichtmaschine *f* (Generator) [elt]; Erzeuger *m* (z.B. von Strom) [elt]; Stromerzeuger *m* [elt]; Ladegerät *n* [elt]

**generator cooling** Generatorkühlung *f* [edv]
**generator drive** Generatorantrieb *m* [elt]
**generator gas** Generatorgas *n* [pow]
**generator lamp** Ladekontrollleuchte *f* [elt]
**gentian blue** enzianblau (RAL 5010) [nrm]
**genuine parts** Original-Ersatzteile *pl*
**geoelectric** geoelektrisch [geo]
**Gerber girder** Gelenkträger *m* [bau]
**get a car licensed** zulassen *v* (ein Auto) [mot]
**get stuck** hängen bleiben *v* [mot]
**giant boiler** Großkessel *m* (Riesenkessel) [pow]; Riesenkessel *m* (Großkessel) [pow]
**giant bucket wheel excavator** Großschaufelradbagger *m* [mbt]
**giant mining equipment** Großförderanlagen *f* [roh]
**giant stacker** Großabsetzer *m* (zum Haldeanlegen) [mbt]
**gib key** Nasenkeil *m* [mas]
**gilled pipe heating surface** Rippenheizung *f* (dünne Flossen) [pow]
**gilled tube** Rippenrohr *n* [pow]
**gilled tube economizer** Rippenrohr-Eco *m* [pow]
**gilt edged** vergoldet [met]
**gimlet** Handbohrer *m* [wzg]
**girder** Balken *m* (Träger) [bau]; Träger *m* (z.B. Doppel-T-Träger) [bau]; Unterzug *m* [bau]
**girder bridge** Fachwerkbrücke *f* [bau]; Gittermastbrücke *f* [mot]
**girder, cladded -** verkleideter Balken *m* [bau]; verkleideter Träger *m* [bau]
**girder construction** Fachwerkkonstruktion *f* (Stahlbau) [bau]
**girder, continuous -** durchlaufender Träger *m* [bau]
**girder joint** Trägerstoß *m* (Stahlbau) [bau]
**girder mast** Gittermast *m* [mot]
**girder splice** Trägerstoß *m* (Stahlbau) [bau]
**give a speech** Rede halten *v*
**give independence to ...** verselbständigen *v*
**give off** abgeben *v* (Gase) [air]
**gland** Dichtschraube *f* (von Packungen) [pow]; Schraube *f* (Dichtschraube) [pow]
**glass** Armaturenglas *n* [wer]
**glass block** Glasbaustein *m* [bau]
**glass brick** Glasbaustein *m* [bau]
**glass cutter** Glasschneider *m* [wzg]
**glass factory** Glashütte *f* [roh]
**glass fibre** Glasfaser *f* [bau]
**glass-fibre reinforced** armiert (glasfaserverstärkt) [wer]; glasfaserverstärkt [mot]
**glass pane** Glasscheibe *f* [bau]
**glass recycling** Altglas *n* [rec]
**glass roof** Glasdach *n* [bau]
**glass sight gauge** Schauglas *n* [msr]; Sichtglas *n* [mot]
**glass-transparent** glasklar [wer]
**glass wool** Glaswolle *f* [bau]
**glaze** verglasen *v* (Fenster) [bau]
**glazing** Verglasung *f* (Fenster) [bau]
**gliding shuttering** Kletterschalung *f* [bau]
**glove box** Handschuhkasten *m* [mot]
**glove box cover** Handschuhkastendeckel *m* [mot]
**glove box fastener** Handschuhkastenverschluss *m* [mot]
**glove box hinge** Handschuhkastenscharnier *n* [mot]
**glove compartment** Handschuhfach *n* [mot]
**glow** glühen *v* [met]

**glow discharge** Glimmentladung *f* [elt]
**glow lamp** Glimmlampe *f* [elt]
**glow out** ausglühen *v* (nicht fachgerecht) [met]
**glow plug** Glühkerze *f* [elt]
**glow plug harness** Glühkerzenzuleitung *f* [elt]
**glue** Kleber *m*; Klebstoff *m*
**glue-brushed** bestrichen (mit Leim) [met]
**glued on** angeklebt
**glued surface** Klebefläche *f*
**glue on** ankleben *v*
**gluey** klebrig (wie Leim) [wer]
**goal** Ziel *n* [edv]
**goal tree** Zielbaum *m* [edv]
**goggles** Schutzbrille *f* (z.B. Arbeit, Ski, Tauchen)
**golden yellow** goldgelb (RAL 1004) [nrm]
**good ageing behaviour** alterungsbeständig (Öle, Fette) [wer]
**goods brake** Güterzugbremse *f* [mot]
**goods traffic** Güterverkehr *m* [mot]
**goods train** Güterzug *m* [mot]
**goods van** geschlossener Güterwagen *m* [mot]
**goods wagon** Güterwagen *m* (allgemein (B)) [mot]
**gooseneck** Schwinge *f* [mas]; Schwanenhals *m* (Schwinge) [mas]
**gooseneck grab arm, forked -** gegabelter und gekröpfter Greiferstiel *m* [mbt]
**gooseneck-type arm** gekröpfter Stiel *m* (Greiferstiel) [mbt]
**gorge** Kar *f* (Felsenschlucht) [geo]
**got stuck** steckengeblieben (Auto) [mot]
**gouge** ausarbeiten *v* (der Schweißwurzel) [met]; auspressen *v* (abwerfen) [met]; auswerfen *v* [mas]

**governed speed** Abregeldrehzahl *f* [msr]; Regeldrehzahl *f* [mot]
**government legislation** Verordnung *f* [jur]
**government order** Auflage *f* (behördliche Anordnung); Vorschrift *f* (der Regierung) [jur]
**governor** Regeleinrichtung *f* [msr]
**governor balance weight** Reglergewicht *n* [mot]
**governor bearing** Reglerlager *n* [mot]
**governor collar** Reglermuffe *f* [mot]
**governor cone** Reglerkegel *m* [mot]
**governor control** Reglergestänge *n* [mot]
**governor control lever** Gashebel *m* [mot]
**governor control linkage** Reglergestänge *n* [mot]
**governor cover** Reglerhaube *f* [mot]
**governor drive gear** Reglerantriebszahnrad *n* [mot]
**governor housing** Reglergehäuse *n* [mot]
**governor, hydraulic -** hydraulischer Regler *m* [mas]
**governor lever** Reglerhebel *m* [mot]
**governor setting** Reglereinstellung *f* [pow]
**governor spring** Reglerfeder *f* [mot]
**governor switch** Reglerschalter *m* [mot]
**governor wheel** Reglerantriebszahnrad *n* [mot]
**grab** greifen *v* [mbt]
**grab arm** Greiferstiel *m* [mbt]
**grab attachment** Greiferausrüstung *f* [mbt]
**grab cutting edges** Greiferschneiden *n* [mbt]
**grab dredger** Greiferbagger *m* (Schwimmbagger) [mot]
**grab extension** Greiferverlängerung *f* [mbt]

**grab guide** Greiferführung *f* [mbt]
**grab head** Greiferkopf *m* [mbt]
**grab rotating motor** Drehmotor des Greifers *m* [mbt]
**grab safety bar** Greiferhalter *m* (bei Transport) [mbt]
**grab saw** Greifsäge *f* [wer]
**grab section** Greiferquerschnitt *m* [mbt]
**grab shell** Greiferschale *f* [mbt]
**grab slewing device** Greiferdrehvorrichtung *f* [mbt]
**grab swing brake** Pendelbremse *f* [mbt]
**grab swivel** Greiferdrehkopf *m* [mbt]
**grab swivel device** Greiferdrehwerk *n* (im Grundgerät) [mbt]
**grab swivel motor** Drehmotor des Greifers *m* [mbt]; Greiferdrehmotor *m* [mbt]
**grab upper section** Greiferoberteil *n* [mbt]
**grab yoke** Greiferlager *n* [mbt]
**gradability** Steigfähigkeit *f* [mot]
**gradable** steigfähig [mot]
**grade** Steigung *f* (z.B. der Bahnstrecke) [mot]; Planum *n* [bau]
**grade** ebnen *v* (glätten); einteilen *v* (in Güteklassen) [msr]; planieren *v* (am Hang) [mbt]
**graded** gestuft [bau]
**grader** Erdhobel *m* (Grader) [mbt]; Grader *m* (Erdhobel, Baumaschine) [mbt]; Wegehobel *m* (Grader, Erdhobel; O&K) [mbt]
**grade resistance** Hangabtriebskraft *f* [mbt]; Hangabtriebskraft *f* (an Bergseite) [mot]
**grader scraper** Anbauschürfkübel *m* [mbt]
**grader work** Graderarbeiten *pl* [mbt]
**gradient** Steigung *f* (der Straße, des Weges) [mot]

**gradient post** Steigungsmarkierung *f* (Signal, Pfosten) [mot]
**grading curve** Körnungslinie *f* [bau]; Siebkurve *f* [bau]
**grading gauge, visual -** Kornstufenschaulehre *f* [msr]
**grading work** Planierarbeiten *pl* (an Hang, Böschung) [mbt]
**graduation tolerance** Teilungstoleranz *f* [con]
**graduator** Gradmesser *m* [msr]
**grain** Einzelkorn *n* [wer]
**grain boundaries** Korngrenzen *pl* [wer]
**grain hardness** Kornhärte *f* [bau]
**grain oriented** kornorientiert [mas]
**grain-refined construction steel** Feinkornbaustahl *m* [wer]
**grain-refined steel** Feinkornstahl *m* [wer]
**grain size** Korngröße *f* (Körnung des Materials) [wer]
**grain structure** Korngefüge *n* [wer]
**granite grey** granitgrau (RAL 7026) [nrm]
**granted leave** Urlaubsanspruch *m* [eco]
**granular** körnig [roh]
**granular material** körniges Material *n* (Baumaterial) [wer]
**granular range** Granularbereich *m* [roh]
**granulate** prillen *v* (granulieren) [roh]
**granulation plant** Granulationsanlage *f* [wzg]
**graph** Schaubild *n* (grafische Darstellung) [con]
**graphics standards** grafische Normen *pl* [edv]
**graphite black** graphitschwarz (RAL 9011) [nrm]
**graphite grey** graphitgrau (RAL 7024, 7026) [nrm]

**graphite oil** graphitiertes Öl *n* [roh]; Graphitöl *n* [roh]
**grapples** Greiferzangen *f* [mbt]
**grassed roof** begrüntes Dach *n* [bau]
**grass green** grasgrün (RAL 6010) [nrm]
**grate** Gitterrost *m* (Stahlgitter) [bau]
**grate** zerreiben *v* (zermahlen) [met]
**grate area** Rostfläche *f* [pow]
**grate cleaning device** Roststabreinigungsvorrichtung *f* [pow]
**grate cooler** Rostkühler *m* [roh]
**grate link** Roststab *m* [pow]
**grate opening** Rostspalt *m* [pow]
**grate seal** Rostabdichtung *f* [pow]
**grate seals, rear -** hintere Rostabdichtung *f* [pow]
**grating** Gitterbelag *m* [mas]; Gitterrost *m* [mas]; Beläge *pl* (Gitterrost) [pow]
**gravel** Kies *m* (aus dem Steinbruch) [bau]; Schotter *m* (aus dem Steinbruch) [bau]
**gravel bed** Kiesschicht *f* [bau]
**gravel fill** Kiesschüttung *f* [bau]
**gravel grab** Kiesgreifer *m* (Baggerausrüstung) [roh]
**gravel path** Schotterweg *m* [bau]
**gravel pit** Kiesgrube *f* [roh]
**gravel surfacing** Kiesbefestigung *f* [bau]
**gravimetric batching** Dosierung nach Gewicht *f* [bau]
**gravity** Schwerkraft *f* [phy]
**gravity arc welding with covered electrode** Schwerkraftlichtbogenschweißen *n* [met]
**gravity die casting** Kokillengießen *n* [met]
**gravity forces on batter** Hangabtriebskraft *f* [mbt]
**gravity roller** Querrollbahn *f* [mas]; Rollenförderer *m* [mas]
**gravity-type dust ejector** Schwerkraftstaubauswerfer *m* [mas]
**grease** Schmierfett *n* [mas]; Wälzlagerfett *n* [mas]
**grease** abschmieren *v* [mas]; einfetten *v* (fetten) [met]
**grease cartridge** Fettpatrone *f* [mot]
**grease conduit** Fettkanal *m* [mas]
**grease cup** Schmierbüchse *f* [mas]; Staufferbüchse *f* [mot]; Klappöler *m* [mot]
**grease fitting** Schmiernippel *m* [mas]
**grease gun** Fettpresse *f* (Fettpistole) [mot]; Handhebelfettpresse *f* [mot]; Presse *f* (Fettpresse) [mot]; Schmierpistole *f* [wzg]; Schmierpresse *f* [wzg]
**grease lubrication** Fettschmierung *f* [mot]
**grease lubrication system** Fettschmieranlage *f* [mbt]
**grease nipple** Füllnippel *m* [mot]; Kegelschmiernippel *m* [mot]; Schmiernippel *m* [mas]
**grease pistol** Fettpresse *f* [mot]; Schmierpresse *f* [wzg]
**grease relief valve** Fettüberdruckventil *n* [mot]
**grease-resistant** fettbeständig [wer]
**grease tight** öldicht [wer]
**greasing** Abschmieren *n* [met]; Einfetten *n*
**greasing system** Schmieranlage *f* [mas]
**green** grün (Farbton) [nrm]
**green beige** grünbeige (RAL 1000) [nrm]
**green blue** grünblau (RAL 5001) [nrm]
**green brown** grünbraun (RAL 8000) [nrm]
**green grey** grüngrau (RAL 7009) [nrm]
**grey aluminium** graualuminium (RAL 9007) [nrm]

**grey area** Graubereich *m* [elt]
**grey beige** graubeige (RAL 1019) [nrm]
**grey blue** graublau (RAL 5008) [nrm]
**grey board** Graupappe *f*
**grey brown** graubraun (RAL 8019) [nrm]
**grey cast** Grauguss *m* [wer]
**grey experience** langjährige Erfahrung *f*
**grey olive** grauoliv (RAL 6006) [nrm]
**greywacke** Grauwacke *f* [roh]
**grey white** grauweiß (RAL 9002) [nrm]
**grid** Leitungsnetz *n* (z.B. Elektrizität) [elt]
**grid board** Rasterplatte *f* [mas]
**grid failure** Netzausfall *m* [elt]
**grid structure** Kreuzwerk *n* [bau]
**grid system** Rastersystem *n* [mas]; Verbundnetz *n* [elt]
**grill** Rost *m* (Ofen) [mot]
**grillage** Gitterrost *m* (Stahlgitter) [bau]; Kreuzwerk *n* [bau]
**grille** Türgitter *n* (verziert) [bau]; Ziergitter *n* (z.B. an Haustür) [bau]
**grind** Fressen *n* (des Materials) [mas]
**grind** abschleifen *v* (glätten, bearbeiten) [met]; ausschleifen *v* (Material entfernen) [met]; beschleifen *v* (bearbeiten) [met]; fein mahlen *v* [met]; schleifen *v* [met]; wetzen *v* (schleifen) [met]
**grind down** runterschleifen *v* [met]
**grinding** Vermahlung *f* (von Mineralien) [met]; Beschleifen *n* (Bearbeitung) [met]; Fressen *n* (Abschleifen des Materials) [mas]
**grinding, centreless -** spitzenloses Schleifen *n* [met]
**grinding dimensions** Fräsmaß *n* (Maße der Nut) [mas]
**grinding disk** Schleifscheibe *f* [wzg]
**grinding drum** Mahltrommel *f* [pow]
**grinding lathe** Schleifbank *f* (Bearbeitung) [wzg]
**grinding machine** Schleifmaschine *f* [wzg]
**grinding marker** Schleifmarkiereinrichtung *f* [mas]
**grinding mill** Mahlanlage *f* [wzg]
**grinding paste** Schleifpaste *f* [mas]
**grinding plant** Mahlanlage *f* [roh]
**grinding ring** Mahlring *m* (Kugelmühle) [pow]
**grinding tool** Schleifzeug *n* [mas]
**grinding wheel** Schleifscheibe *n* [mas]
**grinding work** Mahlvorgang *m* (Mahlen) [pow]; Mahlen *n* (Mahlvorgang) [pow]
**grinding zone** Mahlzone *f* [pow]
**grind undercuts** Kerben ausschleifen *v* [met]
**grip** Klemme *f* [elt]; Haltegriff *m* [mas]
**grip** greifen *v*
**grip link** Greifsteg *m* (Schneekette) [mot]
**gripping device** Fangvorrichtung *f* (der Seilbahn) [mot]
**grit** grober Staub *m* (Entstaubung) [pow]; Grobstaub *m* [pow]; Streusand *m* (Streusalz) [mot]
**grit** streuen *v* (Streusalz, Granulate)
**grit arrestor** Flugstaubabscheider *m* (grobes Korn) [pow]; Zyklonabscheider *m* (grober Flugstaub) [pow]
**grit hopper** Flugaschentrichter *m* [pow]
**grit refiring** Flugaschenrückführung *f* (Rost) [pow]
**grit retention** Flugascheneinbindung *f* [pow]
**gritted** gestreut (z.B. Streusalz) [mot]
**grommet** Durchführung *f* (isolierte -) [elt]; Kausche *f* (Kabelauge) [bau]; Öse *f* (Durchführung, z.B. Wand)

**groove**

[mas]; Tülle *f* (Ausgießer, z.B. an Ölkanne) [mas]; Gewindeschutz *m* [mas]; Gummiring *m* (wie Buchse, Durchführung) [mas]; Auge *n* (Tülle) [mas]

**groove** Feinnut *f* [mas]; Fuge *f* (Nut) [met]; Kehle *f* (Rille) [mas]; Nut *f* (Fuge) [mas]; Einstich *m* (Nut für Ring) [mas]; Riefen *pl* (Fehlerart) [mas]

**groove** nuten *v* (Nut einritzen) [met]

**groove angle** Rillenwinkel *m* (Keilriemen) [mas]

**grooved ball bearing** Rillenkugellager *n* [mas]

**grooved dowel pin** Kerbstift *m* [mas]

**grooved pin, full length parallel grooved with chamfer** Zylinderkerbstift *m* [mas]

**grooved rail** Rillenschiene *f* (z.B. für Straßenbahn) [mot]

**grooved ring** Nutring *m* (Dichtring) [mas]

**grooved shaft** Nutwelle *f* [mot]

**groove pin** Kerbnagel *m* [mas]; Kerbstift *m* [mas]

**groove weld** Fugennaht *f* [mas]

**groove width** Riemenbreite *f* (Keilriemen) [mas]

**gross load weight** Gesamtgewicht *n* (des Waggons m. Ladung) [mot]

**gross section** Vollquerschnitt *m* [met]

**gross sectional area** Vollquerschnitt *m* [con]

**gross vehicle weight** Brutto-Fahrzeuggewicht *n* (des Wagens) [mot]

**gross weight** Bruttogewicht *n*; Dienstgewicht *n* (brutto) [roh]

**ground** ausgeschliffen (vergrößert) [wer]; geschliffen [met]

**ground** Erde *f* (Erdung (A)) [elt]; erden *f* ((A)) [elt]; Masse *f* (Erdleitung, Nullleitung (A)) [elt]; Sohle *f* (unten auf dem Boden) [roh]; Boden *m* [bod]

**ground area** Bodenfläche *f* [roh]

**ground bearing capacity** Bodentragfähigkeit *f* [bau]; Tragfähigkeit *f* (des Bodens) [roh]

**ground-bearing pressure** Bodendruck *m* [bau]

**ground breaking** Erdaushub *m* (Ausschachten) [bod]; Ausschachten *n* (Erdaushub) [bod]

**ground circuit** geerdeter Stromkreis *m* ((A)) [elt]

**ground clamp** Erdklemme *f* ((A)) [elt]

**ground clearance** Bodenfreiheit *f* [con]

**ground compaction** Bodenverdichtung *f* (künstliche -) [bod]

**ground connection** Erdung *f* ((A)) [elt]

**ground consolidation** Bodenverdichtung *f* (natürliche -) [bod]

**grounded emitter circuit** Emitterschaltung *f* [elt]

**ground floor** Erdgeschoss *n* [bau]

**ground level** Bodenniveau *n* [bod]; Planum *n* [bod]

**ground line** Planum *n* [roh]

**ground metallically blank** metallisch blank geschliffen [nrm]

**ground plan** Grundriss *m* [bau]

**ground position** Bodenlage *f* (Lader in Bodenlage) [mot]

**ground potential** Grundspannung *f* [elt]

**ground stabilization** Baugrundverfestigung *f* [bau]

**ground surface** Geländeoberfläche *f* [geo]

**ground tackle** Ankergeschirr *n* [elt]

**ground to be metallically blank** metallisch blank geschliffen [met]

**ground water** Grundwasser *n* (Bodenschatz) [was]
**ground water table** Grundwasserspiegel *m* [was]
**ground wire** Masseleitung *f* [elt]
**groundwork** Erdarbeiten *pl* [bau]
**group** Unternehmensgruppe *f* [eco]
**group of companies** Unternehmensgruppe *f* (bei Hoesch) [eco]
**group of tolerances** Toleranzreihe *f* [mas]
**group velocity** Gruppengeschwindigkeit *f* [elt]
**grouser** Steg *m* (der Kettenbodenplatte) [mbt]; Stollen *m* (auf Kettenplatte) [mbt]
**grout** Mörtel *m* (dünner Mörtel) [bau]
**grout** ausgießen *v* (Beton) [bau]; mörteln *v* (mit Mörtel verstreichen) [bau]; vergießen *v* (Fundament) [bau]
**grouted** gefugt (Spalte) [bau]
**grouting** Zementierung *f* (Verfugen) [bau]
**grouting mortar** Einpressmörtel *m* [bau]
**grouting of bases** Vergießen *n* (Fundamente) [bau]
**groyne** Buhne *f* (zur Flussregulierung) [was]
**grub screw** Gewindestift *m* [mas]
**gruelling service** harte Beanspruchung *f* (fast Missbrauch) [mot]
**grumble** Gelenklager *n* [mot]
**guarantee fuel** Garantiebrennstoff *m* [pow]
**guarantee insurance** Garantieversicherung *f* [jur]
**guard** Dichtblende *f* [mas]; Kulisse *f* (schützt Kette vor Längung und Bruch) [mbt]; Umhüllung *f* (Mantel, Schutz) [mot]

**guard, front -** Frontgitter *n* (Steinschlagschutz) [mbt]; Frontschutzgitter *n* (Steinschlagschutz) [mbt]
**guard rail** Seitensicherung *f* [bau]; Schutzgeländer *n* [bau]
**guard ring** Schutzring *m* [mot]
**gudgeon pin** Kolbenbolzen *m* [mot]
**gudgeon pin bushing** Kolbenbuchse *f* [mot]
**gudgeon pin retainer** Kolbenbolzensicherung *f* [mot]
**guidance** Anweisung *f*; Führung *f* (axiale Führung) [mas]
**guide** Führung *f* (z.B. der Kette) [mas]
**guide** steuern *v* (jemanden anleiten)
**guide bush** Führungsbuchse *f* [mas]; Steuerbuchse *f* [mas]
**guide bushing** Führungsbuchse *f* [mas]
**guide concentrically** zentrisch führen *v* [mot]
**guided tour through the factory** Werksführung *f* (Besichtigung)
**guide fork** Einlaufgabel *f* [mbt]
**guide funnel** Führungstrichter *m* [mas]
**guide housing** Kapselgehäuse *n* [mot]
**guide in dead-centre** zentrisch führen *v* [mot]
**guideline** Richtlinie *f* (Regeln, Code) [nrm]; Richtwert *m* (Circa-Angabe)
**guide piece** Gleitstein *m* (Teil der Spannvorrichtung) [mbt]
**guide pipe** Führungsrohr *n* [mas]
**guide plate** Gleitplatte *f* [mot]
**guide rail** Führungsschiene *f* [mas]; Gleitleiste *f* [mot]; Leitplanke *f* (am Straßenrand) [mot]
**guide ring** Klauenring *m* [mot]
**guide roller** Führungsrolle *f* [mas]
**guide shoe** Einlaufgabel *f* [mbt]
**guide-shoe wear surface** Gleitbackendrehkranz *m* (am Schardrehkranz) [mbt]

**guide sled** Führungsschlitten *m* (Kettenspannführung) [mbt]
**guide sleeve** Führungsbüchse *f* [mas]
**guide strip** Gleitleiste *f* [mas]
**guide, tangential -** Einlaufgabel *f* [mbt]
**guide tube** Führungsrohr *n* [mas]
**guide wedge** Führungskeil *m* [mas]
**guiding accuracy** Führungsgenauigkeit *f* [mas]
**guiding assembly** Führungseinrichtung *f* (Vorrichtung) [mas]; Führungsvorrichtung *f* [mas]
**guiding bushing** Führungseinrichtung *f* (Buchse) [mas]; Führungshülse *f* [mas]
**guiding data** Richtwert *m* (bei Materialzusammensetzung) [mas]
**guiding insert** Führungsstern *m* [mbt]
**guiding mechanism** Führungsvorrichtung *f*
**guiding pin** Führungsstift *m* [mas]
**guiding sleeve housing** Gehäusekugelführung *f* [mas]
**guiding system** Führungssystem *n* (einer Maschine) [mot]
**guiding value** Richtwert *m* (Circa-Angabe)
**guillotine** Aushauschere *f* [wzg]
**guillotine shears** Tafelschere *f* (Schlagschere) [wzg]
**gulch** Schlucht *f* (Tal mit steilem Wänden) [geo]
**gun** Presse *f* (Fettpresse) [mot]
**gunned concrete** Spritzbeton *m* [bau]
**gunned plaster** Spritzputz *m* [bau]
**gusset** Knotenbereich *m* [bau]; Eckblech *n* [mas]; Knotenblech *n* (bei Fachwerkkonstruktion) [mas]; Kreuzblech *n* (Gitterkonstruktion) [mas]
**gusset connection** Knotenblechverbindung *f* (Stahlbau) [bau]
**gusset plate** Anschlussblech *f* (Stahlbau) [bau]
**gusset shoe** Aufsteckschuh *m* (Art von Deckel) [mas]; Gleitschuh *m* (bei Verschleiß) [mas]
**gutter** Dachrinne *f* (Haus, Auto) [bau]; Rinne *f* (Gosse) [bau]; Rinnstein *m* (Straße)
**gutter bracket** Rinnenhalter *m* (Dachrinne) [bau]
**guy** Spannseil *n* [met]
**guy** abspannen *v* (mit Seilen) [bau]
**guy anchor** Abspannanker *m* [bau]
**guy rope** Verankerungsseil *n* [bau]
**gypsum board** Gipsplatte *f* [bau]
**gypsum finish** Gipsputz *m* [bau]
**gypsum plant** Gipswerk *n* [roh]
**gypsum plaster** Gipsputz *m* [bau]
**gypsum plaster board** Gipskartonplatte *f* [bau]
**gypsum type** gipsig [wer]
**gypsum wallboard** Gipsbauplatte *f* [bau]
**gyrating mass** Schwungmasse *f* [phy]
**gyrator** Gyrator *m* [elt]
**gyratory crusher** Kegelbrecher *m* [mas]
**gyro compass** Kreiselkompass *m* [mot]
**gyrostat** Kreiselkompass *m* [mot]

# H

**hacksaw**  Eisensäge *f* [wzg]
**hailstorm**  Hagelschauer *m* [wet]
**hair crack**  Haarriss *m* [wer]
**hairline fracture**  Haarbruch *m* (Knochenbruch) [wer]
**hairpin bend**  Haarnadelkurve *f* [bau]
**half-axle**  Halbachse *f* [mot]
**half block**  Halbstein *m* [bau]
**half-brick wall**  halbsteiniges Mauerwerk *n* [bau]
**half clamp**  Gegenklemme *f* [mas]
**half-open single seam**  Halbsteilflankennaht *f* [met]
**half round**  Halbrundniet *m* [mas]
**half-round file**  Halbrundfeile *f* [wzg]
**half rounds**  Halbrundstahl *m* [wer]
**half section**  Halbschnitt *m* [wer]
**half-shaft**  Achswelle *f* (zu Differential) [mot]; Steckachse *f* [mot]
**half the width**  halbseitig [con]
**half-value depth tolerance**  Halbwerttiefenspiel *n* [con]
**half-value method**  Halbwertmethode *f*
**half-value of depth**  Halbwerttiefenausdehnung *f* [con]
**half-value of length**  Halbwertlängenausdehnung *f* [con]
**half-value of width**  Halbwertquerausdehnung *f* [con]
**half-wave rectifier**  Einweggleichrichter *m* [elt]
**half-yearly**  halbjährlich
**hall**  Diele *f* [bau]; Halle *f* (Saal, Gebäude) [bau]; Flur *m* (zwischen Räumen im Haus) [bau]
**halt**  Haltestelle *f* (der Bahn) [mot]; Haltepunkt *m* (kleiner Bahnhof) [mot]
**hammer**  Schläger *m* (Mühle) [wzg]; Schlosserhammer *m* [wzg]
**hammer and hose support**  Hammer- und Schlauchhalterung *f* [mas]
**hammer axle trolley**  Hammerauswechselvorrichtung *f* [mas]
**hammer changing device**  Hammerauswechselvorrichtung *f* [wzg]
**hammer crusher**  Hammermühle *f* [wzg]; Hammerbrecher *m* [wzg]
**hammer drive**  Schlagbohrer *m* [wzg]
**hammer-head machine screw**  Hakenkopfschraube *f* [mas]
**hammer mill**  Hammermühle *f* [wzg]
**hampered**  gehindert (behindert)
**hand-auger**  Bohrer *m* (Handbohrer) [wzg]; Handbohrer *m* [wzg]
**handbook, technical -**  technisches Handbuch *n* (Anweisung) [mas]
**hand brake**  Handbremse *f* [mot]
**hand brake handle**  Handbremszuggriff *m* [mot]
**hand-brake indicator**  Handbremsanzeigerarm *m* [mot]
**hand brake lever**  Handbremshebel *m* [mot]
**hand brake position**  Handbremsstellung *f* [mot]
**hand cable winch**  Handkabelwinde *f* [mot]
**hand cart**  Handwagen *m* (Bollerwagen zum Ziehen) [mot]
**hand drill**  Handbohrmaschine *f* [wzg]
**handfiring**  Handbeschickung *f* [mas]
**hand forklift truck**  Handstapler *m* [mbt]; Hubwagen *m* [mot]
**hand hole**  Handloch *n* [mas]
**hand-hole closure**  Handlochverschluss *m* [pow]
**hand hole cover**  Handlochdeckel *m* [mbt]
**hand-hole fitting**  Handlochverschluss *m* [pow]

**hand hydraulic lift** handhydraulisch (Deichselstapler) [mot]
**handicapped** schwerbehindert (Unfall, Krankheit)
**handiness** Handlichkeit *f*
**handing over** Aushändigung *f* (einer Akte)
**hand lamp** Handlampe *f* [elt]; Handleuchte *f* [elt]
**hand-lamp bulb** Scheinwerferlampe *f* [mot]
**handle** Ansatz *m* [mas]; Drehschieber *m* [mot]; Haltegriff *m* [mot]; Handgriff *m* (z.B. an Stirnwandrunge) [mot]; Schaufelstiel *m* (am Handwerkzeug) [wzg]
**handle** handhaben *v*
**hand-lead** Revisionsfahrkabel *n* [mbt]
**handle bar** Lenkstange *f* (an Fahrrad, Motorrad) [mot]; Handgriff *m*; Lenker *m* (des Fahrrades) [mot]
**handle type probe holder** Handhalterung *f* [msr]
**hand lever** Handhebel *m* (z.B. Dampflok-Regler) [mot]
**hand lever cross shaft** Handhebelwelle *f* [mot]
**hand lever valve** Hand-Hebelventil *n* [mot]
**hand lift** Hubwagen *m* [mot]
**handling** Umschlag *m* (von Gütern) [mot]
**handling continuous** kontinuierliche Arbeitsweise *f* [roh]
**handling, discontinuous -** diskontinuierliche Arbeitsweise *f* [met]
**handling equipment** Fördergerät *n* [roh]; Hebe- und Fördergeräte *n* [mbt]
**handling plant** Umschlaganlage *f* [roh]
**hand mould** Handform *f* (der Behälter) [mas]
**hand of helix** Steigungssinn *m* (Zahnrad) [mas]
**hand, on -** vorhanden
**hand-operated** handbetätigt [pow]
**hand operation** Handbetätigung *f* (Handbedienung) [mot]; Handsteuerung *f* [mot]
**handover** Übergabe *f*
**hand over** aushändigen *v* (eine Akte)
**hand-over** Auslieferungsfehler *f*; Einweihung *f* (Übergabe von Maschinen) [met]
**hand-over ceremony** Vorstellung *f* (und Übergabe Maschine) [met]
**hand primer** Handpumpenvorrichtung *f* [mot]
**hand pump** Handpumpe *f* [mot]
**handrail** Handlauf *m* [bau]; Geländer *n* (Handlaufband) [bau]
**handrail clamping device** Handlaufspannbügel *m* (Rolltreppe) [mbt]
**handrail dimensions** Handlaufabmessungen *pl* (Rolltreppe) [con]
**handrail drive sheave** Handlaufantriebsrad *n* (Balustradenkopf) [mbt]
**handrail drive sheave covering** Handlaufantriebsrad-Belag *m* [mbt]
**handrail drive wheel** Handlaufantriebsrad *n* [mbt]
**handrail drop device** Handlaufabsenksicherung *f* [mbt]; Handlaufabwurfsicherung *f* [mbt]
**handrail guide** Handlaufführung *f* (Rolltreppe) [mbt]; Handlaufführungsbahn *f* [mbt]
**handrail guide assembly** Handlaufumlenkführung *f* [mbt]
**handrail inlet** Handlaufeinlauf *m* [mbt]
**handrail inlet device** Handlaufeinlaufsicherung *f* (Rolltreppe) [mbt]

**handrail inlet guard** Handlaufeinlaufsicherung *f* (Rolltreppe) [mbt]
**handrail inlet monitor** Handlaufeinlaufüberwachung *f* (Rolltreppe) [mbt]
**handrail return** Handlaufumlenkung *f* [mbt]
**handrail return station** Handlaufumlenkführung *f* (Rolltreppe) [mbt]; Handlaufumlenkungsführung *f* [mbt]
**handrail speed** Handlaufgeschwindigkeit *f* [mbt]
**handrail throw-off device** Handlaufabwurfsicherung *f* [mbt]
**handrail throw-off switch** Handlaufabwurfkontakt *m* [mbt]
**handrail winding device** Handlaufdrehvorrichtung *f* [mbt]
**handsaw** Fuchsschwanz *m* (Säge) [wzg]
**hand screen** Schweißerschild *n* (Handschild) [met]
**hand-set pitching** Setzpacklage *f* (von Hand) [bau]
**hand shield** Schweißerschild *n* (Handschild) [met]
**hand signals** Handzeichen *n*
**hand slide valve** Hand-Schiebeventil *n* [mot]
**hand tamper** Handstampfer *m* [wzg]
**hand throttle** Gashebel *m* (Handgas) [mot]
**hand-tight** handfest (eine Schraube anziehen) [mas]
**hand vice** Feilkloben *m* (Glättungswerkzeug) [mas]
**hand vise** Feilkloben *m* (Glättungswerkzeug (A)) [mas]
**hand wheel** Handrad *n* [mot]; Stellrad *n* [mot]
**hand-wheel brake mechanism** Handbremsmechanismus *m* [mot]
**hand wheel screw design** Handradschraubtyp *m* [mot]
**hand winder** Haspel *f* (Handhaspel) [wzg]
**hand winding device** Handdrehvorrichtung *f* [mas]
**handy** praktisch (ist praktisch, passt gut)
**hang** hängen *v*
**hangers** Aufhängung *f* [mot]
**hanging apparatus** Aufhängevorrichtung *f* [mas]
**hanging rod** Fluchtstab *m* [mas]
**hanging wall** Hangende *n* (im Goldbergbau) [roh]
**hang-up** Brückenbildung *f* (Brennstoff) [pow]
**harbour light** Hafenlampe *f* [mot]
**hard board** Hartfaserplatte *f* [wer]
**hard-chromium-plated** hartverchromt [met]
**hard-chromium-plated to size** hartmaßverchromt [met]
**hardcopy** Ausdruck *m* (der Bildschirmanzeige)
**hard covering** Hartbelag *m* [bau]
**hard disk** Festplatte *f* (Massenspeicher) [edv]
**harden and temper** vergüten *v* [met]
**hardened** gehärtet [met]
**hardened and subsequently tempered** vergütet (vergüten) [met]
**hardener** Härter *m* [wer]
**hardening depth** Einhärtetiefe *f* [met]; Härtetiefe *f* [met]
**hardening of the interior root <circle> surface** Zahngrundhärtung *f* [met]
**hardening shop** Härterei *f* [met]
**hardening time** Erhärtungszeit *f* [met]
**hard facing** Aufpanzerung *f* (Auftragsschweißung) [met]; Auftragsschweißung *f* (auf Schaufel) [met]; Panzerung *f* (oberste, harte Schweißung) [met]

**hard hat** Schutzhelm *m*
**hard heading** Strecke *f* (in niedrigen Flözen) [roh]
**hard labour** Zwangsarbeit *f*
**hardly inflammable** schwerentflammbar [wer]
**hard metal plate** Hartgussplatte *f* [mas]
**hard metals** Hartmetalle *pl* [mas]
**hardness components** Härtebildner *m* (Wasseraufbereitung) [mas]
**hardness of the coat** Härte des Auftrages *f* (Farbe) [met]
**hardness penetration depth** Einhärtetiefe *f* (Eindringung) [met]
**hardness slip** Härteschlupf *m* (beim Härten weich gebliebener Bereich) [mas]
**hardness spreading** Härteverlauf *m* (von Naht in Material) [mas]
**hardness test** Härteprüfung *f* [mas]
**hardness testing device** Härteprüfer *m* (z.B. Brinell, Vickers ...) [msr]
**hard of hearing** schwerhörig [hum]
**hard rock** Hartgestein *n* [min]
**hard rubber** Hartgummi *m* [wer]
**hard soldered** hart gelötet [met]
**hard-to-burn fuel** schlecht zu verfeuernder Brennstoff *m* [pow]; Mittelprodukt *n* (schlecht brennbarer Brennstoff) [pow]
**hard-wired** fest verdrahtet [elt]
**hardwood** Hartholz *n* [wer]
**harmonic distortion** Klirrfaktor *m* [elt]
**harmonics** Oberwellen *pl* [elt]
**harness** Halterung *f* (aus Draht, Kabel) [mas]
**hasp** Aussteller *m* (Haspel, Hebel, Gerät) [mas]
**hatch** Falltür *f* [bau]; Luke *f* [bau]
**hatch cover** Lukendeckel *m* [mot]
**hatched** schraffiert (in Zeichnungen) [con]

**hatchet** Beil *n* (Kurzbeil, nicht Axt) [wzg]; Kurzbeil *n* [wzg]
**hatching** Schraffierung *f* (in Zeichnungen) [con]
**hatching pattern** Schraffurmuster *n* [con]
**haul** befördern *v* (transportieren) [mot]; fördern *v* (schleppen, tragen) [mot]; schleppen *v* (fördern, tragen) [mot]; tragen *v* (schleppen, fördern) [mot]; transportieren *v* (auch im Tagebau) [roh]; ziehen *v* (einen Zug) [mot]
**haulage distance** Transportweite *f* [mot]
**hauled** transportiert (z.B. einen Zug ziehen) [mot]
**hauling by wheelbarrow** Schubkarrenförderung *f* [mot]
**hauling distance** Förderweg *m* [mot]
**hauling distance, average -** mittlere Transportentfernung *f* [mot]
**haul road** Fahrtstrecke *f* (von Kippern) [mot]
**haul truck** Nutzfahrzeug *n* (Muldenkipper) [roh]
**havoc** Zerstörung *f* (großer Schaden) [mot]
**hay-bob tine** Federzinken *f* [mas]
**hazard flasher** Warnblinkanlage *f* [mot]; Warnblinker *m* [mot]
**hazard switch** Warnblinkschalter *m* [mot]
**H-beam** Breitflanschträger *m* [mas]
**head** Sturz *m* (über Tür) [bau]
**head bushing** Endbuchse *f* [mas]
**head clearance** Kopffreiheit *f* (weitere Kopffreiheit) [con]
**head crash** Plattenfehler *m* (im-EDV-System) [edv]; Aufsetzen *n* (Schreib/Lesekopf ...) [edv]
**head cushion** Kopfstütze *f* (im Auto) [mot]

**head, dished -** gekümpelter Boden *m* (Trommel) [pow]
**header** Kopfstück *n* (des Sammelrohrs) [mas]; Nietdöpper *n* (drückt Niete zusammen) [met]; Nietstempel *n* (drückt Niete zusammen) [met]; Sammelrohr *n* [mot]
**header handhole** Sammleröffnung *f* (Handloch) [pow]; Handloch *n* (Sammleröffnung) [pow]
**header opening** Sammleröffnung *f* (Handloch) [pow]; Handloch *n* (Sammleröffnung) [pow]
**header shop** Sammlerbau *m* (Pressbau) [pow]
**header type boiler** Sektionalkessel *m* [pow]
**head-frame** Fördergerüst *n* (Bergwerk) [roh]
**head gasket** Zylinderkopfdichtung *f* [mot]
**head gate** Kopfstrecke *f* (neben Abbauwand) [roh]
**head guard** Abweiser *m* (Kopfschutz)
**head-hunt** abwerben *v* (von Firma A. zu B.) [eco]
**heading** Strecke *f* (unter Tage) [roh]
**head lamp** Frontscheinwerfer *m* [mot]; Scheinwerfer *m* (auch an Lok) [mot]
**headless screw** Madenschraube *f* (Gewindestift) [mas]
**headlight** Einbauscheinwerfer *m* [elt]; Fahrscheinwerfer *m* [mot]; Scheinwerfer *m* (am Auto) [mot]
**head light** Frontscheinwerfer *m* [mot]
**headlight frames** Rahmen für Scheinwerfer *m* [mas]
**head of bolt** Schraubenkopf *m* [mas]
**head office** Sitz *m* (der Firma) [eco]; Hauptbüro *n* [eco]; Zentralbüro *n* [eco]
**headphone** Kopfhörer *m* [elt]

**head piece** Kopfstück *n* [mas]
**head ramp** Kopframpe *f* [mot]
**head rest** Kopfstütze *f* [mot]
**head restraint** Kopfstütze *f* (im Auto) [mot]
**headroom** Durchfahrtshöhe *f* [mot]; Kopffreiheit *f* [con]; Kopfhöhe *f* (freie Höhe über Apparaten) [con]
**head shaft** Führungswelle *f* (des Stufenantriebs) [mas]
**head shunt** rangieren *v* (vorwärts rangieren) [mot]
**head stanchions** Stirnrungen *pl* (z.B. am Flachwagen) [mot]
**head, static -** statische Höhe *f* [pow]
**head to head distance** Abstand *m* (zwischen Zylinderköpfen) [mot]
**headway** Durchfahrtshöhe *f* [mot]; Kopffreiheit *f* (über längere Distanzen) [con]
**headwheel pulley** Seilscheibe *f* (auf Förderturm) [roh]
**health condition** Gesundheitszustand *m* [hum]
**health department** Gesundheitsamt *n* [hum]
**heap** Haufwerk *n* (z.B. im Steinbruch) [roh]
**hearing impediment** Schwerhörigkeit *f* [hum]; Hörfehler *m* [hum]
**heatable** heizbar [pow]
**heat-absorbing surface** Wärme aufnehmende Fläche *f* [pow]
**heat-affected zone** Wärmeeinflusszone *f* [met]
**heat consumption** Wärmeverbrauch *m* [pow]
**heated** beheizt [pow]; geheizt [pow]
**heated and formed to shape** gesenkgeformt (unter Presse) [met]
**heated tool welding** Heizelementschweißen *n* [met]
**heated wedge pressure welding** Heizkeilschweißen *n* [met]

**heat emission** Wärmeabgabe *f* [pow]
**heater** Heizapparat *m* [bau]
**heater box** Heizkasten *m* [mot]
**heater fan** Heizgebläse *n* [mot]
**heater flap** Heizklappe *f* [mot]
**heater lever** Heizungshebel *m* (bei RH40 neben Sitz) [mas]
**heater plug** Glühkerze *f* [mot]; Glühstiftkerze *f* [mot]
**heater plug control** Glühüberwacher *m* [mot]
**heater plug indicator** Glühüberwacher *m* [msr]
**heater plug installation** Glühanlage *f* [mas]
**heater plug resistor** Glühkerzenwiderstand *m* [mot]
**heater plug switch** Glühanlassschalter *m* [mot]
**heater starter switch** Glühanlassschalter *m* [mot]
**heater switch** Glühschalter *m* [mot]
**heater trunk** Heißluftschlauch *m* [mot]
**heater wire** Heizdraht *m* [elt]
**heat exchange** Wärmeaustausch *m* [pow]
**heat exchanger** Wärmeaustauscher *m* [pow]; Wärmetauscher *m* (in Zementindustrie) [pow]
**heat exchanger tube** Apparaterohr *n* (Wärmeaustausch) [pow]; Kesselrohr *n* (für Kessel, Apparate) [pow]; Kessel- und Apparaterohr *n* [pow]
**heat flange** Heizflansch *m* [mot]
**heat flow** Wärmestrom *m* [pow]
**heather violet** erikaviolett (RAL 4003) [nrm]
**heat indicator** Temperaturanzeige *f* [msr]; Temperaturanzeiger *m* [msr]
**heating** Beheizung *f* [pow]
**heating and ventilating system** Heizungs- u. Lüftungsanlage *f* [mot]
**heating cable** Heizkabel *n* [elt]

**heating circuit** Heizstromkreis *m* [elt]
**heating coil** Heizschlange *f* [mot]
**heating current** Heizstrom *m* [elt]
**heating, electric -** elektrische Beheizung *f* (im Haus) [elt]
**heating filament** Heizfaden *m* [elt]
**heating fuse** Heizungssicherung *f* [elt]
**heating stage** Heizstufe *f* [elt]
**heating surface** Heizfläche *f* [pow]
**heating thermostat** Thermostat für Heizung *m* [pow]
**heating-up period** Trockenfeuerzeit *f* [pow]
**heat input** Wärmezufuhr *f* [pow]
**heat-insulating facade** Wärmedämmfassade *f* [bau]
**heat liberation** Wärmeentbindung *f* [pow]; Wärmeabbau *m* [pow]
**heat loss in liquid slag** Verlust durch Schlackenwärme *m* [pow]
**heat of combustion** Verbrennungswärme *f* [pow]
**heat recovery adjuncts** Nachschaltheizflächen *pl* [pow]
**heat release** Wärmeentbindung *f* [pow]
**heat-resistant** temperaturfest [mas]; wärmebeständig [wer]
**heat shield** Hitzeschild *m* (z.B. bei Raumfähre) [mot]
**heat storage boiler** Speicherkessel *m* [pow]
**heat stress** Wärmebeanspruchung *f* [mas]
**heat switch** Glühschalter *m* [elt]
**heat transfer** Wärmeübergang *m* [pow]
**heat transfer by conduction** Wärmeübergang durch Leitung *m* [pow]
**heat transfer by convection** Wärmeübergang durch Berührung *m* [pow]

**heat transfer by radiation**
Wärmeübergang durch Strahlung *m*
[pow]

**heat transfer coefficient**
Wärmedurchgangszahl *f* (K-Wert)
[pow]; K-Wert *m*
(Wärmedurchgangszahl) [pow]

**heat transmission** Wärmedurchgang
*m* [pow]

**heat-treated** wärmebehandelt [met];
wärmevergütet [met]

**heat treatment** Wärmebehandlung *f*
(Vergütung) [met]; Wärmevergütung
*f* [met]

**heat up** wärmen *v* [pow]

**heat wire** Glühdraht *m* [elt];
Hitzdraht *m* (Heizdraht) [elt]

**heaves** Hebungen *pl* [bau]

**heavy and flame-cut plates** Grob-
und Maßbleche *pl* (Eisen und Metall)
[mas]

**heavy duty** extrastark (verstärkt);
verstärkt (z.B. für Schwereinsatz)

**heavy duty** Hochleistung *f*

**heavy duty bridge crane**
Schwerlastbrückenkran *m* [mot]

**heavy-duty compact gear**
Hochleistungskompaktgetriebe *n* [mas]

**heavy duty crane** Schwerlastdrehkran
*m* [mot]

**heavy-duty roller chain**
Hochleistungskette *f* [mbt];
Hochleistungsrollenkette *f* [mbt];
Hochspannungskette *f* [mbt]

**heavy duty tractor**
Schwerlastzugmaschine *f* [mot]

**heavy duty truck tractor**
Schwerlastzugmaschine *f* [mot]

**heavy-duty use** rauer Betrieb *m*

**heavy load** Schwerlast *f* [mot]

**heavy machinery** Maschinenbau,
schwerer *m* [mas]; schwerer
Maschinenbau *m* [mas]

**heavy traffic** Schwerverkehr *m* [mot]

**heavy transport vehicle**
Tragschnabelwagen *m* [mot];
Schwertransportfahrzeug *n* (8-36
Achsen) [mot]

**heavy-walled** dickwandig

**hedge trimmer** Heckenschere *f* [wzg]

**heel** Krängung *f* (Neigung zur Seite
(Schiff)) [mot]

**heel** krängen *v* (zur Seite neigen
(Schiff)) [mot]

**heeling** krängend [mot]

**heel of dam** Dammfuß *m* [bau]

**heel plate** Gleitplatte *f* (an Schaufel)
[mot]

**height** Höhe *f* (z.B. des Hauses,
Berges); Aussteuerungsbereich *m*

**height adjustment plate**
Zwischenplatte *f* (höhenverstellbare
Schiene) [mot]

**height gauge** Höhenmessschieber *m*
[msr]

**height of centres** Spitzenhöhe *f* (der
Drehbank) [mas]

**height of construction** Bauhöhe *f*
(Gebäudehöhe) [bau]; Gebäudehöhe *f*
(Bauhöhe) [bau]

**height of drop** Fallhöhe *f*

**height of head** Kopfhöhe *f* (der
Schrauben) [mas]

**height of link plates** Laschenhöhe *f*
(bei Rollenkette) [mas]

**height of pile** Stapelhöhe *f* [bau]

**height over all** Höhe über alles *f* (z.B.
Waggon) [mot]

**height regulator** Höhenregler *m* [mot]

**held up** abgestützt (altes Haus mit
Balken) [bau]

**helical gear** Schraubenradtrieb *m*
[mas]; Schrägrad *n* [mot];
Schrägstirnrad *n* [mot];
Schrägzahnband *n* [mas];
Schrägzahnrad *n* (Schraubenrad)
[mot]; Schraubenrad *n* [mas];
Spiralzahnrad *n* [mas]

**helical gearing** Schrägverzahnung *f* [mas]; Schraubenverzahnung *f* [mas]
**helical gear with helical splines** Schrägrad mit Schraubennuten *n* [mot]
**helical scanning path** Abtastspirale *f* [msr]
**helical spring** Schraubenfeder *f* (Spiralfeder) [mas]; Spiralfeder *f* [mas]
**helicopter** Hubschrauber *m* [mot]; Hubschrauberlandeplatz *m* [mot]
**helium tank** Heliumtank *m* [mot]
**helix angle** Schrägungswinkel *m* [con]; Steigungswinkel *m* (Zahnrad) [mas]
**helm** Schiffssteuerrad *n* (am Steuer) [mot]; Steuerrad *n* (auf Schiff, Rudergänger) [mot]
**hermetical** hermetisch
**herringbone gearing** Pfeilverzahnung *f* [mas]
**hexagon** Sechskant *m* [nrm]; Sechseck *n* [mat]
**hexagonal bolt** Sechskantschraube *f* [mas]
**hexagonal head machine bolt** Sechskantschraube *f* [mot]
**hexagonal head screw** Sechskantkopfschraube *f* [mas]
**hexagonal insert** Sechskanteinsatz *m* [mas]
**hexagonal nut** Sechskantmutter *f* [mas]
**hexagonal shoulder bolt** Sechskantpassschraube *f* [mas]
**hexagonal socket spanner** Sechskantsteckschlüssel *m* [wzg]
**hexagonal socket wrench** Sechskantsteckschlüssel *m* [wzg]
**hexagonal spanner** Sechskantschlüssel *m* [wzg]; Sechskantstiftschlüssel *m* (Steckschlüssel) [wzg]
**hexagonal wrench** Sechskantstiftschlüssel *m* (Steckschlüssel) [wzg]
**hexagon bar** Sechskantstahl *m* [wer]
**hexagon domed cap nut** Sechskanthutmutter *f* [mas]
**hexagon fit bolt** Sechskantpassschraube *f* [mas]
**hexagon head bolt** Sechskantschraube mit Schaft *f* [mas]
**hexagon head tapping screw** Sechskantblechschraube *f* [mas]
**hexagon head wood screw** Sechskantholzschraube *f* [mas]
**hexagon slotted nut** sechseckige Kronenmutter *f* [mas]
**hexagon socket countersunk head screw** Senkschraube mit Innensechskant *f* [mas]
**hexagon socket head cap screw** Zylinderschraube mit Innensechskant *f* [mas]
**hexagon socket screw** Imbusschraube *f* [mas]; Innensechskantschraube *f* [mas]
**hexagon socket set screw** Gewindestift mit Innensechskant *m* [mas]
**hexagon thin nut** flache Sechskantmutter *f* [mas]; niedrige Sechskantmutter *f* [mas]
**hexagon weld nut** Sechskantschweißmutter *f* [mas]
**H-frame** Unterwagenmittelteil *n* (Traverse) [mbt]
**hide** kaschieren *v* (verstecken) [mas]; verbergen *v* (verstecken); verstecken *v*
**high-alloyed** hochlegiert [met]
**high altitude** Höhe *f* (in großer Höhe)
**high altitude operation** Betrieb in großer Höhe *m*
**high beam indicator lamp** Fernlichtkontrollleuchte *f* [mot]

**high capacity**  Hochleistung *f* [roh]
**high capacity battery**  Hochleistungsbatterie *f* [elt]
**high-capacity chain**  Hochleistungskette *f* [mas]
**high capacity elevator**  Hochleistungsbecherwerk *n* [roh]
**high class**  hochgradig
**high cut**  Hochschnitt *m* (des Eimerkettenbaggers) [mbt]
**high discharge skip**  Hochkippmulde *f* (Muldenkipper) [mot]
**high-duty boiler**  Hochleistungskessel *m* [pow]
**high-duty section of superheater**  Endüberhitzer *m* [pow]
**high-electro**  hochinduktiv [elt]
**highest position**  Höchststand *m* (höchste Stelle)
**high flotation tyre**  Niederdruckreifen *m* [mot]
**high frequency filter**  Hochfrequenzfilter *m* [elt]
**high frequency indication**  Hochfrequenzanzeige *f* [elt]
**high-frequency induction welding**  Hochfrequenz-Induktionsverfahren *n* [elt]
**high frequency node**  Hochfrequenzknoten *m* [elt]
**high-frequency welding**  Hochfrequenz-Induktivschweißung *f* [met]
**high idle speed**  Leerlauf *m* (hoher Leerlauf) [mot]
**high-impact proof**  hochschlagfest [wer]
**high-impedance**  hochohmig [elt]
**high lift stacker**  Deichselstapler *m* [mot]
**high-low water level alarm**  Wasserstandsalarmapparat *m* [pow]
**highly mobile**  hochbeweglich
**highly stressed**  hochbeansprucht

**high-moisture coal**  Kohle mit hohem Wassergehalt *f* [pow]
**high performance**  Höchstleistung *f* (von Maschine)
**high power**  Hochleistung *f*
**high pressure**  Hochdruck *m* (z.B. Hochdruckfilter) [mot]
**high pressure boiler**  Hochdruckkessel *m* [pow]
**high pressure fan**  Druckerhöhungsgebläse *n* [pow]
**high-pressure filter**  Hochdruckfilter *m* [mot]
**high-pressure flushing vehicle**  Hochdruckspülfahrzeug *n* [mot]
**high pressure founding**  Hochdruckguss *m* [wer]
**high pressure hose**  Hochdruckschlauch *m* [mot]; Höchstdruckschlauch *m* [mot]
**high pressure lubrication**  Hochdruckschmierung *f* [mot]
**high pressure preheater**  Hochdruckvorwärmer *m* [pow]
**high pressure stage**  Hochdruckteil *n* [pow]
**high pressure tyre**  Hochdruckreifen *m* [mot]
**high quality and high grade steel**  Qualitäts- und Edelstahlgüten *pl* [mas]
**high-quality steel**  Edelstahl *m* [wer]
**high range**  Schnellstufe *f* [mot]
**high-resistance**  hochohmig [elt]
**high resistive**  hochohmig [elt]
**high revolution rate**  Umdrehungszahl *f* (hohe Umdrehungszahl) [mas]
**high rupture fuse**  Überspannungsableiter *m* [elt]
**high seas**  Hochsee *f* (auf hoher See) [mot]
**high speed**  Hochleistung *f* (Geschwindigkeit) [mot]
**high-speed breaking**  Schnellabschaltung *f* [elt]

**high-speed circuit breaker**
Schnellschalter *m* [elt]
**high-speed line** Schnellfahrstrecke *f* [mot]
**high-speed steel**
Hochgeschwindigkeitsstahl *m* [met]; Schnelldrehstahl *m* [wer]
**high-speed switch** Momentschalter *m* [elt]
**high strength** hochfest (z.B. Stahl) [mas]
**high-strength bolt** hochfeste Schraube *f* [mas]
**high-strength sheet steel** höherfeste Qualität *f* (Stahl) [wer]
**high-strength steel** hochfester Stahl *m* [wer]
**high-stress brickwork** hoch beanspruchtes Mauerwerk *n* [bau]
**high-temperature conductor** Heißleiter *m* [elt]
**high-temperature corrosion** Hochtemperaturkorrosion *f* [pow]
**high-temperature limit of elasticity** Warmstreckgrenze *f* [met]
**high-temperature tensile strength** Warmfestigkeit *f* [mas]
**high-tensile** hochfest (z.B. Stahl) [mas]; hochstabil
**high-tensile bolt** hochfeste Schraube *f* [mas]
**high-tensile steel** hochfester Stahl *m* [wer]
**high-torque rotary actuator** Drehmomentantrieb *m* [pow]
**high-vacuum casting** Gießen unter Hochvakuum *n* [met]
**high-volatile bituminous coal** Gaskohle *f* [pow]
**high voltage** Hochspannung *f* [elt]
**high-voltage cable** Kraftstromleitung *f* [elt]
**high-voltage cables** Fernleitung *f* (unterirdisch) [elt]
**high-voltage circuit breaker** Hochspannungsschalter *m* [elt]; Hochspannungstrennschalter *m* [elt]
**high-voltage current** Starkstrom *m* [elt]
**high-voltage grid** Hochspannungsstromversorgungsnetz *n* [elt]
**high-voltage pole** Hochspannungsmast *m* [elt]
**high-voltage power pack** Hochspannungsnetzteil *n* [elt]
**high-voltage power supply** Hochspannungsversorgung *f* [elt]
**high-voltage supply** Hochspannungsversorgung *f* [elt]
**high-voltage switchboard** Hochspannungsschaltanlage *f* [elt]
**highway** Fernstraße *f* [mot]
**highway bridge** Straßenbrücke *f* [mot]
**high wear-resistant** hochverschleißfest [roh]
**hill gear** Berggänggetriebe *n* [mot]
**hilt** Griff *m* (Messergriff, Heft) [wzg]; Heft *n* (Griff) [wzg]
**hinge** Gelenk *n* (scharnierartig) [mas]
**hinge bolt** Gelenkbolzen *m* [mas]
**hinge bracket** Drehzapfenhalterung *f* [mas]
**hinged** aufstellbar (an Scharnier); eingehängt [mas]; gelenkig gelagert [mas]; klappbar (mit Scharnieren) [mot]
**hinged door** Klapptür *f* [bau]
**hinged fairleader** Klapprolle *f* [mot]
**hinged-slat chain** Scharnierbandkette *f* [mas]
**hinged window** Ausstellfenster *n* (in Fahrerhaus) [mbt]
**hinge hook** Fitsche *f* (Türangel) [bau]; Türangel *f* (zwischen Blatt und Zarge) [bau]
**hinge side of door** Türanschlag *m* [bau]

**hinge spring** Schenkelfeder *f* [mas]
**hinge support** Scharnierstütze *f* [mas]
**hip roof** Walmdach *n* [bau]
**hired labour** Lohnarbeit *f* [jur]
**hire machine** Überbrückungsgerät *n*
**hiss** zischen *v* (Dampf)
**hit and run** Unfallflucht *f* (Er beging . . .) [mot]
**hitch** Zugvorrichtung *f* [mas]; Joch *n* (Zugvorrichtung) [mas]
**hitch a ride** mitfahren *v* (trampen) [mot]
**hoarse** heiser (mit rauer Stimme sprechen) [hum]
**hoarseness** Heiserkeit *f* (vorübergehender Stimmverlust) [hum]
**hock wrench** Hakenschlüssel *m* [mas]
**hoe** Hacke *f* (z.B. des Gärtners) [wzg]
**hog fuel** Abfallbrennstoff *m* [rec]
**hog fuel firing** Müllverbrennung *f* [pow]
**hoist** Winde *f* [mas]; Lastenaufzug *m* [bau]; Aufheben *n* (einer Last) [mbt]; Hebezeug *n* [mas]
**hoist** hochheben *v* [mbt]
**hoist chain** Hubkette *f* (am Gabelstapler) [mot]
**hoist cylinder** Hubzylinder *m* [mot]
**hoist, electric -** Elektrozug *m* (Kran) [mot]
**hoisting device** Hubvorrichtung *f* [mbt]
**hoisting drum** Seiltrommel *f* [mot]
**hoisting equipment** Hebezeuge *pl* [mas]
**hoisting gear** Hebezeug *n* (Hafen, Schiff) [mot]; Hubwerk *n* [bau]; Hubwerk *n* [mot]
**hoisting-gear drum** Hubwerkstrommel *f* [mbt]
**hoisting height** Hubhöhe *f* [mot]
**hoisting platform** Hubbühne *f* [bau]

**hoisting winch** Hubwinde *f* [mbt]
**hoist kick-out** höchste Hubstellung *f* [mot]; Hubstellung *f* (höchste Hubstellung) [mot]
**hoist limiter** Hubbegrenzer *m* [mot]
**hoist limiting** Hubbegrenzung *f* [mot]
**hoist limiting valve** Hubbegrenzungsventil *n* [mot]
**hold** Luke *f* (z.B. Schiffsladeraum) [mot]; Laderaum *m* (z.B. Schiff, unter Gleis) [mot]
**hold** abfangen *v* (bei Einbau) [met]; aufhalten *v* (bremsen, hindern)
**hold-down bracket** Fixierbügel *m* (Klammer) [mas]
**holder** Haltegabel *f* [mbt]; Stütze *f* (Halter, Unterstützung) [mas]; Halter *m* (Halterung); Träger *m* (hält etwas fest, z.B. Klemme) [mas]
**holder, mobile -** bewegliche Halterung *f* [mas]
**holding** Halterung *f*
**holding brake** Haltebremse *f* (kurzfristig) [mot]
**holding clamp** Halteklammer *f* (Schienenbefestigung) [mot]
**holding fixture** Spannvorrichtung *f* [met]
**holding rope** Abfangseil *n*
**holding temperature** Beharrungstemperatur *f* [mas]
**holding time** Haltezeit *f* [mas]
**hold up** stützen *v* (z.B. ein altes Gebäude) [bau]
**hole** Bohrung *f* (Gewindebohrung) [mas]
**hole pattern** Lochanordung *f* (z.B. quadratisch) [mas]
**hollow axle** Hohlachse *f* [mot]
**hollow axle probe** Hohlachsprüfknopf *m* [msr]
**hollow block** Hohlblockstein *m* [bau]
**hollow brick** Hohlblockstein *m* (z.B. Bims) [bau]; Lochziegel *m* [bau]

**hollow-core bolt** Hohlschraube *f* [mas]
**hollow cylinder** Hohlzylinder *m* [mas]
**hollow girder** Hohlträger *m* [bau]
**hollow head plug** Imbusschraube *f* [mas]; Innenkantschraube *f* [mas]
**hollowing** Auskehlung *f* [bau]
**hollow key** Hohlkeil *m* [mas]
**hollow-pin chain** Hohlbolzenkette *f* [mas]
**hollow profile** Hohlprofil *n* [wer]
**hollow profile, rectangular** rechteckiges Hohlprofil *n* [wer]
**hollow root** Wurzelrückfall *m* (Schweißnaht) [mas]
**hollows** Hohlprofile *pl* [mas]
**hollow sealing ring** Hohlschnurring *m* [mot]
**hollow section** Hohlprofil *n* [wer]; Hohlquerschnitt *n* [con]
**hollow sections, hot-rolled -** warmgewalzte Hohlprofile *pl* [wer]
**hollow shaft** Hohlwelle *f* [mas]
**hollow spot** Hohlraum *m*
**hollow wheel** Hohlrad *n* [mot]
**home and abroad, at -** im In- und Ausland; im In- und Ausland
**home position** Ruhestellung *f*
**home signal** Einfahrsignal *n* (Bahn) [mot]; Einfahrtssignal *n* (Bahn) [mot]
**homing** Zielflug *m* (direktes Ansteuern) [mot]
**homogeneous lead coating** Homogenverbleiung *f* [mas]
**hone** honen *v* (schonend spanabhebend) [met]
**honed** gehont (durch Honen) [met]
**honeycomb construction** Wabenbauweise *f* (z.B. Sechskantöffnungen) [mas]
**honey yellow** honiggelb (RAL 1005) [nrm]
**honing** Honen *n* (Ziehschleifen) [met]

**honk** hupen *v* (das Signalhorn betätigen) [mot]
**hood** Kappe *f* [mot]; Verdeck *n* [mot]
**hood cable** Bowdenzug zur Motorhaube *m* [mot]; Motorhaubenbowdenzug *m* [mot]
**hood catch** Halter *m* (Haken der Motorhaube) [mot]; Haubenhalter *m* [mot]
**hood fastener** Motorhaubenhalter *m* [mot]; Motorhaubenverschluss *m* [mot]
**hood shock** Motorhaubenpuffer *m* [mot]
**hook** Hacken *n* (Stahlhaken) [mas]
**hook bolt** Hakenschraube *f* (Rippenplatte) [mot]
**hook height** Hakenhöhe *f* [mot]
**hook nail** Hakenstift *m* [mas]
**hook position** Hakenstellung *f* [mbt]
**hook spanner** Hakenschlüssel *m* [mas]
**hook stick** Schaltstange *f* [mot]
**hook yoke** Hakenlager *n* [mbt]
**hoop** Flachrahmen *m* [mbt]
**hoop guard** Schutzbügel *m* (um Leiter, Greifer-Drehwerk) [mbt]
**hoops** Bandstahl *m* [wer]
**hoop-steel** Bandstahl *m* (Bandeisen) [mas]; Bandeisen *n* [mas]
**hopper** Trichterkammer *f* (bei Bodenentladewagen) [mot]; Aufgabetrichter *m* [met]; Laderaum *m* (unter Schiene) [mot]; Trichter *m* [pow]; Zuführbehälter *m* [mot]
**hopper car** Trichterwagen *m* (m. Kabeltrommelwagen) [mbt]
**hopper discharge conveyor** Bunkerabzugsförderung *f* [roh]
**hopper suction dredger** Laderaumsaugbagger *m* [mot]; Laderaumsaugbagger *m* [mot]; Saugbagger *m* (mit Laderaum) [mot]
**hopper-type container** Silocontainer *m* [mas]

**hopper wagon**  Behälterwagen *m* [mot]; Sattelwagen *m* [mot]
**hopper window**  Kippfenster *n* [bau]
**horizontal**  waagerecht
**horizontal acceleration**  Horizontalbeschleunigung *f* [phy]
**horizontal bond**  Horizontalverband *m* [bau]
**horizontal boring mill**  Horizontalbohrwerk *n* [wzg]
**horizontal draught carburettor**  Flachstromvergaser *m* [mot]
**horizontal guidance**  Horizontalführung *f* [mas]
**horizontal line reverser**  Horizontalumkehrer *m* [mbt]
**horizontally opposed engine**  Boxermotor *m* [mot]
**horizontal member**  Rahmenriegel *m* (Stahlbau) [bau]
**horizontal projection**  Grundriss *m* [bau]
**horizontal rotary grinder**  Horizontalfräsmaschine *f* [wzg]
**horizontal strut**  Horizontalstrebe *f* [bau]
**horizontal-type regenerative air preheater**  stehender Regenerativ-Luvo *m* [pow]
**horn**  Signalhorn *n*
**horn cheek**  Achshaltergleitbacke *f* (Waggonachse) [mot]; Achslagerführung *f* [mas]; Gleitbacke *f* (am Achshalter) [mot]
**hose clamp**  Schlauchschelle *f* [mas]; Schlauchhalter *m* (Schelle, Klemme) [mas]
**hose clip, one-piece -**  schraubenlose Schlauchschelle *f* [mas]
**hose connector**  Schlauchverbinder *m* [mas]; Schlauchverbindungsteil *n* [mas]
**hose coupling**  Schlauchkupplung *f* (Verbindung) [mas]
**hose fitting**  Schlauchverbindung *f* [mot]; Schlauchbinder *m* [mas]
**hose fixture**  Schlaucharmatur *f* (z.B. Kupplung) [mas]; Schlauchkupplung *f* (Verbindung) [mas]; Schlauchverbinder *m* [mas]
**hose, hydraulic -**  Hydraulikschlauch *m* [mot]
**hose line**  Schlauchleitung *f* (Garnitur, Satz) [mas]
**hose nipple**  Schlauchtülle *f* [mot]
**hose recoiler**  Schlauchaufroller *m* [mas]
**hose socket**  Schlauchtülle *f* (Schlauchmuffe) [mas]
**hose stowage bracket**  Halter für Bremskupplung *m* [mot]
**host**  Zentralrechner *m* (Rechenwerk) [edv]
**hot**  unter Spannung [elt]
**hot air**  Heißluft *f* [air]
**hot-air current**  Thermik *f* [mot]
**hot-air duct**  Heißluftkanal *m* [pow]
**hot-air heating**  Warmluftheizung *f* [mot]
**hot-air hose**  Heißluftschlauch *m* [pow]
**hot bearing grease**  Heißlagerfett *n* [mas]
**hot blast stove**  Winderhitzer *m* (z.B. bei Hochofen, E-Werk) [pow]
**hot bonding**  Heißverklebung *f* (Dichtbahnen) [bau]
**hot cathode**  Glühelektrode *f* [elt]
**hot charging rate**  Warmeinsatzrate *f* [roh]; Heißeinsatz *m* [mas]
**hot-dip aluminized**  feueraluminiert [met]
**hot-dip galvanising**  Feuerverzinkung *f* [wer]
**hot-dip galvanize**  feuerverzinken *v* [met]
**hot-dip galvanized**  feuerverzinkt [met]

**hot-dip galvanizing** Feuerverzinken *n* [met]
**hot-dip leaded** feuerverbleit [met]
**hot-dip tin-coated strip** verzinntes Band *n* [wer]
**hot-dip zinc-coated** feuerverzinkt [wer]
**hot-dip zinc-coated sheet steel** feuerverzinktes Feinblech *n* [wer]
**hot extruded** warmstranggepresst [met]
**hot face of the boiler** Innenwand des Kessels *f* [pow]; Kesselinnenwand *f* (Mauerwerk) [pow]
**hot filament** Glühdraht *m* [elt]
**hot-formed** warmgeformt [met]
**hot-galvanized** feuerverzinkt [met]
**hot metal processing equipment** Roheisenbehandlungsanlage *f* [met]
**hot pressure welding** Warmpressschweißen *n* (DIN 1910) [met]
**hot pull up** Vorspannung *f* (Dampfleitung) [pow]
**hot-rolled** warmgewalzt [met]
**hot-rolled coils** Warmbreitband *n* [mas]
**hot-rolled flat bars** Flachstahl *m* [mas]
**hot-rolled sheet and plate** Bandblech *n* [mas]
**hot rolled wide strip** Warmbreitband *n* [mas]
**hot-rolling plant** Warmwalzwerk *n* [mas]
**hot strip mill** Warmbreitbandstraße *f* [mas]
**hot treatment** Warmbehandlung *f* [met]
**hot-water storage** Heißwasserspeicherung *f* [pow]
**hot well** Warmwasserbehälter *m* [pow]
**hour counter** Betriebsstundenzähler *m* [met]
**hourly wage** Stundenlohn *m* [eco]
**hour meter** Betriebsstundenzähler *m* [met]; Stundenzähler *m* [msr]
**house connection** Gebäudeanschlussleitung *f* (Versorgung oder Entsorgung) [was]
**household and industrial appliances** Hausgeräte und Industrieanwendung *f* [edv]
**housing** Unterbringung *f* (in Gehäuse) [mas]; Verschalung *f* (Gehäuse, z.B. Getriebe) [pow]
**housing locating collar** Schraubenstützlager *n* (der Schelle) [mas]
**housing, lower part** Gehäuseunterteil *n* [mas]
**housing shoulder** Gehäuseschulter *f* [mas]
**housing tolerance** Gehäusetoleranz *f* [mas]
**housing, upper part** Gehäuseoberteil *n* [mas]
**hover** schweben *v*
**hub** Radnabe *f* (des Autos) [mot]; Lagerauge *n* (an der Kolbenstange) [mas]
**hub bolt** Lageraugebolzen *m* (an Kolbenstange) [mas]
**hubcap** Radkappe *f* (z.B. an Pkw) [mot]
**hub cover** Nabendeckel *m* [mot]
**hub flange** Nabenflansch *m* [mot]
**hub puller** Nabenabzieher *m* [mot]
**hub sleeve** Nabenbuchse *f* [mot]
**hull** Schiffskörper *m* (leerer Rumpf) [mot]
**hum** brummen *v* (summen)
**hump** Ablaufberg *m* (Rangierbetrieb der Bahn) [mot]
**humus content** Humusgehalt *m* [bod]
**humus topsoil** humoser Boden *m* [bod]
**hungry boards** Bordwanderhöhung *f* (am Lkw) [mot]

**hush kit** Geräuschdämpfer *m* (am Flugzeug) [mot]
**hut** Baubude *f* [bau]
**hydrate** abbinden *v* (erstarren) [che]
**hydrated lime** Kalkhydrat *n* (gelöschter Kalk) [bau]
**hydration** Abbindung *f* (Erstarrung) [che]
**hydraulic** hydraulisch [mas]
**hydraulically balanced** hydraulisch entlastet [mot]
**hydraulic backhoe** Hydrauliklöffel *m* [mas]; Hydrobagger mit Tieflöffel *m* [mbt]
**hydraulic crane** Teleskopkran *m* [bau]
**hydraulic excavators, large -** schwere Hydraulikbagger *pl* [mbt]
**hydraulic power plant** Wasserkraftwerk *n* [pow]
**hydraulics diagram** Hydraulikplan *m* [mot]
**hydraulic stop light switch** Bremslicht-Öldruckschalter *m* [mot]
**hydrodynamic brake** Strömungsbremse *f* [mot]
**hydro-electric plant** Wasserkraftwerk *n* [pow]
**hydro-electric power station** Wasserkraftwerk *n* [pow]
**hydrofoil** Tragflügelboot *n* [mot]
**hydrogen cooling** Wasserstoffkühlung *f* (Generator) [pow]
**hydrogen embrittlement** Wasserstoffversprödung *f* (durch Wasserstoffdiffusion) [wer]
**hydro-pneumatic** hydropneumatisch [mas]
**hydrostatic test** Wasserdruckprobe *f* [pow]
**hypereutectic** übereutektisch [wer]
**hypoeutectic** untereutektisch [wer]

# I

**I-beam** Doppel-T-Träger *m* [wer]
**ice, black -** Glatteis *n* (überfrierende Nässe) [wet]
**icefall** Gletscher *m* [geo]
**ideal curve** Idealkurve *f* [mot]
**identical to ...** identisch mit ...
**identical with ...** identisch mit ...
**identification** Identifizierung *f*; Kenntlichmachung *f*; Kennwertermittlung *f*
**identification procedure** Identifikationsprozedur *f* [edv]
**identity plate** Schlussscheibe *f* (am letzten Haken) [mot]
**idle adjusting screw** Leerlaufbegrenzungsschraube *f* [mot]
**idle air adjusting screw** Leerlaufluftschraube *f* [mot]
**idle current** Leerlaufstrom *m* [elt]; Ruhestrom *m* [elt]
**idle gear** Leergang *m* (Leerlauf) [mot]; Leerlauf *m* [mot]
**idle, in -** im Standlauf [mot]
**idle jet** Leerlaufdüse *f* [mot]
**idle, low -** niedriger Leerlauf *m* [mot]; Standgas *n* (niedriger Leerlauf) [mot]
**idle motion** Leerlauf *m* [mot]
**idle position, in -** in Ruhestellung (Leerlauf) [mot]
**idle power** Blindleistung *f* [elt]
**idler** Bandrolle *f* [mas]; Führungsrolle *f* (besser: Leitrad) [mas]; Riemenspannrolle *f* [mas]; Umlenkrolle *f* [mas]; Kettenrad *n* [mot]; mitlaufendes Zahnrad *n* (Leitrad) [mot]; Spannrad *n* [mot]
**idler arm** Lenkzwischenhebel *m* [mot]
**idler drum of grate** Rostumlenktrommel *f* [pow]
**idler fork** Gabelkopf *m* [mbt]
**idler, front -** Frontleitrad *n* (an Raupenlaufwerk) [mbt]
**idler gear bearing** Zwischenradlagerung *f* [mot]
**idler guide wheel** Umlenkrad *n* (für Handlauf Rolltreppe) [mbt]
**idle roller bed** Rollgang *m* (nicht angetrieben) [mot]
**idler pulley** Spannrolle *f* (unüblich) [mas]
**idler shaft** Vorgelegeachse *f* [mot]
**idler slide** Gleitstück *n* [mas]
**idler speed, low -** Leerlaufdrehzahl *f* [mot]; Leerlauf *m* (niedriger Leerlauf) [mot]
**idle running** Leerlauf *m* [mot]
**idler wheel** Umlenkrad *n* (für Handlauf Rolltreppe) [mbt]
**idle speed** Umlaufdrehzahl *f* (Motor im Leerlauf) [mot]
**ignitable** zündwillig [pow]
**ignition** Zündung *f* (z.B. des Autos) [mot]
**ignition battery** Zündbatterie *f* [elt]
**ignition burners** Zündfeuerung *f* [pow]
**ignition cable** Zündkabel *n* [mot]
**ignition cam** Zündnocken *m* [mot]
**ignition coil** Zündspule *f* [mot]
**ignition distributor** Zündverteiler *m* (Verteiler im Auto) [mot]
**ignition distributor shaft** Zündverteilerwelle *f* [mot]
**ignition key** Schaltschlüssel *m* [mot]; Zündschlüssel *m* (z.B. des Autos) [mot]
**ignition lock** Zündschloss *n* (z.B. des Autos) [mot]
**ignition point** Zündpunkt *m* [che]
**ignition spark** Zündfunken *m* [elt]
**ignition switch** Zündschalter *m* [mot]; Zündschalter *m* (z.B. des Autos) [mot]

**ignition temperature** Zündtemperatur *f* [pow]
**ignition test** Zündprobe *f* [pow]
**ignitor** Anzünder *f* [mot]; Zündelektrode *f* [elt]; Zünder *m* (z.B. Gaszündbrenner) [pow]
**ignitor squib** Anzündkapsel *f*
**ignitor time** Anzündezeit *f*
**ill** krank (ernstlich) [hum]
**illegible** unleserlich
**illuminate** ausleuchten *v* (Fahrstraße, Stellwerk)
**illuminated** ausgeleuchtet (Fahrstraße/Stellwerk)
**illumination constraint** Beleuchtungsbedingung *f* [edv]
**illustrate** abbilden *v* (z.B. Bild im Text) [con]
**illustration** Abbildung *f* [con]
**illustration, in the -** bildlich dargestellt [con]
**illustration in the text** Textabbildung *f* (Bild im Text) [con]
**image analysis** Bildanalyse *f* [edv]
**image converter** Bildwandler *m* [elt]
**image point** Bildpunkt *m* [elt]
**image processing** Bildverarbeitung *f* [edv]
**image processing, digital -** digitale Bildverarbeitung *f* [edv]
**image storing tube** Bildspeicherröhre *f* [elt]
**immediately** umgehend
**immerse** eintauchen *v* [met]
**immersion tank** Tauchwanne *f* [mas]
**immersion technique** Tauchtechnik *f* [mas]
**immission models** Immissionsmodelle *pl* [edv]
**impact** Kerbschlag *m* [mas]; Prall *m* (Aufprall) [phy]; Schlag *m* (Stoß) [phy]; Stoß *m* (Impuls, Schubs) [phy]
**impact bending test** Schlagbiegeversuch *m* [wer]

**impact catenary idler** Aufgabegirlande *f* (Großförderband) [roh]
**impact crusher** Prallmühle *f* [wzg]; Prallbrecher *m* [wzg]
**impact fatigue limit** Dauerschlagfestigkeit *f* [wer]
**impact force** Anfahrkraft *f* (beim Aufprall) [mas]; Anfahrlast *f* (wirkt beim Aufprall); Auffahrkraft *f* [mot]
**impact loss** Stoßverlust *m* (Eintrittsverlust bei Rohren) [pow]
**impact-notch proof** hochschlagfest [wer]
**impact proof** schlagfest [mas]
**impact pulverizer** Schlägermühle *f* [wzg]
**impact spanner** Schlagschraubenschlüssel *m* [wzg]
**impact strength** Kerbschlagzähigkeit *f* [wer]
**impact stress** Stoßbeanspruchung *f* [wer]
**impact-test** Kerbschlagtest *m* [msr]
**impact work** Kerbschlagarbeit *f* [mas]
**impedance** Scheinwiderstand *m* [elt]
**impedance, acoustical -** akustischer Scheinwiderstand *m* [aku]
**impedance mismatch** Impedanzfehlanpassung *f* [elt]
**impediment** Körperbehinderung *f* (chronische Schädigung) [hum]
**impeller** Impeller *m* [mot]; Flügelrad *n* [mot]; Laufrad *n* [mot]; Pumpenrad *n* [mot]
**impeller shaft** Laufradwelle *f* [mot]
**implement** Ausrüstung *f*; Werkzeug *n* [wzg]
**implementation** Durchführung des Programms *f*; Implementierung *f* [edv]; Verwendung *f* (von Geräten)
**implementation period** Anlaufzeit *f* (des Programms)

**implement circuit**
Ausrüstungskreislauf *m* (Bagger) [mbt]
**implied** beinhaltet (auch zwischen den Zeilen)
**implied renew** stillschweigend erneuern *v*
**imponderability** Unwägbarkeit *f*
**importance, of -** von Wichtigkeit
**impregnate** imprägnieren *v* [met]
**improve** verbessern *v* (aufwerten); vergrößern *v* (verbessern)
**improved** angestiegen (besser geworden)
**improvement** Verbesserung *f* (Erhöhung der Qualität)
**improvement by hired labour** Lohnveredelung *f* [jur]
**improving** Verfeinerung *f* (Aufwertung)
**impulse counter** Impulszähler *m* [elt]
**impulse coupling** Impulskupplung *f* [elt]; Schnappkupplung *f* [mot]
**impulsive load** Stoßbelastung *f* [wer]
**impurities, covered-over -** überdeckte Verunreinigungen *pl* [wer]
**impurity** Verschmutzung *f* (Verunreinigung); Verunreinigung *f*
**inaccurate marking** Fehlmarkierung *f*
**inalienable** unveräußerlich (-es Recht) [jur]
**in- an outside galvanized** innen und außen verzinkt [mas]
**inboard bearing** Lager *n* (zwischen Motor und Gebläse) [mot]
**inboard flap** Landeklappe *f* (unter Tragfläche) [mot]
**incandescent bulb** Glühbirne *f* [elt]
**incandescent filament** Glühfaden *m* [elt]
**incandescent lamp** Glühlampe *f* [elt]
**incapacitation for work** Arbeitsunfähigkeit *f*
**inches of mercury** Quecksilbersäule *f* (mm Hg) [pow]
**inches of water** Wassersäule *f* (mm WS) [pow]
**inching** Kriechgang *m* (von Fahrzeugen) [mot]; Schleichgang *m* (langsamst) [mot]
**inching gear** Hilfsantrieb zum langsamen Drehen *m* [mot]
**inch rule** Zollstock *m* (Schmiege, Gliedermaßstab) [msr]
**incidence** Einfall *m* (Strahl) [elt]
**incident** Vorfall *m* (Ereignis)
**incident angle** Einfallswinkel *m* [edv]
**incident angle of sound** Schallstrahlwinkel *m* (Schallwinkel) [elt]
**incident energy** Schallenergie *f* [elt]
**incineration plant** Müllverbrennungsanlage *f* [pow]
**incipient crack** Anriss *m* (in der Oberfläche) [wer]
**incipient crack in thread** Gewindeanriss *m* (Riss) [mas]
**incision** Anschnitt *m*
**inclination** Neigung *f* (Bunker, Rohre) [pow]; Schräge *f* (Neigung; Bunker, Rohre) [pow]; Neigungswinkel *m* [con]
**inclination regulator** Neigungsregler *m* [mot]
**incline** Gradiente *f*; Steigung *f* (Anstieg, steiler werdend) [geo]
**inclined** ansteigend (Straße) [geo]; schief (geneigter Hang) [geo]
**inclined elevator** Schrägaufzug *m* [bau]
**inclined gauge** Differentialzugmesser *m* [pow]
**inclined grate** schräger Rost *m* (Feuerung) [pow]; Schrägrost *m* (Feuerung) [pow]
**inclined ramp** schräge Rampe *f* [bau]
**inclined reflection** Schrägreflexion *f* [elt]

**inclined shaft** geneigter Schacht *m* (im Bergbau) [roh]
**include** umgeben *v* (einschließen in etwas) [mas]; zwischenschalten *v* (einschließen) [mot]
**inclusions** Einschlüsse *pl* (z.B. im Gestein) [min]
**incoming data flow** Eingangsdatenfluss *m* [edv]
**incoming supply** Zuleitung *f* [elt]
**incomplete fusion** Bindefehler *m* (beim Schweißen) [met]
**incomplete joint penetration** Wurzelkerbe *f* (fehlerhafte Schweißung) [met]
**incomprehensible** unbegreiflich
**incorporation** Körperschaft *f* (Gesellschaft) [eco]
**incorrectly fitted** falsch montiert [met]
**increase** Steigerung *f* (Druck, Temperatur) [pow]; Steigung *f* (größerer Winkel Rolltreppe) [mbt]
**increase** aufwerfen *v* (Rohre)
**increased by ...** gestiegen um ...
**increased lifting forces** Hubkraftvergrößerung *f* (Hubkraftverstärkung) [mot]
**increased pressure lift** Hubkraftverstärkung *f* (das Ergebnis) [mas]
**increased pressure lift circuit** Hubkraftverstärkungssteuerung *f* [mas]; Hubkraftverstärker *m* [mbt]
**increase load** hochfahren *v* (den Kessel) [pow]
**indent number** Seriennummer *f* [con]
**independent suspension** Einzelradaufhängung *f* [mot]
**index** Inhaltsübersicht *f*; Kennziffer *f*; Sachverzeichnis *n*
**indicant wave** Wanderwelle *f* (ankommende Wanderwelle) [elt]

**indicate** anzeigen *v* (auf Display) [edv]; blinken *v* (im Auto beim Abbiegen) [mot]; hinweisen auf *v* (anzeigen)
**indicated** angegeben; angezeigt (auf Monitor)
**indicating label** Hinweisschild *n*
**indicating thermometer** Anzeigethermometer *n* [msr]
**indication, direct -** unmittelbare Anzeige *f* [elt]
**indication, false -** fehlerhafte Anzeige *f* [msr]
**indicative** aufschlussreich (informativ); aussagefähig [jur]
**indicator** Anzeiger *m* (Zeiger, Stift) [msr]; Blinker *m* (Richtungsanzeiger) [mot]; Richtungsanzeiger *m* (z.B. Auto); Winker *m* (Richtungsanzeiger) [mot]; Zeiger *m* [mot]; Anzeigegerät *n* [msr]; Messgerät *n* (Anzeige, Monitor) [msr]
**indicator arm** Anzeigerarm *m* [msr]
**indicator board** Tableau *n*
**indicator instrument** Anzeigeinstrument *n* [msr]
**indicator lamp** Kontrolllampe *f* [mot]; Kontrollleuchte *f* [mot]
**indicator light** Anzeigeleuchte *f*; Kontrollleuchte *f* [elt]; Meldeleuchte *f*
**indicator panel** Anzeigentafel *f*
**indigenous** einheimisch (nationaler Fertigungsanteil) [eco]
**individual control** Einzelsteuerung *f* [mot]
**individual drive** Einzelantrieb *m* [mot]
**individual load** Einzellast *f*
**individual part** Einzelteil *n* [con]
**individual pressure regulation** Einzelregelung des Drucks *f* [mot]
**individual task** Einzelaufgabe *f*
**indoor** Haus- [bau]
**indoor climate** Innenraumklima *n* [bau]

**induce** erregen *v* [elt]
**induced** induziert [elt]
**induced draught fan** Saugzugventilator *m* [pow]
**induced motor** Asynchronmotor *m* [elt]
**induced voltage** induzierte Spannung *f* [elt]; Sekundärspannung *f* [elt]
**inductance** Blindwiderstand *m* [elt]
**inductance, coupled -** gekoppelte Induktivität *f* [elt]
**induction coil** Zündspule *f* [mot]
**induction hardened** induktionsgehärtet [met]
**induction voltage** Induktionsspannung *f* [elt]
**inductive** induktiv [elt]
**inductive hardening** Induktionshärtung *f* [elt]; Induktivhärtung *f* [mas]
**inductive load** Blindlast *f* [elt]
**inductively hardened** induktiv gehärtet [met]
**inductive resistance** Impedanz *f* [elt]; induktiver Widerstand *m* [elt]
**inductive tyre heater** Induktionserhitzungsanlage *f* [mas]
**industrial building** Industriebau *m* [bau]
**industrial centre** Gewerbezentrum *n* [bau]
**industrial demolition** Abbruch von Industrieanlagen *m* [rec]
**industrial estate** Industriegebiet *n*
**industrial machines** Industriemaschinen *f* [mas]
**industrial products** Industrieerzeugnisse *pl* [eco]
**industrial pump** Löschpumpe *f* (Industriepumpe) [mas]
**industrial waste** Industrieabfall *m* [rec]; Industriemüll *m* [rec]
**industrial zone** Industriegebiet *n*

**inert** träge (in Bewegungsstadium verharrend)
**inert-gas metal-arc welding** Metallinertgasschweißen *n* [met]
**inertia** Trägheit *f*
**inertia, constant -** ruhende Energie *f* (Trägheit) [phy]
**infectious** ansteckend (Krankheit) [hum]
**inferences** Schlussverfahren *n* [edv]
**inferior** minderwertig (unterlegen, schlechter)
**inferiority** Minderwertigkeit *f*
**infill** spachteln *v* [bau]
**infinitely variable** stufenlos
**infinitely variable control** stufenlose Regelung *f* [msr]
**inflammable** entzündbar [wer]; entzündlich [wer]
**inflatable** aufblasbar
**inflate** aufblasen *v*; aufpumpen *v* (Luft) [mot]
**inflation, low -** niedriger Luftdruck *m* (im Reifen) [mot]
**information** Auskunft *f* (Auskünfte, Information); Aufschluss *m* (Information); Angaben *pl*
**information, extraneous -** externe Meldung *f*
**information, technical -** technische Mitteilung *f* [con]
**information technology** Informationstechnologie *f* [tel]
**infrastructure** Infrastruktur *f*
**in front** vorn
**ingot** Kokille *f* (Gussblock) [mas]; Gussblock *m* (Kokille) [mas]
**ingot casting** Blockgussproduktion *f* [mas]
**ingredient** Bestandteil *n*
**ingress** Eindringen *n* (von Schmutz, Wasser)
**ingress** eindringen *v* (von Schmutz, Wasser)

**inherently safe** eigensicher [elt]
**inherent moisture** innere Feuchtigkeit *f* [wer]; innerer Wassergehalt *m* (in Brennstoffen) [wer]
**inherent resistance** Eigenwiderstand *m* [mas]
**inherent time** Eigenzeit *f* (dem Material innewohnend) [mas]
**inherent vice** mängelbehaftet (nicht fehlerfrei) [jur]
**initial casting** angießen *v* (erster Probeguss) [roh]
**initial cast specimen** Angießprobe *f* [roh]
**initial digging position** Anfangsgrabstellung *f* (vor Eindringen) [mbt]
**initial investment** Anlagekosten *pl* [eco]
**initial position** Ausgangsposition *f*; Nullstellung *f* [pow]
**initial pressure** Anfangsdruck *m* (vor Drossel) [pow]
**initial pulse** Sendeimpuls *m* [elt]
**initial stressing** Vorspannkraft *f* [mas]
**initial tension** Vorspannung *f* (z.B. eines Stahlteils) [bau]
**initial torque** Voranziehdrehmoment *n* (später fester) [mas]
**initiate** verursachen *v* (veranlassen)
**initiator** Unternehmer *m* (mit Ideen, Initiative); Verursacher *m*
**inject** einspritzen *v* [mot]; verpressen *v* [bau]
**injection engine** Einspritzmotor *m* [mot]
**injection moulding** Spritzguss *m* [mas]
**injection nozzle** Einspritzdüse *f* (Auto, Diesel) [mot]
**injection pipes** Einspritzleitungen *f* [mot]

**injection pump** Einspritzpumpe *f* [mot]
**injection pump barrel** Gehäuse des Einspritzelements *n* [mot]
**injection pump housing** Einspritzpumpengehäuse *n* [mot]
**injection pump plunger** Einspritzpumpenkolben *m* [mot]
**injection pump upper housing** Einspritzpumpenoberteil *n* [mot]
**injection system** Einspritzanlage *f* [mot]; Einspritzorgan *n* [mot]
**injection timing mechanism** Einspritzversteller *m* [mot]; Spritzversteller *m* [mot]
**injection valve** Einspritzventil *n* [mot]
**injection valve body** Einspritzdüsenhalter *m* [mot]; Einspritzer *m* [mot]
**injector** Düse *f* [mas]; Kraftstoffdüse *f* [mot]; Einwerfer *m* (Gegenteil: Auswerfer) [mas]; Injektor *m* [mot]
**injector push tube** Injektorstoßstange *f* [mot]
**injector rocker lever** Injektorkipphebel *m* [mot]
**injector valve** Ventil für Injektor *n* (Dampflok) [mot]
**injury** Beschädigung *f* (Verletzung) [hum]
**inland sales** Vertrieb Inland *m* [eco]
**inland waterway** Binnenwasserstraße *f* (Kanal, Fluss) [mot]
**inlet** Ansaugöffnung *f* [air]; Eintrittsöffnung *f* [mas]
**inlet and exit losses** Ein- und Austrittsverluste *pl* [pow]
**inlet bell** Eintrittsseite bei Axialgebläsen *f* [air]
**inlet camshaft** Einlassnockenwelle *f* [mot]
**inlet connection** Einlaufstutzen *m* [mot]
**inlet guide vane** Leitschaufel *f* (Ventilator) [mot]

**inlet guiding cone** Einlaufkonus *m* [mas]
**inlet header** Eintrittssammler *m* [pow]
**inlet housing** Einlaufgehäuse *n* [mot]
**inlet pipe extension** Ansaugrohrverlängerung *f* [air]
**inlet port** Einlasskanalöffnung *f* [mas]; Einlasskanal *m* [mas]
**inlet relief valve** Einlassüberdruckventil *n* [mot]
**inlet side** Saugstutzen *m* [pow]
**inlet valve** Einlassventil *n* [mot]
**inlet valve cap** Einlassventilverschraubung *f* [mot]
**in-line engine** Reihenmotor *m* [mot]
**in-line switching** reihengeschaltet [mot]
**in loops** in Kabelbäumen [elt]
**inner** innere(r)
**inner cover** Seele *f* (des Hydraulikschlauches) [mot]
**inner decking** Innenabdeckung *f*
**inner gear** Innenverzahnung *f* [mot]
**inner link** Innenglied *n* [mas]
**inner plate** Innenlasche *f* [mas]
**inner resistance** Innenwiderstand *m* [elt]
**inner resistor** Innenwiderstand *m* [elt]
**inner ring** Innenring *m* [mas]
**inner tube** Seele *f* (des Hydraulikschlauches) [mot]; Reifenschlauch *m* [mot]
**inner tube valve fitting** Schlauchventilbrücke *f* [mot]
**inner tube valve insert** Schlauchventileinsatz *m* [mot]
**inner wall of boiler** Kesselinnenwand *f* (Mauerwerk) [pow]
**inner wall of boiler brickwork** Innenwand des Kessels *f* [pow]
**innovation** Neuerung *f*; Neuheit *f* (z.B. Gerät neu auf dem Markt)
**inorganic** anorganisch (mineralisch) [che]
**input** Eingang *m* (z.B. Leistung)
**input capacitor** Ladekondensator *m* [elt]
**input connection** Einlassanschluss *m* (Gewinde) [mot]
**input current** Eingangsstrom *m* [elt]
**input filter** Eingangsfilter *m* [mot]
**input gear** Antriebsrad *n* (im Getriebe) [mas]
**input key** Eingabetaste *f* [elt]
**input memory** Eingabespeicher *m* [edv]
**input power** Eingangsleistung *f* [elt]
**input shaft** Antriebswelle *f* [mas]
**input shaft extension** Antriebswellenstumpf *m* [mot]
**input signal** Eingangssignal *n* [elt]
**input stage** Eingangsstufe *f* [mot]
**input voltage** Eingangsspannung *f* [elt]
**inquire again** nachhaken *v* (erinnern)
**inquiries** Telefonauskunft *f* [tel]
**inscription** Aufschrift *f* (Inschrift, Erklärung); Beschriftung *f* (eines Hauses) [bau]
**insecticide** Insektenvernichtungsmittel *n* [bff]
**insert** Zwischenlage *f* [elt]; Einschub *m* (Modul auf Chassis) [mas]
**insert** einführen *v* (in etwas); einsetzen *v* (z.B. Platine in Gerät) [edv]; zwischenschalten *v*
**insertable panel** Steckblech *n* [mas]
**insert card** Steckkarte *f* [elt]
**inserted ceiling** Einschubdecke *f* [bau]
**inserted floor** Einschubdecke *f* [bau]
**inserting tooth** Steckzahn *m* [mbt]
**insertion** Einschaltung *f* (einer Zeitungsanzeige); Einfahren *n* (Rußbläser) [pow]; Vorschieben *n* (Rußbläser) [pow]

**insertion of subcontractors** Beauftragung von Subunternehmern *f* [jur]
**inside** innerhalb (von Rohren etc.) [pow]
**inside access** Innenaufstieg *m* (im Deckskran) [mot]
**inside balustrade** Innenbalustrade *f* (Rolltreppe) [mbt]
**inside band brake** Innenbandbremse *f* [mot]
**inside callipers** Innentaster *m* [pow]
**inside coating** Innenlackierung *f* (z.B. Stahlfässer) [mot]
**inside cone** Innenkegel *m* [mas]
**inside diameter** Innendurchmesser *m* [con]; innerer Rohrdurchmesser *m* [mas]
**inside door handle** Türinnengriff *n* [mot]
**inside door panel** Türinnenblech *n* [mot]
**inside length** Innenlänge *f* (Keilriemen) [mas]
**inside newel section** Innenkopfstück *n* [mbt]
**inside of the turn** Kurveninnenseite *f* [mot]
**inside panel** Innenblech *n* [mot]
**inside roof lining** Himmel *m* [mot]
**inside shoe brake** Innenbackenbremse *f* [mot]
**inside slope** Innenschräge *f* [mas]
**inside temperature** Innentemperatur *f* [mas]
**inside threading** Innengewinde *n* [mas]
**inside uncoated** innen roh (Stahl unbehandelt) [mas]
**inside wall** Innenwand *f* [bau]
**in sight** in Sicht [mot]
**in situ** gewachsen (vor Ort vorkommend) [roh]; vor Ort (z.B. im Steinbruch)

**in situ repair** Reparatur vor Ort *f* [met]
**insoluble** unlöslich (z.B. durch Verdünner, Säure) [che]
**inspect** ansehen *v* (betrachten); befahren *v* (den Kessel) [pow]; durchsehen *v*; inspizieren *v*
**inspection** Befahrung *f* [pow]; Inspektion *f*; Überholung *f* [pow]; Untersuchung *f*
**inspection bay** Werkstattraum *m* (für Inspektionen) [met]
**inspection control switchbox** Revisionsgerät *n* [mas]
**inspection door** Einsteigtür *f* [pow]; Schauluke *f* [pow]
**inspection engine** Inspektionslokomotive *f* [mot]
**inspection glass** Schauglas *n* [pow]
**inspection hole cover** Schaulochdeckel *m* [mot]
**inspection lamp** Handleuchte *f* [mot]; Montageleuchte *f* [elt]
**inspection, local -** Begehung *f* [met]
**inspection of semi-finished products** Halbzeugprüfung *f* [mas]
**inspection of welds** Schweißnahtprüfung *f* [met]
**inspection port** Schauöffnung *f*
**inspection reliability** Prüfsicherheit *f* [mas]
**inspection run** Revision *f* (z.B. der Rolltreppe) [met]
**inspection-run cable** Revisionsfahrkabel *n* [elt]
**inspection run operating mechanism** Revisionssteuergerät *n* [msr]
**inspection switch** Revisionsschalter *m* (für Langsamfahrt) [msr]
**inspection travel** Montagefahrt *f* (z.B. bei Rolltreppe) [msr]; Revisionsfahrt *f* [msr]
**inspection travel relay** Relais für Revisionsfahrt *n* [elt]

**inspection trolley** Besichtigungswagen *m* (z.B. auf Brücke) [bau]
**install** verlegen *v* (Leitungen) [bau]
**installation** Montage *f* (Einbau, Konstruktion) [met]; Einfahren *n* (des Hochofenbodens) [pow]
**installation condition** Einbaubedingung *f* [mot]
**installation dimension** Einbaumaß *n* [con]
**installation, electric -** elektrische Installation *f* [elt]
**installation guide** Einbauanleitung *f* [met]
**installation instruction** Montageanweisung *f* [met]
**installation length** Einbaulänge *f* [mas]
**installation of bearing** Lagereinbau *m* [mot]
**installation place** Einbaustelle *f* (Ort des Einbaus) [con]
**installation point** Einbauort *m* [con]
**installation position** Einbaulage *f* (z.B. des Motor) [mot]
**installations** Haustechnik *f* [bau]
**installation site** Montagestelle *f* (Baustelle) [met]
**installed** eingebaut (installiert) [mot]; installiert [met]
**installed capacity** installierte Leistung *f* [elt]
**install, fit** installieren *v* [met]
**install utilities** Anschlüsse legen *v* (Gas, Wasser) [pow]
**instantaneous frequency** Momentfrequenz *f* [elt]
**instantaneous fuse** flinke Sicherung *f* [elt]
**instantaneous power** Augenblicksleistung *f* [pow]; Augenblickswert der Leistung *m* [elt]
**instantaneous tripping** Schnellauslösung *f* [elt]
**instantaneous value** Augenblickswert *m* (von Spannungen) [elt]
**instruct** einweisen *v* (in ein neues Gerät)
**instruction** Anleitung *f* (Betriebsanleitung) [con]; Anweisung *f* (Bedienungs-); Arbeitsanweisung *f* [con]; Einweisung *f*; Instruktion *f* (Anweisung); Richtlinie *f* (Anweisung) [nrm]; Vorgabe *f* (Anweisung, Instruktion)
**instructor** Ausbildungsleiter *m*
**instrument** Werkzeug *n* (Instrument) [mas]
**instrument board** Schalttafel *f* [elt]
**instrument cabinet level** Schrankebene *f* (des Schaltschranks) [elt]
**instrument housing** Armaturengehäuse *n* [elt]
**instrument leads** Messleitung *f* [mot]
**instrument panel** Armaturentafel *f*; Instrumententafel *f* [mot]; Armaturenkasten *m* [msr]; Armaturenbrett *n* ((A)) [elt]; Instrumentenbrett *n* [mot]
**instrument panel guard** Instrumentenabdeckung *f* [mot]; Armaturenbrettschutz *m* [msr]
**instrument panel lamp** Instrumentenleuchte *f* [mot]
**instrument tapping point** Messstelle *f* (Betriebsmessstelle) [mot]
**insufficient length** Längenunterschreitung *f* [con]
**insulant** Isoliermaterial *n* [elt]
**insulate** abdämmen *v* (isolieren) [bau]; abisolieren *v* [elt]; isolieren *v* (Wärme) [bau]
**insulated pliers** Isolierzange *f* [wzg]
**insulating construction material** Bauisoliermaterial *n* [bau]
**insulating glass** Isolierverbundglas *n* [bau]

**insulating glazing** Isolierverglasung *f* [bau]
**insulating insert** Isoliereinlage *f* (z.B. Schiene) [mot]
**insulating material** Dämmstoff *m* [bau]; Dämmmaterial *n* [bau]; Isoliermaterial *n* [elt]
**insulating tape** Isolierband *n* [elt]
**insulating wall** Isolierwand *f* [bau]
**insulation** Isolation *f* [elt]
**insulation cladding** Isolationsverschalung *f* (aus Blech; z.B. für Heißdampfleitung) [pow]
**insulation group** Isolationsklasse *f* [elt]
**insulation jacketing** Isolationsverschalung *f* [pow]
**insulation layer** Dämmschicht *f* [bau]
**insulation material** Isolierungsmaterial *n* [elt]
**insulation monitoring** Isolationsüberwachung *f* [elt]
**insulation tape** Isolierband *n* [elt]
**insulation, thermal -** Wärmeisolation *f* [pow]
**insulation tiles** Isolierkacheln *pl* (an Raumfähre) [mot]
**insulation transformer** Trenntransformator *m* [elt]
**insulator** Isolator *m* [elt]; Nichtleiter *m* [elt]
**insurance** Versicherung *f* [jur]
**insurance agreement** Versicherungsverhältnis *n* [jur]
**insurance as provision against new hazards** Vorsorgeversicherung *f* [jur]
**insurance broker** Versicherungsvertreter *m* [jur]
**insurance business** Versicherungswirtschaft *f* [jur]
**insurance claims** Versicherungsentschädigungen *pl* [jur]
**insurance fees** Versicherungskosten *pl* [jur]
**insurance policy** Versicherungsschein *m* [jur]
**insurance-policy number** Versicherungsschein-Nummer *f* [jur]
**insurance premium** Versicherungsprämie *f* [jur]
**insurance-protection** Versicherungsschutz *m* [jur]
**insurances** Versicherungen *pl* [jur]
**insurance tax** Versicherungssteuer *f* [jur]
**insured** versichert [jur]
**insured** Versicherter *m* [jur]; Versicherungsnehmer *m* [jur]
**insurer** Versicherungsträger *m* [jur]
**intake** Ansaugöffnung *f* [air]; Saugseite *f* (Saugstutzen) [pow]
**intake air crossover** Ansaugluftleitung *f*
**intake guide** Einlauftrichter *m* [mas]
**intake line** Zulaufleitung *f* [mas]
**intake manifold** Ansaugkrümmer *m* [mot]; Einlasskrümmer *m* [mot]
**intake manifold, exhaust gas heated -** abgasbeheizter Ansaugkrümmer *m* [mot]
**intake pipe** Ansaugrohr *n* [mot]
**intake pipe, exhaust gas heated -** abgasbeheiztes Ansaugrohr *n* [mot]
**intake port** Ansaugkanal *m* (zum Ventil) [mot]
**intake side** Einlaufseite *f* [mas]
**intake silencer** Ansauggeräuschdämpfer *m* [air]
**intake stroke** Ansaughub *m* (des Kolbens) [mot]
**intake valve** Einlassventil *n* [mot]
**intake valve spring** Einlassventilfeder *f* [mas]
**integral controller** Integralregler *m* [msr]
**integral fan mill** Gebläsemühle *f* [pow]; Schlägermühle *f* [pow]

**integral oiler** Zentralschmieranlage *f* [mas]
**integral thread** Einschraubgewinde *n* [mot]
**integration method** Integrationsverfahren *n* [mat]
**intelligence, artificial -** künstliche Intelligenz *f*
**intensity** Bildhelligkeit *f* (auf dem Schirm) [edv]
**intensity control** Helligkeitsregler *m* [msr]
**intensity method** Intensitätsverfahren *n* [elt]
**intensity modulation** Helligkeitsmodulation *f* [elt]
**intensity of illumination** Beleuchtungsstärke *f*
**intensity of wind** Windstärke *f* (Windlast) [wet]
**intensive care** Intensivstation *f* (in Krankenhaus) [hum]
**intent** Vorsatz *m* (Absicht) [jur]
**interaction** Rückkopplung *f* [mas]
**interburden** Zwischenschicht *f* (zwischen Flözen) [roh]; Zwischenmittel *n* [roh]
**intercalation** Zwischenschicht *f* (zwischen Flözen) [roh]
**intercepting ditch** Abfanggraben *m* [bau]
**interchangeability** Austauschbarkeit *f*
**interchangeable** austauschbar; auswechselbar
**inter-company order** interne Bestellung *f* [eco]; interner Auftrag *m* (von eigener Firma) [eco]
**interconnect** durchschalten *v* [elt]; zwischenschalten *v* [mot]
**interconnected operation** Verbundbetrieb *m* [elt]
**interconnecting line** Verbindungsleitung *f* [elt]
**intercooler** Ladeluftkühler *m* [mot]
**interdiction** Verbotsschild *n*
**interdiction plate** Gebotsschild *n* (auch Verbot)
**interest groups** Interessengruppen *pl* [edv]
**interface** Grenzfläche *f* [edv]
**interface device** Koppelglied *n* [elt]
**interference** Störung *f* (Einmischung von außen) [elt]
**interference blanking** Störaustastung *f* [mot]
**interference current** Störstrom *m* [elt]
**interference factor** Störfaktor *m* [elt]
**interference fringes** Streifenmuster *n* [mas]
**interference pattern** Interferenzfigur *f* [elt]; Interferenzbild *n* [elt]
**interference suppression** Entstörung *f* [elt]
**interference suppressor** Störsperre *f* (Störsperrenfilter) [elt]; Entstörzusatz *m* [mot]
**interfering wave** Störwelle *f* (die immer durchkommt) [elt]
**interferometer** Interferometer *n* [elt]
**interim block** Zwischenbock *m* [mot]
**interim machine** Überbrückungsgerät *n* (bis Neugerät)
**interim piece** Zwischenstück *n* (Teil ist dazwischen) [mas]
**interim position** Zwischenstellung *f* (z.B. des Fensters) [mot]
**interim storing** Zwischenlagerung *f* (z.B. eines Teiles)
**interim transportation** Zwischentransport *m* [mot]
**interior** Inneneinrichtung *f* (des Autos) [mot]
**interior canals** Innenraum *m* (bei Gussteilen) [mas]
**interior climate** Raumklima *n* [bau]
**interior finish** Innenausbau *m* [bau]
**interior lit** innenbeleuchtet

**interior of earth** Erdinneres [min]
**interior panel** Innenbalustrade *f* (Rolltreppe) [mbt]
**interior plaster** Innenputz *m* [bau]
**interlock** Verriegelung *f* [elt]
**interlock** blockieren *v* (in Schaltwarte verriegeln) [pow]; ineinander greifen *v* (Verriegelung) [mas]; verzahnen *v* [mas]
**interlock ball** Riegelkugel *f* [mot]
**interlock device** Riegel *m* [mot]
**interlock flooring** Gitterrostbelag *m* [bau]
**interlocking** formschlüssig [mas]
**interlocking** Verspannung *f* [mas]
**interlocking circuit** Sicherheitsschaltung *f* [elt]
**interlocking switch** Verriegelungsschalter *m* [elt]
**interlock plug** Riegelstopfen *m* [mot]
**interlock spring** Riegelfeder *f* [mot]
**interlock switch** Verriegelungsschalter *m* [elt]
**intermediate balustrade** Zwischenbalustrade *f* [mbt]
**intermediate bottom** Zwischenboden *m* [bau]
**intermediate ceiling** Zwischendecke *f* [bau]
**intermediate conveyor car** Zwischenbandförderer *m* (besser: -wagen) [mbt]; Zwischenbandwagen *m* [mbt]
**intermediate cooling** Zwischenabkühlung *f* [mas]
**intermediate decking** Zwischenverkleidung *f* [mas]
**intermediate echo** Zwischenecho *n* [elt]
**intermediate exhaust flap** Zwischenbauklappe *f* (hier Ausstoß) [mot]
**intermediate flange** Zwischenflansch *m* [mot]
**intermediate gear** Zwischenrad *n* [mot]
**intermediate gearing** Zwischengetriebe *n* [mot]
**intermediate storey** Zwischengeschoss *n* [bau]
**intermediate support** Zwischenabstützung *f*
**intermittent** aussetzend; intermittierend
**intermittent assembly line** Taktstraße *f* [mas]
**intermittent contact** Wackelkontakt *m* (An-aus-an-aus) [elt]
**intermittent load** diskontinuierliche Belastung *f* [mas]
**intermittent operation** Aussetzbetrieb *m* [met]
**intermittent slag-tapping type boiler** Kessel mit flüssiger und trockener Entaschung *m* [pow]
**internal** innenliegend [mot]; innere(r)
**internal band brake** Innenbandbremse *f* [mot]
**internal broach** Räumnadel *f* (bearbeitet Zylinderinnenwand) [wzg]
**internal combustion engine** Verbrennungsmaschine *f* [mot]; Explosionsmotor *m* [mot]; Verbrennungsmotor *m* [mot]
**internal cone** Innenkegel *m* [mot]
**internal cone pin** Endbolzen *m* [mas]; Innenkegelendbolzen *m* [mas]; Kegelendbolzen *m* [mas]
**internal diameter** Innendurchmesser *m* [con]; innerer Durchmesser *m* [con]
**internal energy** innere Energie *f* [pow]
**internal expanding brake** Innenbackenbremse *f* [mbt]
**internal expending brake** Backenbremse *f* (Fachwort) [mot]
**internal finishing** Innenausbau *m* [bau]

**internal frequency** Eigenfrequenz *f* (innewohnend) [phy]
**internal gear** Innenverzahnung *f* [mas]; Innenverzahnung *f* (bei Kugeldrehverbindung) [mot]; Innenzahnrad *n* [mot]
**internal geared wheel** Hohlrad *n* (Innenrad) [mot]; Innenrad *n* (Hohlrad) [mot]
**internal gearing** Innenverzahnung *f* (bei Kugeldrehverbindung) [mot]
**internal grind** schleifen *v* (innenschleifen) [met]
**internal grinding** Innenschleifen *n* [mot]
**internal insulation** Innendämmung *f* [bau]
**internal lipped ring** Innenlippendichtring *f* [mot]; Innenlippenring *m* [mas]
**internal logistics** innerbetriebliche Logistik *f* [mot]
**internally geared wheel** Hohlrad *n* [mot]
**internally toothed hub** Zahnnabe *f* (innenverzahnte Nabe) [mas]
**internal measuring gauge** Innenmessschraube *f* [msr]
**internal motor drive** Innenläufer *m* [elt]
**internal plant** Innenanlage *f*
**internal purposes only, for -** nur für den internen Gebrauch
**internal resistance** Eigenwiderstand *m* [elt]; Innenwiderstand *m* [elt]
**internal ring** Innenring *m* [mas]
**internal sorting** internes Sortieren *n* [edv]
**internal structure** innerer Aufbau *m* (in Zeichnungen) [con]
**internal thread** Innengewinde *n* [mas]; Muttergewinde *n* [mas]
**internal toothing** Innenverzahnung *f* [mot]

**internal welding** Innenschweißen *n* [met]
**international loading gauge** internationales Lademaß *n* [mot]
**international standards** internationale Normen *pl* [edv]
**International Standards Organisation** Internationale Normen-Organisation *f* [con]
**international standing** Ruf *m* (hier: internationales Ansehen)
**inter office communication** Bürokommunikation *f* [edv]
**interpass temperature** Zwischenlagentemperatur *f* [met]
**interpose** zwischenschalten *v* [mot]; zwischenschalten *v* (Heizflächen) [pow]
**interpret** dolmetschen *v* (übersetzen)
**interpretation** Auslegung *f* (Deutung); Übersetzung *f* (einer Fremdsprache, Dolmetschen)
**interpreter** Dolmetscher *m*; Interpreter *m* (Software) [edv]; Übersetzer *m* (Dolmetscher)
**interrogating head** Abfrageknopf *m* [msr]
**interrupt** Unterbrechung *f* [edv]
**interrupt** unterbrechen *v* (auch EDV) [mot]
**interrupted** unterbrochen
**interrupter** Unterbrecher *m*
**interrupting time** Ausschaltdauer *f* [elt]
**interruption** Störung *f* (Unterbrechung d. Laufes RT)
**intersection** Kreuzung *f* (große Straßenkreuzung) [mot]; Knotenpunkt *m* (Verkehrskreuzung) [mot]
**intersection of axes** Achsenkreuzung *f* (gedachter Achsen) [con]
**intersection point** Kreuzungspunkt *m* [bau]

**interstage attemperator** zwischengeschalteter Kühler *m* [pow]
**interstice of the grate** Rostspalt *m* [pow]
**inter-track angle of interference** Bodenfreiheit *f* (geringste Aufsetzhöhe) [bod]
**inter-weaving** Verknüpfung *f* (zweier Systeme) [mas]
**intramural** intern (firmen-intern)
**intransparent** undurchsichtig
**intricacy of design** Feingliedrigkeit *f* (bei Schmiedestück) [mas]
**intruded** nitriert [wer]
**intrusion of $CO_2$** Kohlensäureeinbruch *m* (in Kalibergbau) [roh]
**invalidity** Ungültigkeit *f*
**inventory** Inventur *f* [edv]; Lagerhaltung *f* (Vorrat)
**inventory counting sheet** Inventurzählbeleg *m* [edv]
**inventory file** Inventurbestand *m* (Liste in EDV) [edv]; Lagerbestand *m* (gelagerte Menge) [edv]
**inventory processing** Inventur *f* (Pflege mittels EDV) [edv]
**inverse voltage** Sperrspannung *f* [elt]
**inverter** Wechselrichter *m* [elt]
**investigation** Untersuchung *f*
**investigation of fault** Schadensaufnahme *f*; Schadensfeststellung *f* (Schadensaufnahme)
**investment casting** Feingießen *n* [mas]
**investment goods** Investitionsgüter *pl* [mot]
**involute geared** evolventenverzahnt [mot]
**involute gearing** evolventenverzahnt [mas]
**involute gearing** Evolventenverzahnung *f* [mot]; Vielzahnwelle *f* (als Übertragung) [mas]
**involute spline** Keilwellenprofil *n* (evolventenverzahnt) [mas]
**involute toothing** Evolventenverzahnung *f* [mas]
**inward facing side** Innenseite *f*
**iron** eisern (aus Eisen) [mas]
**iron and steel industry** Hüttenindustrie *f* [mas]
**iron and steel works** Hüttenwerk *n* [mas]
**iron-base alloy** Legierung auf Fe-Basis *f* [wer]
**iron-carbon-equilibrium diagram** Eisen-Kohlenstoff-Diagramm *n* (Fe-C-Diagramm) [wer]
**iron core** Eisenkern *m* [elt]
**iron grey** eisengrau (RAL 7011) [nrm]
**iron mica** Eisenglimmer *m* [wer]
**iron salt** Eisensalz *n* [wer]
**iron shot** Kugelregen *m* [pow]
**ironwood** Hartholz *n* (bestimmte Holzart) [wer]
**iron works** Hütte *f* (Hüttenwerk) [mas]
**irrespective** unabhängig (nicht betreffend)
**irrigate** bewässern *v* [was]
**irrigation** Bewässerung *f* [was]
**irrigation project** Bewässerungsprojekt *n* [was]
**I-section** Doppel-T-Profil *m* [wer]
**isobrightness lines** Linien gleicher Helligkeit *pl* [edv]
**isolate** isolieren *v* (trennen)
**isolating cock** Abstellhahn *m* (Führerbremse) [mbt]
**isolating damper** Regulierklappe *f* (auf/zu) [pow]
**isolating device** Vereinzelungsanlage *f* [mot]
**isolating transformer** Schutztransformator *m* [elt]; Trenntransformator *m* [elt]

**isolation switch** Trennschalter *m* [elt]
**isolator** Trennschalter *m* [elt]
**isometric view** isometrische Ansicht *f* [con]
**issue** Ausgabe *f* (einer Verordnung); Materialentnahme *f*
**issue** ausgeben *v* (einen Befehl)
**item** laufende Nummer *f* (Position) [con]; Position *f* (auf Zeichnungen) [con]; Posten *m* (Position, Artikel) [con]
**item not shown** Position nicht dargestellt (in Zeichnung) [con]
**ivory** elfenbein (RAL 1014) [nrm]

# J

**jack** Abstützung *f* (an Ecken) [mas]; Buchse *f* [elt]; Hebevorrichtung *f* (Winde, Flaschenzug) [mot]; Stütze *f* (Waggonabstützung) [mot]; Winde *f* [mas]

**jacked** abgestützt (auf Wagenheber) [mot]

**jacked up** abgestützt (auf Schaufel, Schild) [mbt]; abgestützt (auf Wagenheber) [mot]; hochgebockt [mot]

**jacket** Mantel *m* (Ummantelung von Maschinenteile) [mas]

**jacketed** verkleidet (außen geschützt)

**jacketed girder** verkleideter Balken *m* [bau]; verkleideter Träger *m* [bau]

**jack head** Abstützungskopf *m* (Pratze) [mbt]; Kopf der Abstützung *m* (Waggonabstützung) [mot]

**jack, hydraulic -** hydraulische Presse *f* [mas]; hydraulischer Wagenheber *m* [mot]

**jacking position** Anhebestelle *f* (für den Wagenheber) [mot]

**jack knife** Taschenmesser *n* (auch Springmesser) [wzg]

**jack, mechanical -** mechanischer Wagenheber *m* [mot]

**jackshaft** Vorgelegewelle *f* (besser: Welle) [mot]; Zwischenwelle *f* (Getriebe) [mot]

**jack socket** Hebestutzen *m* [mot]

**jack up** hochbocken *v* [mot]

**jam** pressen *v* (quetschen) [mas]; verklemmen *v* [mot]

**jam nut** Gegenmutter *f* (zum Festhalten) [mas]; Kontermutter *f* [mas]

**jar** Gefäß *n* (des Schauglases); Glasgefäß *n*

**jaw** Backe *f* (z.B. Schraubstock) [mas]; Klaue *f* (z.B. Kupplung) [mas]; Bügel *m* (Klemme, auch am Schraubstock) [mas]; Schweißbalken *m* [mas]

**jaw breaker** Backenbrecher *m* [mbt]

**jaw clutch lock** Ausgleichssperre *f* [mas]

**jaw crusher** Backenbrecher *m* (Anlage im Steinbruch) [wzg]

**jaw setting** Spaltweite *f* (des Brechers) [mas]

**jerk** Erschütterung *f* (plötzliches Reißen); Stoß *m* (zerrend) [mot]

**jerk** ziehen *v* (reißen)

**jet** Düse *f* (Flugzeug) [mot]; Vergaserdüse *f* [mot]

**jet** spülen *v* [bau]

**jet black** tiefschwarz (RAL 9005) [nrm]

**jet carrier** Düsenhalter *m* [mas]

**jetlag** Zeitverschiebung *f* [mot]

**jet plane** Düsenflugzeug *n* [mot]

**jettison** abwerfen *v* (über Bord werfen) [mot]

**jib** Ausleger *m* (am Kran) [bau]; Spitzenausleger *m* (am Kran) [mot]; Auslegerunterteil *m* [mot]

**jib boom** Hilfsausleger *m* (am Kran) [mot]

**jib crane** Auslegerkran *m* [bau]

**jib cylinder** Auslegerzylinderschutz *m* [mbt]; Hubzylinder *m* [mot]

**jib drum** Auslegertrommel *f* (Kran) [mbt]

**jib winch** Auslegerwinde *f* (beim Kran) [mbt]

**jig** Einspannvorrichtung *f* (Stahlbau) [mas]; Vorrichtung *f* (Montagegroßwerkzeug) [mas]; Großwerkzeug *n* (Vorrichtung) [mas]

**jigger pin** Aufsetzzapfen *m* [mbt]

**jig manufacturing** Vorrichtungsbau *m* (auf Hallenboden) [mas]
**jig saw** Bandsäge *f* (endloses Sägeblatt) [wzz]
**jig-saw** Spannsäge *f* (Bandsäge) [wzz]
**job** Aufgabe *f* (Ausführung einer Funktion)
**job design** Arbeitsgestaltung *f*
**job drawing** Arbeitszeichnung *f*
**job for an excavator** Baggerarbeit *f* (an Land) [mbt]
**jobless** arbeitslos (freigestellt) [eco]
**job number** Kommissionsnummer *f* (Werkstatt) [con]
**job planning** Arbeitsvorbereitung *f* [met]
**job scheduling** Arbeitsvorbereitung *f* [met]
**job site inventory** Baustelleninventar *n* [mas]
**job-site service** Kundendienst an der Baustelle *m*
**jockey wheel** Laufrolle *f* [mas]
**joggle** kröpfen *v* [mas]; verzahnen *v* [mas]
**join** anschließen *v*; zusammenfügen *v* [met]
**joining rod** Gelenkstange *f* [mas]
**joint** Fuge *f* (Dehnungsfuge) [bau]; Anschluss *m* (Verbindungsstück); Balgkompensator *m* [pow]; Stoß *m* (Blechverbindung) [met]; Verschluss *m* (des Verpackungsbandes) [mas]; Gelenk *n* [mot]; Verbindungsstück *n* [mot]
**joint area** Bindezone *f* (entlang Schweißnaht) [met]
**joint bearing** Gelenklager *n* [mot]
**joint connection** Knotenpunkt *m* (Knotenverbindung) [mot]
**jointing compound** Dichtmittel *n* [pow]
**joint penetration groove** durchgeschweißte Fugennaht *f* [met]
**joint penetration groove, complete -** voll durchgeschweißte Fugennaht *f* [met]
**joint penetration, incomplete -** nicht durchgeschweißte Wurzel *f* [met]
**joint plate** Verbindungsplatte *f* [bau]
**joint ring** Dichtring *m* [pow]
**joint sample** Prüfstück *n* (beim Schweißen) [met]
**joint shaft** Gelenkwelle *f* (Kardanwelle) [mas]
**joint shaft guard** Gelenkwellenschutz *m* (an Kardanwelle) [mas]
**joint triangle** Gelenkdreieck *n* [mas]
**joint venture** Arbeitsgemeinschaft *f*; Zusammenarbeit zwischen Firmen *f* [eco]; Joint Venture *n* (Arbeitsgemeinschaft) [eco]
**joint, welded -** Schweißstelle *f* [met]; Schweißverbindung *f* [met]
**joist** Deckenbalken *m* ((A)) [bau]; Deckenträger *m* ((A)) [bau]; Unterzug *m* ((A)) [bau]
**journal** Lagerlauffläche *f* (des Achsradlagers) [mot]; Zapfen *m* (Lagerlauffläche) [mot]
**journal bearing** Lagerreibung *f* [mot]; Achslager *n* [mas]; Halslager *n* [roh]; Kurbelwellenlager *n* [mot]; Zapfenlager *n* (besonders an Achse) [mot]
**journal diameter** Radsatzwellenschenkeldurchmesser *m* [mot]
**journal friction** Zapfenreibung *f* [pow]
**joystick** Bedienungshebel *m* (Kurzhebel) [elt]; Kreuzhebel *m* (z.B. Bagger, Computer) [mbt]
**joystick control** Kreuzschaltung *f* (Bedienungshebel) [mbt]
**judgement** Beurteilung *f* [jur]
**jumper** Brücke *f* [elt]; Binder *m* [bau]

**jumper cable**  Überbrückungskabel *n* [elt]
**jump-start facility**  Fremdstarteinrichtung *f*; Anschluss zur Fremdstarteinrichtung *m* [mot]
**junction**  Eisenbahnkreuzung *f* (Gleise kreuzen) [mot]; Kreuzung *f* (von Eisenbahnen, Straßen) [mot]; Verbindungsbahn *f* [mot]
**junction box**  Abzweigdose *f* [elt]; Verbindungsdose *f* [elt]; Verteilerdose *f* [elt]
**junction diode**  Sperrschichtdiode *f* [elt]
**junction label**  Schnittpunktmarke *f* [edv]
**junction plate**  Knotenblech *n* (Stahlbau) [bau]
**junction transistor**  Schichttransistor *m* [elt]
**junk**  Schrott *m* (teilweise verwertbarer Abfall); Unrat *m* (Abfall)
**junk dealer**  Schrotthändler *m* [mot]
**junkyard**  Schrottplatz *m* [mot]
**junk yard**  Autoverwertung *f* [rec]
**J-weld**  J-Naht *f* [met]

# K

**keel** Kiel *m* (Schiffsteil) [mot]
**keep closed** geschlossen halten *v*
**keeper** Halter *m* (von Tieren)
**keep in reserve** in Reserve halten *v*
**keep within the limits** Grenzwerte erfüllen *v*
**kerb** Bordstein *m* [bau]; Schrammbord *n* [bau]
**kernel system, graphical -** grafisches Kernsystem *n* [edv]
**kerosene lamp** Petroleumlampe *f*
**key** Feder *f* (Schnapper) [mas]; Chiffrierschlüssel *m*; Keil *m* (Hohlkeil) [mas]
**key** takten *v* (Zeit einstellen)
**keyboard** Tastatur *f* (Keyboard vor EDV-Schirm) [edv]
**key cut-out switch** Schlüsselausschalter *m*
**keyed joint** Dübelverbindung *f* [bau]; Keilverbindung *f* [mas]
**key groove** Keilnut *f* (oft V-förmig) [mas]
**keyhole saw** Astsäge *f* [wzg]; Stichsäge *f* [wzg]
**keyhole surround** Schlüsselschild *n* (Schlossblende an Tür) [bau]
**key in** eingeben *v* (Daten in EDV) [edv]
**keying time** Tasterzeit *f* [edv]
**key seat** Wellennut *f* [mas]; Keilsitz *m* (Keilschlitz, Keilnut) [mas]
**key sections** Keilstahl *m* [mas]
**key steel** Schlüsselstahl *m* [mas]
**key steel, bright -** blanker Keilstahl *m* [mas]
**keystone** Gewölbestein *m* [bau]; Schlussstein *m* (in Rundbogen) [bau]
**key switch** Tastenschalter *m* [elt]
**key, tangent -** Tangentialkeil *m* [mas]
**keyway** Führung *f* (in einem Gerät) [mas]; Mitnehmernut *f* [mas]; Nabennut *f* [mas]
**key way** Passfeder *f* [mot]
**khaki grey** khakigrau (RAL 7008) [nrm]
**kick plate** Fußleiste *f* (Fußtrittplatte) [mot]; Fußtrittplatte *f* [mot]; Trittplatte *f* (Fußtrittplatte; am Laufsteg) [mot]
**kidney-shaped** nierenförmig
**kill** Abbruch *m* (eines Programms) [edv]
**kill** abbrechen *v* (ein Programm) [edv]; beruhigen *v* (Stahl) [mas]
**kill cable** Abstellkabel *n* (Motor) [mot]
**killed** kalt nachgewalzt [met]; nachgewalzt (kalt nachgewalzt) [met]
**killed steel** beruhigter Stahl *m* [wer]
**kiln** Brennofen *m* [pow]; Ofen *m* (z.B. Zementofen) [pow]
**kind** Art *f*
**kind of load** Lastart *f* [pow]
**kind of protection** Schutzart *f* [elt]
**king bolt** Drehbolzen *m* [mas]
**king pin** Achsschenkelbolzen *m* [mot]; Achszapfen *m* [mas]
**kit** Ausrüstung *f* (Schutzausrüstung); Ausstattung *f*; Bausatz *m* (noch zu montieren) [mas]
**knag** Knagge *f* [bau]
**knead** kneten *v* (Knetmasse)
**kneading** Kneten *n*
**knead test** Knetversuch *m* [bau]
**knee** Kniestück *n* [mas]
**knob** Noppe *f* [mas]; Drehknopf *m* [elt]; Einstellknopf *m* (auf Bündigkeit) [mot]; Knebel *m* (an Zughaken, Zelt) [mot]; Knopf *m* (z.B. an der Tür) [bau]
**knock** Klopfen *n* (auch des Motors) [mot]

**knock** pochen *v* (klopfen) [mot]; rattern *v* [mas]
**knock off** abschlagen *v* (mit dem Hammer) [met]
**knot** Verschlussknoten *m* (d. Verpackungsbandes) [mas]
**knotted** verknotet [mot]
**knotted link chain** Knotenkette *f* (nicht für Lasten) [mot]
**knotty** knorrig (z.B. Holz) [wer]; knotig (knorrig, z.B. Holz) [wer]
**knowledgeable** kenntnisreich (wissend, intelligent)
**knowledge-based system** wissensbasiertes System *n* [edv]
**knowledge model, conceptual -** konzeptionelles Wissensmodell *n* [edv]
**knuckle** Zwickel *m* (des Hochofenbodens) [mas]; Achsschenkelgelenk *n* [mot]
**knuckle joint** Gelenkverbindung *f* [mas]; Kardangelenk *n* [mot]; Kreuzgelenk *n* [mot]; Winkelgelenk *n* [mas]
**knurl** rändeln *v* [met]
**knurled** gerändelt (z.B. Knauf, Rändelrad) [met]
**knurled head screw** Rändelschraube *f* [mas]
**knurled knob** Rändelknopf *m* [mot]
**knurled nut** gerändelte Mutter *f* [mas]
**knurled thumb nut** Rändelmutter *f* [mas]
**knurled thumb screw** Rändelschraube *f* [mas]
**knurled wheel** Rändelrad *n* [mas]
**Krueger flap** Landeklappe *f* (an Tragflächenfront) [mot]
**k-value** Wärmedurchgangszahl *f* (K-Wert) [pow]; K-Wert *m* (Wärmedurchgangszahl) [pow]

# L

**label** Aufschrift *f* (Etikett); Bezeichnung *f* (Name, Etikett) [con]; Klebezettel *m*
**label clip** Zettelhalter *m* (am Güterwagen) [mot]
**label holder** Zettelhalter *m* (am Güterwagen) [mot]
**laboratory sample** Laborprobe *f* [msr]
**laboratory test** Laborversuch *m* [msr]
**labour** Arbeitskraft *f* (Personal)
**labour charges** Montagekosten *pl* (Monteur, Zeit, Reise) [met]
**labour constant** Arbeitsaufwandszahl *f*; Zeitaufwandswert *m*
**labour contract** Werksvertrag *m* [eco]
**labour force** Arbeitskräfte *pl* (Personal)
**labour included** Montage eingeschlossen *f* [met]
**labour intensive** handarbeitsintensiv [met]
**labour-intensive** arbeitsintensiv
**labour-intensive work** handarbeitsintensive Arbeiten *f* [met]
**labour shortage** Arbeitskräftemangel *m*
**labyrinth groove** Labyrinthnute *f* [mas]
**labyrinth ring** Labyrinthring *m* [mas]
**labyrinth seal** Labyrinthdichtung *f* [pow]
**lack of fusion** Bindefehler *m* (beim Schweißen) [met]
**lack of root fusion** Wurzelrückfall *m* [mas]
**lack of side-fusion** Flankenbindefehler *m* (Schweißtechnik) [met]
**ladder** Aufstiegsleiter *f*; Steigleiter *f* [bau]; Auftritt *m* (Leiter) [bau]
**ladle car** Gießpfannenwagen *m* [mot]; Pfannenwagen *m* (für flüssiges Metall) [mot]
**ladle degassing** Pfannenentgasung *f* [mas]
**ladle furnace** Pfannenofen *m* [mas]
**ladle treatment of liquid steel** Flüssigstahlbehandlung *f* [met]
**lag element** Verzögerungsglied *n* (Regelung) [msr]
**lag-free** trägheitslos
**lagging** Verschalung *f* (Verpfählung, im Bergbau) [roh]
**lag screw** Schwellenschraube *f* [mot]
**laid down** ermittelt (festgelegt); niedergelegt (ein Werkstück)
**laid down in writing** schriftlich festgelegt
**laid off** entlassen (- aus Arbeitsverhältnis) [eco]
**laitance** Schlempe *f* (Zementschlamm) [roh]
**laminate** kaschieren *v* [mas]
**laminated** blätterig [bau]; folienbeschichtet [met]; plattig [bau]
**laminated board** Mehrschichtenplatte *f* [bau]
**laminated fabric** Hartgewebe *n* [wer]
**laminated glass** Schichtglas *n* (Verbundglas) [wer]; Verbundglas *n* (Fahrerhaus) [wer]
**laminated spring** Blattfeder *f* [mas]
**laminated suspension spring** Blatttragfeder *f* [mot]
**lamination** Blechtrennung *f* (Doppelung) [met]; Doppelung *f* (Trennung im Walzwerk) [met]; Dopplung *f* (beim Walzen) [mas]; Kaschierung *f*; Schichtbildung *f*; beschichtetes Material *n* (laminiert) [wer]
**lamp bracket** Lampenhalter *m* [elt]

**lamp holder** Glühbirnenfassung *f* [elt]; Lampenfassung *f* [elt]
**lamp socket** Lampenfassung *f* [elt]; Lampensockel *f* [elt]
**lance** Lanze *f* (z.B. Thermolanze) [met]
**lance ports** Öffnungen für Lanzenbläser *pl* [pow]
**lance-type soot blower, long -** Langschubbläser *m* [pow]; Lanzenlangschubbläser *m* [pow]
**land** landen *v* (des Schiffes) [mot]
**landfill** Bodenaufschüttung *f* (z.B. neues Land) [bod]; Mülldeponie *f* (große Kippe) [rec]; Müllhalde *f* (große Kippe) [rec]; Müllkippe *f* (große Halde, Grube) [rec]
**landing** Absatz *m* (der Treppe) [bau]; Treppenabsatz *m* (der Gehtreppe) [bau]
**landing angle** Antrittswinkel *m* (Rolltreppe) [mbt]
**landing bridge** Landungsbrücke *f* [mot]
**landing gear** Fahrwerk *f* (Flugzeug) [mot]
**landing on the moon** Mondlandung *f* [mot]
**landing slab** Treppenpodest *n* [bau]
**lane** Fahrbahn *f* (Fahrspur) [mot]; Fahrspur *f* (auf Straße markiert) [mot]; Spur *f* (Fahrbahn der Straße) [mot]
**lane drifting** Spurwechsel *m* (zu Abbiegen) [mot]
**lane straddling** Spurwechsel *m* (häufiger Fahrbahnwechsel) [mot]
**lantern** Laterne *f* (auch Lampe) [mot]
**lap** Überlappung *f* [met]
**lap** läppen *v* (fein polieren) [met]; überlappen *v* (z.B. Schweißnaht) [met]
**lap joint** Nahtüberdeckung *f* (Dichtungsbahnen) [bau]; Überlappstoß *m* [met]
**lapped** geläppt (fein poliert) [mas]
**lap-sash seat belt** Beckengurt *m* [mot]; Sicherheitsgurt *m* (3-Punkt) [mot]
**lap welding** Überlappungsschweißung *f* [met]
**large** ausgedehnt (großes Grundstück); stark (starkes Aufkommen) [mot]
**large anti-friction bearing** Großwälzlager *n* [mas]
**large-body tipping wagon** Einseitenkippwagen *m* [mot]
**large capacity boiler** Großkessel *m* [pow]
**large diameter anti-friction slewing ring** Großwälzlager *n* [mas]
**large diameter flange** Großflansch *m* [mas]
**large-diameter pipe** Großrohr *n* [mas]
**large excavators** Großbagger *pl* [mbt]
**large mining equipment** Großförderanlagen *pl* [roh]
**large panel formwork** Großflächenschalung *f* [bau]
**large-scale dimensioned** großdimensioniert [con]
**large-scale plant** Großanlage *f* [roh]
**large-signal** Großsignal *n* [elt]; Großsignal *n* (statisches Großsignal) [elt]
**large signal behaviour** Großsignalverhalten *n* [elt]
**large-sized driver's cab** Großraumfahrerhaus *n* [mot]
**large surface bale clamp** Großflächenklammer *f* [mot]
**large surface clamp** Großflächenklammer *f* [mot]
**large system** Großrechner *m* (Computer) [edv]
**laser-beam welded special steel pipe** lasergeschweißtes Edelstahlrohr *n* [mas]

**laser receiver** Lasernehmer *m* [msr]
**laser transmitter** Lasergeber *m* [msr]
**laser welded** lasergeschweißt (DIN 1910) [met]
**laser welding** Laserschweißen *n* (DIN 1910) [met]; Laserstrahlschweißen *n* (DIN 1910) [met]
**lash** zurren *v* (festzurren, anlaschen) [mot]
**lashing cleat** Seilhaken *m* (am Flachwaggon) [mot]
**lashing ring** Zurring *m* (kreuzweise Kettenaufnahme) [mot]
**lash ring** Zurrring *m* (kreuzweise Kettenaufnahme) [mot]
**last digits** Endziffern *pl* (z.B. des laufenden Jahres) [mat]
**latch** Klinke *f* (Lasche) [mas]; Raste *f* (Sperre, Riegel) [mas]; Sperre *f* (Raste, Riegel) [mas]
**late ignition** Nachzündung *f* [mot]
**latent heat** latente Wärme *f* [pow]
**lateral** seitlich (z.B. seitlich angebaut) [mot]
**lateral distribution** Querverteilung *f* [mas]
**lateral extension** Querausdehnung *f* [mot]
**lateral force** Seitenkraft *f* [bau]
**lateral gas pass** Querzug *m* (Überhitzerzug) [pow]
**lateral length** Seitenlänge *f* [bau]
**laterally adjustable** seitenverstellbar (Tunnelschienen) [mot]
**laterally reversed** spiegelbildlich (seitenverkehrt)
**lateral movement** Schieben *n* (seitliches Bewegung v. Bauteilen, Gerüst; unerwünscht) [pow]
**lateral pressure** Seitendruck *m* [bau]
**lateral section drawing** Querschnittzeichnung *f* (von der Seite) [con]
**lateral slotted screen** Querspaltsieb *n* [mas]

**lateral stabilizer** seitliche Abstützung *f* [mot]
**lateral thrust** seitlicher Druck *m* [mas]
**latest** aktuell (-e Nachrichten)
**latest technology** neueste Technologie *f*
**lath** Latte *f* (Holzstab, Leiste) [bau]; Leiste *f* (Latte, Holzstab) [bau]
**lathe** Drehbank *f* [wzg]
**lath flooring** Lattenbelag *m* [bau]
**lathing** Lattung *f* [bau]
**latitude** Breite *f* (seitliche Ausdehnung Erde) [mot]; Breitengrad *m* [wet]
**lattice** Gitter *n* [mas]
**lattice construction** Fachwerkkonstruktion *f* (Rolltreppe) [mas]
**lattice framework** Fachwerkbauweise *f* (Stahlbau) [mas]
**lattice girder** Gitterträger *m* (Stahlbau) [bau]
**lattice mast** Gittermast *m* [mot]
**lattice tower** Gittermast *m* [bau]
**lattice truss** Gitterträger *m* [bau]
**launch** vom Stapel lassen [bau]
**launch** beginnen *v* [bau]; beginnen *v* (z.B. ein Programm) [edv]
**launcher** Abschussgerät *n*
**launching** Stapellauf *m* [mot]
**launching equipment** Abschussgerät *n*
**lavatory** Toilette *f* (z.B. bei der Bahn) [mot]; Toilettenraum *m* (z.B. bei der Bahn) [bau]
**law of refraction** Brechungsgesetz *n* [phy]
**lawyer** Rechtsanwalt *m* (mein Anwalt) [jur]
**lay bricks** mauern *v* [bau]
**lay down in writing** schriftlich festlegen
**layer** Lage *f* (von z.B. Ton) [min]; Schweißlage *f* (Lage) [met]

**layer echo** Schichtecho *n* [elt]
**layer of material** Materialschicht *f* [mas]
**layers, by -** lagenweise [mas]; schichtweise [mas]
**laying** Einbau *m* (z.B. von Rohren in Graben)
**laying claims to** Inanspruchnahme *f* [jur]
**laying directly in the ground** direkte Erdverlegung *f* (Kabel, Fernwärmeleitung) [bau]
**laying down** Kiellegung *f* (Beginn Schiffsbau) [mot]
**laying of the foundation stone** Grundsteinlegung *f* (z.B. für neues Werk) [bau]
**laying of the road base** Koffern der Straße *n* [mbt]
**lay off** entlassen (- aus Arbeitsverhältnis) [eco]
**layout** Anordnung *f* (allgemeine Anordnung) [con]; Auslegung *f* (Entwurf, Konstruktion) [con]; Gestaltung *f* (z.B. einer Heftes) [mas]
**layout plan** Lageplan *m* (z.B. des Schaltschrankes) [con]
**lay-out plan** Übersichtsplan *m* [bau]
**lay pavement** pflastern *v* [bau]
**layshaft** Zwischenwelle *f* [mot]; Vorgelege *n* [mot]
**lay shaft** Vorgelegewelle *f* (des Getriebes) [mot]
**layshaft gear** Vorgelegerad *n* [mot]
**leached out** ausgelaugt [wer]
**lead** Zuleitung *f* [elt]; Kabel *n* (Verbindung) [elt]
**lead accumulator** Bleibatterie *f* [elt]
**lead alloys** Blei-Basis-Legierungen *pl* [mas]
**lead battery** Bleibatterie *f* [elt]; Bleibatterie *f* [elt]
**lead cable** Bleikabel *n* [elt]
**lead coating** Bleiüberzug *m* [mas]

**leaded** verbleit (Bleche oder Benzin) [mas]
**leader** Mäkler *m* (Teil der Ramme) [mbt]
**lead pipe** Leitungsrohr *n* [mot]
**lead seal** Plombe *f* (z.B. Zollplombe)
**lead-sealing** Verplombung *f* (z.B. Lkw, Güterwagen) [mot]
**lead sealing pliers** Plombenzange *f*
**lead-seal pliers** Verplombungszange *f* [wzg]
**lead sheathed cable** Bleimantelkabel *n* [elt]
**lead wire** Zuleitung *f* [elt]
**leaf** blättern (in Buch, Seiten) [edv]
**leaf** Federblatt *n* [mas]
**leaf chain** Fleyerkette *f* [mas]
**leaf green** laubgrün (RAL 6002) [nrm]
**leaf spring** Blattfeder *f* [mas]
**leaf-type spring** Blattfeder *f* [mot]; Trapezfeder *f* (Blattfeder) [mot]
**leak** undicht sein [pow]
**leak** Ableitung *f* [elt]; Undichtheit *f* (Leck) [mas]; Leck *n* (in Schiff, Tank) [mot]
**leakage** Leckage *f* (Leck, undichte Stelle) [mot]; undichte Stelle *f* [pow]; Undichtigkeit *f* [pow]; Verlust *m* (undichte Stelle, Leck) [mas]; Leck *n* (Leckage) [mot]
**leakage current** Fehlerstrom *m* [elt]; Kriechstrom *m* [elt]
**leakage field interference** Streufeldstörung *f* [elt]
**leak current** Kriechstrom *m* [elt]
**leak-off pipe** Leckleitung *f* [mot]
**leak oil** Lecköl *n* [mot]
**leak oil loss** Leckölverlust *m* (z.B. aus Hydraulik) [mot]
**leak oil pipe** Leckölleitung *f* [mot]
**leak oil return** Leckölrückleitung *f* (zum Tank) [mot]
**leak-proof** lecksicher [mot]

**lean** mager

**lean** neigen *v* (zur Seite) [mot]

**lean gas** Armgas *n* (mageres Gas) [mot]

**leaning** geneigt (z.B. Schiefer Turm von Pisa) [bau]; schief (der Schiefe Turm von Pisa) [bau]; schräg (zur Seite geneigt) [bau]

**leaning smokestack** schiefer Schornstein *m* [bau]

**leaning wheels** Radsturz *m* (z.B. Grader bei Schräghang) [mot]

**learner** Anfänger *m* (hinter dem Autosteuer)

**learning by analogy** Lernen durch Analogie *n* [edv]

**learning by precedents** Lernen durch Präzedenzfälle *n* [edv]

**learning from examples** Lernen aus Beispielen *n* [edv]

**leather** ledern (wischen)

**leather apron** Lederschürze *f*

**leather cuff** Ledermanschette *f*

**leather packing and jointing** Lederdichtung *f* [mot]

**leaves** Laub *n* (Blätter des Baumes) [bff]

**leaving the site of an accident** Unfallflucht *f* [mot]

**lecture** Vortrag *m* (über Sachgebiet)

**ledger** Querbalken *m* [bau]

**leeway** Abtrift *f* (abtreiben vom Schiffskurs) [mot]

**left hand construction** Linksausführung *f* [mas]

**left-hand design** Linksausführung *f* (linke Seite) [con]

**left handed** linksseitig (auf der 1. Seite)

**left-handed** linksgängig (Zahnrad) [mas]

**left-hand thread** Linksgewinde *n* [mas]

**left-hand traffic** Linksverkehr *m* [mot]

**left, on the -** links (Richtungsangabe) [con]

**left-turning** linksdrehend (z.B. Gewinde) [mas]

**leg** Schenkel *m* (Winkelstahl) [wer]; Stiel *m* (im Tragwerk) [bau]

**legal** juristisch [jur]

**legal department** Rechtsabteilung *f* [jur]

**legal holiday** gesetzlicher Feiertag *m* [jur]

**legal liability** Haftungspflicht *f* [jur]

**legal position** Rechtsstellung *f* [jur]; Status *m* (Rechtsstellung) [jur]

**legal representative** gesetzlicher Vertreter *m* [jur]

**legend** Aufschrift *f* (Zeichenerklärung)

**legislation** Gesetzgebung *f*

**lemon yellow** zitronengelb (RAL 1012) [nrm]

**length** Dauer *f* (Länge); Einbindelänge *f* [bau]; Strecke *f* (Länge); Maß *n* (Länge) [con]

**length between centres** Spitzenweite *f* [mas]

**length compensation** Längenausgleich *m* [bau]

**lengthen** verlängern *v* (z.B. Träger)

**length, flat -** gestreckte Länge *f* (von Biegeblech) [met]

**length, mean -** mittlere Länge *f* (Keilriemen, u.a.) [mas]

**length measuring device** Längenmessgerät *n* [msr]

**length of connecting pin** Verschlussbolzenlänge *f* [mas]

**length of grate** Rostlänge *f* [pow]

**length of pin** Bolzenlänge *f* [mas]

**length of roller conveyor** Rollgangslänge *f* [mot]

**length of route** Länge der Trasse *f* [bau]

**length of thread** Gewindelänge *f* (der Schraube) [mas]
**length over all** Gesamtlänge über alles *f* [con]; Länge über alles *f* [con]
**length scale** Längenmaßstab *m* [con]
**lens head screw** Linsenschraube *f* [mas]
**lentil head sheet metal screw** Linsensenkblechschraube *f* [mas]
**let go** loslassen *v* (einen Hebel)
**lettering and marking** Beschriftung *f* (einer Kiste)
**lettering and marking kit** Beschriftungssatz *m*
**level** bündig [bau]
**level** Libelle *f* (Hilfsmittel für Einstellung) [mot]; Sohle *f* (im Bergwerk) [roh]
**level** ebnen *v* (glätten); glätten *v* [bau]; planieren *v* (horizontal, auf Straße) [mbt]
**level adjustment** Einpegelung *f* [mbt]; Höhenverstellung *f* [mas]
**level compensation** Niveauausgleich *m* [mot]
**level crossing** Bahnschranke *f* [mot]; Eisenbahnkreuzung *f* (mit Straße) [mot]; Kreuzung *f* (Schiene/Straße) [mot]; Bahnübergang *m* (niveaugleicher -) [mot]; Eisenbahnübergang *m* (Straße/Schiene) [mot]
**level crossing flashing light install** Blinklichtanlage *f* (Bahnübergang) [mot]
**level drop** Grundabsenkung *f* [roh]
**level gauge** Messstab *m* [mot]; Standglas *n* (Schauglas) [mot]
**level, geographic -** geografische Höhenlage *f* [geo]
**level indicator** Füllstandanzeiger *m* (z.B. Tank) [mot]; Pegelstab *m* [mot]
**levelled** angeflacht; planiert [bau]
**levelling** Nivellierung *f* [mbt]

**levelling** planieren *v* (auf horizontaler Ebene) [mbt]; zerstoßen *v* (des Haufwerks mit Grader) [mbt]
**levelling bottle** Niveauflasche *f* (Orsat-Analyse) [pow]
**levelling bucket** Planierlöffel *m* [mbt]
**levelling concrete** Ausgleichsbeton *m* (Fundament) [bau]
**levelling layer** Ausgleichsschicht *f* [bau]
**levelling table** Richtplatte *f* [met]
**levelling the shoulders** Bankettabschälen *n* [mbt]
**levelling work** Graderarbeiten *pl* [mbt]; Planierarbeiten *pl* (am Boden) [mbt]
**level of decision** Entscheidungsebene *f*
**level off** abflachen *v* [bod]
**level of gear oil** Getriebeölstand *m* [mas]
**level out** einebnen *v* [mbt]
**level switch** Tauchrohrgeber *m* (für Kraftstoffhöhe) [mbt]
**lever** Klemmstange *f* [mot]; Schwengel *m* (in Pumpe) [mas]
**leverage force** Aushebekraft *f* (Schraube zu fest); Hebelkraft *f* (Hebelwirkung) [mas]
**leverage ratio** Hebelübersetzungsverhältnis *n* [phy]
**lever arm** Hebelarm *m* [mas]
**lever distance** Hebelauslenkung *f*
**lever limit switch** Hebelendschalter *m* (für Fahrsteuerung) [mot]
**lever-set** Hebelwerk *n* [mot]
**lever support** Hebelauflage *f* [mas]
**lever-type grease gun** Hebelfettpresse *f* [mot]
**liability** Betriebshaftpflicht *f* [jur]; finanzielle Haftung *f* (gegen Dritte) [jur]; Haft *f* (Verantwortung) [jur]
**liability after expiration of contract** Nachhaftung *f* [jur]

**liability after the expiration of the contract** Nachhaftung *f* (Haften nach Ablauf des Vertrages) [jur]
**liability hazard** Haftpflichtrisiko *n* [jur]
**liability insurance** Betriebshaftpflichtversicherung *f* [jur]
**liability policy for damage done to waterways** Gewässerschaden-Haftpflichtversicherung *f* [jur]
**licence plate** polizeiliches Kennzeichen *n* [mot]
**license plate bracket** Kennzeichenschildhalter *m* [mot]
**licensing seal** Zulassungsstempel *m* [mot]
**lid** Deckel *m* [mas]
**lids, divided -** geteilte Deckelklappe *f* [mot]
**life** Brenndauer *f* (Glühlampe) [elt]; Lebendauer *f*
**life-cycle validation** Validation *f* [edv]
**life expectancy** Lebensdauer *f*
**lifetime** Lebensdauer *f* [mas]
**lifetime-lubricated** dauergeschmiert [mas]; lebenszeitgeschmiert [mot]
**lifetime lubrication** Lebensdauerschmierung *f* [mot]
**lifetime-lubrication** Dauerschmierung *f* [mas]
**lift** Aufzug *m* (Fahrstuhl) [bau]; Daumen *m* (Nocke u. ä.) [mot]; Hub *m* (Anheben einer Last) [mot]
**lift** abheben *v*; anheben *v* (aufnehmen); hochheben *v* [mbt]
**liftable** hochschiebbar [mot]
**lift arm** Hubarm *m* (an Maschinen) [mot]; Lastarm *m* (z.B. Laderstiel) [mas]
**lift arm extension** Hubarmverlängerung *f* [mot]
**lift, battery-hydraulic -** elektrohydraulischer Deichselstapler *m* [mbt]

**lift capacity** Tragfähigkeit *f* (am Bagger) [mbt]
**lift chain** Hubkette *f* (des Staplers) [mot]
**lift cylinder** Hubzylinder *m* (teleskopisch) [mas]
**lift cylinder, multi-stage -** mehrstufiger Hubzylinder *m* [mot]
**lifter** Stößel *m* (Nockenscheibe) [mot]
**lifter arm** Hubarm *m* (z.B. Ventilstößel heben) [mot]
**lifter screw** Stößelschraube *f* [mot]
**lifter spring** Stößelfeder *f* (Feder am Druckkolben) [mot]
**lift eye** Auge *n* (Transportöse) [mbt]
**lift fork** Gabel *f* (an Stapler) [mot]; Hubgabel *f* [mot]; Traggabel *f* (z.B. des Gabelstaplers) [mot]
**lift frame** Hubrahmen *m* (beim Radlader) [mot]; Hubgerüst *n* (des Laders) [mot]; Hubgestell *n* (Hubgerüst) [mot]
**lift gear** Aufzugwinde *f* [bau]
**lift height** Hubhöhe *f* [mot]
**lifting** Hub *m* (das Anheben) [mot]
**lifting arc** Hubkurve *f* (hier z.B. Lasthaken) [mbt]
**lifting beam** Hubtraverse *f* [mot]
**lifting capacity** Hubkraft *f* [mot]; Hubkraftleistung *f* (Hubkraft) [mot]; Hublast *f* (des Krans) [mbt]; Tragfähigkeit *f* (am Bagger) [mbt]; Hubkraftvermögen *n* (Hubkraft) [mot]
**lifting chart** Hubkurve *f* (hier Datentabelle) [mot]
**lifting device** Hubeinrichtung *f* [mot]
**lifting eye** Anschlagöse *f* [mbt]; Montageöse *f* (Transportöse) [mbt]; Transportlasche *f* (zum Heben Maschine) [mot]; Transportöse *f* [mbt]; Anschlag *m* (an Maschine zum Hochheben) [mas]
**lifting eye nut** Ringmutter *f* [mas]
**lifting fork** Hubgabel *f* [mot]

**lifting frame** Hubgestell *n* (Hubgerüst) [mot]
**lifting gantry** Hubgerüst *n* [bau]
**lifting gear** Aufhängevorrichtung *f* [mas]; Geschirr *n* (Hebegurte usw.) [mas]; Hubgerüst *n* (des Staplers) [mot]
**lifting jack** Hebebock *m* (ähnlich Wagenheber) [mot]
**lifting magnet** Hubmagnet *m* (Lasthebemagnet) [met]
**lifting-magnet-type crane** Magnetkran *m* [mbt]
**lifting platform, rising platform** Hebebühne *f* [mot]
**lifting speed** Hubgeschwindigkeit *f* [mot]
**lift limiter** Hubbegrenzer *m* [mot]
**lift line** Hubleitung *f* (Kugelregen) [pow]
**lift moment** Hebemoment *n* [mas]; Hubmoment *n* (zu errechnen) [phy]
**lift pole** Hubmast *m* (des Stapler) [mot]
**lift pole attachment** Hubmastausrüstung *f* (Stapler, Kran) [mot]
**lift well** Aufzugschacht *m* [bau]
**lift winch** Aufzugswinde *f* ((B)) [bau]
**light** Beleuchtung *f* (Licht, Erhellung) [elt]; Leuchte *f* [elt]
**light alloy disc wheel** Leichtmetallscheibenrad *n* [mot]
**light alloy spoked wheel** Leichtmetallspeichenrad *n* [mot]
**light barrier** Lichtschranke *f* (mit Unterbrecherwirkung) [elt]
**light barrier sensor** Lichtschrankenschalter *m* [elt]
**light blue** lichtblau (RAL 5012) [nrm]
**light cable** Lichtleitung *f* [elt]
**light collector** Lichtempfänger *m* [elt]
**lighted push-button** Leuchttaste *f* [elt]

**lighter** leichtern (Schiffsfracht in Kähne) [mot]
**lighter** Leichter *m* (kleines Schiff, Kahn) [mot]; Prahm *m* (Fähre) [mot]
**light-fast** lichtecht
**light-gauge construction** Leichtbau *m* [bau]
**light green** lichtgrün (RAL 6027) [nrm]
**light grey** lichtgrau (RAL 7035) [nrm]
**light indicator** Lichtanzeiger *m* [elt]
**lighting** Beleuchtung *f* [elt]
**lighting circuit** Beleuchtungsstromkreis *m* [elt]
**lighting equipment** Beleuchtungsanlage *f* (Beleuchtung) [elt]
**lighting, indirect -** indirekte Beleuchtung *f* [elt]
**lighting system** Lichtanlage *f* [mot]
**lighting-up burner** Ölzündbrenner *m* [pow]; Zündbrenner *m* [pow]
**lighting-up cartridge** Zündpatrone *f* [pow]
**lighting-up firing equipment** Zündfeuerung *f* [pow]
**lighting-up lance** Zündlanze *f* [pow]
**light ivory** hellelfenbein (RAL 1015) [nrm]
**light material bucket** Leichtmaterialschaufel *f* [mbt]
**light metal** Leichtmetall *n* (z.B. Aluminium) [wer]
**light-metal design** Leichtbauweise *f* (z.B. Waggon) [mas]
**lightning arrester** Blitzableiter *m* [elt]
**lightning conductor** Blitzableiter *m* [elt]
**lightning protection** Blitzschutz *m* [bau]
**light pink** hellrosa (RAL 3015) [nrm]
**light push switch** Lichtschubschalter *m* [mot]

**light radiation welding**
Lichtstrahlschweißen *n* [met]
**light railroad track** Feldbahngleis *n* [mot]
**light, rear -** Rückleuchte *f* [mot]
**light-resistant** lichtecht
**light section** Leichtprofil *n* [wer]
**light sensor** Photozelle *f* [elt]
**light speed** Lichtgeschwindigkeit *f* [phy]
**light spindle switch** Lichtdrehschalter *m* [elt]
**light switch** Lichtschalter *m* (in Haus, Büro) [elt]
**light timber grab** Kurzholzgreifer *m* [mbt]
**light up** anstecken *v* (anzünden, Kessel) [pow]; anzünden *v* (anstecken, Kessel) [pow]
**light-weight concrete** Leichtbeton *m* [bau]
**light-weight construction** Leichtbauweise *f* (z.B. Waggon) [mas]
**light-weight construction plate** Leichtbauplatte *f* (bei der Rolltreppe) [mas]
**light-weight design** Leichtbau *m* (z.B. Fahrzeug) [mas]
**light-weight material bucket** Leichtgutschaufel *f* (z.B. am Lader) [mbt]
**light-weight sections** Leichtprofile *pl*
**lignite** Lignit *n* (Braunkohle) [roh]
**lignite-fired-power station** Braunkohlekraftwerk *n* [pow]
**lignite mill** Braunkohlenmühle *f* [roh]
**like sign** gleiches Vorzeichen *n* [mat]
**lime cast** Kalkputz *m* [bau]
**lime concrete** Kalkbeton *m* [bau]
**lime finish** Kalkverputz *m* [bau]
**lime mortar** Kalkmörtel *m* [bau]
**lime plaster** Kalkputz *m* [bau]
**limestone** Hartkalksteinbruch *m* [roh]
**limestone quarry** Kalksteinbruch *m* [roh]
**lime-washing** Kalken *n* [bau]; Tünchen *n* [bau]
**lime-wash paint coat** Kalkmilchanstrich *m* [nrm]
**limit** maximiert (Versicherungssumme ausgezahlt) [jur]
**limit** beschränken *v* (limitieren)
**limit boxes** Grenzwertfelder *pl* [edv]
**limit control** Grenzwertregelung *f* [msr]
**limited slip differential** Teilsperrdifferential *n* [mot]
**limiter** Begrenzer *m*
**limit gauge** Grenzlehre *f* [mas]; Toleranzlehre *f* [mas]
**limiting parts** Begrenzungsteile *pl*
**limiting timer** Zeitschalter *m* [elt]
**limiting value** Grenzwert *m*
**limit of adhesion** Haftgrenze *v* (Rad auf Schiene) [mot]
**limit of liability** Deckungssumme *f* [jur]
**limit of liability paid once** maximiert (in Versicherungsvertrag) [jur]
**limit stop** Anschlag *m* (endet mechanische Bewegung) [mas]
**limit switch** Befehlsschalter *m* [elt]; Endschalter *m* [mot]; Endtaster *m* [elt]; Grenzschalter *m* [elt]; Grenztaster *m* [mot]
**limit value stage** Grenzwertstufe *f* [elt]
**limousine** Pkw *m* [mot]
**linchpin** Steckachse *f* [mot]
**line** Leitung *f* [elt]; Strecke *f* (Eisenbahnstrecke) [mot]; Zeile *f* (auf EDV-Schirm) [edv]
**line** auskleiden *v* (zum Abdichten) [wer]
**line assembly** Bandmontage *f* [met]
**line boring machine** Waagerechtbohrwerk *n* [wzg]
**line connection** Netzanschluss *m* [elt]
**line contactor** Leitungskontakt *m* [elt]

**lined** ausgelegt (abgedichtet); gefüttert (z.B. mit Buchse) [mas]
**line disturbance** Netzstörung *f* [elt]
**line-drawing** Linienzeichnung *f* [edv]
**line drawings, illegal -** unzulässige Linienzeichnung *f* [con]
**line, electric -** elektrische Leitung *f* [elt]
**line fault** Netzausfall *m* [elt]
**line, flexible -** biegsame Leitung *f* [mot]; Schlauchleitung *f* [mot]
**line for hot-rolled sheet** Warmbreitbandstraße *f* [mas]
**line frequency** Netzfrequenz *f* [elt]
**line, in -** fluchtend; in Reihe geschaltet [elt]
**line labels** Linienmarken *pl* [edv]
**line pipe** Leitungsrohr *n* [bau]
**line printer** Zeilendrucker *m* [edv]
**line resistance** Leitungswiderstand *m* [elt]
**liner flange** Laufbuchsenflansch *m* [mas]
**liner plate** Panzerplatte *f* (austauschbar in Brecher) [roh]
**liners** Auskleidungen *pl* (von Behältern) [wer]
**lines** Grenzwert *m* [mat]
**line shaft** Hauptwelle *f* [mas]
**line switch** Hauptschalter *m* [elt]; Netzschalter *m* [elt]
**line terminal** Leitungsanschluss *m* [elt]
**line transformer** Netztransformator *m* [elt]
**line-up terminals** Reihenklemme *f* [elt]
**line voltage** Netzspannung *f* [elt]
**lining** Auskleidung *f* (Futter) [wer]; Isolierung *f* (Futter, Ausfütterung) [mas]; Verkleidung *f* (Futter) [mot]; Belag *m* (Futter, Abdeckung) [mas]; Panzer *m* (Ausfütterung Steinbrecher) [roh]; Futter *n* (von Bremse, Mantel) [mot]

**lining lay out** Auslaufstutzen *m* [mas]
**lining material** Verschleißauskleidung *f* [pow]
**lining of the brake** Futter *n* (der Bremse) [mot]
**lining service group** Bremsbelagsatz *m* [mot]
**link** Gelenk *n* (Kettengelenk) [mas]; Verbindungsstück *n* [mot]; Verbindungsstück *n* (Kettenglied) [mot]
**linkage** Verbindung *f* (z.B. durch Gestänge) [mot]; Verknüpfung *f*; Gestänge *n* [mot]
**linkage brake** Gestängebremse *f* [mot]
**link assembly** Kettenband *n* [mas]
**link bolster** Lenkbügellager *n* [mot]
**link, cranked -** gekröpftes Glied *n* [wer]
**link, driving -** treibendes Kettenglied *n* (Rostkette) [pow]
**linked** verknüpft (verbunden)
**link joint** Gabelgelenk *n* [mot]
**link motion** Steuerung *f* (an Lokomotive) [mot]
**link pin** Kettenbolzen *m* [mbt]
**lintel** Sturz *m* (Sturzträger über Tür oder Fenster) [bau]
**lintel beam** Sturzträger *m* (über Tür, Tor, Fenster) [bau]
**lip** Rand *m* (z.B. Oberkante des Behälters) [mas]; Klappschaufelvorderteil *n* [mbt]
**lip actuating** Klappenbetätigung *f* (von Klappschaufeln) [mbt]
**lip cylinder** Klappenzylinder *m* [mbt]
**lip, front -** Vorderwand *f* (Vorderteil des Löffels) [mbt]; Vorderteil *n* (der Klappschaufel) [mbt]
**lipped ring** Lippenring *m* [mas]
**lip shroud** Verschleißkappe *f* (zw. Zähnen Grabgefäß) [mbt]
**lip-type seal** Dichtring mit Dichtlippe *f* [mas]

**lip valve** Klappenventil *n* [mbt]
**liquation** Seigerung *f* [roh]
**liquefying** Verflüssigung *f* [che]
**liquid** verflüssigt (bei allen Gasen) [che]
**liquid-annealed** flüssigkeitsvergütet [mas]
**liquid-in-glass thermometer** Flüssigkeitsthermometer *n* [msr]
**liquid intake** Flüssigkeitsaufnahme *f* [mas]
**liquid level monitor** Wasserstandswächter *m* [pow]
**liquid level switch** Schwimmerschalter *m* [mot]
**liquid metals** flüssige Metalle *pl* [mas]
**liquid meter indicator** Flüssigkeitsmengenanzeiger *m* [elt]
**liquid penetration test** Farbeindringprüfung *f* [nrm]
**liquid petrol gas** Treibgas *n* (Treibgasantrieb) [mot]
**liquid propellant** Flüssigtreibstoff *m* [mot]
**liquid slag removal** Schlackenabzug *m* (flüssiger -) [pow]
**liquid steel** Flüssigstahl *m* [wer]
**liquid-type damper** Flüssigkeitsdämpfer *m* [mot]
**liquid waste** Abwasser *n* [was]
**list** Verzeichnis *n* (Liste)
**list of attendants** Anwesenheitsliste *f*
**list of reference addresses** Referenzliste *f*
**list of spare parts** Ersatzteilliste *f* [mot]
**literature** Prospekt *n* (Technische Daten, usw.) [eco]; Unterlagen *pl* (Prospekte, Werbematerial) [eco]
**live** stromführend (unter Spannung) [elt]
**live ring** Drehkranz *m* (in der Drehscheibe) [mot]
**live roller bed** Rollgang *m* (angetrieben) [mot]
**livery** Lackierung *f* (Farbgebung der Eisenbahn) [mot]
**live steam** Frischdampf *m* [pow]
**live steam pressure** Dampfdruck vor Turbine (Frischdampfdruck) [pow]; Frischdampfdruck *m* (vor Maschine) [pow]
**live steam temperature** Frischdampftemperatur *f* (vor Turbine) [pow]
**live wire** spannungsführend (unter Strom) [elt]
**live wire** Kabel *n* (unter Strom) [elt]
**load** Beanspruchung *f* (Lagerbeanspruchung) [mot]
**load** speisen *v* (füllen, versorgen) [elt]
**loadability** Belastbarkeit *f*
**load, allowable -** zulässige Last *f* [phy]
**load arm** Gabel *f* (Gabelstapler) [mot]; Mast *m* [mot]
**load backrest** Lastschutzgitter *n* [mot]
**load balancing** Lastausgleich *m* [mbt]
**load balancing lever** Lastausgleichshebel *m* [mas]
**load-bearing** tragend [bau]
**load-bearing member** tragendes Bauteil *n* [bau]; Tragwerk *n* [bau]
**load-bearing wall** tragende Wand *f* [bau]
**load break switch** Lastabschalter *m* [elt]; Lasttrennschalter *m* (E-Motor) [mot]
**load capacity** Belastbarkeit *f* (z.B. Lkw) [mot]; Lastgrenze *f* (z.B. des Lkw) [mot]; Tragfähigkeit *f* [mot]; Tragkraft *f* (der Achse) [mot]
**load carrier** Versteifungsrippe *f* [mot]
**load carrying burners** Leistungsfeuerung *f* [pow]
**load cell** Kraftmessdose *f* [msr]

**load centre line** Mittellinie *f* (der Ladung) [mot]
**load concentration** Lastkonzentration *f* [bau]
**load, constant -** gleichbleibende Beanspruchung *f* [wer]
**load current** Arbeitsstrom *m* [elt]
**load cycle** Lastwechsel *m* [mas]
**load, dead -** ständige Last *f* [bau]
**load deck** Ladedeck *n* [mot]
**load deck surface** Ladedeckoberfläche *n* [mot]
**load depending** lastabhängig (z.B. lastabhängige Bremskraft)
**load-disconnecting switch** Lasttrennschalter *m* (E-Motor) [mot]
**load dispersion** Lastverteilung *f* [bau]
**load distance** Lastabstand *m* (beim Stapler) [mot]
**load distribution** Lastverteilung *f*
**load, dynamic -** dynamische Belastung *f* [met]
**loader** Lader *m* [mot]
**loader, low -** Tieflader *m* [mot]
**load fluctuation** Lastschwankung *f* [pow]
**load height** Beladehöhe *f* (z.B. des Lkw) [mot]
**load hock yoke** Lasthakenlager *n* [mbt]
**load hook** Lasthaken *m* (z.B. Sicherheitslasthaken) [mbt]
**load indicator** Belastungsanzeiger *m* [msr]; Ladeanzeiger *m* [msr]; Leistungsanzeiger *m* [msr]
**loading** Beladung *f*
**loading bridge** Verladebrücke *f* (beladen, einladen)
**loading bucket** Schüttgutschaufel *f* [mot]
**loading by vibration** Schwingungsbelastung *f* [bau]
**loading capacity** Ladefähigkeit *f*; Tragkraft *f* (Ladeleistung) [mbt]

**loading dimension** Lademaß der Bahn *n* [mot]
**loading gauge** Lademaß der Bahn *n* [mot]
**loading length** Ladelänge *f* (des Waggons) [mot]
**loading performance** Ladeleistung *f* (Lademenge pro Zeiteinheit) [mot]
**loading place** Ladestelle *f* (z.B. im Tagebau) [roh]
**loading platform** Ladebühne *f* [bau]; Ladepritsche *f* (des Lkw) [mot]
**loading ramp** Laderampe *f* (am Güterbahnhof) [mot]
**loading resistor** Belastungswiderstand *m* [mas]
**loading shovel** Ladeschaufel *f* [mbt]
**loading shovel bucket** Ladeschaufel *f* (das Gefäß) [mbt]
**loading site** Ladestelle *f* (z.B. im Tagebau) [roh]
**loading time** Ladezeit *f* [mbt]
**loading unit** Beladeanlage *f* (im Tagebau) [mas]
**load-levelling control system** niveauregulierendes Aggregat *n* [mot]
**load lift** Lastenaufzug *m* [bau]
**load limit** Lastgrenze *f* (Grenzlast)
**load limit knob** Lastbegrenzungsknopf *m* [mot]
**load magnet** Lasthebemagnet *m* [mot]
**load moment** Lastmoment *n* [mot]
**load range** Lastbereich *m* [pow]
**load rating** Tragfähigkeit *f* [mas]
**load rating, dynamic -** dynamische Tragfähigkeit *f* [mas]
**load requirement** Belastungsanforderung *f*
**load rheostat** Belastungsregler *m* [elt]
**load securing ring** Ladesicherungsring *m* [mas]
**load sensing** Bedarfssteuerung *f* [mot]; Bedarfssteuerung *f* [mot]
**load shedding** Lastabwurf *m* [elt]

**load stabilizing jacks**
 Ladestabilisierungsabstützung *f* [mot]
**load switch** Lastschalter *m* [elt]
**load, under -** unter Last [mot]
**load unit** Ladeeinheit *f* [mot]
**loamy** lehmig [min]
**loan** Anleihe *f* [eco]
**lobe** Nocke der Pumpenwelle *f* [mot]
**local cell** Lokalelement *n* [elt]
**local development plan**
 Bebauungsplan *m* [bau]
**localize** orten *v* (einen Fehler finden)
**localized** punktuell
**locally available** örtlich verfügbar
**locating bearing** Festlager *n* [mas]
**locating screw** Führungsschraube *f* [mas]
**location** Einbaustelle *f* [mot]; Lage *f* (Ortslage, Teil der Stadt); Position *f* (Ort, Stelle); Stelle *f* (Ort); Aufstellungsort *m*; Sitz *m* (der Firma) [eco]; Standort *m* (z.B. mehrere Werksstandorte) [eco]
**location accuracy** Ortsgenauigkeit *f*
**location reporting** Fachnummer *n* (Regal, Lager)
**locator** Sucher *m* (an Gerät)
**lock** Arretierung *f* (des Oberwagens) [mas]; Bremse *f* (Feststellbremse) [mot]; Halterung *f* (Klemme, Schloss); Schleuse *f* (Schiffsschleuse) [mot]; Sperre *f* (wie Schloss) [mas]; Feststeller *m* (Feststellbremse) [mot]; Pendelanschlag *m* (der Pendelachse) [mas]; Verschluss *m* (mit Schlüssel) [mas]
**lock** abschließen *v* (Tür); feststellen *v* (arretieren) [mas]; verschließen *v* (abschließen)
**lockable** abschließbar (mit Schlüssel); verschließbar
**lock-bolt holes** Halteschraubenlöcher *pl* (in Drehverbindung) [mas]
**lock bushing** Endbuchse *f* [mas]

**locked** festgesetzt (arretiert) [mot]
**locked away** verschlossen (weg-, abgeschlossen)
**locked position** Verschlussstellung *f* [mot]
**locker** Spind *m*
**locker room** Umkleideraum *m*
**lock, hydraulic -** Hydrauliksperre *f* [mas]
**lock in** einschließen *v* (mit Schlüssel)
**locking** Feststellung *f* (Riegel) [mas]; Verriegelung *f* [mas]
**locking assembly**
 Ringfederspannelement *n* [mas]
**locking bolt** Verriegelungsbolzen *m* [mas]
**locking brake** Feststellbremse *f* [mbt]
**locking bush** Spannbuchse *f* [mot]
**locking cylinder** Abstützzylinder *m* (der Pendelachse) [mbt]
**locking device** Schließvorrichtung *f*; Sicherung *f* [mot]; Verriegelung *f* [mas]; Feststeller *m* (z.B. Raste)
**locking handle** Knebel *m* (z.B. im Stahlbau) [mas]
**locking, hydraulic -** hydraulische Blockierung *f* [mas]
**locking lever** Vorstecker *m* (an Waggonabstützung) [mot]
**locking notch** Arretiernute *f* [mas]
**locking nut** Sicherungsmutter *f* [mas]; Verschlussmutter *f* [mas]
**locking peg** Arretierstift *m* [mas]
**locking pin** Sicherungsstift *m* [mas]; Spannstift *m* [mas]
**locking plate** Sicherungsblech *n* (Kettenmontage) [mbt]
**locking ring** Sicherungsring *m* [mas]; Spannring *m* [mas]
**locking shim** Blechsicherung *f* [mas]; Sicherungsblech *n* [mas]
**locking sleeve** Spannhülse *f* [mot]
**locking valve** Sperrventil *n* [mas]

**locking washer** Sicherungsblech *n* [mas]
**locknut** Kontermutter *f* [mas]
**lock nut** Sicherheitsmutter *f* [mas]; Sicherungsmutter *f* [mas]; Wellenmutter *f* [mas]
**lock on nut** Sicherung der Mutter *f* [mas]
**lockout** Aussperrung *f* (Arbeitskampf)
**lock pin** Arretierung *f* [mas]; Endbolzen *m* (an Kette) [mas]; Sicherungsstift *m* [mas]
**lock ring** Fixierungsring *m* [mas]; Klemmring *m* [mas]; Sprengring *m* [mot]; Verschlussring *m* [mot]
**lock-schematic diagram** Schaltplan *m* [mas]
**lock screw** Verschlussschraube *f* [mas]
**lock-up** Arretierung *f* (Drehmomentenwandler) [mas]; Wandlersperre *f* (des Graders) [mbt]
**lock valve** Sperrventil *n* [mas]
**lock valve for boom** Auslegersperrventil *n* [mbt]
**lock valve of the boom** Auslegersperrventil *n* [mbt]
**lock washer** Federring *m* [mas]; Sicherungsring *m* [mas]
**lock wire** Sicherungsdraht *m* [mas]
**locomotive** Lokomotive *f* (Dampf-, Diesel-, E-Lok) [mot]
**locomotive cart** Zugwagen *m* (klein, hinter Lok) [mot]
**locomotive driver** Lokführer *m* [mot]
**locomotive trolley** Rangierlok *f* (kleine Rangierlok) [mot]
**locus** Ortskurve *f* (im Diagramm) [mas]
**loft** Dachboden *m* [bau]; Speicher *m* [bau]
**log** Balken *m* [bau]; Klotz *m* (Holz) [wer]
**log** eintragen *v* (z.B. in Logbuch) [mot]

**log clamp** Baumklammer *f* [mot]
**loggia** Laube *f* (überdachter Hausteil) [bau]
**logging** Erfassung *f* (auf Listen, usw.); Holzindustrie *f* (besonders Holzfällen)
**log grab** Holzgreifer *m* [mbt]; Kurzholzgreifer *m* [mbt]
**log grapple** Holzzange *f* (ähnlich Greifer) [mbt]; Holzgreifer *m* (für Langholz) [mbt]; Langholzgreifer *m* [mbt]
**log grapple attachment** Holzzangenausrüstung *f* [mot]
**logic control** Verknüpfungssteuerung *f* [elt]
**logistics** Logistik *f* (Versorgung)
**logo** Signet *n* [mot]
**long-blade switch** Federzungenweiche *f* [mas]
**long block leveller** Langhobelmaschine *f* [wzg]
**long distance beam** Weitstrahler *m* [mot]
**long distance railway** Fernbahn *f* [mot]
**long-distance steam line** Ferndampfleitung *f* [pow]
**longevity** Lebensdauer *f*
**long handle** langstielig [mas]
**longitudinal axis** Längsachse *f* [mot]
**longitudinal beam** Längsträger *m* [bau]
**longitudinal bracing** Längsverband *m* [bau]
**longitudinal compensator sensor** Höhenregler *m* [msr]
**longitudinal control arm** Längslenker *m* [mot]
**longitudinal crack** Längsriss *m* [pow]
**longitudinal direction** Längsrichtung *f* [con]
**longitudinal drum** Längstrommel *f* [pow]
**longitudinal-drum boiler** Längstrommelkessel *m* [pow]

**longitudinal elongation**
Längsdehnung *f* [wer]
**longitudinal extension**
Längsausdehnung *f* [wer]
**longitudinal girder** Längsträger *m*
[bau]; Steg *m* (Längsträger des
Waggons) [mot]
**longitudinal girder of frame**
Rahmenlängsträger *m* [mot]
**longitudinal pipe** Längsnahtrohr *n*
[mas]
**longitudinal reinforcement**
Längsbewehrung *f* [bau]
**longitudinal seam** Längsnaht *f*
(Schweißnaht) [met]
**longitudinal section** Längsschnitt *m*
(Zeichnung) [con]
**longitudinal spacing** Längsteilung *f*
[pow]
**longitudinal truss** Längsbalken *m*
[bau]
**longitudinal type boiler**
Längstrommelkessel *m* [pow]
**longitudinal wave** Longitudinalwelle
*f* [phy]
**long products, hot-rolled -**
warmgewalzte Langprodukte *pl* [wer]
**long-stroke shock absorber**
Langhubstoßdämpfer *m* [mot]
**long-tailed wood** Langholz *n* [wer]
**long-term lubrication**
Langzeitschmierung *f* [mot]
**long-term memory**
Langzeitgedächtnis *n* [edv]
**long-term work** Dauereinsatz *m* (des
Motors, Gerätes) [mot]
**long-time fuse** superträge Sicherung *f*
[elt]
**long-time test** Langzeitversuch *m*
[msr]
**look at ...** ansehen *v* (betrachten)
**loop** Schlange *f* (Rohrschlange)
[pow]; Schlaufe *f* (groß) [mas];
Schlinge *f* (z.B. Lasso) [mas]

**loop connection** Schlaufenverbindung
*f* [bau]
**loop gain** Schleifenverstärkung *f*
[elt]
**loose** leicht lösbar
**loose connection** Wackelkontakt *m*
(lose Verbindung) [elt]
**loose contact** Wackelkontakt *m* (lose
Verbindung) [elt]
**loosen** lockern *v* (lösen); lösen *v*
(locker machen) [roh]
**loosened** gelöst (Schraube) [mas]
**loose point** Lospunkt *m* (Bauwesen)
[bau]
**lop off** abbauen *v* [roh]
**lorry** Laster *m* (Lkw) [mot];
Lastkraftwagen *m* [mot]; Lastwagen
*m* [mot]; Lkw *m* [mot]
**lorry-hauled** lastwagengezogen (auf
Bahngleisen) [mot]
**lorry tippler** Lkw-Kipper *m* [mot]
**lose** einbüßen *v*
**lose weight** abnehmen *v* (Gewicht
verlieren)
**loss** Dämpfung *f* (z.B. eines Signals)
[elt]; Verlust *m* (an Geld, Einfluss,
Macht) [pow]
**loss compensation** Tiefenausgleich *m*
[elt]
**loss due to carbon in ash**
Schlackenverlust *m* [pow]
**loss due to carbon in fly ash**
Flugaschenverlust *m* [pow];
Flugkoksverlust *m* [pow]
**loss due to unburnt gases** Verlust
durch unverbrannte Gase *m* [pow]
**losses in idle** Leerlaufverluste *pl* [mot]
**losses through the line**
Übertragungsverluste *pl* [elt]
**loss of hardness** Festigkeitsverlust *m*
[bau]
**loss of ignition** Abreißen der Zündung
*n* [mot]
**loss of pressure** Druckabfall *m* [mot]

**loss of prestress** Vorspannverlust *m* [bau]
**loss of voltage** Spannungsausfall *m* [elt]
**loss of water** Wasserverlust *m* [bau]
**lost motion** toter Gang *m* (Spiel in Schaltung) [mot]
**lost pay** Verdienstausfall *m* (durch Krankheit etc.) [eco]
**lot** Gesamtheit *f* (alle Mann, restlos alles); Baugrundstück *n* [bau]
**lounge** Aufenthaltsraum *m* (im Bahnhof) [mot]
**louvre** Dachhaube *f* (für Belüftung) [pow]
**louvre window** Lamellenfenster *n* [bau]
**low-battery warning** Batterieprüfanzeige *f* [elt]
**low bed** Tieflader *m* [mot]
**low bed trailer** Tiefladeanhänger *m* (hinter Zugmaschine) [mot]; Tieflader *m* (Hänger) [mbt]
**low current** Schwachstrom *m* [elt]
**low-duty section of superheater** Vorüberhitzer *m* [pow]
**low-energy building** Niedrigenergiehaus *n* [bau]
**lower** absenken *v*; herablassen *v* (fieren) [pow]; herunterlassen *v* (fieren) [pow]
**lower portion of housing** Gehäuseunterteil *n* [mas]
**lower port of boom** Auslegerunterteil *n* [mbt]
**low-grade fuel** Mittelprodukt *n* (des Brennstoffs) [pow]
**low-intensity tube** Blauschriftröhre *f* [elt]
**low-level railway** Tiefbahn *f* (Bahn in Stollen, Graben) [mot]
**low-level station** Tiefbahnhof *m* (Bahnhof unter Straßenhöhe) [mot]
**low-load carrying burner** Schwachlastbrenner *m* [pow]
**low-pass** Tiefpass *m* [elt]
**low-placed** tiefliegend
**low-placed body** Mulde, tiefliegend *f* (des Dumpers) [mot]; Mulde, tiefliegende *f* (Dumper) [mot]
**low-pressure gasholder** Niederdruckgasbehälter *m* [mot]
**low-pressure stage** Niederdruckteil *m* [pow]
**low-pressure turbine** Niederdruckteil *m* [pow]
**low-pressure tyre** Niederdruckreifen *m* [mot]
**low-pressure tyre with high flotation** Niederdruckreifen *m* [mot]
**low-pressure valve** Niederdruckventil *n* [mot]
**low-profile module** Flachbaurahmen *m* [mot]
**low-resistance** niederohmig
**low-resistive** niederohmig [elt]
**low-sided open wagon** Niederbordwagen *m* [mot]
**low speed** niedrigtourig [mot]
**low speed** kleine Drehzahl *f* [mot]; langsamer Gang *m* (in kleiner Drehzahl) [mot]
**low speed pulverizer** Langsamläufer *m* (Kugelmühle) [wzg]
**low-temperature corrosion** Tieftemperaturkorrosion *f* [pow]
**low-temperature insulation** Kälteisolierung *f* [pow]
**low vibration** schwingungsarm [mas]
**low volatile bituminous coal** Magerkohle *f* [pow]
**low voltage** Niederspannung *f* [elt]
**low-voltage breaker switch** Niederspannungstrennschalter *m* [elt]
**low-voltage circuit breaker** Niederspannungsschalter *m* [elt]; Niederspannungstrennschalter *m* [elt]
**low-voltage switchboard** Niederspannungsschaltanlage *f* [elt]

**low wear** verschleißarm [mas]
**lube oil filter** Schmierölfilter *m* [mas]
**lube oil pump** Schmierölpumpe *f* [mas]
**lubricant** Schmierstoff *m* [mas]; Schmiermittel *n* [mas]
**lubricant fitting** Schmiernippel *m* [mas]
**lubricate** abschmieren *v* (mit Fett, Öl versehen) [mas]; einfetten *v* (schmieren) [mas]
**lubricating film** Schmierfilm *m* [mas]
**lubricating grease** Schmierfett *n* [mas]
**lubricating hole** Schmierbohrung *f* [mas]
**lubricating oil** Schmieröl *n* [mas]
**lubricating-oil cooler** Ölkühler *m* [mas]
**lubricating oil film** Schmierfilm *m* [mas]
**lubricating-oil inlet** Ölzulauf *m* (für Schmieröl) [mas]
**lubricating oil line** Schmierölleitung *f* [mas]
**lubricating oil pump** Motorölpumpe *f* [mot]
**lubricating-oil pump** Ölpumpe *f* (Schmierpumpe) [mas]
**lubricating point** Schmierstelle *f* [mas]
**lubrication** Abschmieren *n* [met]
**lubrication bore** Schmierbohrung *f* [mas]
**lubrication chart** Schmiertabelle *f* [mas]; Schmierplan *m* [mas]
**lubrication device** Schmiereinrichtung *f* [mas]
**lubrication groove** Schmiernut *f* [mas]
**lubricationing instructions** Schmieranweisung *f* [mas]
**lubrication interval** Schmierintervall *n* [mas]
**lubrication nipple** Schmiernippel *m* [mas]
**lubrication-oil cooler** Ölkühler *m* (Schmierstoff) [mas]; Schmierölkühler *m* [mas]
**lubrication system** Ölversorgung *f* (Schmierung) [mas]; Schmiersystem *n* [mas]
**lubricator** Schmieranlage *f* [mas]; Schmierbuchse *f* [mot]; Schmiervorrichtung *f* [mas]; Öler *m* [mot]
**lubricator nipple** Schmiernippel *m* [mas]
**luffing** Wippen *n* (des Krans) [mot]
**luffing and slewing crane** Wippdrehkran *m* (Einfach- u. Doppellenker) [mot]
**luffing crane** Wippkran *m* (Hilfskran) [mbt]
**luffing gear** Wippwerk *n* (Wippkran u. Zubehör) [mot]
**luffing rope** Wippseil *n* (Seil des Wippkrans) [mot]
**lug** Fahne *f* (vorspringendes Teil) [mas]; Nase *f* (am Material, Ansatz) [mas]; Ansatz *m* (Schweißnase am Werkstück) [met]; Kabelschuh *m* [elt]; Vorsprung *m* (an Maschinenteil) [mas]; Zapfen *m* (bei Schienenklemmplatte) [mot]; Distanzstück *n* (in Rohrbündeln) [pow]
**luggage boot** Kofferraum *m* [mot]
**luggage dump** Gepäckablage *f* [mot]
**luggage net** Gepäcknetz *n* [mot]
**luggage van** Gepäckwagen *m* (Eisenbahnwagen) [mot]
**lugging capability** Hubkraft *f* [mot]
**lug of the track pad** Bodenplattennase *f* [mbt]
**lug ring** Nasenring *m* (der Kugeldrehverbindung) [mas]
**lug, welded -** Schweißnase *f* [met]

**lukewarm** handwarm; lau (mäßig warm)
**lumber** Bauholz *n* [wer]; Nutzholz *n* (Schnittholz, Bauholz) [wer]; Schnittholz *n* [wer]
**lumber car** Langholzwagen *m* (der Bahn) [mot]
**lumber grapple** Rundholzgreifer *m* (am Stapler) [mot]
**lumbermill** Sägemühle *f* (Sägewerk, größer) [wzg]; Sägewerk *n* [wzg]
**lumber truck** Langholzwagen *m* (Lkw) [mot]
**luminous bright orange** leuchthellorange (RAL 2007) [nrm]
**luminous bright red** leuchthellrot (RAL 3026) [nrm]
**luminous light orange** leuchthellorange (RAL 2007) [mot]
**luminous light red** leuchthellrot (RAL 3026) [mot]
**luminous orange** leuchtorange (RAL 2005) [nrm]
**luminous push-button** Leuchttaster *m* [elt]
**luminous red** leuchtrot (RAL 3024) [nrm]
**luminous yellow** leuchtgelb (RAL 1026) [nrm]
**lump** Klumpen *m* (Dreck-) [bau]
**lump hammer** Schlägel *m* [wzg]
**lunar landing craft** Mondfähre *f* [mot]
**lunar orbit** Mondumlaufbahn *f* [mot]
**lunch break** Mittagspause *f* [eco]
**lying** liegend

# M

**macadam foundation** Schotterunterbau *m* (Bahngleise) [mot]
**machinability** Bearbeitbarkeit *f* (spanabhebend) [mas]
**machine** Arbeitsmaschine *f*
**machine** abarbeiten *v* (mechanisch bearbeiten) [met]
**machine availability** Geräteverfügbarkeit *f* [mot]; Verfügbarkeit des Gerätes *f* [mas]
**machine base** Maschinensockel *m* [mas]; Maschinenfundament *n* [mas]
**machine, by -** maschinell [met]
**machine construction** Aufbau *m* (der Maschine) [con]
**machined** bearbeitet (Werkstück) [met]
**machined area** bearbeitete Fläche *f* [mas]
**machined together** zusammen bearbeitet [met]
**machined washer** blanke Unterlegscheibe *f* [mas]
**machine foundation** Maschinenfundament *n* [mas]
**machine if needed** falls erforderlich bearbeiten (in Zeichnungen) [con]
**machine in store** Lagergerät *n* [mas]
**machine maintenance** Warten *n* (Wartung einer Maschine) [mas]
**machine number** Gerätenummer *f* [mot]
**machine operator** Geräteführer *m* [mot]
**machine parts, bright -** blanke Maschinenteile *pl* [mas]
**machine population** Maschinenbestand *m* [jur]
**machine protection law** Maschinenschutzgesetz *n* [jur]
**machine record card** Maschinendatenblatt *n* [mas]
**machinery breakage** Maschinenbruch *m* (mechanischer Bruch) [mas]
**machinery breakage insurance** Maschinenbruchversicherung. *f* (unbekannt GB, US) [jur]
**machinery breakdown insurance** Maschinenbruchversicherung *f* (auch Folge) [jur]
**machinery platform** Maschinenbühne *f* [mas]
**machine screw** Maschinenschraube *f* [mas]; Schraubbolzen *m* [mas]
**machine shop** mechanische Werkstatt *f* [met]
**machines on stock** Vorratsgeräte *n*
**machine tools** Werkzeugmaschine *f* [wzg]; Werkzeugmaschinenbau *m* [wzg]; Bearbeitungsmaschinen *pl* [wzg]
**machine-tool software and robotics** numerische Steuerung von Werkzeugmaschinen *f* [edv]; Steuerung, numerische - von Werkzeugmaschinen *f* [edv]
**machine travels forward** Gerät fährt vorwärts [mot]
**machine travels in reverse** Gerät fährt rückwärts [mot]
**machining** mechanische Bearbeitung *f* [met]; spanabhebende Bearbeitung *f* [met]
**machining allowance** Bearbeitungszugabe *f* (zusätzliches Material) [mas]
**machining, for -** für die Bearbeitung (in Zeichnungen) [con]
**machining, mechanical -** mechanische Bearbeitung *f* [mot]
**machining operation** Abarbeitungsvorgang *m* (spanabhebend) [met]

**machining time** Bearbeitungszeit *f* [met]

**machining tolerance** Bearbeitungstoleranz *f* [met]; Zugabe *f* (für spätere Bearbeitung) [mas]

**macro structure** Gefüge *n* (Struktur des Materials) [wer]

**magnesite** Magnesit *n* [wer]

**magnesium alloys** Magnesium-Basislegierungen *pl* [wer]

**magnet coil** Feldwicklung *f* [elt]; Magnetspule *f* [elt]; Zündspule *f* (z.B. des Autos) [mot]

**magnet, electric -** Elektromagnet *m* [elt]

**magnetic amplifier** Magnetverstärker *m* [elt]

**magnetic brake** Magnetbremse *f* [elt]

**magnetic coupling** Magnetkupplung *f* [elt]

**magnetic filter** Magnetfilter *m* [mot]

**magnetic head** Magnetkopf *m* [elt]

**magnetic particle inspection** Magnetpulververfahren *n* (Schweißprüfung) [met]

**magnetic plate** Magnetplatte *f* [mas]

**magnetic pole** Magnetpol *m* [phy]

**magnetic pulse welding** Magnetimpulsschweißen *n* [met]

**magnetic screw** Magnetschraube *f* [mas]

**magnetic support** Magnetständer *m* [mas]

**magnetic switch** Magnetschalter *m* [elt]

**magnetic trigger** Magnetgeber *m* [elt]

**magneto** Zündmagnet *m* [mot]

**magneto bearing** Schulterkugellager *n* [mas]

**magneto-optical disk** magneto-optische Platte *f* [edv]

**magnet plate** Magnetplatte *f* [mas]

**mahogany brown** mahagonibraun (RAL 8016) [nrm]

**mailbox** Briefkasten *m* [edv]; Postkasten *m* (Briefkasten) [edv]

**mail, by same -** mit gleicher Post

**mail, by separate -** mit getrennter Post

**main** Haupt-

**main** Kabelzuleitung *f* [elt]

**main air-pipes** Hauptluftleitung *f* [mot]

**main air reservoir** Hauptluftbehälter *m* [mot]

**main air tank** Hauptluftbehälter *m* (Lok) [mot]

**main assembly** Hauptbaugruppe *f* [mas]

**main axis** Hauptsehne *f* (gedachte Linie) [con]

**main axle** Hauptachse *f* [mot]

**main beam** Längsträger *m* [bau]; Unterzug *m* [bau]

**main bearing** Hauptlager *n* [mot]

**main-blade** Hauptschar *f* [mbt]

**main block valve** Steuerschieber *m* [mot]

**main brake cylinder** Hauptbremszylinder *m* [mot]

**main breaker** Hauptschalter *m* (An/Aus) [elt]

**main circuit** Hauptstrombahn *f* [elt]; Hauptstromkreis *m* [elt]

**main circuit breaker** Hauptschalter *m* [elt]

**main control panel** Hauptschalttafel *f* (Leitschalttafel) [elt]; Leitschalttafel *f* (Hauptschalttafel) [elt]

**main cutter head bearing** Hauptlager Schneidkopfleiter *n* [mot]

**main cutting edge** Hauptschneide *m* [mbt]

**main cylinder** Hauptzylinder *m* [mot]

**main data** Hauptdaten *pl*

**main-design drawing** Hauptentwurfszeichnung *f* [con]

**main dimension** Hauptabmessung *f* [mot]
**main direction of stress** Hauptbelastungsrichtung *f* [mas]
**main distributor** Hauptverteiler *m* [mot]
**main drive** Hauptantrieb *m* [mot]
**main drive motor** Hauptantrieb *m* [elt]
**main, electric -** Netzanschluss *n* [elt]
**main frame** Hauptrahmen *m* [mot]; Rahmen *m* (Hauptrahmen, Datenträger) [edv]; Rahmen *m* (z.B. des Autos) [mot]; Chassis *n* (z.B. des Autos) [mas]
**main frame of the upper carriage** Grundplatte des Oberwagens *f* [mbt]; Oberwagengrundplatte *f* [mbt]
**main fuel line** Kraftstoffhauptleitung *f* [mot]
**main fuel pump** Hauptkraftstoffpumpe *f* [mot]
**main fuel tank** Kraftstoffhauptbehälter *m* [mot]
**main fuse** Hauptsicherung *f* [elt]
**main gear** Hauptgetriebe *n* (der Rolltreppe) [mbt]
**main girder** Hauptträger *m* [bau]; Unterzug *m* [bau]
**main hall** Empfangshalle *f* (des Bahnhofs) [mot]
**main hatch** Hauptluke *f* (Rettungssystem) [mot]
**main head lamp** Hauptscheinwerfer *m* [mot]
**main hoist** Hubwerk *n* [mot]
**main input** Hauptanschluss *m* [elt]
**main jet** Hauptdüse *f* [mas]
**main light switch** Hauptlichtschalter *m* [mot]
**main line** Fernbahn *f* [mot]; Hauptbahn *f* [mot]
**main line station** Fernbahnhof *m* [mot]
**main mast** Hauptmast *m* (Schiff, Kran) [mot]
**main objective** Hauptziel *n*
**main oil passage** Hauptölgalerie *f* [mot]
**main petrol line** Benzinhauptleitung [mot]
**main petrol tank** Benzinhauptbehälter [mot]
**main pipe** Hauptdampfleitung *f* [mot]
**main platform** Hauptbühne *f* (Arbeitsbühne) [bau]
**main problem** Problemschwerpunkt *m*
**main pump** Arbeitspumpe *f*
**main quantities** Hauptmengen *pl*
**main reinforcement** Hauptbewehrung *f* [bau]; Zugträger *m* (Rolltreppe) [mbt]
**main relief** Hauptdruck *m* [mot]
**main revision** Hauptuntersuchung *f* (bei der Bahn) [mot]
**main rocket motor** Hauptraketenmotor *m* (in Raumfähre) [mot]
**mains** Leitungsnetz *n* (Strom, Wasser, ...); Netz *n* (Strom, Wasser, ...)
**main safety interlock** Hauptsicherungsblockierung *f* [pow]
**mains failure** Netzausfall *m* [elt]
**mains fuse** Netzsicherung *f* [elt]
**mains grid** Leitungsnetz *n* (Elektrizität) [elt]
**main shaft** Antriebswelle *f* [mas]; Hauptwelle *f* [mas]; Keilnutenwelle *f* [mas]
**main shaft with helical splines** Hauptwelle mit Schraubenkeilen *m* [mot]
**main shut-off cock** Hauptabsperrventil *n* (Dampflok) [mot]
**main signal** Hauptsignal *n* (der Bahn) [mot]

**main silencer**
Auspuffhauptschalldämpfer *m* [mot]
**main slewing gear**
Hauptschwenkgetriebe *n* [mas]
**mains outlet**  Netzanschluss *m* [elt]
**mains plug**  Netzstecker *m* [elt]; Netzstecker *m* [elt]
**mains set**  Netzteil *n* [elt]
**mains supply**  Netzstromversorgung *f* [elt]
**mains switch**  Netzschalter *m* [elt]
**main steam line**
Dampfentnahmeleitung *f* [pow]
**main stop valve**
Hauptabsperrschieber *m* [pow]; Hauptabsperrventil *n* [pow]
**mains unit**  Netzteil *n* [elt]
**main switch**  Hauptschalter *m* [elt]
**main switchgear**  Hauptschaltanlage *f* [elt]
**maintain**  beibehalten *v* (z.B. Geschwindigkeit) [mot]; halten *v* [mas]; instand halten *v* (warten) [mas]; pflegen *v* [mas]; warten *v* (eine Maschine) [mas]
**maintain steady load**  Strich fahren *v* [pow]
**maintain the competitive edge**
Wettbewerbsfähigkeit erhalten *f* [eco]
**maintenance**  Instandhaltung *f* (Wartung); Pflege *f* (des Gerätes) [mas]; Unterhaltung *f* (Wartung) [pow]; Verwaltung *f* [edv]; Wartung *f* [mas]
**maintenance and inspection instruction**  Wartungs- und Inspektionsanleitung *f*
**maintenance book**  Wartungsbuch *n* [met]
**maintenance cost**  Wartungskosten *pl* [eco]
**maintenance engineer**
Betriebsingenieur *m*
**maintenance-free**  wartungsfrei [pow]

**maintenance-free operation**
wartungsfreier Betrieb *m* [pow]
**maintenance instruction**
Wartungsanleitung *f* (Anweisung) [con]; Wartungsanweisung *f* (Anleitung) [con]
**maintenance interval**
Wartungsintervalle *pl* (zwischen 2 Wartungen) [mot]
**maintenance manual**
Wartungsanleitung *f* (meist als Buch) [con]; Wartungsliste *f* [mot]; Wartungshandbuch *n* [mot]
**maintenance of dirt roads**
Wegehobeln *n* (Graderarbeit) [mbt]
**maintenance schedule**  Wartungsplan *m* [con]
**maintenance side door**  Wartungstür *f* (im Kastenwagen) [mot]
**maintenance stop**  Betriebshalt *m*
**maintenance tools**
Wartungswerkzeuge *pl* [wzg]
**maintenance wagon**
Bahndienstwagen *m* [mot]
**main transport level**  Hauptstollen *m* [roh]; Stollen *m* (Hauptstollen) [roh]
**main truss**  Binder *m* (Dachkonstruktion) [bau]
**main valve spool**  Hauptschieber *m* (im Steuerblock) [mot]
**main water supply**
Hauptwasserleitung *f* [bau]
**main winch**  Hauptwinde *f* [mbt]
**maize yellow**  maisgelb (RAL 1006) [nrm]
**major assembly**  Großmontage *f* [met]
**make**  Ausführung *f* (Hersteller); Marke *f* (Fabrikat, z.B. Auto) [eco]; Einschalten *n* [elt]; Fabrikat *n* (Marke) [eco]
**make**  einreichen *v* (einen Antrag); erstellen *v* (einer Zeichnung) [con]
**make a dry run**  trocken durchüben *v* (Generalprobe) [mot]

**make an impact** aufprallen *v* (mit Gewalt)
**make-break time** Einschalt-Ausschalt-Zeit *f* [elt]
**make contact** Schließkontakt *m* [elt]
**make of car** Wagentyp *m* [mot]
**make subject to** unterziehen *v* (einer Prüfung)
**make-up water** Zusatzwasser *n* (zum Kondensat) [pow]
**make-up water storage tank** Zusatzwasserbehälter *m* [pow]
**making a road base** Auskoffern *n* (einer Straße) [bau]
**making buildings resistant to earthquakes** Erdbebensicherung *f* [bau]
**making by hand** Handherstellung *f* [met]
**making by machine** Maschinenherstellung *f* [mas]
**making of a level** Planumherstellung *f* [mbt]
**male plug** Stiftbuchse *f* [elt]
**male thread** Außengewinde *n* [mas]
**male union** Gewindestück mit Außengewinde *n* [mas]
**malfunction** Fehlschaltung *f*
**mall** absenden *v* (z.B. Brief)
**malleable cast iron** Temperguss *m* [wer]
**malleable iron** schmiedbarer Guss *m* [wer]
**man** besetzen *v* (mit Personal) [met]
**manageable** handlich
**management** Unternehmensleitung *f* (allgemein) [eco]; Verwaltung *f* [edv]
**management development** Führungskräfteentwicklung *f* [eco]
**management of the company** Leitung des Betriebes *f* [jur]
**mandatory** obligatorisch (Pflicht-)
**mandrel** Dorn *m* (zum Biegen) [met]

**manganese nodule** Manganknolle *f* [min]
**manganese steel** Manganhartstahlguss *m* [wer]; Manganstahl *m* [wer]
**manhole** Einstieg *m* (Mannloch) [mot]; Kanaldeckel *m* (z.B. in der Straße) [was]; Mannloch *n* [mot]
**manhole cover** Einstiegverschluss *m* (z.B. 400x600mm) [mot]; Mannlochdeckel *m* [mot]; Mannlochverschluss *m* [mot]
**manhole cross bar** Mannlochbügel *m* [pow]
**man-hour** Arbeitsstunde *f*; Arbeitsstunde *f*
**manifold** Sammelleitung *f* (z.B. Auspuff) [mot]; Verteilerleiste *f* (Ventil/Verteilerleiste) [mot]; Krümmer *m* (z.B. Auspuff) [mot]
**manipulator** Handhabungsgerät *n* [mas]
**manoeuvrability** Bewegbarkeit *f* (von Verkehrsmitteln) [mot]; Manövrierfähigkeit *f* (Auto, Schiff) [mot]
**manoeuvrable** wendig (Gerät; z.B. schneller Stapler) [mot]
**manoeuvre** rangieren *v* (z.B. Auto in engem Gelände) [mot]
**manometer** Druckmesser *m* [pow]
**man-power** Arbeitskräfte *pl*
**manriding** Mannfahrung *f* (Förderkorb Bergbau) [roh]; Mannschaftsfahrung *f* (Förderkorb) [roh]
**mansard** Mansarde *f* [bau]
**manual** manuell (von Hand) [met]
**manual** Handbuch *n* (Gebrauchsanweisung) [con]
**manual arc welding with covered electrode** Lichtbogenhandschweißen *n* [met]
**manual brake release handle** Bremslüfthebel *m* [mas]

**manual control** Handsteuerung *f* [mot]; Regelung von Hand *f* [msr]; Steuerung von Hand *f* [mas]
**manual drive device** Handdrehvorrichtung *f* [mas]
**manual excavation** Handschachtung *f* [bau]
**manually-operated** von Hand betätigt [met]
**manual method** manuelles Verfahren *n* [met]
**manual operation** Handbedienung *f* (durch Bediener, Kunde) [mot]; Betrieb von Hand *m* [met]
**manual scanning** abtasten von Hand *v* [msr]
**manual shielded metal arc welding** Handlichtbogenschweißen *n* [met]
**manual shift** Handschaltung *f* [mot]
**manual testing** Handprüfung *f* [met]
**manufacture** Herstellung *f* [met]
**manufacture** anfertigen *v* (herstellen, machen) [met]
**manufactured** angefertigt (hergestellt, gebaut) [met]; hergestellt [met]
**manufacturer** Hersteller *m* [met]
**manufacturer's marking** Herstellerzeichen *n* [met]
**manufacturer's works** Herstellerwerk *n* [met]
**manufacturing** Ausführung *f* (das eigentliche Bauen) [con]; Fabrikation *f* [met]; Herstellung *f* [met]
**manufacturing cell** Fertigungsinsel *f* [met]; Fertigungszelle *f* (Fertigungsinsel) [met]
**manufacturing chain** Produktionskette *f* (Reihenfolge) [met]
**manufacturing control** Bauüberwachung *f* [met]
**manufacturing drawing** Arbeitszeichnung *f* [con]
**manufacturing equipment** Produktionsanlagen *pl* (Fabrik) [met]
**manufacturing hours** Fertigungsstunden *f* [met]
**manufacturing inspection** Fertigungsüberwachung *f* [met]
**manufacturing line** Fertigungsprogramm *n* [mas]; Lieferprogramm *n* [eco]
**manufacturing number** Fertigungsnummer *f* [met]
**manufacturing operation** Weiterverarbeitung *f* [met]; Arbeitsgang *m* [met]
**manufacturing opportunities, improved -** verbesserte Produktionsmöglichkeiten *pl* [met]
**manufacturing order processing** Arbeitsauftragsverarbeitung *f* [met]
**manufacturing planning** Arbeitsplanung *f* [met]
**manufacturing plant** Produktionsstätte *f* [met]
**manufacturing plants** Fertigungsstätte *f* [met]
**manufacturing program** Herstellerprogramm *n* [eco]; Lieferprogramm *n* [eco]
**manufacturing range** Lieferprogramm *n* [eco]
**manufacturing receipts** empfangene Ware *f* (Teile aus Stücklisten); Materialentnahme *f* (als Belege)
**manufacturing report** Arbeitsbericht *m* [met]
**manufacturing technologies** Fertigungstechnologien *f* [met]
**manufacturing tolerance** Fertigungstoleranz *f* [met]
**map** abbilden *v* (in Karte) [con]
**map out** kartenmäßig darstellen *v* [con]; kartieren *v* [con]
**mapping** Abbildung *f* (in Karte) [con]
**marine boiler** Schiffskessel *m* [pow]
**marine engine** Schiffsmotor *m* [mot]

**maritime disaster** Schiffsunglück *n* [mot]
**maritime mining** Meeresbergbau *m* [roh]
**mark** Kennzeichen *n* (z.B. auf Kiste); Zeichen *n* (auf Verpackung)
**mark** anreißen *v* (auf Metall, Zeichnung) [met]; bezeichnen *v* (beschriften) [con]; kenntlich machen *v* [con]; kennzeichnen *v* [con]; markieren *v* (z.B. mit Schablone) [con]
**marked** angekreuzt (markiert); angerissen (gezeichnet, markiert) [con]; eingezeichnet; gekennzeichnet
**marker** Pegel *m* (Anzeiger, z.B. Finger)
**marketing** Verkaufsförderung *f* [eco]
**marketing strategies** Vertriebs- und Marketingstrategien *pl* [eco]
**market-leading** marktführend [eco]
**marking** Kennzeichnung *f*; Markierung *f*; Aufbringen *n* (Beschriftung)
**marking device** Anreißgerät *n* [met]
**marking line** Markierungsstreifen *m* [mas]
**marking off dimension** Wurzelmaß *n* (Anreißmaß im Stahlbau) [mas]
**mark off** anreißen *v* [met]
**mark-setting** richtungsweisend (besonders gut)
**marly till** Geschiebemergel *m* [bau]
**marshal** rangieren *v* (der Bahn) [mot]
**marshalling yard** Rangierbahnhof *m* [mot]; Verschiebebahnhof *m* (Rangierbahnhof) [mot]
**masked headlamp** Tarnscheinwerfer *m* [mot]
**mason** mauern *v* [bau]
**masonry** Mauerwerk *n* [bau]; Maurerarbeiten *pl* [bau]
**masonry bond** Mauerverband *m* [bau]
**masonry brick** Mauerziegel *m* [bau]

**masonry saw** Steinsäge *f* [wzg]
**mass-balancing gear** Ausgleichsmasse *f* (Massenausgleich) [mas]
**mass distribution** Massenverteilung *f* [bau]
**mass flow** Massenfluss *m* [pow]
**massif** Gebirgsmassiv *n* [geo]
**massive type of construction** massive Bauweise *f* [bau]
**mass of enveloping body** Hüllkörpergewicht *n* [mas]
**mass spectrogram** Massenspektrogramm *n* [edv]
**mass type soot blower** Traversenbläser *m* (Eco-Bläser) [pow]
**mast** Mast *m* [mot]; Hubgerüst *n* [mot]
**master amplifier** Hauptverstärker *m* [elt]
**master bill of materials** Hauptstückliste *f* [con]
**master control** Hauptschalter *m* (An/Aus) [elt]
**master cylinder** Hauptzylinder *m* [mot]
**master gauge** Prüflehre *f* [msr]
**master gauge for holes** Lochbild *n* (DIN 24340) [msr]
**master generator-pulse** Hauptgeneratorimpuls *m* [elt]
**master link** Kettenschlussglied *n* [mas]
**master panel** Hauptschalttafel *f* (Leitschalttafel) [elt]; Leitschalttafel *f* (Hauptschalttafel) [elt]
**master plan** Generalbebauungsplan *m* [bau]
**master spring leaf** oberstes Federblatt *n* [mas]
**master trigger unit** Steuergenerator *m* [elt]
**master trigger unit voltage** Steuergeneratorspannung *f* [elt]

**master unit** Zentralgerät *n* [elt]
**mast of the catenary wire** Oberleitungsmast *m* [mot]
**mast rail** Mastschiene *f* (z.B. des Staplers) [mot]
**match** anpassen *v* (sich einer Sache anpassen)
**matching** Abgleichung *f*; Anpassung *f*; Vergleichen *n* [edv]
**matching, acoustic -** akustische Anpassung *f* [aku]
**matching connection cable** Anschlusskabel *n* [elt]
**matching element** Anpassungsglied *n* [elt]
**matching impedance** Scheinanpassung *f* [elt]; Widerstandsanpassung *f* (Scheinanpassung) [elt]
**mate** decken *v* (eine Stute) [bff]
**material** Masse *f* (Material) [wer]; Aufgabematerial *n* (Gestein in Brecher) [roh]; Haufwerk *n* (im Steinbruch) [roh]; Bedarfsstoffe *pl* (notwendiges Material) [wer]
**material charge** Materialaufgabe *f* [roh]
**material control** Materialwirtschaft *f* (Steuerung) [elt]
**material dug out** Aushub *m* [bau]
**material feed** Aufgabe *f* (Beschickung)
**material flow** Materialfluss *m* [met]
**materialize** materialisieren *v*
**material loaded** Ladegut *n* (aufgeladen) [mot]
**material, loose -** rolliges Material *n* [wer]
**material no.** Werkstoff-Nr. *f* [mas]
**material on the shop floor** Werkstattbestand *m* (Material i. Werkst)
**material, other -** sonstige Materialien *pl*

**material requisition** Materialbedarf *m*
**materials handling** Umschlagtechnik *f* [met]; Güterumschlag *m* (z.B. per Stapler) [mot]
**materials handling equipment** Transportanlage *f* [mbt]
**materials handling equipment, mechanical -** mechanische Transportanlage *f* [mot]
**materials preparation plant** Aufbereitungsanlage *f* [roh]
**materials preparation technology** Aufbereitungstechnik *f* [roh]
**material standard** Materialnorm *f* [nrm]
**materials testing** Werkstoffprüfung *f* (Materialprüfung) [msr]
**material test** Werkstoffprüfung *f* (Materialprüfung) [msr]
**material test certificate** Werkstattprüfschein *m*
**material testing machine** Materialprüfmaschine *f* [msr]
**material testing upon arrival** Wareneingangsprüfung *f* [msr]
**material transfer** Materialübergabe *f*
**material trip** Materialförderung *f* (Bergbau) [roh]
**material usage** Materialverbrauch *m* (Wareneinsatz); Wareneinsatz *m* (in einer Fabrik) [met]
**material used for products supplied** verbrauchte Materialien *pl* [wer]
**mate specimen** Gegenstück *n* [mas]
**mat foundation** Plattengründung *f* [bau]
**mating dimension** Anschlussmaß *n* [con]
**mating surface** Passfläche *f* [mas]
**matrix diagonalization** Diagonalisierung einer Matrix *f* [mat]
**matrix striking press** Schlagpresse *f* (für Matern) [mas]

**matt** matt (Farbe)
**matter of insurance** Versicherungsangelegenheit *f* [jur]
**matting** Geflecht *n* (Bewehrung) [bau]
**mattock** Breithacke *f* [wzg]
**mature** reif (Technik)
**matured** ausgereift; gereift (z.B. Technik)
**maximum capacity** Spitzenleistung *f* [elt]
**maximum depth** Grenztiefe *f* (des Tagebaus) [roh]
**maximum grip, with -** griffig (z.B. Reifen)
**maximum load** Höchstbelastung *f*
**maximum output** Höchstleistung *f* (Motor, Pumpe) [mot]
**maximum performance** Höchstleistung *f* (beste Leistung) [mot]
**maximum radius** Maximalausladung *f* (z.B. des Krans) [mas]
**maximum speed** Höchstgeschwindigkeit *f* [mot]
**maximum speed travelling** ausfahren *v* (Höchstgeschwindigkeit (Auto)) [mot]
**maximum traction, with -** griffig (z.B. Reifen)
**maximum weight** Maximalgewicht *n* (Höchstgewicht)
**may green** maigrün (RAL 6017) [nrm]
**mean** Mittelwert *m* [mat]
**means, by - of** mittels
**means of production** Produktionsmittel *n* [met]
**means of transport** Transportmittel *n* [mot]
**mean temperature** Durchschnittstemperatur *f* [phy]
**measure** Maßeinheit *f* [phy]
**measure** aufmessen *v* (messen) [msr]; vermessen *v* [bod]

**measured contract** Bauvertrag nach Leistungsverzeichnis *m* [bau]
**measured quantity** Messgröße *f* [msr]
**measurement, continuous -** ständiges Messen *n* [msr]
**measurement hole** Messluke *f* [mot]
**measurement in chequerboard fashion** Netzmessung *f* [pow]
**measurement of case depth** Härteschicht-Dickenmessung *f* [msr]
**measurement traverse** Netzmessung *f* [pow]
**measuring area** Messfläche *f* [con]; Rasterfläche *f* [con]
**measuring cable** Messkabel *n* [elt]
**measuring device** Messeinrichtung *f* [msr]; Messgerät *n* (allgemeines Messen) [msr]
**measuring error** Messfehler *m* [msr]
**measuring hole** Messöffnung *f* [mot]
**measuring instrument** Messgerät *n* [msr]; Messinstrument *n* [msr]
**measuring kit** Messkoffer *m* (Satz von Messgeräten) [msr]
**measuring of wall thickness** Wanddickenmessung *f* [msr]
**measuring point** Messstelle *f* [msr]
**measuring range** Messbereich *m* [msr]
**measuring tool** Messwerkzeug *n* [wzg]
**measuring transformer** Messwandler *m* [elt]
**mechanical** maschinell [mas]
**mechanical engineering** Maschinenbau *m* (als Lehrfach) [mas]
**mechanically powered** mechanisch angetrieben [mot]
**mechanical properties of soil, investigation of -** bodenmechanische Untersuchungen *pl* [bod]
**mechanizing** Mechanisierung *f* [mot]
**medicine** Arzneimittel *pl* (Kapseln, Einreiböl) [hum]

**medium** Mittel *n* (Medium) [wer]
**medium. .** Mittel...
**medium and big diameter tubes** Mittel- und Großrohre *pl* [mas]
**medium carbon steel** Stahl *m* (mit mittlerem Kohlenstoffgehalt) [wer]
**medium hard** mittelhart
**medium-hard rock** Mittelgestein *n* [min]
**medium-hard rock-crushing** Mittelzerkleinerung *f* [roh]
**medium pressure hose** Mitteldruckschlauch *m* [mot]
**medium-sized and large pipes** Mittel- und Großrohre *pl* [met]
**medium-sized boiler** Kessel mittlerer Größe *m* [pow]
**medium steel sheet** Mittelblech *n* [mas]
**medium-strip mill** Mittelbandstraße *f* [roh]
**medium time-lag fuse** mittelträge Sicherung *f* [elt]
**medium voltage** Mittelspannung *f* [elt]
**meet** kreuzen *v* (Begegnung von Zügen) [mot]
**meeting** Sitzung *f* (Gremien); Treffen *n* (Meeting, Zusammenkunft)
**melon yellow** melonengelb (RAL 1028) [nrm]
**melting behaviour** Schmelzverhalten *n* [pow]
**melting point** Schmelzpunkt *m* [phy]
**melting pot** Schmelztiegel *m* [mas]
**melting time** Ansprechdauer *f* (einer Sicherung) [elt]
**member** Stab *m* (Stahlbau) [bau]; Träger *m* (Bauteil) [mas]; Bauteil *n* (Bestandteil) [mas]; Glied *n* (Bauteil, Teil) [mas]
**member of the board** Vorstandsmitglied *n* [eco]
**member of the board of directors** Mitglied des Vorstandes *n* [eco]
**member of the board of managers** Mitglied des Vorstandes *n* [eco]
**member of the divisional board** Mitglied der Geschäftsleitung *n* [eco]
**member of the supervisory board** Mitglied des Aufsichtsrates *n* [eco]
**member, vertical -** Pfosten *m* [bau]; Ständer *m* [bau]
**membrane keyboard** Folientastatur *f* [edv]
**membrane pump** Membranpumpe *f* [pow]
**membrane-type cylinder** Membranzylinder *m* [mas]
**membrane wall** Membranwand *f* (Rohrwand) [pow]
**memorandum** Aktennotiz *f* (Mitteilung, intern)
**memorize** speichern *v* (z.B. in der Datenbank) [edv]
**memorized** gespeichert (elektronisch) [edv]
**memory** Speicher *m* (z.B. des PC) [edv]
**memory cycle** Speicherzyklus *m* [edv]
**memory locations** Speicherplätze *pl* [edv]
**memory module** Speichermodul *m* [edv]
**merchant bars** Stabstahl *m* [mas]
**merchantman** Handelsschiff *f* (Gegensatz: Kriegsschiff) [mot]
**mercury battery** Quecksilberbatterie *f* [elt]
**mercury-in-glass thermometer** Quecksilberthermometer *f* [msr]
**mercury manometer** Quecksilbermanometer *n* [msr]
**mercury switch** Quecksilberschalter *m* [elt]
**mercury thermometer** Quecksilberthermometer *f* [msr]
**merger** Zusammenschluss *m* (zweier Firmen) [eco]

**merry-go-round system** Rundkipper *m* (zur Waggonentladung) [mot]
**mesh** Schluss *m* (Zahnräder sind im Schluss) [mas]
**mesh** eingreifen *v* (im Eingriff stehen) [mas]; eingreifen *v* (z.B. Radzähne) [mas]; im Eingriff stehen *v* (Zahnräder kämmen) [mas]; kämmen *v* (Getriebe) [mot]; kämmen *v* (im Eingriff stehende Räder) [mot]
**meshing** kämmend (Zähne im Eingriff) [mot]
**meshing** Zahneingriff *m* (Zahnrad) [mas]
**meshing of the teeth** Verzahnung *f* [mas]
**mesh, narrow -** engmaschig (Drahtzaun)
**mesh pattern roller** Gitterwalze *f* [mas]
**mesh width** Maschenweite *f* [mas]
**mesh wire sieve insert** Korbeinsatz *m* (z.B. in Filter) [mot]
**metal arc welding** Metalllichtbogenschweißen *n* [met]
**metal braid** Metalltresse *f* (Litze, z.B. in Filter) [mas]
**metal casing** Blechverschalung *f* [pow]
**metal circular saw** Kreissäge *f* (für Metall) [wzg]
**metal forming** Umformtechnik *f* (Pressen, Stanzen, Ziehen) [met]
**metal frame** Metallrahmen *m* (Türzarge) [bau]
**metallically blank** metallisch blank [wer]; metallisch sauber [wer]
**metallic arc welding** Lichtbogenschweißen *n* [met]
**metallic gasket** Metalldichtung *f* [mas]
**metalliferous** metallverarbeitend [met]
**metallize** metallisieren *v* [nrm]

**metal-mesh reinforced blanket** Isoliermatte mit Drahtgeflecht *f* [pow]
**metal parts** Formmetallteile *pl* [mas]
**metal penetration** Vererzung *f* (am Gussstück) [mas]
**metal pipe** Metallrohr *n* [mas]
**metal processing** Stahlweiterverarbeitung *f* [met]
**metal protective tube** Metallschutzschlauch *m* [mas]
**metal rod** Metallstab *m* [mas]
**metal saw** Metallsäge *f* [wzg]
**metal scrap and raw metals** Alt- und Rohmetalle *pl* [rec]
**metal scrap and virgin metals** Alt- und Rohmetalle *pl* [rec]
**metal sheet, coarse -** Grobblech *n* [wer]
**metal sheet pipe** Wellblechrohr *n* [bau]
**metal spraying** Spritzüberzüge *pl* (metallische) [met]
**metal tube** Metallrohr *n* [mas]
**metal tube scaffold** Stahlrohrgerüst *n* [bau]
**metal valve** Metallventil *n* [mot]
**metamorphic** gestaltverändernd
**meter** dosieren *v* (Baumaterial) [bau]
**metering orifice** Blende *f* (Messblende) [msr]; Messblende *f* [msr]
**metering roller** Messrolle *f* (für Zahndistanzen) [msr]
**method of analysis** Berechnungsverfahren *n* [con]
**method of flanging** Flanschsystem *n* [mas]
**method of planning** Arbeitsvorbereitung *f* [met]
**method of producing draught** Zugerzeugung *f* [pow]
**methods engineer** Arbeitsvorbereiter *m*
**method studies** Arbeitsstudien *pl*

**metric thread** metrisches Gewinde *n* [mas]
**metropolitan railway system** Stadtbahn *f* [mot]
**mica plug** Glimmerkerze *f* [elt]
**mica schist** Glimmerschiefer *m* [min]
**microcrack** Haarriss *m* [wer]
**microfilm** Mikrofilm *m* [edv]
**microfilm card** Mikrokarte *f* (Mikrofilmkarte) [edv]
**micro filter** Feinstfilter *m* [mot]
**micrograph** Schliffbild *n* [msr]
**micrometer depth gauge** Tiefenmessschraube *f* [msr]
**micrometer gauge** Bügelmessschraube *f* [msr]
**micrometer screw** Mikrometerschraube *f* [msr]
**micro processor** Mikroprozessor *m* [edv]
**micro valve** Mikroventil *n* [elt]
**microwave** Mikrowelle *f* [elt]
**middle seat** Mittensitz *m* [mot]
**middle section** Zwischenstück *n* [mot]; Zwischenstück *n* [mas]
**middle-sized company** mittelständisches Unternehmen *n* [eco]
**middle wire** Mittelleiter *m* [elt]
**midship** mittschiffs [mot]
**migration** Wanderung *f* [wer]
**migration of weld** wandern *v* (von Schweißnähten) [wer]
**mild steel** Flussstahl *m* [mas]; Handelsbaustahl *m* [mas]
**mild steel covered electrode** umhüllte Schweißelektrode *f* [met]
**mild steel electrode** Flussstahlelektrode *f* [met]
**mild steel quality** Weichstahlgüte *f* [mas]
**mileage** Kilometerstand *m* [mot]
**mileage recorder** Kilometerzähler *m* [mot]
**mill** Werk *n* (z.B. Stahlwerk) [roh]
**mill** fräsen *v* [met]; rändeln *v* [met]; zerkleinern *v* [met]
**mill chamber** Mahlkammer *f* [roh]
**mill drive** Mühlenantrieb *m* [mas]
**mill drying** Mühlentrocknung *f* [pow]
**milled slot** Einfräsung *f* [mas]
**mill fan** Mühlenventilator *m* [air]
**mill feeder level** Redlerbühne *f* [mas]
**mill-fitted** werksseitig gebaut (fabrikgefertigt) [met]
**milling machine** Fräsmaschine *f* [met]
**milling ridge** Grat *m* (scharfe Kante nach Fräsen) [mas]
**millisecond blasting** Millisekundenzündung *f* [roh]
**mill recirculation** Grießrückführung *f* (Mühle) [mas]
**mill room** Mühlenkeller *m* (Mühlenraum) [roh]; Mühlenraum *m* (Mühlenkeller) [roh]
**mill scale** Walzhaut *f* [wer]
**mimic diagram** Schaubild *n* [con]
**mimic diagram board** Blindschaltbild *n* [elt]
**mimic panel** symbolisches Schaltschema *n* (auf Schaltpult, mit Kontrolllampen) [pow]
**mine** gewinnen (abbauen) [roh]
**mine** Bergwerk *n* [roh]
**mine** abbauen *v* (Kohle, Steinbruch) [roh]
**mineable** abbauwürdig (im Bergbau) [roh]; gewinnbar [roh]
**mine cage** Förderkorb *m* (im Bergbau) [roh]
**mine car circuit** Wagenumlauf *m* (Bergwerk) [roh]
**mine development** Tagebauzuschnitt *m* (Flächenzuschnitt) [roh]
**mine grader** Minengrader *m* [roh]
**mine prop** Stempel *m* (Grubenholz) [roh]

**mine props** Grubenholz *n* (Stollenholz, Stempel) [roh]; Stollenholz *n* (Grubenholz) [roh]
**miner** Hauer *m* [roh]
**mine railway** Grubenbahn *f* (unter oder über Tage) [mot]
**mineral constituent** Mineralbestandteil *m* [che]
**mineral matter free** aschenfrei [wer]
**mineral mixture** Mineralgemisch *n* [roh]
**mineral resources** Bodenschätze *pl* [roh]
**mineral salt** Mineralsalz *n* [roh]
**mineral soil** Mineralboden *m* [bod]
**mineral wool** Schlackenwolle *f* [pow]
**mineral wool blanket** Schlackenwollmatte *f* [pow]
**miners' association** Knappschaft *f* (Bergmannsverband) [roh]
**miniature angle-beam probe** Miniaturwinkelprüfkopf *m* [msr]
**miniature bulb** Kleinlampe *f* [mot]
**miniature fuse** Feinsicherung *f* [elt]
**minimize** verkleinern *v* [edv]
**minimized wear** Verschleißminderung *f* [mot]
**minimizing of abrasion** Verschleißminderung *f* [mot]
**minimum coat thickness** Mindestschichtdicke *f* (Farbe) [met]
**minimum interval** Minimalabstand *m* [con]
**minimum length** Mindestlänge *f* [con]
**minimum lot** Auflage *f* (Mindeststückzahl)
**minimum outside radius** Mindestaußenradius *m* [mas]
**minimum premium** Mindestbeitrag *m* (Prämie) [jur]
**minimum pre-set value** Mindesteinstellwert *m* [msr]
**minimum vertical rise** Mindestmaß Höhe *n* (bei Rolltreppe) [con]
**minimum width** Mindestmaß Breite *n* [con]
**mining** Förderung *f* (Abbau im Bergbau) [roh]; Abbau *m* (Kohle, Steinbruch) [roh]; Bergbau *m* (Tage- und Untertagebau) [roh]
**mining, continuous -** kontinuierlicher Abbau *m* [roh]
**mining engineer** Bergingenieur *m* [roh]
**mining equipment** Bergwerkseinrichtungen *pl* [roh]
**mining field** Abbaufeld *n* (im Bergbau) [roh]
**mining industry** Montanindustrie *f* [roh]
**mining method** Abbaumethode *f* (im Bergbau) [roh]
**mining operation** Bergwerksbetrieb *m* [roh]
**mining sections** Grubenausbauprofil *n* [roh]
**mining shovel** Elektroseilbagger *m* [roh]; Hydraulikbagger *m* (im Tagebau) [roh]; Seilbagger *m* (im Bergwerk) [roh]
**mining shovel, hydraulic -** hydraulischer Ladeschaufelbagger *m* [mbt]
**minor sub-division** Teilstrich *m* (kleiner Teilstrich) [msr]
**mint green** minzgrün (RAL 6029) [nrm]; polizeigrün (RAL 6029) [nrm]
**minus value** Minus-Anzeige *f* [elt]
**minute** Gradminute *f*
**minutes** Protokoll *n* (der Sitzung); Aufzeichnungen *pl* (einer Sitzung)
**minutes of acceptance test** Abnahmeprüfprotokoll *n* [msr]
**mirror-inflected, to be made -** spiegelbildlich anfertigen *v* [met]

**mirror-inverted** seitenverkehrt (spiegelbildlich); spiegelverkehrt (z.B. gezeichnet)
**mirror, rear -** Rückspiegel *m* [mot]
**mirror symmetrical** spiegelbildlich [con]
**misaligned** nicht-fluchtend [con]
**misalignment** falsche Anbringung *f* (passt nicht) [mas]; Kippspiel *n* [mas]
**mismatch** Fehlanpassung *f* [mas]; Versatz *m* (Toleranz) [mas]
**misplace** verlegen *v* (nicht aufräumen)
**missing parts** fehlende Teile *pl*
**missing seams** fehlende Nähte *pl* [met]
**mistaken** verrechnet (Fehler gemacht)
**misty** diesig (neblig, dunstig) [wet]
**mitre** Gehrung *f* [mas]
**mitre box saw** Gehrungssäge *f* [wzg]
**mitring** Gehrung *f* (Holzbau) [bau]
**mixed-bed demineralizer** Mischbettentsalzungsanlage *f* [pow]
**mixed-bed ion exchanger** Mischbettionenaustauscher *m* [pow]
**mixed building structures** Mischbauweise *f* [bau]
**mixed construction** Gemischtbauweise *f* [bau]
**mixed manure** Kompost *m* [bff]
**mixing chamber** Mischkammer *f* [roh]; Mischraum *m* [roh]
**mixing header** Mischsammler *m* [pow]
**mixing plant** Mischanlage *f* (Mischer) [bau]
**mixing proportion** Mischverhältnis *n*
**mixing valve** Mischschieber *m* [pow]
**mixture, gaseous -** Gasgemisch *n* [phy]
**mixture production** Gemischförderstrom *m* [mot]
**mobile** beweglich (selbst fahrbar) [mot]; fahrbar [mot]; mobil (z.B. mobiler Brecher)
**mobile crane** Autokran *m* [bau]
**mobile form** Gleitschalung *f* [bau]
**mobile home** Wohnhaus *n* (transportabel; US) [mas]
**model** Bauart *f* [con]
**modelling** Modellbildung *f* [edv]
**modelling, geometric -** geometrisches Modellieren *n* [con]
**modelling process** Modellierungsprozess *m* [edv]
**model quality class** Modell-Güteklasse *f* [con]
**model test** Modellversuch *m* [msr]
**modem** Modem *n* (bei Datenfernübertragung) [edv]
**moderate** mäßig
**modernisation** Modernisierung *f* [met]
**mode selector switch** Betriebsart-Wahlschalter *m* [elt]
**modes of working** Arbeitsformen *pl* [met]
**mode transformation** Wellenumformung *f* [elt]; Wechsel der Wellenart *m* [elt]
**modification** Abweichung *f* (Modifizierung); Änderung *f* (Modifizierung, kleine Änderung.); Modifikation *f* [con]; Modifizierung *f* [con]
**modification report, technical -** Änderungsmitteilung *f* (Dokument) [con]
**modify** ändern *v* (modifizieren); umrüsten *v* (in Einzelheiten verändern); verändern *v* (modifizieren)
**modular** modular
**modular design** Modulbauweise *f* (z.B. Aufbau in Moduln) [mas]
**modular principle** Baukastenprinzip *n* [mas]; Baukastensystem *n* [mas]
**modulated** gewobbelt [mas]
**modulation** Aussteuerung *f* (Feinjustierung)

**modulation range**
Aussteuerungsbereich *m* (Justierung) [msr]
**module** Funktionseinheit *f* (Modul) [mas]; Verhältniszahl *f* [mas]; Einschub *m* (Modul auf Chassis) [mas]; Modul *m* [mas]; Zahnteilungsmodul *m* [mas]
**modulus** Modul *m* (Elastizitätsmodul) [mas]
**modulus of deformation** Verformungsmodul *m* [wer]
**modulus of elasticity** Elastizitätsmodul *m* [wer]
**moil chisel** Rundmeißel *m* [wzg]
**moisten** anfeuchten *v*
**moistening agent** Benetzungsmittel *n* [wer]
**moist room** Feuchtraum *m* [elt]
**moist room lamp** Feuchtraumleuchte *f* [elt]
**moist room light** Feuchtraumleuchte *f* [elt]
**moisture** Bodenfeuchtigkeit *f* [bod]; Wassergehalt *m* (im Brennstoff) [pow]
**moisture and ash free** wasser- und aschefrei (Brennstoff) [pow]
**moisture content** Feuchtigkeitsgehalt *m* [wer]
**moisture guard** Feuchtigkeitsschutz *m* [mas]
**moisture in fuel** Brennstofffeuchtigkeit *f* [pow]
**moisture proof** Feuchtigkeitsschutz *m* [wer]
**moisture sensitive** nässeempfindlich [wer]
**moment curve** Momentenlinie *f* [bau]
**moment of inertia** Trägheitsmoment *n* [phy]
**momentum** Wucht *f* (Stoß, Aufprall) [phy]; Antrieb *m* (Schwung, Stoß) [mas]; Impuls *m* (Stoß, Anstoß) [phy]

**monitor** Bildschirm *m* (zur Überwachung) [elt]; Kontrollbildschirm *m* [elt]; Wächter *m* [msr]
**monitor** überwachen *v* [msr]
**monitor constantly** ständig überprüfen *v* [msr]
**monitoring** Überwachung *f* (z.B. Bordelektrik) [msr]
**monitor-text assembly** Bildschirmtextgerät *n* [edv]
**monkey wrench** Franzose *m* (Universalschlüssel) [wzg]; Universalschlüssel *m* (Franzose) [wzg]
**monocast part** Formgussteil *n* [mas]
**mono grouser track pad** Einstegplatte *f* [mas]
**mono-grouser track-pad** Einstegrippenplatte *f* [mas]
**monolith** Monolith *m* (aus einem Stein bestehend) [min]
**monostable multivibrator** monostabiler Multivibrator *m* [elt]
**monoway valve** Einwegventil *n* [pow]
**moon landing craft** Mondfähre *f* [mot]
**mooring** Festmachen *n* (eines Schiffes) [mot]
**mooring pipe** Ankerklüse *f* [mot]
**mooring winch** Verholwinde *f* (an Land, auf Schiff) [mot]
**morning shift** Frühschicht *f* [eco]
**mortar** Mörtel *m* [bau]
**mortar bed** Mörtelbett *n* [bau]
**mortar-mix** Vermörtelung *f* (Verdichtung durch Zement) [bau]
**moss green** moosgrün (RAL 6005) [nrm]
**moss grey** moosgrau (RAL 7003) [nrm]
**mostly required** einschlägig
**mot bike** Kraftrad *n* (Motorrad) [mot]
**motherboard** Hauptplatine *f* [edv]
**motion** Hub *m* (Bewegung nach oben und unten) [mot]

**motor** Antriebsmotor [elt]
**motor barge** Schute *f* (mit eigenem Antrieb) [mot]; Zille *f* (mit eigenem Antrieb) [mot]; Kahn *m* (eig. Antrieb) [mot]
**motor bicycle** Kraftrad *n* (Motorrad) [mot]
**motorbike** Motorrad *n* [mot]
**motor boat engine** Bootsmotor *m* [mot]
**motorcar industry** Automobilindustrie *f* [mot]
**motor chain saw** Motorkettensäge *f* [wzg]
**motor circuit** Motorstromkreis *m* [elt]
**motor circuit breaker** Motorschutzschalter *m* [elt]
**motor compartment** Motorraum *m* (für Elektromotor) [mot]
**motorcycle** Kraftrad *n* (Motorrad) [mot]; Motorrad *n* [mot]
**motor fuel gas storage** Speichergasanlage *f* [mot]
**motor, hydraulic -** Hydraulikmotor *m* [mas]
**motorize** motorisieren *v* [mot]
**motor lubrication** Motorschmierung *f* [mot]
**motor monitoring** Motorüberwachung *f* [mot]; Motorwächter *m* (E-Motor) [mot]
**motor mount** Momentenstütze *f* (in Motoraufhängung) [mbt]
**motor oil** Motoröl *n* [mot]
**motor operation** Motorbetrieb *m* [elt]
**motor overload protector** Motorschutzschalter *m* [mot]
**motor pool** Fahrzeugpark *m* (Bestand) [mot]; Kraftfahrzeugpark *m* [mot]
**motor protection** Motorschutz *m* (thermisch) [mot]
**motor protection device** Motorwächter *m* [mot]

**motor protection relay** Motorschutzrelais *n* [elt]
**motor protection switch** Motorschutzschalter *m* [mot]
**motor rating** Motornennleistung *f* (E-Motor) [mot]
**motor scooter** Motorroller *m* [mot]
**motor speed** Motordrehzahl *f* [mot]
**motor speed transmitter** Drehzahlgeber *m* [mot]
**motor torque** Drehmoment des Motors *m* [mot]
**motor vehicle** Kraftfahrzeug *n* [mot]
**motorway** Autobahn *f* (in Großbritannien) [mot]
**motor windings** Motorwicklung *f* [elt]
**mottle** Fleckigkeit *f* [elt]; Körnigkeit *f* [elt]
**mould** Gießform *f* [mas]; Gussform *f* [mas]; Kokille *f* (Gussblock) [mas]; Schalung *f* [bau]
**mouldboard** Mittelschar *f* [mbt]; Scharkörper *m* [mbt]
**mouldboard circle** Scharträger *m* [mbt]
**mouldboard control** Scharsteuerung *f* [mbt]
**mouldboard drawbar** Hobelkreuz *n* (des Graders) [mbt]
**mouldboard extension** Scharverlängerung *f* [mbt]
**mouldboard position** Scharstellung *f* [mbt]
**mouldboard rotating** Scharverstellung *f* [mbt]
**mouldboard side plate** Scharseitenblech *n* [mbt]
**mouldboard support** Scharaufhängung *f* [mbt]
**mould divided here** Gesenkteilung *f* (in Zeichnung) [mas]
**mould draft** Außenschräge *f* (Gussschräge); Gussschräge *f* (Form-, Ausstoßschräge) [mas]; Innenschräge *f* [mas]

**moulded blank** Rohling *m* (unbearbeitet) [mas]
**moulded laminates** Hartgewebe *n* [mas]
**moulded rubber part** Gummiformteil *f* [mot]
**moulding** Ausgleichsleiste *f* [bau]; Gleitleiste *f*
**moulding pin** Formerstift *m* [mas]
**mould, mechanical -** Maschinenform *f* (Gießbehälter) [mas]
**mould parting line** Trennfuge *f* (in Gussform) [mas]
**mount** Halter *m* (Halterung, z.B. Gummipuffer) [mot]; Rähm *m* [bau]
**mount** anbringen *v* (befestigen) [met]; aufrichten *v* [bau]; montieren *v* [met]
**mountain railroad** Bergbahn *f* [mot]
**mountain railway** Bergbahn *f* [mot]
**mountain range** Gebirgszug *m* [geo]
**mounted** gelagert (abgestützt, gehalten) [mas]
**mounted board** Leiterplatte *f* [elt]
**mounted on bearings** gelagert (in Lagern gehalten) [mas]
**mounting** Befestigung *f* (Montage, Halterung) [mas]; Fassung *f* [elt]; Montage *f* (Stirnflächenmontage) [mot]; Halt *m* (Befestigung)
**mounting angle** Befestigungswinkel *m* [mas]; Montagewinkel *m* [mas]
**mounting bracket** Befestigungsstütze *f* [mas]; Befestigungsbügel *m* [mas]; Befestigungsteil *n* [mas]
**mounting device** Montagehilfe *f* (z.B. Führungsbuchse) [mas]
**mounting fixture** Montagevorrichtung *f* [mas]
**mounting frame** Anbaurahmen *m* (Stützhalterung) [mas]
**mounting holes** Befestigungsbohrungen *pl* [mas]
**mounting parts** Anbauteile *pl* (zum Anbauen) [mas]

**mounting plate** Halteplatte *f* [mas]
**mountings** Armaturen *pl* [met]
**mounting set** Spannsatz *m* [mot]
**mouse grey** mausgrau (RAL 7005) [nrm]
**mouth** Mündung *f*
**movable** beweglich (transportierbar) [mot]; drehbar (beweglich); rollfähig (z.B. alte Lok) [mot]; verstellbar (beweglich)
**movable bearing** Loslager *n* (Festlager andere Seite) [mas]
**movable burner** Schwenkbrenner *m* [pow]
**movable elements** bewegliche Teile *pl*
**movable parts** bewegliche Teile *pl*
**move** bewegen *v* (eines Kolbens) [mot]; rücken *v* (bewegen) [mot]; sich bewegen *v* [mot]; verschieben *v* (ein Werkstück) [met]
**moveability** Beweglichkeit *f* [mot]
**move a machine** verfahren *v* (ein Gerät von A nach B) [mot]
**movement of earth** Erdbewegung *f* [bau]
**moves too heavy** schwergängig sein [met]
**move the fuel bed** schüren *v* (stochern) [pow]; stochern *v* (schüren) [pow]
**moving** Umzug *m* (z.B. Möbel) [mot]
**moving coil** Drehspule *f* [elt]
**moving-coil instrument** Drehspulinstrument *n* [elt]
**moving formwork** Gleitschalung *f* [bau]
**moving load** bewegliche Last *f* [bau]; Verkehrslast *f* [bau]
**moving parts** bewegliche Teile *pl*
**moving sidewalk** Rollsteig *m* [mbt]
**moving staircase** Rolltreppe *f* [mbt]
**moving stairway** Rolltreppe *f* [mbt]
**moving van** Umzugswagen *m* (besser: Möbelwagen) [mot]

**moving walk** Rollsteig *m* [mbt]
**moving walkway** Rollsteig *m* [mbt]
**mowing machine** Mähmaschine *f* [bff]
**muck** humoser Boden *m* [bod]; Humusboden *m* (auch Dünger, Dreck) [bod]
**mud brick** Lehmziegel *m* [bau]
**mud coal** Schlammkohle *f* [pow]
**mud drum** Schlammsammler *m* [pow]
**muddy** schlammig (schmutzig, dreckig); schmutzig (feuchter Dreck); verschlammt (verunreinigt)
**mud flaps** Schmutzfänger *m* [mot]
**mudguard** Kotflügel *m* [mot]; Schutzblech *n* [mot]
**mud mortar** Lehmmörtel *m* [bau]
**muffle burner** Muffelbrenner *m* [pow]
**muffler** Auspuffdämpfer *m* [mot]; Auspufftopf *m* [mot]; Schalldämpfer *m* [mot]
**muffler cut-out** Auspuffklappe *f* [mot]
**mullion** Sprosse *f* (Fenster-) [bau]
**multi-axle** mehrachsig (z.B. Reisezugwagen) [mot]
**multi-bay** mehrschiffig (z.B. Halle) [bau]
**multi-bay frame** mehrfeldriger Rahmen *m* (Stahlbau) [bau]
**multibladed circular clam** Mehrschalengreifer *m* (auch Rundschacht) [mbt]
**multi-cellular mechanical dust separator** Wabenfilter *m* [pow]
**multi-channel recorder** Mehrfachregistriergerät *n* [edv]
**multi-claw grab** Mehrschalengreifer *m* (Baggerausrüstung) [mbt]
**multicolour coated** mehrfarbig lackiert [met]
**multicolour painted** mehrfarbig lackiert [wer]
**multi-colour recorder** Mehrfarbenschreibgerät *n* [edv]
**multi daylight press** Mehretagenpresse *f* (z.B. für Laminate) [mas]
**multi-disc brake** Lamellenbremse *f* [mot]
**multi disc clutch** Mehrscheibenkupplung *f* (trocken, in Öl laufend) [mot]
**multi disc differential** Lamellendifferential *n* [mot]
**multi disc self-locking differential** Lamellenselbstsperrdifferential *n* [mot]
**multi-disk brake** Lamellenbremse *f* [mot]
**multi-equipment carrier** Geräteträger *m* [mas]
**multiform surface** vielgestaltige Oberfläche *f*
**multi-fuel type burner** Brenner für mehrere Brennstoffe *m* [pow]; Kombinationsbrenner *m* [pow]
**multigrade oil** Mehrbereichsöl *n* (Motorenöl) [mot]
**multi groove** mehrrillig (Keilriemen) [mas]
**multi-jet element type soot-blower** Mehrdüsenrußbläser *m* [pow]
**multi-nozzle blower** Mehrdüsenrußbläser *m* [pow]
**multi-nozzle soot blower** Langrohrbläser *m* [pow]
**multi-pass boiler** Mehrzugkessel *m* [pow]
**multi-pass weld** Mehrlagenschweißung *f* [met]; Mehrlagenschweißung *f* [met]
**multi-pass welding** Mehrlagenschweißung *f* [met]
**multi plate clutch** Mehrscheibenkupplung *f* (trocken, in Öl laufend) [mot]

**multiple disc brake**
Mehrscheibenbremse *f*
(Lamellenbremse) [mot]
**multiple-fuel firing** kombinierte
Feuerung *f* [pow]
**multiple glazing** Mehrfachverglasung
*f* [bau]
**multiple joint** Knotengelenk *n*
(Stahlbau) [bau]
**multiple-loop feedback**
Mehrfachrückkopplung *f* [elt]
**multiple pin strip** Steckerleiste *f* [elt]
**multiple-shield high velocity
thermocouple** Absaugepyrometer
mit Strahlungsschutz *n* [msr]
**multiple-sound alarm device**
Mehrtonalarmanlage *f* [elt]
**multiple stroke cylinder**
Mehrstellungszylinder *m* [mot]
**multiple tandem control valve**
Blocksteuergerät *n* [mas]
**multiplier** Vervielfacher *m* [elt]
**multiply** multiplizieren *v*
(Grundrechnungsart) [mat]
**multi-ply** mehrlagig (Sperrholz,
Reifen usw.) [wer]
**multiply by** multiplizieren mit *v* [mat]
**multi-point recorder**
Mehrfachregistriergerät *n* [edv]
**multiport swivel** Drehdurchführung *f*
[mot]
**multi-purpose bucket** Klappschaufel
*f* (Erdaushub) [mbt]
**multi-purpose carrier**
Mehrzweckfrachter *m* (Kombischiff)
[mot]
**multi-purpose freight ship**
Mehrzweckfrachter *m* (Art der
Ladung) [mot]
**multi-purpose hall** Mehrzweckhalle *f*
[bau]
**multi-purpose machine**
Mehrzweckmaschine *f* [mot];
Vielzweckmaschine *f* [mas]

**multi-purpose ship** Kombischiff *n*
(Passagiere und Fracht) [mot];
Mehrzweckschiff *n* [mot]
**multi-run welding**
Mehrlagenschweißung *f* [met]
**multi-seam** mehrflözig (z.B. mehrere
Erzschichten) [roh]
**multi-section edge** mehrteiliges
Schneidmesser *n* [mot]
**multi-setting** mehrstufig (z.B. 1. - 3.
Gang) [mot]
**multi slip-joint gripping pliers**
Wasserpumpenzange *f* [mot]
**multi-spline <involute> profile**
Vielkeilprofil *n* (z.B. bei Steckachse)
[mas]
**multi-spline joint** Vielkeilwelle *f* (als
Verbindung) [mas]
**multi-spline shaft** Vielkeilwelle *f*
[mas]
**multi-stage** mehrstufig (z.B.
Schaltung, Gebläse) [mot]; stufenlos
(schaltbar) [mot]
**multi-storey** mehrstöckig (z.B.
Rahmen (B)) [bau]
**multi-story** mehrstöckig (z.B.
Rahmen (A)) [bau]
**multi-tip pulverised fuel burner**
Mehrdüsenstaubbrenner *m* [pow]
**multivibrator** Multivibrator *m*
[elt]
**multi-way valve** Mehrwegeventil *n*
[pow]
**multi-wire** mehradrig (z.B.
Messkabel) [elt]
**municipal vehicle**
Kommunalfahrzeug *n* [mot]
**muschelkalk** Muschelkalk *m*
(Baumaterial) [bau]
**muscle** Muskel *m* [hum]
**muscle strain** Muskelkater *m* [hum]
**muscular** muskulös [hum]
**mushroom head rivet** Linsenniete *f*
[mas]

**mushroom head square neck bolt**
 Flachrundschraube mit Vierkantansatz
 *m* [mas]
**mushroom tappet**  Pilzstößel *m* [mot]
**mushroom type retainer**
 Pilzsicherung *f* [mot]
**mutual conductance**  Steilheit *f* [elt]
**mutual society insurance company**
 Versicherungsverein auf
 Gegenseitigkeit *m* [jur]

# N

**nail** nageln *v* [wzg]
**nail drawer** Kuhfuß *m* (Nagelzieher) [wzg]; Nagelzieher *m* (Kuhfuß) [wzg]
**nail-head welding** Nagelkopfschweißen *n* (DIN 1910) [wzg]
**nail puller** Kuhfuß *m* (Nagelzieher) [wzg]; Nagelzieher *m* (Kuhfuß) [wzg]
**name badge** Namensschild *n* (an Anzug) [con]
**named insured** Versicherungsnehmer *m* [jur]
**name, in the - of ...** namens... [jur]
**name of drawing** Benennung der Zeichnung *f* [con]
**name plate** Namensschild *n* (an Tür); Typenschild *n* (z.B. auf Bagger, Lok)
**name socket** Bezeichnungshülse *f* [mas]
**narrow** schmal (eng) [bau]
**narrow-gap welding** Schutzgasengspaltschweißen *n* [met]
**narrow gauge** Schmalspur *f* (meist Eisenbahn) [mot]
**narrow-gauge engine** Feldbahnlokomotive *f* [mot]
**narrow-gauge railroad** Feldbahn *f* [mot]
**narrow-gauge rolling stock** Feldbahnmaterial *n* [mot]
**narrow-gauge track** Schmalspurbahn *f* [mot]; Schmalspurstrecke *f* (der Bahn) [mot]
**narrow mesh** engmaschig (Drahtzaun) [wer]
**narrow-section V-belt** Schmalkeilriemen *m* [mot]
**native matrix** Matrize *f* (Gegenstück beim Stanzen) [mot]
**natural aspiration** Normalauspuff *m* [mot]
**natural circulation** Naturumlauf *m* [pow]
**natural-draught boiler** Naturzugkessel *m* [pow]
**natural frequency** Eigenfrequenz *f* (natürliche Frequenz) [phy]
**naturally aspirated** selbstansaugend [mot]
**natural resonance** Eigenschwingung *f* (eines Systems) [phy]
**natural-stone masonry** Bruchsteinmauerwerk *n* [roh]
**natural vibration** Eigenschwingung *f* [phy]
**nave** Schiff *m* (Hallenteil oder Kirchenschiff) [bau]
**navigation bridge** Kommandobrücke *f* (auf Schiff) [mot]
**navy-yard** Reparaturwerft *f* [mot]; Schiffsreparaturwerft *f* [mot]
**NC drill** NC-Bohrwerk *n* [wzg]
**NC drilling machine** NC-Bohrmaschine *f* [wzg]
**NC programming** NC-Programmierung *f* [wzg]
**NC tool machine** NC-Maschine *f* (mit Lochstreifen) [wzg]
**NC turning lathe** NC-Drehmaschine *f* [wzg]
**near-earth** erdnah (z.B. Umlaufbahn) [mot]
**nearest** nächst gelegen (z.B. Tankstelle, Ventil) [mot]
**near miss** Fastunfall *m* (fast ein Zusammenstoß) [mot]
**near-sighted** kurzsichtig [hum]
**near to the surface** oberflächennah [bau]
**necking** Einschnürung *f* (Querschnittsverminderung) [wer]
**neck journal bearing** Halslager *n* [roh]
**need** Mangel *m* (Not)

**need** brauchen *v* (benötigen)
**needle bearing** Nadellager *n* [mas]
**needle cage** Nadelbuchse *f* [mas]; Nadelkäfig *m* [mas]
**needle diagram** Nadeldiagramm *n* [edv]
**needle roller bearing** Nadellager *n* [mas]
**needle roller bearing with inner ring** Nadellager mit Innenring *n* [mas]
**needle sleeve** Nadelhülse *f* [mas]
**needle valve** Nadelventil *n* [mot]
**negative conductor** Minusleiter *m* [elt]
**negative feedback** Gegenkopplung *f* [elt]
**negative pole** Minuspol *m* [elt]
**negative report** Fehlanzeige *f* (Meldung über Unrichtigkeit)
**negotiable** befahrbar (für bestimmte Waggons) [mot]
**negotiate** befahren *v* (von Kurven, Sohlen) [mot]
**negotiation** Besprechung *f* (Verhandlung) [jur]
**nep** Noppe *f* [mas]
**nervous** zerfahren (nervös, durcheinander) [hum]
**nesting** positionieren *v* (Teile auf Platte) [wer]
**nest of tubes for cooler** Kühlerschlangen *pl* [pow]
**net** netzartig [edv]
**net** vernetzen *v* [edv]
**net charge** Gesamtladung *f* [elt]
**netting** Geflecht *n* (Bewehrung) [bau]
**net width** Nutzbreite *f* [con]
**network** Netzwerk *n* (bei Computern) [edv]
**network** vernetzen *v* [edv]
**network application** Netzwerkanwendung *f* [edv]
**network blackout** Netzzusammenruch *m* [elt]

**network failure** Netzausfall *m* [elt]
**network, local -** lokales Netz *n* [edv]
**network model** Netzwerkmodell *n* [elt]
**network plan** Netzplanung *f* [met]
**neutral** neutral [che]; ungeladen [elt]
**neutral** Leerlauf *m* [mot]; Mittelleiter *m* (neutrale Leitung) [elt]; Sternpunkt *m* (Leiter) [elt]
**neutral conductor** Mittelleiter *m* [elt]
**new building** Neubau *m* [bau]
**newel** Balustradenkopf *m* (an Rolltreppe) [mbt]; Kopfstück *n* (an Balustrade) [mbt]
**new machine** Neugerät *n* (werksneu, nicht gebraucht)
**new paint finish** Neuanstrich *m*
**new parts** Neuteile *pl* [mot]
**news blockage** Nachrichtensperre *f*
**news stories** Nachrichtenberichte *pl*
**next door** benachbart (nächstes Grundstück) [bau]
**next to** neben (z.B. neben der Schweißnaht) [met]
**nibble** nibbeln *v* [mas]
**nibbler** Aushauschere *f* [wzg]
**nibbling machine** Nibbelmaschine *f* [wzg]
**nick** Einschnitt *m* (Einkerbung) [met]; Falz *m* (Nut, Rille) [met]
**nick** einkerben *v* (z.B. mit Hammer und Dorn) [wzg]
**nicked** eingekerbt [met]
**nickel alloys** Nickel-Basis-Legierungen *pl* [wer]
**nickel-cadmium accumulator** Nickel-Cadmium-Akkumulator *m* [elt]
**nickel-cadmium battery** Nickel-Cadmium-Batterie *m* [elt]
**nickel metal hydride battery** Nickel-Metallhydrid-Batterie *f* [elt]
**nickel-plated** vernickelt [wer]
**nickel-zinc battery** Nickel-Zink-Batterie *f* [elt]

**night blue** nachtblau (RAL 5022) [nrm]
**night shift** Nachtarbeit f (Nachtchicht) [met]; Nachtschicht f (Arbeitszeit) [met]
**nightwork** Nachtarbeit f [met]
**nimble** flink (rasch)
**nipper pliers** Beißzange f (Kneifzange) [wzg]; Kneifzange f (Beißzange) [wzg]
**nipple** Schmierkopf m [mas]
**nipple, welded -** Einschweißnippel m [met]
**nitriding hardness depth** Nitrierhärte f [wer]; Nitriertiefe f [wer]
**nitrogen accumulator** Blasenspeicher m (zum Kettenspannen) [wzg]
**node** Knoten m [elt]
**nodular cast iron** Sphäroguss m [wer]
**nodular graphite** Kugelgraphit m [wer]
**nodular graphite test** Graphitprüfung f [msr]
**nodular spheroid. graphite cast iron** Gusseisen mit Kugelgraphit n [wer]
**nodule** Knolle f (Noppe) [mas]; Noppe f (Knolle) [mas]
**nogging mill** Blockwalzwerk n [met]
**no go gauge** Schlechtlehre f [msr]
**noise abatement** Lärmschutz m [aku]
**noise abating steel** Lärm dämpfender Stahl m [wer]
**noise absorbing package** Geräuschdämpfungspaket n (Stadtschall)
**noise absorption** Geräuschdämpfung f [mot]
**noise attenuation** Geräuschdämpfung f [mot]; Lärmdämpfung f [mot]
**noise component** Rauschanteil m [aku]
**noise echo** Störecho n [elt]
**noise emission level** Schallleistungspegel m [mot]

**noise level** Geräuschpegel m [mot]; Schallleistungspegel m [mot]; Störuntergrund m (Geräuschpegel) [aku]
**noise pattern** Rauschbild n [aku]
**noise-protection window** Schallschutzfenster n [bau]
**noise reduction** Lärmschutz m [aku]
**noise suppression** Störschutz m [aku]
**noise suppression assembly** Entstörerbaugruppe f [elt]
**noisy** laut (Lärm) [aku]
**no-load current** Leerlaufstrom m [elt]
**no-load operation** Leerlauf m [mot]
**no-load power** Leerlaufleistung f [elt]
**nominal bore** Nennweite f [con]
**nominal consumption** Nennaufnahme f [elt]
**nominal current** Nennstrom m [elt]
**nominal curve** Sollkurve f
**nominal data** Sollwert m (Nominalwert, z.B. Kolbenhub) [mas]
**nominal diameter** Nenndurchmesser m [con]
**nominal dimension** Nennmaß n [con]
**nominal line** Kennlinie f (z.B. von Ventilen, Pumpen) [mas]
**nominal loading** Nennlast f [bau]
**nominal output** Nennförderleistung f [mot]
**nominal power** Nennlast f [elt]
**nominal pressure** Nenndruck m [phy]
**nominal situation** Nennlage f [con]
**nominal size** Nennmaß n [mot]
**nominal speed** Nenndrehzahl f [mas]
**nominal stroke** Nennhub m [mot]; Nominalhub m [mot]
**nominal thread** Gewindenennwert m [mas]
**nominal value** Nennwert m
**nominal voltage** Nennspannung f [elt]
**nominal volume**␣Nenninhalt m
**nominal wall thickness** Soll-Wanddicke f [con]; Wanddicke f (Soll - Wanddicke) [con]

**nominal width**  Nennweite *f* [con]
**non-bearing**  nichttragend [bau]
**non caking**  nicht backend [pow]
**non-cohesive**  kohäsionslos
**non-conductor**  Nichtleiter *m* [elt]
**non-contact scanning**  berührungslose Prüfung *f* [msr]
**non-corrosive**  nicht-ätzend [che]
**non-destructive**  zerstörungsfrei [msr]
**non-destructive material testing**  zerstörungsfreie Werkstoffprüfung *f* [msr]
**non-destructive testing**  zerstörungsfreie Prüfung *f* [msr]
**non-ferrous metal**  NE-Metall *n* (Bunt-, Nicht-Eisenmetall) [wer]
**non-ferrous metal industries**  NE-Metallbranche *f* [wer]
**nonferrous metallurgy**  Buntmetallurgie *f* [wer]
**nonferrous metals**  Buntmetalle *n* (Kupfer, Messing, Bronze) [wer]
**non-ferrous scrap metal**  NE-Altmetall *n* [wer]
**non-ferrous semis**  NE-Metallhalbzeuge *pl* [wer]
**non-fused earth**  Schutzerde *f* [elt]
**non-galvanized**  unverzinkt [wer]
**non-gassing coal**  gasarme Kohle *f* [pow]
**non-insulated**  unisoliert [elt]
**nonlinear distortion**  nichtlineare Verzerrung *f* [elt]
**nonlinearity**  Nichtlinearität *f* [elt]
**non-locating bearing**  Loslager *n* [mas]
**non-luminous radiation**  nicht leuchtende Strahlung *f* [phy]
**non-manufacturing work**  Hilfsarbeiten *pl* [met]
**nonmetallic**  nichtmetallisch [wer]
**nonmetallic mineral processing**  Steine und Erden *pl* (Industriezweig) [roh]
**non-metallic strapping**  Kunststoffband *n* [wer]; Kunststoffverpackungsband *n*; Verpackungsband aus Kunststoff *n*
**non-payment**  Nichtzahlung *f* (der Prämie) [jur]
**non-pressure valve**  Leerlaufventil *n* [mot]
**non-return valve**  Rückschlagventil *n* [mas]
**non-reversing device**  Rücklaufsperre *f* [elt]
**non-rotating**  drehungsfrei [mas]
**non-rotational**  drallfrei (Strömung) [mot]
**non-saponifiable**  verseifungsfest (Schmierfett) [mas]
**non-skid**  rutschfest
**non-skid chain**  Schneekette *f* (für Autoreifen) [mot]
**non-skid flooring**  rutschfester Bodenbelag *m* [bau]
**non-slip**  schlupffrei [mot]
**non-spinning**  drallfrei (Seil usw.) [mas]
**non-spinning rope**  drallfreies Seil *n* [mas]
**non-surge**  fließend (stoßfrei) [mot]; glatt (Kraftübertragung) [mot]; stoßfrei (z.B. Kraftübertragung) [mot]
**non-tilt drum-mixer**  Umkehrtrommelmischer *m* [mot]
**non-transferable**  nicht übertragbar
**non-twisting**  drallfrei (Seil usw.) [mas]
**non-uniform excitation**  ungleichförmige Erregung *f* [elt]
**non-wearing**  verschleißfrei [mas]
**normal-beam probe**  Normalprüfkopf *m* [msr]
**normal cell**  Normalelement *n* [elt]
**normal concrete**  Normalbeton *m* [bau]
**normal incidence**  Senkrechteinfall *m* [elt]

**normalize** normalglühen v (Stahl) [wer]
**normalized** normalgeglüht (Stahl) [wer]
**normalizing** Normalglühen n [met]
**normal language** Klartext m (z.B. auf Bildschirm) [edv]
**normal load** Nennlast f; Regellast f
**normal output** Motornennleistung f [mot]
**normal stress** Normalspannung f [wer]
**normal tooth thickness** Zahndicke f (im Normalschnitt) [mas]
**normal-type freight car** Güterwagen in Regelbauart m [mot]
**normal-type wagon** Güterwagen in Regelbauart m [mot]
**normal voltage** Betriebsspannung f [elt]
**normal writing** Klartext m (z.B. auf Bildschirm) [edv]
**nose** Nase f (Mauerwerksvorsprung) [hum]; Spitze f (Nase, vorstehendes Stück) [mas]; Vorsprung m (am Werkstück) [mas]
**nose ring** Nasenring m (Mittelteil Kugeldrehverbindung) [mas]
**nose wheel** Bugrad n (des Flugzeuges) [mot]
**notary** Notar m (öffentlicher Notar) [jur]
**notch** Ausklinkung f [mas]; Aussparung f [mas]; Einkerbung f [wer]; Einschnitt m (Kerbung, Raste) [wer]; Falz m [wer]
**notch** kerben v [wer]; verzahnen v [wer]; Zähne schneiden v [wer]
**notch bend test** Kerbbiegeversuch m (für Blech) [met]
**notched** grob gezähnt (z.B. Blatt) [wer]
**notched bar impact bending test** Kerbschlagbiegeprüfung f [msr]

**notched bar impact test** Kerbschlagprobe f [msr]
**notch impact** Kerbschlagarbeit f [msr]
**notch impact strength** Kerbschlagzähigkeit m [msr]
**notching** Verzahnung f [wer]
**notching machine** Ausklinkmaschine f
**notch-rupture strength** Kerbfestigkeit f [msr]
**notch tension** Kerbspannung f [wer]
**notification, upon -** nach Absprache (Benachrichtigung)
**not laid down in writing** nicht beurkundet [jur]
**not movable** nicht rollfähig (z.B. alte Lok) [mot]
**not ready for operation** nicht betriebsfähig (z.B. Dampflok) [mot]
**not serviceable** nicht betriebsfähig (z.B. Dampflok) [mot]
**not stop** durchfahren v (nicht anhalten) [mot]
**not terminated** unbefristet [jur]
**not tightened to specification** nicht nach Vorschrift angezogen [mas]
**novelty** Neuheit f (Neuerung, neues Gerät)
**novice** Anfänger m (Neuling)
**nozzle** Tülle f [mas]; Rüssel m (an Maschine) [mas]; Mundstück n (Düse) [mot]; Mündungsstück n [mas]
**nozzle flap** Düsenklappe f [mas]
**nozzle-holder with flange mounting** Düsenhalter mit Befestigungsflansch m [mot]
**nozzle needle** Düsennadel f [mot]
**nozzle nut** Düsenmutter f [mas]
**nozzle opening ratio** Öffnungsverhältnis n [pow]
**nozzle ring** Leitkranz m [mas]
**nozzle shut-off device** Düsenverschlusseinrichtung f [mas]

**nozzle spring** Düsenfeder *f* [mot]
**nozzle weld** Stutzenschweißung *f* [met]
**nuclear** atomar [phy]; atomgetrieben [phy]
**nuclear catastrophe** Atomunglück *n* [pow]
**nuclear driven** atomangetrieben
**nuclear engineering** Kernenergietechnik *f* (Atomkraft) [phy]
**nuclear power station** Atomkraftwerk *n* [pow]; Nuklearkraftwerk *n* (Atomkraftwerk) [pow]
**nucleate boiling** Bläschenverdampfung *f* [pow]
**number** Anzahl *f*; Ziffer *f* (die Ziffer 8) [edv]
**numbering** Aufbringen von Zahlen *n*
**number of ...** Reihe von ... *f*
**number of axles** Anzahl der Achsen *f* [con]
**number of coils** Anzahl der Windungen *f* (Feder) [mas]
**number of employees** Beschäftigtenzahl *f* [eco]
**number of items** Stückzahl *f* (Quantität) [con]
**number of pitches, even -** gerade Gliederzahl *f* [mas]
**number of pitches, odd -** ungerade Gliederzahl *f* [mas]
**number of probe block revolutions** Drehzahl des Prüfblocks *m* [msr]
**number of resilient coils** Anzahl der federnden Windungen *f*
**number of teeth** Zähnezahl *f* (Zahnrad, Rollenkette) [mas]
**number of threads** Gangzahl *f* (bei Schnecken) [mas]
**number of uses** Einsatzhäufigkeit *f*
**number plate** Kennzeichenschild *n* [mot]

**numerically controlled** numerisch gesteuert [wzg]
**numerically recorded** zahlenmäßig erfasst
**nut** Mutter *f* (Schraubenmutter) [mas]; Schraubenmutter *f* (z.B. Sechskantmutter) [mas]
**nut brown** nussbraun (RAL 8011) [nrm]
**nut-coal** Nusskohle *f* [roh]
**nuts** Nusskohle *f* [roh]
**nut torque** Anzugsmoment der Mutter *n* [mas]

# O

**oar** Riemen *m* (des Ruderbootes) [mot]
**objectionable** fehlerhaft (nicht einwandfrei)
**objective** Objektiv *n* (z.B. an Kamera) [phy]
**object-oriented** objektorientiert [edv]
**object type** Objekttyp *m* [edv]
**oblique** schief (wie Schrägstrich)
**oblique mark** Schrägstrich *m*
**oblong hole** Langloch *n* (zum Korrigieren eines Spaltes) [mas]
**observation car** Aussichtswagen *m* [mot]
**observation carriage** Aussichtswagen *m* [mot]
**observer** Beobachter *m*; Zeitnehmer *m* (Mensch) [msr]
**observing** Wahrung *f* (von Gesetzen) [jur]
**obsolete description** veraltete Bezeichnung *f*
**obstacle** Hindernis *n* [mot]
**obstrude** hemmen *v* (hinderlich und im Wege sein)
**obtaining raw materials** Rohstoffgewinnung *f* [roh]
**occupational risk** Betriebswagnis *n* [jur]
**occur** auftreten *v* (Fehler); sich ereignen *v*; vorkommen *v*
**occurrence** eintretender Schaden *m* [jur]; Eintritt des Schadens *m* [jur]; Schadenseintritt *m* [jur]; Versicherungsfall *m* (etwas passiert) [jur]; Ereignisprinzip *n* (Versicherung) [jur]; Schadensereignis *n* [jur]
**occurrence basis** Ereignisprinzip *n* [jur]
**occurring** eintretend (geschehend)
**ocean blue** ozeanblau (RAL 5020) [nrm]
**ocean-dumping** Verklappen *n* (von Stoffen auf See) [rec]
**ochre brown** ockerbraun (RAL 8001) [nrm]
**ochre yellow** ockergelb (RAL 1024) [nrm]
**ocular** Okular *n* (z.B. am Fernrohr) [phy]
**odometer** Entfernungsmesser *m* (Tachozähler) [mot]; Tachozähler *m* (für gefahrene km) [mot]
**off** ausgeschaltet (Licht) [elt]; geschlossen (Stromkreis abgeschaltet) [elt]
**off-centre** außermittig (nicht mittig, zentral) [con]
**off-cuts** Verschnitt *m* (Reste beim Brennschneiden) [met]
**off-highway** Gelände *n* [mot]
**off-highway crane** Geländekran *m* [mot]
**off-highway truck** Geländefahrzeug *n* (Lkw) [mot]
**office** Dienststelle *f* [eco]; Geschäftsräume *pl* (in den Geschäftsräumen) [eco]
**office, authorized -** zuständige Niederlassung *f* [jur]
**office automation** Büroautomatisierung *f* [edv]
**office building** Bürogebäude *n* [bau]
**office communication** Bürokommunikation *f* [edv]
**office document architecture** Bürodokument-Architektur *f* [edv]
**office document interchange format** Bürodokument-Austauschformat *n* [edv]
**office hours** Bürostunden *pl* [eco]

**office information system** Büroinformationssystem *n* [edv]
**office supplies** Büroartikel *pl*
**office title** Dienststellenbezeichnung *f*
**official business, on -** dienstlich
**official channels** Dienstweg *m* (auf dem Dienstweg) [eco]
**off-peak periods** Schwachlastzeiten *pl* [elt]
**off-road** Gelände *n* [mot]
**off-road gear** Geländegang *m* (des Autos, Laders) [mot]
**off-road truck** geländegängiger Lastwagen *m* ((A)) [mot]
**off-road vehicle** Geländewagen *m* [mot]
**offset** asymmetrisch [con]; gekröpft [mas]; versetzt (arbeitende Ausrüstung)
**offset** Achsversetzung *f* [mas]; Absatz *m* (Bauelement) [bau]; Mauerabsatz *m* [bau]; Versatz *m* (Toleranz) [mas]
**offset** versetzen *v* (seitlich verschieben) [mbt]
**offset attachment** Knickausrüstung *f* (des Baggers) [mbt]
**offset-current** Offsetstrom *m* [elt]
**offset cylinder** Knickzylinder *m* (an Knickausrüstung) [mbt]
**offset deviation** Achsversetzungsabmaß *n* [con]
**offset from centre** Versatz Außermittigkeit [con]
**off-set profiling** Profilverschiebung *f* (im Stahlbau)
**offset variation** Achsversetzungsabweichung *f* [mas]
**offset-voltage** Offsetspannung *f* [elt]
**offset working** versetzt arbeitend [mbt]
**offset working attachment** Knickausrüstung *f* (des Baggers) [mbt]
**off shore** von See aus (bohren) [mot]

**offshore crane** Offshorekran *m* [mot]
**offshore drilling platform** Bohrplattform *f* (Offshore-Bohrung) [mas]
**offshore technology** Offshoretechnik *f* [mot]
**offsize** Maßabweichung *f* [con]
**off-white** grauweiß (RAL 7035) [nrm]; weißgrau (z.B. RAL 7035) [nrm]
**ohmic loss** ohmscher Verlust *m* [elt]
**ohmic resistance** Gleichstromwiderstand *m* [elt]; ohmscher Widerstand *m* [elt]
**oil** einfetten *v* (ölen) [mas]; ölen *v* [mas]
**oil additive** Ölzusatz *m* (zur Veränderung) [mot]
**oil baffle** Ölfangblech *n* [mot]
**oil bath** Ölbad *n* (z.B. Getriebe im Ölbad) [mas]
**oil bath air cleaner** Ölbadluftfilter *m* [mas]
**oil bypass valve** Ölumleitventil *n* [mot]
**oil can** Ölkanne *f*; Ölkanister *m*
**oil catcher** Ölfänger *m* [mas]; Ölschutz *m* (Fangeinrichtung) [mas]
**oil change** Ölwechsel *m* [mas]
**oil circuit** Ölumlauf *m* [mas]
**oil cleaner** Ölfilter *m* [mas]; Ölreiniger *m* [mas]
**oil clutch** Ölkupplung *f* [mas]
**oil collector sump** Ölfangwanne *f* [mot]
**oil conduit** Ölführung *f* [mas]
**oil control ring** Ölabstreifring *m* [mas]
**oil cooler** Ölkühler *m* [mas]
**oil delivery pipe** Öldruckrohr *n* [mas]
**oil dilution** Ölverdünnung *f* [mas]
**oil dipstick** Ölmesssstab *m* [mas]; Ölpeilstab *m* [mas]
**oil disc brake** Öllamellenbremse *f* [mas]

**oil drain** Ölablass *m* [mas]
**oil drain cock** Ölablasshahn *m* [mot]
**oil drain plug** Ölablassschraube *f* [mot]
**oil feed pump** Öleinfüllpumpe *f* [mot]
**oil field** Ölfeld *n* [roh]
**oilfield truck** Bohrfeldfahrzeug *m* [mot]
**oilfield vehicle** Bohrfeldfahrzeug *m* [mot]
**oil filler cap** Öleinfüllverschluss *m* [mas]
**oil filler neck** Öleinfüllstutzen *m* [mot]
**oil filler pipe** Öleinfüllrohr *n* [mas]
**oil filler screen** Öleinfüllsieb *n* [mas]
**oil filter** Ölfilter *m* [mas]; Ölseparator *m* [mas]
**oil filter element changing** Ölfilterelementwechsel *m* [mas]
**oil filter, full-flow -** Hauptstromölfilter *m* [mot]
**oil filter, hydraulic -** Hydraulikölfilter *m* [mot]
**oil filter wrench** Ölfilterschlüssel *m* (Bandschlüssel) [mas]
**oil fired** ölgefeuert [mot]
**oil firing** Ölfeuerung *f* [pow]
**oil flow** Ölstrom *m* [mas]; Ölumlauf *m* [mas]
**oil-fog lubricator** Nebelöler *m* [mot]
**oil-free** ölfrei [pow]
**oil from cooler** Öl vom Ölkühler *n* [mas]
**oil gauge fitting** Ölmessvorrichtung *f* [msr]
**oil gauge glass** Ölschauglas *n* [mot]
**oil groove** Ölnut *f* [mas]; Schmiernute *f* [mas]
**oil guard** Ölschutz *m* [mas]
**oil hole** Ölbohrung *f* [mas]
**oil-hydraulic** ölhydraulisch [mot]
**oil, hydraulic -** Hydrauliköl *n* [mot]
**oil-hydraulic brake** Öldruckbremse *f* [mot]
**oil-hydraulics** Ölhydraulik *f* [mot]
**oiling** Abölen *n* [mas]
**oil inlet** Ölzulauf *m* (Öffnung) [mas]
**oil leakage pipe** Leckölleitung *f* [mot]
**oil level** Ölspiegel *m* [mas]; Ölstand *m* [mas]
**oil-level check** Ölstandsprüfung *f* [mas]
**oil-level check plug** Ölstandskontrollschraube *f* [mas]
**oil level gauge** Ölmessstab *m* [mas]
**oil level indicator** Ölstandzeiger *m* [mot]
**oil-level indicator** Vorratsanzeiger *m* (Ölstandanzeiger) [mot]
**oil level plug** Ölstandsschraube *f* [mas]
**oil level switch** Ölstandssonde *f* [mas]
**oil line** Ölleitung *f* [mas]
**oil manifold** Ölverteiler *m* [mas]
**oil motor** Ölmotor *m* [mas]
**oil out** Ölrücklauf *m* [mas]
**oil pan** Ölwanne *f* [mas]
**oil pan drain cock** Ölablasshahn *m* [mas]
**oil pan gasket** Ölwannendichtung *f* [mas]; Ölwannendichtung *f* [mas]
**oil pipe** Ölleitung *f* [mot]
**oil pocket** Öltasche *f* (der Achse) [mas]
**oil pressure** Öldruck *m* [mas]
**oil-pressure brake** Öldruckbremse *f* [mot]
**oil pressure checking** Öldruckkontrolle *f* [mot]
**oil pressure gauge** Öldruckanzeige *f* [mas]; Öldruckmanometer *n* [mas]; Ölmanometer *n* [mot]
**oil-pressure gauge** Öldruckmesser *m* [mot]
**oil pressure governor** Druckölregler *m* [mot]

**oil pressure indicator lamp**
Öldruckkontrollleuchte *f* [mot]
**oil pressure pump**  Druckölpumpe *f* [mot]
**oil pressure relief valve**
Ölüberdruckventil *n* [mot]
**oil pressure switch**  Öldruckgeber *m* [mas]; Öldruckschalter *m* [mas]
**oil pump**  Ölpumpe *f* [mot]
**oil pump cover**  Ölpumpendeckel *m* [mot]
**oil pump gear wheel**
Ölpumpenzahnrad *n* [mot]
**oil pump housing**  Ölpumpengehäuse *n* [mot]
**oil pump screen**  Ölpumpensieb *n* [mot]
**oil regulating valve**  Ölregelventil *n* [mot]
**oil relief valve**  Ölüberströmventil *n* [mot]
**oil reservoir**  Ölbehälter *m* [mas]; Öltank *m* [mas]
**oil resistant**  ölfest [mas]
**oil-resistant**  ölbeständig [mas]
**oil return line**  Ölrücklaufleitung *f* [mas]
**oil ring**  Ölabstreifring *m* [mas]; Ölring *m* [mas]
**oil sample**  Ölprobe *f* [mas]
**oil sand**  Ölsand *m* [mas]
**oil screen**  Ölsieb *n* [mot]
**oil seal**  Öldichtung *f* [mot]; Wellendichtung *f* [mot]; Dichtring *m* [mas]; Ölfangring *m* [mot]; Simmerring *m* [mas]
**oil seal assembly**  Radialdichtungssatz *m* [mas]
**oil seal plate**  Dichtringplatte *f* [mas]
**oil seal sleeve**  Dichtringhülse *f* [mas]; Radialdichtung *f* [mas]
**oil separator**  Ölentöler *m* [mas]; Ölabscheider *m* [mas]
**oil shale**  Ölschiefer *m* [mas]

**oil slag**  Ölschlacke *f* [mas]
**oil-soaked piece of cloth**  ölgetränkter Lappen *m*
**oil steering pump**  Öllenkkupplung *f* [mas]
**oilstone**  Wetzstein *m* [mas]
**oil strainer**  Ölsieb *n* [mas]
**oil suction pipe**  Ölansaugleitung *f* [mas]
**oil suction tube**  Ölsaugleitung *f* [mas]
**oil sump gasket**  Ölwannendichtung *f* [mas]
**oil supply**  Ölleitung *f* [mas]; Ölversorgung *f* [mas]; Ölzuführung *f* (Ölleitung) [mas]
**oil supply tube**  Öleinspeiseleitung *f* [mas]; Saugleitung *f* [mas]
**oil tank**  Ölbehälter *m* [mas]; Öltank *m* [mas]
**oil tank, hydraulic -**  Hydrauliköltank *m* [mot]
**oil temperature gauge**
Ölfernthermometer *n* [mot]
**oil thermometer**  Ölthermometer *n* [mas]
**oil thermostat**  Öltemperaturregler *m* [mas]
**oil thrower ring**  Ölschleuderring *m* [mot]
**oil to cooler**  Öl zum Ölkühler *n* [mas]
**oil tower**  Bohrturm *m* [roh]
**oil tray**  Ölwanne *f* [mot]
**oil type air cleaner**  Ölbadluftreiniger *m* [mas]
**oil volume**  Ölmenge *f* [mot]
**oil-wetted air cleaner**  Nassluftfilter *m* [mas]
**old-age pension insurance**
Rentenversicherung *f* [jur]
**old-fashioned**  altmodisch
**old metals**  Altschrott *m* [rec]
**olive**  Schneidring *m* [mas]
**olive brown**  olivbraun (RAL 8008) [nrm]

**olive drab** braunoliv (RAL 6022) [nrm]
**olive green** olivgrün (RAL 6003) [nrm]
**olive grey** olivgrau (RAL 7002) [nrm]
**olive yellow** olivgelb (RAL 1020) [nrm]
**omission of duties** Obliegenheitsverletzung *f* [jur]
**once-through boiler** Bensonkessel *m* [pow]; Zwangdurchlaufkessel *m* [pow]
**once-through forced flow** Zwangdurchlauf *m* [pow]
**once-through forced-flow boiler** Zwangdurchlaufkessel *m* [pow]
**one axle** einachsig [mot]
**one-axle trailer** Einachsanhänger *m* [mot]
**one-colour painted** einfarbig lackiert [wer]
**one cylinder engine** Einzylindermotor *m* [mot]
**on edge** hochkant (steht, liegt nicht quer) [con]
**one-headed rail** Vignolschiene *f* [mot]
**one layer** einlagig (einlagiges Metall) [wer]
**one-level bill of materials** Baukastenstückliste *f* [con]
**one-man control** Ein-Mann-Bedienung *f*
**one-off part** Einzelteile *pl* (nur eins) [mot]
**one-pane safety glass** Einscheibensicherheitsglas *n* [wer]
**one-piece** einteilig
**one piece step** Kompaktstufe *f*
**one ply** einlagig (bei Sperrholz, Autoreifen)
**one set of stabilizers** Zweipunkt-Abstützung *f* (Mobilbagger) [mbt]
**one-shift operation** Einschichtbetrieb *m* [eco]
**one-spindle jack** Einspindelheber *m* [mot]
**one-storey** einstöckig [bau]
**one-way check valve** Einwegsperrventil *n* [mas]
**on-off-control** Ein-Aus-Regelung *f* [elt]
**on-off switch** Einschalter *m* [elt]
**on-site traffic** Baustellenverkehr *m* [mot]
**opacity** Durchlässigkeit *f* (elektrische -) [elt]
**opal green** opalgrün (RAL 6026) [nrm]
**opaque** undurchsichtig
**opaqueness** Undurchsichtigkeit *f*
**open** geöffnet; offen (Tür, Maschine)
**open-air escalator** Außenlasche *f*
**open-air exhibition-ground** Freigelände *n* (Außengelände Messe)
**open air fair ground** Freiluftstand *m* (Außenstand auf Messe)
**open burning coal** Gasflammkohle *f* [roh]
**open car** Großraumwagen *m* [mot]
**open cast mining** Tagebau *m* [roh]
**open-centered** mittenfrei (z.B. Kugeldrehverbindung) [mas]
**open coach** Großraumreisezugwagen *m* [mot]; Großraumwagen *m* (für Reisende) [mot]
**open cut** Tagebau *m* (die Grube) [roh]
**open cut mining** Tagebaugewinnung *f* [roh]
**open-cycle gas turbine** Gasturbine mit offenem Kreislauf *f* [pow]
**open cyclone arrangement** Zyklon ohne Fangschirm *m* [pow]
**open-door design** Konstruktion mit Änderungsmöglichkeiten *f* (Alternativkonstruktion) [con]
**open-ended spanner** Einmaulschlüssel *m* [wzg]

**open-end spanner** Doppelmaulschlüssel *m* [wzg]; Maulschlüssel *m* [wzg]

**open-end wrench** Maulschlüssel *m* [wzg]

**open-grid grating** Lichtgitterrost *m* (Bühnenbelag) [bau]

**open-house meeting** Tag der offenen Tür *m*

**opening** Ausnehmung *f* (in Blech); Durchbruch *m* (durch Decke) [bau]; Spalt *m* (unerwünscht oder gewollt); Zugang *m* (Einlaß, Öffnung)

**opening, clear -** lichte Öffnung *f* [con]

**opening cut** Aufschlusseinschnitt *m* (Tagebau) [roh]

**opening for rope** Seildurchführung *f* [mot]

**opening pressure** Ansprechdruck *m* (des Ventils) [msr]

**opening roof** öffnungsfähiges Dach *n* [mas]

**openings for loading and discharging** Be- und Entladeöffnungen *pl* [mot]

**opening time** Öffnungszeit *f* [mot]; Ausschaltverzug *m* (bis Wirkungsbeginn) [elt]

**opening-up device** Aufklappvorrichtung *f* [mbt]

**opening width** Öffnungsweite *f* (z.B. des Greifers) [mas]

**open jaw wrench** Maulschlüssel *m* (Werkzeug, einseitig) [wzg]

**open-link chain** Gliederkette *f* [mas]

**open-loop gain** Leerlaufverstärkung *f* [elt]

**open pit** Tagebau *m* (die Grube) [roh]

**open pit mining** Tagebaugewinnung *f* [roh]; Tagebau *m* (der Industriezweig) [roh]

**open-pit mining operation** Tagebaubetrieb *m* [roh]

**open pit mining systems** Tagebauausrüstung *f* (hart) [roh]

**operate** agieren *v*; bedienen *v* (eine Maschine); betätigen *v* (bedienen); betreiben *v* (Kessel) [pow]; handhaben *v*; steuern *v* (Maschine, Bagger) [mot]

**operate with large number of vibrations** erschütterungsreich

**operating** Bedienung *f* (von Maschine)

**operating behaviour** Betriebsverhalten *n*

**operating behaviour of pumps** Pumpenverhalten *n* [mot]

**operating condition** Betriebsbedingung *f* [mas]; Einsatzbedingung *f* [mas]

**operating conditions, final -** endgültiger Betrieb *m* [met]

**operating console** Schaltpult *n* [pow]

**operating contact** Arbeitskontakt *m* (Verbindung von Teilen)

**operating controls** Betätigungselemente *pl* [mot]

**operating current** Arbeitsstrom *m* [elt]; Betriebsstrom *m* [elt]

**operating cylinder** Betätigungszylinder *m* [mot]

**operating data** Betriebsdaten *pl*; Betriebsergebnisse *pl*

**operating delay** Schaltverzögerung *f* [mot]

**operating direction** Längsrichtung *f* [con]

**operating disc** Mitnehmerscheibe *f* [mot]

**operating efficiency** Betriebswirkungsgrad *m* [pow]; Kesselwirkungsgrad *m* (Betriebswirkungsgrad) [pow]

**operating element** Bedienungselement *n* (z.B. Hebel) [mas]

**operating hour** Betriebsstunde *f* (Gerät im Einsatz) [met]
**operating instruction** Bedienungsanleitung *f* (Anweisung) [con]; Behandlungsvorschrift *f* (für Bedienung) [con]
**operating instruction** Betriebsanleitung *v* [con]
**operating life** Laufzeit *f* (Betriebslebensdauer); Lebensdauer *f* (Betriebsdauer); Standzeit *f* (Lebensdauer) [mot]
**operating manual** Bedienungsanleitung *f* (Handbuch) [con]
**operating panel** Bedienungstafel *f* [elt]; Bedienungspult *n* [elt]
**operating platform** Bedienungsstand *m* [met]
**operating point** Schaltpunkt *m*
**operating pole contact member** Schaltstück *n* [mas]
**operating position** Arbeitsstellung *f* [mas]
**operating power pack** Betriebsnetzgerät *n* [elt]
**operating pressure** Arbeitsdruck *m* (Betriebsdruck) [pow]; Betriebsdruck *m*
**operating range** Betriebsbereich *m* [mot]
**operating speed** Betriebsdrehzahl *f* [mot]
**operating staff** Bedienungspersonal *n*
**operating stress** Bedienungsaufwand *m* (Mühe)
**operating switch** Betriebsschalter *m* (An/Aus/dazwischen) [elt]
**operating system** Betriebssystem *f* [edv]
**operating time** Einsatzzeit *f*; Standzeit *f* (Lebensdauer) [mas]
**operating voltage** Betriebsspannung *f* [elt]

**operating weight** Dienstgewicht *n* [mbt]; Eigengewicht *n* [mot]
**operational altitude** Operationshöhe *f* (in Luft) [mot]
**operational amplifier** Operationsverstärker *m* [elt]
**operational check** Funktionsprüfung *f* [mot]; Prüfung während des Betriebes *f* [msr]
**operational speed** Betriebsdrehzahl *f* [mot]
**operational staff** Außendienstpersonal *n* (der Bahn)
**operation condition** Betriebsbedingung *f* [mas]
**operation, during -** bei der Arbeit
**operation ease and convenience, for the -** ergonomisch (körpergerecht) [hum]
**operation instruction** Bedienungsanleitung *f* (Anweisung) [mas]
**operation & maintenance manual** Betriebs- und Wartungshandbuch *n* [mas]
**operation point** Arbeitspunkt *m* (Betrieb) [met]
**operation, remote controlled -** ferngesteuerter Betrieb *m* [elt]
**operation requirement** Betriebserfordernis *f*
**operation temperature** Betriebstemperatur *f* [mot]; Einsatztemperatur *f* [mas]
**operation theatre** Operationsraum *m* [hum]; Operationssaal *m* (im Krankenhaus) [hum]
**operator** Vermittlung *f* (am Telefon) [tel]; Bedienungsmann *m*; Fahrer *m* (auf Baumaschine, Bagger, usw.) [mot]
**operator controlled** zwangsgeführt (durch Fahrer)
**operator's cab** Fahrerkabine *f* [mot]; Baggerfahrerhaus *n* [mbt];

Baggerführerhaus *n* [mbt]; Fahrerhaus *n* [mbt]
**operator's comfort** Fahrerkomfort *m* [mot]
**operator's ease and convenience** Fahrerkomfort *m* [mot]
**operator's handbook** Betriebshandbuch *n* [mot]
**operator's manual** Betriebsanleitung *f* (Handbuch) [mot]
**operator's seat** Fahrersitz *m* (Baumaschine) [mot]
**operator's stress** Steuerungsanstrengung *f* (des Fahrers) [mot]
**opinion** Ansicht *f* (Meinung)
**opposed cylinder type engine** Boxermotor *m* [mot]
**optical disk** optische Platte *f* [edv]
**optically aligned to a tolerance of** optisch genau auf ... (eingestellt) [phy]
**optical pyrometer** optisches Pyrometer *n* [msr]
**option** Möglichkeit *f*
**optional** wahlweise [mot]
**option rating** Einstellgröße *f* (des Motors) [mot]
**orange** orange (orangefarben)
**orange brown** orangebraun (RAL 8023) [nrm]
**orange-peel grab** Mehrschalengreifer *m* (Baggerausrüstung) [mbt]
**orbit** Umlauf *m* (von Himmelskörpern); Orbit *n* (Umlaufbahn um Erde) [mot]
**orbital railway** Gürtelbahn *f* (wie Ringbahn) [mot]; Ringbahn *f* (um Stadtkern) [mot]
**orbital speed** Umlaufgeschwindigkeit *f* [phy]
**orbital system** Orbitalsystem *n* [mot]
**order** Reihenfolge *f* (in dieser Reihenfolge); Auftrag *m* [eco]

**order, external -** externer Auftrag *m* (Auftrag durch Dritte) [eco]
**Order No.** Auftragsnummer *f* (der Bestellung) [eco]
**order number** Auftragsnummer *f* (der Bestellung) [eco]
**Order Part No. when used up** nach Aufbrauch bestellen (Anweisung) [con]
**ordinal number** Ordnungszahl *f* [mat]
**ore body** Erzvorkommen *n* (im Boden) [roh]
**ore, coarse -** Groberz *n* [roh]
**organizational diagram** Organigramm *n* [eco]
**organizational problem** Organisationsfrage *f*
**organization of test** Versuchsanordnung *f* [msr]
**orifice** Verengung *f* (durch Nut) [mot]; Mündungskanal *m*
**orifice disk** Blende *f* (Messblende) [msr]; Messblende *f* [msr]
**orifice flange** Blendenflansch *m* [msr]
**orifice formula** Blendengleichung *f* [msr]
**orifice nozzle** Lochdüse *f* [mot]
**orifice welding** Düsenschweißen *n* (DIN 1910) [met]
**origin** Ursprung *m*
**original bill of materials** Ursprungsstückliste *f*
**original thickness** Materialausgangsstärke *f* [wer]
**O-ring** Dichtungsring *m* [mas]; O-Ring *m* [mas]; Rundschnurring *m* [mas]
**O-ring seal** O-Ring-Dichtung *f* [mas]; Runddichtring *f* [mas]
**ornamental disc** Zierscheibe *f* [mot]
**ornamental ring** Zierring *m* [mot]
**Orsat gas analyzer** Orsat-Apparat *m* [msr]

**oscillate** pendeln *v* (z.B. Pendelachse) [mas]; schwingen *v* (oszillieren) [phy]
**oscillating axle** Pendelachse *f* (z.B. an Lader, Grader) [mas]; Schwingachse *f* [mot]
**oscillating circuit** Resonanzkreis *m* [elt]; Schwingkreis *m* [elt]
**oscillating direction indicator** Pendelwinker *m* [mot]
**oscillating grate spreader** Schwingrost *m* [pow]
**oscillating suspended** pendelnd aufgehängt [mas]
**oscillation** Pendeln *n* (z.B. der Hinterachse) [mot]
**oscillation, damped -** gedämpfte Schwingung *f* [phy]
**oscillation, elastic -** elastische Schwingung *f* [phy]
**oscillation, forced -** erzwungene Schwingung *f* [elt]
**oscillation, free -** freie Schwingung *f* [phy]
**oscillation lock** Ausschlag *m* (der Pendelachse) [mbt]; Pendelachsausschlag *m* [mot]
**oscillations plane** Schwingungsebene *f* [phy]
**oscillator** Schwinger *m* [met]
**oscillator diameter** Schwingerdurchmesser *m* [met]
**other than drawing** entgegen Zeichnung .... [con]
**outage** Stillstandszeit *f* [met]; Unterbrechung *f*; Stillstand *m*
**outboard bearing** Lager *n* (jenseits Motor und Gebläse) [mot]
**outdoor installation** Freianlage *f*; Freiluftanlage *f*
**outdoor plant** Freianlage *f*
**outdoor unit** Freianlage *f*
**outer casing** Stützenführung *f* (an Waggonabstützung) [mot]
**outer cladding** Außenverkleidung *f* (Seite und unten) [mot]
**outer firebox** Stehkessel *m* (Dampflok; um Feuerkiste) [mot]
**outer frame** Außenrahmen *m* (an Drehgestellen, selten) [mbt]; Außenrahmen *m* (Dampfok, außerhalb Räder) [mot]
**outer link** Außenglied *n* (bei Rollenkette) [mas]
**outer ring** Außenring *m* (Freilauf-Außenring) [mas]
**outer thread** Außengewinde *n* [mas]
**outfit** Ausrüstung *f* (eines Schiffes) [mot]
**outlet** Austrittsöffnung *f* [mas]; Anschluss *m* (Steckdose) [elt]; Ausgang *m* (an Maschine, Steckdose) [elt]; Auslass *m* (beim Ventil) [mas]; Austritt *m* (Auslass) [mas]; Steckdose *m* [elt]
**outlet chute** Entleerungsschurre *f* [pow]
**outlet connection rubber** Auslaufstrecke *f* (hinter Blende, Ventil)
**outlet end** Auslaufseite *f* (einer Maschine)
**outlet header** Austrittssammler *m* [mot]
**outlet side** Druckstutzen *m* (an Geräten) [mas]
**outline** Kontur *f* [con]; Umriss *m* (Kontur, Planung) [con]
**outline drawing** Entwurfszeichnung *f* [con]
**outmoded** überholt (altes Modell); veraltet (nicht mehr gebaut) [mot]
**out-of-range indicator** Überlaufanzeiger *m* [mot]
**out-of-roundness** Unrundheit *f* (Rohre) [mas]
**output** Ausgabe *f* (an den Drucker); Förderleistung *f* (z.B. der Pumpe)

[mot]; Fördermenge *f* [mot]; Leistung *f* (z.B. einer Pumpe) [mot]; Ertrag *m* (Ausstoß einer Maschine) [mot]
**output controller** Leistungsregler *m* [elt]
**output distributor** Endverteiler *m* [elt]
**output drive gear** Abtriebszahnrad *n* [mas]
**output, electric -** elektrische Leistung- *f* [elt]
**output factor** Abtrieb der Nockenwelle *m* (auch Auto) [mot]
**output figures** Leistungsangaben *pl* (z.B. Kubikmeter/Stunde) [msr]
**output, hydraulic -** hydraulische Leistung *f* [mas]
**output layout** Ausgabemaske *f* [edv]
**output-regulated** leistungsgeregelt (z.B. Pumpe) [mot]
**output shaft** Abtriebswelle *f* [mas]
**output variable** Ausgangsgröße *f* (Regler) [msr]
**output voltage** Ausgangsspannung *f* [elt]
**outreach** Ausladung *f* (des Baggers zur Seite) [mbt]; Grabweite *f* [mbt]; Reichweite *f* (des Baggers) [mbt]
**outrigger** Abstützung *f* (Bagger-, Kranausleger) [mbt]; Pratze *f* (Ausleger) [mbt]
**outrigger crane jib bearing** Auslegerlager *n* (Kran) [mbt]
**outrigger, front -** vordere Abstützung *f* [mbt]
**outrigger, rear -** hintere Abstützung *f* [mbt]
**outrigger stabilizers** Pratzenabstützung *f* [mbt]
**outrigging** ausladend (überstehend) [bau]
**outside** außen
**outside** Außenseite *f*

**outside balustrade** Außenbalustrade *f* [bau]
**outside band brake** Außenbandbremse *f* [mas]
**outside cladding** Außenverkleidung *f* [mas]
**outside cone** Außenkegel *m* [mas]
**outside control** Außensteuerung *f* [msr]
**outside deck** Außenkopfstück *n* [mas]
**outside diameter** Außendurchmesser *m* [con]; äußerer Rohrdurchmesser *m* [con]; Kopfkreisdurchmesser *m* (Kettenrad) [con]
**outside diamond** Außenbogenkreuzungsweiche *f* [mot]
**outside door handle** Türaußengriff *m* [mot]
**outside door panel** Türaußenblech *n* [mot]
**outside dump** Außenkippe *f* [rec]
**outside escalator** Allwetterrolltreppe *f* [bau]
**outside length** Außenlänge *f* (Keilriemen) [mas]
**outside newel bracket** Außenkopfhalter *m* [bau]
**outside newel section** Außenkopfstück *n* [bau]
**outside noise test** Außengeräuschmessung *f* [msr]
**outside of the turn** Kurvenaußenseite *f* [mot]
**outside panel** Außenblech *n* [wer]
**outside slope** Außenschräge *f*
**outside temperature** Außentemperatur *f* [wet]
**outside threading** Außengewinde *n* [mas]
**outside wall** Außenwand *f* [bau]
**outward facing** nach außen
**oval** eiförmig
**oval flat** ovalflach (Puffer) [mot]
**ovals** Ovalstahl *m* [wer]

**overall depth** Gesamthöhe $f$ [con]
**overall dimension** Gesamtmaß $f$ [con]
**overall drawing**
Zusammenstellungszeichnung $f$ [con]
**overall height** Bauhöhe $f$ [con];
Gesamthöhe $f$ [con]
**overall height, low -** niedrige
Bauhöhe $f$ (des Baggers) [mbt]
**overall length** Gesamtlänge $f$ [con]
**overall width** Gesamtbreite $f$ [con]
**overburden** Abraum $m$ (über
Braunkohle, Sand, Fels) [bod];
Deckgebirge $n$ (Abraum) [roh]; Berge
$pl$ (taubes Gestein) [roh]
**overburden removing bridge**
Abraumförderbrücke $f$ [roh]
**overburden stockpile** Abraumhalde $f$
[rec]
**overcharge** überlasten $v$ (Motor,
Leitung, Pumpe) [mot]
**overcharging** Überlastung $f$ [mot]
**overcurrent** Überlaststrom $m$ [elt]
**overcurrent circuit breaker**
Überstromschutzschalter $m$ [elt]
**overcurrent relay** Überstromrelais $n$
[elt]
**overcurrent release**
Überstromauslösung $f$ [elt]
**overcurrent switch**
Überstromschalter $m$ [elt]
**overdevelopment** Zersiedelung $f$ [bau]
**overdrive** Schnellstufe $f$ [mot];
Zusatzfahrschaltung $f$ [mot];
Schnellgang $m$ (des Autos) [mot];
Schonganggetriebe $n$ [mot];
Sparganggetriebe $n$ [mot]
**overdrive** übersteuern $v$
**over-employment** Überbeschäftigung
$f$ [eco]
**over-fire air** Oberluft $f$ (Rost,
Sekundärluft) [pow]; Sekundärluft $f$
[pow]
**overflow** Überlauf $m$ (Flüssigkeit läuft
über) [was]

**overflow oil line** Leckölleitung $f$
[mot]
**overflow oil line connection**
Leckölleitungsanschluss $m$ [mot]
**overflow pipe** Überströmleitung $f$
(z.B. für Flüssigkeit) [mot]
**overflow tap** Überlaufbohrung $f$
[mas]
**overflow valve** Überdruckventil $n$
[mas]
**overgrate air** Oberluft $f$ (Rost,
Sekundärluft) [pow]
**over hand weld** Überkopfschweißung
$f$ [met]
**overhang** Auskragung $f$ [bau];
Überhängen $n$ (Panzerketten auf
Waggon) [mot]
**overhanging beam** Kragarm $m$ [bau]
**overhaul** Überholung $f$ (Reparatur)
[mot]; Überprüfung $f$ [mot]
**overhaul** überholen $v$ (reparieren)
[mot]
**overhead** Zwangslage $f$ (in
Zwangslage; nach oben schweißen)
[met]
**overhead cable** Freileitung $f$ [elt]
**overhead camshaft** obenliegende
Nockenwelle $f$ [mot]
**overhead clearance** lichte Höhe $f$
[con]
**overhead conductor**
Überlandleitungsdraht $m$ [elt]
**overhead crane** Laufkatzenkran $m$ (in
Reparaturhallen) [mas]
**overhead film** Overheadfolie $f$ (für
Tageslichtprojektor)
**overhead light** Deckenoberlicht $n$
[bau]
**overhead line** Freileitung $f$ [elt]
**overhead position** Überkopfposition $f$
(z.B. bei Schweißen) [met]
**overhead power supply** Fernleitung $f$
(auf Masten) [elt]; Überlandleitung $f$
(z.B. von Kraftwerk) [elt]

**overhead projector** Overheadprojektor *m* (Tageslichtprojektor); Tageslichtprojektor *m* (Overheadprojektor)

**overhead transmission line** Überlandleitung *f* (z.B. von Kraftwerk) [elt]

**overhead valve** Ventil; hängendes *n* [mas]

**overhead weld** Überkopfschweißung *f* [met]

**overhead welding** Überkopfschweißen *n* [met]

**overhead wiring** Oberleitung *f* [mot]

**overheat** heißlaufen *v*; überhitzen *v* (von Kessel, Material) [pow]

**overheating protection** Heißlaufsicherung *f* [mas]

**overinflation** Reifendruck zu groß [mot]

**overinflation** Überdruck *m* (im Reifen) [mot]; zu hoher Reifendruck *m* [mot]

**overland line** Überlandleitung *f* (z.B. mit Stahlmasten) [elt]

**overlap** Überlappung *f* (z.B. der Schweißnaht) [met]

**overlap** überlappen *v* (der Schweißnaht) [met]; überschneiden *v* (überlappen)

**overlap bridge path** Überlappungsbrücke *f* [mot]

**overlap joint** Übergreifungsstoß *m* [bau]

**overlapping** Überschneidung *m* (Überlappung)

**overlapping ring** Überschneidring *m* [mot]

**overleaf** umseitig (bitte wenden)

**overlifting** Überhub *m* (Steigrohre) [mas]

**overload** Überlastung *f* [mot]

**overload** überlasten *v* (Auto, Tier, Mensch) [mot]

**overload circuit breaker** Überstromschalter *m* [elt]

**overload current** Überlaststrom *m* [elt]

**overload protection** Überlastsicherung *f* [mas]

**overload relay** Überlastungssicherung *f* [mas]; Überlastrelais *n* [elt]

**overload safety switch** Überstromschutzschalter *m* [elt]

**overload spring** Zusatzfeder *f* (Verstärkung) [mot]

**overload switch** Lastabschalter *m* [elt]

**overload trip** Überlastschutz *m* [elt]

**over-night load** Nachtlast *f* [elt]

**overnight shutdown** Nachtabschaltung *f* [elt]

**overpaid** überbezahlt (zu viel erhalten) [eco]

**overpass** Überführung *f* (Straße über Kreuzung) [mot]; Überführung *f* (Straße über Kreuzung) [mot]

**override** überspielen *v* (z.B. durch Handschaltung) [edv]; umschalten *v*

**override clutch gear change** Überholklauenschaltung *f* [mot]

**overriding** Auflaufen *n* (auf Schiene) [mot]

**overrun** überfahren *v* (Lok überfährt Signal) [mot]

**over-running brake** Auflaufbremse *f* [mot]

**over-running speed** Auflaufgeschwindigkeit *f* (Waggons) [mot]

**overseas call** Überseegespräch *n* [tel]

**overseas, to -** nach Übersee

**overshoot** überschwingen *v*

**oversize** übergroß; überlang

**oversize** Übergröße *f*; Übermaß *n* (Überschreitung Lademaße; weiter, höher als PPI) [mot]

**oversized** überdimensioniert [con]

**oversized rock** Knäpper *m* (großer Brocken im Bergbau) [roh]
**overspray of paint** Farbspritzer *m* (vorbei gespritzt) [nrm]
**oversquare** Kurzhub *m* (Hub kürzer als Zylinderquerschnitt) [mot]; Kurzhubmotor *m* [mot]
**overstrain** überbeanspruchen *v* (zu sehr belasten)
**overstressed** überbeansprucht (kaum reparierbar)
**overtake** überholen *v* (des anderen Autos) [mot]
**overtaken** überholt (vom Auto) [mot]
**overtaking** Überholen *n* (Überholen von Autos) [mot]
**overtaking line** Überholungsgleis *n* [mot]
**overtime** Überstunden *pl* (zusätzliche Zeit) [eco]
**overtorque** überdrehen *v* (zu sehr festziehen) [mas]
**overtorqued** überdreht (zu sehr festgezogen) [mas]
**over travel switch** Endschalter *m* [elt]
**overturning moment** Kippmoment *n* [con]
**overview** Übersicht *f* [con]
**over-voltage release** Überspannungsauslöser *m* [elt]
**overwind** überdrehen *v* (zu sehr festziehen) [mas]
**overwound** überdreht (zu sehr festgezogen) [mas]
**owner** Halter *m* (von Auto, Wasserfahrzeug) [jur]
**oxide red** oxidrot (RAL 3009) [nrm]
**oxygen content, with high -** sauerstoffreich
**oxygen cutting machine** Brennschneidemaschine *f* [met]
**oxygen, dissolved -** gelöster Sauerstoff *m* [che]
**oxygen steel plant** Oxygenstahlwerk *n* [wer]
**oyster white** perlweiß (RAL 1013) [nrm]

# P

**pace** Stufe *f* (Treppe) [bau]
**pack** dichten *v* (abdichten) [mas]
**package** Paket *n* [mot]
**packaged boiler** Kleinkessel *m* [pow]; Standardkessel *m* [pow]
**packet seal** Dichtung *f* (Dichtsatz) [mas]; Dichtsatz *m* (Dichtpaket) [mas]
**packing** Abdichtung *f* [bau]; Dichtung *f* [mot]; Verpackung *f* (in Kisten) [mot]
**packing and loading of coils** Coilverpackung und- verladung *f* [mas]
**packing box** Stopfbüchse *f* [mas]
**packing compound** Dichtmasse *m* [mas]
**packing drum** Gebinde *n*
**packing for steering gear housing** Lenkgehäusedichtung *f* [mot]
**packing list** Beipackliste *f*
**packing ring** Dichtring *m* [mot]
**packing set** Dichtungspackung *f* [mas]
**packing slip** Lieferschein *m*
**packing specification** Beipackzettel *m*
**packing surface** Dichtungsfläche *f* [mas]
**pad** Unterlage *f* (wie Kissen, Polster); Wulst *f* (Reifenteil in Felge) [mot]; Kissen *n*; Polster *n* (z.B. in Wundverband)
**pad clearance** Bremsklotzspiel *n* (Scheibenbremse) [mot]
**paddle plate** Gleitplatte *f* (an Schaufel) [mot]
**paddle wheel** Schaufelrad *n* (an Schiff) [mot]
**paddle wheel ship** Schaufelraddampfer *m* [mot]
**pad lock** Vorhängeschloss *n*
**pads** Wulstbildung *f* (Autoreifen) [mot]
**pad saw** Stichsäge *f* [wzg]
**pad-type thermocouple** Thermoelement *n* (m. Plättchen aufgelötet) [msr]
**paging** Seitenwechsel *m* [edv]; Blättern *n* (am Bildschirm) [edv]
**paint** Farbe *f* (einzelne; (RAL)) [nrm]; Anstrich *m* (Lack) [wer]
**paint** anmalen *v*; anstreichen *v* (malen) [bau]
**paint coating** Farbanstrich *m* [nrm]
**painted ceiling** Deckenanstrich *m* [bau]
**paint finish** Anstrich *m* (die fertige Lackierung) [wer]; Endanstrich *m* (oberste Farbschicht) [mot]; Farbaufstrich *m* [nrm]
**painting** Anstrich *m* [wer]
**painting gun** Spritzpistole *f* [bau]
**painting work** Anstreicharbeiten *pl* [bau]
**paint run** Farbläufer *m* [nrm]
**paint shop** Anstrichhalle *f* [met]; Lackiererei *f* (auch: Spritzkabine) [met]; Spritzerei *f* [met]; Spritzkabine *f* [met]
**paint splatter** Farbspritzer *m* (Kleckse) [nrm]
**paint spraying** Farbspritzverfahren *n* [nrm]
**paired** verdrillt [elt]
**pair of lids** Deckelpaare *n* [mas]
**pair of transport rolls** Transportrollenpaar *n* [mas]
**pale** blass (wenig Farbe); bleich; verblasst
**pale brown** blassbraun (RAL 8025) [nrm]
**pale green** blassgrün (RAL 6021) [nrm]

**pallet** Palette *f* (z.B. Europa-Palette) [mot]
**pallet chain** Palettenkette *f* [mbt]
**pallet-depth** Palettentiefe *f* (für Gabelstapler) [mbt]
**pallet truck** Gabelhubwagen *m* [mot]; Handgabelhubwagen *m* [mot]; Hand-Gabelhubwagen *m* [mot]
**pallet-width** Palettenbreite *f* (für Gabelstapler) [mbt]
**palm** Handfläche zwischen Handwurzel und Fingern *f* [hum]
**palm-type coupling** Gummi-Fächerkupplungsscheibe *f* [mot]
**pan** Wanne *f* (Ölwanne) [mot]; Bügel *m* (Stromabnehmer) [elt]; Stromabnehmer *m* (der Bahn) [mot]
**pane** Scheibe *f* (Fensterscheibe) [wer]
**panel** Bauplatte *f* [bau]; Schalttafel *f* [elt]; Wandtäfelung *f* (meist Holz) [bau]; Armaturenbrett *n* [elt]; Feld *n* (Brücke, Träger) [bau]; Panel *n* (Wandverkleidung) [bau]; Schaltpult *n* (Schalttafel) [elt]
**panel, front -** Vorderseite *f* [edv]; Vorderwand *f* [mot]
**panel instruments** Armaturenbrett mit Armaturen *n* ((A)) [elt]
**panelled** getäfelt (z.B. Holztäfelung) [bau]; verkleidet (außen geschützt) [bau]
**panelled wall** getäfelte Wand *f* [bau]
**panelling** Verschalung *f* [bau]
**panel point** Knotenpunkt *m* (Stahlbau) [bau]
**panel, rear -** Rückwand *f* [con]
**panel sections** Tafelprofile *pl*
**panel wall** Fachwerkwand *f* (Stahlbau) [bau]
**pan head screw** Flachkopfschraube *f* [mas]
**pan head tapping screw** Zylinderblechschraube *f* [mas]
**panic button** Alarmknopf *m* (Schalter)
**panic switch** Katastrophenschalter *m* [elt]
**pannier tank locomotive** Tenderlok *f* (Tanks hängen seitlich) [mot]; Tenderlokomotive *f* (Tanks hängen seitlich) [mot]
**panorama view** Rundumsicht *f* [mot]
**pan sheet** Pfannenblech *n* (aus Walzwerk) [mas]
**pantograph** Bügel *m* (Stromabnehmer) [mot]; Stromabnehmer *m* (E-Lok) [mot]
**pantograph drawing** Storchschnabelzeichnung *f* [mas]
**paper** Vortrag *m* (oft schriftlich)
**paper clip** Büroklammer *f* (hält Papier zusammen)
**paper filter** Papierfilter *m* [mot]
**paper recycling** Altpapier *n* [rec]
**paper seal** Papierabdichtung *f* (am Lagerauge) [mas]
**papyrus white** papyrusweiß (RAL 9018) [nrm]
**parable spring** Parabelfeder *f* [mas]
**parabolic mirror** Parabolspiegel *m* (für Datenübertragung) [tel]
**paraffined** paraffiniert [mas]
**parallax** Parallaxe *f* [phy]
**parallel adjustment** Parallelausgleich *m* (der Steinklammer) [mot]
**parallel computer** Parallelrechner *m* [edv]
**parallel connected** parallel geschaltet [mot]
**parallel cross-bit chisel** Kreuzmeißel *m* [wzg]
**parallel escalator** Parallelrolltreppe *f* [mbt]
**parallel flow** Gleichstrom *m* [elt]
**parallel guidance** Parallelführung *f* (z.B. der Rolltreppe) [mbt]
**parallel guide** Parallelführung *f* [mbt]
**parallelogram of forces** Kräfteparallelogramm *n* [phy]

**parallel pin** Zylinderstift *m* [mas]
**parallel processing** Parallelverarbeitung *f* [edv]
**parallel-slide valve** Parallelschieber *m* [pow]
**parallel switching** Parallelschaltung *f* [elt]
**parallel windscreen wiper** Parallelscheibenwischer *m* [mot]
**parallel windshield wiper** Parallelscheibenwischer *m* [mot]
**paralyze** lähmen *v*
**parameter** Kenngröße *f* [con]
**paramount** höchstklassig (Allerbestes)
**parapet** Brüstung *f* [bau]; Geländer *n* [bau]
**parasitic current** Fremdstrom *m* [elt]
**parcel of land** Parzelle *f* [bau]
**parent drawing** Stammzeichnung *f* [con]
**parent material** Bandmaterial *n* (Rohmaterial) [mas]; Grundmaterial *n* (hieraus wird gebaut) [mas]
**parked** abgestellt (geparkte Autos, Busse) [mot]
**parking brake** Feststellbremse *f* (nur Kfz) [mot]
**parking lamp** Kotflügelleuchte *f* [mot]; Parkleuchte *f* [mot]
**parking light** Standlicht *n* (am Auto) [mot]
**parking lot** Parkplatz *m* [mot]
**parking ticket** Knöllchen *n* (Strafmandat) [mot]; Strafmandat *n* (Knöllchen) [mot]
**parkway** Autobahn *f* (Autoschnellstraße USA) [mot]
**part according to drawing no...** Teil nach Zeichnung Nr. *n* [mas]
**part drawing** Ersatzteilzeichnung *f* [con]; Teilezeichnung *f* [mas]
**part, front -** Vorderteil *n* [con]

**part groove** Teilfuge *f* (beim Schweißen) [met]; Teilung *f* (z.B. eines Lagers mit Nuten) [mas]
**partial charge** Teilladung *f* [elt]
**partial delivery** Teillieferung *f* (weitere folgen)
**partial-flow filter** Nebenstromfilter *m* [mot]
**partial joint** Teilnaht *f* [met]
**partial penetration** teilweiser Einbrand *m* (Schweißnaht) [met]
**partial pressure** Partialdruck *m* [pow]
**partial reflection** partielle Reflexion *f* [phy]
**partial shipment** Teillieferung *f* (Transport); Teilmenge *f*; Partikulier *m* (Privatschiffen) [mot]
**partial view** Teilansicht *f* (z.B. Foto) [con]
**particle board** Trägerplatte *f* [mas]
**particle size** Korngröße *f* [bau]; Körnungsgröße *f* [bau]
**particulates** feste Verbrennungsrückstände *pl* [pow]; Verbrennungsrückstände *pl* (feste) [mot]
**parting** Zwischenschicht *f* (zwischen Flözen) [roh]
**parting line** Trennfuge *f* (in Außenring Gelenklager) [mas]
**parting sand** Feinsand *m* (beim Gießen) [mas]
**partition** Stellwand *f* [bau]; Trennung *f* (z.B. Trennwand)
**partition panel** Trennwand *f* [mot]
**partition panel frame** Trennwandrahmen *m* [mot]
**partition panel lining** Trennwandverkleidung *f* [mot]
**partition panel window** Trennwandfenster *n* [mot]
**partition wall** Trennwand *f* [bau]; Zwischenwand *f* [bau]
**part list** Stückliste *f* [con]
**part load** Teillast *f* [mas]

**partly trapped** teilweise zugeschoben (Haufwerk) [roh]
**Part No.** Teil Nr. *n* [con]
**part number** Sachnummer *f* [con]; Teile-Nummer *f* [con]
**part of chain** Kettenstrang *m* [mas]
**part of the country** Gebiet *n* (Teil des Landes) [geo]
**parts** Zubehör *n* (Teile, Zusätze, extra Teile); Zubehörteile *pl*
**parts availability** Verfügbarkeit von Teilen *f*
**parts centre** Ersatzteillager *n*
**parts depot** Ersatzteillager *n*; Teilelager *n* (Ersatzteildepot)
**parts from suppliers** Zulieferteile *pl*
**part shipment** Charge *f* (Teillieferung, Transport); Teillieferung *f* (z.B. Lieferung auf Abruf) [mot]
**parts list** Ersatzteilliste *f* (Teileliste) [mot]; Teileliste *f* (Ersatzteilliste)
**parts logistic** Teilelogistik *f* [edv]
**parts replacement** Teileerneuerung *f* [mas]
**part to be provided from own sources** Bestellteil *n*
**part to be supplied from own resources** Bestellteil *n*
**part, welded -** Schweißteil *n* [mas]
**party line** Hauptanschluss mit Nebenstelle *f* (Telefon) [tel]; Doppelanschluss *m* (Hauptanschluss) [elt]
**party wall** Brandmauer *f* [bau]
**pass** bestehen *f* (eine Prüfung) [msr]; Schweißlage *f* (Schicht) [met]; Zuführung *f* (Zugang) [bau]; Kanal *m* (z.B. Zugang in Maschine) [mas]; Übergang *m* (z.B. zwischen Maschinenteilen) [mas]
**pass** durchströmen *v* (eines Ventils) [mot]; eingespeist werden *v* [mas]; passieren *v* (eingespeist werden) [roh]; überholen *v* (des anderen Autos) [mot]

**passage** Arbeitsgang *m* (in einem Arbeitsgang) [met]; Durchlauf *m* (durch Maschine) [mas]; Kanal *m* (Durchgang, Durchlass; Maschine) [bau]
**passage, double -** zweimaliger Durchlauf *m* [met]
**passage, fast -** flotte Fahrt *f* (Grader, Raupe, ...) [mbt]
**passage height** Durchfahrhöhe *f* (Brücke, LKW) [mot]
**passage, narrow -** Engstelle *f*
**passage of risk** Gefahrübergang *m* [jur]
**passage width** Durchfahrbreite *f* (z.B. des Tiefladers) [mot]
**passband** Durchlassbereich *m* [elt]
**pass door** Durchgangstür *f* [bau]
**passed** überholt (vom Auto) [mot]
**passenger car** Reisezugwagen *m* [mot]
**passenger circulating area** Bahnhofshalle *f* (Empfangsgebäude) [mot]; Empfangsgebäude *n* (Bahnhofshalle) [mot]
**passenger conveyor** Rollsteig *m* [mbt]
**passenger seat** Beifahrersitz *m* (reiner Mitfahrer) [mot]
**passenger train** Personenzug *m* [mot]; Reisezug *m* [mot]
**passenger transport band** Personenförderband *n* [mbt]
**passing places** Ausweichstellen *pl* [mot]
**passing signal indicator** Überholsignalgerät *n* [mot]
**passive solar building** Gebäude mit passsiver Sonnenenergienutzung *n* [bau]
**password** Passwort *n* (Schutzwort) [edv]; Schutzwort *n* (Passwort) [edv]
**pastel green** weingrün (RAL 6019) [nrm]

**paste-like** breiig
**pastel orange** pastellorange (RAL 2003) [nrm]
**pasture harrow** Messeregge *f* (Landwirtschaft) [wzg]
**pasty** breiig
**patch** Flicken *n* (kleines Stück)
**patent anchor** Patentanker *m* (auch klappbar) [mot]
**patent application** Patentanmeldung *f* [jur]
**patented** patentiert (patentrechtlich geschützt) [jur]
**patent fastener press button** Druckknopf *m* [mas]
**patent fastener push button** Druckknopf *m* [mas]
**patent office** Patentamt *n*
**patent pending** Patent angemeldet [jur]
**patent plaster** Edelputz *m* [bau]
**patent specification** Patentschrift *f* [jur]
**path** Bahn *f* (der Kugel im Kugellager) [mas]; Laufbahn *f* (Kugeln, Käfig) [mot]
**path, critical -** kritischer Weg *m* (Projektplanung)
**path length** Weglänge *f* [edv]
**patience** Ausdauer *f* (Geduld)
**patina green** patinagrün (RAL 6000) [nrm]
**patio** Terrasse *f* [bau]
**pattern** Beispiel *n* (Muster); Gussmodell *n* [mas]; Modell *n* (Gussmodell) [mas]; Muster *n* (Schablone, Vorlage)
**patterned plates** Musterblech *n* [mas]
**pattern maker** Modelltischler *m* (z.B. für Gießform)
**pattern-making** Modellbau *m* (für die Gießerei) [mas]
**pattern matching** Mustererkennung *f* [edv]

**pattern number** Modell-Nummer *f* [con]
**pattern quality** Modellgüte *f* [mas]
**pave** bepflastern *v* [bau]; verlegen *v* (Pflaster) [bau]
**pavement** Fahrbahn *f* [mot]; Versiegelung *f* [bau]; Fußweg *m* (neben dem Fahrdamm) [bau]; Pflaster *n* [bau]
**paving** Pflasterung *f* [bau]
**paving block** Pflasterstein *m* [bau]
**pawl** Auslöserklinke *f* [mas]; Klaue *f* (Zahnring) [mas]; Ratsche *f* [mas]; Sperrklinke *f* [mas]
**payday** Zahltag *m* [eco]
**payload** Nutzlast *f* [mot]; Tragfähigkeit *f* (des Muldenkippers) [mbt]; Ladegut *n* (Menge) [mot]
**payments** Leistung *f* (Zahlung, Aufwendung) [mot]
**payout time** Abschreibungszeit *f*
**payroll** Gehaltsliste *f* [eco]; Lohnliste *f* [eco]
**peak current** Spitzenstrom *m* [elt]
**peak load** Spitzenlast *f* [elt]
**peak nominal voltage** Nennoberspannung *f* [elt]
**peak period** Spitzenzeit *f*
**peak ramp angle** Bodenfreiheit *f* (geringste, zwischen Radstand) [mot]
**peak-to-peak voltage** Spitzenspannung *f* [elt]
**peak torque** Drehmomenthöchstleistung *f* [mot]
**peak-to-valley height** Rautiefe *f* (der Oberfläche) [mas]
**peak value** Scheitelwert *m* [elt]; Spitzenwert *m* [elt]
**peak value meter** Scheitelwertmesser *m* [msr]
**peak voltage** Spitzenspannung *f* [elt]
**peat firing equipment** Torffeuerung *f* [pow]
**peat soil** Torfboden *m* [bod]

**pebble grey** kieselgrau (RAL 7032) [nrm]
**peculiar** typisch (auch im negativen Sinn)
**pedal** Trittplatte f (Pedal) [mot]
**pedal pivot shaft** Pedalachse f [mot]
**pedal shaft** Pedalwelle f [mot]
**pedestal** Säule f (z.B. für Standbild) [bau]; Sockel m [bau]; Untersatz m [bau]; Fundament n (Sockel) [bau]
**pedestrian** Fußgänger m [mot]
**pedestrian-controlled** handgeführt (z.B. Deichselstapler) [mot]
**pedestrian precinct** Fußgängerzone f
**pedestrians' bridge** Fußgängerbrücke f [bau]; Übergang m (Fußgängerbrücke) [mot]
**pedestrians' tunnel** Fußgängertunnel m [mot]
**peel** ablösen v (Schicht) [wer]; abschälen v (Bodenschicht) [mbt]
**peeled** abgeschält
**peeled off** abgeblättert (Farbe)
**peeling** Abblätterung f (von alter Farbe) [wer]
**peeling device** Schälgerät n [wzg]
**peeling work** Schälarbeit f [met]
**peel off a shoulder** Bankett schneiden [mbt]
**peen** abklopfen v
**peep hole** Schauloch n [mot]
**peer** Verladebühne f [mot]
**pegged back** zurückgeschoben
**pelvis** Becken n (Körperteil) [hum]
**penalty clause** Pönalklausel f [pow]
**pendant** hängend
**pendant boiler** hängender Kessel m [pow]
**pendant continuous loop** Rohrschlange f (hängend) [pow]
**pendant superheater** hängender Überhitzer m [pow]
**pendulum** Pendel n (an Uhr) [phy]
**pendulum axle** Pendelachse f [mas]

**pendulum ball** Linse f (Steuerlinse im Pumpenkörper) [mot]; Steuerlinse f (im Pumpenkörper) [mas]
**pendulum bearing** Pendellager f [mas]
**penetrate** durchdringen v (Geruch); durchschlagen v (durchdringen); durchschweißen v [met]; durchsickern v (z.B. Wasser); eindringen v (durchdringen); eindringen v (in das Material) [roh]; einstechen v (in Material) [mas]
**penetrating** penetrant
**penetration** Eindringen n (Durchstechen); Einstechen n (z.B. der Schaufel) [mas]
**penetration cut** Einbrandkerbe f [met]
**penetration drawing** Durchbruchszeichnung f [con]
**penetration, full -** vollwertiger Einbrand m (Schweißnaht) [met]
**penetration, incomplete -** teilweiser Einbrand m (Schweißen) [met]
**penetration into the root** Wurzeleinbrand m (an Schweißnaht) [met]
**pension fund** Unterstützungskasse f [eco]
**pentagon** Fünfeck n [mat]
**pent roof** Pultdach n [bau]
**perch bolt** Federstift m [mas]
**percussion welding** Funkenschweißen n [met]
**perennial** winterhart (überdauernde Pflanze) [bff]
**perforated block** Lochstein m [bau]
**perforated sheet** Lochblech n (perforiert) [mas]
**perform** tun (etwas arbeiten) [met]
**perform** ausführen v; durchführen v (erledigen); funktionieren v [mot]; leisten v (schaffen, vollbringen); verrichten v; verrichten v (leisten, schaffen)

**performance** Arbeitsleistung *f* (Mann, Maschine); Funktion *f* (einer Anlage) [mot]; Leistungsfähigkeit *f*
**performance control** Funktionskontrolle *f*
**performance data** Betriebsergebnisse *pl* [pow]
**performance specification** Lastenheft *n* (bei Neuentwicklungen) [con]
**performance valve** Druckregelventil *n* (Drucksteuerventil) [mot]; Druckregelventil *n* [mot]; Drucksteuerventil *n* [mot]
**pergola** Laube *f* (offener Gang) [bau]
**perimeter** Umfang *m* (Rechteck) [pow]
**perimeter insulation** Perimeterdämmung *f* [bau]
**perimeter seal** äußere Dichtung *f* [bau]
**period** Dauer *f* (Zeitdauer, Zeitraum)
**period of amortisation** Abschreibungszeit *f* [eco]
**period of application** Einsatzdauer *f* (Zeit der aktiven Arbeit) [met]
**period of bad weather** Schlechtwetterperiode *f* [wet]
**period of operation** Betriebszeit *f* [met]
**period of use** Einsatzdauer *f* (Länge des Einsatzes) [met]
**period, within a - of ...** innerhalb einer Frist von ...
**peripheral area** Randgebiet *n* [bau]
**peripheral force** Umfangskraft *f* [phy]
**peripheral speed** Umfangsgeschwindigkeit *f* [phy]
**peripheral velocity** Umfangsgeschwindigkeit *f* [phy]
**periphery** Peripherie *f*
**permanent brake** Dauerbremse *f* [mot]
**permanent connection** nicht lösbare Verbindung *f* [mas]
**permanent deformation** bleibende Verformung *f* [wer]
**permanent grease lubrication** Dauerfettschmierung *f* [mas]
**permanent load** ständige Last *f* [bau]
**permanent lubrication** Dauerschmierung *f* [mot]
**permanent magnet** Dauermagnet *m* [phy]
**permanent mould** Dauerform *f* (Gießerei) [mas]
**permanent way** Oberbau *m* (z.B. Schotter) [mot]
**permanent way material** Eisenbahnoberbau *m* [mot]; Oberbaumaterial *n* [mot]
**permeability** Durchlässigkeit *f* (magnetische) [mas]
**permeability factor** Durchlässigkeitsfaktor *m* [elt]
**permissible load** zulässige Last *f* [bau]
**permission to repair** Reparaturfreigabe *f* (eingesandtes Teil) [met]
**permit** Zulassung *f* (amtliche -)
**permittivity** Diskonstante *f* [elt]
**perpetual inventory** permanente Inventur *f* (mittels EDV) [edv]
**persistence** Nachleuchten *n* (z.B. Bildschirm, Lampe) [phy]
**persistent time** Abfallzeit *f*
**personal and social affairs** Personalwirtschaft *f* [eco]
**personal attention, for the -** persönlich (Herrn/Frau ... persönlich)
**personal conveyor** Personenförderer *m* [mbt]
**personnel** Personal *n* (z.B. in Personalabteilung)
**personnel department** Personalabteilung *f* [eco]
**personnel expenses** Personalaufwand *m*
**personnel management** Personalwirtschaft *f* [eco]

**person to contact** Kontaktperson *f* (anzusprechende -); Ansprechpartner *m*
**perspective** Perspektive *f* [edv]
**perspective view** perspektivische Ansicht *f* [con]
**perspex insert** Plexiglaseinsatz *m* [mas]
**per thousand** Promille (pro tausend) [mat]
**pertinent instruction** entsprechende Instruktion *f* [con]
**pet cock** Zischhahn *m* [mas]
**petrified** versteinert [min]
**petrifying** Versteinerung *f* [min]
**petrol adjustment hole** Benzineinstellbohrung [mot]
**petrol can** Benzinkanister [mot]
**petrol consumption** Benzinverbrauch [mot]
**petrol consumption indicator** Benzinverbrauchsmesser [mot]
**petrol consumption rate** Benzinverbrauchsmenge [mot]
**petrol dip stick** Benzinmessstab [mot]
**petrol drive** Benzinantrieb *m* [mot]
**petrol economy** Benzinwirtschaftlichkeit [mot]
**petrol efficient** Benzinsparend [mot]
**petroleum ether** Waschbenzin *f* [mot]
**petrol feed pipe** Benzinleitung [mot]
**petrol filler neck** Benzineinfüllstutzen [mot]
**petrol filter** Benzinfilter [mot]
**petrol gauge** Benzinmesser (auch Schauglas) [mot]; Benzinvorratszeiger [mot]
**petrol heating** Benzinheizung [mot]
**petrol injection valve** Benzineinspritzdüse [mot]
**petrol injector** Benzindüse [mot]
**petrol leak** Benzinlecks [mot]
**petrol lever plunger** Benzinmessstab (mit Schwimmer) [mot]

**petrol line** Benzinleitung [mot]
**petrol pipe** Benzinleitung [mot]
**petrol pre-filter** Benzinvorfilter [mot]
**petrol pump** Benzinförderpumpe [mot]; Benzinpumpe [mot]
**petrol pump body** Benzinpumpengehäuse [mot]
**petrol pump cover** Benzinpumpendeckel [mot]
**petrol pump diaphragm** Benzinpumpenmembran [mot]
**petrol pump drive** Benzinpumpenantrieb [mot]
**petrol pump housing** Benzinpumpengehäuse [mot]
**petrol pump screen** Benzinpumpensieb [mot]
**petrol pump tappet** Benzinpumpenstößel [mot]
**petrol ratio control** Benzinregler [mot]
**petrol return line** Benzinrücklaufleitung [mot]
**petrol saving version** Benzinsparausführung (Drehzahl) [mot]
**petrol screen** Benzinsieb [mot]
**petrol sensor** Benzinsensor [mot]
**petrol shut-off** Benzinabstellhahn [mot]
**petrol strainer** Benzinsieb [mot]
**petrol supply** Benzinzufuhr [mot]
**petrol system** Benzinanlage [mot]
**petrol tank** Benzinbehälter [mot]; Benzintank [mot]; Benzinvorratsbehälter (Tank) [mot]
**petrol transfer pump** Benzinförderpumpe [mot]; Benzinförderpumpe [mot]
**petrol valve** Benzinhahn [mot]
**pharmaceutical products** Pharmaka *pl* (pharmazeutische Produkte) [hum]
**phase** Periode *f* (Schwingung) [elt]; Phase *f* (Takt); Zustand *m* [pow]
**phase adjustment** Phasenabgleich *m* [elt]

**phase advancer** Blindleistungsmaschine *f* [elt]
**phase angle** Phasenwinkel *m* [elt]
**phase compensation** Phasenausgleich *m* [elt]
**phase displacement** Phasenverschiebung *f* [elt]
**phase jump** Phasensprung *m* [elt]
**phase lag** Phasennacheilung *f* [elt]
**phase monitoring** Phasenüberwachung *f* (E-Motor) [elt]; Phasenwächter *m* (E-Motor) [elt]
**phase of design** Konstruktionsphase *f* [con]
**phase out** Auslauf *m* (der Schweißnaht) [met]; Nahtauslauf *m* (der Schweißnaht) [met]
**phase out** schrittweise beendigen *v* (rausnehmen) [met]
**phase out downstream** auslaufen *v* (zuende kommen)
**phase reversal** Phasenumkehr *f* [elt]
**phase sequence monitoring** Drehfeldrichtungsüberwachung *f* [elt]
**phase sequence protection** Phasenfolgeschutz *m* [elt]
**phase sequence relay** Phasenfolgerelais *n* [elt]
**phase shift** Phasenverschiebung *f* [elt]
**phase transformer** Phasenschieber *m* [elt]
**phase velocity** Phasengeschwindigkeit *f* [elt]
**Phillips screw** Kreuzschraube *f* [mas]
**Phillips screw-driver** Kreuzschraubendreher *m* [wzg]
**philosophy** Vorgehensweise *f* [edv]
**pH-monitor** pH-Wert-Wächter *m* [msr]
**phone call** Telefongespräch *n* (Ferngespräch) [tel]
**phone, engaged -** besetztes Telefon *n* [tel]

**phosphate coating** Phosphatierung *f* [mas]
**phosphated** phosphatiert [mas]
**photocell** Fotozelle *f* [elt]; Photozelle *f* [elt]
**photoelectric cell** Fotozelle *f* [elt]
**photo-electric cell** Photozelle *f* [elt]
**photo-electric cell selector switch** Wechsellichtstrahlschalter *m* [elt]
**photo-electric eyes** Lichtschranke *f* (z.B. Fahrstuhltür)
**photovoltaic cell** Fotoelement *n* [elt]; Photoelement *n* [elt]
**physical disability** Erwerbsunfähigkeit *f* [hum]
**physical impediment** Schwerbehinderung *f* [hum]
**physical quantity** Ausgangsgröße *f* [phy]
**physical stress** körperliche Anstrengung *f* [hum]
**pick** Spitzhacke *f* [wzg]
**pickaxe** Kreuzhacke *f* (Spitzhacke) [wzg]; Spitzhacke *f* [wzg]
**pickle** beizen *v* (Kessel) [met]
**pickling bath** Beizbad *n* [met]
**pick up** Aufnahme *f* (anfassen und hochnehmen)
**pick up** aufheben *v*; erfassen *v* (hochheben) [mot]
**pick-up time** Ansprechzeit *f*
**picture** Abbild *n* [con]
**picture** abbilden *v* (z.B. Bild im Text) [con]
**piece of equipment** Ausrüstungsteil *n* [mas]
**piece rate** Stücklohn *m* [eco]
**piece together** ausbessern *v* (zusammensetzen) [met]
**piecework** Akkordarbeit *f* [eco]
**piecework, be on -** Akkord, im - arbeiten *v* [met]; im Akkord arbeiten *v* [met]
**pieceworker** Akkordarbeiter *m* [eco]

**pierce** durchdringen *v* (durchstoßen) [met]; durchstoßen *v* (durchdringen) [met]

**pigeon blue** taubenblau (RAL 5014) [nrm]

**pig iron** Roheisen *n* (aus Hochofen, unbearbeitet) [wer]

**pig iron for steel works** Stahlroheisen *n* [wer]

**pig-iron ladle car** Roheisenpfannenwagen *m* [mot]

**pile** Spundbohle *f* (Spundwand, Pfahlgründung) [mot]; Pfahl *m* (gerammt) [bau]; Stapel *m* (Holz, Stämme, Paletten); Haufwerk *n* (im Steinbruch) [roh]

**pile driver** Pfahlramme *f* [bau]; Rammbär *m* [bau]; Rammbock *m* [bau]

**pile driving** Rammen *n* (von Pfählen) [bau]

**pile-driving, extracting and rapid blow hammer** Vibrohammer *m* [mbt]

**pile foundation** Pfahlgründung *f* [bau]

**pile of sleepers** Schwellenstapel *m* [mot]

**pile puller** Pfahlzieher *m* [bau]

**pile structure** Spundwand *f* [bau]

**pile up** anhäufen *v* (Erde, etc.) [bau]

**piling accessories** Spundwandzubehör *n* [mas]

**piling equipment** Anschüttgerät *n* [mbt]

**piling pipe** Rammrohr *f* [mas]

**pill** Tablette *f* (medizinisch) [hum]; Medikament *n* [hum]

**pillar** Säule *f* (Pfeiler) [bau]; Stütze *f* (Säule, Stange) [bau]; Pfeiler *m* [bau]

**pillow block** Lagerblock *m* [mas]; Lagerauge *n* [mas]; Stehlager *n* [mot]

**pillow block, floating -** Pendelkugellager *n* [mas]

**pillow block housing** Stehlagergehäuse *n* [mas]

**pilot** Führung *f* (z.B. Führungsstift) [mas]; Anschlag *m* (zum Lenken) [mot]

**pilot bearing** Führungslager *n* (in feste Richtung) [mas]

**pilot flame** Zündflamme *f* [pow]

**pilot-heading** Richtstrecke *f* (unter Tage) [roh]

**pilot jet** Leerlaufdüse *f* [mot]

**pilot lamp** Anzeigeleuchte *f* [elt]; Kontrolllampe *f* [elt]

**pilot-operated regulator** hilfsgesteuerter Regler *m* [pow]

**pilot-operated relief valve** Servosteuerdruckventil *n* [mot]

**pilot-operated valve** hilfsgesteuertes Ventil *n* [pow]

**pilot plant** Pilotanlage *f* (erste Anlage in Betrieb) [msr]; Versuchsanlage *f* [pow]

**pilot pressure** Steuerdruck *m* [mot]

**pilot production** Nullserie *f*

**pilot pump** Pilotpumpe *f* (am Lader) [mot]

**pilot run** Nullserie *f* (Vorläufer Serienproduktion)

**pilot switch** Steuerschalter *m* [elt]

**pilot valve** Führungsventil *n* [mas]; Stößelventil *n* [mot]

**pin** Stangenwelle *f* [mot]; Welle *f* [mas]; gelagerter Bolzen *m* (z.B. schwimmend) [mas]; Kontaktanschluss *m* [elt]; Steckerstift *m* [mas]

**pin board** Anschlussleiste *f* [elt]

**pin boss** Bolzenauge *n* (Bolzenlager) [mas]

**pincers** Beißzange *f* (auch Pinzette) [wzg]; Kneifzange *f* (Beißzange) [wzg]

**pin connector** Federleiste *f* [mas]

**pin diameter** Bolzendurchmesser *m* [mas]

**pin diaphragm** Lochblende *f* [mas]
**pine green** kieferngrün (RAL 6028) [nrm]
**pin extractor** Bolzenzieheinrichtung *f* (Werkzeug) [wzg]
**pin, floating -** lose gelagerter Bolzen *m* [mas]
**pin insulator** Stützisolator *m* [elt]
**pinion** Drehwerkritzel *n* [mbt]; Planetenrad *n* [mot]; Ritzel *n* (Zahnrad) [mot]; Zahnrad *n* [mot]; Zahnritzel *n* [mas]
**pinion box** Ritzelkammer *f* [mot]
**pinion drive shaft** Ritzelwelle *f* [mot]
**pinion gear** Drehwerkritzel *n* [mbt]
**pinion shaft** Planetenradwelle *f* [mot]; Ritzelachse *f* [mot]
**pin joint** Bolzengelenk *n* [mas]
**pin lock** Achshalter *m* (hält Bolzen in Lager) [mas]
**pin lock key** Dornschlüssel *m* [mas]
**pin pusher** Druckbolzen *m* [mas]
**pin retainer** Bolzensicherung *f* [mas]
**pin rod** Führungsbolzen *m* [mas]
**pin spanner** Stiftschlüssel *m* [mas]
**pin terminal** Steckerfahne *f* [elt]
**pintle** Haken *m* (Abschlepphaken, senkrecht) [mas]
**pintle-type nozzle** Zapfendüse *f* [mot]
**pioneering** Pionierleistung *f* (Entdeckung)
**pipe** pfeifen *v* [mot]
**pipe anti-burst device** Rohrbruchsicherung *f* [mas]
**pipe bend** Rohrkrümmer *m* [mas]
**pipe bending machine** Rohrbiegemaschine *f* [wzg]
**pipe branch** Rohrverzweigung *f* [pow]
**pipe-break protection** Rohrbruchsicherung *f* [mas]
**pipe burst** Rohrbruch *m* [mas]
**pipe bushing** Rohrdurchführung *f* [bau]

**pipe clamp** Rohrschelle *f* [pow]; Rohrhalter *m* [mot]
**pipe clamping jaw** Rohrspannbacke *f* (am Schraubstock) [mas]
**pipe clip** Rohrschelle *f* [mas]
**pipe coating** Isolierung von Rohren *f* [mas]
**pipe conduit** Rohrleitung *f* [mas]
**pipe connection** Rohrverbindung *f* (Flansche, Armaturen) [mas]
**piped** verrohrt [mas]
**piped braking system** Verrohrung *f* (des Bremssystems) [mot]
**pipe diagram** Schaltbild *n* (Rohre) [mas]
**pipe duct** Rohrkanal *m* (aus Blech) [bau]
**pipe filter** Leitungsfilter *m* [mot]
**pipe fitting** Rohrverschraubung *f* [mas]; Rohrformstück *n* [mas]
**pipe flange** Rohrflansch *m* [mas]
**pipe fracture** Rohrbruch *m* [pow]
**pipe hanger** Rohrschelle *f* [mas]
**pipe layer** Rohrverleger *m* (Mann, Maschine) [met]
**pipeline** Rohrleitung *f* [mas]
**pipeline bridge** Rohrbrücke *f* (im Pipelinebau) [mas]
**pipeline element** Rohrleitungsteil *n* [mas]
**pipe manufacturing** Rohrherstellung *f* [mas]
**pipe mill** Röhrenwerk *n* [roh]
**pipe mill engineering** Rohrwerks-Engineering *n* [mas]
**pipe nipple** Rohrnippel *m* [mot]
**pipe nut** Rohrmutter *f* [mas]
**pipe reducer** Rohrreduzierstück *n* [mas]
**pipe retaining clip** Befestigungsschelle *f* [mas]
**pipe roll** Rohrrolle *f* (für Dehnungen) [pow]
**pipe route** Rohrleitungstrasse *f* [pow]

**pipe spanner** Rohrzange *f* [wzg]
**pipe system** Rohrleitungssystem *n* [mas]
**pipe thread** Rohrgewinde *n* [mas]
**pipe thread of Whitworth form** Whitworth-Rohrgewinde *n* [mas]
**pipe trench** Rohrgraben *m* [bau]
**pipe union** Rohrverschraubung *f* [mas]
**pipework** Rohrleitung *f* [pow]; Verrohrung *f* [mas]
**pipework fitter** Rohrleitungsmonteur *m* [pow]
**pipework, fully protected -** gekapselte Rohre *pl*
**pipe wrench** Rohrzange *f* [wzg]
**piping** Rohrleitung *f* [mas]; Rohrverlegung *f*; Köder *m* [mot]; Lunker *m* (auch röhrenförmig) [wer]
**piston area** Kolbenfläche *f* [mot]
**piston, cam-shaped -** ovaler Kolben *m* [mot]
**piston clearance** Kolbenspiel *n* [mot]
**piston cooling jet** Kolbenkühldüse *f* [mot]
**piston cooling rifle** Kolbenkühlbohrung *f* [mot]
**piston cup for brake cylinder** Kolbenmanschette für Bremszylinder *f* [mot]
**piston diameter** Kolbendurchmesser *m* [mot]
**piston displacement** Hubraum *m* (Zylinderinhalt) [mot]; Hubvolumen *n* [mot]
**piston drum** Kolbentrommel *f* [mot]
**piston guide** Kolbenführung *f* [mot]
**piston pin** Kolbenbolzen *m* [mot]
**piston pump** Kolbenpumpe *f* (z.B. Axialkolbenpumpe) [mot]
**piston ring** Kolbenring *m* [mot]; Führungsband *n* (am Kolben) [mot]
**piston rod** Kolbenstange *f* [mot]
**piston rod compartment** Kolbenstangenaussparung *f* (im Mono) [mot]

**piston rod extends** Kolbenstange fährt aus [mot]
**piston rod retracts** Kolbenstange fährt ein [mot]
**piston seizure** Kolbenfresser *m* [mot]
**piston side** Kolbenfläche *f* (statt Ringfläche) [mot]; Kolbenseite *f* [mot]
**piston skirt** Seitenwand des Kolbens *f* [mot]
**piston squeezing** Kolbenklemmer *m* (zeitweiliges "Fressen") [mot]
**piston stroke** Kolbenhub *m* (Kolbenweg, Hubweg) [mot]; Kolbenweg *m* (Länge des Hubweges) [mot]
**piston valve** Steuerkolben *m* [mas]
**pit** Baugrube *f* [bau]
**pitch** Dachneigung *f* [bau]; Steigung *f* (von Schraube, Gewinde) [mas]; Teilung *f* (bei Rollenkette, Zahnrad) [mas]; Lochabstand *m* (bei Nieten) [con]; Sturz *m* (Neigung, Böschungswinkel) [mot]
**pitch arm** Einstellstange *f* [mot]; Einstellarm *m* [mot]
**pitch black** pechschwarz
**pitch circle** Lochkreis *m* [mas]; Mittelkreis am Schneckenrad *m* [mas]; Rollkreis *m* (des Zahnrades) [mas]; Wälzkreis *m* (Zähne rollen hier ab) [mas]
**pitch diameter** Flankendurchmesser *m* [mot]; Teilkreisdurchmesser *m* (am Kegelrad) [mas]; Teilkreisdurchmesser *m* (Zahnrad) [mas]
**pitched roof** Schrägdach *n* [bau]
**pitch fan** blattverstellbarer Lüfterflügel *m* [mot]; Lüfterflügel mit verstellbaren Blättern *m* [mot]
**pitch length** Wirklänge *f* (Keilriemen) [mas]

**pitch of chain** Kettenteilung *f* [mas]; Lochabstand *m* (der Kettenglieder) [con]
**pitch of screw** Gewindegang *m* [mas]
**pitch of thread** Gewindesteigung *f* [con]
**pitch roof** Pultdach *n* [bau]; Schrägdach *n* [bau]
**pit length** Grubenlänge *f* [bau]
**pitman arm** Lenkarm *m* [mot]; Lenkhebel *m* [mot]
**pitman man** Lenkstockhebel *m* [mot]
**Pitot tube** Pitotrohr *n* [pow]
**pit stop** Wartungsinspektion *f* [mot]
**pit support structure** Untertageausbau *m* [roh]
**pitted** angefressen (Metall) [wer]
**pitting** Lochfraß *m* (im Metall) [mas]
**pit-type traverser** Schiebebühne *f* [mot]
**pit waste** Grubenberge *pl* (taubes Gestein) [roh]
**pit-wet** grubenfeucht [roh]
**pit width** Grubenbreite *pl* [bau]
**pivot** Drehpunkt *m* [con]; Drehzapfen *m* (z.B. am Lager) [mas]; Zapfen *m* (Einsteckbolzen) [mas]
**pivotally arranged** drehbar angeordnet [mas]
**pivot area** Anlenkungsbereich *m* [mbt]
**pivot arm** Umlenkhebel *m* (der Feststellbremse) [mot]
**pivot bar** Rohrtraverse *f* [mas]
**pivot bearing** Drehbuchse *f* (Buchse am Lager) [mas]; Drehlager *n* [mas]; Zapfenlager *n* [mas]
**pivoted table** Schwenktisch *m* [met]
**pivot hinge** Zapfengelenk *n* [mas]
**pivot-hung sash** Kippfensterflügel *m* (Fenster) [bau]
**pivot-hung window** Kippfenster *n* [bau]
**pivoting bearing** Kipplager *n* [mas]

**pivoting cylinder** Schwenkzylinder *m* [mbt]
**pivot joint housing** Gelenkschale *f* [mas]
**pivot point** Anlenkung *f* (des Auslegers); Anlenkpunkt *m* (z.B. des Auslegers) [mbt]; Drehpunkt *m* [con]
**place** Lage *f* (Örtlichkeit)
**place** einlegen *v* (Bewehrung) [bau]
**place concrete** betonieren *v* [bau]
**placed** vermittelt (in einen Arbeitsplatz) [eco]
**place in operation** betriebsfertig machen *v* [met]
**placement on site** Einbau *m* [met]
**place of business** Bürogebäude *n* [bau]
**place of installation** Aufstellungsort *m*; Einbauort *m*
**place of manufacturing** Standort *m* (von Werk, Produktion) [eco]
**placing** Einbau *m* [met]
**plain grind** schleifen *v* (rundschleifen) [met]
**plain grinding** rundschleifen *v* [met]
**plain suction dredger** Grundsaugbagger *m* [mot]
**plan** disponieren *v*; planen *v* (beabsichtigen); verplanen *v* (einplanen)
**planar reflector** ebener Reflektor *m* [elt]
**plane** ebnen *v* (glätten) [mbt]; hobeln *v* [mbt]; planieren *v* [bau]
**plane bearing** Gleitlager *n* [mot]
**plane flaw** flächiger Fehler *m* [mas]
**plane, four-engined -** vierstrahliges Flugzeug *n* [mot]
**plane, inclined -** schiefe Ebene *f* [bod]
**plan elevation** Grundriss *m* [bau]
**plane parallelism** Planparallelität *f* [mat]
**plane surface** ebene Fläche *f*; ebene Oberfläche *f* [bau]

**plane table** Messtisch *m* [msr]
**planetary axle** Planetenachse *f* [mot]
**planetary cooler** Satellitenkühler *m* [roh]
**planetary drive** Planetenantrieb *m* [mot]
**planetary gear** Planetenantrieb *m* [mot]; Planetengetriebe *n* [mot]; Umlaufgetriebe *n* (Planetenantrieb) [mot]
**planetary hub** Planetenendstufe *f* [mot]
**planetary reduction** Planetenuntersetzung *f* (im Lader) [mot]
**planetary stage** Planetenstufe *f* [mot]
**planetary transmission** Planetengetriebe *n* [mot]
**planetary wheel** Sonnenrad *n* (des Planetengetriebes) [mot]
**planet carrier** Planetenradträger *m* [mot]; Planetenträger *m* [mot]
**planet class** Planetenklasse *f* [mot]
**planet gear** Planetengetriebe *n* [mot]
**planet wheel** Planetenrad *n* [mot]
**plank** Bohle *f* (dickes Brett) [mbt]; Planke *f* [mot]; Pritsche *f* [bau]
**plank covering** Bohlenbelag *m* [bau]
**planking** Verschalung *f* (durch Bohlen) [bau]
**planned** geplant (in der Planung)
**planned preventive maintenance** Wartung *f* (vorbeugende Wartung)
**planning** Disposition *f*; Planung *f*
**planning accurate to dimension** maßgetreue Projektierung *f* (z.B. Fabrik) [con]
**planning and execution of a site** Baustellenabwicklung *f* [bau]
**planning a site** Baustellenplanung *f* [bau]
**planning, delivery, erection** Planung, Lieferung, Montage *f*
**planning of demand** Bedarfsplanung *f*
**planning result** Planergebnis *n*

**plant** Anlage *f* (Pelletisieranlage) [roh]; Anlage *f* (Werk); Kesselanlage *f* (Anlage) [pow]; Aggregat *n* (Kessel) [pow]
**plant equipment** Ausrüstung *f* (Einrichtung einer Firma)
**plant hire** Leihgerät *n*
**plant manager** Werksleiter *m* (Betriebsleiter) [met]
**plants and trees** Bewuchs *m* (z.B. Bäume) [bff]
**plant, stationary -** stationäre Anlage *f* [mas]
**plant with primary reduction** Vorzerkleinerung *f* [mas]
**plan view** Ansicht von oben *f* [con]; Grundriss *m* [bau]
**plasma-underwater-flame-cutting mach** Unterwasser-Plasmabrennschneidanlage *f* [mas]
**plaster** Putz *m* [bau]; Verputz *m* [bau]
**plaster** verputzen *v* [bau]
**plaster base** Putzträger *m* [bau]
**plaster coat** Putzschicht *f* [bau]; Verputz *m* [bau]
**plastering** Bewurf *m* [bau]; Verputz *m* [bau]
**plaster mortar** Gipsmörtel *m* [bau]
**plaster reinforcement** Putzbewehrung *f* [bau]
**plastic** bindig
**plastic bag** Plastiksack *m*
**plastic blind rivet** Treibstift *m* (ähnlich Plastik-Sektkorken) [mot]
**plastic brush** Kunststoffkehrwalze *f* (der Kehrmaschine) [mot]
**plastic-coated** kunststoffbeschichtet [met]
**plastic-coated section** kunststoffummanteltes Profil *n* [met]
**plastic-coated tube** kunststoffummanteltes Rohr *n* [met]
**plastic coating** Kunststoffüberzug *m* [met]

**plastic cover** Kunststoffabdeckung *f* [mot]
**plastic deformation** plastische Verformung *f* [wer]
**plastic dowel** Kunststoffdübel *m* (für Betonschwelle) [mot]
**plastic hose** Kunstschlauch *m*; Plastikschlauch *m*
**plastic insert** Kunststoffpolster *n*
**plasticity** Plastizität *f* [wer]
**plastic laminated** kunststoffbeschichtet [met]
**plastic-laminated on both sides** beidseitig kunststoffbeschichtet [met]
**plastic-laminated on one side** einseitig kunststoffbeschichtet [met]
**plastic pad** Zwischenlage *f* (Rippenplatte/Schiene) [mot]
**plastic piping** Kunststoffleitungen *pl* [mot]
**plastic range** plastischer Bereich *m* [wer]
**plastic sliding insert** Kunststoffgleiteinlage *f* [mot]
**plastic-steel brush** Kunststoff-Stahl-Kehrwalze *f* [mot]
**plastic strapping** Kunststoffverpackungsband *n* [wer]; Verpackungsband aus Kunststoff *n* [wer]
**plastic yielding** Materialverformung *f* [wer]
**plate** Elektrode *f* (in Speicherbatterie) [elt]; Lasche *f* (bei Rollenkette) [mas]; Scheibe *f* (Endscheibe) [mas]; Stahlscheibe *f* [mas]; Tafel *f* [bau]; Trägerplatte *f* [mas]; Mittel- und Grobblech *n* [mas]
**plate** galvanisch beschichten *v* [elt]
**plate air heater** Platten-Luvo *m* [pow]
**plate cooler** Plattenkühler *m* [pow]
**plate crack** Tellerriss *m* [mas]
**plate-cutting machine** Blechschere *f* [wzg]

**plated** beschichtet (z.B. Chrom-Auflage) [met]
**plate edge** Blechkante *f* [mas]
**plate-edge test installation** Blechkantenprüfanlage *f* [msr]
**plate feeder** Tellerspeiser *m* [mas]
**plate girder** Blechträger *m* (Stahlbau) [bau]
**plate, rolled -** Walzblech *n* [wer]
**plate shears** Blechschere *f* [wzg]
**plates, incandescent -** glühende Bleche *pl* [mas]
**plate spring** Blattfeder *f* [mot]
**plate testing** Blechprüfung *f* [msr]
**plate testing probe holder** Blechprüfer *m* (Prüfkopfhalterung) [msr]
**plate transmittance** Plattendurchlässigkeit *f* [mas]
**plate-type superheater** Schottenüberhitzer *m* [pow]
**plate wave** Plattenwelle *f* [elt]
**plate wheel** Scheibenrad *n* [mas]
**plate, wide -** Breitflachstahl *m* [wer]
**platform** Laufbühne *f* [bau]; Plattform *f* (der Straßenbahn) [mot]; Wagenbühne *f* [mot]; Bahnsteig *m* [mot]
**platform, aerial -** fahrbare Plattform *f* (z.B. auf Tunnelwagen) [mot]
**platform clock** Bahnsteiguhr *f* [mot]
**platform frame member** Bodenplatte des Fahrerstandes *f* [mbt]
**platform outrigger** Plattformträger *m* [mot]
**plating** Plattierung *f* [roh]; Belag *m* (Schicht) [bau]
**plating bath** Galvanisierbad *n* [elt]
**platinum grey** platingrau (RAL 7036) [nrm]
**play** Bewegungsspielraum *m* (mechanischer Teile); Spiel *n* [pow]
**play per side** Laufzeit *f* (2-seitiger Bänder)
**pliable** biegsam (geschmeidig)

**pliers** Beißzange *f* (Kneifzange) [wzg]
**pliers for seeger rings** Seegetivzange *f* [wzg]
**plinth** Sockel *m* [mas]
**plinth masonry** Sockelmauerwerk *n* [bau]
**plot** Grundstück *n* [bau]; Schaubild *n* (gezeichnete Darstellung) [con]
**plot** auftragen *v* (Zeichnung) [con]
**plotted** eingezeichnet [con]
**plotting** Aufzeichnung *f* (mit Plotter)
**plough** Hobel *m* (im Bergbau) [wzg]; Pflug *m*
**plough bolt** Senkschraube mit Nase *f* [mas]; Senkschraube mit Nase *f* [mas]
**plough mining** Hobelabbau *m* (im Bergbau) [roh]
**plug** Öleinlassschraube *f* [mas]; Abschlussdeckel *m* (Stopfen) [mas]; Gerätestecker *m* (z.B. in Steckdose) [elt]; Steckanschluss *m* [elt]; Steckerkontakt *m* [elt]; Stöpsel *m* (Stecker) [mas]; Verschluss *m* [mas]
**plug** anschließen *v* (Stromkabel) [elt]; zustopfen *v* (verschließen) [mot]
**plug adapter** Übergangsstecker *m* [elt]
**plug-and-socket connection** Steckverbindung *f* [elt]
**plug connection** Steckverbindung *f* [elt]
**plug contact** Steckkontakt *m* [elt]
**plug device** Steckvorrichtung *f* [elt]
**plug fuse** Einschraubsicherung *f* [elt]
**plugged** verschlossen (Rohre) [mot]
**plug in** Gerät einschalten *n* [elt]
**plug in** einstecken *v* (z.B. in Steckdose) [elt]; Gerät einstöpseln *v* [elt]
**plug-in amplifier** Verstärkereinschub *m* [elt]
**plug-in antenna** Steckantenne *f* [elt]
**plug-in board** Steckkarte *f* [elt]

**plug-in connection** Steckverbindung *f* [elt]
**plug-in element** Steckglied *n* [mas]
**plug-in relay** Steckrelais *n* [elt]
**plug-in unit** Steckbaugruppe *f* [elt]; Steckeinheit *f* [elt]; Einschub *m* [mas]
**plug lead** Zündkabel *n* [elt]
**plug relay** Steckschütz *m* (Steck-Relais) [elt]
**plug socket** Steckdose *f* [mot]
**plug & socket connection** Steckverbindung *f* [elt]
**plug-type neck** Verschlussstutzen *m* [mot]
**plug weld** Lochnaht *f* [met]; Lochschweißung *f* [met]; Nietschweißung *f* [met]; Rundlochnaht *f* [met]
**plumb** lotrecht [con]
**plumb bob** Senklot *n* [pow]
**plumber** Klempner *m* [bau]
**plumbiferous** bleihaltig [mot]
**plump-bob** Lot *n* [bau]
**plunge** abschrecken *v* (in Flüssigkeit tauchen) [wer]; eintauchen *v* (abschrecken) [mas]
**plunger** Kolben *m* (auch Schwimmer) [mot]; Plunger *m* (Schwimmer) [mot]; Reglerkolben *m* [mot]; Schwimmer *m* (in Spülbecken) [mot]; Stößel *m* (Druck- oder Presskolben) [mot]
**plunger block** Sperrriegel *m* [mot]
**plunger free travel** Injektorkolbenhub *m* [mot]
**plunger-free travel** Injektorkolbeneinstellung *f* [mot]
**plunger rod** Druckstange *f* [mot]
**plunger spring** Kolbenfeder *f* [mot]
**plunger spring plate** Kolbenfederteller *m* [mot]
**plus** und (plus) [mat]
**plus and minus limits** Plus- und Minustoleranzen *pl* [pow]
**plus value** Plusanzeige *f* [pow]

**ply rating** Reifenfestigkeit *f* [mot]; Reifenlagen *pl* [mot]
**plywood** Furnierholz *n* (Sperrholz) [bau]; Sperrholz *n* [bau]
**pneumatic** pneumatisch [mot]
**pneumatic...** Luft-... (Pneumatik-) [mot]
**pneumatic brake** Luftbremse *f* [mot]; Luftdruckbremse *f* [mot]
**pneumatic breaker** Presslufthammer *m* [wzg]
**pneumatic change** Druckluftschaltung *f* [mot]
**pneumatic chisel** Pressluftmeißel *m* [wzg]
**pneumatic cylinder** Luftzylinder *m* [mot]; Pneumatikzylinder *m* [mot]
**pneumatic hose** Pressluftschlauch *m*
**pneumatic motor** Luftdruckmotor *m* [mot]
**pneumatic oil suspension** Ölstoßdämpfer *m* [mas]
**pneumatic rammer** Druckluftramme *f* [bau]
**pneumatic riveting** Pressluftnieten *n* [met]
**pneumatics** Pneumatik *f* [mot]
**pneumatic spring** Luftfederung *f* [mot]
**pneumatic system** Pressluftsystem *n* [mot]
**pneumatic tyre** Luftreifen *m* [mot]
**pneumatic tyres** Luftbereifung *f* [mot]
**pneumatic valve** pneumatisches Ventil *n* [mot]
**pneumatic vibrator** Druckluftrüttler *m* [bau]
**pocket calculator** Taschenrechner *m* [edv]
**pocketing** Einschlagen *n* (von Ventilen) [mot]
**pockets** Aussparungen *pl* [mas]
**pocket watch** Taschenuhr *f*

**point** Spitze *f* (Meißelspitze) [mas]; Stelle *f* (Absaugestelle) [pow]; Einstellwert *m* (Messgerät) [pow]
**pointed** gefugt (Spalte) [bau]
**pointed pliers** Spitzzange *f* (Storchschnabelzange) [wzg]
**pointed tooth** Spitzzahn *m* [mbt]
**pointer** Nadel *f* (als Zeiger) [msr]
**point-focused probe** Punktprüfkopf *m* [msr]
**point heater** Weichenheizung *f* [mot]
**point load** Punktlast *f* [bau]
**point of discontinuity** Unstetigkeitsstelle *f* (Statik) [bau]
**point of ignition** Zündpunkt *m* (z.B. Auto) [mot]
**point of support** Auflagerpunkt *m* [bau]
**point pressure** Spitzendruck *m* [bau]
**points** Weiche *f* (einfach) [mot]
**point-spread functions** Impulsantwort *f* [edv]
**point welding** Punktschweißung *f* [met]
**poisonous substances** giftige Stoffe *pl*; Giftstoffe *pl*
**polarity reversal** Umpolung *f* [elt]
**polarity sign** Vorzeichen *m* [phy]
**pole** Deichsel *f* [mot]; Mast *m* (Zelt) [tel]; Pfosten *m* [bau]
**pole** polen *v* [elt]
**pole-changeable** polumschaltbar [elt]
**pole changing** polumschaltbar [elt]
**pole changing** Umpolung *f* [elt]
**pole changing starter** Polumschalter *m* [elt]
**pole drain** Querrinne *f* [bau]
**pole shoe** Polschuh *m* [elt]
**pole terminal** Polklemme *f* [elt]
**police chopper** Polizeihubschrauber *m* [mot]
**police white** polizeiweiß (RAL 9003/4) [nrm]
**polish** Schleifen *n* (polieren) [met]

**polish** polieren *v* [met]
**polished** poliert [met]
**polished plaster** Glanzputz *m* [bau]
**pollutant emission** Schadstoffausstoß *m* [mot]
**pollution** Verschmutzung *f*; Schastoffausstoß *m* (Verschmutzung) [mot]
**polygonal** polygonal (vielwinklig, z.B. Mauerwerk) [mat]
**polygon of forces** Krafteck *n* [con]
**pond** einsumpfen *v*
**pontoon** Ponton *m* [mot]
**pontoon ferry** Pontonfähre *f* [mot]
**pontoon steering** Pontonsteuerung *f* [mot]
**poppet valve** Tellerventil *n* [pow]
**poppy red** mohnrot (Farbton)
**pop rivet** Blindniet *m* [mas]
**pop rivet nut** Blindnietmutter *f* [mas]
**populate** bestücken *v* (Platinen) [elt]
**populated** besiedelt
**population** Verbreitung *f* (von Maschinen im Land); Bestand *m* (an Maschinen)
**porch** Vorbau *m* [bau]
**pore water** Porenwasser *n* [bau]
**porosity** Porenanteil *m* [bau]
**port** Anschlussbuchse *f* [elt]; Ventilöffnung *f* [mot]; Kanal *m* (Eingang, Durchgang) [bau]; Steckanschluss *m* [elt]
**portable** beweglich (tragbar) [mot]; tragbar (z.B. Kofferradio, PC); verlegbar [mot]; versetzbar (tragbar) [mot]
**portable lighter** Zündlanze *f* [pow]
**portal axle** Portalachse *f* [mot]
**portal bracing** Portalverband *m* (Stahlbau) [bau]
**portal crane** Portalkran *m* (groß) [mot]
**portal leg** Rahmenstiel *m* (Stahlbau) [bau]

**portal-type wheel lathe** Portalradsatzdrehmaschine *f* [mas]; Portalradsatzdrehmaschine *f* [mas]
**port cover** Staubdeckel *m* (z.B. an Neugerät) [mas]
**port cranes** Hafenkran *m* [mot]
**porter** Gepäckträger *m* (antiquiert) [mot]
**port handling plant** Hafenumschlaganlage *f* [mot]
**portion of sound beam** Schallstrahlanteil *m* [phy]
**port of destination** Bestimmungshafen *m* [mot]
**port of embarkation** Einschiffungshafen *m* [mot]
**port operation** Hafenbetrieb *m* [mot]
**port resistance** Torwiderstand *m* [elt]
**port side** Backbord (rote Positionslaterne) [mot]
**portside boiler** Backbordkessel *m* [pow]
**position** Stelle *f* (Arbeitsstelle) [eco]; Stellung *f* (in Firma, allgem.)
**position for installation** Einbaulage *f* (z.B. des Motor)
**position generator** Positionsgeber *m* [elt]
**positioning** Anstellbewegung *f*; Verlegung *f* [bau]
**positioning accuracy** Einstellgenauigkeit *f* [msr]
**position limiter switch** Stellungsbegrenzungsschalter *m* [elt]
**position, neutral -** Leerlaufstellung *f* [mot]; Nullstellung *f* [mot]
**position of welding** Schweißposition *f* (z.B. Überkopf) [met]
**position switch** Positionsschalter *m* [elt]
**positive** sicher
**positive control** zwangsläufige Betätigung *f* [mas]
**positive guide** Zwangsführung *f* [mot]

**positive pole** Pluspol *m* [elt]
**possibilities to position** Verstellmöglichkeit *f* [msr]
**possible** etwaig (mögliche Ansprüche...) [jur]
**post** Mast *m* (Lampenmast); Pfahl *m* (Mast); Pfosten *m* (Fachwerk) [bau]; Ständer *m* [bau]
**post-edit** nachredigieren *v* (einen Text) [edv]
**potential danger** Gefährdungspotential *n*
**potential difference** Spannungsdifferenz *f* [elt]
**potential divider** Spannungsteiler *m* [elt]
**potential shift** Potentialverschiebung *f* [elt]
**pothole** Schlagloch *n* (in Straße) [mot]
**potholed road** zerfahrene Straße *f* (z.B. Schlaglöcher) [mot]
**pouch** Beutel *m*
**pour concrete** Beton gießen *v* [bau]
**pour down** gießen *v* (regnen) [wet]
**poured concrete** Gussbeton *m* [bau]
**pour point** Fließpunkt *m* (Aggregatzustand Metall) [mas]; Stockpunkt *m* [mas]
**powder** Schweißpulver *n* [met]
**powder-coated** pulverbeschichtet [met]
**powder-dry** pulvertrocken [wer]
**powdered** staubförmig [wer]
**powder-shaped material** Staubgut *n* [wer]
**power** hoch (z.B. 11^3, 11 hoch 3) [mat]
**power** Kraft *f* [phy]; Leistung *f* [elt]
**power amplifier** Endstufe *f* (Verstärker-) [elt]; Leistungsverstärker *f* [elt]
**power assisted steering** Hilfskraftlenkung *f* [mot]

**power brake** Bremskraftverstärker *m* [mot]
**power cable** Leistungskabel *n* [elt]; Netzkabel *n* [elt]
**power capacitor** Leistungskondensator *m* [elt]
**power car** Triebwagen *m* (hier Motorwagen) [mot]
**power. complex -** komplexe Leistung *f* [elt]
**power connection** Netzanschluss *m* [elt]
**power consumption** Leistungsaufnahme *f* (des Motors, Geräts) [mot]; Netzentnahme *f* (Strom-, Gasverbrauch) [elt]; Energiebedarf *m* [pow]; Kraftverbrauch *m* [mot]
**power contactor** Leistungsschütz *m* [elt]
**power control** Leistungsregelung *f* (z.B. Motor, Pumpe) [mot]
**power converter** Stromrichter *m* [elt]
**power current** Starkstrom *m* [elt]
**power current distribution** Starkstromverteilung *f* [elt]
**power demand** Strombedarf *m* [elt]
**power distribution** Stromverteilung *f* [elt]
**power-driven** kraftbetrieben [elt]
**power-driven construction** kraftbetriebene Anlage *f* [mbt]
**power engine** Kraftmaschine *f* [mot]
**power equipment** Antriebsaggregat *n* [pow]
**power failure** Netzausfall *m* [elt]; Stromausfall *m* [elt]
**power feed** Energiezufuhr *f* [mot]
**power flow** Krafteinleitung *f* (z.B. Kraft vom Motor) [mot]
**powerful** kräftig; leistungsfähig [edv]; mächtig (stark) [mot]; stark (starker Motor, starker Mann) [mot]
**power gain** Leistungsverstärkung *f* [elt]

**power generation** Energieerzeugung $f$ [mot]
**power grid** Stromversorgungsnetz $n$ [elt]
**power, hydraulic -** Hydraulikleistung $f$ [mas]
**power increase** Kraftverstärkung $f$ [mot]
**power inlet** Krafteingang $m$ [mot]
**power input** Leistungsaufnahme $f$ [elt]
**power lead** Netzanschlussleitung $f$ [elt]
**power limit control** Grenzlastregelung $f$ [mot]
**power limit control valve** Grenzlastregelventil $n$ [mot]
**power limiter** Leistungsbegrenzer $m$ [elt]
**power line** Überlandleitung $f$ (auch Baustelle) [elt]
**power line connection** Netzanschluss $m$ [elt]
**power loss** Verlustleistung $f$ [elt]; Leistungsverlust $m$ [mot]
**power metering regulator** Grenzlastregler $m$ [mot]
**power of traction** Zugkraft $f$ [mas]
**power outlet** Netzstecker $m$ [elt]
**power output** Leistungsabgabe $f$ [elt]; Leistungsausgang $m$ [mot]
**power pack** Antriebsmaschine $f$ [mot]; Netzteil $f$ (eines Gerätes) [elt]
**power plant** Kraftwerk $n$ [elt]
**power plug** Netzstecker $m$ [elt]
**power regulation** Leistungsregelung $f$ (z.B. Motor, Pumpe) [mot]
**power requirement** Kraftbedarf $m$ [mot]
**power saving** stromsparend [elt]
**power-shift gear** Lastschaltwendegetriebe $n$ [mot]
**power shift transmission** Lastschaltgetriebe $n$ [mot]
**power-shift transmission** Lastschaltwendegetriebe $n$ (vorwärts/rückwärts) [mot]
**power signal** Leistungssignal $n$ [elt]
**power source** Stromquelle $f$ [elt]
**power steering** Fremdkraftlenkung $f$ (Hilfskraftlenkung) [mot]; Hilfskraftlenkung $f$ [mot]; Servolenkung $f$ [mot]
**power stroke** Arbeitshub $m$ (des Zylinders) [mot]
**power supplier** Netzstecker $m$ [elt]
**power supply** Einspeisung $f$ (Stromzuführung) [elt]; Energieversorgung $f$ (elektrisch) [elt]; Netzversorgung $f$ [elt]; Stromversorgung $f$ (z.B. einer Stadt) [elt]; Stromzufuhr $f$ (Leitungen für Versorgung) [elt]; Netzanschluss $m$ [elt]
**power supply cable** Zuleitung $f$ [elt]
**power supply during the night** Nachtlast $f$ [elt]
**power supply plug** Netzsteckdose $f$ [elt]
**power switch** Netzschalter $m$ [elt]
**power take-off** Nebenantrieb $m$ [mot]
**power take-off, central -** zentrischer Nebenantrieb $m$ [mot]
**power take-off gear for pumps** Pumpenverteilergetriebe $n$ [mas]
**power take-off, lateral -** seitlicher Nebenantrieb $m$ [mot]
**power take-up** Leistungsaufnahme $f$ [elt]
**power to give instructions** Weisungsrecht $n$ [jur]
**power train** Kraftübertragung $f$ (v. Motor bis Räder) [mot]; Antrieb $m$ (Kraftfluss Motor bis Rad) [mot]; Kraftfluss $m$ (Kraftübertragung) [mot]
**power transformer** Netztransformator $m$ [elt]
**power transmission** Kraftübertragung $f$ (Motor-Getriebe-Rad) [mot]; Kraftfluss $m$ (Kraftübertragung) [mot]

**power triangle**  Kraftdreieck *n* [con]
**power unit**  Antrieb *m* [mas]; Antriebsmotor *m* [mas]; Motor *m* (Antriebsmotor) [mot]; Netzteil *n* [elt]; Triebfahrzeug *n* [mot]
**power unit, multi-axle -**  mehrachsiges Triebfahrzeug *n* [mot]
**practicability**  Brauchbarkeit *f*
**practical**  praktikabel (durchführbar)
**practice**  Ausübung *f*
**practice**  ausüben *v* (einen Beruf, etwas tun)
**practise**  praktizieren *v* (in die Praxis umsetzen)
**pre-amplifier**  Vorverstärkerstufe *f* [elt]; Vorverstärker *m* [elt]
**pre-assembled**  vormontiert [met]
**precalcination**  Vorkalzinierung *f* [roh]
**precast**  vorgefertigt (Beton) [bau]
**precast concrete**  Betonfertigteil *n* [bau]
**precast concrete construction**  Fertigteilbauweise *f* [bau]
**precast concrete girder**  Fertigbetonträger *m* [bau]
**precast concrete stone**  Betonstein *m* [bau]
**precast slab**  Fertigbetonplatte *f* [bau]
**precautions**  Vorsichtsmaßnahmen *pl* (Vorkehrungen)
**preceding sign**  Vorzeichen *m* [mat]
**precipice**  Hang *m* (Abhang)
**precipitate**  abscheiden *v* (ausfällen, absetzen) [che]; absetzen *v* (abscheiden, ausfällen) [che]; ausfällen *v* (abscheiden, absetzen) [che]
**precipitation water**  Niederschlagswasser *n* [wet]
**precipitator**  Abscheider *m* (Staub) [air]; E-Filter *m* (Entstaubung) [roh]
**precipitator efficiency**  Abscheidungsgrad *m* (Filterwirkungsgrad.) [air]
**precipitator, mechanical -**  mechanischer Filter *m* [was]

**precipitator piping**  Entstauberleitungen *pl* [roh]
**precision bearing**  Präzisionslager *n* [mas]
**precision control**  Feinsteuerung *f* (Kriechgangsteuerung) [mbt]
**precision gear**  Kriechgang *m* (von Fahrzeugen) [mot]
**precision gear shifting**  Kriechgangschaltung *f* (von Fahrzeugen) [mot]
**precision mechanics**  Feinmechanik *f* [mas]
**precision rectifier**  Präzisionsgleichrichter *m* [elt]
**precision steel pipe**  Präzisionsstahlrohr *n* [mas]
**pre-classification screen**  Vorklassiersieb *n* (vor dem Brecher) [wzg]
**precleaner**  Vorabscheider *m* (trennt Flüssigkeiten) [mot]; Vorreiniger *m* [mas]
**precombustion chamber**  Vorkammer *f* [mot]
**pre-commissioning checks**  Probelauf *m* [pow]
**preconditions**  Vorbedingungen *pl*
**preconsolidate**  vorverdichten *v* (mechanisch) [bau]
**preconsolidation**  Vorverfestigung *f* [bau]
**predecessor**  Vorgänger *m* (im Amt)
**pre-delivery check**  Eingangskontrolle *f* (vor Übergabe) [msr]
**pre-delivery inspection**  Endkontrolle *f* (Ausgangskontrolle) [msr]
**predetermined break point**  Sollbruchstelle *f* [mot]
**pre-dialling code**  Vorwählnummer *f* (beim Telefon) [tel]
**pre-evaporator**  Vorverdampfer *m* [pow]
**pre-evaporator heating surface**  Vorverdampferheizfläche *f* [pow]

**pre-evaporator tube** Vorverdampferrohr *n* [pow]
**pre-expansion chamber** Auspuffvorschalldämpfer *m* [mot]
**prefabricated** vorgefertigt [bau]
**prefabricated building** Fertigbau *m* [bau]
**prefabricated component** Fertigbauteil *n* [pow]
**prefabricated construction** Fertigteilbauweise *f* [bau]
**prefabricated girder** Fertigteilträger *m* [bau]
**prefabricated house** Fertighaus *n* [bau]
**prefabricated member** Fertigteil *n* [bau]
**prefabrication** Anarbeitung *f* (z.B. Schneiden); Vorfertigung *f* [mas]
**pre-filter** Vorfilter *m* [mot]
**prefix input** Vorbereitungseingang *m* [elt]
**preforming mould** Saugform *f* [mas]
**pre-glow** vorglühen *v* [met]
**pregrind** vormahlen *v* [met]
**pregrinding** Vormahlbereich *m* [met]; Vormahlen *n* [met]
**preheat** anwärmen *v* [pow]; vorglühen *v* [met]; vorwärmen *v* [mas]
**preheated** angewärmt [pow]; vorgewärmt [met]
**preheater** Vorwärmer *m* [pow]
**preheater resistor** Glühkerzenwiderstand *m* [elt]
**preheat indicator** Glühüberwacher *m* [mot]
**preheating valve** Vorwärmklappe *f* [mot]
**pre-ignite** vorglühen *v* [met]
**pre-ignition** Frühzündung *f* [mot]
**pre-investment study** Projektstudie *f* [eco]; Vorstudie *f* (Kostenvoranschlag) [eco]

**preliminary drawing** Entwurfszeichnung *f* [con]
**preliminary investigation** Voruntersuchung *f* [msr]
**preliminary plan** vorläufiger Plan *m*
**preliminary projection** Vorprojektierung *f* [con]
**preliminary report** Zwischenbericht *m*
**preliminary result** Zwischenergebnis *n*
**preliminary test** Eignungsprüfung *f* [bau]
**preliminary treatment** Vorbehandlung *f* [met]
**preliminary work** Vorarbeiten *f* [bau]
**preload** vorspannen *v* (vorbelasten) [mas]
**pre-load** Vorspannung *f* (Feder) [mas]
**preload spring** Spannfeder *f* [mas]
**pre-magnetization** Vormagnetisierung *f* [elt]
**premature** verfrüht (zu schnell, vorzeitig); vorzeitig (evtl. nicht ausgereift)
**premises** Anwesen *n* [bau]; Grundstück *n*; Geschäftsräume *pl* (in den Geschäftsräumen) [bau]
**premium** Beitrag *m* (Versicherungs-) [jur]
**premium account** Beitragskonto *n* [jur]
**premium computation** Beitragsberechnung *f* [jur]
**premium has to be quoted due to changing** Beitragsneufestsetzung *f* [jur]
**pre-moistening system** Vorbenetzungswassersystem *n* [bau]
**pre-painted** bandlackiert (z.B. Blech) [met]
**preparation of welds** Schweißnahtvorbereitung *f* [met]
**preparation plant** Vorbrechanlage *f* [wzg]

**prepare** ausarbeiten *v*; erstellen *v* (einer Zeichnung) [con]; vorbereiten *v* [con]
**prepare and finish a level** Planum erstellen *v* [mbt]
**pre-pressed** vorgedrückt [met]
**preprocessing** Vorverarbeitung *f* [edv]
**preprocessor** Vorprogramm *n* (auch Vorübersetzer) [edv]
**pre-production** Vorserie *f* [edv]
**preprogrammed** vorprogrammiert [edv]
**prerequisite condition** Voraussetzungsbedingung *f* [edv]
**prerequisites** Voraussetzungen *pl*
**prerogative** Vorrecht *n* (erster, der aussucht) [jur]
**pre-scalping** Vorabscheidung *f* [roh]
**prescreener** Vorabscheider *m* (säubert, filtert) [mot]
**pre-screener** Vorsieb *n* [roh]
**pre-sealing** Vordichtung *f* (Kolbenstangendichtung) [mot]
**preselection** Vorwahl *f* (Schaltung) [pow]
**pre-selection** Vorwahl *f* [tel]
**preselection change** Vorwählschaltung *f* [mot]
**pre-selection counter** Vorwahlzähler *m* [elt]
**preselector gearbox** Vorwählgetriebe *n* [mas]
**presence** Anwesenheit *f*
**presence in the market** Marktpräsenz *f* [eco]
**presentation** Vortrag *m* (Vortrag halten)
**preservation** Konservierung *f* (z.B. f. Seetransport) [mot]
**preservation agents** Konservierungsmittel *n* [che]
**preserve** konservieren *v* (Lebensmittel einwecken) [che]

**pre-set** eingestellt (auf vorgegebenen Wert) [mot]; vorbestimmt (eingestellt, bereitet) [mot]; vorgespannt (eingestellt, festlegt) [mas]
**pre-set** einstellen *v* (vorher festsetzen) [elt]
**pre-set counter** Vorwahlzähler *m* [elt]
**pre-set gas pressure** Gasvorspanndruck *m* [mas]
**presetting** Voreinstellung *f* [elt]
**pre-set value** eingestellter Wert *m* [msr]; vorgegebener Wert *m* [msr]
**pre-set value, maximum -** maximal vorgegebener Wert *m* [msr]
**press** pressen *v* [met]
**press charges** klagen *v* (Klage erheben) [jur]
**pressed** gedrückt
**pressed on** eingepresst [mas]
**pressed steel body** Pressstahlkörper *m* [mas]
**pressed steel frame** Pressstahlrahmen *m* [mas]
**press fit** Passsitz *m* [mas]; Presssitz *m* [mas]
**press fit** einpressen *v* [met]
**press, hydraulic -** hydraulische Presse *f* [mas]
**press in** einpressen *v* [met]
**pressing** Pressteil *n* [mot]
**pressiometric test** Seitendrucksondierung *f* [bau]
**press on** aufpressen *v* [met]
**press out** auspressen *v* [met]
**press power** Presskraft *f* (der Abkantpresse) [mas]
**press release** Pressebericht *m*
**press report** Pressebericht *m* (allgemein)
**press switch** Druckschalter *m* [elt]
**pressure admission** Beaufschlagung *f* [mas]
**pressure air-brake installation** Druckluftbremsanlage *f* [mot]

**pressure blow** Druckschlag *m* [mas]
**pressure chamber** Druckbehälter *m* [mot]
**pressure container** Druckbehälter *m* [mot]
**pressure control valve** Druckbegrenzungsventil *n* [mot]; Druckminderventil *n* [mot]; Druckreduzierventil *n* [mot]
**pressure cut-off** Druckleistungsabschneidung *f* [mot]
**pressure cylinder** Druckzylinder *m* [mot]
**pressure differential valve** Druckausgleichsventil *n* [mot]
**pressure drop** Druckabfall *m* [pow]
**pressure firing** Druckfeuerung *f* [pow]
**pressure-free** druckfrei
**pressure gas welding** Gaspressschweißen *n* [met]
**pressure gas welding, closed square -** geschlossenes Gaspressschweißen *n* [met]
**pressure gas welding, open square -** offenes Gaspressschweißen *n* (DIN 1910) [met]
**pressure gauge** Druckanzeige *f* (Manometer) [mot]; Druckmesser *m* [mot]
**pressure-gauge bracket** Manometerhalter *m* [mas]
**pressure-gauge calibration set** Manometerprüfgerät *n* [msr]
**pressure grouting** Verpressung *f* [bau]
**pressure hose** Druckschlauch *m*
**pressure, hydraulic -** Hydraulikdruck *m* [mas]; hydraulischer Druck *m* [mas]; Schaltdruck *m* [mas]
**pressure indicator** Druckanzeiger *m* [mot]
**pressureless** drucklos [mot]
**pressure line** Druckleitung *f* [mot]
**pressure loss** Druckabfall *m* [mot]; Druckverlust *m* [mot]
**pressure, low -** Unterdruck *m* [mot]
**pressure lubrication** Drucköl-schmierung *f* [pow]; Druckschmierung *f* [mot]
**pressure make-up valve** Vorspannventil *n* [mas]
**pressure oil pipe** Drucköllleitung *f* [mot]
**pressure on bearing area** Gelenkflächenpressung *f* [mas]
**pressure per unit of area** Flächenpressung *f*
**pressure pipe** Druckleitung *f* [mot]
**pressure pipe tube** Druckrohrstutzen *m* [mot]
**pressure plate** Druckscheibe *f* (Druckplatte) [mot]
**pressure pulley** Andrückrolle *f* [mas]
**pressure range** Druckstufe *f* [pow]; Druckbereich *m* [mot]; Druckbereich *m* [mot]
**pressure range, adjustable -** einstellbarer Druckbereich *m* [phy]
**pressure reducing station** Druckreduzierstation *f* [pow]; Reduzierstation *f* [pow]
**pressure reducing valve** Druckminderventil *n* [pow]; Reduzierventil *n* [pow]
**pressure regulation** Druckregelung *f* [mot]
**pressure regulator** Druckregler *m* [mot]
**pressure relief valve** Druckminderventil *n* [mot]; Überdruckventil *n* [pow]
**pressure ring** Verdichtungsring *m* [mot]
**pressure rise** Druckanstieg *m* [pow]
**pressure roller** Andrückrolle *f* [mas]; Druckrolle *f*
**pressure roller block** Andrückblock *m*

**pressure safeguard** Druckwächter *m* [msr]
**pressure sensor and indicator** Druckaufnehmer *m* [mot]
**pressure shock** Überdruck *m* (kurzfristig auftretend) [mot]
**pressure spring** Druckfeder *f* [mas]
**pressure switch** Druckschalter *m* [elt]; Membrandruckschalter *m* [elt]
**pressure tap** Druckmessstutzen *m* [pow]
**pressure tapping points** Druckmessstellen *f* [pow]
**pressure test** Druckprobe *f* [pow]
**pressure test** abdrücken *v* (Druck prüfen) [msr]
**pressure-test threading** Abdrückgewinde *n* (Maschinenteil) [mas]
**pressure-tight** druckdicht
**pressure transducer** Druckmessumformer *m* [msr]
**pressure transmitter** Druckübersetzer *m* [mas]
**pressure tube** Druckrohr *n* [mot]
**pressure-type hose** Hochdruckschlauch *m* [mot]; Schlauch für hohen Druck *m*
**pressure type oil burner** Druckölbrenner *m* [pow]
**pressure valve** Druckventil *n* [mot]
**pressure valve cone** Druckventilkegel *m* [mot]
**pressure valve spring** Druckventilfeder *f* [mot]
**pressure vessel** Druckbehälter *m* [mot]; Druckgefäß *n* [mot]
**pressure water activated suction head** Druckwasser am Saugkopf *m* [mot]
**pressure water ash removal** Druckentaschung *f* [pow]; Spülentaschung *f* [pow]
**pressure wave switch** Druckwellenschalter *m*
**pressure welded** HF-geschweißt [met]
**pressure welding** Druckschweißung *f* [met]; Pressschweißen *n* (DIN 1910) [met]
**pressure-welding with thermochemical energy** Gießpressschweißen *n* [met]
**pressurization** Vorspannung *f* (des Tanks) [pow]; Druckaufbau *m* [mot]
**pressurize** vorspannen *v* (z.B. den Tank) [mot]
**pressurized** unter Druck (z.B. Schild im Bergbau) [phy]; vorgespannt (z.B. Hydrotank) [mot]
**pressurized furnace** Druckfeuerung *f* [pow]
**pressurized oil** Drucköl *n* [mot]
**pressurized receiver** Druckluftbehälter *m* [mot]
**pressurized water ash removal** Spülentaschung *f* [pow]
**pressurizing** Druckbeaufschlagung *f* [mot]
**pressurizing cylinder** Vorspannzylinder *m* (Einkammerbremszylinder) [mot]
**press vehicle** Pressmüllwagen *m* [mot]
**prestress** vorspannen *v* [bau]
**prestressed** vorgesprengt (absichtlich gebogen) [mot]
**prestressed concrete** Spannbeton *m* [bau]
**prestressed concrete bridge** Spannbetonbrücke *f* [bau]
**prestressed spring** vorgespannte Feder *f* [mas]
**prestressing anchor** Spannanker *m* [bau]
**prestressing steel** Spannstahl *m* [bau]
**pre-superheater** Vorüberhitzer *m* [pow]
**presuppose** voraussetzen

**presupposing that...** unter der Voraussetzung, dass ..

**presupposition** Voraussetzung *f*

**pretension** Vorspannung *f* [mas]

**pretension** vorspannen *v* [mas]

**pretensioning tool** Vorspannwerkzeug *n* [wzg]

**preturn** vordrehen *v* (auf Drehbank) [met]

**pre-turned** vorgedreht (auf Drehbank) [met]

**prevent** verhüten *v* (z.B. Unfälle) [mot]

**prevention** Verhütung *f* (z.B. von Unfällen) [mot]

**preventive** vorbeugend (vorbeugende Maßnahmen)

**preventive maintenance** vorbeugende Wartung *f* [mot]

**previous erecting** Vormontage *f* [bau]

**previous sales** Vorumsätze *pl* [eco]

**pre-wetting** Vornetzung *f* [mas]

**price per ton** Tonnenpreis *m* [eco]

**prick punch** Körnerschlag *m* (Markieren, Zentrieren) [mas]; Körner *pl* (zum Markieren, Zentrieren) [wzg]

**prick-punch locked** körnerschlaggesichert [mas]

**primary air** Frischluft *f* [air]; Primärluft *f* (Trägerluft) [air]; Trägerluft *f* (Primärluft) [air]

**primary air fan** Mühlenventilator *m* [air]

**primary air heater** Mühlenluftvorwärmer *m* (Mühlen-Luvo) [pow]

**primary air inlet duct** Frischluftkanal *m* [air]

**primary before excess contract** Grundversicherungsvertrag *m* [jur]

**primary carrier** Grundversicherer *m* [jur]

**primary cause of death** Haupttodesursache *f* [hum]

**primary chamber** Primärkammer *f* (Feuerraum) [pow]; Feuerraum *m* (Primärkammer) [pow]

**primary circuit** Hauptstromkreis *m* [elt]

**primary coil** Primärwicklung *f* [elt]

**primary crusher** Vorbrecher *m* [wzg]

**primary current** Primärstrom *m* [elt]

**primary element** Messwertgeber *m* [msr]; Hauptfilterelement *n* [mot]

**primary grind** vormahlen *v* [roh]

**primary grinding** Vormahlen *n* [roh]

**primary insurance** Haftpflichtgrundvertrag *m* [jur]

**primary layer** Grundschicht *f* [mas]

**primary reduction** Vorzerkleinerung *f* (von Steinen) [roh]

**primary relief** Primärdruck *m* [mot]

**primary screening** Vorabsiebung *f* (erstes Sieben) [roh]

**primary spring suspension** Primärschraubenfederung *f* [mas]

**primary steam temperature** Vorüberhitzung *f* [pow]

**primary superheater** Vorüberhitzer *m* [pow]

**primary voltage** Primärspannung *f* [elt]

**prime** Grundierung *f* (z.B. montierter Teile) [nrm]

**prime** ansaugen *v* (des ersten Kraftstoffs) [mot]; fördern *v* (Kraftstoff saugen) [mot]; grundieren *v* (mit Schutzanstrich) [nrm]

**prime choice** erstklassig

**prime choice** erste Wahl *f* (z.B. Lebensmittel)

**primed** grundiert (nur erster Schutzanstrich) [met]

**prime mover** Hauptantriebsmaschine *f* [mot]; Hauptantriebsaggregat *n* [mot]

**primer** Einspritzvorrichtung *f* [mot]; Grundfarbe *f* (Material, z.B. Mennige)

[nrm]; Entlüfter *m* (vor Anlauf der Maschine) [mot]
**priming** Entlüftung *f* (Entlüfter) [mot]; Grundfarbe *f* (erster Anstrich) [nrm]; Vorfüllen *n* (z.B. Benzin in Vergaser) [mot]
**priming coat** Grundanstrich *m* [wer]
**priming device** Grundieranlage *f* (Spritzpistole) [nrm]
**priming point** Füllöffnung *f* [mot]
**priming pump** Anfüllpumpe *f* (vor Anlassen) [mot]; Entlüfterpumpe *f* [mot]; Entlüftungspumpe *f* [mot]
**priming shop** Grundiererei *f* [nrm]
**primitive** Grundprozedur *f* [edv]
**principal** Dachstuhl *m* [bau]
**principal axis** Hauptachse *f* [con]
**principal office** Hauptniederlassung *f* [eco]
**principal reinforcement** Längsbewehrung *f* [bau]
**print** Rechnerausdruck *m* (z.B. auf Drucker) [edv]
**print** ausdrucken *v* (durch Drucker) [edv]
**printed** bedruckt (z.B. Weißblech)
**printed circuit** gedruckte Schaltung *f* [elt]
**printed circuit board** Leiterplatte *f* (z.B. Platine) [elt]; Schaltplatte *f* (z.B. Platine) [elt]
**printing machine** Lichtpausmaschine *f*
**priority** Priorität *f* [edv]
**priority system** Vorzugssteuerung *f* (Prioritätssystem)
**prior to** vor (eher als)
**prior to manufacture** vor Fertigungsbeginn [met]
**prism** Prisma *n* [mas]
**prismatic** prismatisch
**prismatic guide** Prismenführung *f* [mas]
**prism holder** Prismenhalterung *f* [mas]

**private ship-owner** Partikulier *m* (Privatschiffer) [mot]
**private siding** Privatbahnanschluss *m* [mot]
**probability of occurrence** Auftretenswahrscheinlichkeit *f*
**probationer** Praktikant *m* (zur Probe eingestellt) [jur]
**probe** Sonde *f* [msr]; Prüfkopf *m* [msr]; Tastknopf *m* [elt]
**probe adapter** Prüfkopfanpasser *m* [met]
**probe cable** Prüfkabel *n* [msr]
**probe cable switch selector** Prüfumschalter *m* [elt]
**probe clamp** Prüfkopfklammer *f* [met]
**probe clamping ring** Prüfkopfklemmring *m* [elt]
**probe clip** Prüfkopfhaltebügel *m* [met]
**probe holder** Prüfkopfhalterung *f* [met]
**probe holder receptacle** Prüfkopfhalteraufnahme *f* [met]
**probe index** Austritt *m* (Schallaustritt) [aku]; Schallaustritt *m* [elt]
**probe insert** Prüfkopfeinsatz *m* [elt]
**probe motion** Prüfkopfbewegung *f* [met]
**probe mount** Prüfkopfführungseinrichtung *f* [met]
**probe, moveable -** verschiebbarer Prüfkopf *m* [msr]
**probe shoe** Prüfkopfschuh *m* [met]
**procedure** Arbeitsweise *f*; Verfahrensweise *f*; Vorgang *m* (Verfahren); Verfahren *n* (Vorgehensweise)
**procedure body** Anweisungsteil *m* (Software) [edv]
**procedure test** Verfahrensprüfung *f* (Schweißverfahren) [met]
**proceed** fortfahren *v*; vorgehen *v* (handeln)

**proceeding** Sitzungsbericht *m* (Verfahren)

**process** abarbeiten *v* (Programm) [edv]; bearbeiten *v* (weiter bearbeiten) [met]; verfahren *v* (im Laufe des Verfahrens) [met]

**process computer** Prozessrechner *m* [edv]

**process control** Prozessdatenverarbeitung *f* [edv]; Prozesskontrolle *f* [edv]

**process control, automatic -** Prozessautomatisierung *f* [msr]

**processed through the machine, to be -** passieren *v* (Maschine durchlaufen) [mas]

**process industry** Prozessindustrie *f* (Papier, Textil)

**processing** Abarbeitung *f* [met]; Aufbereitung *f* (Weiterbearbeitung) [rec]; Verarbeitung *f* (Rohstoff: Fertigprodukt) [roh]; Anarbeiten *n* (Sägen, Richten, Spalten) [met]

**processing control** Ablaufsteuerung *f* (logisch, abhängig)

**processing system** Aufbereitungssystem *n* [roh]

**processing technology** Aufbereitungstechnik *f* [roh]

**process of production** Produktionsprozess *m* [met]

**process stages, upstream -** vorgeschaltete Verfahrensstufen *pl* [mas]

**process water** Prozesswasser *n* [was]

**procure** beschaffen *v* (herbringen, vorzeigen) [eco]; vorzeigen *v* (beschaffen) [eco]

**procurement** Beschaffung *f* (Versorgung, Ausstattung) [mot]; Beschaffung *f* (von Bahnfahrzeugen) [mot]

**produce** fertigen *v* (bauen) [met]; heranschaffen *v* (Material an Maschine); herbeischaffen *v*

**producer** Hersteller *m* (Fabrikant) [met]

**producer gas** Generatorgas *n* [pow]

**product development** Produktentwicklung *f* [con]

**product information** Produktinformation *f* [con]

**production** Ausführung *f* (das eigentliche Bauen) [bau]; Erzeugung *f* (Herstellung) [met]

**production area** Produktionsfläche *f* [met]

**production control** Fertigungssteuerung *f* [edv]

**production controlling** Steuerung *f* (des Fertigungsablaufes) [msr]

**production control system** Produktionssteuerungssystem *n* [edv]

**production management** Produktionsleittechnik *f* [edv]

**production plant** Fabrikationsstätte *f* [met]

**production range** Produktionsprogramm *n* (Palette, Ware)

**production schedule** Produktionsprogramm *n* (nach Zeitplan)

**production sequence** Fertigungsablauf *m* [met]

**production sheet** Arbeitsplan *m* [met]

**production surface** Produktionsfläche *f* [mbt]

**production testing** Fertigungskontrolle *f* [msr]

**production tolerance** Fertigungstoleranz *f* [con]

**productivity factor** Produktivitätsfaktor *m* [edv]

**product line** Gesamtprogramm *n*

**product of combustion** Verbrennungsprodukt *n* [pow]

**product of inertia** Zentrifugalmoment *n* [phy]

**product quality** Produktqualität *f* [edv]

**product range** Produktbereich *m* [eco]; Produktprogramm *n* [eco]
**product reference** Produkthinweis *m* (z.B. in Zeitschrift) [con]; Produktnachweis *m* [con]
**products** Handelsprodukte *pl* [eco]
**products and completed operations liability insurance** Produkthaftpflichtversicherung *f* [jur]
**products hazards** Produktrisiko *n* [jur]
**product specification** Produktspezifikation *f* [mas]
**product structure processing** Stücklistenbearbeitung *f*
**product support** Verkaufshilfe *f* (Ingenieurberatung vor Ort) [eco]
**professional** fachgerecht (professionell)
**professional responsibility** berufliche Verantwortung *f*
**profile** Seitenansicht *f* (Kontur, Profil) [con]; Profil *n* [wer]
**profile** nachschneiden *v* (Profil erneuern) [mbt]
**profile backhoe** Profillöffel *m* [mbt]
**profile bucket** Profillöffel *m* [mbt]
**profile clamp** Profilschelle *f* [mas]
**profile correction** Profilverschiebung *f* (am Zahnrad) [mas]
**profiled fire brick** Formstein *m* [pow]
**profile grab** Profilgreifer *m* [mbt]
**profile of the crawler unit** Laufwerksprofil *n* [mbt]
**profile reference line** Profilbezugslinie *f* [con]
**profile section** Querschnittzeichnung *f* [mbt]
**profiling** Profilierung *f* (der Straße) [mot]
**profiling bucket** Profillöffel *m* [mbt]
**profiling of a road** profilieren *v* (der Straße) [mbt]
**prognosis** Prognose *f* (Voraussage)

**prognosticate** prognostizieren *v*
**program correction** Programmkorrektheit *f* (Software) [edv]
**program, extensive -** breites Programm *n* [eco]
**programming** Programmieren *n* (Software) [edv]
**programming environment** Softwareentwicklungsumgebung *f* [edv]
**programming language** Programmiersprache *f* (Software) [edv]
**programming, logic -** logisches Programmieren *n* [edv]
**programming system** Programmsystem *n* (Software) [edv]
**program transformation** Programmtransformation *f* (Software) [edv]
**program verification** Programmverifikation *f* (Software) [edv]
**progressive** fortschreitend
**progressive die sets** Folgewerkzeuge *pl* [wzg]
**progress of drilling** Bohrfortschritt *m* [bau]
**prohibition** Verbotsschild *n*
**project** Baumaßnahme *f* [bau]
**project control** Projektkontrolle *f* [edv]
**project drawing** Projektzeichnung *f* [con]
**projecting** ausladend (Bauwerk) [bau]
**projecting** Projektierung *f* (Konstruktion) [con]; Überstand *m* (auch unerwünscht) [mas]
**projecting of an open-cut mine** Tagebauprojektierung *f* [roh]
**projecting part** Vorsprung *m* [bau]
**projection** Grundriss *m* [con]; Überstand *m* [bau]; Vorsprung *m* [bau]
**projection distance** Projektionsabstand *m* [con]
**projection weld** Warzenschweißung *f* [met]

**project management** Projektmanagement *n* [edv]
**project questionnaire** Projektfragebogen *m* [con]
**prone to wear** verschleißanfällig [wer]
**proof** beständig (z.B. hitzebeständig) [mas]; geschützt (z.B. wassergeschützt) [mas]
**proof** Beweis *m* (für Haltbarkeit); Nachweis *m* (Beweis, Festlegung)
**proof of stability** Standsicherheitsnachweis *m* [bau]
**proof stress** Dehngrenze *f* [mas]
**prop** Spreize *f* (Stempel im Bergbau) [roh]; Stempel *m* (im Bergbau unter Hangendem) [roh]
**prop** versteifen *v* (stützen) [bau]
**propagate** ausbreiten *v* [air]
**propagation** Ausbreitung *f*
**propagation coefficient** Ausbreitungskoeffizient *m* [air]
**propagation speed** Ausbreitungsgeschwindigkeit *f* [phy]
**propeller** Luftschraube *f* (Propeller) [mot]; Schiffsschraube *f* [mot]; Schraube *f* (Schiff) [mot]
**propeller shaft** Gelenkwelle *f* [mot]
**proper consumption** Eigenverbrauch *m* [pow]
**proper measurement** Gutmessung *f* (fehlerfrei) [msr]
**property** Eigenschaft *f*; Liegenschaft *f* [bau]
**property damage** Vernichtung von Sachen *f* (Sachschaden) [jur]; Sachschaden *m* [jur]
**property damage resulting from sewage** Sachschaden durch Abwässer *m* [jur]
**proper value** Eigenwert *m* (bei Differentialgleichung) [mat]
**proportion** Verhältnis *n* (Proportion) [con]

**proportional-action control** Proportionalregelung *f* (Regler: P-Verhalten) [msr]
**proportional controller** Proportionalregler *m* [pow]
**proportional valve** Proportionalventil *n* [mot]
**proportioning pump** Dosierpumpe *f* [pow]
**proportioning valve** Mischschieber *m* (Dosierventil) [pow]; Dosierventil *n* [pow]
**proportion of weight** Gewichtsanteil *m* [bau]
**proposal** Vorschlag *m* (auch Heiratsantrag)
**propping** Abstützung *f* (z.B. Einsturzbedrohtes) [bau]
**proprietary** geschützt (durch Patent, Copyright) [jur]
**props** Grubenholz *n* (Stollenholz, Stempel) [roh]
**propshaft** Antriebswelle *f* ((A)) [mot]
**propulsion shaft** Antriebswelle *f* ((A)) [mot]
**propulsion system** Antriebsaggregat *n* (des Flugzeuges) [mot]
**propulsion unit** Antriebsteil *n* [mot]
**prop valve** Proportionalventil *n* [mot]
**prospect** Aussicht *f* (auf Zukünftiges)
**prospector** Schürfer *m* (ähnlich Landvermesser) [roh]
**prosthesis** Prothese *f* (Kunstglied) [hum]
**prosthetic device** Kunstglied *n* (Prothese) [hum]
**protect** absichern *v* (schützen); sichern *v* (gegen Überschreiben) [edv]
**protect a file** Datei sichern (Datei sichern) [edv]
**protect by fuses** absichern *v* (durch Sicherung) [elt]
**protected** abgesichert; geschützt (gegen Wind, Kälte)

**protect from moisture**  vor Nässe schützen
**protecting box**  Schutzkasten *m*
**protecting clothes**  Schutzkleidung *f*
**protecting goggles**  Augenschutz *m*
**protecting plate**  Schutzblech *n* (Rolltreppe) [mbt]
**protecting strip**  Schutzstreifen *m* [mot]
**protection**  Sicherung *f* (Rohrbruchsicherung); Schutz *m*
**protection against accidental contact**  Berührungsschutz *m* [elt]
**protection against errors**  Fehlersicherung *f* [edv]
**protection category**  Schutzart *f* [elt]
**protection cover**  Schutzhülle *f* (Schutzhülse) [mas]; Schutzhülse *f* [mas]
**protection earthing**  Schutzerdung *f* (der Kabel) [elt]
**protection from ..**  Schutz gegen .. *m*
**protection layer**  Schutzschicht *f* [mas]
**protection plate**  Schutzblech *n* [mas]
**protection relay**  Schutzrelais *n* [elt]
**protection rod**  Schutzholm *m* [mas]
**protection switch**  Schutzschalter *m* [elt]
**protective cap**  Schutzkappe *f* (Schutzstopfen)
**protective capacitor**  Schutzkondensator *m* [elt]
**protective circuit**  Schutzschaltung *f* [elt]
**protective clothing**  Arbeitsschutzkleidung *f*
**protective coating**  Schutzanstrich *m* [wer]; Schutzüberzug *m* [wer]
**protective conducting wire**  Schutzleiterader *f* [elt]
**protective conductor**  Schutzleiter *m* [elt]

**protective conduit**  Kabelschutzrohr *n* [elt]
**protective earth**  Schutzleiter *m* [elt]
**protective face**  Schutzschicht *f* [mas]
**protective glazing**  Schutzverglasung *f* [bau]
**protective kit**  Schutzausrüstung *f*
**protective paint**  Schutzanstrich *m* (Material) [wer]
**protective pipe**  Schutzrohr *n*
**protective plug**  Schutzstopfen *m* [mas]
**protective resistor**  Vorwiderstand *m* (das Gerät) [elt]
**protective safety handrail**  Schutzgeländer *n* [mbt]
**protective scaffold**  Schutzgerüst *n* (Arbeitssicherheit) [bau]
**protective screed**  Schutzestrich *m* [bau]
**protective screen**  Schutzwand *m* [bau]
**protective switch**  Schutzschalter *m* [elt]
**protective system**  Schutzart *f* [elt]
**protective valve**  Schutzventil *n* (z.B. Viereckschutzventil) [mot]
**protective wire**  Schutzleiter *m* [elt]
**protector**  Schutzvorrichtung *f* [mas]; Umhüllung *f* (Mantel, Schutz) [mot]
**protocol analysis**  Protokollanalyse *f* [edv]
**prototype**  Prototyp *m* [edv]
**protractor**  Winkelmesser *m* (Schulwerkzeug) [mat]
**protruding roof**  überstehendes Dach *n* [bau]
**protuberance**  Protuberanz *f* (Ausstülpung) [mas]
**protuberance rotary grinder**  Protuberanzfräser *m* (fräst Ausstülpung) [wzg]
**proven**  bewährt; nachgewiesen (geprüft)

**provide** beliefern *v* (versorgen mit) [eco]; beschaffen *v* (versorgen mit) [eco]; versehen *v* (z.B. mit einem Anstrich) [eco]
**provided** vorgesehen
**provide with ...** ausstatten mit ... *v* (versorgen mit)
**provision** Vorhaltung *f* (Reserve); Vorschrift *f* (im Vertrag) [jur]
**provisions** rechtliche Bestimmungen *pl* [jur]; Versicherungsbedingungen *pl* [jur]
**proximate analysis** Kurzanalyse *f* [msr]
**proximity** Nähe *f* (in der Nähe)
**proximity switch** Annäherungsschalter *m* (beim Lader) [elt]; Näherungsschalter *m* [elt]
**proxy** statt (statt meiner bevollmächtigt) [eco]
**public address system** Beschallungsanlage *f* (z.B. im Hotel) [aku]
**public communication network** Fernmeldenetz *n* [edv]
**public company** Versorgungsunternehmen *n* (Kraftwerk) [pow]
**public liability/premises operations** Betriebsstättenrisiko *n* [jur]
**public relations** Öffentlichkeitsarbeit *f* [eco]
**public utilities** öffentliche Versorgung *f* [pow]
**public works** öffentliche Bauten *pl* [bau]
**puddle** abdichten *v* (mit Lehm) [bau]
**pull** Zugkraft *f* (Druck liegt drauf) [mas]; Zug *m* (als Widerstand) [mas]
**pull** ausziehen *v* (Teil aus Maschine) [met]
**pull down** langsamer werden *v* (z.B. der Motor) [mot]; verlangsamen *v* (in niedrige Drehzahl) [mot]
**puller** Abzieher *m* (Werkzeug) [wzg]; Auszieher *m* (Kralle) [wzg]

**puller bar** Abziehvorrichtung *f* [met]
**puller screw** Abzieherschraube *f* [mas]; Abziehschraube *f* [mas]
**pulley** Rolle *f* (Riemenscheibe) [mot]; Treibrolle *f* [mot]; Flaschenzug *m* [phy]
**pulley block** Flaschenzug *m* [phy]
**pulley, driven -** getriebene Riemenscheibe *f* [mas]
**pulley, driving -** treibende Riemenscheibe *f* [mas]
**pulley head** Rollenkopf *m* (Schaufelradbagger) [mbt]
**pull hook, front -** vorderer Zughaken *m* [mot]
**pulling down** Demontage *f* (Anlagen u.a.) [bau]; Abbruch *m* (Gebäude u.a.) [bau]; Abriss *m* (Gebäude u.a.) [bau]
**pulling force** Zugkraft *f* [phy]
**pull, maximum -** höchstes Anzugsvermögen *n* [mot]
**pull nut** Abziehmutter *f* [mas]
**pull off** abziehen *v* (Rad, Kabel) [met]
**pull out** herausziehen *v* (einen Nagel)
**pull switch** Zugschalter *m* [mot]
**pull up** auffahren *v* (nach vorn aufrücken) [mot]; aufrecken *v* (von hinten herankommen)
**pulp** Brei *m* [che]; Holzschliff *m* (Papiermasse, Pulpe) [wer]
**pulpboard** Zellstoffpappe *f* (einlagige Zellstoffpappe) [wer]
**pulp-coloured** in der Masse gefärbt [met]
**pulpit** Steuerpult *n* (z.B. Walzwerksteuerpult) [mas]
**pulp manufacture** Zellstoffherstellung *f* [che]
**pulp wood fork** Ladegabel für Papierholz *f* [mot]
**pulpy** breiig [che]
**pulsating combustion** pulsierende Verbrennung *f* [pow]

**pulsating load** schwellende Belastung *f* [bau]
**pulsating panel** Rüttelplatte *f* (im Bunker) [pow]
**pulsator test** Rüttelversuch *m* [msr]
**pulse** Impuls *m* (Rechteckimpuls) [elt]; Stoß *m* (Schubs, Impuls, Anstoß) [phy]
**pulse amplitude** Impulshöhe *f* [elt]
**pulse amplitude ratio** Impulshöhenverhältnis *n* (echo-) [elt]; Impulshöhenverhältnis *n* [elt]
**pulse distortion** Impulsverzerrung *f* [elt]
**pulse duration** Impulsdauer *f* [elt]
**pulse echo instrument** Impulsechogerät *n* [elt]
**pulse-echo method** Impulsechoverfahren *n* [elt]
**pulse energy** Impulsenergie *f* [elt]
**pulse excitation** Impulsanregung *f* [elt]
**pulse generator** Impulsgenerator *m* [elt]
**pulse indication** Impulsanzeige *f* [elt]
**pulse intensity** Impulsstärke *f* [elt]
**pulse lubrication** Impulsschmierung *f* [elt]
**pulse method** Impulsionsverfahren *n* [elt]; Impulsverfahren *n* [elt]
**pulse modulation** Impulsmodulation *f* [elt]
**pulse output voltage** Impulsausgangsspannung *f* [elt]
**pulse recording** Impulsregistrierung *f* [elt]
**pulse repetition** Impulsfolge *f* [elt]
**pulse repetition frequency** Impulsfolgefrequenz *f* [elt]
**pulse resonance method** Impulsresonanzverfahren *n* [elt]
**pulse shape** Impulsform *f* [elt]
**pulse shaper** Impulsformer *m* [elt]
**pulse shift** Impulsverschiebung *f* [elt]
**pulse stretching** Impulsverlängerung *f* [elt]
**pulse system** Impulsionsverfahren *n* [elt]
**pulse transit-time method** Impulslaufzeitverfahren *n* [elt]
**pulse transmission** Impulsdurchschallung *f* [elt]
**pulse trigger** Sendeimpulsgeber *m* [elt]
**pulse width** Fußpunktbreite *f* [elt]; Impulsbreite *f* [elt]
**pulverised coal** Brennstaub *m* (Kohlenstaub) [pow]
**pulverised-fuel sampler** Brennstaubprobennehmer *m* [pow]
**pulverising** pulverisieren *v* [roh]
**pulverized coal** Kohlenstaub *m* [pow]
**pulverized-coal fired boiler** Staubkessel *m* [pow]
**pulverized coal firing** Kohlenstaubfeuerung *f* [pow]; Staubfeuerung *f* [pow]
**pulverized coal firing with liquid ash removal** Staubfeuerung mit flüssiger Entaschung *f* [pow]
**pulverized coal firing with melting table** Schmelztischfeuerung *f* [pow]
**pulverized coal piping** Staubleitung *f* [pow]
**pulverized fuel burner** Staubbrenner *m* [pow]
**pulverized-fuel feeder** Staubzuteiler *m* [pow]
**pulverized-fuel start-up firing equipment** Staubzündfeuerung *f* [pow]
**pulverizer** Mühle *f* [wzg]
**pulverizer air duct** Mühlenluftleitung *f* [pow]
**pulverizer air heater** Mühlenluftvorwärmer *m* (Mühlen-Luvo) [pow]; Mühlen-Luvo *m* (Mühlenluftvorwärmer) [pow]

**pulverizer drive** Mühlenantrieb *m* [mas]
**pulverizer housing** Mühlengehäuse *n* [mas]
**pulverizer output** Mahlleistung *f* [met]
**pulverizer plant** Mahlanlage *f* [wzg]
**pump** lenzen *v* (Schiff leer pumpen) [mot]
**pump accumulator** Pumpspeicher *m* (in Laderbremssystem) [mot]
**pump barrel** Pumpenkolben *m* [mot]
**pump-bay** Pumpstation *f* (Pumpenhaus); Pumpenhaus *n* (Pumpstation)
**pump bracket** Pumpenkonsole *f* [mot]
**pump cartridge** Pumpeneinsatz *m* [mot]
**pump circulated cooling** Pumpenumlaufkühlung *f* [mot]
**pumpcrete** Pumpbeton *m* [bau]
**pump cylinder** Pumpenzylinder *m* [mot]
**pump diaphragm** Pumpenmembran *f* [mot]
**pump drive** Pumpenantrieb *m* [mot]
**pump flow** Pumpendurchsatz *m* (Pumpenleistung) [mot]; Pumpenstrom *m* [mot]
**pump housing** Pumpengehäuse *n* [mot]
**pump, hydraulic -** Hydraulikpumpe *f* [mas]
**pump inlet check valve** Pumpeneinlassventil *n* [mot]
**pump inlet side** Saugstutzen *m* [pow]
**pump inlet valve** Pumpeneinlassventil *n* [mot]
**pump jet** Pumpendüse *f* [mot]
**pump lubrication** Druckschmierung *f* [mot]
**pump nozzle** Pumpendüse *f* [mot]
**pump outlet relief valve** Pumpenauslassventil *n* [mot]

**pump outlet side** Pumpendruckstutzen *m* [pow]
**pump outlet valve** Pumpenauslassventil *n* [mot]
**pump pinion** Pumpenantriebsrad *n* (Pumpenantriebsritzel) [mot]; Pumpenritzel *n* [mot]
**pump piston** Pumpenkolben *m* [mot]
**pump piston lever** Pumpenhebel *m* [mot]
**pump plunger** Pumpenkolben *m* [mot]
**pump relief** Pumpendruck *m* [mot]
**pump rod** Pumpenstange *f* [mot]
**pump set** Pumpenaggregat *n* (vollständige Einheit) [mas]
**pump shaft seal** Pumpenwellendichtung *f* [mot]
**pump station** Pumpenhaus *n* (Pumpstation)
**pump transfer gear** Pumpenverteilergetriebe *n* [mot]
**pump wheel** Pumpenrad *n* [mot]
**punch** Stanze *m* [wzg]; Stempel *m* (Stanze, Werkzeug) [wzg]
**punch** ankörnen *v* [met]; stanzen *v* [met]
**punch and die** Prisma und Stempel (zum Biegen) [wzg]
**punch card** Lochkarte *f* (z.B. DIN 66001) [edv]
**punch drift** Durchschlag *m* (Werkzeug) [wzg]; Durchschläger *m* [wzg]
**punched card** Lochkarte *f* [edv]
**punched disc** Lochscheibe *f* [mas]
**punched hole** Stanzloch *n* [met]
**punched sheet** Lochblech *n* (aus Walzwerk) [mas]
**punched tape** Lochstreifen *m* [edv]; Kabellochband *n* [elt]
**puncher** Lochkartenstanzer *m* [edv]
**punch mark** Körner *pl* [wzg]
**purchasing** Einkaufsabwicklung *f* [eco]

**purchasing department** Einkaufsabteilung *f* [eco]
**pure orange** reinorange (RAL 2004) [nrm]
**pure white** reinweiß (RAL 9010) [nrm]
**purge** klären *v* (spülen) [was]; läutern *v* [roh]; löschen *v* (z.B. Dateien von Festplatte) [edv]
**purge area** Löschbereich *m* [edv]
**purge cock** Zylinderablasshahn *m*
**purge date** Freigabedatum *n* [edv]; Löschdatum *n* [edv]; Verfalldatum *n* [edv]
**purify** klären *v* (reinigen) [was]
**purlin** Dachpfette *f* [bau]
**purple red** purpurrot (RAL 3004) [nrm]
**purple violet** purpurviolett (RAL 4007) [nrm]
**purpose** Absicht *f* (Zweck); Zweck *m*; Ziel *n* (Zweck)
**purpose-made** speziell angefertigt [met]
**push** Schub *m* (z.B. ein Schubschiff) [mot]; Stoß *m* (Schubs) [mot]
**push boat** Schubschiff *n* [mot]
**push broach** Räumdorn *m* [wzg]
**push-button** Drucktaste *f* (Druckknopf) [edv]; Taste *f* (Taster, Druckschalter) [elt]; Druckknopf *m* [mot]; Schaltknopf *m* [elt]; Tastschalter *m* [elt]
**push-button control** Druckknopfsteuerung *f* [mot]
**push-button switch** Druckknopfschalter *m* [elt]
**push button valve** Drucktasterventil *n* [mot]
**push cup** Schubplatte *f* [mas]
**pusher** Ausstoßer *m* [mas]
**pusher delay** Ausstoßerverzögerung *f* [met]
**pusher fork** Schubgabel *f* [mot]

**push handle** Schieber *m* [mas]
**pushing boat** Schubschiff *n* [mot]
**pushing device** Abschieber *m* (am Stapler) [mbt]
**pushing fork** Schubgabel *f* [mot]
**push loading** Laden durch Schubhilfe *n* [mot]
**push open** aufstoßen *v* (Hallentür) [mot]
**push-pull** Gegentakt *m* [elt]
**push-pull circuit** Gegentaktschaltung *f* [elt]
**push-pull device** Wendezugeinrichtung *f* [mot]; Klemmschieber *m* [mot]
**push-pull operation** Wendezugbetrieb *f* [mot]
**push-pull stage** Gegentaktstufe *f* [mas]
**push-pull traffic** Pendelzugverkehr *m* (Lok/Steuerwagen) [mot]
**push rod** Druckstange *f* (am Waggon) [mot]; Stößelstange *f* [mot]; Stoßstange *f* (um Waggon zu schieben) [mot]
**push rod valve** Ventilstößel *m* [mot]
**push roller** Treibrolle *f* [mot]
**push spool** Schieber *m* (Dampflok) [mot]
**put in** eingeben *v* (Daten in EDV) [edv]; einlegen *v* (z.B. den 4. Gang) [mot]
**put in abeyance** zurückstellen *v* (Auftrag) [eco]
**put into service** einfahren *v* (Kessel, Mühlen etc.) [pow]
**put on** auftragen *v* (Kleber auf Fläche)
**put on the line** beischalten *v* [pow]; zuschalten *v* (Kessel) [pow]
**put out** ausmachen *v* (ein Feuer ausmachen)
**putrescent** verwesend [bff]
**put the roof on** bedachen *v* [bau]
**put through** durchschalten *v* (Telefon) [tel]; durchstellen *v* (am Telefon verbinden) [tel]; umstellen *v*

**putting into service**

(Telefon) [tel]; verbinden *v* (durchstellen, am Telefon) [tel]; weiterverbinden *v* (am Telefon) [tel]
**putting into service**  Inbetriebnahme *f* [pow]; Einfahren *n* (Kessel; Mühlen etc.) [pow]
**putty knife**  Kittmesser *n* [wzg]
**pylon**  Mast *m* (Fernleitung) [elt]; Oberleitungsmast *m* (an Strecke) [mot]; Pfeiler *m* (Hängebrücke) [bau]; Stahlmast *m* (z.B. Oberleitung Bahn) [mot]; Überlandleitungsmast *m* [elt]; Verkehrskegel *m* (weiß/rotes Hütchen) [mot]
**pyrometer**  Temperaturmesser *m* [msr]
**pyrometric cone**  Seegerkegel *m* [pow]

# Q

**qualification approval** Bauartzulassung *f* [bau]
**quantity** Anzahl *f*
**quantity, complex -** komplexe Größe *f* [elt]
**quantity of overburden** Abraumvolumen *n* [bau]
**quarry** abbauen *v* (im Steinbruch) [roh]
**quarter bend** Kniestück *n* [bau]
**quench** abschrecken *v* (schnell kühlen) [met]
**quench ageing** Abschreckalterung *f* [met]
**quenching oil** Abschreckungsöl *n* [met]
**query** abfragen *v* [edv]
**queue** anstellen *v* (in Warteschlange)
**quick-acting fuse** flinke Sicherung *f* [elt]
**quick-break fuse** flinke Sicherung *f* [elt]
**quick charge** Schnellaufladung *f* (Batterie) [elt]
**quiescent current** Ruhestrom *m* [elt]
**quotation marks** Anführungsstriche *pl* (Text)
**quote** anbieten *v* [eco]
**quoting** Auswertungsunterdrückung *f* [edv]

# R

**rabbet** Nut *f* [mas]; Falz *m* (Holz) [bau]
**race** Laufbahn *f* (Lager, Käfig) [mas]
**race face** Aufsatzring der Lagerlaufbahn *m* [mas]
**race, inner -** Innenring *m* [mas]; innerer Laufring *m* [mot]
**race pulverizer** Kugelmühle *f* [roh]
**raceway** Kabelkanal *m* [elt]
**raceway radial run-out** Radialschlag *m* [mas]
**rack** Gepäckständer *m* (in Bahn, Flugzeug) [mot]; Gestell *n*
**rack and pinion jack** Zahnstangenheber *m* [mot]
**rack gear** Zahnstangenantrieb *m* [mot]
**rack railway** Zahnradbahn *f* (Zahnstange zwischen Gleis) [mot]
**rack setting gauge** Einstellehre *f* [mas]
**rack soot blower** Lanzenlangschubbläser *m* [pow]
**rack type soot blower** Langrohrbläser *m* [pow]
**radar screen** Radarschirm *m* [elt]
**radar station** Radaranlage *f* (Funkortungsstelle; RE) [elt]
**radar waves** Radarwellen *pl* (Funkortung) [elt]
**radial compressor** Radialgebläse *n* [mas]
**radial cross section diagram** Radialschnittbild *n* [con]
**radial flow fan** Radialgebläse *n* [mas]
**radial load** radiale Belastung *f* [mas]
**radial oscillation** Radialschwingung *f* [phy]
**radial packing** Radialdichtung *f* [mas]
**radial piston pump** Radialkolbenpumpe *f* [mas]
**radial pressure** Radialdruck *m* [phy]
**radial seal** Radialdichtung *f* [mas]
**radial seal for rotating shaft** Radialdichtring für Welle *m* [mas]
**radial teeth** Radialzähne *pl* [mas]
**radial thrust** Radialdruck *m* [mas]
**radial tyre** Radialreifen *m* [mot]
**radiant boiler** Strahlungskessel *m* [pow]
**radiant superheater** Strahlungsüberhitzer *m* [pow]
**radiation cavity** Strahlraum *m* [pow]
**radiation chamber** Strahlraum *m* [pow]
**radiation loss** Strahlungsverlust *m* [pow]
**radiation pyrometer** Strahlungspyrometer *n* [msr]
**radiation reflection** Rückstrahlung *f* [pow]
**radiation resistance** Strahlungswiderstand *m* [elt]
**radiation shield** Strahlungsschutz *m* [pow]
**radiation shielding** Abschirmung gegen Strahlung *f* [pow]
**radiation, vertical -** Senkrechteinschallung *f* [met]
**radiator** Autokühler *m* [mot]; Kühler *m* (an Auto) [mot]; Kühler *m* (Lamellenkühler) [mot]
**radiator baffle plate** Kühlerspritzblech *n* [mot]
**radiator block** Kühlerblock *m* [mot]
**radiator bonnet** Kühlerhaube *f* [mot]
**radiator cap** Kühlerverschraubung *f* [mot]
**radiator core** Kühlerblock *m* [mot]
**radiator core fin** Kühlerrippe *f* [mot]

**radiator cowling** Kühlerverkleidung *f* [mot]
**radiator fan** Kühlerventilator *m* [mot]
**radiator fastening strap** Kühlerbefestigungsband *n* [mot]
**radiator filler tube** Kühlereinfüllstutzen *m* [mot]
**radiator frame** Kühlergehäuse *n* [mot]
**radiator grill** Kühlergrill *m* [mot]; Kühlerschutzgitter *n* [mot]
**radiator guard** Kühlerschutz *m* [mot]; Kühlerschutzbügel *m* [mot]
**radiator hose** Kühlerschlauch *m* [mot]
**radiator inlet connection** Kühlereinlaufstutzen *m* [mot]
**radiator jointing material** Kühlerdichtmaterial *n* [mot]
**radiator mounting** Kühlerfuß *m* [mot]; Kühlerträger *m* [mot]
**radiator outlet connection** Kühlerauslaufstutzen *m* [mot]
**radiator safety ring** Kühlerschutzring *m* [mot]
**radiator shutter** Kühlerabdeckung *f* [mot]; Kühlerjalousie *f* [mot]
**radiator strut** Kühlerstrebe *f* [mot]
**radiator tank** Kühlerwasserkasten *m* [mot]; Wasserkasten *m* (oberer, unterer) [mot]
**radiator tube** Kühlerröhrchen *n* [mot]
**radiator upper tank** oberer Kühlerwasserkasten *m* [bau]
**radiator water inlet** Kühlereinlassstutzen *m* [mot]
**radiator water outlet** Kühlerauslassstutzen *m* [mot]
**radii without dimensions** unbemaßte Radien *pl* (auf Zeichnungen) [con]
**radio aerial** Autoradioantenne *f* [elt]
**radiographic examination** Röntgenprüfung *f* [msr]
**radiography** Durchstrahlungsprüfung *f* [msr]
**radio interference echo** Störecho *n* [aku]
**radio interference field-intensity** Störfeldstärke *f* [aku]
**radio-interferency** Funkstörung *f* [elt]
**radio room** Funkstation *f* (z.B. auf Schiff) [elt]
**radio shielding** Funkenstörung *f* [elt]
**radio telescope** Radioteleskop *n* (misst Echoschall) [msr]
**radius** Halbmesser *m* [con]
**radius of bend** Biegeradius *pl* [con]
**radius of curvature** Krümmungshalbmesser *m* [con]
**rafter** Dachbalken *m* (darauf Dachsparren) [bau]; Dachsparren *m* (hält Dachziegel) [bau]
**rafters** Gebälk *n* (Dach-) [bau]
**rag** Lappen *m* (z.B. Putzlappen); Putzlappen *m* (aus altem Stoff)
**rail** Brüstung *f* (Geländer) [bau]; Geländer *n* (allgemeiner Ausdruck) [bau]
**rail anchor** Schienenanker *m* (schützt vor Kriechen) [mot]
**rail base** Schienenfuß *m* [mot]
**rail-bound travelling mechanism** Schienenfahrwerk *n* [mot]
**rail brake** Gleisbremse *f* [mot]
**railbus** Schienenbus *m* [mot]
**railcar** Triebwagen *m* (z.B. Fliegender Hamburger) [mot]
**railcar, electric -** Elektrotriebwagen *m* [mot]
**railcar trailer** Triebwagenanhänger *m* (Beiwagen) [mot]
**rail clamp** Schienenklammer *f* (Federstabnagel u.a.) [mot]
**rail end** Gleisendabschluss *m* (in Schutzkasten) [mot]
**rail face** Schienenoberkante *f* [mot]

**rail fastening material**
Oberbaumaterial *n* [mot]
**rail flange** Schienenkopf *m* [mot]
**rail foot** Schienenfuß *m* (aus Kopf, Steg, Fuß) [mot]
**rail groove** Spurrille *f* (Radführung in Weiche) [mot]
**rail guide** Schienenführung *f* [mot]
**railhead** Schienenkopf *m* (über Fuß und Steg) [mot]
**railing** Brüstung *f* [bau]; Geländer *n* (Fußweggeländer) [bau]; Schutzgeländer *n* [mot]
**rail inspection stick** Schienenprüfstock *m* [mot]
**rail post** Geländerpfosten *m* [bau]
**rail profile** Schienenprofil *n* [mot]
**railroad bridge** Eisenbahnbrücke *f* [mot]
**railroad crossing** Bahnschranke *f* [mot]
**railroad equipment** Bahnbedarf *m* [mot]
**railroad ferry** Eisenbahnfähre *f* [mot]
**railroad line** Strecke *f* (Eisenbahnstrecke) [mot]
**railroad siding** Bahnanschluss *m* (z.B. am Werk) [mot]; Anschlussgleis *n* [mot]
**railroad station** Bahnhof *m* ((A)) [mot]
**railroad track** Eisenbahnschiene *f* [mot]
**railroad train** Eisenbahnzug *m* [mot]
**rail scrubber car** Schienenreinigungswagen *m* [mot]
**rail stanchion** Geländerpfosten *m* [bau]
**rail surface** Schienenlauffläche *f* (Rad läuft hier) [mot]
**rail test car** Gleismesswagen *m* (gelb; fährt DB Tests) [mot]; Schienenprüfwagen *m* [mot]
**rail testing assembly** Schienenprüfstand *m* [mot]
**rail-testing instrument** Schienenprüfgerät *n* [mot]
**rail testing probe** Schienenprüfkopf *m* [mot]
**rail tongs** Schienenzange *f* [mot]
**rail triangle** Gleisdreieck *n* [mot]
**railway bridge** Eisenbahnbrücke *f* [mot]
**railway cars for freight traffic** Wagen für den Güterverkehr *m* [mot]
**railway crossing** Eisenbahnkreuzung *f* (Gleise kreuzen) [mot]
**railway electrification** Bahnelektrifizierung *f* [mot]
**railway equipment** Bahnbedarf *m* [mot]
**railway ferry boat** Eisenbahnfähre *f* [mot]
**railway, industrial -** Industriebahn *f* [mot]; Werksbahn *f* (in großer Fabrik) [mot]
**railway line** Bahnlinie *f* [mot]; Eisenbahnlinie *f* [mot]; Eisenbahnschiene *f* [mot]; Strecke *f* (Eisenbahnstrecke) [mot]
**railway postal coach** Bahnpostwagen *m* [mot]
**railway power unit** Schienentriebfahrzeug *n* [mot]
**railway products** Eisenbahnprodukte *n* (Eisenbahntechnik) [mot]
**railway property** Bahnanlage *f* [mot]
**railway radio system** Zugbahnfunk *m* [mot]
**railway siding** Bahnanschluss *m* (z.B. am Werk) [mot]; Gleisanschluss *m* [mot]; Anschlussgleis *n* [mot]; Gleisanlagen *pl* (z.B. eines Werkes) [mot]
**railway sidings** Gleisanlagen *pl* (z.B. eines Werkes) [mot]
**railway station** Bahnhof *m* ((B)) [mot]
**railway superstructure** Eisenbahnoberbau *m* [mot]

**railway track** Gleisstrecke *f* (von A nach B) [mot]
**railway track material** Oberbaumaterial *n* [mot]
**railway tracks** Eisenbahngleise *n* [mot]
**railway traction vehicle** Triebfahrzeug *n* (Loks, Triebwagen usw.) [mot]
**railway tractive unit** Schienentriebfahrzeug *n* [mot]
**railway train** Eisenbahnzug *m* [mot]
**railway wagon** Eisenbahnwagen *m* [mot]
**railway workshop** Ausbesserungswerk *n* (der Bahn) [mot]
**rail, welded -** geschweißte Schiene *f* [mas]
**rain cloud** Regenwolke *f* [wet]
**rain drain** Regenrinne *f* [bau]
**raindrop** Regentropfen *m* [wet]
**rain gutter** Regenrinne *f* [bau]
**rain pipe** Dachrinne *f* (Regenrohr am Haus runter) [bau]
**raintrap** Regenfang *m* [wet]
**rainwater gutter** Dachrinne *f* [bau]; Regenrinne *f* [bau]
**rainwater pipe** Fallrohr *n* [bau]
**rainy** regnerisch [wet]
**rainy season** Regenzeit *f* [wet]
**raise** hochheben *v*
**raise a building** erbauen *v* [bau]
**raise adjustment** Höheneinstellung *f* [msr]
**raise claims** Ansprüche erheben *v* [jur]
**raised** erhaben (hervorstehend) [wer]
**raised countersunk head tapping screw** Linsensenkblechschraube *f* [wer]
**raise the premium** Beitrag anheben [jur]
**raising of claims** Erhebung von Ersatzansprüchen *f* [jur]

**rake** Harke *f* (Rechen, Gartenwerkzeug) [wzg]; Wagenreihung *f* (Zuggarnitur) [mot]; Kratzer *m* (Harke) [wzg]
**raker** Strebe *f* (Balken) [bau]
**raking device** Räumegge *f* (am Kratzer) [wzg]
**ram** Rammbär *m* [bau]
**ram** rammen *v* [bau]; treiben *v* (Pfahl) [bau]
**ram hammer** Rammhammer *m* [bau]
**rammer** Ramme *f* [bau]; Rammbock *m* [bau]
**ramp** Rampe *f* (zum Verladen) [bau]
**rampart** Wall *m* (Abwehr- und Festungswall) [bau]
**random** statisch verteilt [mat]; zufallsbedingt (durch Zufall) [mat]
**random access** Direktzugriff *m* [mat]
**random noise** Rauschen *n*
**range** Bereich *m* (auch Gebiet, Sachgebiet); Messbereich *m* (z.B. von 0 - 100 A) [msr]
**range** anordnen *v*; rangieren *v*
**range carrier** Gangplanetenträger *m* [mas]
**range, elastic -** elastischer Bereich *m* [wer]
**range, electric -** Elektroherd *m* (in Küche) [elt]
**range of analyses** Analysenspanne *f* [msr]
**range of application** Anwendungsbereich *m*; Einsatzbereich *m*
**range of audibility** Hörbereich *m* [aku]
**range of control** Regelbereich *m* [msr]
**range of non-saturated echo** Aussteuerungsbereich *m* (noch anpassen) [msr]
**range of outreach** Ausladungsbereich *m* [mbt]

**range of production**
Produktionsbereich *m* [met]
**range of transmission** Reichweite *f*
(z.B. Sender) [elt]
**range of validity** Geltungsbereich *m*
**range of variations** Bereich *m*
(Schwankungsbereich) [bau];
Schwankungsbereich *m* [bau]
**range selector** Bereichsschalter *m*
[elt]
**ranging poles** Fluchtstab *m* [bau]
**ranging rod** Fluchtstab *m* [mbt]
**rapid-assembly method**
Schnellbauweise *f* [bau]
**rapid blow hammer**
Schnellschlaghammer *m* (für Ramme)
[wzg]
**rapid changing device**
Schnellwechselanlage *f* (für Ramme)
[wzg]
**rapid fastener** Schnellverschluss *m*
[mas]
**rapid interruption**
Schnellabschaltung *f* [elt]
**rapid printer** Schnelldrucker *m*
[edv]
**rapid transit** Schnellbahn *f* [mot]
**rapid transit railway** S-Bahn *f*
(Stadtschnellbahn, z.B. Berlin) [mot];
Stadtschnellbahn *f* (S-Bahn) [mot]
**rapping gear** Abklopfeinrichtung *f*;
Rüttelvorrichtung *f* [pow]
**rare steel** Edelstahl *m* (ganz
hochwertiger Stahl) [wer]
**raspberry red** himbeerrot (RAL
3027) [nrm]
**ratchet** Knarre *f* (Ratsche; Werkzeug)
[wzg]; Ratsche *f* [wzg]; Sperre *f*
(Ratsche) [wzg]
**ratchet drill** Bohrknarre *f* [wzg]
**ratchet handle** Klinkengriff *m* [mot]
**ratchet pod** Klinkenstange *f* [mot]
**ratchet spring** Klinkenfeder *f* [mot]
**ratchet stock** Knarre *f* [wzg]

**ratchet wrench** Radschlüssel *m*
[wzg]; Ratschenhebel *m* [wzg]
**rate** Verhältnis *n* [mas]
**rate** bewerten *v*
**rated** bewertet
**rated break point** Sollbruchstelle *f*
[mas]
**rated current** Nennstromzufuhr *f*
[elt]; eingestellter Strom *m* [elt];
Nennstrom *m* [elt]
**rated power** Nennleistung *f* [elt]
**rated speed** Nenndrehzahl *f* [mas];
Nenngeschwindigkeit *f* [mas]
**rated torque** Nennmoment *n* [mas]
**rated value** Nennwert *m* [mas];
Sollwert *m* [mas]
**rated voltage** Nennspannung *f* [elt]
**rate of advance**
Vorschubgeschwindigkeit *f* [mas]
**rate of feed** Transportgeschwindigkeit
*f* (allg.) [mot];
Vorschubgeschwindigkeit *f* [mas]
**rate of occurrence** Fehlerhäufigkeit *f*
[msr]
**rate of traverse**
Vorschubgeschwindigkeit *f* [mas]
**rate of wear** Abnutzungsgrad *m*
[wer]; Verschleißgrad *m* [pow]
**rating** Bewertung *f* (Einschätzung);
Einstufung *f* (Klassifizierung);
Leistung *f* (Einstufung)
**ratio** Teilzahl *f* (durch die geteilt wird)
[mat]; Verhältnis *n* (im Verhältnis
1:5) [wer]
**rational function** rationale Funktion *f*
[mat]
**rationalization** Einsparungen *pl*
(Rationalisierung) [eco]
**rationalization of manufacturing**
Fertigungsrationalisierung *f* [eco]
**ratio of expansion**
Dehnungsverhältnis *n* [mas]
**ratio of transmission**
Übersetzungsverhältnis *n* [mas]

**rattle** rattern *v*
**raw** unbearbeitet [wer]
**raw coal** Rohkohle *f* [roh]
**raw grind** vormahlen *v* [roh]
**raw grinding** Vormahlen *n* [roh]
**raw material** Rohmaterial *m* (Rohstoff) [roh]
**raw material analysis** Rohstoffanalyse *f* [msr]
**raw materials and supplies** Materialaufwand *m* [wer]
**raw metals** Rohmetall *n* [wer]
**raw part** Rohteil *n* [wer]
**raw washer** rohe Unterlegscheibe *f* [mas]
**raw water intake tunnel** Rohwasserzuführkanal *m* [pow]
**raw water pump** Rohwasserpumpe *f* [pow]
**raw water storage tank** Rohwasserspeicher *m* [pow]
**ray** Stempel *m* (im Bergbau unter Hangendem) [roh]
**raze** abbrechen *n* (Gebäude) [bau]
**reach** Ausladung *f* (des Bordkranes) [mbt]; Ausladung *f* (Reichweite); Reichweite *f* (Fahrzeug) [mot]
**reach** vollbringen *v* (erreichen, leisten)
**reactance** Blindwiderstand *m* [elt]; Scheinwiderstand *m* [elt]
**reactance, electric -** Blindleitwert *m* [elt]
**reactance valve** Blindröhre *f* [elt]
**reaction** Auflagerdruckkraft *f* [phy]; Auflagerkraft *f* [bau]; Rückkopplung *f* [elt]
**reaction force** Auflagerkraft *f* [bau]
**reactive** reaktionsfähig [che]
**reactive coil** Drosselspule *f* [elt]
**reactive current** Blindstrom *m* [elt]
**reactive load** Blindlast *f* [elt]
**reactive power** Blindleistung *f* [elt]
**reactive power compensation** Blindstromkompensation *f* [elt]

**reactor element** Reaktorelement *n* [elt]
**readable** lesbar
**reading** Ablesung *f* (von Messgerät, Monitor) [msr]; Messergebnis *n* (ablesbares Resultat) [msr]
**reading accuracy** Ablesegenauigkeit *f* [msr]
**reading error** Ablesefehler *m* [msr]
**reading line** Ablesemarke *f* (Strich) [msr]; Strich *m* (Ablesemarke) [msr]
**reading mouse** Maus *f* (Bildschirmzubehör) [edv]
**readjustable nut** Nachstellmutter *f* [mas]
**read-out** Ablesung *f* (von Messgerät, Monitor) [msr]
**ready** bereit (aufnahmefähig, vorbereitet) [met]
**ready for building** baureif [bau]
**ready for installation** einbaufertig
**ready for operation** betriebsbereit [mot]; betriebsfähig [mot]
**ready-run system** Betriebsbereitschaftssystem *n*
**ready to go to a museum** museumsreif (alt oder sehenswert)
**ready to mount** montagefertig [met]
**ready to move in** bezugsfertig [bau]
**real** echt (z.B. echtes Leder); Ist- (Kurve, Wert)
**realisation** Ausführung *f*
**realization** Durchführung *f*
**real part** Realteil *m* (z.B. einer komplexen Zahl) [mat]
**real power** Wirkleistung *f* [elt]
**real power counter** Wirkleistungszähler *m* [elt]
**real time** Realzeit *f* [edv]
**real-time capabilities** Echtzeitfähigkeit *f* [edv]
**real-time system** Echtzeitsystem *n* [edv]
**ream** aufreiben *v* [met]; erweitern *v* (z.B. Bohrloch vergrößern) [met]

**reamer** Reibahle *f* [wzg]; Aufdornwerkzeug *n* (Metallbearbeitung) [wzg]; Kaliberwerkzeug *n* (zum Aufbohren) [wzg]
**reaming** Aufreiben *n* [met]
**reanimation** Wiederbelebung *f* (z.B. nach Unfall) [hum]
**rear** Hinter- (Rück-) [con]
**rear-axle assembly** Hinterachskörper *m* [mot]
**rear-axle casing** Hinterachsbrücke *f* [mot]
**rear-axle casing cover** Deckel zur Hinterachsbrücke *f* [mot]
**rear-axle drive** Hinterachsantrieb *m* [mot]
**rear-axle flared tube** Hinterachstrichter *m* [mot]
**rear-axle housing** Hinterachsgehäuse *n* [mot]
**rear-axle housing cover** Hinterachsgehäusedeckel *f* [mot]
**rear-axle housing section** Hinterachsgehäusehälfte *f* [mot]
**rear-axle radius rod** Hinterachsschubstange *f* [mot]
**rear-axle shaft** Hinterachswelle *f* [mot]
**rear-axle strut** Hinterachsstrebe *f* [mot]
**rear-axle tube** Hinterachsrohr *n* [mot]
**rear-fired boiler** Kessel mit Rückwandfeuerung *m* [pow]
**rear-mounted** heckmontiert [mot]; hinten montiert [con]
**rear-mounted rotary cutter** Heckfräse *f* [wzg]
**rear-mounted winch** Seilwinde am Heck *f* [mot]
**rear of mouldboard** Scharrücken *m* [mbt]
**rear-panel frame** Rückwandrahmen *m* [mot]

**re-arrange** umgestalten *v* [con]
**re-arrangement** Umbauten *pl* (von Geräten) [mas]
**rear view** Rückansicht *f* [con]
**rear view mirror** Rückspiegel *m* [mot]
**rear-wall header** Rückwandsammler *m* [pow]
**rear-wall riser** Rückwandsteigrohr *n* [pow]
**rear-wall tube** Rückwandrohr *n* [pow]
**rear-wheel hub** Hinterradnabe *f* [mot]
**reason** Ursache *f*
**reason** bedenken *v* (vernünftig überlegen)
**reasonable** vernünftig
**reassemble** wiederzusammenbauen *v* [met]
**reassembly** Wiederzusammenbau *m* [met]
**re-assembly** Wiedereinbau *m* (Teile in Maschine) [mas]
**rebate** Ausfalzung *f* (Tür) [bau]; Falz *m*
**rebated** gefugt (Aussparung im Holz) [mot]
**rebated timbers** gefugte Bohlen *pl* [bau]
**rebating** Aussparung für Schloss im Holz *f* [bau]
**rebound** abprallen *v* (zurückschleudern) [phy]
**rebound strap** Fangband *n* [mot]
**rebuild** umbauen *v* (renovieren) [bau]
**rebuilding** Umbau *m* (Neubau, Neuaufbau) [met]; Zusammenbau *m* (wieder montieren) [met]
**rebuilt** generalüberholt (z.B. Motor) [mas]; überholt (restauriert, z.B. Haus) [bau]
**rebushing** ausbuchsen *v* (alte Zylinder) [mot]

**recall campaign** Rückrufaktion *f* (z.B. Autos mit Mängeln)
**received stamp** Eingangsstempel *m*
**receiver base noise** Empfängerrauschen *n* [elt]
**receiver probe** Empfangsprüfkopf *m* [msr]
**receiving boom** Aufnahmebandträger *m* [mbt]
**receiving circuit** Empfangskreis *m* [elt]
**receiving document** Wareneingangsschein *m*
**receiving installation** Empfangsanlage *f* [elt]
**receptacle** Steckdose *f* [elt]
**recess** Aussparung *f* [mas]; Vertiefung *f* (Einstich) [met]
**recess** aussparen *v* [met]; einlassen *v* (in das Material) [met]
**recessed** eingelassen (in das Material) [met]
**recharge** aufladen *v* (Batterie) [elt]; neu laden *v* [elt]; wiederladen *v* (z.B. Batterie aufladen) [elt]
**rechargeable** wieder aufladbar (Batterie) [elt]
**rechargeable battery** Akkumulatorbatterie *f* [elt]
**recharge time** Aufladezeit *f* (Batterie) [elt]
**recharging** Wiederaufladung *f* (Batterie) [elt]
**re-check** Nachkontrolle *f* [mas]
**reciprocating** hin- und hergehend
**reciprocating grate incinerator stoker** Rückschubmüllbrennrost *m* [pow]
**recirculating duct** Rezirkulationsleitung *f* (Rauchgas) [pow]
**recirculating fan** Umwälzgebläse *n* [pow]
**recirculating pump** Umwälzpumpe *f*

**recirculation fan** Rezirkulationsgebläse *n* [pow]
**reclaim** rekultivieren *v*
**reclaimer** Kratzer *m* (z.B. Brückenkratzer) [mbt]; Aufnahmegerät *n*
**reclaiming** Aufnahme *f* (von Kohle) [roh]; Rückverladung *f* [mbt]
**reclaiming scraper** Abbaukratzer *m* (Zement, Kalk, Gips) [mbt]
**recognised** anerkannt (als Könner)
**recognition** Wiedererkennen *n* (z.B. EDV-Zeichen) [edv]
**recognition by touch** Erkennung durch Berühren *f*
**recoil** Rücklauf *m* [mas]
**recoil spring** Feder *f* (Spiraldruckfeder, z.B. im Puffer) [mas]; Spannfeder *f* [mas]; Spiraldruckfeder *f* (z.B. im Puffer) [mot]; Spiralfeder *f* [mas]
**recoil starter** Rückstoßfeder *f* [mas]; Anreißstarter *m* (am Rasenmäher) [mot]; Starter *m* (z.B. Anreißstarter Rasenmäher) [mas]
**recommendation** Beratung *f* (Empfehlung, Ratschlag)
**recommended** empfohlen (nahegebracht)
**recondition** aufarbeiten *v* (restaurieren); instandsetzen *v* (restaurieren) [mas]; überholen *v* (restaurieren) [mas]
**reconnaissance** Erkundung *f*
**reconnect** wiedereinschalten *v* (nach Missbrauch)
**reconnection circuit, automatic -** Wiederbereitschaftsschaltung *f* [msr]; Wiederbereitschaltung *f* (Fotozellen) [msr]; Wiederbereitstellungsautomatik *f* [msr]; Wiedereinschaltautomatik *f* (Rolltreppe) [msr]
**reconstruct** wiederherstellen *v* (z.B. Altbau) [bau]

**reconstruction** Umrüstung *f* (Neubau, Neuformulierung) [mas]; Aufbau *m* (einer zerstörten Stadt) [bau]; Wiederaufbau *m* (nach Kriege) [bau]
**record** Aufzeichnung *f* (auch Protokoll); schriftliche Unterlage *f*; Strafregisterauszug *m* (ohne Eintrag) [jur]
**record** aufnehmen *v* (auf Tonträger) [elt]; aufzeichnen *v* (auf Tonträger) [elt]; protokollieren *v* (aufzeichnen)
**recorder** Registriereinrichtung *f* [msr]; Anzeiger *m* (Dampfmengenanzeiger) [msr]
**recorder head** Schreibkopf *m* [msr]
**recording** Registrierung *f* [msr]; Wiedergabe *f* (Aufzeichnung)
**recording chart** Registrierstreifen *m* [msr]
**recording, continuous -** laufende Aufschreibung *f* [msr]
**recording instrument** Registriergerät *n* [msr]
**recording method** Registrierverfahren *n* [msr]
**recording strip** Registrierstreifen *m* (Schreibstreifen) [msr]; Schreibstreifen *m* [msr]
**recording system** Schreibwerk *n* (Aufzeichnungsgerät) [msr]
**recording tachometer** Drehzahlabnehmer *m* [msr]
**recording thermometer** Schreibthermometer *n* [msr]
**record of delivery** Übergabeprotokoll *n* [msr]
**records of processing** Bewegungssatz *m* (EDV, Lagerbestand) [edv]
**re-count** nachzählen *v*
**recoverable** abbauwürdig (Kohle) [roh]
**recovering and utilizing waste heat** Kraft-Wärme-Kopplung *f* [pow]
**recovering waste heat** Abwärmeverwertung *f* [pow]
**recovery boiler** Wiedergewinnungskessel *m* (Laugenkessel) [pow]
**recovery crane** Bergekran *m* [roh]
**recovery time** Beruhigungszeit *f*
**rectangle** Viereck *n* [mat]
**rectangular** rechtwinklig [mat]
**rectangular beam** Rechteckstrahler *m* [elt]
**rectangular box section** Vierkanthohlprofil *n* [wer]
**rectangular duct** Rechteckkanal *m* [bau]
**rectangular hollow section** Rechteckhohlprofil *f* [wer]
**rectangular pulse** Rechteckimpuls *m* [elt]
**rectangular section** Rechteckprofil *n* [bau]
**rectangular tube section** Vierkanthohlprofil *n* [wer]; Vierkantprofil *n* [mas]
**rectification** Gleichrichtung *f* [elt]
**rectifier** Gleichrichter *m* [elt]
**rectifier for brakes** Gleichrichter für Bremsen *m* [mas]
**recycle** wiederaufbereiten *v* (Dosen, Papier, Uran) [jur]
**recycling** Aufbereitung *f* (Abfall) [rec]; Wiederaufbereitung *f* (z.B. Asphalt) [jur]
**recycling plant** Wiederaufbereitungsanlage *f* [jur]
**red brass** Rotguss *m* (mit Messinglegierung) [wer]
**red brown** rotbraun (RAL 8012) [nrm]
**re-design** überarbeiten *v* (konstruktiv verbessern) [mas]
**redevelopment scheme** Sanierungsprojekt *n* [bau]
**Redler conveyor** Redler *m* (Zuteiler) [pow]; Zuteiler *m* [pow]
**red lilac** rotlila (RAL 4001) [nrm]

**redo** nacharbeiten *v* (erneut bearbeiten) [met]
**red orange** rotorange (RAL 2001) [nrm]
**reduce** herabdrücken *v* (die Wirkung); reduzieren *v*; vermindern *v*; verringern *v*
**reduced** vermindert
**reduced shank** Dehnschaft *m* [mas]
**reduced-voltage starting** Sanftanlauf *m* (Motor) [elt]
**reducer** Reduziereinsatz *m* [mas]; Reduzierstück *n* (z.B. in Rohrleitung) [mas]; Übergangsrohr *n* (Durchmesser wird kleiner) [mas]; Übersetzungsgetriebe *n* [mas]; Verdünnungsmittel *n* [mas]
**reducer connector** Reduzierverschraubung *f* [mot]; Konusreduzieranschluss *m* [mot]
**reducing gear** Übersetzungsgetriebe *n* [mas]
**reducing nipple** Reduziernippel *m* [mas]
**reducing valve** Reduzierventil *n* [mas]
**reduction** Einschnürung *f* (Feuerraum; Rohre) [pow]; Einziehung *f* (Einschnürung) [mas]; Untersetzung *f* (z.B. Planetenuntersetzung) [mas]; Verengung *f* (Feuerraum; Rohre) [pow]; Verringerung *f* (Beträge, Leistung) [jur]; Zerkleinerung *f* (in Brecher) [roh]
**reduction gear** Untersetzungsgetriebe *n* [mas]
**reduction in area** Einschnürung *f* [con]
**reduction of bumps** Abschwächung der Unebenheiten *f*
**reduction of cross-section** Querschnittsminderung *f* [con]
**reduction of performance** Leistungsreduktion *f* [pow]

**reduction piece** Reduzierstück *n* (der Verrohrungsanlage) [mas]
**reduction ratio** Untersetzungsverhältnis *n* [mas]
**redundant** redundant (mehr als einmal vorhanden)
**red violet** rotviolett (RAL 4002) [nrm]
**red zone** roter Bereich *m* (gefährlich, riskant)
**reed green** schilfgrün (RAL 6013) [nrm]
**reef knot** Kreuzknoten *m* [mot]
**reel** Rolle *f* (Blech) [wer]; Trommel *f* (z.B. für Kabel) [elt]
**reemploy** neueinstellend *v* (wieder beschäftigen) [eco]
**reemployment** Wiedereinstellung *f* (Beschäftigung) [eco]
**re-entry** Wiedereintritt *m* (z.B. in Erdatmosphäre)
**reeve** einscheren *v* (ein Seil) [mas]
**reface** erneuern *v* (Fassade) [bau]
**reference** Bezug *m* (mit Bezug auf den Vertrag) [jur]
**reference analysis** Richtanalyse *f* [msr]
**reference block** Prüfblock *m* (Körper) [msr]; Prüfkörper *m* [msr]; Testkörper *m* (für Prüfverfahren) [msr]
**reference circle** Mittelkreis am Schneckenrad *m* [mas]; Teilkreis *m* (am Stirnrad) [mas]
**reference conditions** Bezugsbedingungen *pl* [msr]
**reference diameter** Teilkreisdurchmesser *m* (am Stirnrad) [mas]
**reference dimension** Kontrollmaß *n* [mas]
**reference echo** Bezugsecho *n* [aku]
**reference edge** Bezugskante *f* (hiernach richten) [con]

**reference flaw** Testfehler *m* (Defekt bei Prüfung) [msr]
**reference for level difference** Meterriss *m* (für Belag, Estrich) [bau]
**reference height** Bezugshöhe *f* (z.B. des Bordsteins) [bau]
**reference input** Führungsgröße *f* (Regelung) [msr]; Sollwert *m* (Regelung) [msr]
**reference level** Bezugspegel *m* [bau]
**reference node** Referenzknoten *m* [elt]
**reference photograph** Referenzfoto *n* (als Muster oder Beweis)
**reference profile** Bezugsprofil *n* [con]
**reference sleigh** Schleifkufe *f* [mbt]; Gleitschuh *m* [mbt]
**reference standard** Vergleichskörper *m* [elt]
**reference surface** Bezugsfläche *f* (auf die sich ... bezieht) [mas]
**reference tube** Testrohr *n* (Hilfsmittel bei Prüfung) [msr]
**reference value** Führungsgröße *f* (Regelung) [msr]; Bezugswert *m* [con]
**reference value transmitter** Sollwertgeber *m* [msr]
**reference wire** Leitdraht *m* [elt]
**refill** auffüllen *v* (einen Graben); zufüllen *v* (einen Graben)
**refilling** Zufüllen von Gräben *n* [mbt]
**refill tap** Einfüllschraube *f* [mas]; Ölnachfüllschraube *f* [mas]
**refine** veredeln *v* [roh]
**refinery gas** Raffineriegas *n* [roh]
**refining** Verfeinerung *f* (z.B. Rohöl, Zucker) [roh]
**refinishing** Nacharbeiten *pl* [met]
**reflected image** spiegelbildlich (seitenverkehrt) [con]
**reflected image, in -** spiegelbildlich (seitenverkehrt)
**reflected sound** reflektierter Schallimpuls *m* [aku]
**reflecting surface** Rückstrahlfläche *f* [elt]
**reflection characteristics** Rückstrahlcharakteristik *f* [phy]
**reflection coefficient** Reflexionsfaktor *m* [phy]; Reflexionskoeffizient *m* [phy]
**reflection, diffuse -** diffuse Reflexion *f* [phy]
**reflection, double bounce -** zweimalige Reflexion *f* [elt]
**reflection face** Reflexionsfläche *f* [phy]
**reflection factor** Reflexionskoeffizient *m* [phy]
**reflection gap** Reflexionsloch *n* [phy]
**reflection light barrier** Reflexionslichtschranke *f* [phy]
**reflection method** Reflexionsverfahren *n* [phy]
**reflector** Rückstrahler *m* [mot]
**reflector, cylindrical -** zylindrischer Reflektor *m* [mot]
**reflector, disc-shaped -** kreisscheibenförmiger Reflektor *m* [elt]
**reflex reflector** Rückstrahler *m* [mot]
**refracting prism** Brechungsprisma *f* [phy]
**refraction** Brechkraft *f* (von Schallinsen) [aku]
**refraction angle** Einschallwinkel *m* [msr]
**refraction of plane waves** Brechung von ebenen Wellen *f* [phy]
**refraction of spherical waves** Brechung von Kugelwellen *f* [phy]
**refraction prism** Brechungsindex *m* [phy]
**refractoriness** Feuerbeständigkeit *f* [pow]
**refractory** feuerfest [wer]

**refractory** Schamotte *f* [pow]
**refractory baffle** Schamottesteinwand *n* (aufgelegt a. Rohre) [pow]
**refractory brick** feuerfester Stein *m* (Schamotte) [min]; Schamottestein *m* [mot]
**refractory brickwork** feuerfestes Mauerwerk *n* [pow]
**refractory lining** feuerfeste Ausmauerung *f* [pow]; Schamotteauskleidung *f* [pow]
**refractory wall** Schamottesteinwand *n* [pow]
**refrigerated container** Kühlbehälter *m* [mot]
**refrigerated container vessel** Kühlcontainerschiff *n* [mot]
**refrigerated lorry** Kühlwagen *m* (Lkw) [mot]; Kühlfahrzeug *n* [mot]
**refrigerated wagon** Kühlwagen *m* (der Bahn) [mot]
**refrigerator ship** Kühlschiff *n* [mot]
**refuge** Nische *f* (Sicherheitsraum im Tunnel) [mot]; Sicherheitsnische *f* (im Tunnel) [mot]; Sicherheitsraum *m* (Nische im Tunnel) [mot]
**refurbish** aufarbeiten *v* (restaurieren); restaurieren *v* (aufmöbeln)
**refurbishing** Altbausanierung *f* [bau]
**refurbishment** Modernisierung *f* [bau]
**refuse** Abfallbrennstoff *m* [rec]
**refuse collecting vehicle** Müllfahrzeug *n* [jur]
**refuse collection vehicle** Müllsammelfahrzeug *n* [jur]
**refuse firing** Müllverbrennung *f* [jur]
**refuse incineration** Müllverbrennung *f* [jur]
**refuse incineration plant** Müllverbrennungsanlage *f* [jur]
**regenerative air heater** Regenerativ-Luvo *m* [pow]

**regenerative air preheater** Regenerativ-Luvo *m* (Ljungstrom-Luvo) [pow]
**regional airport** Regionalflugplatz *m* [mot]
**regional planning** Raumplanung *f* [bau]
**region of disturbance** Schütterungsgebiet *n* (Erdbeben) [bau]
**register stage** Registrierstufe *f*
**register type construction** Registerbauweise *f* (Rohrwände) [pow]
**registration of drawings** Zeichnungsregistratur *f* [con]
**registration of faults** Schadenerfassung *f* [jur]
**regular** regelmäßig (z.B. zu bestimmten Zeiten)
**regulate** einstellen *v* (einregulieren); einstellen *v* (regeln)
**regulated input** Stelleingang *m* [msr]
**regulated voltage** Regelspannung *f* (Spannung gleichbleibend) [elt]
**regulating circuit** Regelkreis *m* [msr]; Reglerkreis *m* [msr]
**regulating control** Stellglied *n* [msr]
**regulating damper** Regulierklappe *f* (einstellbar) [msr]
**regulating pump** Regelpumpe *f* [mot]
**regulating resistor** Regelwiderstand *m* [elt]
**regulating switch** Reglerschalter *m* [elt]
**regulating system** Reglersystem *n* [mot]
**regulating transformer** Regeltransformator *m* [msr]
**regulating unit** Stellglied *n* [mas]
**regulating valve** Regelventil *n* [msr]
**regulation** Verstellung *f* [msr]; Vorschrift *f* [nrm]
**regulator** Konstanthalter *m* [msr]; Regler *m* [mot]

**regulator and cut-out relay**
Regelschalter *m* [mot]
**regulator handle** Regulatorhebel *m*
(Dampflok) [mot]
**regulator lever** Reglerhebel *m* [mot]
**regulator pipe** Reglerrohr *n*
(Dampflok) [mot]
**regulator tube** Reglerrohr *n*
(Dampflok) [mot]
**regulator valve** Reglerventil *n*
(Dampflok) [mot]
**rehandling and forwarding**
Umschlag und Spedition
**rehandling and storage** Umschlag
und Lagerung
**rehandling excavator**
Umschlagbagger *m* [mbt]
**rehandling grab** Verladegreifer *m*
(meist ohne Zähne) [mbt]
**rehandling operation**
Umschlagbetrieb *m* [mbt]
**reheat cycle** Zwischenüberhitzung *f*
[pow]
**reheater** Zwischenüberhitzer *m*
[pow]
**reheater gas pass**
Zwischenüberhitzerzug *m* [pow]
**reheat steam temperature**
Zwischendampftemperatur *f* [pow];
Zwischenüberhitzungstemperatur *f*
[pow]
**reinforce** armieren *v* (mit Beton,
Metall) [bau]; bewehren *v* (mit
Armierung) [bau]; vernetzen *v*
(verstärken) [mas]
**reinforced** armiert [bau]; verstärkt
(Strebe, Winkel o.ä.) [mas]
**reinforced concrete** Spannbeton *m*
[mas]; Stahlbeton *m* (Eisenbeton)
[mas]
**reinforced-concrete construction**
Stahlbetonbau *m* [bau]
**reinforced-concrete core**
Stahlbetonkern *m* [mas]

**reinforcement** Armierung *f* [bau];
Bewehrung *f* [bau]; Verstärkung *f*
(z.B. durch Rippen) [mas];
Versteifung *f* [mas]; Baustahlgewebe
*n* [bau]
**reinforcement drawing**
Bewehrungsplan *m* [bau]
**reinforcement, excessive -** überhöhte
Decklage *f* (Schweißtechnik) [met]
**reinforcement of welded seam, bead**
Schweißnahterhöhung *f* [met]
**reinforcement plan**
Bewehrungszeichnung *f* [bau]
**reinforcing** Armierung *f* [bau]
**reinforcing bar** Bewehrungsstahl *m*
[bau]
**reinforcing plate** Verstärkungsplatte *f*
[bau]
**reinforcing rod** Bewehrungsstahl *m*
[bau]
**reinstatement** Rückversetzung *f* (in
den alten Zustand) [jur]
**reinsurance** Rückversicherung *f*
[jur]
**re-insurance accepted** Rückdeckung
*f* (in Rückdeckung nehmen) [jur]
**reject** ablehnen *v* (eine Forderung)
[jur]; abweisen *v*
**rejection** Rückwurf *m* [mbt]
**rejector circuit** Sperrkreis *m* (bei
Störung) [mbt]
**related** artverwandt;
zusammengehörig
**relation** Beziehung *f* (kausale
Beziehung) [edv]
**relational** relational [elt]
**relationship** Verhältnis *n* (im
Verhältnis zu ...)
**relationship between load and life**
Lebensdauergleichung *f* [mas]
**relationship of the levers**
Hebelverhältnis *n* [mas]
**relaxation formula**
Relaxationsgleichung *f* [edv]

**relaxation procedure** Relaxationsmethode *f* [edv]
**relay** Schütz *m* [elt]; Relais *n* [elt]
**relay board** Relaiskarte *f* [elt]
**relay connection** Relaisschaltung *f* [elt]
**relay excitation** Ankeranzug *m* [elt]
**relay module** Relaisbaustein *m* [elt]
**relay power board** Relaisleistungskarte *f* [elt]
**relay station** Umspannwerk *n* [elt]
**relay store** Relaisspeicher *m* [elt]
**relay valve** Überströmventil *n* [mot]
**relay winding** Relaiswickler *m* [elt]
**releasable connection** lösbare Verbindung *f* (z.B. abschraubbar) [mas]
**release** Freigabe *f* [edv]; Auslöser *m* [mas]
**release** auslösen *v* (durch Hebel) [mas]; ausrücken *v* (freigeben); ausschalten *v* (freigeben) [mas]; entspannen *v* (lösen); freigeben *v* (Film, Werkstück); vorgeben *v* (an das Werk)
**release, automatic -** Selbstauslösung *f* [elt]
**release collar** Ausrückmuffe *f* [mot]
**release current** Auslösestrom *m* [elt]
**released** vorgegeben (an das Werk)
**release for series production** Serienfreigabe *f* [mas]
**release relay** Relais für Freigabe *n* [elt]
**release spring** Rückholfeder *f* [mas]; Rückzugsfeder *f* [mas]
**release valve** Löseventil *n* [mas]
**releasing lever** Ausrücker *m* [mas]
**relevant to ...** in Verbindung mit ...
**reliability** Zuverlässigkeit *f*
**reliable** zuverlässig
**reliably working** zuverlässig arbeitend
**relief cap** Sicherheitskappe *f* [mas]
**relief ground, backed off** hinterschleifend [mas]
**relief-milled** hinterfräsend [mbt]
**relief valve** Drosselrückschlagventil *n* [mas]; Entlastungsventil *n* [mas]; Überdruckventil *n* [mas]
**relieving spring** Entlastungsfeder *f* [mas]
**remainder** Rest *m* [mat]
**remaining lifting capacity** Resttragfähigkeit *f* (des Gabelstaplers) [mbt]
**remaining wall thickness** Restwandstärke *f* [mas]
**remark** anmerken *v* (eine Bemerkung machen)
**remedy** Arzneimittel *pl* (Pillen, Tropfen) [hum]
**remedy** beseitigen *v* (Schaden erledigen); heilen *v* (durch Medizin etc.) [hum]
**remedying of the fault** Störungsbeseitigung *f*
**remnant** Rest *m*
**remodelling** Umbau *m* (der Stranggießanlage) [mas]
**remote** abgelegen (weit weg); abseits (entfernt gelegen)
**remote control** Fernbedienung *f* [elt]; Fernsteuerung *f* [elt]
**remote controlled** ferngelenkt [elt]
**remote-distant-reading thermometer** Thermometer mit Fernablesung *m* [msr]
**remote indication** Fernanzeige *f* [elt]
**remote oil level indicator** Ölstandsfernanzeiger *m* [pow]
**remote operated** ferngesteuert [pow]
**remote operation** Fernbedienung *f* [elt]
**remote sensing** Fernerkundung *f* [edv]
**remote station control** Revisionsfahrkabel *n* [elt]

**removable** abnehmbar; herausnehmbar (abnehmbar)
**removal** Beseitigung *f* (Entfernen); Entfernung *f* (eines Maschinenteils) [mas]; Abbau *m* (Entfernung, Ausbau) [rec]; Abtransport *m* (Entfernung); Ausbau *m* (Entfernung, Abbau) [rec]
**remove** abhängen *v* (von einem Haken); abheben *v* [rec]; abnehmen *v* (entfernen, einen Deckel); ausarbeiten *v* (einen Riss beseitigen) [met]; ausbauen *v* (wegnehmen) [rec]; wegräumen *v* (z.B. Schutt)
**remove by chipping** abmeißeln *v* [met]
**remove by milling** abfräsen *v* [met]
**remove by planing** abhobeln *v* [met]
**removed** verlagert (weggebracht)
**remove rust** entrosten *v* [met]
**render** Bewurf *m* [bau]; Verputz *m* [bau]
**render** verputzen *v* [bau]
**rendering** Zementputz *m* (meist außen) [bau]
**rental car** Leihwagen *m* (Mietwagen) [mot]; Mietwagen *m* (Mietauto) [mot]
**rented car** Leihwagen *m* (Mietwagen) [mot]
**reorganization** Neuordnung *f* [eco]
**repair** Abhilfe *f* (bei Schäden); Reparatur *f* [mas]; Überholung *f* (Reparatur) [mas]
**repair** ausbessern *v* (reparieren) [mas]; instand setzen *v* [mas]; überholen *v* (reparieren) [mas]
**repair and restoring work** Nacharbeit *f* [mas]
**repair kit** Reparaturkasten *m* [met]; Reparatursatz *m* [met]
**repair manual** Werkstatthandbuch *n* (Reparaturanleitung) [met]
**repair parts** Reparaturteile *pl* [mas]
**repair-prone** erneuerungsbedürftig
**repair service** Reparaturbetrieb *m* [mas]
**repair set** Reparatursatz *m* (z.B. für den Zylinder) [mas]
**repair-weld** nachbrennen *v* (als Reparatur) [met]; nachschweißen *v* (als Reparatur) [met]
**repair welding** Reparaturschweißung *f* [met]
**repair work** Reparaturarbeit *f* [mas]
**repeated passage** zweimaliger Durchlauf *m* [met]
**repeated stress** Dauerschwingbeanspruchung *f* [wer]
**repeat parts** Wiederholteile *pl*
**repetition** Wiederholung *f*
**repetition frequency** Folgefrequenz *f* [elt]
**replace** auswechseln *v* (durch Gleichwertiges) [mas]; erneuern *v* (z.B. Teile; ersetzen) [mas]
**replaceable** austauschbar
**replaceable assemblies** Austauschbarkeit *f*
**replaceable tooth tip** Aufsteckzahn *m* [mbt]
**replaced by** ersetzt durch (gleichwertig) [con]
**replenishment** Wiederauffüllung *f* [bod]
**replica** Nachbau *m*
**report** Berichterstattung *f*
**reporting** Berichtswesen *n*
**reporting system** Berichtssystem *n*; Berichtswesen *n*
**report on disturbances** Sammelstörmeldung *f*
**report on the condition** Befundbericht *m*
**representation, graphical -** grafische Darstellung *f* [con]
**representation of knowledge** Repräsentation von Wissen *f* [edv]

**representation of the employees**
Belegschaftsvertretung *f* [eco]
**representative, authorized -**
Bevollmächtigter *m* [eco]
**reputation** Ansehen *n* (Ruf)
**request** Bitte *f* (Wunsch)
**request** abfragen *v*; auffordern *v*; fordern *v* (bitten)
**request for modification**
Änderungswunsch *m*
**require** brauchen *v* (benötigen); erfordern *v* (benötigen)
**required** erforderlich (benötigt)
**required floor space** Platzbedarf *m* [bau]
**requirement** Anforderung *f* (Nachschub); Forderung *f* (erforderliches Material) [eco]
**requirements definition**
Anforderungsdefinition *f*
**requisition** Bedarfsermittlung *f* [elt]
**requisitioning** Bedarfsermittlung *f*
**reradiation** Rückstrahlung *f* [pow]
**rerailing** aufgleisen *v* [mot]
**rerailing device** Aufgleiseinrichtung *f* (Bahn) [mbt]
**rerailing equipment** Aufgleisgerät *n* [mot]; Wiederaufgleisgerät *n* [mot]
**reroof** neu eindecken *v* [bau]
**reroute** umlegen *v* (anders legen)
**reseating** Neuschleifen der Ventilsitze *n* [mot]
**reseda green** resedagrün (RAL 6011) [nrm]
**reservation** Vorbehalt *m* (unter Vorbehalt)
**reserve** Lagerstätte *f* (z.B. Rohstoffe) [roh]
**reserve** vorbehalten *v* (das Recht vorbehalten)
**reserve fuel tank**
Kraftstoffreservebehälter *m* [mot]
**reserve mill** Reservemühle *f* [pow]

**reserve petrol tank**
Benzinreservebehälter [mot]
**reserves** Vorrat *m* (Reserve) [roh]
**reservoir** Behälter *m* (auch Staubecken) [was]; Speicher *m* [was]
**reset** Zurücksetzung *f* (auf Ursprung) [edv]; Löschen *n* (des momentanen Status) [edv]
**reset button** Entriegelungstaster *m* [elt]; Rückmeldeknopf *m* [pow]
**re-set button** Löschtaste *f* (z.B. in Recorder) [edv]
**reset button - step sag switch**
Stufenabsenksicherung *f* [mbt]
**reset position** Ausgangsstellung *f* (Ruhestellung); Ruhestellung *f* (Ausgangsstellung) [pow]
**reset pulse** Rückstellimpuls *m* [elt]
**reset switch** Einlassschalter *m* [mot]; Rückmeldeschalter *m* [pow]
**resident** Anwohner *m*
**residential area** Wohngegend *f* (in einer Stadt) [bau]; Wohngebiet *n* [bau]
**residual capacity** Restkapazität *f* (Batterie) [elt]
**residual charge** Restladung *f* (Batterie) [elt]
**residual deflection** bleibende Durchbiegung *f* [wer]
**residual hardness** Resthärte *f* [pow]
**residual material** Rückstandsmaterial *n*
**residual oil** Rückstandsöl *n* [pow]
**residual oil fired boiler**
Rückstandsölkessel *m* [pow]
**residual products** Restprodukte *pl*
**residual strain** bleibende Dehnung *f* (Verformung) [wer]; Verformung *f* (bleibende Dehnung) [pow]
**residual stress** Eigenspannung *f* (im Material) [wer]; Restspannung *f* (im Material) [wer]

**residual stress due to welding**
Schweißspannung f [met]
**residue** Rest m (Ablagerung);
Rückstand m (lagert sich ab,
verbleibt) [bod]
**resign** zurücktreten v (resignieren)
[eco]
**resilent** federnd
**resilient seal** federnde Abdichtung f
[mot]
**resistance** Beständigkeit f
(Widerstand) [mas];
Widerstandsfähigkeit f [bau]
**resistance fusion welding**
Widerstandschmelzschweißen n
[met]
**resistance, least -** geringster
Widerstand m [elt]
**resistance network** Widerstandsleiter
m [elt]
**resistance to abrasion**
Abriebswiderstand m (des Rohres)
[wer]
**resistance to flow**
Strömungswiderstand m [pow]
**resistance to forward motion**
Fahrwiderstand m [mot]
**resistance to shock or impact**
Schlagfestigkeit f [wer]
**resistance to wear**
Verschleißfestigkeit f [wer]
**resistance to weathering**
Witterungsbeständigkeit f [wer]
**resistance welding**
Widerstandspressschweißen n [met]
**resistant** beständig (z.B.
wasserbeständig) [wer]
**resistive load line** Widerstandsgerade
f [elt]
**resistivity** spezifischer Widerstand m
[elt]
**resistor** Widerstand m [elt]
**resolution of forces** Kräftezerlegung f
[bau]

**resolution power**
Auflösungsvermögen n [phy]
**resonance curve** Resonanzkurve f
[phy]
**resonance frequency**
Resonanzfrequenz f [phy]
**resonance method**
Resonanzverfahren n [phy]
**resonance, natural -**
Eigenschwingung f (eines Systems)
[phy]
**resonance step-up**
Resonanzüberhöhung f [phy]
**resonance testing** Resonanzprüfung f
[msr]
**resonant frequency** Eigenfrequenz f
[phy]; Resonanzfrequenz f [phy];
Schwingfrequenz f [phy]
**resource allocation**
Kapazitätszuordnung f [edv]
**respective** entsprechend
(dementsprechend)
**respond** gehorchen (Motor spricht an)
[elt]
**respond** ansprechen v (auf etwas)
**response** Rückfluss m
**response delay** Ansprechverzögerung
f [elt]
**response threshold** Ansprechschwelle
f [elt]
**response time** Ansprechzeit f [elt]
**responsible, be -** haften v (Schaden
verantworten)
**responsive** reaktionsfähig [che]
**rest** Ruhepause f; Stütze f (Auflage,
Halterung) [mas]; Lager n (Stütze)
[bau]; Überbleibsel n (Rest)
**rest** pausieren v (eine Pause machen)
**restart inhibit** Wiederanlaufsperre f
[elt]
**restaurant car** Speisewagen m
(Zugrestaurant) [mot]
**resting contact** Ruhekontakt m [elt]
**resting position** Ruhestellung f [mas]

**restore** restaurieren *v* (z.B. Gebäude erneuern) [bau]; überholen *v* (restaurieren) [bau]; wiedereinlesen *v* (von Gesichertem) [edv]; wiederherstellen *v* (wieder einspielen) [edv]; wiederherstellen *v* (z.B. Altbau) [bau]; zurückbringen *v* (von Daten) [edv]; zurückholen *v* (von Daten) [edv]
**restored** renoviert [bau]; überholt (restauriert, z.B. Lok) [mot]
**restoring** Nacharbeit *f*
**rest potential** Ruhespannung *f* [elt]
**restrain** einspannen *v* [met]
**restraint** Einspannung *f* [bau]
**restraint abutment** eingespanntes Auflager *n* [bau]
**restricted** begrenzt (auf bestimmtes Gebiet)
**restriction** Einschränkung *f* (Beschränkung); Verengung *f* (Ölstrom) [mot]; Verminderung *f* (Ölstrom) [mot]
**restriction of angle of front tilt** Neigewinkelbegrenzung *f* (für Gabelstapler) [mbt]
**restriction of front tilt angle** Neigewinkelbegrenzung *f* (für Gabelstapler) [mbt]
**restrictor** Drosselbuchse *f* [mot]
**restructure** Neustrukturierung *f*
**restructure** gliedern *v* (neu gliedern)
**result** Resultat *n*
**resurfacing** Auftragsschweißung *f* (Reparatur) [met]
**retain** behalten *v* (stutzen) [bau]; stützen *v* (behalten) [bau]; zurückbehalten *v*
**retainer** Feder *f* (Biegefeder) [mas]; Haltescheibe *f* [mas]; Gegenhalter *m* [mas]; Halter *m* (Befestigung, Festhalter); Haltestück *n* [mas]
**retainer plate** Halteplatte *f* [mas]; Haltestück *n* (Halteplatte) [mas]

**retainer sleeve** Haltemuffe *f* [mas]
**retaining** Halterung *f* (von Schläuchen) [mas]
**retaining bracket** Halteklammer *f* [mot]
**retaining clamp with bracket** Halterungsschelle mit Konsole *f* [mas]
**retaining pin** Splint *m* [mas]
**retaining plate** Halteblech *n* [mas]
**retaining ring** Federring *m* [mas]; Haltering *m* (Sicherungsring) [mas]; Sicherungsring *m* (Haltering) [mas]; Simmerring *m* [mot]; Sprengring *m* (bei der Bahn) [mot]
**retaining spring** Haltefeder *f* [mas]
**retapped** nachgearbeitet (z.B. Rotor) [mot]
**retard** hemmen *v* (verzögern, hinauszögern); verlangsamen *v*; verzögern *v* (hinauszögern)
**retardation** Verzögerung *f* (beim Bremsen des Waggons) [mot]
**retarded** verlangsamt [mot]; verzögert
**retarded combustion** Nachverbrennung *f* [pow]
**retarded ignition** Nachzündung *f* [pow]
**retarder** Zusatzbremse *f* [mot]; Retarder *m* (Zusatzbremse, Verlangsamer) [mot]
**retarder box** oberer Sammelbehälter *m* (Kugelregen) [pow]
**retarding** Verzögern *n* [mas]
**retention** Einbindung *f* [pow]; Zurückbehalten *n* (Gegenteil: Weggeben)
**retention basin** Rückhaltebecken *n* [was]
**retest** Nachprüfung *f* [msr]; Wiederholungsprüfung *f* [msr]
**retest specimen** Nachprüfungsmusterstück *n* [met]

**retighten** nachziehen *v* (Muttern) [met]
**retightening** Nachspannen *n* [met]
**retorque** anziehen *v* (Schraube wieder anziehen) [met]
**retort type furnace** Tiegelfeuerung *f* [pow]
**retort-type slag-tap furnace** Schmelztiegelfeuerung *f* [pow]
**retract** einfahren *v* (den Zylinder) [mas]; einziehen *v* (den Hydraulikzylinder) [mas]; zurückziehen *v* [pow]
**retractable** einfahrbar (der Hydraulikzylinder) [mas]; einziehbar [mas]
**retractable floor** Rollboden *m* (Schürfkübel) [roh]
**retracted** eingefahren (Hydraulikzylinder) [mas]; eingezogen (Abstützung) [mas]
**retraction** Rückführung *f* (Einziehen des Zylinders) [mas]; Zurücknahme *f* [mot]; Rückwärtsgang *m* (Rußbläser) [pow]; Rückfahren *n* (z.B. Rußbläser; Zurückziehen) [pow]; Zurückfahren *n* (z.B. Rußbläser) [pow]
**retraction and extraction times** Ein- und Ausfahrzeiten *pl* (des Zylinders) [mas]
**retraining measure** Umschulungsmaßnahme *f*
**retread** runderneuert (Reifen) [mot]
**retreat** abziehen *v* (fliehen)
**retroaction date** Rückwirkungsdatum *n* [jur]
**retroactive** rückwirkend (rückwirkend bis ...)
**return** Rücklauf *m* (Werkzeugmaschine) [met]
**return** zurückgeben *v*; zurückreichen *v* (retournieren)
**return chain sprocket shaft** Umlenkwelle *f* [mas]
**return, coarse particles** - Grießrückführung *f* (Mühle) [pow]
**return form** Rückwarenschein *m*
**return key** Datenfreigabetaste *f* [edv]
**return part** Austauschaggregat *n*; Austauschteil *n*
**return pipe** Abspritzleitung *f* [was]; Rücklaufleitung *f* [mot]; Rücklaufrohr *n* [mot]
**return pulley** Umlenkrolle *f* (nicht am Bagger!) [mot]
**return shipment** Rücksendung *f*
**return spring** Rückholfeder *f* [mot]
**return station** Umlenkstation *f* (der Rolltreppe, unten) [mbt]; Umsetzstation *f* (der Rolltreppe) [mbt]; Wendestation *f* [mbt]
**return temperature** Rücklauftemperatur *f* (Wasser) [pow]
**return to zero position** Nullrückstellung *f* [mot]
**return train** Gegenzug *m* [mot]
**return tumbler** Umlenkturas *m* (des Schaufelradbaggers) [mbt]; Leitrad *n* (des Schaufelradbaggers) [mbt]
**reusability** Wiederverwertbarkeit *f* (z.B. Software) [edv]
**re-usable iron** Nutzeisen *n* [wer]
**reveal** Laibung *f* (Mauerwerksöffnung) [bau]; Leibung *f* (Mauerwerksöffnung) [bau]
**reveal pin** Schraubenspindel *f* [bau]
**reverberation time** Nachschwingzeit *f* [elt]
**reversal of rotation** Drehrichtungsumkehr *f* [mas]
**reversal of stress** Lastwechsel *m* [wer]
**reverse** rückwärts (beim Autofahren) [mot]
**reverse** umdrehen *v* (Richtung; rückwärts fahren) [met]
**reverse gear** Rückwärtsgang *m* [mot]

**reverse gear stop** Rückwärtsganganschlag *m* [mot]
**reverse idler gear** Rücklaufrad *n* [mot]
**reverse idler gear bushing** Rücklaufbuchse *f* [mot]
**reverse idler shaft** Rücklaufachse *f* [mot]
**reverse lever** Umsteuerhebel *m* (in Lok, Steuerwagen) [mot]
**reverse load** Wechsellast *f* (beim Dauerversuch) [wer]
**reverse motion** Gegenlauf *m* [mas]
**reverse pinion** Rücklauffritzel *n* [mot]
**reverse station** Umlenkstation *f* (der Rolltreppe, unten) [mbt]
**reverse travel** Gegenlauf *m* [mas]
**reverse twin gear** Rücklaufdoppelrad *n* [mot]
**reversible** umkehrbar (umsteuerbar) [mas]; umsteuerbar (umkehrbar) [mas]
**reversible bucket** Hoch-Tieflöffel *m* [mbt]
**reversible power-shift gear** Lastschaltwendegetriebe *n* (vorwärts/rückwärts) [mot]
**reversing** rücklaufend [mot]
**reversing** Rückwärtsfahrt *f* [mot]
**reversing gear** Wendeantrieb *m* [mot]
**reversing light** Rückfahrtleuchte *f* [mot]; Rückfahrscheinwerfer *m* [mot]; Rückwärtsscheinwerfer *m* [mot]
**reversing lock** Rückfahrsperre *f* (beim Kippen der Mulde) [mot]
**reversing parts** rücklaufende Teile *pl* [mas]
**reversing shaft** Umkehrwelle *f* [mas]
**reversing station** Umsetzstation *f* [mbt]
**reversing valve** Umschaltventil *n* [mas]
**reversing wheel** Umlenkrad *n* [mas]
**revet** abstützen *v* (Graben) [bau]
**revetted** abgestützt (Grabenwand) [bau]
**revetting** Abstützung *f* (Streben im Graben) [bau]
**reviewed** untersucht (nochmals überprüft)
**revise** überarbeiten *v* (neue Ausgabe bringen)
**revised** überarbeitet (Auflage eines Buches)
**revoke** widerrufen *v* (zurücknehmen)
**revolution** Umdrehung *f* (des Motors) [mas]
**revolution counter** Drehzahlmesser *m* [mas]
**revolving** drehbar
**revolving coil** Drehspule *f* [elt]
**revolving door** Drehtür *f* [bau]
**revolving fork clamp** Drehgabelklammer *f* [mot]
**revolving frame** Oberwagen *m* (des Seilbaggers) [mbt]
**revolving switch** Drehschalter *m* [elt]
**revolving tipper** Kreiselkipper *m* (auch Kreiselwipper) [mbt]
**rev. regulator** Drehzahlregelung *f* [mas]
**re-weld** nachschweißen *v* [met]
**reworking** Nachbesserungsarbeit *f*; Nacharbeiten *pl*
**rheostat** Regelwiderstand *m* [elt]
**rib** Leiste *f* (Metallrippe) [mas]
**ribbed base plate** Rippenplatte *f* (Rothe Erde) [mot]
**ribbed base plate for switches** Weichenrippenplatte *f* [mot]
**ribbing** Verrippung *f* [mbt]
**rib bolt** Rippenschraube *f* (durch Waggonbohle) [mot]
**ribbon** Metallstreifen *m* [mas]
**rib tread** Rillenprofil *n* (Reifen) [mot]
**rich gas** Starkgas *n* [pow]

**rich gas burner** Reichgasbrenner *m* [pow]
**rich in ash** aschenreich (ballastreich) [wer]; ballastreich (aschenreich) [pow]
**riddlings** Rostdurchfall *m* [pow]
**riddlings hopper** Durchfalltrichter *m* (Rost) [pow]; Rostdurchfalltrichter *m* [pow]
**riddlings loss** Rostdurchfallverlust *m* [pow]
**ride** Mitfahrt *f* (als Passagier) [mot]
**ride** mitfahren *v* (als Passagier) [mot]
**rider** Beifahrer *m* (Mitarbeiter, Helfer) [mot]
**rider's seat** Beifahrersitz *m* (Mitarbeiter, Helfer) [mot]; Soziussitz *m* (Beifahrerplatz) [mot]
**ridge** Dachfirst *m* [bau]; Damm *m* (Grat eines Höhenzuges) [geo]; Kamm *m* (Berggrat, Gebirgskamm) [geo]; Wall *m* (aus gefrästem Erdreich) [bod]
**ridge beam** Firstbalken *m* [bau]
**ridge purlin** Firstbalken *m* [bau]
**ridge roof** Satteldach *n* [bau]
**ridge ventilator** Dachlüfter *m* [pow]
**riding light** Ankerlaterne *f* [mot]
**rigging release spring** Gestängelösefeder *f* (des Waggons) [mot]
**right angle check valve** Winkelrückschlagventil *n* [mas]
**right angle grinder** Winkelschleifer *m* [wzg]
**right hand construction** Rechtsausführung *f* [pow]
**right-hand design** Rechtsausführung *f* (rechte Seite) [con]
**right-handed** rechtsgängig (Zahnrad) [mas]
**right-hand thread** Rechtsgewinde *n* [mas]
**right-hand traffic** Rechtsverkehr *m* [mot]
**right-hand turning** rechtsdrehend (im Uhrzeigersinn)
**right of way** Bahntrasse *f* [mot]; Trasse *f* (Gelände der Bahn) [mot]
**right, on the -** rechts (Richtungsangabe)
**rigid** standsicher
**rigid axle** Starrachse *f* [mot]
**rigid construction** starre Konstruktion *f* [con]
**rigid frame** biegefester Rahmen *m* (Stahlbau) [bau]
**rigidity** Steifigkeit *f* [wer]
**rigidity module** Gleitmodul *m* [wer]
**rigidity of test** Prüfschärfe *f* [mas]
**rim** Kranz *m* (Felge) [mot]; Rahmen *m* (felgenartig) [mot]
**rim** rändeln *v* [met]
**rim band** Felgenband *n* [mot]
**rim ring** Felgenring *m* [mot]
**rim tool** Reifenwerkzeug *n* [mot]
**ring** Scheibe *f* (Passscheibe) [mas]; Distanzring *m* [mas]
**ring balance meter** Ringwaage *f* (Wasser- und Dampfmengenmessung) [msr]
**ring clamp** Schnappring *m* [mas]
**ring, driving -** treibender Ring *m* (Kugelmühle) [pow]
**Ringelmann chart** Rauchdichteskala *f* [pow]
**ring face of piston** Ringseite *f* (des Zylinderkolbens) [mas]
**ring gear** Zahnkranz *m* (Hohlrad Planetengetriebe) [mas]; Hohlrad *n* (in Planetengetriebe) [mot]; ringförmiges Zahnrad *n* [mas]; Tellerrad *n* [mot]
**ring groove ball bearing** Ringrillenkugellager *n* [mas]
**ringing test** Klangprobe *f* (in Industrie) [mas]
**ringing time** Nachschwingzeit *f* [phy]
**ring-lubricated bearing** Ringschmierlager *n* [mas]

**ring nut**  Ringmutter *f* [mas]
**ring sealing**  O-Ring-Dichtung *f* [mas]; Schnappring *m* [mas]
**ring-shaped**  ringförmig
**ring side**  Ringfläche *f* (statt Kolbenfläche) [mas]
**ring spanner**  Ringschlüssel *m* [wzg]
**ring support**  Ringstutzen *m* [mot]
**ring type retainer**  Ringsicherung *f* [mot]
**rinse**  auswaschen *v* (durch Regen) [was]; durchspülen *v* (z.B. mit Öl) [mas]; spülen *v* (z.B. mit Öl durchspülen) [mas]
**rinsing**  Durchspülung *f* (z.B. mit Öl) [mas]
**rip**  aufreißen *v* (mit Aufreißer) [mbt]
**ripe**  reif (Obst, Gemüse) [bff]
**ripened**  gereift (z.B. Obst, Getreide) [bff]
**ripper**  Aufreißer *m* (meist Heck, reißt tief) [mbt]
**ripper bucket**  Reißlöffel *m* [mbt]
**ripper dozer**  Reißraupe *f* (Planierraupe mit Reißzahn) [mbt]
**ripper shank**  Aufreißerschaft *m* [mbt]
**ripper tooth**  Reißzahn *m* (harter Stein, Wurzeln) [mbt]; Rodezahn *m* [mbt]
**ripper tooth, advancing -**  vorstehender Reißzahn *m* (z.B. am Gerät) [mbt]
**ripper tooth, long -**  Tiefreißzahn *m* [mbt]
**ripping depth**  Reißtiefe *f* [mbt]
**ripple**  Welligkeit *f* [elt]
**ripple voltage**  Restwelligkeit *f* [elt]
**ripsaw**  Fuchsschwanz *m* (Säge) [wzg]
**rise**  Anstieg *m* (Druckanstieg)
**riser**  Setzstufe *f* (Vorderwand Stufe) [mbt]; Abführrohr *n* (nach oben); Standrohr *n* [was]
**riser tube**  Steigrohr *n* [pow]
**riser tubes header**  Steigrohrsammler *m* [pow]

**rise time**  Anstiegszeit *f* [elt]; Anstiegszeit *f* (bei einem Signal) [elt]
**rise, vertical -**  Förderhöhe *f* [mbt]
**risk**  Unfallgefahr *f*
**river bank**  Flussufer *n* [geo]
**river dam**  Talsperre *f* (Staumauer) [bau]
**rivet**  Halbrundniet *m* [mas]; Niet *m* [mas]
**rivet**  abnieten *v* [met]
**rivet body**  Nietschaft *m* [mas]
**rivet catcher**  Vorhälter *m* (zwischen Pinnewärmer und Nieter, fängt heiße Niete) [mot]
**riveted**  genietet [mas]
**riveted joint**  Nietverbindung *f* [mas]
**riveter**  Nieter *m* [wzg]
**rivet head**  Nietkopf *m* [mas]
**rivet heater**  Nietwärmer *m* [mot]; Pinnewärmer *m* (Nietenwärmer) [mot]
**rivet hole**  Nietloch *n* [mas]
**rivet joint**  Nietverbindung *f* [mas]
**rivet pin**  Nietstift *m* [wzg]
**rivet pitch**  Nietteilung *f* [con]; Nietabstand *m* [con]
**rivet set**  Nietzieher *m* [wzg]
**rivet shank**  Nietschaft *m* [mas]
**rivetted hinged strap**  Nietgelenkband *n* [mas]
**road**  Fahrbahn *f* (Straße allgemein) [mot]
**roadability**  Straßenlage *f* (des Wagens) [mot]
**road and offroad gear**  Straßen- und Geländegang *m* [mot]
**road axis**  Wegeachse *f* (von Weg und Straße) [mot]
**road base**  Straßentragschicht *f* [bau]
**road bed**  Koffer *m* (im Straßenbau) [bau]
**road bed construction**  Koffern der Straße *n* [bau]
**road bridge**  Straßenbrücke *f* [bau]
**road building**  Straßenbau *m* [bau]

**road cut** Geländeeinschnitt *m* (für Straße) [geo]
**road fork** Abzweigung *f* (einer Straße) [mot]
**road gear** Straßengang *m* (einer Baumaschine) [bau]
**road junction** Straßengabelung *f* [mot]; Straßenkreuzung *f* [mot]
**road map** Straßenkarte *f* (Stadtplan, Landkarte) [con]
**road marking** Straßenmarkierung *f* [mot]
**road rail excavator** Zweiwegebagger *m* [mbt]
**road resistance** Fahrwiderstand *m* (Reifen, auch Wind) [mot]
**road roller** Straßenwalze *f* [bau]
**road scarification** Straßenaufbruch *m* [bau]
**road scarification material** Straßenaufbruchmaterial *n* [bau]
**roadside ditch** Straßengraben *m* [mot]
**roadstead** Reede *f* (Schiffe vor dem Hafen) [mot]
**road surface** Straßenbelag *m* [mot]
**road sweeper** Kehrmaschine *f* [mot]; Straßenkehrmaschine *f* [mot]; Kehrbesen *m* (am Kehrfahrzeug) [mot]; Kehrfahrzeug *n* [mot]
**road tanker** Tanklaster *m* [mot]; Tanklastzug *m* [mot]
**road test** Probefahrt *f* (z.B. neues Auto) [mot]
**road traffic** Straßenverkehr *m* [mot]
**road transportable** straßenbeweglich [mot]
**road transportation weight** Straßentransportgewicht *n* (des Krans) [mot]
**road transport bar, rear** Überführungsleiste *f* (Baustellenwechsel) [mot]
**roadway bridge** Straßenbrücke *f* [mot]

**road wearing course** Straßenverschleißdecke *f* [bau]
**robot** Roboter *m* (Roboter auch für Schweißenn) [met]
**robot, industrial -** Industrieroboter *m* [mas]
**robot welder** Schweißroboter *m* [met]
**rock bucket** Felsschaufel *f* (Erdarbeiten) [mbt]; Felslöffel *m* (Erdarbeiten) [mbt]
**rock crushing** Gesteinzerfall *m* (herbeigeführt) [roh]
**rock crushing mechanism** Gesteinszerfallmechanismus *m* [roh]
**rock cutting** Bohrgut *n* [bau]
**rock deflector** Steinabweiser *m* (über Muldenkipperdach) [mot]
**rock drilling machine** Gesteinsbohrmaschine *f* [roh]
**rocker** Motorwippe *f* [elt]; Kipphebel *m* (Nockenwelle) [mas]
**rocker arm** Kipphebel *m* [mot]; Schwinghebel *m* [mot]
**rocker arm bracket** Kipphebelhalterung *f* [mot]; Kipphebelbock *m* [mot]; Schwinghebelbock *m* [mot]
**rocker arm bush** Kipphebelbüchse *f* [mot]
**rocker arm cover** Schwinghebelgehäuse *n* [mot]
**rocker arm shaft** Kipphebelwelle *f* [mas]
**rocker arm support** Kipphebelbock *m* [mot]
**rocker bearing** Kipplager *n* [mas]
**rocker lever** Kipphebel *m* [mot]
**rocker shaft** Kipphebelachse *f* [mot]; Schwinghebelachse *f* [mot]
**rocker switch** Kippschalter *m* [elt]
**rocket motor ignitor** Raketenmotoranzünder *m* [mot]
**rock-free** steinfrei [geo]
**rock guard** Steinschlagschutz *m* [mbt]; Steinschlagschutzgitter *n* [mbt]

**rock, natural -** Naturstein *m* [min]
**rock salt** Steinsalz *n* [min]
**rock shovel** Felsschaufel *f* (Erdarbeiten) [mbt]
**rock, volcanic -** vulkanisches Gestein *n* [min]
**rocky** steinig (Feld, Weg) [geo]
**rod** Stab *m* [mas]
**rodding** Hilfe bei Vermessung *f* [msr]
**rod eye** Kolbenstangenkopf *m* [mot]
**rod hangers** Aufhängung für Sammler *f*
**rod holder** Elektrodenhalter *m* [met]
**rods, driving -** Rammgestänge *n* [bau]
**rod side** Ringseite *f* (des Kolbens) [mas]
**rod, vertical -** Vertikalstab *m* (Stahlbau) [bau]
**rod wave** Stabwelle *f* [elt]
**roll** Walze *f* (im Walzwerk) [met]; Rollen *n* (des Gewindes nach Vergüten) [mas]
**roll** rollen *v* (ein Rad, mangeln, wegrollen) [mas]; walzen *v* [met]
**roll back** überkippen *v* (Material im Löffel) [mbt]
**rollback limit** Rückkippbegrenzung *f* [mbt]
**roll-back limitation** Kippbegrenzung *f* (der Schaufel) [mbt]; Überkippbegrenzung *f* [mbt]
**roll back limiter** Überlaufschutz *m* (an Ladeschaufel) [mbt]; Überschüttungsschutz *m* [mbt]
**roll-back limiter** Kippbegrenzer *m* [mbt]; Überwurfschutz *m* (gegen fallendes Material) [mbt]
**roll bar** Überrollbügel *m* [mot]
**roll clamp** Rollenklammer *f* [mot]
**roll crusher** Walzenbrecher *m* [roh]
**rolled** gerollt (auch: gewalzt) [mas]; gewalzt [mas]

**rolled end of a spring** Federauge *n* [mas]
**rolled fine-finish** gerollt (Oberflächenfeinbearbeitung) [mas]
**roller** Straßenwalze *f* [bau]; Walze *f* (Dampfwalze, Straßenwalze) [bau]
**roller bearing** Rollenlager *f* [mas]; Kegellager *n* (z.B. Timken) [mas]; Kegelrollenlager *n* [mas]; Wälzlager *n* (Rollenlager) [mas]; Zylinderrollenlager *n* [mot]
**roller bearing double row, cylindrical -** zweireihiges Zylinderrollenlager *n* [wer]
**roller-bearing greasing** Wälzlagerfett *n* [mas]
**roller bearing single row, cylindrical -** einreihiges Zylinderrollenlager *n* [wer]
**roller-bearing slewing ring** Rollendrehverbindung *f* [mas]
**roller-bearing slew ring** Drehverbindung *f* [mas]
**roller-bearing type axle box** Rollenachslager *n* [mot]
**roller body** Laufrollenkörper *m* [mas]
**roller bow** Rollenspriegel *m* [mbt]
**roller burnished** gerollt (Innenfläche Zylinderrohr) [mas]
**roller burnishing** Rollen *n* (des Zylinderrohres, innen) [mas]
**roller cam** Rollenbügel *m* (Rolltreppe) [mbt]
**roller carrier** Tragrolle *f* [mas]; Walzenträger *m* [roh]
**roller chain** Rollenkette *f* (im Glasbalustradenkopf) [mbt]
**roller chain, double-pitch -** langgliedrige Rollenkette *f* [mas]
**roller conveyor** Transportrollgang *m* [mas]
**roller conveyor level** Rollgangshöhe *f* [mas]
**roller conveyor surface level** Rollgangsniveau *n* [mas]

**roller conveyor surface speed** Rollgeschwindigkeit *f* [mas]
**roller cup** Rollenlagerring *m* [mas]
**roller diameter** Rollendurchmesser *m* [mas]
**roller finish** gerollt (Oberflächennachbearbeitung) [met]
**roller gear bed** Rollgang *m* [mas]
**roller guide support** Zentrierbock *m* [mas]
**roller pin** Spannstift *m* [mas]
**roller plate** Wälzplatte *f* [mas]
**roller rack** Rollgangsrahmen *m* [mas]
**roller retainer** Rollenbügel *m* (Rolltreppe) [mbt]
**roller-shutter roof** Rolldach *n* [mot]
**roller-sliding gate** Rollenschieber *m* (Schamottindustrie) [mas]
**roller stool** Rollenbock *m* [mot]
**roller table** Rollgang *m* [mas]
**roller tappet** Rollenstößel *m* [mas]
**roller track** Stützrollenführung *f* [mas]
**rollgurt conveyor** Rollgurtförderer *m* (Band wird Schlauch) [roh]
**rolling bearing** Wälzlager *n* [mas]
**rolling friction** Rollreibung *f* [mas]
**rolling friction losses** Rollreibungsverluste *pl* [mas]
**rolling mill** Walzwerk *n* [mas]
**rolling motion** Wankbewegung *f* (Rollbewegung Waggon) [mot]
**rolling resistance** Rollwiderstand *m* [mot]
**rolling stock** rollendes Material *n* (der Bahn) [mot]; Schienenfahrzeuge *pl* (aller Art) [mot]
**roll-pin** Spannstift *m* (geschlitzte Hülse) [mas]
**roll the turbine** Turbine anstoßen [pow]
**roll-up door** Rolltür *f* [bau]
**roll welding** Walzschweißen *n* [met]

**roof** Bedachung *f* [bau]; Decke *f* (Feuerraumdecke) [pow]; Dach *n* [bau]; Hangende *n* (das Hangende unter Tage) [roh]
**roof** bedachen *v* [bau]; eindecken *v* (Dach mit Ziegeln versehen) [bau]; überdachen *v* (Dach aufsetzen) [bau]
**roof aerial** Dachantenne *f* [mot]
**roof antenna** Dachantenne *f* [mot]
**roof beam** Dachbalken *m* [bau]
**roof bow** Dachspriegel *m* [mot]
**roof burner** Deckenbrenner *m* [pow]
**roof carline** Spriegel *m* [mot]
**roof circuit** Deckenrohrsystem *n* [pow]
**roof cleavage** Hängendriss *m* (meist im Hangenden) [roh]
**roof covering** Dacheindeckung *f* [bau]; Dachbelag *m* [bau]
**roof drain** Dachablauf *m* [bau]
**roofed** überdacht (Dach drauf) [bau]
**roof frame** Dachrahmen *m* [bau]
**roof framing** Dachstuhl *m* [bau]
**roof girder** Dachträger *m* [bau]
**roof glazing** Dachverglasung *f* [bau]
**roof gutter** Regenrinne *f* [bau]
**roof hatch** Dachentlüftung *f* [bau]; Dachluke *f* (Haus oder Fahrerhaus) [bau]
**roofing** Bedachung *f* [bau]; Überdachung *f* [bau]
**roofing sheet** Dachbahn *f* [bau]
**roofing slate** Dachschindel *f* (auf Hausdach) [bau]
**roofing tile** Dachstahlpfanne *f* [bau]
**roof lamp** Deckenleuchte *f* [bau]
**roof lid, divided -** geteilte Deckelklappe *f* [mot]
**roof light** Dachlicht *n* [bau]; Oberlicht *n* [bau]
**roof lighting** Deckenbeleuchtung *f* [bau]
**roof overhang** Dachüberstand *m* [bau]

**roof panel**  Dachbeplankung *f* [bau]
**roof pitch**  Dachschräge *f* [bau]
**roof rail**  Regenrinne *f* [bau]
**roof rib**  Sparren *m* [bau]
**roof ridge**  Dachfirst *m* [bau]
**roof structure**  Dachkonstruktion *f* [bau]
**roof tile**  Dachziegel *m* [bau]
**roof truss**  Dachstuhl *m* [bau]
**roof vent**  Dachentlüftung *f* [bau]
**roof ventilation hood**  Dachlüfterhaube *f* [bau]
**roof ventilator**  Dachlüfter *m* [bau]
**room climate**  Raumklima *n* [bau]
**room temperature**  Raumtemperatur *f* [pow]
**root**  Wurzel *f* (der Schweißnaht) [met]
**root**  roden *v* (Waldungen von Bäumen leeren) [bff]
**root bend**  Wurzelbiegung *f* (für Schweißqualität) [met]
**root circle**  Fußkreis *m* (außen/innen verzahntes Rad) [mas]; Grundkreis *m* (des Zahnrades) [met]
**root contraction**  Wurzelrückfall *m* [mas]
**root crack**  Wurzelriss *m* (der Schweißnaht) [met]
**root defect**  Wurzelfehler *m* (falsches Schweißen) [met]
**root diameter**  Fußkreisdurchmesser *m* (Zahnrad) [mas]
**root face**  Steghöhe *f* [met]
**root mean square value**  Effektivwert *m* (z.B. eine Sinusspannung) [elt]
**root of thread**  Gewindekern *m* [mas]
**root opening**  Wurzelöffnung *f* [met]
**root pass**  Wurzellage *f* (erste Schweißraupe) [met]
**root penetration, excessive -**  durchhängende Wurzel *f* (Schweißtechnik) [met]; Wurzeldurchfall *m* (der Schweißnaht) [met]

**rope**  Trosse *f* (meist Stahlseil) [mas]; Strick *m* (Seil, Tau, Tampen, Trosse); Tau *m* (Seil) [mas]; Seil *n* (Tau, Reep, Tampen) [mas]
**rope clip**  Seilklemme *f* [mas]
**rope end**  Tampen *m* (Stück Tau) [mot]
**rope excavator**  Seilbagger *m* [mbt]
**rope groove**  Rille *f* (in Seilscheibe, Winde) [roh]
**rope guide**  Seilführung *f* [mot]
**rope ladder**  Strickleiter *f* [mot]
**rope pulley**  Seilrolle *f* (mit Wälzlager) [mot]
**rope sheave**  Seilscheibe *f* [mot]
**rose**  rose (RAL 3017) [nrm]
**rose bearing**  Schwenkkugellager *n* [mot]
**rosette**  Rosette *f* [bau]
**rot**  modern *v* (verrotten, vergammeln) [bff]
**rotary armature**  Drehanker *m* (Motor) [elt]
**rotary blower**  Drehkolbenverdichter *m* [mas]
**rotary capacitor**  Drehkondensator *m* [elt]
**rotary connection**  Drehdurchführung *f* [mas]
**rotary converter**  Drehumformer *m* [elt]
**rotary cooler**  Rohrkühler *m* [pow]
**rotary cutter**  Fräse *f* (Fräswalze, Frässcheibe) [wzg]
**rotary drill**  Drehbohrgerät *n* [mbt]
**rotary drive**  Kraftdrehkopf *m* [mbt]
**rotary drive torque**  Kraftdrehkopfdrehmoment *n* [mbt]
**rotary-dump equipment**  Rundkipper *m* (zur Waggonentladung) [mot]
**rotary dumper**  Wagenkipper *m* [mbt]
**rotary feeder**  Telleraufgabe *f* [mbt]
**rotary grind**  fräsen *v* [wzg]

**rotary grinder** Fräswalze f [wzg]; Fräser m (Fräsgerät) [wzg]
**rotary grinder attachment** Fräswalzenausrüstung f [wzg]
**rotary grinder, vertical -** Vertikalfräsmaschine f [wzg]
**rotary hopper** Drehbunker m [roh]
**rotary kiln** Drehrohrofen m [pow]
**rotary kiln plant** Drehrohrofenanlage f [pow]
**rotary kiln system** Drehrohranlage f [pow]; Drehrohrofenanlage f [pow]
**rotary power** Drehkraft f [mas]
**rotary pump** Kreiselpumpe f [mas]; Rotationspumpe f [mas]
**rotary rock cutter** Gesteinsfräse f [mbt]
**rotary switch** Drehschalter m (Lichtschalter) [elt]
**rotary tipper** Kreiselwipper m (auch Kreiselkipper) [mbt]
**rotary turret** Drehdurchführung f [mas]
**rotary valve** Drehschieber m [mas]; Drehventil n [mas]
**rotatable** drehbar (beweglich) [mas]
**rotate** kreisen v [mas]
**rotated by** gedreht ... um (z.B. um 25 grd)
**rotate throughout 360 degrees** drehen um 360 Grad v [mbt]
**rotating** drehbar (rotierend)
**rotating angle** Drehwinkel m [con]
**rotating assembly** Rotor m (Turbolader) [mot]; Glockengehäuse n [mas]; rotierendes Gehäuse n [mas]
**rotating fault** Rundlauffehler m [mas]
**rotating head** Drehkopf m [mas]; Greiferdrehkopf m [mbt]
**rotating machinery** Schwenkantrieb m (Schwenkeinrichtung) [mbt]
**rotation** Umdrehung f (z.B. des Hubschrauberrotors) [mot]; Umlauf m (um eigene Achse rotieren) [mas]

**rotational section scan instrument** Schnittbildgerät n [mas]
**rotation axis** Schwenkachse f (Mitte Drehdurchführung) [mas]
**rotation direction** Drehrichtung f [mas]
**rotation of the scanning head** Blockumdrehung f [elt]
**rotation symmetrical** rotationssymmetrisch [mas]
**rotator** Drehvorrichtung f [mas]; Rotor m (rotierendes Teil) [mas]
**rotator distributor** Verteilerfinger m (z.B. im Zündverteiler) [mot]
**rotocap** Drehkappe f [mas]
**rotor** Anker m (Elektromotor) [elt]; Läufer m (Rotor) [elt]; Rotor m (z.B. des Hubschraubers) [mot]; Laufrad n [mas]
**rotor blade** Rotorblatt n (auch Hubschrauber) [mot]
**rotor feed hardening** Umlaufvorschubhärtung f [mas]
**rotor of helicopter** Hubschrauberrotor m [mot]
**rotor shaft** Rotorwelle f [mot]
**rotten** moderig [bff]
**rough** rau [mas]; unbearbeitet (roh, als Rohling) [mas]
**rough blasted** grob gesprengt (grob gesprengter Fels) [roh]
**rough brickwork** Rohbau m [bau]
**rough cast** Rauputz m (am Haus) [bau]
**rough-cast** Rauputz m [bau]
**rough dimension** Rohmaß n [con]
**roughen** vorfräsen v [met]
**rough-grinding machine** Schruppschleifmaschine f [wzg]
**roughing lathe** Schruppmaschine f [wzg]
**rough machine** schruppen v [met]
**rough machined** geschruppt (spanabhebend) [met]; vorbearbeitet

(spanabhebend) [met]; vorgedreht (auf Drehbank; RE) [met]
**roughness** Rauheit *f* [mas]
**roughness criteria** Oberflächenangabe *f* (Rauheit usw.) [mas]
**roughness measuring device** Rauhigkeitsmessgerät *n* [msr]
**roughness of surface** Oberflächenrauheit *f* (auch gewollte -) [mas]
**rough planing** schrupphobeln *v* [met]
**rough size** Rohmaß *n* [con]
**rough-stone pitching** Setzpacklage *f* [mbt]
**rough terrain forklift truck** Geländestapler *m* [mbt]
**rough-terrain forklift truck** Allwegstapler *m* [mbt]
**rough-terrain lorry** geländegängiger Lastwagen *m* (B)) [mot]
**rough turn** vordrehen *v* (auf Drehbank) [met]
**round** Halbrundniet *m* [mas]
**round-about** Kreisverkehr *m* (Straßenkreuzung) [mot]
**round bar** Rundstab *m* [wer]
**round billet** Rundknüppel *m* [mas]
**round cell** Rundzelle *f* (Batterie) [elt]
**round cord ring** Rundschnurring *m* [mas]
**rounded** abgerundet (Kante) [con]; gerundet (Kanten gerundet) [mas]; vorgerundet (Körner beim Strahlen) [mas]
**rounded off** abgerundet [con]
**round head grooved pin** Halbrundkerbnagel *m* [mas]
**round-head screw** Halbrundschraube *f* [mas]
**roundhouse** Lokomotivschuppen *m* (Lokschuppen) [mot]
**rounding** Impulsverschleifen *n* [met]
**round nut with drilled holes in one face** Zweilochmutter *f* [mas]

**round nut with set pin hole in side** Kreuzlochmutter *f* [mas]
**round out** abrunden *v* [mat]
**round relay** Rundrelais *n* [elt]
**rounds** Rundstahl *m* [mas]; Rundmaterial *n* [mas]
**round slotted head** Halbrundkopf *m* (z.B. Schrauben) [mas]
**round steel** Rundstahl *m* [mas]
**round stock** Rundmaterial *n* [mas]
**round string packing** Rundschnurring *m* [mas]
**round the clock** rund um die Uhr (z.B. Schichtarbeit) [met]
**round weld, inside -** runde Innennaht *f* (Schweißnaht) [met]
**round weld, outside -** runde Außennaht *f* (Schweißnaht) [met]
**route** Fahrtroute *f* [mot]; Fahrtroute *f* [mot]; Fahrtstrecke *f* [mot]; Route *f* (Fahrtstrecke) [mot]; Trasse *f* [mot]; Kurs *m* (Reiseweg) [mot]
**route book** Streckenplan *m* (Buchfahrplan) [mot]
**route guidance** Zielführung *f* [edv]
**route planning** Trassierung *f* [mot]
**routine inspection** periodische Befahrung *f* [pow]; Routinebefahrung *f* [pow]; Serienprüfung *f* [msr]
**routine maintenance** Wartung *f* [mas]
**row** Flucht *f* (Häuser-) [bau]; Reihe *f* (z.B. Hecke) [bff]
**row** pullen *v* (ein Ruderboot bewegen) [mot]
**row of holes** Lochreihe *f* [con]
**row of houses** Häuserfront *f* [bau]
**rub** rubbeln (reiben, schaben) [mas]
**rub** scheuern *f* (reiben, rubbeln) [mas]
**rub** reiben *v* (z.B. eine Fläche, die Augen); schaben *v* (z.B. mit Schabeisen) [mas]
**rubber** Belag *m* (Gummi) [wer]; Gummibelag *m* [wer]

**rubber block support** Gummipuffer *m* (zur Auflage) [mas]
**rubber-bonded-to-metal component** Gummi-Metall-Verbindung *f* [mas]
**rubber-bonded-to-metal mounting** Schwingmetalllagerung *f* [mas]
**rubber boot** Gummimanschette *f* [mas]
**rubber coupling** Gummigelenk *f* [mas]
**rubber cushion** Zwischenlage *f* (am Drehgestell) [mot]
**rubber-cushioned spring hanger** Gummifederlager *n* [mas]
**rubber door-stop** Anschlagprofil *n* [mas]
**rubber hollow spring** Gummihohlfeder *f* [mas]
**rubber hose** Gummischlauch *m* [mas]
**rubber isolator** Gummiisolator *m* (gegen Vibration) [mot]
**rubberizing** Gummierung *f* [mas]
**rubber line** Bimmelbahn *f* (Neben-, Schmalspurbahn) [mot]
**rubber-lined** gummiert (gegen Verschleiß) [mas]
**rubber-lined pipe** gummiertes Rohr *n* [mas]
**rubber lining** Gummierung *f* (als Futter) [mas]
**rubber mats and conveyor belts** Gummiartikel und Förderbänder [mas]
**rubber-metal connection** Schwingmetall *n* (Gummi zwischen Metallauflage) [mas]
**rubber moulding buffer on glass** Glasscheibenhalterung *f* [mas]
**rubber mounting** Gummiisolator *m* (gegen Vibration) [mas]
**rubber plate** Gummiplatte *f* [mas]
**rubber-protection sleeve** Gummischutzhülle *f* [mas]
**rubber roll** Gummiwulst *f* (zwischen Personenwagen) [mot]

**rubber seal** Gummidichtung *f* [mas]
**rubber-sealed cable** Leitungseinführung *f* (gegen Wasser) [elt]
**rubber section** Profilgummi *m* [mas]; Klemmprofil *n* (Profildichtung) [mas]
**rubber spring buffer** Gummifederpuffer *m* [mas]
**rubber-spring mounted** gummigefedert [mas]
**rubber-spring mounting** Gummifederung *f* [mas]
**rubber strip** Gummibelag *m* [mas]
**rubber suspension** Gummifederung *f* [mas]
**rubber tray** Gummimulde *f* (Einlage) [mbt]
**rubber-tyred loader** Radlader *m* [mbt]
**rubber-tyred road roller** Gummiradwalze *f* (Straßenbau) [bau]
**rubber universal joint** Gummikreuzgelenk *n* [mas]
**rubber valve** Gummiventil *n* [mas]; Kantschutzventil *n* (gummigeschützt) [mas]
**rubbing surface** Reibfläche *f* (z.B. Streichholzschachtel)
**rubble** Bauschutt *m* [bau]; Bruchsteine *m* (unbehauen) [mas]; Geschiebe *n* (geologisch) [geo]; Füllsteine *pl* [mas]
**rubble concrete** Schüttbeton *m* [bau]
**rubble masonry** Bruchsteinmauer *f* [bau]
**rubble pavement** Kopfsteinpflaster *n* [bau]
**ruby red** rubinrot (RAL 3003) [nrm]
**rudder** Steuereinrichtung *f* (Schiff) [mot]; Schiffssteuer *n* (Rad und Blatt) [mot]; Steuer *n* (für Rudergänger auf Schiff) [mot]; Steuerrad *n* (Schiff) [mot]
**rudder, be on the -** steuern *v* (Schiff) [mot]

**rudimentary inspection** einfache Untersuchung *f* [hum]
**rugged construction** massive Bauweise *f* [bau]; robuste Konstruktion *f* [bau]
**rule, augmented -** erweiterte Regel *f* [nrm]
**rule of the thumb** Faustregel *f* (nach allgem. Erfahrung) [nrm]
**rules from experience** Regeln durch Erfahrung *n*
**rules on warranty policy & procedures** Garantieleitfaden *m*
**run** ausgelaufen (abgenutzt)
**run** Schweißlage *f* (Lage) [met]; Stufenlänge *f* (Treppe) [bau]
**run down** verkommen (abgewirtschaftet, alt)
**run free** freilaufen *v* (ungehindert bewegen); leer laufen *v*
**rung** Leitersprosse *f* (aus Holz, Metall); Runge *f* (der Sprossenleiter); Sprosse *f* (z.B. der Leiter)
**run in** einfahren *v* (Probelauf) [mas]; einlaufen *v* (Maschine einfahren) [mas]
**run into** anfahren *v* (Unfall) [mot]
**runner rail** Laufschiene *f* [mas]
**running** laufend (pro laufender Meter)
**running** Lauf *m* (des Lagers) [mas]
**running board** Wartungsbühne *f* (Laufbühne) [mas]; Trittbrett *n* (beim Lkw) [mot]; Umlaufblech *n* (Wartungsbühne Lok) [mot]
**running board support** Trittbretthalter *m* [mot]
**running characteristics** Laufeigenschaft *f* [mot]
**running clearance** Betriebsspiel *n* [mas]
**running direction** Fahrtrichtung *f* (Rolltreppe) [mbt]
**running feature** Laufeigenschaft *f* [mbt]

**running gear** Laufwerk *n* (der Raupe) [mbt]
**running-in tube** einlaufendes, Rohr *n* [mas]
**running joint** Raumfuge *f* [bau]
**running performance** Laufqualität *f* [mot]
**running plate** Trittplatte *f* [mot]
**running program** Durchlaufprogramm *n* [edv]
**running round her train** rangieren *v* (Lok setzt um) [mot]; umsetzen *v* (Lok rangiert um Zug) [mot]
**running surface** Lauffläche *f* (des Autoreifens) [mot]
**running synchronous** synchron laufend (Rolltreppe: Handlauf, Stufen) [mas]
**run-off** Abfluss *m* (von Regenwasser) [was]
**run-off section** Ablaufstrecke *f* [was]
**run-off tab** Nahtauslaufblech *n* (künstlich verlängert) [met]
**run-of-the-mine coal** Förderkohle *f* [roh]
**run-out** Auslauf *m* (Übergang zwischen Bauteilen) [mas]
**run-out of seam** Schweißnahtauslauf *m* [met]
**run-out plate** Auslaufblech *n* (nach Schweißen abtrennen) [met]
**run-out time** Nachlaufzeit *f* (Motor) [elt]
**run over** überfahren *v* (Auto überfährt Kind) [mot]; überlaufen *v* (Flüssigkeit läuft über) [was]
**run round** umsetzen *v* (rangieren; Lok setzt um) [mot]
**run round her train** umrangieren *v* (Lok von vorn nach hinten) [mot]
**runs round her train** umsetzen *v* (Lok rangiert) [mot]
**run up** hochfahren *v* (den Motor) [mas]

**runway**  Rollbahn *f* (Flugplatz) [mot]; Startbahn *f* (Rollbahn auf Flugplatz) [mot]
**rupture**  zu Bruch gehen [mas]
**rupture**  Riss *m* (Bruch) [mas]
**rupture strength**  Bruchfestigkeit *f* [wer]
**rush of traffic**  Verkehrsaufkommen *n* (starkes) [mot]
**rust**  Rost *m* (Eisenoxid) [che]
**rust and scale**  Zunder *m* [wer]
**rusted**  verrostet [wer]
**rust inhibitor**  Rostschutz *m* [mas]; Rostschutzmittel *n* [mas]
**rust layer**  Rostbelag *m* [wer]
**rust-proof**  rostsicher [mas]
**rust removal**  Entrostung *f* [wer]
**rust stains**  Rostflecken *pl* [mas]
**rusty**  rostig [mas]; verrostet [mas]

# S

**sacrificial shuttering** verlorene Schalung *f* [bau]
**saddle-back wagon car** Sattelwagen *m* [mot]
**saddle engine** Tenderlok *f* (Tank am oder auf Kessel) [mot]; Tenderlokomotive *f* (Tank am oder auf Kessel)
**saddle locomotive** Tenderlok *f* (Tank am oder auf Kessel) [mot]; Tenderlokomotive *f* (Tank am oder auf Kessel)
**saddle roof** Satteldach *n* [bau]
**saddle support** Sattellager *n* [bau]
**safeguard** Wächter *m* [mas]
**safe load** zulässige Belastung *f* [bau]
**safe load indicator** Überlastwarneinrichtung *f*
**safety** Schutz *m* (Sicherheit, in Sicherheit)
**safety at work** Arbeitssicherheit *f*
**safety bar** Sicherungselement *n* [mas]
**safety boot** Arbeitsstiefel *m*; Schutzstiefel *m*
**safety cage** Rückenschutz *m* (Leiter) [bau]; Schutzkorb *m* (Leiter) [bau]
**safety cartridge** Sicherheitspatrone *f* [mas]
**safety chain** Sicherheitskette *f*
**safety circuit** Sicherheitsschaltung *f* [elt]
**safety clothes** Schutzkleidung *f* (Arbeitsschutz)
**safety clutch** Rutschkupplung *f* [mas]
**safety code** Sicherheitsnorm *f* [nrm]
**safety colour coats** Sicherheitsfarben *pl* [nrm]
**safety contact** Sicherheitskontakt *m*
**safety device** Schutzvorrichtung *f* [mas]; Sicherheitseinrichtung *f* [mas]
**safety device for reversing** Rückfahrwarneinrichtung *f* [mot]
**safety edge** Schutzkante *f* [bau]
**safety function** Sicherheitsfunktion *f* [mas]
**safety fuse** Schmelzsicherung *f* [elt]; Sicherheitszündschnur *f* [roh]
**safety glass** Sicherheitsglas *n* [mas]
**safety grate** Sicherheitsrost *m* (gestanzt, Blech) [mas]
**safety grating** Sicherheitsrost *m* (zum Laufen, zum Begehen) [mas]
**safety guard** Schutzvorrichtung *f* [mas]
**safety ladder** Sicherheitsleiter *f* [bau]
**safety lever** Sicherungshebel *m* [mot]
**safety load hook** Sicherheitslasthaken *m*
**safety lock** Sicherheitsanschlag *m* [mas]; Sicherheitsschloss *n* [mas]
**safety margin** Sicherheitszuschlag *m* [mas]
**safety match** Zündschnur *f* (Bergbau) [roh]
**safety precautions** Sicherheitsvorkehrungen *pl* [mas]; Unfallverhütungsmaßnahmen *pl*
**safety railing** Schutzgeländer *n* [bau]
**safety regulations** Unfallverhütungsvorschriften *pl* [nrm]
**safety requirements** Sicherheitsbestimmungen *pl* [nrm]
**safety ring** Sicherheitsring *m* [mas]
**safety shoes** Sicherheitsschuhe *pl*
**safety switch** Sicherheitsschalter *m* [elt]; Überwachungsschalter *m* [elt]
**safety tab washer** Unterlegscheibe *f* (Sicherungsblech) [mas]; Sicherungsblech *n* (Unterlegscheibe) [mas]
**safety valve** Sicherheitsventil *n* [mot]; Überdruckventil *n* [mot]

**safety valve, dead weight -** gewichtsbelastendes Sicherheitsventil *n* [pow]
**safety valve lever** Ventilhebel *m* (Sicherheitsventil) [mas]
**saffron yellow** safrangelb (RAL 1017) [nrm]
**sag** Durchbiegung *f*
**sail** ablegen *v* (des Schiffes) [mot]
**sailcloth** Segeltuch *n* (zum Segelnähen) [mot]
**sales activities** Vertriebsaktivitäten *pl* [eco]
**sales assistance** Verkaufshilfe *f* (technische Hilfe) [eco]
**sales commission** Verkaufshilfe *f* (finanzielle Zuwendung) [eco]
**sales engineer** Verkaufsingenieur *m* [eco]; Vertriebsingenieur *m* [eco]
**sales exposure** Umsatzerlös *m* (der versicherten Firma) [jur]
**sales manager** Verkaufsleiter *m* (z.B. in Niederlassung) [eco]
**sales net** Verkaufsnetz *n* (überall vertreten) [eco]
**saline soil** Salzboden *m* [mas]
**salt content** Salzgehalt *m* [pow]
**salty** salzig
**salvage** Abfallverwertung *f* (Schiffswrack) [rec]
**salvage** abwracken *v* (Schiff, Bus, Lkw) [rec]
**salvaging** Abwrackung *f* (eines Schiffes) [rec]
**salvaging company** Abwrackunternehmen *n* (Firma) [rec]
**sample cock** Probierhahn *m* [mot]
**sampler** Probenehmer *m* [msr]
**sampling** Probenahme *f* [mot]
**sampling control** Abtastregelung *f* [elt]
**sampling device** Probenahmeeinrichtung *f* [msr]
**sampling oscilloscope** Abtastoszilloskop *n* [msr]

**sampling pulse** Abtastimpuls *m* [msr]
**sampling rate** Abtastfrequenz *f* [elt]
**sampling time** Abtastzeit *f* [elt]
**sand aggregate** Sandbestandteile *pl* [min]
**sandblast** Sandstrahl *m* [wer]
**sandblast** sandstrahlen *v* [wer]
**sandblasted** sandgestrahlt [wer]
**sandblasting** Sandstrahlen *n* [wer]
**sand fill** Sandfüllung *f* [bau]
**sanding** Abschmirgeln *n* (mit Sandpapier) [met]
**sanding belt** Schleifband *n* [mas]
**sandpaper** Sandpapier *n* (Schmirgelpapier) [mas]
**sand pipe** Sandabfallrohr *n* (an Lok) [mot]; Sandrohr *n* (an Lok) [mot]
**sand pit** Sandgrube *f* [min]
**sandstone** Sandstein *m* [min]
**sandwich construction** Verbundbauweise *f* [bau]
**sandy** sandig
**sand yellow** sandgelb (RAL 1002) [nrm]
**sanitary facilities** sanitäre Einrichtung *f* [bau]
**sanitation** Sanitärtechnik *f* ((B)) [bau]; Stadtreinigungsamt *n* (Müllabfuhr (A)) [rec]
**saponification-resistant** verseifungsfest (Schmierfett) [mas]
**sapphire blue** saphirblau (RAL 5003) [nrm]
**sash** Schiebefenster *n* [bau]
**sash bar** Fensterstrebe *f* [bau]
**sash window** Schiebefenster *f* [bau]
**saturate** tränken *v* (völlig durchtränken) [che]
**saturated steam** Sattdampf *m* [pow]
**saturation factor** Sättigungsfaktor *m* [elt]
**saturation region** Sättigungsbereich *m* [elt]

**save** sichern *v* (von Daten) [edv]; speichern *v* (abspeichern, sichern) [edv]
**saw** sägen *v* [met]
**saw blade** Sägeblatt *n* [met]
**saw bow** Sägebügel *m* [met]
**sawbuck** Sägebock *m* [met]
**saw-cut** Sägeschnitt *m* (mit Säge geschnitten) [met]
**saw dust** Sägemehl *n* (Sägespäne) [met]; Sägespäne *pl* (Sägemehl) [met]
**sawhorse** Sägebock *m* [met]
**sawmill** Sägemühle *f* (Sägewerk, klein) [met]
**sawn timber** Schnittholz *n* [wer]
**saw-tooth generator** Sägezahngenerator *m* [elt]
**saw-tooth roof** Sägedach *n* [bau]; Sheddach *n* [bau]
**scaffold** Baugerüst *n* [bau]
**scaffold tube** Gerüstrohr *n* [bau]
**scale** Skala *f* [elt]; Abbildungsmaßstab *m* [con]; Zunder *m* (z.B. Walzzunder) [met]
**scaled drawing** maßstabsgerechte Zeichnung *f* [con]
**scale division** Skalenteilung *f* [msr]
**scale expansion** Tiefenlupe *f* [msr]
**scale, loose -** loser Zunder *m* [mas]
**scale marker** Skalenanzeiger *m* [msr]
**scale pointer** Skalenanzeiger *m* [msr]
**scaler** Untersetzer *m* (elektrischer Untersetzer) [elt]
**scales** Zunderstücke *pl* [met]
**scaling** Zunderbildung *f* [met]
**scalpings** Waschberge *pl* (im Kohlenbergbau) [roh]
**scan** abgreifen *v* (abtasten) [msr]; abtasten *v* [msr]
**scan, direct -** unmittelbare Anzeige *f* [msr]
**scan display** Abtastbild *n* [msr]
**scanner** Abtaster *m* [msr]; Taster *m* [elt]
**scanning** Abtastung *f* [msr]
**scanning, automatic -** automatische Abtastung *f* [msr]
**scanning channel** Prüfkanal *n* [elt]
**scanning, contact -** berührende Prüfung *f* [msr]
**scanning cycle** Prüffolge *f* [elt]
**scanning density** Prüfdichte *f* [elt]
**scanning edge** Abziehkante *f* [mas]
**scanning frequency** Prüffrequenz *f* [elt]
**scanning helix** Abtastspirale *f* [msr]
**scanning sensitivity** Prüfempfindlichkeit *f* [msr]
**scanning site** Prüfort *m* [msr]
**scanning speed** Abtastgeschwindigkeit *f* [msr]
**scanning track** Prüfspur *f* [elt]
**scanning tube** Prüfrohr *n* [elt]
**scanning zone** Prüfzone *f* [elt]
**scarifier** Aufreißer *m* (geringe Eindringtiefe) [mbt]
**scatter** Streuung *f* [mas]
**scatter band** Streuband *n* (Streubereich) [elt]
**scattered** verweht (in alle Winde; verstreut)
**scattering coefficient** Streukoeffizient *m* [elt]
**scattering loss** Streuungsverlust *m* [elt]
**scavenge line** Rückführleitung *f* (Rückspülleitung) [mas]; Rückspülleitung *f* [mas]
**scavenge pump** Absaugpumpe *f*; Spülpumpe *f* [mot]
**scavenger pump** Rückspülpumpe *f* [mas]
**schedule** Zeitplan *m*; Verzeichnis *n*
**scheduled** planmäßig
**scheduled arrival** planmäßige Ankunft *f* (des Zuges) [mot]
**scheduled departure** planmäßige Abfahrt *f* (des Zuges) [mot]

**schedule of work** Arbeitsverzeichnis *n* [con]
**schedule, on -** planmäßig
**schematic** Zeichnung *f* (Skizze) [con]
**schematic diagram** Schaltschema *n* [elt]
**schematics** Anordnungsplan *m* [con]
**scheme, conceptual -** konzeptionelles Schema *n* [edv]
**scissor lift** Scherenhebebühne *f* [mas]
**scissors** Schere *f* (in Haushalt, Schneiderei) [met]
**scissor type jack** Scherenheber *m* [mot]
**scoop** schaufeln *v* (Kelle, Bagger) [mbt]
**scope** Reichweite *f*; Umfang *m* (Ausmaß, Lieferumfang) [mas]; Anwendungsgebiet *n*
**scope of analysis** Analysengrenze *f* (Umfang) [msr]
**scope of shipment** Versandumfang *m* (ein oder mehrere Behälter) [mot]
**scope range of use** Anwendungsbereich *m*
**score** ritzen *v* (anzeichnen, aufzeichnen) [met]
**scour** scheuern *f* (blank putzen)
**scouring** Unterspülung *f* [bod]; Auswaschen *n*
**scow** Schute *f* (Kahn; geschleppt) [mot]
**scrap** Ausschuss *m* (Schrott) [rec]; Verschnitt *m* (Restmaterial, Schrott) [mas]
**scrap** verschrotten *v* [mas]
**scrape** schaben *v* (z.B. mit Scraper) [mas]; schürfen *v* (schaben, wie Scraper) [mas]
**scraper** Abstreifer *m* [mbt]; Abstreifring *m* [mas]; Schaber *m* [mbt]; Schürfkübellader *m* [mot]; Schürflader *m* [mot]
**scraper body** Schürfkübel *m* [mot]
**scraper ring** Abstreifer *m* [mas]; Abstreifring *m* [mas]; Schmutzring *m* [mas]
**scraper trailer** Anhängeschürfkübel *m* [mbt]
**scrap grapple** Schrottgreifer *m* (am Stapler) [mot]
**scrap preparation** Schrottaufbereitung *f* [rec]
**scraps, alloyed -** legierte Schrotte *pl* [mas]
**scrap shear** Schrottschere *f* [rec]
**scrap yard** Schrottplatz *m* (z.B. Autoverwertung) [mas]
**scratchable** ritzbar [mas]
**scratch coat** Unterputz *m* [bau]
**scratch test** Ritzversuch *m* [mas]
**screed** Belag *m*; Estrich *m* [bau]; Überzug *m* (Glättung)
**screed heating** Fußbodenheizung *f* [bau]
**screen** Abschirmung *f* [elt]; Schutzhaube *f* [mas]; Bildschirm *m* [edv]
**screen** rasten *v* (rastern, mit Raster versehen) [mas]; überprüfen *v* (Vorleben eines Menschen) [msr]
**screen cloth** Siebbelag *m* [roh]; Siebgewebe *n* [roh]
**screen current** Schirmgitterstrom *m* [elt]
**screen display** Abbildung *f* (auf Bildröhre) [elt]
**screened** abgeschirmt [elt]
**screened cyclone arrangement** Zyklon mit Fangschirm *m* [roh]
**screen flickering** Bildschirmflimmern *n* [edv]
**screen frequency** Bildschirmfrequenz *f* [edv]
**screening** Abschirmung *f* (unerwünschter Materie)
**screening installation** Siebanlage *f* [roh]

**screening plant** Siebanlage *f* [roh]
**screening unit** Siebanlage *f* [roh]
**screen marker** Zeitlinienmarkierung *f* [edv]
**screen out** absieben *v* [roh]
**screen pattern triggering** Anzeigenauslösung *f* [msr]
**screen plate** Siebplatte *f* [roh]; Siebblech *n* [roh]
**screw** Schraube *f* [mas]
**screw anchor** Schraubanker *m* [bau]
**screw base** Schraubsockel *m* [elt]
**screw bolt** Schraubenbolzen *m* [mas]
**screw brush** Schneckenbesen *m* [mot]
**screw cap** Schraubkappe *f* [mas]; Schraubverschluss *m* [mot]
**screw clamp** Schraubklemme *f* [elt]; Schraubzwinge *f* [wzg]
**screw connection** Anschlussverschraubung *f* [mas]; Verschraubung *f* [mas]
**screw conveyor** Schneckenförderer *m* [roh]; Schraubenförderer *m* [mas]
**screw coupling** Schraubenkupplung *f* (am Waggon) [mot]; Schraubkupplung *f* [mot]
**screw coupling, welded -** Einschweißverschraubung *f* [met]
**screw dowel** Schraubdübel *m* [mas]
**screw driver** Schraubendreher *m* (neueres Wort) [wzg]; Schraubenzieher *m* [wzg]
**screwed bolt** Gewindebolzen *m* [mas]
**screw gear** Schraubenrad *n* [mas]
**screw head** Schraubenkopf *m* [mas]
**screwing** Verschraubung *f* [mas]
**screwing jack** Spindelwinde *f* [mas]
**screw neck** Schraubstutzen *m* [mot]
**screw plug** Verschlussschraube *f* [mot]
**screw pump** Schraubenpumpe *f* [pow]
**screw spike** Schwellenschraube *f*
**screw thread** Schraubengewinde *n* [mas]

**screw-type garbage truck** Schneckentrommelmüllwagen *m* ((A)) [mot]
**screw-type refuse-collection vehicle** Schneckentrommelmüllwagen *m* ((B)) [mot]
**screw type retainer** Schraubsicherung *f* [mot]
**scribe** anreißen *v* (mit Stift) [met]
**scribed** angerissen
**scriber** Reißnadel *f* [mas]
**scrub** scheuern *f* (den Fußboden)
**scrubber baffle** Prallblech *n* [pow]
**S-curve** S-Kurve *f* (in der Straße) [mot]
**seal** Abdichtung *f* (federnde Abdichtung); O-Ring *m* [mas]
**seal** abdichten *v* [mas]; abstempeln *v*; versiegeln *v* (z.B. Parkett, Dach) [bau]
**seal air fan** Schleusluftventilator *m* [pow]; Sperrluftgebläse *n* [mas]
**sealed** abgedichtet (durch Dichtung) [mas]; verschlossen (Rohre) [mot]; versiegelt (z.B. Ränder versiegelt) [mas]
**sealed headlight unit** Scheinwerfereinsatz *m* (mit Dichtung) [mot]
**sea level, above -** über dem Meeresspiegel
**sealing** Versiegelung *f* [mot]; Abdichten *n* [mas]
**sealing air** Schleusluft *f* [pow]
**sealing air fan** Schleusluftventilator *m* [pow]
**sealing and retaining clamp** Schlauch- und Spannschelle *f* [mas]
**sealing compound** Vergussmasse *f* (zum Abdichten) [mas]
**sealing layer** Abdichtungslage *f* [bau]
**sealing section** Profildichtung *f* (z.B. Scheibe-Fahrerhaus) [mas]
**sealing washer** Anlaufscheibe *f* [mas]
**seal link** Rostschlussstab *m* [pow]

**seal sheet** Dichtungsbahn *f* [bau]
**seam** Schweißnaht *f* (ein- oder mehrlagig) [met]; Saum *m* (Kante, Rand)
**seam** säumen *v* (Saum anbringen)
**seam crown** Nahtscheitel *m* (Schweißnaht) [met]
**seam, half-open single -** Halbsteilflankennaht *f* [met]
**seamless** nahtlos [met]
**seam root** Nahtwurzel *f* (Schweißnaht) [met]
**seam weld** Nahtschweißung *f* [met]
**seaplane** Wasserflugzeug *n* [mot]
**search mark** Suchmarke *f*
**search problem** Suchproblem *n* [edv]
**seat adjuster** Sitzverstellung *f* [mot]
**seat belt** Sicherheitsgurt *m* [mot]
**seat, cushioned -** gepolsterter Sitz *m* [mot]
**sea transport** Seetransport *m* [mot]
**seat, rear -** Hintersitz *m* [mot]
**secondary** Hilfs-
**secondary air** Sekundärluft *f* [pow]
**secondary air admission** Sekundärluftbeaufschlagung *f* [pow]
**secondary air conduit** Sekundärluftleitung *f* [pow]
**secondary air duct** Sekundärluftleitung *f* [pow]
**secondary air fan** Sekundärluftventilator *m* [pow]
**secondary air nozzle** Sekundärluftdüse *f* [pow]
**secondary battery** Akkumulator *m* [elt]
**secondary building material** Sekundärbaustoff *m* [pow]
**secondary cell** Sekundärelement *n* [elt]
**secondary crusher** Sekundärbrecher *m* [roh]
**secondary current** Sekundärstrom *m* [elt]
**secondary dust removal** Sekundärentstaubung *f* [roh]
**secondary glazing** Doppelverglasung *f* [bau]
**secondary load** Zusatzlast *f* [bau]
**secondary relief** Sekundärdruck *m* [mot]
**secondary voltage** Sekundärspannung *f* [elt]
**section** Abteilung *f* (Personalabteilung) [eco]; Sparte *f* [eco]; Abschnitt *m* (einer Konstruktion); Schnitt *m* (auf Zeichnung) [con]; Baulos *n* [bau]
**sectional area** Querschnittsfläche *f* [con]
**sectional drawing** Querschnittdarstellung *f* [mas]; Schnittzeichnung *f* [mas]
**sectional header boiler** Sektionalkessel *m* [pow]
**sectional model** Schnittmodell *n* (z.B. von Pumpe) [mas]
**sectional steel** Profilstahl *n* [wer]
**section modulus** Widerstandsmoment *n* [mas]
**section of a railway line** Streckenabschnitt *m* (der Bahn) [mot]
**section to be scanned** Prüfbereich *m* [msr]
**section tube** Profilrohr *n* [mas]
**sector** Ausschnitt *m*
**sector gear** Zahnsegment *n* [mas]
**secure** absichern *v* (bewachen, festmachen); schützen *v* (sicherstellen, festhalten) [mas]; sichern *v* (z.B. durch Schloss)
**securing device** Transporthalterung *f* [mas]; Transportsicherung *f* [mas]
**securing nut** Sicherungsmutter *f* [mot]
**security door** Sicherheitstür *f* [bau]
**security glazing** Sicherheitsverglasung *f* [bau]

**security, technical** - technischer Datenschutz *m*
**sedan** Pkw *m* [mot]
**sediment** Ablagerung *f* (Flussboden) [geo]; Rückstand *m* (Bodensatz lagert sich ab) [che]; Sinkstoff *m* (Ablagerung) [was]; Ablagerungsgestein *n* [min]; Absetzen *n* (Ablagerung) [was]
**sedimentary rock** Ablagerungsgestein *n* [min]
**sedimentation tank** Absetzbecken *n* [was]
**sediment bowl** Abscheideflasche *f* [was]; Absetzschale *f* [was]
**sediment condensation trap** Auffangvorrichtung für Kondenswasser *f* [pow]
**sediment layer** Sedimentschicht *f* [geo]
**Seeger cone** Seegerkegel *m* [pow]
**Seeger ring** Seegerring *m* [mas]
**seesaw** Wippe *f* (Brett auf Bock)
**segment** Abschnitt *m* (Segment, Teil, Ausschnitt)
**segment** teilen *v* (geteiltes Lager, z.B. KDV) [mas]
**segmented wheel roller** Waffelwalze *f* [mas]
**segregate** absondern *v* (ausscheiden, scheiden) [roh]; scheiden *v* (z.B. Gold von Silber) [roh]; trennen *v* (absondern, scheiden) [roh]
**segregating** Absondern *n*; Absondern *n* (Bestandteil)
**selection** Wahlschaltung *f* [elt]
**selection factor** Stoßfaktor *m* [mas]
**selective radiator** Selektivstrahler *m* [pow]
**selector** Wahlschalter *m* [elt]
**selector fork** Schaltgabel *f* [mot]
**selector key** Wahltaster *m* [elt]
**selector switch** Wahlschaltung *f* [elt]; Wahlschalter *m* [elt]

**selector valve** Schaltventil *n* [mot]
**selenium rectifier** Selengleichrichter *m* [elt]
**selenium rectifier stack** Selengleichrichtersäule *f* [elt]
**self-aligning ball bearing** Pendelkugellager *n* [mas]
**self-aligning ball bearing with adapter sleeve** Pendelkugellager mit Spannhülse *n* [mas]
**self-aligning bearing** Pendelkugellager *n* [mas]; Pendellager *n* [mot]
**self-aligning roller bearing** Pendelrollenlager *n* (Wälzlager) [mas]
**self-cleaning** selbstreinigend [mas]
**self-discharging** Selbstentladung *f* (Batterie) [elt]
**self-draining** selbstentwässernd [mas]
**self-excitation** Eigenerregung *f* [elt]
**self-ignition** Selbstentzündung *f* [pow]
**self-inductance** Eigeninduktivität *f* [elt]
**self-locking** selbsthemmend (Zahnrad) [mas]; selbstsichernd; selbstsperrend [mot]
**self-locking differential** Selbstsperrdifferential *n* [mot]
**self-locking nut** selbstsichernde Mutter *f* [mas]; selbstsperrende Mutter *f* [mas]
**self-locking valve** Selbstsperrventil *n* [mot]
**self-lubrication** Selbstschmierung *f* [mas]
**self-monitoring** selbstüberwachend
**self-propelled floating crane** selbstfahrender Schwimmkran *m* [mot]
**self-propelled unit** Selbstfahrer *m* [mot]
**self-propelled vehicle** Selbstfahrerfahrzeug *n* [mot]

**self-regulating** selbstregelnd [mas]
**self-regulating pump** selbstregelnde Pumpe $f$ [mot]
**self-supporting** selbsttragend (z.B. Karosserie) [mot]
**self-tapping screw** Blechschraube $f$ [mas]
**semi-conductor, bipolar -** bipolares Halbleiterelement $n$ [elt]
**semi-conductor, unipolar -** unipolares Halbleiterelement $n$ [elt]
**semidetached house** Doppelhaus $n$ [bau]
**semi-finish** vorschlichten $v$ (bearbeiten) [met]
**semi-finished products** Halbzeug $n$ [met]
**semi mobile** versetzbar (halbbeweglich); semi-mobil [mas]
**semi-portable** semi-portabel [mas]
**semis** Stahlhalbzeuge $pl$ [mas]
**semi-skilled worker** angelernter Arbeiter $m$
**semi-trailer tractor** Sattelschlepperzugmaschine $f$ [mot]
**semi-trailer truck** Sattelschlepper $m$ [mot]
**sense of rotation** Drehrichtung $f$ [mot]
**sensibility** Anfälligkeit $f$ (Empfindlichkeit)
**sensible heat loss** Verlust durch fühlbare Wärme $m$ [mas]
**sensing device** Taster $m$ [mot]
**sensing rod** Teststange $f$ (z.B. Messen der Bezugshöhe) [mas]
**sensing roller** Tastroller $m$ [mas]
**sensor** Signalgeber $m$ [msr]
**sensor wire** Tastdraht $m$ (für genaue Höhe) [msr]
**sentence** Satz $m$ (in der Logik) [edv]
**separate** abscheiden $v$; absondern $v$ (etwas Unerwünschtes) [roh]; trennen $v$ (Bestandteile, Ströme, etc.) [roh]

**separated** abgetrennt
**separate excitation** Fremderregung $f$ [elt]
**separating cut** Trennschnitt $m$ [mas]
**separating wall** Trennwand $f$ [bau]
**separation** Trennen $f$ (Abscheiden) [roh]; Abscheiden $n$ (Trennen)
**separator** Abscheider $m$ [air]; Separator $m$ [mot]
**sepia brown** sepiabraun (RAL 8014) [nrm]
**septagon** Siebeneck $n$ [nrm]
**sequence** Reihenfolge $f$ (Fortsetzung, Serie); Ablauf $m$ (Arbeit)
**sequence control** Folgeregelung $f$ [msr]; Folgesteuerung $f$ [msr]
**sequence of processing** Verarbeitungsablauf $m$ [mas]
**sequence timer** Zeitschaltwerk $n$ [elt]
**serial connection** Reihenschaltung $f$ [elt]
**serial number** Seriennummer $f$ (Stammrollennummer) [mas]
**series** Reihe $f$ [elt]
**series circuit** Reihenschaltung $f$ [elt]
**series gear** Seriengetriebe $n$ [mas]
**series motor** Reihenschlussmotor $m$ [elt]
**series pressing** Serienpressteil $n$ [mot]
**series production** Serienfertigung $f$ [met]; Serienproduktion $f$ [mas]
**serpentine** zickzack-förmig [mot]
**serrated belt** Zahnriemen $m$ [mot]
**serviceability** Wartungsfreundlichkeit $f$ [mot]
**service cable** Hausanschlusskabel $n$ [elt]
**service conduit** Versorgungsleitung $f$ [elt]
**service hour meter** Stundenzähler $m$ [mot]
**service load** Nutzlast $f$ [mot]
**service stress** Gebrauchsspannung $f$ [wer]

**servo-assisted steering mechanism** Servolenkung *f* [mot]
**servo brake** Servobremse *f* [mot]
**servo control** ansteuern *v* [msr]
**servo-control** Servosteuerung *f* [mot]
**servo control, hydraulic -** Vorsteuerung *f* (durch Ventil) [mot]
**servo-controlled valve** vorgesteuertes Ventil *n* [mot]
**servo control valve** Steuerventil *n* [mot]; Vorsteuergerät *n* (Ventil) [mot]
**servo-drive** Stellantrieb *m* [mot]
**servo line, hydraulic -** Vorsteuerleitung *f* [mot]
**servo pressure** Ansteuerdruck *m*
**servo steering** Servolenkung *f* [mot]
**servo valve** Vorsteuerventil *n* (an Hydrogerät) [mot]
**session** Sitzung *f* (z.B. vor Gericht) [jur]
**set** Aggregat *n* (Einheit) [che]
**set** abbinden *v* (erstarren) [che]; stellen *v* (den Wecker stellen); untergehen *v* (Sonne, Mond)
**set-actual comparison** Soll-Ist-Vergleich *m* [msr]
**set bolt** Passschraube *f* [mas]
**set for servicing** Wartungssatz *m* [mas]
**set head** Setzkopf *m* (Nieten) [mas]
**set in concrete** einbetonieren *v* [bau]
**set of cutting inserts** Schneideeinsatz *m* [mas]
**set of socket spanners** Steckschlüsselsatz *m* [wzg]
**set of spanners** Schraubenschlüsselsatz *m* [wzg]
**set of teeth** Zähnesatz *m* (am Zahnrad) [mas]; Zahnsatz *m* (Satz Zähne) [mas]
**set of tools** Werkzeugsatz *m* [wzg]
**set of traffic lights** Ampel *f* (Verkehrsampel) [mot]

**set of working drawings** Zeichnungssatz *m* [con]
**set piston** Stellkolben *m* (stellt Regler ein) [mot]
**set point transmitter** Sollwertgeber *m* [elt]
**set-point transmitter** Sollwertgeber *m* [elt]
**set screw** Passschraube *f* [mas]; Zylinderstift *m* (Setzschraube) [mot]
**sets of transport rolls** Transportrollensätze *pl* [mas]
**setsquare** Zeichendreieck *n* [con]
**set the smoke limiter** Rauchbegrenzer einstellen *v* [mot]
**setting** Stellung *f* (eines Bauteils im Ganzen) [mas]; Setzen des Materials *n* [mas]
**setting the stage** vorbereitend
**setting time** Bindezeit *f* (Beton, aushärtende Kunststoffe) [wer]
**settle** abscheiden *v* (ausfällen, absetzen) [che]; absetzen *v* (abscheiden, ausfällen) [che]; ausfällen *v* (abscheiden, absetzen) [che]
**settlement** Abwicklung *f* (Dokument); Setzung *f* [bau]
**settlement joint** Setzfuge *f* (zwischen Bauteilen mit Vertikalbewegung) [bau]
**settling basin** Absetzbecken *n* [was]
**settling chamber** Absetzkammer *f* (für Staub, Schlamm) [air]
**settling of foundation** Setzen des Fundaments *n* [bau]
**settling tank** Absetzkammer *f* (für Staub, Schlamm) [was]
**set up** anordnen *v* (einrichten); aufrichten *v* [bau]
**set-up** Schema *n*
**set-up time** Rüstzeit *f* (für Montage, Fertigung) [mas]
**set value** Sollwert *m* (eingestellter Wert) [elt]

**sewage channel** Entwässerungskanal *m* [was]
**sewage pipe** Abwasserrohr *n* [was]
**sewage system** Entwässerungsanlage *f* [was]
**sewage treatment** Abwasseraufbereitung *f* [was]
**sewed on** angenäht
**sewerage** Abwasser *n* (in Abwasserleitung) [was]
**sewerage treatment plant** Abwasserreinigungsanlage *f* [was]
**sewer port** Schleuse *f* (hier: Gully, Kanaleinlauf) [bau]
**shack** Schuppen *m* (ziemlich verfallenes Haus) [bau]
**shackle** Schäkel *m* [mas]
**shackle coupling** Schäkelkupplung *f* [mot]
**shaded** schattiert (schattiert gezeichnet) [con]
**shaded pole fan** Querstromlüfter *m* [mot]
**shadow zone** Schattenzone *f* (auch Funkschatten) [elt]
**shaft** Achse *f* (Welle) [mas]; Welle *f* (z.B. Kardan) [mot]; Schaft *m* [mas]; Stiel *m* (von Werkzeugen) [wzg]
**shaft angle** Achswinkel *m* (Zahnrad) [con]
**shaft-angle deviation** Achsenwinkelabmaß *n* [con]
**shaft-angle variation** Achsenwinkelabweichung *f* [mas]
**shaft butt end** Wellenstumpf *m* [mas]
**shaft carrier** Wellenträger *m* [mas]
**shaft centre distance** Achsabstand *m* (bei Riemenantrieb) [con]
**shaft collar** Wellenbund *m* [mot]
**shaft, declined -** geneigter Schacht *m* (im Bergbau) [roh]
**shaft diameter** Wellendurchmesser *m* [mas]
**shaft, driving -** Antriebswelle *f* [mas]

**shaft, front axle -** Vorderachswelle *f* [mot]
**shaft hoisting equipment** Schachtfördereinrichtung *f* [roh]
**shaft horsepower** Wellen-PS [mas]
**shaft insert** Welleneinsatz *m* [mas]
**shaft key stock** Passfeder *f* [mas]
**shaft nut** Wellenmutter *f* [mas]
**shaft sealing ring** Wellendichtring *m* [mot]
**shaft shoulder** Wellenschulter *f* [mas]
**shaft tolerance** Wellentoleranz *f* [mas]
**shaft, vertical -** Königswelle *f* [mas]
**shaft walling** Schachtausbau *m* [bau]
**shaking test** Schüttelversuch *m* [mas]
**shale** Schiefergestein *n* [min]
**shallow** Untiefe *f* [mot]
**shallow foundation** Flachgründung *f* [bau]
**shambles** Ruine *f* [bau]
**shank** Vierkant *m* (der Türklinkenhälfte) [bau]
**shank diameter** Schaftdurchmesser *m* [con]
**shank length** Schaftlänge *f* (des Federnagels) [mot]
**shank protector** Schenkelschutzplatte *f* [mas]
**shank section** Schaftquerschnitt *f* [mas]
**shape** Formstahl *m* [wer]; Profil *n* [wer]
**shaped steel** Profilstahl *m* [wer]
**shape of sample** Probenform *f* [mas]
**shape, out of -** verbogen (nicht mehr richtige Form)
**shapes of breaking** Abreißform *f* (des Gesteins in Wand) [roh]
**shaping** Ausbildung *f* (Gestaltung); Verformung *f* (z.B. einer Stahlplatte) [mas]
**sharp bend** scharfe Kurve *f* [mot]
**sharp edged** scharfkantig [mas]

**sharpness** Schärfe *f* (eines Messers) [wzg]
**shavings grab** Spänegreifer *m* [mas]
**shear** Scherung *f* (einer Quarzplatte) [mas]
**shear** abscheren *v* [met]; scheren *v* (z.B. Schafe) [bff]; schrammen *v* (mit Schrämmaschine kratzen) [mbt]
**shear connector** Schubverbinder *m* [mas]; Verbundanker *m* [bau]
**shearer** Schrämmaschine *f* (fährt Wand auf und ab) [roh]
**shear failure** Scherbruch *m* [mas]
**shear force** Querkraft *f* [mas]; Scherkraft *f* [mas]
**shearing** Abscheren *n* [met]
**shearing machine** Schere *f* (für Bleche) [wzg]
**shearing modulus of elasticity** Gleitmodul *m* (Elastizität) [wer]
**shearing strength** Abscherfestigkeit *f* [wer]
**shearing test** Scherversuch *m* [wer]
**shear modulus** Gleitmodul *m* [mas]; Schubmodul *m* (Gleitmodul) [mas]
**shear off** abscheren *v* [met]
**shear pin** Scherbolzen *m* [mas]; Scherstift *m* [mas]
**shear point** Sollbruchstelle *f* [mas]
**shear press** Scherenpresse *f* [mas]
**shears** Schere *f* [wzg]
**shears operation** Scherenbetrieb *m* [mas]
**shear straight** Schergerade *f* [mas]
**shear strength** Scherfestigkeit *f* [wer]
**shear stress** Scherspannung *f* [wer]
**shear test** Scherversuch *m* [mas]
**shear to length** ablängen *v* [met]
**shear wave** Scherwelle *f* [phy]; Schubwelle *f* [phy]
**shear wave probe** Schrägstrahlprüfkopf *m* [msr]
**sheath** Hüllrohr *n* [bau]
**sheathe** armieren *v* [bau]
**sheathed** abgestützt (Grabenwand) [bau]
**sheathed cable** Mantelkabel *n* [elt]
**sheathing** Schalung *f* (z.B. Ketterschalung) [bau]
**sheathing, dead -** verlorene Schalung *f* (Holz unter Boden) [bau]
**sheathing, lost -** verlorene Schalung *f* [bau]
**sheave** Antriebsscheibe *f* [mas]; Seilrolle *f* [mas]
**sheave height** Rollenhöhe *f* (z.B. des Kranes) [mot]
**sheave nest** Seilrollenblock *m* [mas]
**shed** Halle *f* (Fabrikhalle) [bau]; Schuppen *m* (z.B. Bahn, Hafen) [bau]
**shed roof** Pultdach *n* [bau]
**sheep foot roller** Schaffußwalze *f* [mot]
**sheepshank** Trompete *f* [mot]
**sheet bend** Shotstek *m* (Knoten) [mot]
**sheet, electrical -** Elektroblech *n* [wer]
**sheet gauge** Blechdicke *f* [wer]
**sheeting** Verkleidung *f* [mas]; Verschalung *f* (Graben) [bau]; Verbau *m* (Graben) [bau]; Platten *pl* (Verkleidung) [mas]
**sheet metal** Walzblech *n* [mas]
**Sheet No.** Blatt Nr. (Zeichnungen) [con]
**sheet pile** Spundbohle *f* [bau]; Spundbohlenabstützung *f* [bau]
**sheet-pile wall** Spundwand *f* [bau]
**sheet piling** Spundwand *f* [bau]
**sheets, coated -** beschichtete Bleche *pl* [wer]
**sheet steel** Stahlblech *n* [mbt]
**sheet steel, cold rolled pre-coated -** oberflächenveredeltes Feinblech *n* [wer]
**sheet steel, cold rolled uncoated -** unveredeltes Feinblech *n* [wer]
**shell** Rohbau *m* [bau]

**shell construction** Schalenbauweise $f$ [bau]
**shell construction brick** Schalenbaustein $m$ [bau]
**shell distortion** Abplattung $f$
**shell-shaped** schalenförmig [mas]
**shell-shaped components** Schalenbauteile $pl$ [mas]
**shell structure** Schalenbauweise $f$ [bau]
**shelter** Schuppen $m$ (z.B. kleines Holzhaus) [bau]
**shield** Abschirmung $f$ [elt]; Schutzvorrichtung $f$ (Abwehr, z.B. Schild) [mas]
**shield** abschirmen $v$ [elt]
**shield cylinder** Schildzylinder $m$ (im Bergbau) [roh]
**shielded** abgeschirmt [elt]; umhüllt (geschützt, behütet) [mas]
**shielded arc welding** Schutzgasschweißung $f$ (DIN 1910) [met]
**shielded thermocouple** Thermoelement mit Strahlungsschutz $n$ [elt]
**shielding** Abschirmung $f$ [elt]; Abschirmen $n$
**shielding, double -** doppelte Abschirmung $f$ [mas]
**shield support** Schild $n$ (im Bergbau) [roh]
**shift** Arbeitsschicht $f$; Schicht $f$ (Früh-, Mittags-, Nachtschicht) [met]
**shift** verschieben $v$
**shiftable** schaltbar (Fahrzeug) [mot]; zuschaltbar (hydraulisch -) [mot]
**shiftable engine** Regelfahrmotor $m$ [mot]
**shiftable under load** unter Last schaltbar [mot]
**shift bar** Schaltstange $f$ [mot]
**shift collar** Schaltmuffe $f$ [mas]
**shifter bar** Schaltstange $f$ [mot]
**shifter fork** Schaltgabel $f$ [mot]
**shifter mechanism** Schaltmechanismus $m$ [mot]
**shifter shaft** Schaltwelle $f$ [mas]
**shift gears** schalten $v$ (Gänge im Auto) [mot]
**shifting** Umschaltung $f$ (auf anderen Gang) [mot]; Verschiebung $f$ (Umschaltung) [mas]
**shifting amplitude** Verschiebungsamplitude $f$ [elt]
**shifting pulse** Schiebeimpuls $m$ [elt]
**shift register** Schieberegister $n$ [elt]
**shim** Ausgleichsunterlage $f$ [mas]; Scheibe $f$ (Blechsicherung) [mas]; Unterlegscheibe $f$ (Im Zylinder) [mot]; Zwischenlage $f$ [wer]; Zwischenplatte $f$ (z.B. beim Röntgen) [phy]; Unterlagsblech $n$ (zur Deutlichmachung, bei Strahlentest) [met]
**shim ring** Passscheibe $f$ [mas]
**shim stock** Satz von Beilageplatten $m$ [met]
**ship-armature** Schiffsarmatur $f$ [mot]
**shipbuilding** Schiffsbau $m$ [mot]
**shipbuilding sections** Schiffsprofile $pl$ [mas]
**ship loader** Schiffsbelader $m$ (für See- und Binnenschiffe) [mot]; Schiffslader $m$ (Ladegerät) [mot]
**shipowner** Reeder $m$ [mot]; Verfrachter $m$ (Eigner) [mot]
**shipping** Versand $m$ [mot]
**shipping bracket** Transportstütze $f$
**shipping company** Reederei $f$ [mot]
**shipping department** Versandabteilung $f$ [mot]
**shipping line** Reederei $f$ [mot]
**shipping the product** Produktübergabe $f$ (Versendung) [eco]
**ship repairing** Schiffsreparatur $f$ [mot]
**ship's belly** Schiffsrumpf $m$ [mot]
**ship's equipment** Schiffszulieferung $f$ [mot]
**ship's hull** Schiffsrumpf $m$ (Außenhaut) [mot]

**ship's ladder** Schiffstreppe *f* [mot]
**ship unloader** Schiffsentladegerät *n* [mot]
**shipwreck** Schiffsbrüchiger *m* (Schiff verloren) [mot]
**shipyard** Werft *f* (baut Hochsee- und Binnenschiffe) [mot]; Werftanlage *f* [mot]
**shipyard crane** Werftkran *m* [mot]
**shipyard gantry** Werftportalkran *m* [mot]
**shipyard swivel crane** Werftdrehkran *m* [mot]
**shock** Erschütterung *f* (durch Straße) [bau]; Schock *f* (körperlich) [hum]; Schlag *m* [elt]; Stoß *m* (Schock) [phy]
**shock absorber** Stoßdämpfer *m* [mot]
**shock absorber bracket** Stoßdämpferbock *m* [mot]
**shock absorber, hydraulic -** hydraulischer Stoßdämpfer *m* [mot]
**shock absorber mounting** Stoßdämpferhalter *m* [mot]
**shock absorber, rear -** hinterer Stoßdämpfer *m* [mot]
**shock absorbers, front -** vordere Stoßdämpfer *pl* [mot]
**shock absorber system** Stoßdämpfungseinrichtung *f* [mot]
**shock loss** Stoßverlust *m* [mas]
**shock-proof** stoßsicher (z.B. stoßsicher gelagert) [mot]
**shock pulse** Stoßimpuls *m* [mot]
**shock valve** Überdruckventil *n* [mas]
**shock wave method** Stoßwellenverfahren *n* [mas]
**shock welding** Schockschweißen *n* [met]
**shoe** Fußplatte *f* [bau]; Vorsatzteil *n* (Schuh, Keil, Klemme)
**shoe brake, outside -** Außenbackenbremse *f* [mas]
**shop** Betrieb *m* (Werkstatt) [met]
**shop-assembled** vormontiert [met]

**shop assembling** Werkstattmontage *m* [met]
**shop coat** Werkstattanstrich *m* [wer]
**shop drawing** Werkstattzeichnung *f* [con]
**shop floor** Produktion *f* (im Werk) [mas]
**shop floor material** Werkstattbestand *m* (Material in der Werkstatt) [mas]
**shop material list** Stückliste *f* [mas]
**shop test** Werkstattprüfung *f* [mas]
**shop welding** Werkstattschweißung *f* [met]
**shore** Stütze *f* [bau]; Stempel *m* (im Bergbau unter Hangendem) [roh]
**shore** aussteifen *v* [bau]; versteifen *v* (stützen) [bau]
**shore, from the -** von Land aus
**shore hardness** Shore-Härte *f* [mas]
**shoring** Uferabstützung *f* [geo]; Uferbau *m* [geo]; Verbau *m* (des Grabens) [bau]
**short** Kurzschluss *m* [elt]
**shortage of water** Wassermangel *m* (im Rohrsystem) [mas]
**shortcut** Abkürzung *f* (Weg)
**shorten** abkürzen *v* (Termin); verkürzen *v* (kürzen) [mas]
**short-stroke design hydraulic press** Kurzhubpresse *f* [mas]
**shot blast** sandstrahlen *v* [met]
**shot blasting** Strahlen mit Stahlsand *n* (Sandstrahlen) [met]
**shot-blasting efficiency** Strahlleistung *f* (Sandstrahlen) [met]
**shotcrete** Spritzbeton *m* [bau]
**shot storage tank** oberer Sammelbehälter *m* (Kugelregen) [pow]
**shoulder** Konsole *f* [bau]; Schulter *f* (Wellenabsatz, Bankett) [bau]; Straßenrand *m* [bau]
**shoulder bolt** Passschraube *f* [mas]
**shoulder height** Schulterhöhe *f* (Lager) [mas]

**shoulder stud** Schaftschraube *f* [mas]
**shove** Stoß *m* (Schubs) [mot]
**shovel** Spaten *m* (Grabwerkzeug mit Stiel) [wzg]
**shovel** schaufeln *v* (auch von Hand)
**shovel excavator** Schaufelbagger *m* (Ladeschaufel) [mbt]
**shovel filling** Schaufelfüllung *f* [mbt]
**shovel geometry** Schaufelkinematik *f* [mbt]
**shovel, hydraulic -** Hydraulikfrontschaufel *f* [mbt]
**shovel lip** Schaufelvorderteil *n* [mbt]
**shovel tipping cylinder** Schaufelkippzylinder *m* [mbt]
**shovel tooth** Schaufelzahn *m* [mbt]
**shovel with grab** Schaufelbagger mit Greifer *m* (Bagger) [mbt]
**show** abbilden *v* (z.B. Bild im Text) [con]
**shown** wie gezeichnet [con]
**shred** zerschnitzeln *v* (z.B. im Shredder) [roh]
**shredded** zerschnitzelt (z.B. im Shredder) [roh]
**shredder** Shredder *m* [roh]
**shrink** schrumpfen *v* (z.B. flüssiger Stickstoff schrumpft Buchsen) [mas]
**shrinkage** Schrumpfung *f* [wer]
**shrinkage crack** Schrumpfriss *m* [wer]
**shrinkage value** Schwindmaß *n* [mas]
**shrink fit** Schrumpfsitz *m* [mot]
**shrinkhole** Lunker *m* (Hohlraumbildung, Schrumpfung) [wer]
**shrinking** Schrumpfung *f* [mas]
**shrinking disk** Schrumpfscheibe *f* (in Brecher) [mas]
**shrink on** aufschrumpfen *v* (meist mit Hitze) [met]
**shroud** Abdeckplatte *f* (an Landeklappe, Rakete) [mot]; Verschleißkappe *f* [mbt]

**shunt** Nebenschluss *m* [elt]
**shunt** rangieren *v* (der Bahn) [mot]; überbrücken *v* [elt]; verschieben *v* (Waggons rangieren) [mot]
**shunt connection** Parallelschaltung *f* [elt]
**shunted** überbrückt [elt]
**shunter** Rangierer *m* (Bahnpersonal) [mot]
**shunter's step** Trittbrett *n* (Ecktritt an Waggonecke) [mot]
**shunting locomotive, electric** Rangierlokomotive *f* [mot]
**shunting track** Rangiergleis *n* [mot]
**shunt motor** Nebenschlussmotor *m* [elt]
**shut** sperren *v* (z.B. an Absperrhahn) [mas]
**shut down** abfahren *v* (stilllegen) [met]; abschalten *v* (Kessel) [pow]; stilllegen *v* (abfahren) [pow]
**shutdown lever** Abstellhebel *m* [mas]
**shut-down period** Abfahrtzeit *f* [met]
**shut off** abschalten *v* [met]
**shutoff device** Absperrung *f* (Hahn, Klappe) [mas]
**shut-off valve** Absperrhahn *m* [was]; Absperrventil *n* [met]
**shutter** Verschluss *m* (Türschließer, Riegel)
**shutter** verschalen *v* [bau]
**shutter board** Schalbrett *n* [bau]
**shutter bow** Verschlussspriegel *m* [mot]
**shuttering** Schalung *f* (für Beton) [bau]; Verschalung *f* (für Beton) [bau]
**shuttering board** Schalbrett *n* [bau]
**shuttle** pendeln *v* (Hin- und Herfahrt) [mot]
**shuttle head** Verschiebekopf *m* (Bandanlage Tagebau) [roh]

**shuttle valve**  Richtungswahlschalter *m* (vor-rückwärts) [mot]; Wahlschalter *m* (3. Vorwärts in 3. Rückwärts) [mot]; Wechselventil *n* [mot]
**side bay**  Seitenschiff *n* (z.B. einer Halle oder Kirche) [bau]
**side car**  Seitenwagen *m* (des Motorrades) [mot]
**side cladding**  Seitenverkleidung *f*
**side clearance**  seitliches Spiel *n* [con]
**side corridor coach**  Personenwagen mit Seitengang *m* [mot]
**side cutter**  Seitenschneider *m* [mbt]; Seitenzahn *m* [mbt]
**side cutting edge**  Seitenmesser *n* [mbt]
**side discharging cars**  Seitenkippwagen *m* [mot]
**side-discharging wagon**  Selbstentladewagen *m* [mot]
**side door**  Seitentür *f* (hinten, vorn) [mot]
**side dump**  seitlich kippen *v* [mot]
**side dump bucket**  Seitenkippschaufel *f* [mbt]
**side elevation**  Seitenansicht *f* [con]; Seitenaufriss *m* [con]
**side flap**  Seitenklappe *f* [mot]
**side frame**  Seitenwange *f* (der Stufe) [bau]
**side girder**  Seitenträger *m* [bau]
**side hopper**  Sattelwagen *m* [mot]
**side-hung window**  Drehflügelfenster *n* [bau]
**side, loose -**  ungespanntes Riementrumm *n* [mas]
**side marker**  Peilstange *f* [mot]
**side member**  Längsträger *m* [bau]; Seitenblech *n*
**side panel**  Seitenwand *f* [mot]
**side panel frame**  Seitenwandrahmen *m* [mot]
**side panelling**  Seitenverkleidung *f*
**side plate of the mouldboard**  Scharseitenblech *n* [mbt]
**side play**  Spiel *n* (locker im Sitz) [mas]
**side reclaimer**  Seitenkratzer *m* [mbt]
**side ring**  Seitenring *m* [mot]
**side rudder**  Seitenruder *n* (z.B. bei Flugzeug) [mot]
**side shaft**  Seitenwelle *f* [mot]
**side shifting device**  Seitenschieber *m* (z.B. am Grader) [mot]
**side slope**  Steilböschung *f* [bod]
**side spacing**  Querteilung *f* [pow]
**side support**  seitliche Abstützung *f* [mot]
**side thrust**  Druck, seitlicher *m* [mas]; Seitenschub *m* [mot]
**side tilting device**  Seitenkippgerät *n* [mot]
**side-tipping bucket**  Seitenkippschaufel *f* [mot]
**side view**  Seitenansicht *f* [con]
**sidewalk**  Trottoir *n* (Bürgersteig, Fußweg) [mot]
**side wall**  Seitenklappe *f* [mot]; Seitenwand *f* [bau]
**side wall header**  Seitenwandsammler *m* [pow]
**side wall header, upper -**  oberer Seitenwandsammler *m* [pow]
**sideways**  seitwärts (zur Seite weg)
**side window**  Seitenfenster *n* [mot]
**sieve analysis**  Siebanalyse *f* [roh]
**sieve screen analysis**  Siebanalyse *f* [roh]
**siftings**  Rostdurchfall *m* [roh]
**siftings hopper**  Rostdurchfalltrichter *m* [roh]
**sight glass**  Schauglas *n* [mot]
**sight hole**  Schauloch *n* [msr]
**sign**  Schild *n* (am Haus)
**signal, binary -**  binäres Signal *n* [edv]
**signal blanking**  Stoßausblendung *f* [elt]
**signal box**  Stellwerk *n* (Eisenbahngebäude) [mot]

**signal converter** Signalumformer *m* [elt]
**signal current** Schwachstrom *m* [elt]
**signal detection** Signalerfassung *f* [elt]
**signal lamp** Signalleuchte *f* [edv]
**signal light** Signallampe *f* [edv]
**signal/noise ratio** Rauschabstand *m* [elt]
**signal output** Signalausgang *m* [elt]
**signal power pack** Signalnetzgerät *n* [elt]
**signal power supply** Signalnetzgerät *n* [elt]
**signal sequence** Signalfolge *f* [elt]
**signal threshold** Signalschwelle *f* [elt]
**signal-to-noise ratio** Signal-Rausch-Verhältnis *n* [elt]
**signal transmitter, continuous -** Dauersender *m* [tel]; Dauerstrichsender *m* [tel]
**signal triggering** Signalabgabe *f* [elt]
**signature, not available for ...** nach Diktat verreist
**signing** Unterzeichnung *f*
**silencer** Schalldämpfer *m* [mot]
**silk mat** seidenmatt
**sill** Drempel *f* [bau]; Schwelle *f* (Türschwelle) [bau]; Sims *m* (Fenster) [bau]
**silo** Bunker *m* [roh]
**silt dredger** Schlickbagger *m* [mot]
**silty soils** schluffige Böden, *pl* [bod]
**silver grey** silbergrau (RAL 7001) [nrm]
**silver hose** Silberschlauch *m* [mot]
**silver-plated** versilbert
**similar** ähnlich (ähnelnd, fast so)
**similarity** Ähnlichkeit *f*
**similarity measure** Ähnlichkeitsmaß *n*
**similarity net** Ähnlichkeitsnetz *n* [con]
**similarity transformation** Ähnlichkeitstransformation *f* [mat]

**simpler management** Verwaltungsvereinfachung *f*
**simple support** festes Auflager *n* [bau]
**simulation program** Simulierer *m* [edv]
**simulation theory** Simulationstheorie *f* [edv]
**simulator** Simulator *m* [edv]
**simulator program** Simulierer *m* [edv]
**simultaneous** simultan
**sine wave** Sinusform *f* [phy]
**single glazing** Einfachverglasung *f* [bau]
**single-nozzle blower** Wandrußbläser *m* [pow]
**single-nozzle retractable soot blower** Schraubrußbläser *m* [pow]
**single-pass welding** Einlagenschweißung *f* [met]
**single row** einreihig *f* (z.B. Nietverbindung) [met]
**single U** U-Naht *f* [met]
**single V** V-Naht *f* [met]
**single V notch** U-Kerbe *f* [met]
**single window** Einfachfenster *n* [bau]
**single Y** Y-Naht *f* [met]
**sink** abteufen *v* (einen Schacht) [roh]; ausschachten *v* [bau]; sinken *v*; teufen *v* (einen Schacht) [roh]; untergehen *v* (Schiff) [mot]; versenken *v* (z.B. ein Schiff) [mot]
**sinter** sintern *v* [mas]
**sintered materials** Sinterwerkstoffe *pl* [wer]
**sintered metal** Sintermetall *n* [wer]
**sintering plant** Sinteranlage *f* [mas]
**sintering temperature** Sinterungstemperatur *f* [mas]
**sinuous header** Teilkammer *f* [pow]
**sinusoidal excitation** sinusförmige Erregung *f* [phy]
**sinusoidal motion** sinusförmige Bewegung *f* [phy]

**sinusoidal voltage** Sinusspannung *f* [elt]
**sinusoidal wave** sinusförmige Welle *pl* [elt]
**site** Baustelle *f* [bau]; Stelle *f* [bau]; Aufstellungsort *m*
**site assembly** Baustellenmontage *f* [bau]
**site connection** Baustellenanschluss *m* [bau]
**site development** Geländeerschließung *f* [bau]
**site facilities** Baustelleneinrichtung *f* [bau]
**site measuring** Aufmaß *n* [bau]
**site of the accident** Unfallort *m* [mot]
**site, on -** vor Ort (an Ort und Stelle des Ereignisses) [bau]
**site plan** Lageplan *m* [bau]
**site welding** Baustellenschweißung *f* [met]; Montageschweißung *f* [met]
**six-axle** sechsachsig (z.B. Güterwagen) [mot]
**six speed shift** Sechsgangschaltung *f* [mot]
**six speed shift transmission** Sechsganggetriebe *n* [mot]
**six-wheel drive** Sechsradantrieb *m* (des Graders) [mbt]
**size** Abmessung *f* [jur]
**skeleton** Rohbau *m* [bau]; Tragwerk *n* [bau]
**skeleton construction** Skelettbauweise *f* [bau]
**skeleton shoe** Skelettplatte *f* [mas]
**skeleton structure** Skelettkonstruktion *f* [bau]; Skelettkonstruktion *f* [mas]
**skelp** Vormaterial *n* [mas]
**skid** rücken *v* (Holz im Wald) [bff]
**skid bar** Roststabträger *m* [pow]
**skid chain** Schneekette *f* (für Autoreifen) [mot]
**skidder** Rückmaschine *f* (Holz im Wald rücken) [mot]
**skidding joint** Gleitfuge *f* [bau]
**skid down** Abrutschen *n* (an der Böschung) [mbt]
**skid-proof** gleitsicher
**skimmer** Ölabstreifring *m* [mas]
**skimming coat** Glattstrich *m* (auf Putz) [bau]
**skin** abisolieren *v* [elt]
**skip distance** Sprungabstand *m* [mas]
**skirt** Schurz *m* (Arbeitsschutz, Rock)
**skirting** Sockel *m* (Mobilheimverkleidung) [mot]
**skirting panel** Sockelblech *n* [mas]
**skirt panel part** Sockelteil *m* [mas]
**skull** Pfannenrest *m* (Hüttenwesen) [mas]
**skylight** Dachluke *f* [bau]; Dachfenster *n* [bau]; Oberlicht *n* [bau]
**skylight well** Lichtschacht *m* [bau]
**slab** Platte *f* (aus Walzwerk) [mas]; Scholle *f* (z.B. Asphalt aus alter Straße) [mot]; Vorbramme *f* [mas]; Strang *m* (z.B. aus Strangguss) [mas]
**slab slitting** Vorbrammenlängsteilung *f* [mas]
**slackening** Lockerung *f* (beim Niet) [met]
**slack joint** Wackelkontakt *m* [elt]
**slack span** loses Trumm *n* [mas]
**slag** Asche *f* (Schlacke, Zunder) [rec]
**slag, basic -** basische Schlacke *f* [pow]
**slag cover** Schlackenschicht *f* [pow]
**slag crusher** Schlackenbrecher *m* [pow]
**slag extractor** Schlackenabscheider *m* [pow]
**slag forming** schlackenbildend [pow]
**slagging** Verschlackung *f* [pow]
**slag, granulated -** granulierte Schlacke *f* [pow]

**slag hopper** Schlackentrichter *m* [pow]
**slag inclusion** Schlackeneinschluss *m* [pow]
**slag pit** Schlackengrube *f* [mot]
**slag removal** Schlackenabzug *m* [pow]
**slag removal, liquid -** flüssiger Schlackenabzug *m* [pow]
**slag tank** Schlackensammler *m* (Druckwasserentaschung) [pow]
**slag-tap boiler** Schmelzkessel *m* [pow]
**slag-tap pulverized coal firing** Schmelzfeuerung *f* [pow]
**slag wool** Schlackenwolle *f* [pow]
**slag wool blanket** Schlackenwollmatte *f* [pow]
**slanted** schräggestellt [con]
**slanted mark** schräge Markierung *f* (z.B. Abhaken) [con]
**slanted roof** Schrägdach *n* [bau]
**slap** schlackern *v* (locker schütteln)
**slate grey** schiefergrau (RAL 7015) [nrm]
**slater** Schieferdecker *m* [bau]
**slate roof** Schieferdach *n* [bau]
**sledge hammer** Vorschlaghammer *m* [wzg]
**sleeper** Schwelle *f* (Bahn-) [mot]
**sleeping car** Schlafwagen *m* (bei der Bahn) [mot]
**sleeve** Buchse *f* [elt]; Reduziermuffe *f* [mot]; Tülle *f* (Kabel) [elt]
**sleeve joint** Einsteckstoß *m* [bau]
**slew** Schwenkbremse *f* [mbt]
**slewable** schwenkbar
**slew brake** Schwenkbremse *f* [mbt]
**slew distributor** Schwenkantrieb *m* [mbt]
**slew drive** Schwenkantrieb *m* [mbt]
**slewing-** Schwenk- [mbt]
**slewing belt conveyor** Schwenkband *n* [mas]
**slewing brake** Schwenkwerksbremse *f* [mot]
**slewing brake, hydraulic -** hydraulische Schwenkwerksbremse *f* [mot]
**slewing brake system** Schwenkbremssystem *n* [mbt]
**slewing brake valve** Schwenkbremsventil *n* [mbt]
**slewing crane** Drehkran *m* [bau]
**slewing gear** Schwenkantrieb *m* [mbt]; Schwenkgetriebe *n* [mbt]; Schwenkwerksgetriebe *n* [mot]
**slewing gear brake** Schwenkwerksbremse *f* [mbt]
**slewing pinion** Schwenkritzel *n* [mot]
**slewing range** Schwenkbereich *m* [mbt]
**slewing ring** Schardrehkranz *m* (Kugel- oder Rollendrehkranz) [mbt]
**slewing shaft** Schwenkwelle *f* [mot]; Schwenkwerkswelle *f* [mot]
**slewing time** Schwenkzeit *f* [mbt]
**slew motor** Schwenkmotor *m* (dreht Ritzel) [mbt]
**slew pinion** Schwenkritzel *n* [mbt]
**slew transmission** Schwenkgetriebe *n* [mbt]
**slide back** zurückrutschen *v*
**slide bar** Schubstange *f* [mas]
**slide bar lock** Verschlusssicherung *f* [mot]
**slide coupling** Schiebekupplung *f* [mas]
**slide door** Schiebetür *f* [bau]
**slide down** abrutschen *v*
**slide gauge** Schieblehre *f* [msr]; Schublehre *f* (Rechengerät) [mat]
**slide off** abrutschen *v*
**slide switch** Schiebeschalter *m* [elt]
**slide valve** Schieber *m* [mas]
**sliding** Gleiten *n* (Rutschen, Ausrutschen) [bau]
**sliding bearing** Gleitlager *n* [mas]

**sliding bed**  verschiebbare Platte *f* [mas]
**sliding calliper**  Schieblehre *f* [msr]
**sliding collar**  Schiebehülse *f* [mot]
**sliding door**  Schiebetür *f* [mot]
**sliding form**  Gleitschalung *f* [bau]
**sliding formwork**  Gleitschalung *f* [bau]
**sliding gear**  Schieberad *n* [mas]
**sliding rail**  Laufschiene *f* [mas]
**sliding roof**  Schiebedach *n* [mot]; Schiebedach *n* [mot]
**sliding roof fastener**  Schiebedachverschluss *m* [mot]
**sliding rule**  Rechenschieber *m* [mat]
**sliding sash**  Schiebefenster *n* [bau]
**sliding selector shaft**  Schaltstange *f* [mot]
**sliding shaft**  Schiebewelle *f* [mot]
**sliding shuttering**  Gleitschalung *f* [bau]
**sliding sleeve**  Schiebemuffe *f* [mas]
**sliding support**  Gleitlager *n* (Auflager) [bau]
**sliding surface**  Rutschfläche *f* [mas]
**sliding window**  Schiebefenster *n* [mot]
**slim**  schlank (schlanker Mensch)
**sling**  schleudern *v*
**slinger**  Anschläger *m* (hängt Last an Kran) [mbt]
**sling gear**  Anschlagmittel *n* (Ketten, Seile, Haken) [mas]
**slip**  Schlipp *m* (in der Werft) [mot]
**slip clutch**  Rutschkupplung *f* [mot]; Schlupfkupplung *f* [mas]
**slip control**  Schlupfüberwachung *f* [msr]
**slip hardening**  Schlupfhärtung *f* [mas]
**slipknot**  Slipstek *m* (Knoten) [mot]
**slip of the belt**  Riemenschlupf *m* [mas]
**slip-on type**  aufsteckbar

**slippage**  Schlupf *m* (Motor) [elt]; Gleiten *n* (Rutschen, Ausrutschen)
**slippery**  rutschig (glatt, schlüpfrig)
**slipping clutch**  Rutschkupplung *f* [mot]
**slip ring**  Schleifer *m* [elt]; Schleifring *m* (Motor) [elt]; Schleifringkörper *m* (Motor) [elt]
**slip ring assembly**  Schleifringkörper *m* (Motor) [elt]
**slip ring body**  Schleifringkörper *m* (Motor) [elt]
**slip-ring brake**  Schleifringbremse *f* [mot]
**slip ring holder**  Schleifringhalter *m* [mot]
**slip ring motor**  Schleifringläufermotor *m* [elt]
**slip ring rotor**  Schleifringanker *m* [elt]
**slip ring starter**  Schleifringanlasser *m* [elt]
**slip stream**  Windschatten *m* (z.B. Autorennen) [mot]
**slit**  Schlitz *m* [mas]
**slit**  aufschlitzen *v*
**slit ring**  Schlitzring *m* [mas]
**slope**  Neigung *f*; Schräge *f* (Neigung; Bunker, Rohre) [con]; Steigung *f* (steiler Anstieg) [mot]; Abhang *m*; Hang *m* (Abhang)
**slope up**  ansteigen *v*
**sloping**  schief (steil geneigter Hang) [bod]
**sloping**  Abböschen *n* [bau]
**sloping roof**  Schrägdach *n* [bau]
**sloping screed**  Gefälleestrich *m* [bau]
**slot**  Schlitz *m* [mas]; Spalt *m* (z.B. eingeschnitten) [mas]; Steckplatz *m* [elt]
**slot indicator**  Schlitzinitiator *m* [mas]
**slotted cheese head screw**  Zylinderschraube mit Schlitz *f* [mas]

**slotted countersunk head screw**
Senkschraube mit Schlitz *f* [mas]
**slotted nut** Schlitzmutter *f* [mas]
**slotted round nut** Schlitzmutter *f* [mas]
**slotted screw** Schlitzschraube *f* [mas]
**slotted wall** Schlitzwand *f* [bau]
**slot weld** Lochschweißung *f* [met]; Schlitznaht *f* (Schweißnaht) [met]
**slow** sacht (langsam, allmählich) [mas]
**slow blow fuse** träge Sicherung *f* [elt]
**slow-blowing fuse** träge Sicherung *f* [elt]
**slow down** verlangsamen *v* [mot]
**slow to blow** träge (Sicherung) [elt]
**sludge** Ölschlamm *m* [mas]; Rückstand *m* [rec]
**sludge dehydration** Schlammentwässerung *f* [mot]
**sluice** Schleuse *f* (Schiffsschleuse) [mot]
**sluice chamber** Schleusenkammer *f* [mot]
**slurry paint coat** Schlemmanstrich *m* [nrm]
**small end bushing** Pleuelbuchse *f* [mot]
**smell test** Riechversuch *m* [msr]
**smelt** verhütten *v* (in Hüttenwerk) [mas]
**smelting** Verhütten *n* (z.B. von Eisenerz) [mas]
**smoke** Qualm *m* (meist Rauch und Dampf) [air]; Rauch *m* [air]
**smoke box** Rauchkammer *f* (Dampflok) [mot]
**smoke box door** Rauchkammertür *f* (Dampflok) [mot]
**smoke-control door** Rauchschutztür *f* [bau]
**smoke deflector** Windleitblech *n* [mot]

**smoke deflector plate** Abweiser *m* (Windleitblech an Lok) [mot]; Windleitblech *n* (an Lok) [mot]
**smoke density alarm** Rauchdichtealarm *m* [air]
**smoke detector** Rauchmelder *m* [msr]
**smoked glass** Rauchglas *n* (z.B. im Abteilfenster) [mot]
**smoked window** Rauchglasscheibe *f* (in Eisenbahnwagen) [mot]
**smoke exhaust system** Rauchabsauganlage *f* [bau]
**smoke funnel** Rauchfang *m* (am Heizhausdach) [mot]
**smoke limiter** Rauchbegrenzer *m* [mot]
**smokestack** Schlot *m* (Fabrikschornstein) [mas]; Schornstein *m* (hohe Fabrikesse) [mas]
**smoke tube** Rauchrohr *n* (Dampflok) [mot]
**smooth** reibungslos [mot]; ruckfrei (z.B. Anfahren des Zuges) [mot]; stoßfrei (z.B. Abbremsen) [mot]
**smooth** planieren *v* [bau]
**smoothen** schleifen *v* (glätten) [met]
**smoothing** Siebung *f* [roh]
**smoothly** ruckfrei (ruckfrei arbeitend)
**smooth plaster** Glattputz *m* [bau]
**smouldering fire** Schwelbrand *m*; schwelendes Feuer *n*
**snap** abbrechen *v* (Zweig, Rute)
**snap gauge** Toleranzlehre *f* [mas]
**snap-on cap** Schnappverschluss *m* [mot]
**snap ring** Schnappring *m* [mas]; Seegerring *m* [mas]; Sicherungsring *m* [mas]; Sprengring *m* [mot]
**snow blower** Schneefräse *f* [mot]
**snow chain** Schneekette *f* (für Autoreifen) [mot]
**snow-covered** schneebedeckt
**snow plough** Schneepflug *m* ((B))
**snow plow** Schneepflug *m* ((A))

**snubber** Reibungsstoßdämpfer *m* [mot]
**snub pulley** Ablenktrommel *f* [mas]
**soaked** aufgeweicht
**socket** Anbausteckdose *f*; Anschlussbuchse *f* [elt]; Fassung *f* [elt]; Steckbuchse *f* (Steckdose) [elt]; Steckhülse *f* [elt]; Stütze *f* (Unterlage, Stein, Podest) [mas]; Verschraubung *f* [mas]; Anschluss *m* (Rohr); Sockel *m* (Muffe, Tülle, muffenförmig) [mas]; Stutzen *m* [mas]
**socket adapter** Übergangsstecker *m* [elt]
**socket, electrical -** Anbausteckdose *f* [elt]
**socket for inspection run** Revisionssteckdose *f* [elt]; Revisionsstecker *m* [elt]
**socket fuse** Einschraubsicherung *f* [elt]
**socket panel** Prüfleiste *f* [mas]
**socket pin** Steckbolzen *m* [mot]
**socket-pin coupling** Steckbolzenkupplung *f* [mot]
**socket pipe** Aufsteckrohr *n* [elt]
**socket spanner** Steckschlüssel *m* (mit Griff oder Stiel) [wzg]
**socket-type** übergreifend (Hülse über Bauteil) [mas]
**socket-type teeth** Steckzähne *pl* [mbt]
**socket wrench** Steckschlüssel *m* (mit Griff oder Stiel) [wzg]
**soft** schmiedbar (weich) [mas]
**soft-annealed** weichgeglüht [wer]
**softening** Enthärtung *f* (Speisewasser) [was]
**soft packing** Weichpackung *f*
**soft rock** Weichgestein *n* [geo]
**soft rock crushing** Weichzerkleinerung *f* (im Brecher) [roh]
**soft shift** weiche Handschaltung *f* [mot]

**soft soldering** weichlöten *v* [mas]
**soft starter** Sanftanlaufgerät *n* (Motor) [elt]
**soft top** Softtop *m* (Stoffverdeck für Kabrios) [mot]
**software debugging** Softwaredebugging *n* [edv]
**software design** Programmentwurf *m* (Software) [edv]
**software development, integrated -** integrierte Softwareentwicklung *f* [edv]
**software development tools** Softwarewerkzeuge *pl* [edv]
**software engineering** Softwaretechnik *f* [edv]; Softwaretechnologie *f* [edv]
**software life cycle** Softwarelebenszyklus *m* [edv]
**software management** Projektabwicklung *f* [edv]
**software quality assurance** Softwarequalitätssicherung *f* [edv]
**software testing** Programmtest *m* (Software) [edv]
**software trustworthiness** Softwarevertrauenswürdigkeit *f* [edv]
**soil, compacted -** verfestigter Boden *m* [bod]
**soil compaction** Bodenverdichtung *f* [bau]
**soil excavation** Bodenaushub *m* (Vorgang) [bau]
**soil, heavy -** schwerer Boden *m* [bod]
**soil, loose -** bindiger Boden *m* [bod]
**soil, natural -** gewachsener Boden *m* [bod]
**soil pressure, active -** Erddruck *m* (Fundament) [bod]
**soil sealing** Bodenverdichtung *f* [bau]
**solar cell** Solarzelle *f* [elt]
**solar energy** Sonnenenergie *f* [elt]
**solar energy conversion** Solarenergieumwandlung *f* [pow]

**solar glazing**
Sonnenschutzverglasung *f* [bau]
**solar house** sonnengeheiztes Haus *n* [bau]
**solar power station** Solarkraftwerk *n* [pow]
**solder** weichlöten *v* [met]
**solder banjo connection** Ringlötstück *n* [mot]
**soldering** Weichlöten *n* [met]
**sole** Sohle *f* (Baugrund) [bau]
**sole bar** Tragebalken *m* (Langträger Güterwagen) [mot]
**solenoid** Magnetspule *f* [elt]
**solenoid spool** Zündspule *f* [mot]
**solenoid switch** Magnetschalter *m* (Magnet/Zündschalter) [elt]
**sole plate** Schwelle *f* [bau]
**soles negotiations** Verkaufsabschlussverhandlung *f* [eco]
**solid** stabil (robust, solide)
**solid building** Massivbau *m* [bau]
**solid ceiling** Volldecke *f* [bau]
**solid construction** Massivbau *m* [bau]
**solid cylinder** Vollzylinder *m* [mot]
**solidification** Verfestigung *f* [bau]
**solidified** verfestigt
**solidified soil** verfestigter Boden *m* [bod]
**solidify** vermörteln *v* [bau]
**solid rim ring** ungeteilter Felgenring *m* [mot]
**solid rolled wheel** Vollrad *n* [mot]
**solid rubber tyre** Vollreifen *m* [mot]
**solid side ring** Seitenring, ungeteilter *m* [mot]
**solid track rod** Spurstange, ungeteilte *f* [mot]
**solid tyre** Vollreifen *m* [mot]; Vollreifen *m* [mot]
**solution** Auflösung (Problem, Flüssigkeit)
**somersault** überschlagen *v* (Auto bei Unfall) [mot]

**sonically hard** schallhart [aku]
**sonically soft** schallweich [aku]
**soot** rußen *v* [mot]; verrußen *v* [mot]
**soot blower** Rußbläser *m* [pow]
**soot blower connection** Rußbläseranschluss *m* [pow]
**soot blower opening** Rußbläserdurchbruch *m* (in Mauer) [pow]
**sorting** Sortierung *f* [roh]
**sorting algorithm** Sortierverfahren *n* [edv]
**sorting criterion** Sortiermerkmal *n* [edv]
**sorting device** Sortiereinrichtung *f* [roh]
**sorting grab** Sortiergreifer *m* [roh]
**sorting method** Sortierverfahren *n* [edv]
**sorting out** Aussortierung *f* [roh]
**sorting siding** Richtungsgleis *n* (des Ablaufberges) [mot]
**sort out** ausmustern *v* (als nicht brauchbar) [rec]
**sound** Ton *m* (Klang) [aku]
**sound absorber** Schalldämpfer *m* (in Zeichnungen) [aku]
**sound-absorbing** schalldämpfend [aku]
**sound-absorbing** Schalldämpfung *f*
**sound-absorbing ceiling** Schallschutzdecke *f* [bau]
**sound-absorbing protection** Schallschutz *m* [aku]
**sound barrier** Schallmauer *f* [aku]
**sound beam** Schallstrahl *m* [aku]; Schallbündel *n* [aku]
**sound beam characteristic** Schallstrahlungscharakteristik *f* [aku]
**sound check** Tonprobe *f* (vor dem Auftritt) [aku]
**sound exit point** Schallaustrittspunkt *m* [aku]
**sound field** Schallfeld *n* [aku]

**sound gate** Schallblende *f* [aku]
**sound image instrument** Schallsichtgerät *n* [aku]
**sound image method** Schallsichtverfahren *n* [aku]
**sounding rods** Sondiergestänge *n* [msr]
**soundings** Sondierungen *pl* [msr]
**sound-insulated** schallisoliert [aku]
**sound intensity** Schallintensität *f* [aku]; Schallstärke *f* [aku]
**sound level** Schallpegel *m* [aku]
**sound-level measuring device** Schallpegelmessgerät *n* [msr]
**sound path** Schallweg *m* [aku]
**sound pressure** Schalldruck *m* [aku]; Schallstrahlungsdruck *m* [aku]
**sound pressure, alternating** Schallwechseldruck *m* [aku]
**sound pressure level** Schalldruckpegel *m* [mot]
**sound reflection** Schallreflexion *f* [aku]
**sound refraction** Schallbeugung *f* [aku]
**sound signal** Schallsignal *n* [aku]
**sound source** Strahlquelle *f* [aku]
**sound wave** Schallwelle *f* [aku]
**source** Spannungsquelle *f* [elt]
**source disc** Quelldiskette *f* (bei Kopiervorgang) [edv]
**source of constant voltage** Konstantspannungsquelle *f* [elt]
**source of radiation** Strahlenquelle *f* [phy]
**space** Abstand *m* (zwischen 2 Bauteilen) [con]; Zwischenraum *m* [con]
**space, enclosed -** umbauter Raum *m* (in einem Haus oder einer Halle) [bau]
**space for marker** Raum für Markierung *m* [con]
**space probe** Raumsonde *f* [mot]

**spacer** Zwischenring *m* (zum Abstandhalten) [mas]; Abstandsstück *n* [mas]; Distanzstück *n* [mas]
**spacer bush** Zwischenstück *n* (Distanzbuchse) [mas]
**spacer disk** Anlaufscheibe *f* [mas]; Anlaufring *m* [mas]
**space requirement** Raumbedarf *m* [bau]
**spacer piece** Zwischenstück *n* [mot]
**spacer sleeve** Abstandsrohr *n* [mas]
**space-saving** raumsparend [bau]
**spaceship** Raumschiff *n* [mot]
**space shuttle** Raumfähre *f* (wird wiederverwendet) [mot]
**space width** Zahnlücke *f* (am Zahnrad) [mas]
**spacing** Abstand *m* (Abstände) [con]; Erzeugen eines Abstands *n*
**spacing, narrow -** enge Teilung *f* [mas]
**spacing, wide -** weite Teilung *f* [con]
**spade** Spaten *m* (spitz, gekröpfter Stiel) [wzg]
**spade chisel** Spatenmeißel *m* [wzg]
**spall** splittern *v*
**spall fracture** Splitterbruch *m* [hum]
**spalling** Oberflächenausbrüche *pl* (beim Walzen) [mas]
**spalling hammer** Schrothammer *m* [wzg]; Schrothammer *m* (beim Schmieden) [wzg]; Spalthammer *m* (im Bergbau) [wzg]
**spalling test** Temperaturwechselbeständigkeitsprüfung *f* [mas]
**span** Feldlänge *f* [bau]; Spannweite *f* [bau]; Spannweite *f* (Stützweite) [mas]; Stutzlänge *f*
**span** überbrücken *v* [bau]
**spandrel** Fensterbrüstung *f* [bau]; Ständer *f* [bau]; Stütze *f* [bau]
**span length** Spannweite *f* (Stützweite) [bau]; Stützweite *f* (Spannweite) [bau]

**spanner** Spannvorrichtung *f* (Schraubenschlüssel) [wzg]; Schraubenschlüssel *m* (Schlüssel) [wzg]

**spanning member** Riegel *m* [mas]

**span roof** Satteldach *n* [bau]

**spare tyre** Reservereifen *m* [mot]

**spare wheel** Reserverad *n* [mot]

**spare wheel carrier** Reserveradhalter *m* [mot]

**spark** durchschlagen *v* [elt]; überspringen *v* (Funken) [elt]

**spark arrestor** Funkenlöscher *m* [elt]

**spark discharge** Funkenentladung *f* [elt]

**spark linkage** Zündgestänge *n* [mot]

**spark plug** Zündkerze *f* [mot]

**spark plug protection cap** Schutzkappe für Zündkerze *f* [mot]

**spark plug terminal** Zündkerzenstecker *m* [mot]

**spatial requirement** Raumbedarf *m* [bau]

**spatterdash** vorspritzen *v* (Putz) [bau]

**special accessories** Sonderzubehör *n* [mas]

**special agreement** Sondervereinbarung *f* [jur]

**special alloy** Sonderlegierung *f* (z.B. Kupfer-Zinn +...) [wer]

**special car** Sonderwagen *m* (der Bahn) [mot]

**special case** Sonderfall *m*

**special container** Spezialbehälter *m* [mas]

**special cover** Spezialbelag *m* [wer]

**special crane** Sonderkran *m* [mas]

**special cruise** Sonderfahrt *f* (Bahn, Bus, Schiff) [mot]

**special design** Spezialausführung *f* (z.B. Waggon) [mot]; Sonderwunsch *m* (z.B. Konstruktionswunsch) [con]

**special equipment** Sonderausführung *f* [mas]; Sonderausstattung *f* (auch in Preislisten) [con]; Sondergerät *n* [mas]

**special foundation nut** Ankermutter *f*

**specialised office worker** Sachbearbeiter *m*

**specialist** Sachbearbeiter *m*; Sachverständiger *m* (Fachmann, Spezialist)

**specialities** Sonderheit *f* [mas]

**special machinery** Sondermaschine *f* (z.B. für Beschichtung) [mas]

**special pincers** Spezialzange *f* [wzg]

**special plug** Sonderstecker *m* [elt]

**special purpose probe** Sonderprüfkopf *m* [msr]

**special report** Sonderbericht *m* (aus besonderem Anlass)

**special risks** Sonderwagnis *n* [jur]

**special seam** Sondernaht *f* (oft ohne Schweißsymbol) [met]

**special section** Spezialprofil *n* [mas]

**special steel** Sonderstahl *m* [wer]

**special steel grades** Sondergüten *pl* [wer]

**special steel pipe, laser-beam welded -** lasergeschweißtes Edelstahlrohr *n* [mas]

**special support system** Sonderausbau *m* (unter Tage) [roh]

**special tool** Sonderwerkzeug *n* [wzg]

**special tools** Spezialwerkzeug *n* [wzg]

**special train** Sonderzug *m* (der Bahn) [mot]

**special type** Sonderwunsch *m* (besondere Art, Modell) [con]

**special vehicle** Sonderfahrzeug *n* [mot]

**special wagon** Spezialwagen *m* [mot]

**specification** Spezifikation *f*

**specifications** technische Vorschriften *pl* [nrm]; Vorschriften *pl* [nrm]

**specification, technical -** technische Lieferbedingung *f* [eco]

**specific gravity** Wichte *f* [msr]

**specified** aufgeführt (einzeln spezifiziert)
**specified, unless otherwise -** falls nicht anders angegeben (Vermerk auf Zeichnung) [con]
**specify** angeben *v* (detaillieren) [con]; spezifizieren *v* (festlegen)
**specimen** Probe *f* (Musterstück) [mas]; Probestab *m* (Materialprüfung) [mas]; Prüfling *m* (Prüfmusterstück) [mas]
**speed, driving -** Drehzahl *f* (des Motors) [mot]
**speed, first -** erster Gang *m* (einer Maschine) [mas]
**speed gun** Radargerät *n* (in D Stativ, stationär) [mot]
**speed lever** Reglerhebel *m* [mot]
**speed of the grate** Rostvorschub *m* [pow]
**speedometer** Tachometer *m* [mot]
**speedometer cable** Tachometerwelle *f* (Tachowelle) [mot]
**speedometer casing** Tachometergehäuse *n* [mot]
**speedometer drive** Tachometerantrieb *m* [mot]
**speedometer drive cover** Tachometerantriebsdeckel *m* [mot]
**speedometer drive gear** Tachometerantriebsrad *n* [mot]
**speedometer drive housing** Tachometerantriebsgehäuse *n* [mot]
**speedometer drive pinion** Tachometerantriebsritzel *n* [mot]
**speedometer shaft** Tachometerwelle *f* [mot]
**speed, permissible -** zulässige Geschwindigkeit *f* [mot]
**speed regulation, infinitely variable -** stufenlose Drehzahlregelung *f* [mas]
**spherical roller bearing** Pendelrollenlager *n* [mas]
**spherical roller bearing double row** Pendelrollenlager *n* [mas]
**spherical roller thrust bearing** Axialpendelrollenlager *n* [mas]
**spheroidal cast iron** Sphäroguss *m* [wer]
**spheroidal graphite cast iron** Sphäroguss *m* [wer]
**spheroidal iron casting** Sphäroguss *m* [wer]
**spherulite crystal** Sphärolith *m* [wer]
**spider** Kreuzverstrebung *f* [bau]; Ausgleichsstern *m* [mot]; Stern *m* (Spinne, Handkreuz) [mas]
**spigot nut** Überwurfmutter *f* [mas]
**spike** Spike *f* (am Unterlegkeil) [mot]
**spillage belt drive** Schmutzbandantrieb *m* [mbt]
**spill guard** Schmutzblech *n* (an Lkw-Ende) [mot]
**spindle** Achse *f* (Vorderachse Pkw) [mot]; Säule *f* (als Maschinenteil) [mas]; Spindel *f* [mas]; Spreize *f* (Spindel im Verbau) [mbt]; Welle *f* (Achse am Pkw) [mot]
**spindle drive** Spindeltrieb *m* [mot]
**spindle sleeve** Pinole *f* (zum Bohren) [mas]
**spindle stairs** Wendeltreppe *f* [bau]
**spindle-type stabilizer** Spindelabstützung *f* [mas]
**spiral** schneckenförmig [mas]
**spiral** Spirale *f*
**spiral arrangement** wendelförmig (Steine im Hochofen) [mas]
**spiral-conic gear** Spiralkegeltrieb *m* [mas]
**spiral head** Spiralkopf *m* [mas]
**spiral housing** Spiralgehäuse *n* [mot]
**spiral pin** Spiralspannstift *m* [mas]
**spiral pipe** Spiralrohr *n* [mas]
**spiral reinforced** spiralverstärkt [mas]
**spiral spring** Spiralfeder *f* [mas]
**spiral staircase** Wendeltreppe *f* [bau]
**spiral toothed** schrägverzahnt (z.B. schrägverzahntes Ritzel) [mas]

**spirit level** Wasserwaage *f* [msr]
**splashing rainwater** Spritzwasser *n* [bau]
**splash lubrication** Tauchbadschmierung *f* [mas]
**splash proof** schwallwassergeschützt [mot]; spritzwassergeschützt [mot]
**splash water** Schwallwasser *n*
**splice** Spleißstelle *f* [mas]
**splice** spleißen *v* (Hanf- oder Drahtseil) [mas]
**splice joint** Laschenverbindung *f* [bau]; Laschenstoß *m* [mas]
**splice plate** Decklasche *f* (Stoßlasche) [mas]
**splice reinforcement** Stoßbewehrung *f* [bau]
**splicing** Stöße *pl* [bau]
**spline** Profilverzahnung *f* [mot]
**spline shaft** Ritzelwelle *f* [mas]
**splinter** Splitter *m*
**splinter** splittern *v* (Holz)
**split** Spalt *m* (Riss oder absichtlich) [mas]
**split** spalten *v* (z.B. Holz)
**split-caged roller bearing** zweiteiliger Lagerkäfig *m* [mot]
**split pin** Splint *m* [mas]
**split spoon sampling** Schlitzsondierung *f* [mas]
**splittable** trennbar
**splitting** Spalten *n* (z.B. Metall) [mas]
**spoke** Radspeiche *f* [mot]; Speiche *f* (am Rad) [mot]
**spoked wheel** Speichenrad *n* [mas]
**spokesman** Sprecher *m* (des Vorstandes) [eco]
**spoke wheel** Speichenrad *n* [mot]
**spoke wheel centre** Radstern *m* [mot]
**sponge** Schwamm *m*
**spontaneous combustion** Selbstentzündung *f* (Brennstoffe) [roh]
**spontaneous discharge** Selbstentladung *f* [elt]
**spontaneous ignition** Selbstzündung *f* [mot]
**spool** Umschaltbolzen *m* (im Steuerventil) [mot]
**spool** aufspulen *v* (Draht, Seil) [met]
**spool travel gauge** Wegaufnehmer *m* [mas]
**spot** ausmachen *v* (finden)
**spot check** Stichprobe *f* (gelegentliche Überprüfung)
**spot, dead -** toter Punkt *m* (im Motor) [mot]
**spot face** Ansenkung *f*; Stirnfläche *f* (Vorderseite) [mas]
**spot lamp** Sucher *m* [mot]
**spot lamp bulb** Sucherlampe *f* [mot]
**spot light** Arbeitsscheinwerfer *m* [met]; Scheinwerfer *m* (Suchscheinwerfer) [elt]; Suchscheinwerfer *m* [elt]
**spot velocity** Ablenkgeschwindigkeit *f*
**spot weld** Punktnaht *f* (punktgeschweißte Naht) [met]; Schweißpunkt *m* (z.B. Dünnbleche) [met]
**spot weld** punktschweißen *v* [met]
**spot welding** Punktschweißung *f* [met]
**spout** Auslauf *m* (Mündung)
**spray** Zerstäuberflüssigkeit *f* [wer]
**spray cleaning nozzle** Reinigungsspritzdüse *f* [mas]
**spray cooler** Rieselkühler *m* [pow]
**sprayed on** aufgespritzt (Farbe, Markierung)
**sprayer** Sprühanlage *f* [mas]
**spraying agent** Sprühmittel *n* [mas]
**spraying nozzle** Sprühdüse *f* [mas]
**spraying process** Spritzgang *m* (Farbe) [mas]
**spray nozzle** Spritzdüse *f* [mas]; Sprühdüse *f* [mas]
**spray wash** abspritzen *v* (waschen)
**spread** ausbreiten *v* (Produkt, Epidemie); verbreiten *v* (z.B. Nachricht, Epidemie)

**spreader** Traverse *f* [bau]; Absetzförderband *n* (für Halde) [roh]
**spreader bar** Spreizstange *f* [mas]
**spreader discharge belt** Absetzförderband *n* (für Halde) [roh]
**spreader stoker** Rost mit Blastisch *m* [mas]
**spreading** Ausbreitung *f*; Spreizung *f* (spreizen); Verteilung *f* (Ausbreitung auf Fläche)
**spring bracket, rear .-** Hinterfederbock *m* [mas]
**spring contact** Federklemme *f* [elt]
**spring dowel** Spannhülse *f* [mot]
**spring dowel sleeve** Spannstift *m* (geschlitzte Hülse) [mas]
**spring hanger, rear -** Hinterfederbock *m* [mot]
**spring key** Passfeder *f* [mas]
**spring loaded tube hanger** Rohraufhängung *f* (federnd) [mas]
**spring lock washer** Unterlegscheibe *f* (Federring) [mas]
**spring lock washer, curved -** gewölbter Federring *m* [wer]
**spring pin** Spannstift *m* [mas]
**spring, rear -** Hinterfeder *f* [mot]
**spring ring** Seegerring *m* [mas]; Sprengring *m* [mas]
**spring-ring pliers** Seegerringzange *f* [mas]
**spring support, rear -** Hinterfederstütze *f* [mas]
**spring washer** Spannscheibe *f* (Unterlegscheibe) [mas]; Tellerfeder *f* [mas]
**spring washer, curved -** gewölbte Federscheibe *f* [wer]
**sprinkler** Sprenkler *m* [mas]; Sprinkler *m* (Feuerlöschbrause) [bau]
**sprinkler blast pipe** Sprinklerdüse *f* [bau]
**sprinkler installation** Sprinkleranschluss *m* [bau]
**sprinkling stoker** Wurffeuerung *f* [pow]
**sprinkling system** Berieselungsanlage *f* [bau]
**sprocket** Turas *m* (hier mit Zähnen für Kette) [mbt]; Turas *m* (Plural: Turasse, am Bagger) [mbt]; Antriebsrad *n* (Bagger, Raupe) [mbt]; Antriebsrad *n* (verzahntes Kettenrad) [mas]
**sprocket belt** Zahnriemen *m* [mot]
**sprocket chain** Zahnkette *f* [mot]
**sprocket, driving -** Rostwelle *f* (vorn) [pow]
**sprocket hub** Turasnabe *f* (aus dickem Blech gebrannt) [mbt]
**sprocket, rear -** hintere Rostwelle *f* [pow]
**sprung seat** Schwingsitz *m* [mot]
**spud** Pfahl *m* (Stütze unter Wasser)
**spud carriage** Pfahlwagen *m* (Ponton) [mot]
**spud hoisting equipment** Pfahlhubeinrichtung *f* [mot]
**spud lifting equipment** Pfahlhubeinrichtung *f* [mot]
**spur gear** Stirnrad *n* [mot]; Stirnradgetriebe *n* [mot]
**spur gearing** Stirnradgetriebe *n* [mot]
**spur gear rim** Stirnradkranz *m* [mot]
**spur wheel** Stirnrad *n* [mot]
**spur wheel section** Stirnradstufe *f* [mot]
**squall** Regenguss *m* (Sturzregen) [wet]
**square** rechtwinkelig [con]
**square** Winkel *m* (Zeichengerät) [con]
**square billet** Vierkantknüppel *m* [mas]
**square bolt** Vierkantschraube *f* [mas]
**square box** Vierkantsammler *m* [mas]
**square head** Vierkantkopf *m* [mas]
**square head bolt with collar** Vierkantschraube mit Bund *f* [mas]

**square head bolt with collar and short dog point with rounded end**
Vierkantschraube mit Bund und Ansatzkuppe *f* [mas]

**square header** rechteckiger Sammler *m* [pow]; Vierkantsammler *m* [pow]

**square kilometre** Quadratkilometer *m* [msr]

**square member** Vierkantstab *m* [mas]

**square meter** Quadratmeter *m* [msr]

**square mile** Quadratmeile *f* [msr]

**square nut** Vierkantmutter *f* [mas]

**square profile** quadratischer Querschnitt *m* [mas]

**square pulse** Rechteckimpuls *m* [elt]

**square section ring** Rechteckring *m* [mot]

**square steel** Vierkantstahl *m* [wer]

**square taper washer** vierkantige Scheibe *f* [mas]; Vierkantscheibe *f* [mas]

**square wave** Rechteckschwingung *f* [phy]; Rechteckwelle *f* [elt]

**square wave pulse** Rechteckimpuls *m* [elt]

**square wave voltage** Rechteckspannung *f* [elt]

**squeeze-stable** walkstabil [mas]

**squib** Anzündstück *n*

**squirrel cage** Kurzschlusskäfig *m* [elt]

**squirt off** abspritzen *v* (Öl bei Überdruck)

**stability** Standfestigkeit *f* [mas]; Standsicherheit *f* [mot]

**stability calculation** Standsicherheitsnachweis *m* [bau]

**stability check** Stabilitätsprüfung *f* [elt]

**stability, conditional -** bedingte Stabilität *f* [elt]

**stability criterion** Stabilitätsbedingung *f* [elt]

**stability reserve** Stabilitätsreserve *f* [elt]

**stability under load** Standvermögen *n* [mot]

**stabilizer** Abstützung *f*; Schwingungsdämpfer *m* (auch Schiff) [mot]

**stabilizer, hydraulic -** hydraulischer Stabilisator *m* [mot]

**stabilizer of oscillating axle** Pendelachsabstützung *f* [mbt]

**stable** ruhigstehend; stabil (fest, robust); standfest

**stable** abstellen *v* (Eisenbahnwagen, Loks) [mot]

**stabled** abgestellt (Eisenbahnwagen, Loks) [mot]

**stack** Stapel *m* (z.B. Holz); Auspuffrohr *n* (Rauchauslass) [mot]

**stack draught** Schornsteinzug *m* [pow]

**stacker** Absetzförderband *n* (für Halde) [roh]

**stacker reclaimer, combined -** kombinierter Schaufelradlader *m* [roh]

**stacking** Stapeln *n*

**staff** Personal *n* (Belegschaft) [eco]

**staff of stand** Standbesatzung *f* (auf Messestand)

**stage, binary -** Binärstufe *f* [elt]

**stage-bleeding** Anzapfung *f* [pow]

**stage-hydraulics** Stufenhydraulik *f* [mas]

**stage of building** Bauabschnitt *m* [bau]

**stage of construction** Bauphase *f* [bau]; Bauabschnitt *m* [bau]

**stage of extension, final -** endgültiger Ausbau *m* [pow]

**stage of extension, preliminary -** vorläufiger Ausbau *m* [pow]

**stagger** Staffelung *f* (Versatz) [con]; Versatz *m* (Staffelung) [con]

**staggered** versetzt (z.B. zeitlich gestaffelt); versetzt gemauert (z.B. Ziegelwand) [bau]

**stagnation** Stau *m*

**stair** Stufe *f* (Treppe) [bau]; Treppe *f* (Lauftreppe zum Begehen) [mas]; Treppenstufe *f* [bau]
**staircase** Aufgang *m* [bau]; Treppenhaus *n* (im Wohn- und Bürohaus) [bau]
**staircase lights** Treppenhausbeleuchtung *f* [elt]
**stairway** Treppe *f* [bau]; Treppenaufgang *m* [bau]
**stair-well** Treppenhaus *n* [bau]
**stake** Pfosten *m* (Pfahl, Stange) [bau]
**stake out** abstecken *v* (ein Gelände mit Stangen)
**stalk** Stange *f* [mas]
**stall** abreißen *v* (der Luftströmung, Flugzeug) [air]; abwürgen *v* (den Motor, Flugmotor) [mot]; stocken *v* (haken, nicht weiterlaufen) [mas]
**stall point** Abrisspunkt *m* (Strömung reißt ab) [air]
**stamina** Ausdauer *f* (Kraft)
**stamp** Stempel *m* (Gummistempel)
**stamp** prägen *v* (z.B. Rillen in Schelle) [mas]; pressen *v* (z.B. Automobilteile) [mas]; stanzen *v* (pressen von Blechen) [mas]
**stamped part** Stanzteil *n* [mas]
**stanchion** Runge *f* (am Rungewagen der Eisenbahn) [mot]; Seitenrunge *f* (an Waggon) [mot]; Stütze *f* (Runge der Bahn) [mot]; Ständer *m* (Stütze) [bau]
**stanchion base** Stützenfuß *m* [bau]
**stanchion head** Stützenkopf *m* [bau]
**stanchion shaft** Stützenschaft *m* [bau]
**stanchion support** Rungenhalter *m* (mit drehbaren Rungen) [mot]
**stand** Stand *m* (Messe-, Jahrmarktstand); Ständer *m*
**standard** serienmäßig [mas]
**standard** Prämisse *f*
**standard car** Serienwagen *m* (Auto ohne Extras) [mot]

**standard cell** Normalelement *f* [elt]; Normalzelle *f* [elt]
**standard design** Regelbauart *f* [mas]
**standard equipment** Serienausstattung *f* [mas]
**standard I-beam** Doppel-T-Träger *m* [wer]
**standardize** normen *v* [con]
**standard loading** Regellast *f* [bau]
**standard paint finish** Allgemeinanstrich *m* (besser: Standardanstrich) [wer]
**standard provisions** Versicherungsbedingungen *pl* (allgemeine) [jur]
**standards** Qualitätsanforderungen *pl*
**standard scope of supply** Standardlieferumfang *m*
**standard size** Regelgröße *f* [mot]
**standard wages** Tariflohn *m* [eco]
**standard wagon** Serienwagen *m* (hier der Eisenbahn) [mot]
**standby** einsatzbereit; Reserve-
**standby** Betriebsbereitschaft *f*
**standby boiler** Reservekessel *m* [pow]
**standby generator** Notstromgenerator *m* [elt]
**standby mill** Reservemühle *f* [roh]
**standby pump** Reservepumpe *f* [mas]
**standby unit** Notstromaggregat *n* [elt]
**standpipe** Anschluss *m* (Stutzen) [was]; Anschlussstutzen *m* (Stutzen) [was]; Stutzen *m* (Anschluss) [mas]
**standstill** Stillstand *m* (zum Stillstand kommen) [mot]
**standstill, come to a -** zum Stillstand kommen [mot]
**star** Stern *m* (als Antriebsrad) [mas]
**star connection** Sternschaltung *f* [elt]
**star delta** Sterndreieck- [elt]
**star delta connection** Sterndreieckschaltung *f* [elt]
**star delta control** Sterndreieckschaltung *f* [elt]

**star-delta switching** Stern-Dreieck-Schaltung *f* [elt]
**star-shaped** sternförmig [con]
**start** Ausgangspunkt *m*
**start** anfahren *v* (ein Gerät starten) [met]; anlassen *v* (Motor in Bewegung setzen) [mot]; anlaufen lassen *v* [mot]; anrollen *v* (Zug) [mot]
**starter** Anlasser *m* (im Auto) [mot]; Vorbohrer *m* [met]
**starter, automatic -** Selbstanlasser *m* [mot]
**starter battery** Anlasserbatterie *f* (im Auto) [elt]
**starter button** Anlassdruckknopf *m* [mot]; Starterknopf *m* [mot]
**starter cable** Anlasserleitung *f* [mot]
**starter electrode** Zündelektrode *f* [elt]
**starter motor** Starter *m* [mot]
**starter motor cover** Schutzhaube für Anlasser *f* [mot]
**starter pilot** Anlassspritze *f* [mot]
**starter pinion** Anlasserritzel *n* [mot]; Starterritzel *n* [mot]
**starter pinion control** Startritzelhebel *m* [mot]
**starter transformer** Anlasstransformator *m* [elt]
**starting** Anlassen *n* (des Motors) [mot]
**starting aid** Anlasshilfe *f* (Motor) [mot]; Starthilfe *f* (für Motor) [mot]
**starting contractor** Anlaufschütz *m* [mot]
**starting crank** Andrehkurbel *f* [mot]
**starting crank arm** Andrehkurbelarm *m* [mot]
**starting crank dog** Andrehkurbelklaue *f* [mot]
**starting crank handle** Andrehkurbelgriff *m* [mot]
**starting crankshaft** Andrehkurbelwelle *f* [mot]
**starting current** Anlaufstrom *m* [elt]; Anzugsstrom *m* [elt]

**starting dog** Andrehklaue *f* [mot]
**starting power** Anzug *m* (Startvermögen) [mot]
**starting signal** Abfahrtsignal *n* [mot]
**starting time relay** Zeitrelais für Anlauf *n* [elt]
**starting torque** Anzugsmoment *n* [mot]
**start interlock** Anlasssperre *f* [mot]
**start of the test** Versuchsanfang *m* [msr]
**start to slew** anschwenken *v* (den Bagger) [mbt]
**start-up** anfahren *v* [mot]; Anfahren *v* [mot]
**start-up, cold -** kaltes Anfahren *n* [pow]
**start-up device** Anfahrvorrichtung *f* [mot]
**start-up diagram** Anfahrdiagramm *n* [mot]
**start-up from cold** Anfahren aus dem kalten Zustand *n* [mot]
**start-up graph** Anfahrdiagramm *n* [pow]
**start-up period** Anfahrzeit *f*
**start-up piping** Anfahrleitung *f* [pow]
**start-up valve** Anfahrschieber *m* (Anfahrventil) [pow]; Anfahrventil *n* (Anfahrschieber) [pow]
**start-up, warm -** warmes Anfahren *n* [pow]
**state** angeben *v* (erklären); anmerken *v* (meist offiziell)
**state, gaseous -** gasförmiger Zustand *m* [phy]
**statement** Anweisung *f* (Software) [edv]
**state of aggregation** Aggregatzustand *m* [phy]
**state of occupation** Unternehmenscharakter *m* [jur]
**state of repair** baulicher Zustand *m* [bau]

**state of the art** Stand der Technik *m* (neuester Stand der Technik) [nrm]
**state of the art, latest -** neuester Stand der Technik *m* [nrm]
**static** statisch
**statically determined** statisch bestimmt [bau]
**statically undetermined** statisch unbestimmt [bau]
**static forces** Schnittkräfte *pl* [bau]
**static load** ruhende Belastung *f* [bau]
**static load rating** statische Tragfähigkeit *f* [mas]
**static pressure** Pressung, statische *f* [mas]
**statics** Statik *f* (z.B. Festigkeit, Haltbarkeit) [con]
**static stability** Standsicherheit *f* [bau]
**stationary** stationär
**stationary grate** Planrost *m* [pow]
**stator** Stator *m* (Motor) [elt]; Leitrad *n* (Motor) [elt]
**stator lamination** Ständerblech *n* (Motor) [elt]
**stator winding** Statorwicklung *f* [elt]
**status** Rechtsstellung *f* [jur]
**stave cooler** Plattenkühler *m* [pow]
**stay** Steife *f* (z.B. im Graben) [bau]; Stiel *m* (im Bau; z.B. Türstiel) [bau]; Lager *n* (Stütze) [bau]; Spannseil *n*
**stay** versteifen *v* [bau]
**stay clear of machine** Aufenthalt im Gefahrenbereich *m*
**staying** Absteifung *f* (Stahlbau) [bau]; Verspannung *f* (Stahlbau) [bau]
**stay plate** Standblech *n* [mas]
**stay plate, front -** vorderes Standblech *n* [met]
**stay plate, rear -** hinteres Standblech *n* [mas]
**steadfast** standsicher [bau]
**steady state** stationärer Zustand *m* [elt]
**steady-state solution** stationäre Lösung *f* [elt]

**steam cage tube** Wandrohr *n* (Strahlraum) [pow]
**steam chest** Schieberkasten *m* (Dampflok) [mot]
**steam curing** Dampferhärtung *f* [wer]
**steam generating tube** Siederohr *n* [pow]
**steam-heating valve** Ventil für Dampfheizung *n* (Dampflok) [mot]
**steam-line warm-up** Anwärmen der Dampfleitung *n* [pow]
**steam releasing surface** Ausdampffläche *f* (Trommel) [pow]
**steel** stählern [mas]
**steel** Stahl *m* [wst]
**steel** verstählen *v* (mit Stahl versehen) [mas]
**steel. alloyed -** legierter Stahl *m* [wer]
**steel and metal production** Stahl- und Metallerzeugung *f* [mas]
**steel ball** Stahlkugel *f* [mas]
**steel band** Stahlband *n* [mot]
**steel base plate** Unterlagplatte *f* (Schiene/Schwelle) [mot]
**steel base plate, canted -** geneigte Unterlagenplatte *f* (Unterlagplatte) [mas]
**steel base plate, flat -** gerade Unterlagplatte *f* (Unterlagplatte) [mot]
**steel beam** Stahlträger *m* (Stahlbau) [bau]
**steel belt tyre** Stahlgürtelreifen *m* [mot]
**steel blue** stahlblau (RAL 5011) [nrm]
**steel bridge plate** Stahlbrückenplatte *f* (über Puffer) [mot]
**steel brush** Stahlkehrwalze *f* [mot]
**steel building** Stahlbau *m* (Gebäude aus Stahl) [mas]
**steel bush** Stahlbuchse *f* [mas]
**steel casting** Stahlguss *m* [wer]
**steel chain** Rundstahlkette *f* [mas]
**steel channel, rolled -** U-Eisen *n* [wer]

**steel coating** Stahlveredelung *f* (Oberflächenbehandlung) [mas]
**steel, cold rolled -** kalt gewalzter Stahl *m* [wer]
**steel construction** Stahlbauweise *f* [bau]; Stahlkonstruktion *f* [bau]
**steel division** Stahlbereich *m* [mas]
**steel dome** Stahldom *m* [mas]
**steel drums** Stahlblechemballagen *pl* [mas]
**steel fabric** Stahlgewebe *n* [wer]
**steel facing** Auftragsschweißung *f* [met]
**steel fixing** Stahlarmierung *f* [bau]
**steel frame** Stahlskelett *n* (Stahlbau) [bau]
**steel frame structure** Stahlkonstruktion *f* [mas]; Stahlrahmen *m* [bau]
**steel frame structure, faired -** verkleidete Stahlkonstruktion *f* [mas]
**steel frame structure, panelled -** verkleidete Stahlkonstruktion *f* [mas]
**steel framework** Stahlskelett *n* (Stahlbau) [bau]
**steel girder** Stahlträger *f* (Stahlbau) [bau]
**steel grade** Stahlgüte *f* [mas]
**steel grades, high-alloyed -** hoch legierte Stahlqualitäten *pl* [mas]
**steel grit** Stahlsand *m* (scharfkantig) [wer]
**steel, hardened -** gehärteter Stahl *m* [wer]
**steel, heat-resisting -** wärmebeständiger Stahl *m* [wer]; warmfester Stahl *m* [wer]
**steel hook** Stahlhaken *m* [mas]
**steel insert** Stahleinsatz *m* (Schiene/Schwelle) [mot]
**steel joint** Stahlträger *m* [mas]
**steel joist, rolled -** Doppel-T-Träger *m* [wer]; Doppel-T-Eisen *n* [wer]

**steel, low-alloy -** niedrig legierter Stahl *m* [wer]
**steel manufacture** Stahlbau *m* (z.B. im Baggerbau) [mas]
**steel mesh** Stahlgewebe *n* [mas]
**steel panel** Stahltafel *f* [mas]; Stahlblech *n* [wer]
**steel plate** Stahlblech *n* [wer]
**steel products, rolled -** Walzstahlerzeugnisse *pl* [wer]
**steel quality, mostly required -** einschlägige Stahlqualität *f* [wer]
**steel reinforcement** Stahleinlage *f* (in Beton) [bau]
**steel, rolled -** gewalzter Stahl *m* [wer]; Walzstahl *m* [wer]; Walzstahl *m* [wer]
**steel roller** Stahlwalze *f* [mas]
**steel scrap, alloyed -** legierte Stahlschrotte *pl* [mas]
**steel section** Profilstahl *m* [mas]; Stahlblechprofil *n* [wer]
**steel sections, rolled -** Walzprofile *pl* [wer]
**steel sheet** Stahlblech *n* [wer]
**steel sheet piling** Stahlspundwand *f* [bod]; Spundwandprofil *n* [bod]
**steel skeleton** Stahlskelett *n* [bau]
**steel sleeper** Stahlschwelle *f* (der Bahn) [mot]
**steel-stamp number** Schlagzahl *f* (Markierung in Werkstück) [mas]
**steel stanchion** Stahlstütze *f* [bau]
**steel strapping** Packband *n* (Bandeisen für Kisten); Stahlband *n* (Verpackungsband); Verpackungsstahlband *n*
**steel strip, cold rolled -** kalt gewalzter Bandstahl *m* [wer]
**steel structure** Stahlkonstruktion *f* [mas]; Stahlskelett *n* (Stahlbau) [bau]; Stahltragwerk *n* [bau]
**steel tape** Stahlbandmaß *n* [msr]
**steel tie** Stahlschwelle *f* (der Bahn) [mot]

**steel treatment** Stahlanarbeitung *f* [mas]; Weiterverarbeitung *f* [mas]
**steel tube** Stahlrohr *f* [wer]
**steel tube, mechanical -** Präzisionsstahlrohr *n* [mas]
**steel tube, seamless -** nahtloses Stahlrohr *n* [met]
**steel, weldable -** schweißbarer Stahl *m* [met]
**steel wire** Stahldraht *m* [wer]
**steel wool** Stahlwolle *n* [mas]
**steel works** Stahlwerk *n* [mas]
**steeple** Turm *m* (steil, spitz) [bau]
**steep roof** Steildach *n* [bau]
**steer** steuern *v* (Auto) [mot]
**steering** Steuerung *f* (Lenkung des Autos) [mot]
**steering booster** Servolenkung *f* [mot]
**steering booster pump** Servolenkpumpe *f* [mot]
**steering committee** Steuerungsauschuss *m* (eines Projektes)
**steering knuckle** Achsschenkel *m* [mot]
**steering knuckle arm** Spurstangenhebel *m* [mot]
**steering knuckle pin** Achsschenkelbolzen *m* [mot]
**steering lever** Spurhebel *m* [mot]; Umlenkhebel *m* [mot]
**steering link** Spurstange *f* [mot]
**steering mechanism** Steuerung *f* (Lenkmechanismus des Autos) [mot]
**steering pivot pin** Achsbolzen *m* [con]
**steering rod, collapsible -** klappbare Steuersäule *f* (in Fahrzeugen) [mbt]
**steering sector shaft** Segmentwelle *f* [mot]
**steering wheel** Steuer *n* (Lenkrad des Autos) [mot]; Steuerrad *n* (Auto) [mot]
**stem** Schlaucharmatur *f* (z.B. Kupplung) [mas]
**stem** stemmen *v* (hauen, schnitzen) [bau]
**step** Schwelle *f* (an Wohnungstür) [bau]; Sprosse *f* (an Leiter) [mas]; Treppenstufe *f* [bau]; Trittplatte *f* [mot]; Tritt *m* (z.B. für Rangierer) [mot]; Trittbrett *n* (klein; Stufe, Tritt) [mot]
**step by step** schrittweise
**step chain** Stufenkette *f* (Rolltreppe) [mbt]
**step chain tension** Stufenkettenspannung *f* [mbt]
**step chain wheel** Stufenkettenrad *n* (Rolltreppe) [mbt]
**step comb** Stufenkamm *m* (Rolltreppe) [mbt]
**step dimension** Stufenabmessung *f* (Rolltreppe) [con]
**step-down gear** Reduzierantrieb *m* [mot]; Reduktionsgetriebe *n* [mot]
**step formwork** Stufenschalung *f* [bau]
**step holder** Tritthalter *m* (am Rangierertritt) [mot]
**step, in -** synchron
**step inlet** Stufeneinlauf *m* [mbt]
**step length** Stufenlänge *f* [bau]
**step loading** Stufenbelastung *f* [con]
**step lowering** Stufenabsenkung *f* (Rolltreppe) [mbt]
**step lowering device** Stufenabsenksicherung *f* (Rolltreppe) [mbt]; Stufenabsenkvorrichtung *f* (Rolltreppe) [mbt]
**step-mounting pin** Stufenbolzen *m* (Rolltreppe) [mbt]; Stufenbolzen *m* (Treppe) [mbt]
**step outlet** Stufenauslauf *m* [mbt]
**stepped rim** Schrägschulterfelge *f* [mot]; Schrägschulterring *m* (Reifen läuft nicht ab) [mot]

**step piston** Stufenkolben *m* [mot]
**step raising** Stufenanhebung *f* (Rolltreppe) [mbt]
**step return** Stufenrücklauf *m* (Rolltreppe) [mbt]
**step riser** Setzstufe *f* (Vorderwand Stufe) [mbt]
**step roller** Stufenrolle *f* (für Rolltreppe) [mbt]
**step run-in** Stufeneinlauf *m* (Rolltreppe) [mbt]
**step sag** Stufenabsenkung *f* (Rolltreppe) [mbt]; Stufenabsenkung *f* (Rolltreppe) [mbt]
**step sag safety switch** Stufenabsenksicherung *f* (Rolltreppe) [elt]
**step sag switch** Stufenabsenksicherung *f* (Rolltreppe) [mbt]
**step size** Stufenabmessung *f* (Rolltreppe) [con]
**step-stability** Stufenfestigkeit *f* [con]
**step switch** Stufenschalter *m* [mot]
**step tread** Stufenauflage *f* (Oberfläche) [wer]; Trittstufe *f* (Rolltreppe) [mbt]
**step voltage** Stufenspannung *f* [elt]
**step width** Stufenbreite *f* (Treppe) [con]
**stick** Stange *f* (Stab); Stab *m* (Stock); Stock *m* (Stab, Stecken)
**stick** stecken bleiben *v* (festkleben)
**stick electrode** Stabelektrode *f* (Schweißwerkzeug) [met]
**stick electrode handle** Stabelektrodenhalter *m* (zum Schweißen) [met]
**sticker** Aufkleber *m*
**sticky** teigig (Schlacke) [pow]
**stiff** unbeweglich
**stiffen** versteifen *v* [bau]
**stiffener** Rippe *f* (Versteifung) [bau]; Versteigung *f* [bau]
**stiffening** Versteifung *f* [con]
**stiffening girder** Versteifungsträger *m* (Stahlbau) [bau]

**stiffening member** Aussteifungsbalken *m* [bau]
**stiffening plate** Aussteifblech *n* (Schweißkastenkonstruktion) [met]; Schott *n* (in Schweißkonstruktion) [mot]; Schottblech *n* (Schweißkastenkonstruktion) [met]
**stiffening portal** Aussteifungsportal *n* [bau]
**stiffening truss** Aussteifungsträger *m* (Stahlbau) [bau]; Versteifungsträger *m* (Stahlbau) [bau]
**stiffness** Steifigkeit *f* [wer]
**stipulated** vorgeschrieben (festgelegt) [nrm]
**stirrup** Steigeisen *n* (in Zügen, Luftschächten) [mot]
**stitch welding** Heftschweißung *f* [met]
**stock** Rohmaterial *n* (unbearbeitetes Inventar) [mas]
**stockpile** Vorratshalde *f* [mas]
**stockpiling** Aufhaldung *f* [bau]
**stoke** schüren *v* (stochern) [pow]; stochern *v* (schüren) [pow]
**stoker ash pit** Schlackentrichter *m* (Rost) [pow]
**stoker-fired boiler** Rostkessel *m* [pow]
**stoker link** Roststab *m* [pow]
**stone arch bridge** Steinbogenbrücke *f* [bau]
**stone grey** steingrau (RAL 7030) [nrm]
**stone pavement** Steinpflaster *n* [bau]
**stone screening** Steinabsiebung *f* [roh]
**stone tile** Steinfliese *f* [bau]
**stone wall** Steinmauer *f* [bau]
**stop** Anschlag *m* (Ende, Begrenzer) [mas]
**stop** abstellen *v* (Motor) [mot]; anhalten *v* (Geschwindigkeit senken) [mot]

**stop button** Stopptaster *m* [elt]
**stope** Strosse *f* (unter Tage; oben: Kalotte) [roh]
**stop light** Stopplicht *n* [mot]
**stopping** Aufenthalt *m* (des Zuges Im Bahnhof) [mot]
**stop screw** Anschlagschraube *f*
**stop valve** Absperrventil *n* [met]
**stop washer** Sicherungsscheibe *f* (Unterlegscheibe) [mot]
**storage** Speicher *m* [edv]
**storage basin** Rückhaltebecken *n* (z.B. Regenwasser) [was]
**storage battery** Speicherbatterie *f* [elt]; Akkumulator *m* [elt]
**storage battery truck** Elektrokarren *m* [elt]
**storage cell** Sekundärelement *n* [elt]
**storage power station** Speicherkraftwerk *n* [pow]
**storage shed** Lagerschuppen *m* ((A))
**storage stage** Speicherstufe *f* [edv]
**storage tank** Speicherbehälter *m* [was]
**storage vessel** Speicherbehälter *m* [was]
**storage winch** Speicherwinde *f* [mot]
**store** Vorrat *m*
**store** abspeichern *v*; speichern *v* [edv]
**storehouse** Warenlager *n* (Gebäude)
**storey** Etage *f* ((B)) [bau]; Geschoss *n* ((B)) [bau]; Stockwerk *n* ((B)) [bau]
**storm window** Schutzfenster *n* [bau]
**story** Etage *f* ((A)) [bau]; Geschoss *n* ((A)) [bau]; Stockwerk *n* ((A)) [bau]
**stout** robust (sehr gut gebaut, z.B. Schiff) [mot]
**stove** Ofen *m* (im Zimmer) [mot]
**stowage compartment** Transportabteil *n* [mot]
**stowing material** Versatzmaterial *n* [bau]
**straddle loader** Portalfahrzeug *n* [mot]

**straight** aufrecht (nach oben, auch ehrlich)
**straight edge** Richtlatte *f* (Richtscheit) [met]
**straighten** begradigen *v* (Weg etc.) [bau]; richten *v* (von Blechen) [mas]
**straightening force** Richtkraft *f* [mas]
**straightening machine** Richtmaschine *f* (Blech nach Schneiden) [mas]
**straightening press** Richtpresse *f* (nach Verformung) [mas]
**straightening roll** Richtwalze *f* [wzg]
**straightening roller machine** Richtwalzmaschine *f* [mas]
**straight pin** Zylinderstift *m* [mot]
**straight seam** Längsnaht *f* [met]
**strain** Formänderung *f* [wer]; Spannung *f* (hohe Belastung) [mas]; Verdehnung *f* [mas]; Zug *m* (z.B. Zugbeanspruchung) [mas]
**strainer** Saugfilter *m* [roh]; Seiher *m* [che]
**strainer insert** Siebeinsatz *m* [che]
**strain hardening** Kalthärtung *f* [met]
**strand** Ader *f* (Kabel) [elt]; Litze *f* (Kabel) [elt]
**strap** Verpackungsband *n* (Stahl) [mas]
**strapping** Verpackung *f* (in Blechband) [mas]; Verpackungsband *n* (Stahl) [mas]; Winkeleisen *n* (auch dünn) [mas]
**strapping head** Umreifungskopf *m* [mas]
**strapping machine** Umreifungsmaschine *f* [wzg]
**strapping tool** Umreifungsgerät *n* [wzg]
**strapping tools and machines** Verpackungsgeräte *pl* [wzg]
**strapping wire** Umreifungsdraht *m* [wzg]
**strata** Schichten *n* [mas]

**stratification** Schichtenverlauf *m* (im Gestein) [geo]
**stray power** Verlustleistung *f* [elt]
**streamline** Stromlinie *f*
**stream line** stromlinienförmig
**streamlined** stromlinienverkleidet [mot]
**stream-lined** stromlinienförmig
**streamlining** Schürze *f* (eines Bahnwagens) [mot]; Stromlinienverkleidung *f* [mot]
**street lamp** Straßenlampe *f* [mot]
**street lighting** Straßenbeleuchtung *f* [elt]
**street plate** Straßenplatte *f* [mot]
**strength** Stärke *f* (Mann, Maschine) [mas]; Widerstandsfähigkeit *f* [mas]
**strengthened** verstärkt
**strengthening** Versteifung *f* (Verstärkung) [bau]
**stress** Anstrengung *f* (körperliche Anstrengung)
**stress, allowable -** zulässige Beanspruchung *f* [phy]
**stress analysis** Baustatik *f* [con]; Festigkeitsberechnung *f* [con]; Spannungsnachweis *m* (Statik) [con]
**stress corrosion** Spannungskorrosion *f* [mas]
**stress crack** Spannungsriss *m* (durch Dehnung) [mas]
**stress cycle** Lastspiel *n* (Dauerversuch) [msr]
**stress for the operator** Steuerungsanstrengung *f* (des Fahrers) [mot]
**stress free** spannungsfrei [mas]
**stressing tendon** Spannglied *n* [bau]
**stress, mechanical -** mechanische Beanspruchung *f* [phy]
**stress, permissible -** zulässige Beanspruchung *f* [mas]
**stress relief, thermal -** Normalisieren *n* (Glühen) [wer]
**stress relieve** spannungsarm glühen *v* [mas]
**stress-relieve** warm behandeln *v* (z.B. Metall) [mas]
**stress-relieving** Spannungsfreiglühen *f* [roh]; Warmbehandlung *f* (wird spannungsfrei) [mas]
**stress-rupture test** Zerreißversuch *m* [mas]
**stress-strain diagram** Spannungs-Dehnungs-Diagramm *n* [wer]
**stress test** Vollbetrieb *m* (ganz erprobt, z.B. Motor) [mas]
**stress, thermal -** thermische Beanspruchung *f* [wer]
**stress wave** Spannungswelle *f* [mot]
**stretch** Streckung *f* [mas]
**stretch** spannen *v* (dehnen) [mas]
**stretcher** Tragbahre *f* (für Kranke) [hum]; Trage *f* (z.B. bei der Feuerwehr) [mot]
**strike** Ausstand *m* (Arbeitskampf)
**strike off** abstreifen *v*
**striker** vorderer Anschlag *m* (Kupplerarmführung) [mot]
**striking-off edge** Abstreifkante *f*
**striking surface** Reibfläche *f* (z.B. im Türschloss) [wer]
**striking voltage** Zündspannung *f* (Lichtbogen, Lampen) [elt]
**string** Schnur *f*; Zeichenkette *f* (z.B. "a/bl3errr) [edv]
**string bead** Strichraupe *f* [met]
**string bead technique** Strichraupentechnik *f* [met]
**strip** abisolieren *v* (Draht) [elt]; abtragen *v* (Schichten) [wer]; auseinandernehmen *v* (demontieren) [met]; ausschalen *v* (Beton) [bau]
**strip down** auseinandernehmen *v* [met]
**stripe design coating** Streifenlackierung *f* (für Bandstahl) [mas]

**strip, electrical -** Elektroband *n* [wer]
**strip, electrolytic tin-coated -** elektrolytisch verzinntes Weißband *n* [wer]
**strip footing** Streifengründung *f* [mas]
**strip-insulation pliers** Abisolierzange *f* [wzg]
**strip joining machine** Stanzverbinder *m* [mas]
**strip-light** Röhrenlampe *f* [elt]
**strip mining** Tagebaubergwerk *n* [roh]
**strip, narrow -** Bandstahl *m* [wer]
**stripper** Abstreifer *m*
**stripping** Abtragen *n* (Schichten, Abraum, Kohle) [roh]
**stripping of overburden** Abbau von Abraum *m* [rec]
**stripping time** Ausschalzeit *f* [bau]
**strip steel** Streifen *m* [wer]
**strip varnish** Abziehlack *m* (Klarlack, chemisch. härtend) [che]
**strip with coated surface, cold rolled -** oberflächenveredeltes Kaltband *n* [wer]
**stroke** Takt *m* (4-Takt-Motor) [mot]
**stroke** strichen *v* (mit Strichen) [con]
**stroke-dotted line** Strich-Punkt-Linie *f* [con]
**stroke, long -** Langhub *m* [mot]
**stroke of the spool** Schieberweg *m* [mot]
**strong** stark (Mann, Motor) [mot]
**strong earthquake** Starkbeben *m* [geo]
**structural** tragend (Wand usw.) [bau]
**structural analysis** Baustatik *f* [bau]; statische Berechnung *f* [bau]
**structural connection** Stoß *m* (Verbindungsstelle / Träger) [bau]
**structural design** konstruktiver Entwurf *m* [bau]
**structural engineer** Statiker *m* [bau]

**structural engineering** Bautechnik *m* [bau]
**structural frame** Rahmentragwerk *n* [bau]
**structural framework** Skelett *n* (Stahlbau) [bau]
**structural member** Bauglied *n* (Stahlbau) [bau]
**structural part, high-duty -** hoch beanspruchtes Bauteil *n* [mas]
**structural parts, high-duty -** hoch beanspruchte Formteile *pl* [mas]
**structural repair** Bauinstandsetzung *f* [bau]
**structural steel construction** Stahlbau *m* [bau]
**structural steelwork** Stahlkonstruktion *f* ((B)) [bau]
**structure** Baukörper *m* [bau]; Bauwerk *n* [bau]
**structures, appropriate simple -** einfache Konstruktionen *f* [con]
**structures, hydraulic -** Wasserbauten *pl* [bau]
**structures, welded -** Schweißarbeiten *pl* [met]
**strut** Spindel *f* (Strebe) [mas]; Spreize *f* [mas]; Strebe *f* (Stütze, Verbindung) [mas]; Verstrebung *f* [bau]; Druckstab *m* [bau]; Spriegel *m* [mot]
**strut** abstützen *v* [bau]; versteifen *v* [bau]; verstreben *v* [bau]
**strutting** Absteifung *f* [bau]; Spreize *f* [bau]; Versteifung *f* (Verstrebung) [bau]
**stub axle** Steckachse *f* (z.B. mit Vielkeilprofil) [mot]; Achsschenkel *m* [mas]
**stub shaft** Stechwelle *f* [mas]
**stub stack** Schornstein *m* (kurzer Blechschornstein) [pow]
**stud** Stiftschraube *f* [mas]; Anschlag *m* (als Begrenzung) [mas]; Schraubbolzen *m* [mas]; Stehbolzen *m* [mas]

**stud bolt** Stiftschraube *f* [mas]
**stud wear** Stiftabzehrung *f* [mas]
**stud weld** Stiftschweißung *f* [met]
**study, detailed -** genaues Studium *n*
**stuffing box** Stopfbuchse *f* [mas]
**stuffy** stickig (stickige Luft) [mot]
**stump harvester** Rodezahn *m* (Ausrüstung an Bagger, Lader) [mbt]
**sturdy** robust (z.B. stark gebautes Schiff) [mot]
**sub-base** Packlage *f* (der Straße) [mot]
**subcontractor** Unterlieferant *m* (mit Zweitvertrag) [eco]
**sub-critical pressure** unterkritischer Druck *m* [pow]
**subdivision** Unterteilung *f*
**subgrade** Trasse *f* (erstes Planum für Straße) [mot]
**sub-harmonic** subharmonisch (Schwingung) [phy]
**subject index number** Sachnummer *f* [con]
**subject to change without prior notice** Technische Änderungen vorbehalten [mot]
**submerge** tauchen *v* (etwas untertauchen) [met]
**submerged** überspült (von Wasser überschwemmt) [bod]
**submerged arc welding** Tauchlichtbogenschweißung *f* [met]; Unterpulverschweißen *n* [met]
**submersible motor** Tauchmotor *m* [elt]
**submersible pump** Tauchpumpe *f* (z.B. im Teich) [mas]
**submit** abschicken *v*; aussetzen *v*; unterbreiten *v*; vorlegen *v*; zustellen *v* (postalisch)
**submitted in writing, to be -** schriftlich abzugeben
**subsidence** Senkung *f*; Setzung *f* [bau]
**subsidised** subventioniert [eco]

**substitute** ablösen *v* (ersetzen); auswechseln *v* (durch Minderwertiges) [mas]
**substitute flaw** Ersatzfehler *m* [elt]
**substituting** Ablösung *f* (Ersetzen)
**substitution** Austausch *m* (Bodenaustausch) [bod]
**substrate** Substrat *n* [che]
**substructure** Fundamentkonstruktion *f* [bau]; Unterkonstruktion *f* [mas]
**subsurface tilt** Untergrundneigung *f* [edv]
**subterranean** unterirdisch [bod]
**subtropical** subtropisch [wet]
**suburban railway** Vorortbahn *f* [mot]
**suburban train** Vorortzug *m* [mot]
**subway** Unterführung *f* (für Fußgänger) [mot]; Untergrundbahn *f* [mot]
**subway car** U-Bahnwagen *m* [mot]
**subway carriage** U-Bahnwagen *m* [mot]
**successive** aufeinanderfolgend
**successor in title** Rechtsnachfolger *m* [jur]
**suck** ansaugen *v* (Gemisch im Motor) [mot]
**suction** Sog *m* (Luft, Wasser) [air]; Unterdruck *m* [pow]; Ansaugen *n* (Luft pumpen) [air]
**suction and delivery hose** Saug- und Druckschlauch *m* [mas]
**suction bell** Saugglocke *f* [mas]
**suction dredger** Saugbagger *m* [mot]
**suction fan** Sauglüfter *m* [mas]; Saugzugventilator *m* [mas]
**suction filter** Saugfilter *m* [mas]
**suction head** Saugkopf *m* [mas]
**suction head dredger** Saugkopfbagger *m* [mas]
**suction mouth** Saugmund *m* [mas]
**suction pipe** Saugleitung *f* [mas]; Absaugrohr *n* [mot]; Saugrohr *n* [mas]

**suction point** Absaugstelle *f*
**suction pyrometer** Absaugepyrometer *n* [msr]
**suction side** Saugseite *f* (Saugstutzen) [mas]; Saugstutzen *m* (Saugseite) [mas]
**suction tube** Saugleitung *f* [mas]
**suction type pyrometer** Absaugepyrometer *n* [msr]
**suction valve** Saugventil *n* [mot]
**suction valve bushing** Saugventilbuchse *f* [mot]
**suction valve cone** Saugventilkegel *m* [mot]
**suction valve spring** Saugventilfeder *f* [mot]
**suggestion for improvement** Verbesserungsvorschlag *m* (prämiiert) [eco]
**suggestion for modification** Änderungsvorschlag *m*
**suitable for practical application** praxisgerecht
**sulfur yellow** schwefelgelb (RAL 1016) [nrm]
**summarisation** Zusammenfassung *f* [edv]
**summary patterns** Zusammenfassungsmuster *n* [edv]
**summation effect** Additionseffekt *m* [mat]
**summer operation** Sommerbetrieb *m*
**summer time** Sommerzeit *f*
**summer time-table** Sommerfahrplan *m* (von Bahn, Bus) [mot]
**sump** Wanne *f* [mot]; Ölsumpf *m* [mas]; Sammelbehälter *m* [mot]; Sumpf *m* (Ölsumpf) [mot]
**sundries** Verschiedenes (kleinere Nebenposten)
**sun gear** Sonnenrad *n* [mot]
**sunroof** Schiebedach *n* [mot]
**sunshade** Sonnendach *n* [mot]

**sun shade** Sonnenblende *f* (Sonnenschirm) [bau]
**sun visor** Sonnenblende *f* [mot]
**sun wheel** Sonnenrad *n* (des Planetengetriebes) [mot]
**supercritical pressure** überkritischer Druck *m* [pow]
**superelevated** überhöht (z.B. Kurve) [mot]
**superelevation** Überhöhung *f* (z.B. der Eisenbahn-Kurve) [mot]; Überhöhung des Profils *f* (innen tiefer) [mot]
**super fund law** Altlastenrücklagengesetz *n* [jur]
**super-heated tube** Überhitzungsrohr *n* (in Rauchrohr) [mot]
**superheater air valve** Überhitzerentlüftung *f* [pow]; Überhitzerentlüftung *f* [pow]
**superheater connections** Überhitzerverbindungsleitung *f* [pow]
**superheater diaphragm** Überhitzertrennwand *f* [pow]
**superheater drain** Überhitzerentwässerung *f* [pow]
**superheater drain valve** Überhitzerentwässerung *f* [pow]
**superheater gas pass** Überhitzerzug *m* [pow]
**superheater header** Überhitzersammler *m* [pow]
**superheater heating surface** Überhitzerheizfläche *f* [pow]
**superheater, horizontal -** liegender Überhitzer *m* [pow]
**superheater manifold** Überhitzerspinne *f* (auf Kesseldecke) [pow]
**superheater outlet header** Überhitzeraustrittssammler *m* [pow]
**superheater outlet leg** Sammelrohr *n* (z.B. von Überhitzer zu Sammler) [pow]
**superheater supporting tube** Überhitzertragrohr *n* [pow]

**superheater vent valve** Überhitzerentlüftung *f* [pow]; Überhitzerentlüftung *f* [pow]
**super-heating unit** Überhitzungseinheit *f* (Dampflok) [mot]
**superimpose** überlagern *v*
**superintendence** Oberaufsicht *f*
**superpose** überlagern *v*
**supersede** verdrängen *v* (neuer sein)
**superseded** überholt (altes Modell)
**superstructure** Hochbau *m* [bau]; Oberwagen *m* (des Baggers, nackter Rahmen) [mbt]; Überbau *m* [bau]; Aufbauten *pl* (eines Schiffes) [mot]
**supervision** Überwachung *f* (Aufsicht, Inspektion)
**supplementary** zusätzlich
**supplementary air** Zusatzluft *f* [pow]
**supplementary power pack** Zusatznetzteil *n* [elt]
**supply** Ausstattung *f*; Einspeisung *f* [elt]; Versorgung *f* [pow]; Vorrat *m* (Versorgung, z.B. eines Werkes) [elt]; Netz *n* [elt]
**supply failure** Netzausfall *m* [elt]
**supply grid** Versorgungsnetz *n* [elt]
**supply line** Zuführungsleitung *f* [elt]
**supply mains** Versorgungshauptleitung *f* [elt]
**supply voltage** Anschlussspannung *f* (Netzspannung)
**support** Abstützvorrichtung *f*; Anbauplatte *f* (Stütze); Aufhängung *f* (Stütze); Stütze *f* (auch hängend) [mas]; Unterlage *f*; Unterstützung *f* (z.B. finanziell); Auflagerträger *m* [mas]; Ständer *m* (Magnetständer) [mas]; Träger *m* (Stütze) [mas]; Verbau *m* [bau]; Auflager *n* [mas]
**support** abstützen *v* [mas]; aufnehmen *v* (stützen) [bau]; unterstützen *v*
**support bar, divided -** geteilte Ladeschwelle *f* [mot]

**support base** Stützauflage *f* (der Rolltreppe) [mbt]
**support bracket** Stützbock *m* [mot]; Stützwinkel *m* [mot]
**supported, simply -** gelenkig gelagert [bau]
**support eye** Stützbock *m* (von Stielzylinder auf Ausleger) [mot]
**support frame** Stützrahmen *m* [bau]; Trägergerät *n* [mas]
**supporting angle** Auflagerträger *m* [mas]; Auflager *n* [mas]
**supporting bar** Stützbalken *m* [bau]
**supporting device** Unterstützungsvorrichtung *f* [mas]
**supporting girder** Tragwerk *n* [bau]
**supporting member** Stütze *f* [bau]; tragendes Element *n* [bau]
**supporting raceway** Tragbahn *f* (in Tragring der KDV) [mas]
**supporting ring** Stützscheibe *f* [mas]; Stützring *m* [mas]; Tragring *m*
**supporting steel work** Tragrost *m* [mas]
**supporting structure** Stützkonstruktion *f* [bau]; Tragkörper *m* [mas]; Tragwerk *n* [bau]
**supporting tube** Tragrohr *n* [mas]
**supporting wall** Stützmauer *f* [bau]
**support member** Trägerelement *n* [bau]
**support pin** Aufhängebolzen *m* [mas]
**support point** Auflagerpunkt *m* [bau]
**support reaction** Auflagerkraft *f* [bau]
**support ring** Stützring *m* [mas]; Tragring *m* [mas]
**support roller** Stützrolle *f* (Gegenteil: Laufrolle) [mas]; Tragrolle *f* (Stützrolle des Baggers) [mas]
**support system** Ausbausystem *n* (für Streckenausbau)
**support tube** Stützrohr *m* [mas]
**support wheel** Stützrolle *f* (nicht am Bagger) [mas]

**suppositions** Voraussetzungen *pl* [jur]
**suppression** Austastung *f*
**suppression stage** Unterdrückungsstufe *f* [elt]
**surcharge** Überlast *f* [elt]
**sure-grip** standsicher
**surface** übertage (nach übertage fördern) [roh]
**surface** zutage fördern *v* (z.B. Kohle) [roh]
**surface attemperator** Oberflächenkühler *m* [pow]
**surface attemperator, drum-type -** innenliegender Kühler *m* [pow]
**surface coat** Oberflächenauftrag *m* (Farbe, Teflon usw.) [mas]
**surface coated** oberflächenveredelt (beschichtet) [mas]
**surface coating** Oberflächenbeschichtung *f* [mas]
**surface condenser** Oberflächenkondensator *m* [pow]
**surface condition** Oberflächenbeschaffenheit *f* [wer]
**surface course** Verschleißschicht *f* [mas]
**surface crack** Oberflächenriss *m* (oder Anriss) [mas]
**surface-crack checking device** Oberflächenrissprüfeinrichtung *f* [msr]
**surface crack test** Oberflächenrissprüfung *f* [mas]
**surface, curved -** gekrümmte Oberfläche *f* [wer]
**surface defect** Oberflächenfehler *m* [wer]
**surface direction** Oberflächenorientierung *f* [edv]
**surface discharge** Oberflächenentladung *f* [elt]
**surface finish** Oberflächengüte *f* (Beschaffenheit) [mas]

**surface finishing** Oberflächenbehandlung *f* (letzte) [mas]
**surface flaw** Außenfehler *m* [wer]
**surface for tightening** Spannfläche *f* (z.B. am Schwenkstutzen) [mas]
**surface hardness** Oberflächenhärte *f* [mas]
**surface-layer hardened** oberflächengehärtet [mas]
**surface marking** Oberflächenzeichen *n* (auf Zeichnungen) [con]
**surface mining** Tagebau *m* (also nicht Untertagebau) [roh]
**surface mining operation** Tagebaubetrieb *m* [roh]
**surface of delimination** Trennfläche *f* [mas]
**surface peak-to-valley height** Oberflächenrauheit *f* (Maximalmaße) [mas]
**surface preparation** Vorbereitung der Oberfläche *f* [mas]
**surface protection** Oberflächenschutz *m* [mas]
**surface quality** Oberflächenbeschaffenheit *f* [wer]
**surface resistance** Oberflächenwiderstand *m* [elt]
**surface roughness** Rautiefe *f* (der Oberfläche) [mas]
**surface smoothness** Oberflächenglattheit *f* [edv]
**surface solidified** oberflächenverfestigt [mas]
**surface symbol** Oberflächenzeichen *n* [mas]
**surface-treated** oberflächenbehandelt [mas]
**surface type attemperator with water through tubes, steam outside** Wasserrohrkühler *m* [pow]
**surface wave** Oberflächenwelle *f* [phy]

**surfacing** Oberflächenbefestigung $f$ [mas]
**surge** Spannungsstoß $m$ (plötzliches Hochgehen) [elt]
**surge current** Stoßstrom $m$ [elt]
**surge impedance** Wellenwiderstand $m$ [elt]
**surgery** Operationsraum $m$ (in Arztpraxis) [hum]
**surround** Zarge $f$ (Türeinfassung) [bau]
**survey** Aufnahme $f$; Schätzung $f$ [bau]; Vermessung $f$ (z.B. Land) [bau]; Überblick $m$
**survey** aufnehmen $v$; vermessen $v$ (z.B. Land) [bau]
**surveying** Vermessung $f$ (z.B. Land) [bau]; Vermessungswesen $n$ [msr]
**surveyor** Sachverständiger $m$
**survival** Überleben $n$
**susceptibility** Anfälligkeit $f$ (Empfindlichkeit)
**susceptible** anfällig
**suspend** aufhängen $v$
**suspended bridge** Schrägseilbrücke $f$ [bau]
**suspended ceiling** Hängedecke $f$ [bau]; Zwischendecke $f$ [bau]
**suspension** Aufhängung $f$ (Achsaufhängung); Aufhängung $f$ (z.B. an Hängebrücke) [bau]; Aufschub $m$ (einer Entscheidung)
**suspension angle** Aufhängewinkel $m$ [mas]
**suspension bearing** Hängelager $n$ [mas]
**suspension cylinder** Stoßdämpferzylinder $m$ [mot]
**suspension gear** Aufhängevorrichtung $f$ [mas]
**suspension pin** Aufhängebolzen $m$ [mas]
**suspension railway** Schwebebahn $f$ [mot]
**suspension rod** Hänger $m$ (Hängestange) [bau]
**suspension rope** Abspannseil $n$ [bau]; Tragseil $n$
**suspension tube** Tragrohr $n$ [mot]
**sustained deviation** bleibende Regelabweichung $f$ [msr]
**swage** Schmiedegesenk $n$ (Gesenk) [met]
**swage** stauchen $v$ [met]; verformen $v$ (gesenkschmieden) [met]
**swage block** Lochplatte $f$ (Stahlbau) [bau]
**swampy** sumpfig (morastig, weich)
**swash plate** Taumelscheibe $f$ [mas]; Schlingerdämpfungsblech $n$ (Schiffskessel) [mot]
**swash plate mechanism** Taumelscheibengetriebe $n$ [mas]
**swash plate pump** Schrägscheibenpumpe $f$ (Hydraulik) [mas]
**swash rack** Taumelständer $m$ [mas]
**sway** Auslenkung $f$ (Stahlbau) [bau]; Drift $f$ (waagerechte Durchbiegung) [bau]
**sway bracing** Querverstrebung $f$ (Stahlbau) [bau]; Querverband $m$ (Brücke) [bau]
**sweating** weichlöten $v$ [met]
**sweep length** Tiefenlupe $f$
**swell factor** Auflockerungsfaktor $m$ (des Materials) [wer]
**swelling** Schwellen $n$ [bau]
**swelling index** Schwellzahl $f$ (Kohleuntersuchung) [pow]
**swept gain** Tiefenausgleich $m$ [elt]
**swerve** ausweichen $v$ (entgegenkommendem Auto) [mot]
**swing** pendeln $v$ (schaukeln); schwenken $v$
**swing -** Schwenk-
**swing angle** Schwenkwinkel $m$ [con]
**swing axle** Pendelachse $f$ [mot]

**swing brake** Schwenkbremse *f* [mbt]; Schwenkwerksbremse *f* [mbt]
**swing brake system** Schwenkbremssystem *n* [mbt]
**swing brake valve** Schwenkbremsventil *n* [mbt]
**swing distance** Schwenkentfernung *f* (z.B. 90/180 Grad) [mbt]; Schwenkweg *m* (z.B. 90/180 Grad) [mbt]
**swing-door** Pendeltür *f* [bau]
**swing drive** Schwenkantrieb *m* [mbt]
**swing fixture** Schwenkverschraubung *f* [mas]
**swing forklift** Regalstapler *m* [mot]
**swing gear** Schwenkantrieb *m* [mbt]; Schwenkgetriebe *n* [mot]; Schwenkwerk *n* [mbt]
**swing gear brake** Schwenkwerksbremse *f* [mbt]
**swinging ash cut-off gate** Pendelstauer *m* [mas]
**swinging screw connection** Schwenkverschraubung *f* [mot]
**swinging spout** Pendelschurre *f* [mas]
**swing motor** Schwenkmotor *m* [mbt]
**swing-off** Anschwenken *n* [mbt]
**swing pump** Schwenkpumpe *f* [mbt]
**swing rack** Rollendrehverbindung *f* [mbt]
**swing range** Schwenkbereich *m* [mbt]
**swing-section scan** Schwingschnittbild *n* [mas]
**swing shaft** Schwenkwelle *f* [mot]
**swing socket** Schwenkstutzen *m* [mot]
**swing speed** Schwenkgeschwindigkeit *f* [mbt]
**swing stopper** Schnappverschluss *m* (Bügelverschluss) [mas]
**swing time** Schwenkzeit *f* [mbt]
**swing torque** Schwenkmoment *n* [mot]
**swing transmission** Schwenkgetriebe *n* [mot]

**switch** Weiche *f* (einfach) [mot]; Schalter *m* [elt]
**switch** schalten *v* (z.B. Strom, Licht, Gerät) [elt]; umschalten *v* [elt]
**switchable** schaltbar (el. Strom) [elt]
**switchboard** Schaltanlage *f* [elt]; Schalttafel *f* [elt]; Telefonvermittlung *f* (Klappenschrank) [tel]; Schaltpult *n* [elt]
**switch box** Schaltkasten *m* [elt]
**switch contact** Schaltkontakt *m* [mot]
**switch control** Weichenschaltung *f* [mot]
**switch cubicle** Schaltschrank *m* [elt]
**switch-drive** Weichenantrieb *m* (elektrisch) [mot]
**switched off** ausgeschaltet (Licht) [elt]
**switch element** Schaltelement *n* [elt]
**switchgear** Schaltanlage *f* [elt]; Schaltdose *f* [elt]; Schaltgerät *n* [elt]; Schaltgetriebe *n* [mot]; Wechselgetriebe *n* (z.B. in Fahrzeug) [mot]
**switching** Umschaltung *f* (z.B. Bewegen von Hebeln) [elt]
**switching ability** Schaltvermögen *n* [mot]
**switching activating point** Schaltpunkt *m* [elt]
**switching element** Schaltorgan *n* [mas]
**switching group** Schaltgruppe *f* [mot]
**switching magnet** Schaltmagnet *m* [elt]
**switching output** Schaltausgang *m* [elt]
**switching process of shunting** Rangiervorgang *m* [mot]
**switching speed** Schaltgeschwindigkeit *f* [elt]
**switching yard** Rangierbahnhof *m* [mot]
**switch off** abschalten *v* (Motor) [mot]; abstellen *v* (Motor) [mot]; ausschalten *v* (das Licht) [elt]

**switch-off, automatic -** Abschaltautomatik *f* [elt]
**switch on** anschalten *v* [elt]; zuschalten *v* [elt]
**switch opening** Spurrille *f* (Radführung in Weiche) [mot]
**switch plug** Steckkontakt *m* [elt]
**switch position** Schalterstellung *f* [elt]
**switch rod** Schaltstange *f* [mas]
**switch room** Schaltraum *m* [elt]
**switch selector** Wahlschalter *m* [elt]
**switch, thermal -** Thermoschalter *m* [elt]; Wärmeauslöser *m* [pow]
**switch wire** Zündkabel *n* [mot]
**swivel** Spannschloss *n* [mas]
**swivel bearing** Pendelkugellager *n* [mas]
**swivel burner** Schwenkbrenner *m* [pow]
**swivel fitting** Abzweigstück *n*
**swivel flange** Schwenkflansch *m* [mas]
**swivel table** Schwenktisch *m* [mas]
**symbol, graphical -** Bildzeichen *n* [con]; grafisches Symbol *n* [con]
**symbol manipulation** Symbolverarbeitung *f* [edv]
**sympathetic vibration** Resonanzschwingung *f* (meist störend) [phy]
**synchroniser** Synchronisierungseinrichtung *f* [mot]
**synchronizer attachment** Synchronisationszusatz *m* [mot]
**synchronizer supplement** Synchronisationszusatz *m* [mot]
**synchronizing ball** Synchronkugel *f* [mot]
**synchronizing cone** Synchronkegel *m* [mot]
**synchronizing disc** Synchronscheibe *f* (äußere, innere) [mot]
**synchronizing lock** Synchronriegel *m* [mot]
**synchronizing mechanism** Synchronisiereinrichtung *f* [mot]
**synchronizing spring** Synchronfeder *f* [mot]
**synchronous** synchron
**synchronous control** Gleichlaufsteuerung *f* [elt]
**synchronous gear** Synchrongetriebe *n* [mot]
**synchronous motor** Synchronmotor *m* [elt]
**synchronous operation** Gleichlaufbetrieb *m* [elt]
**synchronous running** Synchronlauf *m*
**synthesis** Zusammensetzung *f* (Synthese) [che]
**system** Anlage *f* (Serie von Maschinen)
**system, closed -** geschlossener Kreislauf *m* [pow]; geschlossenes System *n* (Hydraulik, u.a.) [mot]
**system deviation** Regelabweichung *f* [msr]
**system formwork** Systemschalung *f* [bau]
**system, hydraulic -** Hydraulikanlage *f* [mas]; Hydraulikschema *n* [mas]; hydraulisches System *n* [mas]
**system of protection** Schutzart *f* [elt]
**system programmer** Systemprogrammierer *m* (der Beruf) [edv]
**system response** Systemantwort *f* [elt]
**systems building** Fertigteilbauweise *f* [bau]
**systems, continuous -** kontinuierliche Systeme *pl* [roh]

# T

**table** Tisch *m* (normal; Schreibtisch desk) [bau]
**tabular bulb** Röhrenlampe *f* [elt]
**tacho generator** Tachogenerator *m* [mot]
**tachograph** Fahrtenschreiber *m* [mot]; Fahrtschreiber *m* [mot]
**tachometer** Drehzahlmesser *m* [elt]; Tachogenerator *m* [mot]; Tachometer *m* [mot]
**tachometer drive** Drehzahlmesserantrieb *m* [elt]
**tack** heften *v* (Schweißen) [met]
**tacker** Heftschweißer *m* [wzg]
**tackle** Zugkette *f* [mot]; Gehänge *n* (z.B. Magnetaufhängung) [mas]
**tackle** anpacken *v* (ein Problem)
**tack rivet** Heftniet *m* [mas]
**tack weld** Heftschweißen *n* [met]; Punktschweißen *n* (hier: heften) [met]
**tack-welded** geheftet [con]
**tack welder** Hefter *m* (Heftschweißer) [met]; Heftschweißer *m* [met]
**tack welding** Heftschweißung *f* [met]
**tag** Anhängeschild *n* (Preisschild)
**tail** Schluss *m* (des Zuges) [mot]
**tailgate** Bordwandklappe *f* (am Lkw-Heck) [mot]; Heckklappe *f* (des Lkw) [mot]; hintere Bordwandklappe *f* (des Lkw) [mot]
**tailgating** Auffahren *n* (wenig Abstand zum Vordermann) [mot]
**tailing cooler** Grießkühler *m* [roh]
**tail lamp** Heckleuchte *f* [mot]; Schlussleuchte *f* [mot]; Zugschlussleuchte *f* [mot]; Schlusslicht *n* [mot]
**tail lamp mounting bracket** Schlussleuchtenkonsole *f* [mot]
**tail light** Rückleuchte *f* [mot]; Schlussleuchte *f* (Zugschlussleuchte) [mot]
**tailor-made** maßgeschneidert (kundenspezifisch) [mas]
**tail pipe** Auspuffrohr *n* (Endstück) [mot]
**tailplane** Höhenruder *n* [mot]
**tailswing** Heckausladung *f* (des drehenden Baggers) [mbt]
**take** übernehmen *v* (Verantwortung)
**take down** abhängen *v* (von einem Haken)
**take minutes** protokollieren *v* (aufzeichnen)
**take off** Abnahme *f* (Strom wird abgenommen) [elt]
**take off** abhängen *v* (von einem Haken); abheben *v* (Flugzeug von Rollbahn) [mot]; ablegen *v* (Kleider); starten *v* (abheben des Flugzeugs) [mot]
**take out** ausschleusen *v* (Zug aus Verkehr) [mot]; herausfahren *v* [mot]
**take out of service** abschalten *v* (Kessel) [pow]
**take-over of risk** Gefahrübergang *m* [jur]
**take the average** Mittelwert bilden *v* [mat]
**take the burr off** entgraten *v* [met]
**take the minutes** Protokoll aufnehmen *v*
**take-up motor** Aufwickelmotor *m* [elt]
**take-up path** Gleitbahnlänge *f* [mbt]; Nachführlänge *f* (Baggerleitrad) [mbt]; Nachspannlänge *f* (Bagger-Leitrad) [mbt]
**take-up unit** Nachstellvorrichtung *f* [mbt]; Nachstellbügel *m* (für Handlauf) [mbt]

**taking** Entnahme *f*
**talus material** Hangschutt *m* [roh]
**tamp** stampfen *v*
**tamper** Fallbirne *f* [bau]; Stampfplatte *f* [bau]; Stampfer *m* [bau]
**tamping** Verdämmen *n* [bau]
**tamping** feststampfen *v* [bau]
**tamping foot roller** Stampfwalze *f* (Verdichter) [mas]
**tamping roller** Schaffußwalze *f* [mas]
**tandem arrangement** Tandemanordnung *f* [mas]
**tandem axle** Tandemachse *f* [mas]
**tandem cylinder** Tandemzylinder *m* [mas]
**tandem drive** Tandemantrieb *m* (z.B. im Grader) [mbt]
**tandem sectioned vane-type pump** Zweikammermesserpumpe *f* [mas]
**tandem wheels, oscillating -** schwingende Antriebsräder *pl* [mbt]
**tang** Angel *f* (Mitnehmer am Zylinderschaft) [mas]; Dorn *m* (Zapfen) [mas]; Zapfen *m* (Mitnehmer am Zylinderschaft) [mas]
**tangent keyway** Tangentialkeilnute *f* [mas]
**tangent point** Tangentenpunkt *m* [mas]
**tangent tube construction** geschlossene Rohrwand *f* [mas]
**tank** Behälter *m* (Flüssigkeiten, Gase) [mas]; Speicher *m* [mas]
**tank and hopper-type container** Tank- und Silocontainer *m* [mas]
**tank baffle** Leitblech *n* (im Tank) [mas]
**tank bottom** Behälterboden *m* [mas]
**tank bottom, dished -** schalenförmiger Behälterboden *m* [mot]
**tank capacity** Tankinhalt *m* (Leervolumen) [mas]

**tank car** Tankwagen *m* (der Bahn) [mot]
**tank contents** Tankinhalt *m* (Füllvolumen) [mot]
**tank filler** Tankeingang *m* [mas]
**tank filler cap** Einfülldeckel *m* [mas]
**tank-filling system** Betankungsanlage *f* [mas]
**tank, hydraulic -** Hydrauliktank *m* [mas]
**tank level** Tankinhalt *m* (Anzeige) [mas]
**tank locomotive** Tenderlok *f* [mot]; Tenderlokomotive *f*
**tank opening** Tankeinfüllstutzen *m* [mot]
**tank pipe** Tankleitung *f* [mot]
**tank-type container** Tankcontainer *m* [mas]
**tank wagon** Kesselwagen *m* (Bahn) [mot]; Tankwagen *m* (der Bahn) [mot]
**tank wagon for the carriage of goods in powder form** Silowagen *m* [mot]
**tap** mit Gewinde versehen [mas]
**tap** Abstich *m* (das Abstechen) [roh]; Abstichloch *n* (Hochofen) [roh]
**tap** abgreifen *v* (auch Telefonleitung); abzapfen *v* (auch Hochofen) [roh]; anzapfen *v* [was]; Gewinde schneiden *v* [met]
**tap degassing** Durchlaufentgasung *f* [mas]
**tap drill** Gewindebohrer *m* [met]
**tape** Band *n* (Metallband) [mas]; Band *n* (Tonband) [elt]
**tape drive** Bandlaufwerk *n* (am Rechner) [edv]
**taped wheel** Daumenrad *n* [mas]
**tape measure** Bandmaß *n* [wzg]; Maßband *n* [wzg]
**taper** Konus *m* (rund, verjüngend) [mas]
**taper** sich verjüngen *v* [mas]; verjüngen *v* (kleinerer Radius) [mas]

**swing brake** Schwenkbremse *f* [mbt]; Schwenkwerksbremse *f* [mbt]
**swing brake system** Schwenkbremssystem *n* [mbt]
**swing brake valve** Schwenkbremsventil *n* [mbt]
**swing distance** Schwenkentfernung *f* (z.B. 90/180 Grad) [mbt]; Schwenkweg *m* (z.B. 90/180 Grad) [mbt]
**swing-door** Pendeltür *f* [bau]
**swing drive** Schwenkantrieb *m* [mbt]
**swing fixture** Schwenkverschraubung *f* [mas]
**swing forklift** Regalstapler *m* [mot]
**swing gear** Schwenkantrieb *m* [mbt]; Schwenkgetriebe *n* [mot]; Schwenkwerk *n* [mbt]
**swing gear brake** Schwenkwerksbremse *f* [mbt]
**swinging ash cut-off gate** Pendelstauer *m* [mas]
**swinging screw connection** Schwenkverschraubung *f* [mot]
**swinging spout** Pendelschurre *f* [mas]
**swing motor** Schwenkmotor *m* [mbt]
**swing-off** Anschwenken *n* [mbt]
**swing pump** Schwenkpumpe *f* [mbt]
**swing rack** Rollendrehverbindung *f* [mbt]
**swing range** Schwenkbereich *m* [mbt]
**swing-section scan** Schwingschnittbild *n* [mas]
**swing shaft** Schwenkwelle *f* [mot]
**swing socket** Schwenkstutzen *m* [mot]
**swing speed** Schwenkgeschwindigkeit *f* [mbt]
**swing stopper** Schnappverschluss *m* (Bügelverschluss) [mas]
**swing time** Schwenkzeit *f* [mbt]
**swing torque** Schwenkmoment *n* [mot]
**swing transmission** Schwenkgetriebe *n* [mot]

**switch** Weiche *f* (einfach) [mot]; Schalter *m* [elt]
**switch** schalten *v* (z.B. Strom, Licht, Gerät) [elt]; umschalten *v* [elt]
**switchable** schaltbar (el. Strom) [elt]
**switchboard** Schaltanlage *f* [elt]; Schalttafel *f* [elt]; Telefonvermittlung *f* (Klappenschrank) [tel]; Schaltpult *n* [elt]
**switch box** Schaltkasten *m* [elt]
**switch contact** Schaltkontakt *m* [mot]
**switch control** Weichenschaltung *f* [mot]
**switch cubicle** Schaltschrank *m* [elt]
**switch-drive** Weichenantrieb *m* (elektrisch) [mot]
**switched off** ausgeschaltet (Licht) [elt]
**switch element** Schaltelement *n* [elt]
**switchgear** Schaltanlage *f* [elt]; Schaltdose *f* [elt]; Schaltgerät *n* [elt]; Schaltgetriebe *n* [mot]; Wechselgetriebe *n* (z.B. in Fahrzeug) [mot]
**switching** Umschaltung *f* (z.B. Bewegen von Hebeln) [elt]
**switching ability** Schaltvermögen *n* [mot]
**switching activating point** Schaltpunkt *m* [elt]
**switching element** Schaltorgan *n* [mas]
**switching group** Schaltgruppe *f* [mot]
**switching magnet** Schaltmagnet *m* [elt]
**switching output** Schaltausgang *m* [elt]
**switching process of shunting** Rangiervorgang *m* [mot]
**switching speed** Schaltgeschwindigkeit *f* [elt]
**switching yard** Rangierbahnhof *m* [mot]
**switch off** abschalten *v* (Motor) [mot]; abstellen *v* (Motor) [mot]; ausschalten *v* (das Licht) [elt]

**switch-off, automatic -** Abschaltautomatik *f* [elt]
**switch on** anschalten *v* [elt]; zuschalten *v* [elt]
**switch opening** Spurrille *f* (Radführung in Weiche) [mot]
**switch plug** Steckkontakt *m* [elt]
**switch position** Schalterstellung *f* [elt]
**switch rod** Schaltstange *f* [mas]
**switch room** Schaltraum *m* [elt]
**switch selector** Wahlschalter *m* [elt]
**switch, thermal -** Thermoschalter *m* [elt]; Wärmeauslöser *m* [pow]
**switch wire** Zündkabel *n* [mot]
**swivel** Spannschloss *n* [mas]
**swivel bearing** Pendelkugellager *n* [mas]
**swivel burner** Schwenkbrenner *m* [pow]
**swivel fitting** Abzweigstück *n*
**swivel flange** Schwenkflansch *m* [mas]
**swivel table** Schwenktisch *m* [mas]
**symbol, graphical -** Bildzeichen *n* [con]; grafisches Symbol *n* [con]
**symbol manipulation** Symbolverarbeitung *f* [edv]
**sympathetic vibration** Resonanzschwingung *f* (meist störend) [phy]
**synchroniser** Synchronisierungseinrichtung *f* [mot]
**synchronizer attachment** Synchronisationszusatz *m* [mot]
**synchronizer supplement** Synchronisationszusatz *m* [mot]
**synchronizing ball** Synchronkugel *f* [mot]
**synchronizing cone** Synchronkegel *m* [mot]
**synchronizing disc** Synchronscheibe *f* (äußere, innere) [mot]
**synchronizing lock** Synchronriegel *m* [mot]
**synchronizing mechanism** Synchronisiereinrichtung *f* [mot]
**synchronizing spring** Synchronfeder *f* [mot]
**synchronous** synchron
**synchronous control** Gleichlaufsteuerung *f* [elt]
**synchronous gear** Synchrongetriebe *n* [mot]
**synchronous motor** Synchronmotor *m* [elt]
**synchronous operation** Gleichlaufbetrieb *m* [elt]
**synchronous running** Synchronlauf *m*
**synthesis** Zusammensetzung *f* (Synthese) [che]
**system** Anlage *f* (Serie von Maschinen)
**system, closed -** geschlossener Kreislauf *m* [pow]; geschlossenes System *n* (Hydraulik, u.a.) [mot]
**system deviation** Regelabweichung *f* [msr]
**system formwork** Systemschalung *f* [bau]
**system, hydraulic -** Hydraulikanlage *f* [mas]; Hydraulikschema *n* [mas]; hydraulisches System *n* [mas]
**system of protection** Schutzart *f* [elt]
**system programmer** Systemprogrammierer *m* (der Beruf) [edv]
**system response** Systemantwort *f* [elt]
**systems building** Fertigteilbauweise *f* [bau]
**systems, continuous -** kontinuierliche Systeme *pl* [roh]

**taper cone drive**  Konustrieb *m* [mas]
**tapered**  kegelförmig (verjüngend) [mas]; konisch [mas]; verjüngt [mas]
**tapered ball-bearing**  Schrägkugellager *n* [mas]
**tapered pin**  Spannstift *m* [mas]
**tapered roll**  Prismenrolle *f* [mas]
**tapered roller**  Kegel *m* (im Kegellager) [mas]
**tapered seating surface**  konische Sitzfläche *f* (Ventil) [mas]
**tapered slide valve**  Keilschieber *m* [mas]
**tapered washer**  konische Unterlegscheibe *f* [mas]
**taper grooved dowel pin**  Kegelkerbstift *m* [mas]
**tapering**  konusförmig [mas]; verjüngt (im Durchmesser kleiner) [mas]
**tapering**  Verjüngung *f* (abnehmender Durchmesser) [mas]
**tapering pin**  konischer Stift *m* [mas]
**taper key**  konischer Keil *m* [mas]
**taper link**  Kettenglied *n* (konisch) [mas]
**taper pin**  konischer Stift *m* [mas]
**taper radii equally**  Radien gleichmäßig verkleinern *v*
**taper roller bearing**  Schrägrollenlager *n* [mas]
**tape-run**  Bandlauf *m* [edv]
**tape skew**  Schräglauf *m* [mas]
**tape unit**  Bandeinheit *f* (am Rechner) [edv]
**taphole**  Gewindebohrung *f* [met]; Abstich *m* (Abstichloch des Hochofens) [roh]; Schlackenloch *n* (Schmelzkessel) [wer]
**taphole drilling device**  Abstichlochbohrer *m* (am Teleskoparm) [roh]
**tap off**  abstechen *v* (Hochofen) [roh]
**tapped clearance**  Ventilspiel *n* [mas]
**tapped hole**  Einschraubloch *n* [mas]
**tappet**  Daumen *m* (Mitnehmer) [mas]; Mitnehmer *m* (Stift, Zapfen, Nase, Daumen) [mas]; Stößel *m* (z.B. Ventilstößel in Motor) [mot]
**tappet force**  Stößelkraft *f* (z.B. 200 Tonnen) [mot]
**tappet guide**  Stößelführung *f* [mot]
**tappet roller**  Stößelrolle *f* (stößt an Nocken) [mot]
**tappet roller pin**  Bolzen für Stößelrolle *m* [mot]
**tappet spring**  Stößelfeder *f* (z.B. am Ventilstößel) [mot]
**tapping hole**  Gewindebohrung *f* [mas]
**tapping screw**  Blechschraube *f* [mas]; Schneidschraube *f* [mas]
**tapping screw assemblies**  Kombiblechschrauben *pl* [mas]
**tar concrete road**  Straße mit Teerbeton *f* [mot]; Teerbetonstraße *f* [mot]
**tare**  Eigengewicht *n* (Waggon unbeladen) [mot]
**tare weight**  Nettogewicht *n* [mot]
**target**  Ziel *n* (z.B. einer Transaktion)
**tariff**  Tarif *m* (z.B. Zolltarif)
**tarmac**  Teerdecke *f* (auf Straße) [mot]
**tarpaulin grey**  zeltgrau (RAL 7010) [nrm]
**tar sand**  Teersand *m* [bau]
**task**  Auftrag *m* (Aufgabe)
**taxi colour**  taxifarbe (RAL 1015) [nrm]
**T-bar**  T-Eisen *n* [wer]
**T-bar buckstay**  T-Träger *m* [mas]
**T-beam**  T-Träger *m* (Walzstahl) [mas]
**T-bolt**  T-Bolzen *m* [mas]
**T-bolt clamp**  T-Bolzenschelle *f* [mas]
**tear**  reißen (zerreißen)
**tear**  Riss *m* (eingerissen)
**tear down**  abbrechen *v* (ein altes Haus) [rec]
**tear down hook**  Abbruchhaken *m* (am Bagger) [mbt]

**tearing foil** Reißfolie *f* [mas]
**tear-off protection** Ausreißsicherung *f*
**tear out** ausreißen *v* [wer]
**technicalities** Formalitäten *pl*
**technically feasible** technisch machbar
**technically feasible method** Methode, technisch realisierbare *f*
**technician** Bauführer *m* [bau]
**tectonic** tektonisch [geo]
**tectonically destroyed** tektonisch zerstört [geo]
**tectonic destruction** Verwerfung *f* (Erdschichtverschiebung) [geo]
**tectonic disturbance** tektonische Verschiebung *f* [geo]
**tectonics** Tektonik *f* (Erdschichtverschiebung) [geo]
**tee beam** Plattenbalken *m* (Holzbau) [bau]
**tee connector** T-Stück *n* [mas]
**tee head bolt** Hammerschraube *f* [mas]
**tee-piece connector** T-Stück *n* [mas]
**telecommunication** Fernmeldewesen *n* [tel]
**telecommunication line** Datenverarbeitungsleitung *f* [edv]
**tele-copying machine** Telekopierer *m* (Telekopiergerät) [elt]
**telescopic arm** Teleskopstiel *m* (z.B. des Baggers) [mbt]
**telescopic crane arm** Teleskopkranarm *m* [mbt]
**telescopic crane arm attachment** Teleskopkranarmausrüstung *f* [mbt]
**telescopic shock absorber** Teleskopstoßdämpfer *m* [mot]
**telescopic-type lift cylinder** teleskopischer Hubzylinder *m* [mas]
**telescoping** Ineinanderschieben *n*
**telescoping boom** Teleskopausleger *m* [mbt]

**telescoping length** Teleskopierhub *m* (des Teleskopierauslegers) [mbt]
**television camera** Fernsehkamera *f* [elt]
**telpher** Laufkatze *f* (Kabelkran) [mbt]; Kabelkran *m* [mbt]
**temper** anlassen *v* (Metall) [met]
**temperature alarm** Temperaturwarneinrichtung *f* [mot]
**temperature contactor** Temperaturkontaktgeber *m* [mot]
**temperature control** Temperaturüberwachung *f* [mot]; Temperaturwächter *m* [msr]
**temperature dependence** Temperaturabhängigkeit *f*
**temperature distortion** Temperaturschräglage *f* [pow]
**temperature drop** Temperaturabfall *m* [pow]
**temperature gauge** Temperaturanzeigegerät *n* [msr]
**temperature gradient** Temperaturgradient *m* [pow]
**temperature measurement** Temperaturmessung *f* [msr]
**temperature measuring device** Temperaturmessgerät *n* [msr]
**temperature measuring station** Temperaturmessstelle *f* [msr]
**temperature monitor** Temperaturwächter *m* [msr]
**temperature rating** Nenntemperatur *f* [pow]
**temperature recorder** Temperaturschreiber *m* [msr]
**temperature sensitive element** Temperaturfühler *m* [msr]
**temperature sensor** Temperatursensor *n* [msr]
**temperature stress** Temperaturbeanspruchung *f* [wer]
**temperature tapping point** Temperaturmessstelle *f* [msr]

**temperature unbalance** Temperaturschräglage *f* [pow]
**temperature variation** Temperaturschwankung *f* [pow]
**tempered** angelassen [wer]
**tempered steel** gehärteter Stahl *m* [wer]
**tempering** Enthärtung *f* (von Gefüge) [wer]; Vergütung *f* (des Stahls, Gusses etc.) [wer]
**tempering instruction** Vergütungsanleitung *f* [wer]
**template** Schablone *f* (z.B. zum Schweißbrennen) [met]; Muster *n* (Schablone) [met]
**templet** Schablone *f* (z.B. zum Schweißbrennen) [met]; Zeichenschablone *f* [con]
**temporal limitation** zeitliche Begrenzung *f* (der Laufzeit) [jur]
**temporary** provisorisch (bis Besseres möglich)
**temporary bulking** vorübergehende Auflockerung *f* [bod]
**temporary construction** Übergangskonstruktion *f*
**temporary staff** Leiharbeiter *m* (z.B. von anderem Werk)
**temporary workforce** Leiharbeit *f* (zeitweilige Beschäftigte)
**tenacious** zäh [wer]
**tenacity** Zähigkeit *f* (starkes Zusammenkleben) [met]
**tenant** Mieter *m* [bau]
**tender** Kohlenwagen *m* (Tender hinter Lok) [mot]; Tender *m* (hinter Dampflok) [mot]
**tender** anbieten *v* [eco]
**tender engine** Schlepptenderlokomotive *f* [mot]
**tender letter** Angebotsschreiben *n* [eco]
**tender locomotive** Schlepptenderlokomotive *f* [mot]

**tendon** Spanndraht *m* [mas]; Spannkabel *n* [mas]
**tensile force** Zugkraft *f* [wer]
**tensile load** Zugbeanspruchung *f* [wer]
**tensile strength** Dehnungsfestigkeit *f* (Zugfestigkeit) [wer]; Festigkeitsklasse *f* (Zugfestigkeit) [wer]; Zugfestigkeit *f* [wer]
**tensile stress** Zugbeanspruchung *f* [wer]; Zugspannung *f* [wer]
**tensile test** Zerreißversuch *m* [wer]
**tension** Zugkraft *f* (z.B. Spannung auf Seil) [mas]
**tension anchor** Zuganker *m* [bau]
**tension axle** Spannachse *f* [mas]
**tension chord** Zuggurt *m* [bau]
**tension disc** Tellerfeder *f* [mas]
**tension fork** Spanngabel *f* [mas]
**tension indicator** Spannungsmesser *m* [elt]
**tensioning** Vorspannung *f* (Dampfleitung) [pow]
**tensioning arm** Spannarm *m* (Steinklammerausrüstung) [mot]
**tensioning bolt** Zuganker *m* (fürs Anziehen des Steuerblocks) [mas]
**tensioning clamp** Spannklemme *f* (unter Federnagel) [mas]
**tensioning device** Spannvorrichtung *f* (an Kette) [mas]
**tensioning drive** Spanntrommel *f* [mbt]
**tensioning rope** Spannseil *n* [mbt]
**tensioning spring** Zugfeder *f* [mas]
**tension measuring** Spannungsmessung *f* [elt]
**tension member** Zuganker *m* [bau]; Zugstab *m* (Stahlbau) [bau]
**tension pulley** Spannrolle *f* [mas]
**tension ring** Spannring *m* [mas]
**tension rod** Spannstange *f* [mas]; Zugstange *f* (Stahlbau) [mas]
**tension spring** Zugfeder *f* [mas]

**tension test** Zerreißprobe *f* (Zerreißversuch) [wer]

**tension valve** Spannventil *n* (an Kettenspannung) [mbt]

**tension wire** Spanndraht *m*

**tentative** probeweise (kann verändert werden)

**term** Bezeichnung *f* (Fachbezeichnung); Begriff *m* (Fachausdruck)

**term** bezeichnen *v* (Fachausdruck geben)

**terminal** Klemme *f* (Endklemme) [elt]; Bahnhof *m* (End-, Kopfbahnhof) [mot]; Batteriepol *m* [elt]; Bildschirm *m* (des Netzwerks) [edv]; Pol *m* (der Batterie) [elt]; Sackbahnhof *m* (Kopfbahnhof) [mot]; Anschlussstück *n* (auch Klemme) [elt]; Klemmstück *n* [mas]; Terminal *n* (Bildschirm) [edv]

**terminal block** Klemmleiste *f* [elt]

**terminal box** Anschlusskasten *m* [elt]; Klemmkasten *m* [elt]

**terminal connection diagram** Klemmenanschlussplan *m* [elt]

**terminal connection piece** Klemmenanschlussstück *n* [elt]

**terminal depot** Kopfbahnhof *m* [mot]

**terminal diagram** Klemmenanschlussplan *m* [elt]

**terminal layout** Steckerbelegungsplan *m* (Bildschirme) [elt]

**terminal socket** Klemmbuchse *f* [elt]

**terminal station** Kopfbahnhof *m* [mot]

**terminal strip** Klemmenleiste *f* [elt]; Klemmleiste *f* [elt]

**terminal with worm thread** Klemme mit Schneckengewinde *f* [mas]

**terminated** befristet (zeitlich begrenzt)

**termination** Abschluss *m* (reflexionsfreier Abschluss); Anschlussstück *n* (auch Endklemme) [elt]

**termination in writing** schriftliche Kündigung *f* [eco]

**terms of shipment** Lieferbedingungen *pl* (hier Versandbedingungen!) [eco]

**term, technical -** Fachausdruck *m* (Fachwort); Fachwort *n* (Fachausdruck)

**terrace** Terrasse *f* (an Haus, in Landschaft) [bau]; Absatz *m* (im Gelände) [geo]

**terrace cut** Terrassenschnitt *m* (im Tagebau) [roh]

**test** Untersuchung *f* [pow]

**test, additional -** ergänzender Versuch *m* [msr]

**test assembly** Gesamtprüfstück *n* (für Schweißprobe) [met]

**test assignment** Prüfaufgabe *f* [msr]

**test bench** Prüfstand *m* [mas]

**test block** Prüfblock *m* (Körper) [wer]

**test-book** Prüfungsbuch *n* [msr]

**test, calorimetric -** kalorimetrische Untersuchung *f* [pow]

**test condition** Prüfbedingung *f* [msr]; Prüfungsbedingung *f* [msr]

**test cube** Probewürfel *m* [wer]

**test current** Prüfstrom *m* [elt]

**test dimension** Prüfmaß *n* [con]

**test driver** Testfahrer *m* (z.B. bei neuen Autos) [mot]

**tested tube** geprüftes Rohr *n* [mas]

**test engineer** Abnahmeingenieur *m*

**test equipment** Prüfanlage *f* (Gerät) [msr]; Prüfgerät *n* [msr]

**tester** Diagnosegerät *n* (Tester für Black Box) [elt]

**test evaluation** Versuchsauswertung *f* [msr]

**test flange** Versuchsflansch *m* (für Kontrollgeräte) [mas]

**test for continuity** Durchgangsprüfung *f* [msr]

**test, hydraulic -** Druckprobe *f* [msr]

**testing accuracy** Prüfgenauigkeit f [msr]
**testing apparatus** Prüfgerät n [msr]
**testing cycle** Prüffolge f [mas]
**testing efficiency** Prüfleistung f [mas]
**testing frequency** Prüffrequenz f [elt]
**testing instrument** Prüfgerät n [mas]
**testing level** Prüfebene f
**testing period** Probezeit f (z.B. für Material, Ware) [wer]
**testing point** Testpunkt m (am Langträger Waggon) [mot]
**testing process** Testschema n (Verfahrensweise) [msr]
**testing record** Prüfprotokoll n [msr]
**testing socket** Prüfanschluss m [elt]
**testing stand** Prüfstand m [mas]
**testing voltage** Prüfspannung f [elt]
**test installation** Prüfanlage f (Ausrüstung) [mas]
**test lamp** Prüflampe f [msr]
**test machine** Prüfmaschine f [mas]
**test method** Prüfverfahren n [msr]
**test opening** Messluke f [msr]
**test personnel** Prüfpersonal n [msr]
**test-phase** Testphase f (Periode, Zeitspanne; Dauer) [msr]
**test piece** Probekörper m [msr]; Probestab m (Materialprüfung) [wer]
**test plug** Prüfstecker m [elt]
**test point** Messstelle f (Versuch) [msr]
**test procedure** Prüfablauf m (Testreihenfolge) [msr]
**test range** Prüfbereich m [msr]
**test records** Prüfprotokoll n [msr]
**test report** Abnahmebericht m [msr]; Versuchsbericht m [msr]
**test requirement** Prüfungsanforderung f [msr]
**test results** Versuchsergebnis n [msr]
**test rig** Prüfstand m [msr]; Versuchsaufbau m [msr]
**test run** Probebetrieb m [msr]; Probelauf m (neue oder reparierte Maschine) [msr]; Einfahren n (Probelauf)
**test sensitivity** Prüfempfindlichkeit f [msr]
**test set-up** Versuchsanordnung f [msr]; Versuchsaufbau m [msr]
**test sheet** Messblatt n [msr]; Prüfblatt n [msr]
**test socket** Prüfstutzen m (der Waggonbremse) [mot]
**test specification** Prüfvorschrift f [nrm]
**test specimen** Probestab m [wer]
**test staff** Prüfpersonal n [msr]
**test support** Testsupport m [msr]
**test tariff** Prüfungsgebühr f [msr]
**test temperature** Prüftemperatur f [pow]
**test tool** Testwerkzeug n [wzg]
**test unit** Prüfanlage f (Einheit) [mas]
**test voltage** Prüfspannung f [elt]
**test weight** Testgewicht n (Mindest- oder Maximalgewicht) [msr]
**test workstation** Testarbeitsplatz m [msr]
**text generation** Texterzeugung f [edv]
**text processing** Textverarbeitung f [edv]
**text scanner** Textscanner m [edv]
**texture** Textur f [wer]
**T-fitting** T-Verschraubung f [mas]
**T-handle** Quergriff m [mas]
**thatched** überdacht (mit Stroh, Reit) [bau]
**theorem proving** Theorembeweis m [edv]
**theory** Theorie f [edv]
**thermal resistor** Heißleiter m [elt]
**thermal storage floor heating** Fußbodenspeicherheizung f [pow]
**thermal storage heating** Speicherheizung f [pow]
**thermic lance** Thermolanze f (schmilzt mit Lichtbogen) [wer]

**thermistor** Heißleiter *m* [elt]
**thermo-compression welding** Heizelementschweißen *n* [met]
**thermocouple element** Thermoelement *n* [elt]
**thermometer pocket** Tauchhülse *f* (für Thermometer) [pow]
**thermometer probe** Temperaturfühler *m* [pow]
**thermometer well** Tauchhülse *f* (für Thermometer) [msr]
**thermo sensor** Thermofühler *m* (in Statorwicklungen) [elt]
**thermo-shock** Thermoschock *m* [pow]
**thermostat** Temperaturregler *m* [mot]; Wärmefühler *m* [pow]
**thermostatic** thermostatisch
**thermo switch** Temperaturschalter *m* [elt]
**thermo-syphon cooling** Wärmeumlaufkühlung *f* [mot]
**thick** stark (kräftige Schicht) [mas]
**thickness** Dichte *f* (z.B. des Waldes) [bff]; Mächtigkeit *f* (z.B. eines Flözes) [roh]; Stärke *f* (Dicke) [mas]
**thickness gauge** Dickenlehre *f* [msr]; Fühllehre *f* [msr]; Abstandsmesser *m* [msr]
**thickness measurement** Dickenmessung *f* [msr]
**thickness measuring device for coats of paint** Farbschichtdickenmessgerät *n* [msr]
**thickness of application** Auftragsstärke *f* (Verputz) [bau]
**thickness of bur** Gratstärke *f* [mas]
**thickness of coat** Schichtdicke *f* (der Farbe) [mas]
**thickness of edge** Gratstärke *f* [mas]
**thickness of layer** Schichtdicke *f* (des Abraums) [roh]; Schichthöhe *f* [mas]
**thickness of nut** Mutternhöhe *f* (der Schraube) [mas]
**thickness of roof** Deckentragkraft *f* [bau]
**thickness vibrator** Dickenschwinger *m* [elt]
**thick plate** Grobblech *n* [mas]; Grobblech *n* (ab 4.75 mm) [mas]
**thick-walled** dickwandig [mas]
**thimble** Hülle *f*; Klemme *f* [mas]; Muffe *f* [mas]
**thin** verdünnen *v* [mas]
**thin film technology** Schichttechnologie *f* [elt]
**thinned out** verdünnt [che]
**thinner** Verdünner *m* [che]
**thin sheet metal** Blech *n* (Stahlblech, unter 3 mm) [mas]; Feinblech *n* (unter 0, 5 bis unter 3 mm) [mas]
**thin-walled** dünnwandig [mas]
**third** Dritte *pl* (z.B. Geschädigte) [jur]
**third-party insurance** Haftpflichtversicherung *f* [jur]
**thorn** Dorn *m* (auch Pflanze) [bff]
**thread** Gewinde *n* [mas]
**thread core** Gewindekern *m* [mas]
**thread cutting screw** Gewindeschneidschraube *f* [mas]
**thread-diameter** Gewindedurchmesser *m* (der Schraube) [mas]
**threaded anchorage** Gewindeanker *m* [bau]
**threaded bolt** Gewindebolzen *m* [mas]
**threaded cable grommet** Zugentlastungsverschraubung *f* [mas]
**threaded connection** Gewindeverbindung *f* [mas]
**threaded coupling** Gewindebuchse *f* [mas]; Schraubkupplung *f* [elt]
**threaded flange** Gewindeflansch *m* [mas]
**threaded locking pin** Einschraubbolzen *m* [mas]
**threaded pin** Gewindebolzen *m* [mas]

**threaded ring** Gewindering *m* [mas]
**threaded rod** Gewindestange *f* [mas]
**threaded stud** Gewindestift *m* [mas]
**threaded support point** Aufhängepunkt *m* [mas]
**threader** Gewindeschneider *m* [wzg]
**thread fillet** Gewindegang *m* [mas]
**thread groove** Gewinderille *f* [mas]
**thread hole** Einschraubloch *n* [mas]
**threading** Gewinde schneiden *v* [wzg]
**thread joint** Verschraubung *f* [mas]
**thread roll** Gewinde rollen *v* [mas]; Gewinde walzen *v* [mas]
**thread rolled** gewindegerollt [mas]; gewindegewalzt [mas]
**thread-rolling screw** gewindefurchende Schraube *f* [mas]
**thread run-out** Gewindeauslauf *m* [mas]
**three-armed flange** Dreiarmflansch *m* [mas]
**three-axle** dreiachsig [mot]
**three element control** Dreikomponentenregelung *f* [pow]
**three gas pass boiler** Dreizugkessel *m* [pow]
**three-phase motor** Drehstrommotor *m* [elt]
**three-phase network** Drehstromnetz *n* [elt]
**three-pin plug** Dreipolstecker *m* [elt]
**three-position valve** Dreistellungsventil *n* [mas]
**three spindle jack** Dreispindelheber *m* [mot]
**three term control** Dreikomponentenregelung *f* [pow]
**three-way cock** Dreiwegehahn *m* [mas]
**three-way tipper** Dreiseitenkipper *m* [mbt]
**three-way valve** Dreiwegeventil *n* [mas]
**three-way-valve** Schieber *m* (Mischschieber) [mas]; Dosierventil *n* [mas]
**threshold** Ansprechschwelle *f* [msr]; Schwelle *f* (an Wohnungstür) [bau]; Schwellenspannung *f* (Schleusenspannung) [elt]; Verstärkerschwelle *f* [elt]
**threshold amplifier** Schwellverstärker *m* [elt]
**threshold control** Schwellregler *m* [elt]
**threshold detector** Schwellendetektor *m* [elt]
**threshold value** Schwellwert *m* [elt]
**threshold value control** Schwellwertregelung *f* [elt]
**throat crack** Längsriss *m* (der Schweißnaht) [met]
**throat depth** Kehlnahtdicke *f* [met]; Schweißnahtdicke *f* [met]
**throttle** Drossel *f* [pow]
**throttle body** Vergaseroberteil *n* [mot]
**throttle cable** Drehzahlverstellung *f* [mot]
**throttle control lever** Drosselklappenhebel *m* [mot]
**throttle control mechanism** Gashebelmechanismus *m* [mot]
**throttle lever** Handgashebel *m* (Bowdenzug) [mot]
**throttle linkage** Gasgestänge *n* [mot]
**throttle pedal** Gaspedal *n* [mot]
**throttle pressure** Dampfdruck vor Turbine *m* (Frischdampfdruck) [pow]
**throttle relief valve** Drosselrückschlagventil *n* [pow]
**throttle ring** Drosselring *m* [elt]
**throttle temperature** Frischdampftemperatur *f* (von Turbine) [pow]
**throttle valve** Drosselventil *n* [elt]
**throttle valve shaft** Drosselklappenwelle *f* [elt]

**through** durchgehend (z.B. Bolzen, Bohrloch) [elt]
**through bore-fit** Durchgangsbohrung *f* [elt]; Durchgangsloch *n* [elt]
**through bore-hole** Durchgangsbohrung *f* [elt]
**through connection** Durchkontaktierung *f* [elt]
**through hole** Durchgangsloch *n*
**throughlet** Durchgang *m* (kleiner Durchlass) [bau]
**through pass delay** Durchlaufverzögerung *f* [met]
**throughput** Menge *f* (geförderte Menge) [roh]
**throughput decindering plant** Durchlaufentzunderungsanlage *f* [elt]
**throughput rate** Durchlaufleistung *f* [elt]; Durchsatzleistung *f* [elt]; Durchsatzmenge *f* [roh]
**throughput sandblasting system** Durchlaufsandstrahlanlage *f* [wzg]
**through quenching and tempering** Durchvergütung *f* [elt]
**through separator** Durchgangsabscheider *m* [elt]
**through shed** Lokschuppen *m* (mit Durchfahrt) [mot]
**through-transmission** Durchschallung *f* [msr]
**through-transmission attenuation** Durchschallungschwächung *f* [msr]
**through-transmission method** Durchschallungsverfahren *n* [msr]
**throw** Hubhöhe *f* (z.B. Flüssigkeitsdruck) [was]; Kröpfung *f* [elt]
**throw-away filter** Filterelement *n* (Wegwerfpatrone) [was]
**thrower** Ölabstreifer *m* [elt]
**throw-off blasting** Abwurfsprengen *n* (bei selektivem Abbau) [roh]
**throw-out lever** Ausschalthebel *m* (für eine Maschine) [mas]

**thrust** Druckkraft *f* [phy]; Längsdruck *m* [bau]
**thrust** stoßen *v*
**thrust bearing** Drucklager *n* [mas]
**thrust bolt** Druckbolzen *m* [mas]
**thrust collar** Bund *m* (in etwa: Kragenbuchse) [mas]
**thrust cylinder** Druckluftdose *f* [mot]
**thrust force** Schubkraft *f* [mas]
**thrust roller** Druckrollenlager *n* [mas]
**thrust washer** Sicherungsscheibe *f* [mas]
**thumb nut** Flügelmutter *f* [mas]
**thumb-plate hose clip** Schneckengewindeschelle *f* (mit Flügelschraube) [mas]
**thyristor** Thyristor *m* (Halbleiterventil) [elt]
**tidy** aufgeräumt
**tie** Eisenbahnschwelle *f* [mot]; flechten *f* (Bewehrung) [bau]; Schwelle *f* (Bahn-) [mot]; Distanzhalter *m* [mot]; Distanzhalter *m* [mas]; Verbindungsstück *n* [mas]
**tie** anbinden *v* (Boot)
**tie bar** Ankerbolzen *m* [mas]; Zuganker *m* [bau]
**tie bolt** Ankerschraube *f* [mas]
**tie member** Zugstab *m* [bau]
**tie plate** Ankerplatte *f*; Hakenplatte *f* [mas]; Unterlagsplatte *f* [mas]; Verbindungsplatte *f* [mas]
**tie rod** Spurstange *f* [mot]; Zugstange *f* [mas]; Zugstrebe *f* (für Automobile) [mot]; Zuganker *m* (für das Anziehen von Ketten) [mas]
**tie rod end** Spurstangenkopf *m* [mas]
**tight** straff (gespannt) [mas]; verkeilt (Material im Steinbruch) [roh]
**tighten** anziehen *v* (Schraube) [met]; befestigen *v* [met]; festziehen *v* (eine Schraube) [met]
**tightener** Spannschloss *n* [mas]

**tightening angle** Anziehdrehwinkel *m* [met]
**tightening bolt** Klemmschraube *f* (am Lagerauge) [mas]
**tightening key** Spannschlüssel *m* [wzg]
**tightening spindle** Spannspindel *f* [wzg]
**tightening strap** Spannband *n* [wzg]
**tightening surface** Spannfläche *f* (z.B. am Schwenkstutzen) [mas]
**tightening torque** Anziehdrehmoment *n* (festziehen) [msr]
**tight fit** Passstück *n* [mas]
**tightness** Dichtheit *f* (Mauerwerk) [bau]
**tile** Kachel *f* [bau]; Dachziegel *m* [bau]
**tile** belegen *v* (mit Fliesen) [bau]
**tile roof** Ziegeldach *n* [bau]
**tiller** Lenkstange *f* (in Fahrerhaus) [mot]
**tilt** Neigung *f* (schnelles Kippen) [mas]
**tilt** abkippen *v* (Verbiegen der Schraube) [met]; kippen *v* (meist ungewollt) [mas]; neigen *v* (kippen) [mbt]
**tiltable burner** Schwenkbrenner *m* [pow]
**tilt and turn window** Drehkippflügelfenster *n* [bau]
**tilt angle** Schräglage *f* (des Motors) [mas]
**tilt control lever** Kipphebel *m* [mas]; Neigungsschalthebel *m* [elt]
**tilt cylinder** Kippzylinder *m* [mas]
**tilter** Kippvorrichtung *f* [mot]
**tilting burner** Schwenkbrenner *m* [pow]
**tilting head** Kippschlitten *m* (am Stapler) [mbt]
**tilt window** Kippfenster *n* [bau]
**timber** Holz *n* [wer]

**timber** einschalen *v* (Holzform erstellen) [bau]
**timber frame** Holzfachwerk *n* [bau]
**timber grab** Holzgreifer *m* [mbt]
**timber grapple** Holzzange *f* (ähnlich Greifer) [mbt]
**timber kerb** hölzerne Randschwelle *f* [bau]
**timber, long -** Langholz *n* [wer]
**timber planks** Holzpritsche *f* [bau]
**timber preservative** Holzschutzmittel *n* [bau]
**timber scaffolding** Holzgerüst *n* [bau]
**timber store** Holzlagerplatz *m* [bau]
**timber structure** Holzkonstruktion *f* [bau]
**timber wagon** Langholzwagen *m* (der Bahn) [mot]
**time** Zeitpunkt *m*
**time** einstellen *v* (die Zeit) [pow]
**time and motion study** Zeitstudien *pl* [met]
**time base** Zeitbasis *f* [elt]; Zeitlinie *f* [elt]; Zeitlinienmessstrecke *f* (Leuchtschirms) [elt]
**time-base delay** Impulsverschiebung *f* (Tiefenlupe) [elt]
**time base range** Tiefenbereich *m* [elt]
**time-base sweep** verzögerte Zeitablenkung *f* [elt]
**time base sweep generator** Ablenkungsgenerator *m* [elt]
**time constant** Zeitkonstante *f* [elt]
**time consumed** Aufwand *m* (zeitlich)
**time control** Zeitwirtschaft *f* (Festsetzung Belegung) [eco]
**time deflection** Zeitablenkung *f* [elt]
**time-delay circuit** Verzögerungsschaltung *f* [elt]
**time-delay element** Verzögerungsglied *n* (Regelung) [msr]
**time-delay fuse** träge Sicherung *f* [elt]
**time-delay valve** Verzögerungsventil *n* [mas]

**time-delay valve, pneumatic -**
pneumatisches Verzögerungsventil *n* [mot]

**time domain** Zeitbereich *m* [elt]

**time, during the -** im Zeitraum (von ... bis ...)

**time input** Aufwand *m* (zeitlich)

**time-keeping** Zeitnahme *f* [msr]

**time lag** Verzögerung *f* [elt]

**time-lag fuse** träge Sicherung *f* [elt]

**time lamp** Zündkontrolllampe *f* [mot]

**time of apprenticeship** Lehrzeit *f* (Ausbildungszeit) [eco]

**time of beginning of operation** Inbetriebnahme des Gerätes *f* (z.B. Rolltreppe) [met]

**time of construction** Bauzeit *f* [bau]

**time of delivery** Lieferfrist *f* [eco]

**timer** Zeituhr *f* (z.B. zentrales Schmiersystem) [mas]; Zeitschalter *m* [elt]; Zündunterbrecher *m* [mot]; Zeitrelais *n* [elt]

**time relay** Zeitglied *n* [elt]

**time-relay control** Taktsteuerung *f* [elt]

**time relay for reverse travel** Zeitrelais für Gegenlauf *n* [elt]

**timer switch** Schaltuhr *f* [elt]

**time schedule** Bauzeitenplan *m* [bau]; Terminplan *m*

**time-scheduling** Bauzeitplanung *f* [bau]

**time sharing** Timesharing *n* (in EDV: Zeitscheibe) [edv]

**time switch** Schaltuhr *f* [msr]

**time table** Kursbuch *n* (Fahrplan) [mot]

**time table information** Auskunft *f* (von Bahn, Bus) [mot]

**timing bolt** Stellschraube *f* [mas]

**timing case cover** Steuergehäusedeckel *m* [mas]

**timing chain** Steuerkette *f* [mot]

**timing gear** Motorsteuerung *f* [mas]; Stirnrad *n* (zur Zeiteinstellung) [mas]

**timing gear housing** Stirnradgehäuse *n* [mas]

**timing mark** Einstellmarke *f* (nach Zeit, Genauigkeit) [mas]

**timing range** Zündverstellbereich *m* [mas]

**timing relay** Zeitrelais *n* [elt]

**timing shaft** Steuerwelle *f* [mas]

**timing stage** Zeitstufe *f* [elt]

**tin** verzinnen *v* [wer]

**tin alloys** Zinn-Basislegierungen *pl* [wer]

**tin-coat** verzinnen *v* [met]

**tin-coated** verzinnt [met]

**tin-coated strip** Weißband *n* (Blech) [wer]

**tine** Zinke *f* (einer Forke) [wzg]

**tinned** verzinnt [wer]

**tin plate** Weißblech *n* [wer]

**tin plate, electrolytic -** elektrolytisch verzinntes Weißblech *n* [wer]

**tin plate line** Weißblechanlage *f* [wer]

**tin sheet** Weißblech *n* [wer]

**tint** tönen *v* (einfärben)

**tinted** getönt (z.B. Rauchglas) [bau]

**tip** kippen *v* (leicht zur Seite)

**tip circle** Kopfkreis *m* (innen/außen verzahntes Rad) [mas]

**tip cylinder** Kippzylinder *m* [mas]

**tip over** umkippen *v* (z.B. im Sturm)

**tipped chisel** Spitzmeißel *m* [wzg]

**tipper** Kippwagen *m* [mbt]

**tipping angle** Kippwinkel *m* [mot]

**tipping car** Muldenkippwagen *m* (der Eisenbahn) [mot]

**tipping cylinder** Kippzylinder *m* (am Löffel) [mbt]

**tipping device** Kippvorrichtung *f* [mot]

**tipping line, front -** vordere Kippkante *f* [mot]

**tipping line, rear -** hintere Kippkante *f* [mot]
**tipping load** Kipplast *f* [mbt]
**tipping lorry** Kipper *m* (Autoschütter) [mbt]
**tipping shovel** Kippschaufel *f* (des Baggers) [mbt]
**tipping wagon** Kipplore *f* [mot]; Lore *f* (Kipplore) [mot]
**tipping wagon on bogies** Drehgestellkippmuldenwagen *m* [mot]
**tipple** Kippbühne *f* (für Güterwagen) [mot]
**tire** ermüden *v* [wer]
**tires** Bereifung *f* ((A)) [mot]
**tire tracks** Fahrspuren *f* (von Fahrzeugen gemacht) [mot]
**T-iron** T-Eisen *n* [mot]; T-Stück *n* (z.B. T-förmig Rohranschluss) [mas]
**title** Bildunterschrift *f* (in Bericht, Buch)
**title block** Zeichnungskopf *m* (Beschriftungsfeld) [con]; Beschriftungsfeld *n* (Zeichnungskopf) [con]
**T-joint** T-Naht *f* (Schweißnaht) [met]; T-Naht *f* (beim Schweißen) [met]; T-Verbindung *f* (Rohr geht ab) [met]; T-Stoß *m* (Schweißanschluss) [met]
**to-and-from motion** Hin- und Hergang *m* [mas]
**toe** Zehe *f* (nach Sprengung stehen bleibend) [roh]
**toe crack** Unternahtriss *m* (der Schweißnaht) [wer]
**toe of the dam** Böschungsfuß *m* [bau]
**to gear down** Übersetzung ins Langsame *f* (Zahnrad) [mas]
**to gear up** Übersetzung ins Schnelle *f* (Zahnrad) [mas]
**toggle** Knebel *m* (an Zughaken, Kleidung, Zelt) [mot]
**toggle joint** Winkelgelenk *n* [mas]
**toggle link** Gelenkstange *f* [mas]

**toggle switch** Kippschalter *m* [elt]
**toilet bowl** Toilettenbecken *n* [bau]
**token** Marke *f*; Sendezeichen *n* (Symbol) [edv]; Terminalsymbol *n* [edv]
**tolerance** Abweichung *f* (von Originalmaß, Toleranz); Toleranz *f* (technisch) [mas]; Zugabe *f* (für spätere Bearbeitung) [mas]; Abmaß *n* (über Endmaß hinaus) [con]; Freimaß *n* (ohne Toleranzangabe in Zeichnungen) [con]; Spiel *n* (Freiraum, Toleranz) [mas]; Toleranzfreimaß *n* [mas]
**tolerance, close -** eingeengte Toleranz *f* [con]
**tolerance compliance** Toleranzhaltigkeit *f* [mas]
**tolerance of cyclic running** Rundlauftoleranz *f* [mas]
**tolerance of wall thickness** Wanddickentoleranz *f* [mas]
**tolerances, out of -** nicht maßhaltig [con]
**toll bridge** gebührenpflichtige Brücke *f* [mot]
**toll road** Autobahn *f* (gebührenpflichtige Autobahn) [mot]; gebührenpflichtige Straße *f* (Autobahn) [mot]
**tomato red** tomatenrot (RAL 3013) [nrm]
**tommy** Drehstift *m* (an Schraubwerkzeug) [wzg]
**tongue** Zunge *f* (z.B. in Weiche, Feder) [hum]; Herzstück *n* (der Weiche) [mot]
**tongue-shaped regulating damper** Zungenklappe *f* [pow]
**tool** Werkzeug *n* (Hammer, Zange, etc..) [wzg]
**tool bar** Geräteträger *m* (Leiste, Konsole) [wzg]
**toolbox** Werkzeugkiste *f* (Werkzeugkasten) [wzg]; Werkzeugkasten *m* (Werkzeugkiste) [wzg]

**tool-box lid** Werkzeugkastendeckel *m* [wzg]

**tool industry** Werkzeugindustrie *f* [wzg]

**toolkit** Werkzeugausrüstung *f* [wzg]; Werkzeugausstattung *f* [wzg]; Werkzeugkiste *f* [wzg]; Werkzeugtasche *f* [wzg]; Werkzeugsatz *m* [wzg]

**tool kit** Werkzeugsatz *m* [wzg]

**tools** Werkzeug *n* (mehrere Werkzeuge) [wzg]

**toolshop** Werkzeugmacherei *f* [wzg]

**tools, local -** örtlich übliche Werkzeuge *pl* [wzg]

**tool steel** Werkzeugstahl *m* [wer]

**tooth** Zinke *f* (vorstehend am Zahnrad) [mas]; Zacken *m* (Zahn) [mas]

**tooth crest** Zahnkopf *f* (des Zahnes am Zahnrad) [mas]

**tooth depth** Zahnhöhe *f* [mas]

**toothed** gezahnt [mas]; verzahnt [mas]

**toothed chain** Zahnkette *f* [mas]

**toothed lock washer** Zahnscheibe *f* [mas]

**toothed quadrant** Zahnbogen *m* (Segment am Zahnrad) [mas]

**toothed rim** Zahnring *m* [mas]

**toothed ring** Zahnring *m* [mas]

**toothed shaft** Zahnwelle *f* [mas]

**toothed washer** Zahnscheibe *f* (Unterlegscheibe) [mas]

**toothed-wheel gearing** Zahnradvorgelege *n* [mas]

**toothed wheel rim** Zahnkranz *m* (Folge von Zähnen) [mas]

**tooth flank** Zahnflanke *f* (an Zahnrad, Zahnstange) [mas]

**tooth form** Zahnform *f* (Zahnrad) [mas]

**tooth group** Zahngruppe *f* [mas]

**toothing** Verzahnung *f* [mas]

**tooth lock** Zahnhalterung *f* (Splint, Feder oder ähnliches) [mas]

**tooth profile** Zahnflanke *f* (an Zahnrad, Zahnstange) [mas]

**tooth root surface** Zahngrund *m* (am Zahnrad) [mas]

**tooth sector** Zahnbogen *m* [mas]

**tooth securing** Zahnsicherung *f* (z.B. Zahn an Tieflöffel) [mas]

**tooth setting** Zahnverstellung *f* (z.B. an Grabgefäß) [mas]

**tooth shank** Zahnfuß *m* (geht in Hülse der Schneide) [mas]

**tooth shape** Zahnprofil *n* (Zahnrad) [mas]

**tooth side** Flanke *f* (des Zahnes am Zahnrad) [mas]

**tooth socket** Zahnhalter *m* (in der Schneide) [mas]

**tooth tip** Zahnspitze *f* (vorderster Zahnteil) [mas]

**tooth tip support** Spitzenhalter *m* (des Schaufelzahnes) [mas]

**tooth wheel** Zahnrad *n* [mas]

**tooth width** Zahnbreite *f* (Zähne am Zahnrad) [mas]

**top** obenliegend

**top** Oberseite *f*; Spitze *f* (auf der Spitze des Berges) [geo]; Verdeck *n* (z.B. Wagenplane) [mot]

**top** auffüllen *v* (Öl, Kühlwasser)

**top boom** Obergurt *m* (oberer Träger) [bau]

**top chord** Obergurt *m* (Fachwerkträger) [bau]

**top coat** Deckanstrich *m* [bau]

**top edge** Oberkante *f* [mas]

**top face of the plate** Blechoberseite *f* [mas]

**top-fired unit** Feuerung mit Deckenbrennern *f* [pow]

**top flange** Obergurt *m* (eines Blechträgers) [bau]

**top-hung casement** Klappflügel *m* (Fenster) [bau]
**top-hung sash** Kippflügel *m* (Fenster) [bau]
**top-hung window** Klappfenster *n* [bau]
**top layer** oberste Lage *f* [wer]; Verschleißdecke *f* (der Straße) [bau]; Verschleißschicht *f* (der Straße) [bau]
**top liberty** Kopffreiheit *f* (Platz nach oben) [con]
**topographical** topographisch [geo]
**top paint finish** Fertiganstrich *m* [met]
**topping out** Richtfest *n* (Haus fertig bis Dachstuhl) [bau]
**topping turbine** Vorschaltturbine *f* [pow]
**topping up** auffüllen *v* (Öl)
**top rail** Handleiste *f* (Geländer) [bau]; Schienenoberkante *f* [mot]
**top roller** Laufrolle *f* (Stützrolle oben) [mas]
**top seam** Decklage *f* (oberste Schweißschicht) [met]
**top soil** Mutterboden *m* [bod]
**top-supported boiler** hängender Kessel *m* [pow]
**top-suspended monorail** Schwebebahn *f* [mot]
**top up** auftoppen *v* (Kran) [mbt]
**top view** Ansicht von oben *f* [con]; Draufsicht *f* [con]
**top width** obere Breite *f* (Keilriemen) [con]
**torch-cut** abschneiden *v* (durch Brennschneiden) [met]; brennschneiden *v* [met]
**torch-cutting** Brennschneiden *n* [met]; Brennschweißen *n* [met]
**torch oil gun** Ölzündbrenner *m* [pow]
**torn** verschlissen (zerfetzt, zerrissen)
**toroid** Ringkern *m* [elt]

**torpedo-type ladle car** Torpedopfannenwagen *m* (Flüssigmetall) [mot]
**torque** Zugkraft *f* (Drehmoment) [mas]; Motordrehmoment *n* [mot]
**torque** anziehen *v* (Schraube) [met]
**torque ball** Schubkugel *f* [mas]
**torque blade** Drehmomentenstütze *f* [mas]
**torque converter** Drehmomentwandler *m* [mas]; Drehmomentwandler *m* [mas]; Wandler *m* (Drehmomentwandler) [mas]
**torque converter, full-match -** genau abgestimmter Drehmomentwandler *m* [mot]
**torque converter, hydraulic -** hydraulischer Drehmomentwandler *m* [mot]
**torque distribution** Drehmomentverteilung *f* [mas]; Drehmomentverteilung *f* (Drehmoment) [mas]
**torque divider transmission** Differentialwandlergetriebe *f* [mas]
**torque division transmission** Differentialwandlergetriebe *f* [mas]
**torque lever** Momentenhebel *m* (Werkzeug) [wzg]
**torque-meter wrench** Drehmomentenschlüssel *m* [wzg]; Drehmomentschlüssel *m* [wzg]
**torque plate** Drehmomentenstütze *f* [mas]; Momentenstütze *f* (trägt Rolltreppenmotor) [mas]
**torque rise** Drehmomentenerhöhung *f* [mas]
**torque spanner** Drehmomentenschlüssel *m* [wzg]; Drehmomentschlüssel *m* [wzg]
**torque specification** Anzugsdrehmomente *pl* [mas]
**torque support** Drehmomentenstütze *f* [mas]

**torque transmission**
Drehmomentübertragung *f* [mas]
**torque tube ball joint**
Schubkugelgelenk *n* [mas]
**torque wrench**
Drehmomentenschlüssel *m* [wzg];
Drehmomentschlüssel *m* [wzg];
Momentenschlüssel *m* [wzg]
**torsion** Verwindung *f* (des Rahmens, des Materials) [mas]; Windung *f* (Verwindung des Materials) [mas]
**torsional force** Drehmoment *n* (unerwünschte Torsion) [mas]
**torsional rigidity** Torsionssteifigkeit *f* [pow]
**torsional strength** Torsionsfestigkeit *f* [mas]
**torsional stress** Drehbeanspruchung *f* [wer]
**torsional wave** Torsionswelle *f* [elt]
**torsion angle** Verdrehungswinkel *m* [mas]
**torsion bar** Drehstab *m* [mas]; Torsionsstab *m* [mas]
**torsion bar safety valve**
Drehstabsicherheitsventil *n* [pow]
**torsion bar spring** Drehstabfeder *f* [mas]
**torsion bar stabiliser**
Drehstabstabilisator *m* [mas]
**torsion-free** verwindungsfrei [mas]
**torsion module** Torsionsmodul *m* [mas]
**torsion-stiff** verwindungssteif [mas]
**torsion stiffness** Gestaltfestigkeit *f* [mas]
**torsion-type suspension**
Torsionsfeder *f* [mas]
**total area** Gesamtfläche *f* [con]
**total damage** Gesamtschaden *m* [jur]
**total drawing** Übersichtszeichnung *f* [con]
**total harmonic distortion** Klirrfaktor *m* [elt]

**total height** Gesamthöhe *f* [con]
**total length of truck and trailer**
Gesamtlastzuglänge *f* [mot]
**total lift height** Gesamthubhöhe *f* [con]
**total load** Gesamtbelastung *f* (des Waggons, ...) [mot]; Totalbelastung *f* [mot]
**total outreach** Gesamtausladung *f* [mbt]
**total pressure** Gesamtpressung *f* [mas]
**total quantity** Gesamtmenge *f*
**total reflection** Totalreflexion *f* [phy]
**total resistance** Gesamtwiderstand *m* [elt]
**total staff** Gesamtbelegschaft *f* [eco]
**total stress** Gesamtbeanspruchung *f* [wer]
**total track length** Gesamtgleislänge *f* [mot]
**total train length** Gesamtlänge *f* (des Lastzuges) [mot]; Gesamtlastzuglänge *f* [mot]; Gesamtzuglänge *f* [mot]
**total train weight**
Gesamtlastzuggewicht *n* [mot]; Gesamtzuggewicht *n* [mot]
**total weight** Gesamtgewicht *n* (Lkw und Ladung) [mot]
**total weight of truck and trailer**
Gesamtlastzuggewicht *n* [mot]
**tottering contact** Wackelkontakt *m* (flackert) [elt]
**touch** tippen *v* (antippen, leicht berühren)
**touch contact** Berührungskontakt *m* [elt]
**touch down** aufsetzen *v* (Flugzeug auf Landebahn) [mot]; landen *v* (Aufsetzen des Flugzeugs) [mot]
**touch sensor** Berührungssensor *m* [elt]
**touch switch** Berührungsschalter *m* [elt]

**touch test** Tupfprobe *f* [mas]
**touch up** aufarbeiten *v* (leicht reparieren); ausbessern *v* (z.B. Anstrich) [bau]
**touch-up welding** Nachbesserungsschweißen *n* [met]
**touch welding** halbautomatische Schweißung *f* [met]
**tough** zäh (zähes Material, z.B. Kunststoff) [wer]
**toughened glass** gehärtetes Glas *n* [wer]
**tow** abschleppen *v* (Fahrzeug) [mot]; treideln *v* (Schiff von Land aus ziehen) [mot]; ziehen *v* (abschleppen) [mot]
**tow bar** Abschleppstange *f* [mot]; Schleppstange *f* [mot]; Zugstange *f* [mot]
**towboat** Schleppdampfer *m* (Schlepper) [mot]; Schlepper *m* (Schlepp- und Bugsierschiff) [mot]; Schlepp- und Bugsierschiff *n* [mot]
**tow coupling** Anhängerkupplung *f* [mot]
**towed vibrating roller** Anhängerrüttelwalze *f* [mot]
**tower** Dom *m* (Auflage der Drehverbindung eines Bagger) [mbt]; Mast *m* (Strommast)
**tower crane** Turmkran *m* [bau]
**tow hook** Zughaken *m* [mot]
**towing device** Zugvorrichtung *f* [mas]
**towing hook** Zughaken *m* (nicht Bahn) [mas]
**towing rod** Abschleppstange *f* [mot]
**towing winch** Schleppwinde *f* [mas]
**town and country, in -** in Stadt und Land
**town and country planning** Stadt- und Landesplanung *f* [bau]
**town gas** Stadtgas *n* [pow]
**town planning** Städtebau *m* [bau]

**tow rod** Schleppstange *f* [mot]
**tow rope** Abschleppseil *n* [mot]; Schleppseil *n* [mot]
**tow truck** Abschleppwagen *m* [mot]
**toxic waste** Sondermüll *m* [rec]
**toxic waste dump** Sondermülldeponie *f* [rec]
**T-piece** T-Stück *n* (z.B. T-förmig Rohranschluss) [mas]
**trace** Spur *f*
**trace brilliance** Helligkeitsmodulation *f* [elt]
**track** Kette *f* (Raupe) [mbt]; Raupe *f* (des Baggers) [mbt]; Raupenkette *f* (z.B. Bagger) [mbt]; Schreibspur *f* [edv]; Spur *f* (Spurweite Autoräder) [mot]; Strecke *f* (an der Bahnstrecke) [mot]; Bahngleis *n* [mot]
**track adjusting cylinder** Kettenspannzylinder *m* [mbt]
**track adjustment cylinder** Kettenspannzylinder *m* [mas]
**track adjustment spring** Kettenspannfeder *f* [mas]
**track bed** Unterbau *m* (Bahntrasse unter Schotter) [mot]
**track bushing** Kettenbüchse *f* [mas]
**track casing** Kettengehäuse *n* [mbt]
**track chain** Kette *f* (Raupenkette) [mbt]; Raupenkette *f* [mbt]
**track chained** kettengetrieben
**track chain link** Kettenglied *n* [mas]
**track cleared to accept a train** Fahrstraße *f* (freie Fahrstraße für Zug) [mot]
**track clearing equipment** Räumgerät *n* [mbt]
**track connection** Schienenstoß *m* [mot]; Stoß *m* (Schienenstoß) [mot]
**track-drive shaft** Turaswelle *f* [mbt]
**track excavator** Raupenbagger *m* [mbt]; Raupengerät *n* [mbt]
**track frame** Raupenkettenträger *m* (Seitenrahmen) [mbt]

**track gauge** Spurweite *f* (der Eisenbahn) [mot]
**track gearbox adaptor** Getriebewand *f* [mas]
**track guard** Kettenschutz *m* [mas]
**track guide** Kettenführung *f* (der Raupe) [mas]
**track harp** Gleisharfe *f* (z.B. am Ablaufberg) [mbt]
**tracking current** Kriechstrom *m* [elt]
**track joint** Kettenfuge *f* [mbt]; Kettengelenk *n* [mas]
**track-laying department** Gleisbauabteilung *f* [mot]
**track liner** Führungsprofil *n*
**track, local -** Lokalbahn *f* [mot]; Nebenstrecke *f* (der Bahn) [mot]
**track maintenance train** Bauzug *m* [mot]
**track motor** Kettenantriebsmotor *m* [mbt]; Raupenmotor *m* [mbt]
**track pad** Bodenplatte *f* (der Raupenkette) [mbt]; Kettenplatte *f* [mbt]
**track pad connecting** Bodenplattenanschluss *m* (an Kette) [mbt]
**track pad pin** Kettenplattenbolzen *m* [mbt]
**track pad width** Kettenbreite *f* [con]
**track pin** Kettenbolzen *m* [mas]
**track plan** Gleisplan *m* [mot]
**track plate** Kettenplatte *f* [mbt]
**track plate width** Kettenbreite *f* [con]
**trackramp** Rampe *f* (an der Bahn) [mot]
**track recoil spring** Rückholfeder *f* [mas]
**track rod** Lenkspurstange *f* [mbt]; Spurstange *f* [mbt]; Spurstangenkopf *m* [mbt]
**track roller** Laufrolle *f* (unten; Gegenteil: Stützrolle) [mas]
**track roller flange** Laufrollenflansch *m* (seitlich Spurkranz) [mas]
**track roller frame** Laufrollenrahmen *m* [mas]
**track roller guard** Laufrollenschutz *m* [mas]
**tracks** Schienenstrang *m* [mot]
**track seal** Kettendichtung *f* [mas]
**track set** Fahrkette *f* (der Kettensatz) [mbt]; Fahrwerk *f* (Raupengerät) [mbt]
**track set up for the next move** Fahrstraße *f* (freie Fahrstraße für Zug) [mot]
**track shifter** Gleisrückmaschine *f* [mot]
**track shoe** Bodenplatte *f* (Kettenglied) [mbt]
**track shoe pin** Kettenplattenbolzen *m* [mbt]
**track tensioner** Kettenspanner *m* [mbt]
**track tensioning** Kettenspannung *f* [mas]
**track tensioning cylinder** Kettenspannzylinder *m* [mas]
**track welding** Punktschweißung *f* [met]
**track width** Kettenbreite *f* [con]; Spurweite *f* (seitlicher Abstand, Raupen) [con]
**traction** Zug- (z.B. Zugkraft) [mot]
**traction** Traktion *f* [mot]; Zugkraft *f* [phy]
**traction cable** Zugseil *n* [mas]
**traction device** Zughub *m* [mas]
**traction drive** Triebfahrzeug *n* (mehrachsig) [mot]
**traction relief curve** Zugentlastungsbogen *m* [mot]
**traction rope** Zugseil *n* [mas]
**traction tyre** Geländereifen *m* [mot]
**tractive effort** Zugkraft *f* (Anhängegewicht der Lok) [mot]
**tractive force** Traktionskraft *f* [phy]
**tractive output** Zugleistung *f* [mot]

**tractive unit, multi-axle -**
mehrachsiges Triebfahrzeug *n* [mot]
**tractor** Sattelschlepperzugmaschine *f* [mbt]; Zugmaschine *f* (Traktor, Trecker, Sattel) [mbt]; Schlepper *m* (Traktor) [mbt]
**tractor brake pressure regulator** Zugwagenbremskraftregler *m* [mbt]
**tractor brake valve** Zugwagenbremsventil *n* [mbt]
**tractor trailer** Sattelschlepper *m* (Zugmaschine, Hänger) [mot]
**tractor-trailer brake valve** Lastzugbremsventil *n* [mbt]
**tractor truck** Zugmaschine *f* (des Sattelschleppers) [mbt]; Sattelschlepper *m* (die Zugmaschine) [mbt]
**trade and services** Handel und Dienstleistungen *f* [eco]
**trade fair** Handelsmesse *f* (Messe, Ausstellung)
**trade heading** Gewerk *n*
**trademark** Warenzeichen *n* [eco]
**trade mark** Firmenzeichen *n* [eco]
**trading house** Handelshaus *n* [eco]
**trading partner** Handelspartner *m* [eco]
**traffic analysis** Verkehrsanalyse *f* [edv]
**traffic centre** Verkehrsanlage *f* (Knotenpunkt) [mot]
**traffic congestion** Rückstau *m* [mot]; Stau *m* [mot]
**traffic density** Verkehrsdichte *f* (in Rechnernetzen) [edv]
**traffic flow** Verkehrsfluss *m* (z.B. auf Straße, Schiene) [mot]
**traffic jam** Stau *m* [mot]; Verkehrsstau *m* (durch Unfall oder ähnliches) [mot]
**traffic lane** Spur *f* (Fahrbahn der Straße, der Brücke) [mot]
**traffic light** Verkehrsampel *f* [mot]

**traffic policeman** Verkehrspolizist *m* [mot]
**traffic refuge** Verkehrsinsel *f* (für Fußgänger) [mot]
**traffic regulations** Verkehrsordnung *f* (der Bahn) [mot]
**traffic sign** Verkehrszeichen *n* (z.B. Sackgasse) [mot]
**traffic victim** Verkehrsopfer *n* (Tote, Verletzte) [mot]
**traffic warning sign** Warndreieck *n* [mot]
**trail** Trasse *f* [mot]
**trailer** Anhänger *m* (hinter Lkw) [mot]; Auflieger *m* (des Sattelschleppers) [mot]; Beiwagen *m* (von Triebwagen, Straßenbahn) [mot]; Hänger *m* (Lkw-Anhänger) [mot]; Mittelwagen *m* (z.B. des ICE) [mot]
**trailer brake pressure regulator** Anhängerbremskraftregler *m* [mot]
**trailer brake valve** Anhängerbremsventil *n* [mot]; Anhängerbremsventil *n* [mot]
**trailer coupling** Anhängerkupplung *f* [mot]
**trailer coupling, automatic -** selbsttätige Anhängerkupplung *f* [mot]
**trailer design** Hängerausführung *f* (Lkw-Hänger) [mot]
**trailing end** Scharende *n* (des Graders) [mbt]
**trailing hopper suction dredger** Laderaumsaugbagger *m* [mbt]
**trailing link** Längslenker *m* [mot]
**trailing tender locomotive** Schlepptenderlokomotive *f* [mot]
**trail of smoke** Rauchfahne *f* [air]
**train** Zug *m* (z.B. IC, D-Zug, Güterzug) [mot]
**train** bilden *v* (ausbilden, trainieren)
**train accident** Zugunglück *n* [mot]
**train brake** Zugbremse *f* (Dampflok-Führerstand) [mot]

**train brake, automatic -** Zugbremse *f* (Dampflok-Führerstand) [mot]
**train consist** Zuggarnitur *f* (Lok und Wagenanordnung) [mot]
**train crash** Zugzusammenstoß *m* [mot]; Zusammenstoß *m* (von Eisenbahn) [mot]
**trainee apprentice** Praktikant *m* (z.B. 3 Wochen in Schulzeit)
**train ferry** Bahnfähre *f* (Eisenbahnfähre) [mot]
**training** Ausbildung *f* (durch Kursus)
**training manual** Ausbildungshandbuch *n*
**training of customer's personnel** Personalschulung *f* (für Personal des Kunden)
**training program** Ausbildungsprogramm *n*
**train length** Zuglänge *f* (z.B. 10 Wagen) [mot]
**train, local -** Bummelzug *m* [mot]; Nahverkehrszug *m* [mot]; Vorortzug *m* [mot]
**train of tugged barges** Schleppzug *m* (auf Wasserstraßen) [mot]
**train schedule and route** Zuglauf *m* [mot]
**train stopping, automatic -** induktive Zugsicherung *f* [mot]
**tram** Bahn *f* (Straßenbahn) [mot]
**tram** umsetzen *v* (ein Gerät von A nach B); verfahren *v* (ein Gerät von A nach B)
**tramming** Umsetzen *n* (ein Gerät von A nach B)
**tramming** verfahren *v* (ein Gerät von A nach B)
**tramp iron** Fremdkörper *m* (im Brechgut) [roh]; Fremdeisen *n* (Mühlen) [roh]
**transceiver** Sendeempfänger *m* [elt]
**transducer** Umformer *m* [elt]; Wandler *m* [elt]

**transducer, electro-acoustical -** elektro-akustischer Messwandler *m* [elt]
**transductor** Magnetverstärker *m* [elt]
**transfer** Förderung *f* (Transport) [roh]; Übertragung *f* (von Pflichten, Arbeit usw.) [eco]
**transfer** überführen *v* (Aktivitäten); verlagern *v* (eine Fertigung)
**transferable** übertragbar (z.B. Fahrkarte) [mot]
**transfer belt** Übergabeband *n* (von Maschine zu Maschine) [roh]
**transfer block** Verteilerklotz *m* [mbt]
**transfer box** Verteilergetriebe *n* (Einachs-/Allrad) [mbt]
**transfer box gearing** Verteilergetriebe *n* [mbt]; Vorgelegegetriebe *n* (2-Rad zu Allrad) [mbt]
**transfer case** Verteilergetriebe *n* [mas]
**transfer case differential** Ausgleich im Verteilergetriebe *m* [mas]
**transfer function** Übertragungsfunktion *f* [elt]
**transfer impedance** Übertragungsimpedanz *f* [elt]
**transfer matrix** Transfermatrix *f* [edv]
**transfer pump** Förderpumpe *f* [mas]
**transferred** verlagert (die Produktion wurde verlagert)
**transfer station** Umladestation *f* [mot]; Umschlagstation *f* [mot]
**transfer tables for mechanical flap control** Durchlaufentladeanlagen *pl* [mot]
**transfer time** Übermittlungszeit *f* [elt]
**transfer tube** Transferleitung *f* [mas]
**transformation** Umspannung *f* [elt]
**transformer** Stromwandler *m* [elt]; Transformator *m* [elt]; Umformer *m* [elt]

**transformer coil** Transformatorspule f [elt]; Übertragungsspule f [elt]
**transformer loss** Transformatorverlust m [elt]
**transformer station** Transformatorenstation f [elt]; Umspannstation f [elt]
**transient oscillations** Ausgleichsschwingungen pl [phy]
**transient pulse** Einschaltstoß m [elt]
**transistor** Transistor m [elt]
**transistor characteristic** Kennlinie f [elt]
**transistor circuit** Transistorschaltung f [elt]
**transistorized** transistorbestückt [elt]
**transistor pre-amplifier** Transistorvorverstärker m [elt]
**transit frequency** Transitfrequenz f [elt]
**transition** Übergang m (z.B. Übergangsperiode)
**transition curve** Kurveneingang m (Übergang in Kurve) [mot]; Übergangsbogen m [mot]
**transition net** Übergangsnetz n [mas]
**transition point** Übergangspunkt m [mas]
**transition radius** Übergangsradius m [mas]
**transition region** Randschicht f (Übergang) [wer]
**transition temperature** Übergangstemperatur f [wer]
**transition zone** Übergangszone f (Bensonkessel) [pow]
**transit scanning tank** Durchlaufprüftank m [mas]
**transit time of sound** Schalllaufzeit f [aku]
**translate** übersetzen v (Sprache A in Sprache B)
**translation** Übersetzung f (z.B. Englisch-Deutsch)
**translator** Übersetzer m (meist schriftlich)
**translucent paper** Transparentpapier n [con]
**transmission** Aufnahme f [elt]; Beförderung f (Nachrichten, Funkwellen) [elt]; Leitung f (Übertragung) [elt]; Übermittlung f (z.B. von Nachrichten) [tel]; Übersendung f; Übersetzung f (Getriebe) [mot]; Triebwerk n [mot]
**transmission belt** Treibriemen m (Antriebsriemen) [mas]
**transmission brake** Triebwerkbremse f [mas]
**transmission cable** Fernleitungskabel n [elt]
**transmission case** Getriebegehäuse n [mas]
**transmission coefficient** Durchlässigkeitskoeffizient m [elt]
**transmission/converter assembly** Getriebe/Wandler-Einheit f [mas]
**transmission factor** Durchlässigkeitsfaktor m [elt]; Durchlässigkeitskoeffizient m [elt]
**transmission gear** Getrieberadsatz m [mas]
**transmission gear ratio** Übersetzungsverhältnis n (des Getriebes) [mas]
**transmission housing** Antriebsgehäuse n [mot]
**transmission, hydraulic -** hydraulisches Getriebe n [mot]
**transmission line** Fernleitung f [elt]; Überlandleitung f [elt]
**transmission of force** Kraftübertragung f [mas]
**transmission of power** Kraftübertragung f (Motor-Getriebe-Rad) [mas]
**transmission power** Sendeleistung f [elt]

**transmission pulses** Sendeimpulse *m* [elt]

**transmission shaft** Antriebswelle *f* [mot]; Getriebewelle *f* [mot]; Hauptwelle *f* [mas]; Kardanwelle *f* [mot]; Vorgelegewelle *f* (besser: Welle) [mas]

**transmission test inspection** Durchstrahlungsprüfung *f* [wer]

**transmission tube** Senderöhre *f* [elt]

**transmission tunnel** Getriebetunnel *m* [mas]

**transmission valve** Steuerblock des Getriebes *m* [mas]

**transmit** geben (senden, übertragen)

**transmit** abgeben *v* (Leistung) [elt]

**transmittable booster charge** Übertragungsladung *f* [elt]

**transmitted** übertragen (Funksignale gesendet) [elt]

**transmitted pulse** Schallimpuls *m* [aku]

**transmitter** Übertrager *m* (Geber) [aku]

**transmitter probe** Sendeprüfkopf *m* [elt]; Senderprüfkopf *m* [elt]

**transmitting energy** Sendeenergie *f* [elt]

**transmitting voltage** Senderspannung *f* [elt]

**transom** Unterzug *m* (Querträger) [mbt]

**transparency** Durchlässigkeit *f* (optische) [phy]; Durchsichtigkeit *f* (z.B. Glas) [phy]; Overheadfolie *f* (für Tageslichtprojektor)

**transparent** durchsichtig (z.B. Glas) [phy]

**transparent** Transparent *n* (z.B. von Zeichnungen) [con]

**transparent copy** Transparentpause *f* [con]

**transparent folder** Klarsichtmappe *f*

**transport** Beförderung *f* (Transport) [mot]; Förderung *f* (Transport) [roh]; Abtransport *m* (von Personen) [mot]

**transport** befördern *v* (transportieren) [mot]; tragen *v* (z.B. befördern auf Lkw) [mot]; transportieren *v* (tragen, befördern)

**transportable** transportierbar

**transport and storage system** Transport- und Lagersystem *n* [mas]

**transport barrels** Transportverpackungen *pl* [mot]

**transport bridge** Transportbrücke *f* [mot]

**transport crawler** Hubraupe *f* (unter Brecheranlage) [mbt]; Transportraupe *f* [mbt]

**transport eye** Montageöse *f* [met]; Transportöse *f* [mas]

**transport holes** Transportbohrungen *pl* [mas]

**transport insurance** Transportversicherung *f* [jur]

**transport length** Transportlänge *f* [mas]

**transport of soil** Erdbewegungen *f* [geo]

**transport rise** Transporthöhe *f* [mot]

**transport roll** Transportrolle *f* [mot]

**transport stock** rollendes Material *n* [mas]

**transport time** Transportzeit *f* [mot]

**transport trolley** Transportwagen *m* [mot]

**transport truck** Rollwagen *m* (Schiene/Straße) [mot]

**transport weight** Transportgewicht *n* [mot]

**transport width** Transportbreite *f* [mot]

**transversal crack** Querriss *m* [mas]

**transversal section** Querschnitt *m* (z.B. in einer Zeichnung) [con]

**transversal spacing** Querteilung *f* [mas]

**transverse** quer (querverlaufend, bei Bauelementen) [mas]; schräg (schräg geformt; über Straße) [mot]

**transverse axis** Querachse *f* [mas]

**transverse base thickness** Zahndicke *f* (am Grundzylinder Stirnschnitt) [mas]

**transverse beam** Querbalken *m* (Stahlbau) [bau]; Querträger *m* (Stahlbau) [bau]

**transverse control arm** Querlenker *m* [mas]

**transverse conveying** Quertransport *m* [mot]

**transverse crack** Querriss *m* (in Schweißnähten) [met]

**transverse defect** Querfehler *m* [mas]

**transverse distribution** Querverteilung *pl* [mas]

**transverse elongation** Querdehnung *f* [wer]

**transverse flaw signal** Querfehleranzeige *f* [mas]

**transverse force** Querkraft *f* [mas]

**transverse girder** Querträger *m* (im Stahlbau) [mas]

**transverse groove** Quernute *f* [mas]

**transverse link** Querlenker *m* [mas]

**transverse plate** Querplatte *f* (bei Stützenstößen) [bau]

**transverse section-drawing** Querschnittzeichnung *f* [con]

**transverse spar** Querholm *m* [mas]

**transverse spreading work** Querverteilungsarbeiten *f* [mas]

**transverse spring** Querfeder *f* [mas]

**transverse thrust** Seitenschub *m* [mas]

**transverse thruster** Querstrahlruder *f* [mot]; Querstrahlsteuer *m* [mot]

**transverse wave** Querwelle *f* [mas]; Transversalwelle *f* [mas]

**trap** Fangschlinge *f* [bff]; Abscheider *m* (Falle) [che]

**trap** zuschieben *v* (Gestein zu Haufwerk) [roh]

**trapezoidal cross section** Trapezprofil *n* [wer]

**trapezoidal ditch** Trapezgraben *m* [mas]

**trapezoidal girder** Trapezträger *m* [bau]

**trapezoidal sheets** Trapezbleche *pl* [mas]

**trapezoidal steel sheeting** Trapezprofil *n* [mas]

**trapped material** zugeschobenes Material *n* (zu Haufwerk) [mbt]

**trapped moisture** Baufeuchte *f* [bau]

**trapped rock** zugeschobenes Gestein *n* (mit Raupe) [mbt]

**trapping** Einzug *m* (unfreiwilliger -) [mbt]

**trash** Unrat *m* [rec]

**trash bag** Mülltüte *f* [rec]

**trash can** Abfalltonne *f* (Mülltonne) [rec]; Abfalleimer *m* [rec]

**trash vehicle** Müllfahrzeug *n* [rec]

**travel** Hub *m* (die Hin- und Herbewegung des Z) [mas]

**travel** bewegen *v* (eines Kolbens) [mas]

**travel around** umfahren *v* (einen Ort) [mot]

**travelator** Rollsteig *m* [mbt]

**travel brake** Fahrwerksbremse *f* [mas]

**travel distance** Förderweg *m* [roh]

**travel gear shift** Fahrgetriebeschaltung *f* [mbt]

**travelling assembly** Schreitwerk *n* (unter Brecher) [roh]

**travelling behaviour** Fahrverhalten *n* [mot]

**travelling belt conveyor** Kohlenverteiler *m* (über Bunker) [pow]

**travelling crab** Kranlaufbahn *f* [mas]
**travelling crane** Laufkran *m* [mas]
**travelling echo** Wanderecho *n* [aku]
**travelling grate** Wanderrost *m* [pow]
**travelling grate stoker** Wanderrostfeuerung *f* [pow]
**travelling grate stoker with air compartments** Unterwindzonenwanderrost *m* [pow]
**travelling height** Transporthöhe *f* [mbt]
**travelling light** Aufblendlicht *n* [mot]
**travelling mechanism** Fahrwerk *f* (einer Brecheranlage) [roh]
**travelling position** Fahrstellung *f* [mas]
**travelling speed** Fahrgeschwindigkeit *f* [mot]
**travel measuring** Hubmessung *f* (Daten) [mas]
**travel over** überfahren *v* [mot]
**travel report** Besuchsbericht *m* (Report über Reise)
**travel speed** Fahrgeschwindigkeit *f* [met]
**traverse** Traverse *f* (Unterwagenmittelteil) [mot]; Polygonzug *m* [bau]; Unterwagenmittelteil *n* (Traverse) [mot]
**traversing chute** Pendelschurre *f* [pow]
**tread** Auftrittfläche *f* (Stufe) [bau]; Spurweite *f* (des einzelnen Reifens) [mot]; Stufenbreite *f* [bau]; Profil *n* (des Reifens) [mot]
**treadle valve** Bremsventil *n* (Fußbremse) [mas]; Fußpedal *n* (Fußhebel) [mas]
**tread pad** Palette *f* (nur bei Rollsteig) [mbt]
**tread plate** Trittfläche *f* (Rolltreppe) [mbt]; Trittplatte *f* [mbt]
**tread step** Trittstufe *f* [bau]

**treated** behandelt
**treatment** Behandlung *f* (technisch, z.B. Wärme) [wer]
**treatment of liquid iron** Eisenkonditionierung *f* [wer]
**treatment of liquid steel** Stahlkonditionierung *f* [wer]
**treatment of the surface** Oberflächenbehandlung *f* (Bearbeitung) [wer]
**tree bark** Baumrinde *f* [bff]
**tree-less** baumlos [bff]
**tree nursery** Baumschule *f* [bff]
**tree remover** Ballenstecher *m* [bff]
**tree stump** Baumstumpf *m* [bff]
**trellis** Gitter *n* [mas]
**tremie** Betonrutsche *f* [bau]
**trench** Baugrube *f* [bau]
**trench** ausschachten *v* [bau]
**trench blade** Auskofferungsschar *f* [mbt]
**trench-cleaning bucket** Grabkanalgreifer *m* [mbt]
**trench cutter** Grabenfräse *f* (Lohmann, Westkirchen) [mbt]
**trencher** Drainagelöffel *m* [mbt]; Kabellöffel *m* (besonders schmaler Löffel) [mbt]
**trench filler** Grabenverfüllschnecke *f* [mbt]
**trench filler attachment** Grabenverfüllschneckenausrüstung *f* [mbt]
**trench filling worm** Verfüllschnecke *f* (an Radlader) [mbt]
**trenching** Kanalbau *m* [mbt]
**trenching bucket** Kabellöffel *m* [mbt]
**trench-lining** Verbau *m* (des Grabens) [mbt]
**trench-lining plate** Verbauplatte *f* (des Grabens; Krings) [mbt]
**trench sheeting equipment** Verbauzieheinrichtung *f* [mas]
**trench shoring** Grabenverbau *m* (z.B. mit Spreizen) [mbt]

**trend**  Ankerhals *m* (Teil des Schiffsgerätes) [mot]
**trestle**  Bock *m* [mas]; Stützbock *m* [bau]
**trial evaluation**  Probelaufergebnis *n* (nach Testlauf) [mas]
**trial run**  Probebetrieb *m* [mas]; Probelauf *m* (neue oder reparierte Maschine) [mas]
**trial trip**  Probefahrt *f* (z.B. des neuen Waggons) [mot]
**triangle**  Kegel *m* (geometrische Zeichnung) [mat]
**triangle reflection**  Dreieckreflexion *f* [phy]
**triangle with joints**  Gelenkdreieck *n* [mas]
**triangular fillet**  Dreikantleiste *f* [mas]
**triangular frame**  Dreiecksrahmen *m* [bau]
**triangular rocker**  Gelenkdreieck *n* [mas]
**triangular scales**  Dreikantmaßstab *m* [msr]
**triaxial**  dreiachsig [mas]
**triaxial stress**  dreiachsige Spannung *f* [wer]
**trigger**  Anschlag *m* (Auslösenocken) [mas]; Auslösenocken *m* (Anschlag) [mas]; Auslöser *m* [elt]; Geber *m* (Auslöser, Knopf, Hahn) [mas]; Impulsgeber *m* [elt]
**trigger current**  Auslösestrom *m* [elt]
**trigger electrode**  Zündelektrode *f* [elt]
**triggering time**  Ansprechzeit *f*
**trim**  abschneiden *v* [mas]; entgraten *v* [met]; trimmen *v* (die Ladung an Bord) [mot]
**trimmer potentiometer**  Trimmpotentiometer *n* [elt]
**trimming**  Entgraten *n* [met]; Schaben *n* (Zylinderrohre vor dem Rollen) [mas]
**trimming capacitor**  Abgleichkondensator *m* [elt]
**trimming potentiometer**  Einstellpotenziometer *n* [elt]
**trimming resistor**  Abgleichwiderstand *m* [elt]
**trimming shears**  Besaumschere *f* [met]
**trim the edges off**  entgraten *v* [met]
**trip**  auslösen *v* (Schalter) [elt]
**triple**  dreifach (dreimalig)
**triple**  verdreifachen *v* (dann dreimal vorhanden)
**tripled**  verdreifacht
**triple-deck vibrating screen**  Dreideck-Freischwingsieb *n* [roh]
**triple-grouser track pad**  Dreistegbodenplatte *f* [mbt]
**triple roller chain**  Dreifachrollenkette *f* [mbt]
**triple-sector clutch hub**  Dreiarmnabe *f* [mas]
**triple side shifting device**  Dreifachseitenschieber *m* [mbt]
**triple thread**  dreigängig (Zahnrad) [mas]
**triple valve**  Dreifachventil *n* [mas]
**triplex roller chain**  Dreifachrollenkette *f* [mas]
**tripod**  Dreifuß *m* [mas]; Stativ *n* [mas]
**tripper car**  Bandschleifenwagen *m* [mbt]; Bandwagen *m* (Schaufelradbagger) [mbt]; Schleifenbandwagen *m* [mbt]
**tripping current**  Auslösestrom *m* [elt]
**tripping delay**  Auslöseverzögerung *f* [elt]
**trolley**  Kranlaufbahn *f* [mbt]; Laufrolle *f* (Stromabnehmerrolle) [elt]
**trolley conveyor**  Hängebahn *f* (in Werkshalle) [mas]
**tropical roof**  Tropendach *n* (z.B. für Grader, Lader) [mbt]

**trouble** Panne *f* (Schwierigkeit, Ärger); Störung *f* (Unruhe, Versagen) [mas]

**trouble-free** störungsfrei [mas]

**trouble-free operation** störungsfreier Betrieb *m* [mas]

**trouble shooting** Fehlerbeseitigung *f* [mas]; Fehlersuche *f* (zur Beseitigung) [mas]; Störungssuche *f* (finden und beseitigen) [mas]

**trough car** Wannenwagen *m* (der Bahn) [mot]

**trough grate** Muldenrost *m* [pow]

**trough, upper -** Obertrum *n* (des Kettenförderers) [roh]

**trowel** putzen *v* (glätten) [bau]

**truck** Karren *m* (Elektrokarren) [mot]; Laster *m* (Lkw) [mot]; Lastkraftwagen *m* [mot]; Lastwagen *m* [mot]; Lkw *m* [mot]

**truck** transportieren *v* (mit Lkw befördern) [mot]

**truck and trailer** Lastzug *m* (Motorwagen und Anhänger) [mot]

**truck chassis with load handling system** Wechsellader *m* (verschiedene Behälter) [mot]

**truck company** Lkw-Spedition *f* [mot]; Spediteur *m* (hat Lkw-Flotte) [mot]; Speditionsunternehmen *n* [mot]

**truck crane** Lkw-Kran *m* [mot]

**trucked** transportiert (mit Lkw) [mot]

**truck, electrical -** Elektrokarren *m* [elt]

**trucker** Lastwagenfahrer *m* [mot]

**truck loader crane** Ladekran *m* (auf Lkw) [mbt]

**truck mixer** Fahrmischer *m*

**truck tippler** Lkw-Kipper *m* [mot]

**truck trailer** Lkw-Anhänger *m* [mot]; Lkw-Hänger *m* [mot]

**truck type mounting** Lkw-Aufbau *m* (des Baggers) [mot]

**true current** Wirkstrom *m* [elt]

**true length** Abwicklung *f* (echte Länge)

**true-to-length** längengenau [con]

**true-to-size** maßgerecht [con]

**true value** wahrer Wert *m*

**trunk** Baumstamm *m* [bff]; Gepäckraum *m* (Kofferraum des Autos) [mot]; Kofferraum *m* (Gepäckraum des Autos) [mot]; Schaft *m* (Säulenschaft) [bau]

**trunk call** Selbstwählferngespräch *n* (Telefon) [tel]

**trunk lid** Gepäckraumklappe *f* [mot]

**trunk road** Fernstraße *f* [mot]

**trunnion** Drehzapfen *m* (z.B. der Gießpfanne) [mas]; Tragzapfen *m* [mas]; Joch *n* (für mittlere Pendelaufhängung) [mas]

**trunnion bearing** Zapfenlager *n* (bei Stahlkonstruktion) [mas]

**trunnion carrier** Lagerungsträger *m* [mas]

**truss** Tragkonstruktion *f* (Rolltreppen-Gerüst) [mbt]; Fachwerkträger *m* (Stahlbau) [bau]; Träger *m* (im Fachwerk) [bau]; Traggerüst *n* (z.B. der Rolltreppe) [mbt]; Tragwerk *n* (Tragkonstruktion) [mas]

**truss** stützen *v* (aufrecht halten) [mas]

**truss beam** Fachwerkträger *m* [bau]

**truss extension** Gerüstverlängerung *f* [mas]

**truss girder** Fachwerkträger *m* (Stahlbau) [mas]

**truss head rivet** Flachrundniete *f* [mas]

**truss joint** Fachwerkknoten *m* (Stahlbau) [bau]

**truss member** Fachwerkstab *m* (Gerüstteil) [bau]

**truss soffit** Untersicht *f* [mas]

**truss-stay** Gerüststrebe *f* [mas]

**truss-strut** Gerüststrebe *f* [mas]

**truss-support** Gerüststrebe *f* [mas]
**trust** Konzern *m* [eco]
**T-section** T-Träger *m* [mas]; T-Eisen *n* [mas]
**T-square** Reißschiene *f* [wzg]
**T-support** T-Unterlage *f* [mas]
**tub** Zuber *m* (Bottich, Wanne)
**tubbings** Tübbinge *pl* (gusseisern) [mas]
**tube** Röhre *f* [mas]; U-Bahn *f* [mot]; Untergrundbahn *f* [mot]
**tube advance** Rohrtransport *m* (Rohrvorschub) [mot]
**tube bank** Rohrbündel *n* [mas]
**tube bank for cooler** Kühlerschlangen *pl* [pow]
**tube, bent -** gebogenes Rohr *n* [mas]
**tube bulge** Rohraufweitung *f* (Rohrausbeulung) [mas]; Rohrausbeulung *f* (Rohraufweitung) [mas]
**tube closing** Rohrverschluss *f* [mas]
**tube coil** Rohrschlange *f* [mas]; Schlangenrohre *pl* [mas]
**tube conveyor** Rollgurtförderer *m* [roh]
**tube coupling** Muffe *f* [mas]; Rohrmuffe *f* [mas]
**tube crack** Rohrreißer *m* [mas]
**tube erosion** Rohrerosion *f* [mas]; Rohrerosion *f* [mas]
**tube expander** Rohrwalzgerät *n* [mas]; Walzgerät *n* [mas]; Walzgerät *n* (Rohrwalzgerät) [mas]
**tube failure** Rohrschaden *m* [mas]
**tube fault** Rohrschaden *m* [mas]
**tube feeding** Rohraufgabe *f* [mas]
**tube fins pitch** Rippenrohrteilung *f* [mas]
**tube fitting** Verschraubung *f* [mas]
**tube flange** Rohrflansch *m* [mas]
**tube guiding bushing** Führungsstern *m* [mas]
**tube hole** Rohrloch *n* [mas]

**tube hole groove** Walzrille *f* [mas]
**tube lane** Rohrgasse *f* (im Rohrbündel) [pow]
**tube layout, basic -** Grundschaltbild *n* (Rohrplan) [con]
**tube leakage** Rohrleckage *f* [mas]
**tube length** Rohrlänge *f* [mas]
**tube length, free -** gestreckte Rohrlänge *f* [con]
**tubeless** schlauchlos (Autoreifen) [mot]
**tube lining** Rohrauskleidung *f* (Kühlfläche) [pow]
**tube, mechanical -** Präzisionsstahlrohr *n* [mas]
**tube mill** Rohrmühle *f* [mas]
**tube overheating** Rohrüberhitzung *f* [mas]
**tube plate** Rohrplatte *f* [mas]
**tube probe holder** Rohrprüfhalterung *f* [msr]
**tube renewal** Rohrauswechslung *f* [mas]
**tube section** Rohrquerschnitt *m* [con]
**tube spacing** Rohrteilung *f* [mas]
**tube stop** Rohranschlag *m* [mas]
**tube testing probe** Rohrprüfkopf *m* [msr]
**tube test installation** Rohrprüfanlage *f* [msr]
**tube tie bar connection** Rohrhalteflosse *f* (in Feuerraumwand) [pow]
**tube-to-tube construction** geschlossene Rohrwand *f* [pow]; Rohrwand *f* (geschlossen) [mas]
**tube travel** Rohrvorschub *m* [mas]
**tube-type brake** Schlauchbremse *f* [mbt]
**tube wall** Rohrwand *f* [mas]; Rohrwandung *f* [mas]
**tube wall temperature** Rohrwandtemperatur *f* [pow]
**tube wear** Rohrabzehrung *f* [mas]

**tubing** Hülse f [mas]; Rohrleitung f [mas]; Rohr n [mas]; Röhrenmaterial n [mas]

**tubing curvature** Rohrkrümmung f [mas]

**tub tender** Wannentender m (der Dampflok) [mot]

**tubular** röhrenförmig [mas]; rohrförmig [mas]

**tubular air heater** Röhren-Luvo m [pow]

**tubular capacitor** Rohrkondensator m [pow]

**tubular construction** Rohrkonstruktion f [bau]

**tubular cross member** Rohrquerträger m [mas]

**tubular frame** Rohrrahmen m [mas]

**tubular guiding sleeve** Hohlwelle f [mas]

**tubular radiator** Röhrenkühler m [pow]

**tubular rivet** Hohlniet m [mas]; Rohrniet m [mas]

**tubular scaffolding** Rohrgerüst n [bau]

**tubular section** Rohrquerschnitt m [con]

**tubular sector** Rohrsektor m [mas]

**tubular shaft** Gelenkrohrwelle f [mas]

**tug** Schlepper m (Schlepp- und Bugsierschiff) [mot]; Schlepp- und Bugsierschiff n [mot]

**tumbledown** baufällig (reparaturbedürftig)

**tumbler** Turas m (mit Zahntaschen) [mbt]; Leitrad n (des Raupenlaufwerkes) [mbt]

**tundish** Gießwanne f [mas]

**tune** einstellen v (z.B. Radiosender) [elt]

**tune up** einfahren v (z.B. Probelauf) [mas]; einstellen v (Höchstleistung Motor) [mas]

**tuning** Abstimmung f (des Radios) [elt]

**tunnel** Kanal m (Kabelkanal) [elt]; Stollen m [roh]

**tunnel advance** Tunnelvortrieb m (z.B. Hannover-Würzburg) [mot]

**tunnel conveyor** Abziehband n [roh]

**tunnel driving machine** Tunnelvortriebsmaschine f [roh]

**tunnel equipment** Tunnelausrüstung f (Ausrüstung am Bagger) [mbt]

**tunnelling** Untertunnelung f [bau]

**tunnel mouth** Tunnelmündung f (z.B. Loreleytunnel) [mbt]; Tunnelmund m (Pflaster, Beton, Ziegel) [mbt]

**tunnel through** untertunneln v [bau]

**tunnel work** Tunnelvortrieb m [bau]

**turbine** Kreiselrad n [mas]

**turbine blade** Turbinenschaufel f [pow]

**turbine blade salt deposits** Versalzung f (an Turbinen) [pow]

**turbine casing** Turbinengehäuse n [pow]

**turbine discs** Turbinenscheiben pl [pow]

**turbine housing** Turbinengehäuse n [pow]

**turbine room** Maschinenhaus n [pow]

**turbine rotor** Turbinenrotor m [pow]

**turbine servo motor** Servomaschine f [pow]

**turbine speed** Turbinendrehzahl f [pow]

**turbine wheel** Laufrad n (der Turbine) [pow]; Turbinenlaufrad n [pow]

**turbocharger** Turbolader m [pow]

**turbo charger** Abgasturbolader m [mot]

**turbo drain line** Turboladerrücklauf m [pow]

**turbo-furnace** Wirbelkammerfeuerung f [pow]

**turbo supply hose** Turboladerzulauf *m* [pow]

**turbulent burner** Wirbelbrenner *m* [pow]

**turbulent flow** turbulente Strömung *f* [phy]

**turn** Wendung *f* (des Schiffes, Autos) [mot]; Windung *f* (Spule) [elt]; Wenden *n* (des Wagens) [mot]

**turn** wenden *v* (das Auto rumdrehen) [mot]

**turnable** drehbar (um Achse beweglich) [mas]

**turn after passage and work** Kreisverkehr *m* (Hin- und Herfahrt) [mbt]

**turn-and-tilt fitting** Drehkippbeschlag *m* (Fenster) [bau]

**turn around** wenden *v* (Schiff, Auto) [mot]

**turnbuckle** Spannschraube *f* [mas]; Spannvorrichtung *f* (Drehhebel) [mas]; Spanner *m* [mas]; Vorreiber *m* (Fenster-, Türverschluss) [mas]; Spannschloss *n* [mas]

**turn down** ablehnen *v* (eine Forderung) [jur]

**turned bolt** gedrehte Schraube *f* [mas]

**turning** mitdrehend [mas]

**turning area** Wendehammer *m* (in Sackgasse) [mot]

**turning circle** Drehkreis *m* [mas]; Wendekreis *m* (Wenderadius des Autos) [mot]

**turning diameter** Drehdurchmesser *m* (z.B. der Kolbenstange) [mas]

**turning gear** Drehvorrichtung *f* (Durchdrehvorrichtung) [mas]

**turning ladder** mitdrehende Leiter *m* [mas]

**turning lathe** Spitzendrehmaschine *f* [met]

**turning radius** Wendekreis *m* (Wenderadius des Autos) [mot]; Wenderadius *m* [mot]

**turn-key** schlüsselfertig [mas]

**turn-key job** schlüsselfertige Anlage *f* [mas]; schlüsselfertiges Projekt *n* [bau]

**turn-key-order** schlüsselfertiger Auftrag *m* [eco]

**turn-key system** schlüsselfertiges System *pl* [mas]

**turn-off delay** Ausschaltverzögerung *f* (bei einem Signal) [elt]

**turn-on delay** Einschaltverzögerung *f* [elt]

**turnout** Übergabeweiche *f* [mot]; Weiche *f* (Übergabeweiche) [mot]

**turnover** Umsatz *m* (bei Versicherungen) [jur]

**turnover exposure** Umsatzerlös *m* (der versicherten Firma) [jur]

**turn signal** Winker *m* (Richtungsanzeiger) [mot]

**turn-signal control lamp** Blinkerkontrollleuchte *f* [mot]

**turn switch** Drehschalter *m* [elt]

**turn-table** Drehscheibe *f* (vor Lokschuppen) [mot]; Drehkranz *m* (am Grader) [mbt]; Kugellenkkranz *m* [mas]; Kugellenkkranz *m* [mas]; Lenkkranz *m* [mas]

**turn-tilt fitting systems for doors** Drehkippbeschlagsystem für Türen *n* [bau]

**turn-tilt fitting systems for windows** Drehkippbeschlagsystem für Fenster *n* [bau]

**turquoise** türkis

**turquoise blue** türkisblau (RAL 5018) [nrm]

**turquoise green** türkisgrün (RAL 6016) [nrm]

**turret** Drehverbindung *f* [mas]

**turret lathe** Revolverdrehbank *f* [met]

**twelve-sided** Zwölfkant *m* [mas]

**twelve-sided bolt** Zwölfkantschraube *f* [mas]

**twelve-sided spanner**
Zwölfkantschraubenschlüssel *m*
[wzg]
**twin** Zwillings-
**twin axle** doppelachsig
**twin axle** Doppelachse *f* [mas]
**twin-boiler** Doppelkessel *m* [pow]
**twin cable** Zweileiterkabel *n* [elt]
**twin conductor** Doppelleiter *m* [elt]
**twin cylinder turbine**
Zweigehäuseturbine *f* [pow]
**twin deck crane** Doppelbordkran *m*
[mot]
**twin drive unit** Doppelantrieb *m*;
Doppelgetriebe *n*
**twin engine** Zweizylindermotor *m*
[mas]
**twin filter** Doppelfilter *m* [mas]
**twin-furnace boiler** Kessel mit
Doppelbrennkammer *m* [pow]
**twin pair transmission** Zweidraht-
übertragung *f* (über Telefon) [tel]
**twin plug** Doppelstecker *m* [elt]
**twin plunger injection system**
Doppelkolbeneinspritzpumpe *f*
[mas]
**twin pressure sequence valve**
Zweidruckventil *n* [mas]
**twin-section design** zweiteilige
Anlage *f* [mas]
**twin-sector clutch hub** Zweiarmnabe
*f* [mas]
**twin-sided adhesive tape**
Doppelklebeband *n* [wer]
**twin-stage** zweistufig
**twin-stage transmission**
Zweistufenschaltung *f* [mas]
**twin system** Doppelanlage *f* [mas]
**twin-T-circuit** Doppel-T-Schaltung *f*
[mas]
**twin tower** Zwillingsturm *m* (einer
Kirche) [bau]
**twin track** zweibahnig [mot]
**twin wheel** Zwillingsrad *n* [mot]

**twist** Verwindung *f* (des
Wagenrahmens) [mot]
**twist** verdrehen *v* (Form verlieren)
**twisted** bifilar; gedreht
**twist-free** drallfrei (Seil usw.)
[mas]
**twisting** Verformung *f* (z.B. einer
Stahlplatte) [mas]
**twisting force** Drehmoment *n*
(unerwünschte Torsion) [mas]
**two-armed flange** Zweiarmflansch *m*
[mas]
**two axle** zweiachsig
**two-chamber brake cylinder**
Zweikammerbremszylinder *m* [mas]
**two-channel** Zweikanal *m* [mas]
**two-channel recorder**
Zweikanalschreiber *m* [msr]
**two cycle** Zweitakt *m* (Arbeitsgang)
[mas]
**two cycle engine** Zweitaktmotor *m*
[mas]
**two-engined plane** zweistrahliges
Flugzeug *n* [mot]
**twofold** zweifach (doppelt)
**two-frequency method**
Zweifrequenzmethode *f*
**two-layer** zweilagig
**two-layer winding** zweilagige
Bewicklung *f* [mas]
**two-lever control**
Zweihebelsteuerung *f* (beim
Seilbagger) [mbt]
**two-pass boiler** Zweizugkessel *m*
[pow]
**two-pipe brake system**
Zweileitungsbremse *f*
(Zweileitungsbremssystem) [mas]
**two-point controller** Zweipunktregler
*m* ((B)) [msr]
**two-pole** Zweipol *m* [elt]
**two-port** Zweitor *n* [edv]
**two-port element** Zweitorelement *n*
[edv]

**two-port parameter**
 Zweitorparameter *m* [edv]
**two-position control**
 Zweipunktregelung *f* ((A)) [msr]
**two-position controller**
 Zweipunktregler *m* ((A)) [msr]
**two rowed** doppelreihig (doppelseitig) [mas]
**two sets of stabilizers**
 Vierpunktabstützung *f* [mas]
**two-shafts-arrangement**
 Zweiwelleneinheit *f* (Turbine) [pow]
**two spindle jack** Zweispindelheber *m* [mot]
**two-stringer** Zweiholm *m* [mas]
**two stroke** Zweitakt *m* (Auto) [mot]
**two stroke engine** Zweitaktmotor *m* (Auto) [mot]
**two-thirds load** Teillast *f* [mas]
**two-way autowalk** Zweiwegerollsteig *m* [mbt]
**two-way distributor**
 Zweiwegegabelstück *n* (Hosenrohr) [mas]
**two-way valve** Zweiwegeventil *n* [mas]
**type** Art *f*; Ausführung *f* (Modell) [con]; Bauart *f* [mas]; Klasse *f* (Einsatzklasse) [mas]
**type approval** Betriebserlaubnis *f* [nrm]
**type approval number**
 Baumusterprüfnummer *f* [mas]
**type checking** Typprüfung *f* (z.B. einer Variablen) [edv]
**type, enclosed -** geschlossene Bauweise *f* [mas]
**type of clamp** Klemmentype *f* [mas]
**type of connection** Verbindungsart *f* [mas]
**type of construction** Bauform *f* [mas]
**type of fault** Fehlerart *f* [mas]; Schadensart *f* (Fehlerart) [mas]; Fehlerschlüssel *m* (Schadensschlüssel) [mas]; Schadenschlüssel *m* (Fehlerschlüssel) [mas]
**type of flaw** Fehlerart *f* [mas]
**type of installation** Einbauart *f* [mas]
**type of insulating material**
 Isolierstoffklasse *f* [elt]
**type of labour** Aufgabe *f* (Arbeit)
**type of organization**
 Organisationsform *f* [eco]
**type of soil** Bodenart *f* [bod]
**type of sorting** Sortierverfahren *n* [edv]
**type of threading**
 Gewindeausführung *f* [mas]
**type of wagon** Wagentyp *m* [mot]
**types** Sorten *pl* (Arten)
**types of plans** Grundrissformen *pl* [bau]
**typhoon horn** Nebelhorn *n* (Schiffssignal) [mot]
**tyre** Radreifen *m* (z.B. auf Rad des Waggons) [mot]
**tyre base** Spurweite *f* (Radstand des Autos) [mot]; Radstand *m* [mot]
**tyre bead** Reifenwulst *m* [mot]
**tyre chain** Reifenschutzkette *f* (z.B. an Radladern) [mot]
**tyre crane** Mobilkran *m* (auf Rädern) [mbt]
**tyre exchange** Reifenaustausch *m* (Räderaustausch) [mot]
**tyre gauge** Reifendruckmesser *m* [mot]
**tyre handler** Transport- und Montagegerät für Reifen *n* [mot]
**tyre inflating cock** Reifenfüllhahn *m* [mot]
**tyre inflating cylinder**
 Reifenfüllflasche *f* [mot]
**tyre-inflation system**
 Reifenfüllanlage *f* [mot]
**tyre pressure drop indicator**
 Reifenhüter *m* [mot]

**tyre pump**  Reifenluftpumpe *f* [mot]
**tyre, rear -**  Hinterreifen *m* [mot]
**tyres**  Bereifung *f* ((B)) [mot]
**tyre scuffing**  Wühlen *n* (der Reifen) [mot]
**tyres, well-treaded -**  griffige Bereifung *f* [mot]
**tyre testing probe**  Reifenprüfkopf *m* [mot]

# U

**U-iron** U-Eisen *n* [mas]
**U-joint** Kreuzgelenk *n* (Kardangelenk) [mot]
**ultimate position** Höchststand *m* (Endposition)
**ultimate strength** Bruchdehnung *f* (des Metalls) [met]
**ultimate stress** Bruchfestigkeit *f* (des Metalls) [mas]
**ultramarine blue** ultramarinblau (RAL 5002) [nrm]
**ultrasonic atomiser** Ultraschallzerstäuber *m* (Ölbrenner) [elt]
**ultrasonic barrier** Ultraschallschranke *f* [elt]
**ultrasonic beam** Ultraschallschranke *f*
**ultrasonic equipment** Ultraschallausrüstung *f* [elt]
**ultrasonic flaw detector** Impulsschallgerät *n* [elt]; Ultraschallprüfgerät *n* [msr]
**ultrasonic flaw tracing** Ultraschallnachweis *m* (Fehlersuche) [msr]
**ultrasonic generator** Dauerschall *m* (Generator) [elt]; Ultraschallgenerator *m* [elt]
**ultrasonic hot welding** Ultraschallwarmschweißen *n* [met]
**ultrasonic inspection** Ultraschallprüfung *f* [msr]
**ultrasonic resonance meter** Ultraschallresonanzgerät *n* [elt]
**ultrasonic scanning** Abtasten mit Ultraschall *n* [msr]
**ultrasonic tested** ultraschall-geprüft [elt]
**ultrasonic testing** Ultraschalltest *m* [msr]
**ultrasonic test result** Ultraschallbefund *m* [elt]
**ultrasonic thickness tester** Ultraschalldickenprüfgerät *n* [elt]
**ultrasonic tongs** Ultraschallzange *f* [elt]
**ultrasonic wave** Ultraschallwelle *f* [phy]
**ultrasonic wave frequency** Ultraschallfrequenz *f* [elt]
**ultrasonic welding** Ultraschallschweißen *n* [met]
**ultraviolet** ultraviolett
**umber grey** umbragrau (RAL 7022) [nrm]
**unaccounted loss** Restverlust *m* [eco]
**unalloyed** unlegiert (z.B. Schrott) [mas]
**unannealed** ungeglüht [mas]
**unavoidable** unvermeidbar; unvermeidlich
**unbalance** Schräglage *f* (Unausgeglichenheit); Unausgeglichenheit *f* (Schräglage); Unwucht *f* (Reifen nicht gleichmäßig) [mot]
**unbearable** nicht tragbar (schlimmer Zustand)
**unblocking** Entblockierung *f* [mot]
**unbolt** abschrauben *v* [met]
**unbreakable** bruchfest (robust, solide, stabil) [wer]
**unburned gas** unverbranntes Gas *n* [pow]
**uncertainties** Unwägbarkeiten *pl*
**unclamp** entriegeln *v* (aufschließen) [mas]
**uncoiled** abgewickelt (Bandeisen, Blech) [wer]
**uncoiled length** gestreckte Länge *f* (von Biegeblech) [mas]
**uncoiling** Abwicklung *f* (Blech, auf Zeichnungen) [con]

**unconsciousness** Ohnmacht *f* [hum]
**unconsolidated deposit** lockere Ablagerung *f* [bau]
**unconsolidated rock** Lockergestein *n* [min]
**uncontrollable** nicht steuerbar [mot]
**uncouple** abkuppeln *v* [mas]
**undamaged** unbeschädigt
**undamped** ungedämpft
**undamped probe** ungedämpfter Prüfkopf *m* [msr]
**under age** minderjährig [jur]
**undercarriage** Fahrwerk *f* (Flugzeug) [mot]; Unterbau *m* [mas]; Unterwagen *m* [mbt]
**undercut** Einbrandkerbe *f* (Rand der Schweißnaht) [met]; Kerbe *f* (meist auszuschleifen) [mas]
**under-employment** Unterbeschäftigung *f* (wegen Arbeitsmangel) [eco]
**underfeed stoker** Unterschubrost *m* [pow]
**underfill** nicht aufgefüllte Naht *f* (Schweißnaht) [met]
**underfloor conveyor** Kettenförderer *m* [roh]
**underfloor engine** Unterflurmotor *m* [mot]
**underfloor heating** Bodenheizung *f* [pow]; Fußbodenheizung *f* [pow]
**underframe** Unterrahmen *m* [mot]; Untergestell *n* (des Waggons) [mot]
**under frame structure** Unterrahmenkonstruktion *f* [mot]
**undergrade crossing** Straßenunterführung *f* [bau]; Unterführung *f* [bau]
**undergrate air** Unterwind *m* (Rost) [pow]
**undergrate air pressure** Unterwindpressung *f* [pow]

**underground** unter der Erde (z.B. Bergbau) [bod]; unterirdisch (Bergbau) [roh]
**underground** U-Bahn *f* [mot]; Untergrundbahn *f* [mot]; Untergrund *m* [bod]
**underground and overhead property damage** Beschädigung von Leitungen *f* [jur]; Leitungsschaden *m* [jur]
**underground cable** Erdkabel *n* [elt]
**underground car** U-Bahnwagen *m* [mot]
**underground construction** Tiefbau *m* [bau]
**underground mining** Untertagebergbau *m* [roh]
**underground mining system** Bergwerkseinrichtung *f* [roh]
**underground sealing** Untergrundabdichtung *f* [bau]
**underground work** Tiefbauarbeit *f* [bau]
**underhand stope** Strosse *f* (unter Tage; oben: Kalotte) [roh]
**underinflation** Reifendruck zu gering [mot]
**underinflation** zu geringer Reifendruck *m* [mot]; zu niedriger Luftdruck *m* [mot]
**underlayer** Unterlage *f* [mas]
**underlayer of fabric** Gewebeeinlage *f* (z.B. im Reifen) [mot]
**under lock and key** weggeschlossen (ver-, abgeschlossen)
**underpin** unterfangen *v* (stützen) [bau]
**underpressure indicator** Unterdruckanzeige *f* [msr]
**under roof** überbaut (unter Dach) [bau]; überdacht (überbauter Fabrikteil) [bau]
**undershoot** Einbruch *m* [elt]
**undersize** Untermaß *n* [con]

**undersized** unterdimensioniert [con]
**understanding** Abmachung *f* (Vertrag, Abkommen) [jur]
**under the obligation to fulfil** leistungspflichtig [jur]
**undervoltage** Unterspannung *f* [elt]
**underwater cutting wheel** Unterwasserschneidrad *n* [mot]
**underwater cutting wheel dredger** Unterwasserschneidradbagger *m* [mot]; Unterwasserschneidradbagger *m* [mot]
**under-water digging** Unterwasserbaggerung *f* (z.B. mit Bagger) [mot]
**underwater dredge pump** Unterwasserbaggerpumpe *f* [mot]
**under-water scraper** Unterwasserkratzer *m* [wzg]
**undesired material** Fremdkörper *m* (unerwünschte Materie) [wer]
**undiluted** unverdünnt [che]
**undisplaceable** unverschiebbar
**undisturbed** ungestört
**undivided swivelling roof** Schwenkdach *n* (einseitig) [bau]
**unearthed** nicht geerdet [elt]
**unemployed** arbeitslos [eco]
**uneven** rau [wer]; uneben (nicht glatt) [wer]; uneben (Sohle im Steinbruch) [roh]; ungleich [mat]; ungleichmäßig (verteilt, in Zeichnung)
**unfasten** losmachen *v* (lösen); zerlegen *v* (lockern, abmachen)
**unfinished bolt** rohe Schraube *f* [mas]
**unfit** ungeeignet; untauglich
**unfolding** Abwicklung *f* (Entwicklung, Entfaltung); Entfaltung *f* (Abwicklung) [bau]; Entwicklung *f* (Entfaltung) [bau]
**unfounded** gegenstandslos (ohne Belang)
**unfused** nicht abgesichert [elt]
**ungrounded** nicht geerdet ((A)) [elt]

**unhardened** ungehärtet [mas]
**unhook** abhängen *v* (vom Haken nehmen) [mot]
**uniaxial** einachsig [mot]
**uniform** regelmäßig (gleichförmig)
**uniform load** Gleichstreckenlast *f* [bau]
**unilateral bearing** fliegend gelagert [mas]
**uninhabited** unbewohnt (ohne Menschen)
**unintentional** unabsichtlich
**uninterrupted** lückenlos (ununterbrochen)
**uninterrupted line** durchgezogene Linie *f* (auf Straßen) [mot]
**union** Gewindestück *n* (Muffe) [mas]; Verbindungsstück *n* [mas]
**union nut** Überwurfmutter *f* [mot]; Überwurfmutter *f* [mot]
**union screw** Überwurfschraube *f* [mot]
**unipolar** einpolig [elt]
**unique** eigenartig (meist positiv); einmalig
**unison, in -** gleichzeitig mit
**unit** Anlage *f* (Freianlage); Baueinheit *f*; Baugruppe *f* (als Einheit) [mas]; Modul *m* (z.B. Motor-, Ölkühler-Modul); Aggregat *n* (Kessel) [pow]
**unit cell** Einheitszelle *f* (Batterie) [elt]
**unit charge** Einheitsladung *f* [elt]
**unit construction** Blockbauweise *f* [mas]; Kompaktbauweise *f* [mot]
**unit, driving -** Antriebsmotor *m* (Antriebseinheit) [pow]
**unite** zusammenfassen *v* (verschiedene Bereiche) [edv]
**unit, general-purpose -** universelles Gerät *n*
**unit, hydraulic -** Hydraulikeinheit *f* [mas]
**unit of measure** Maßeinheit *f* [edv]
**unit, thermal -** Wärmeeinheit *f* [pow]

**unit weight** Stückgewicht *n* (z.B. der Einzelteile) [mot]
**universal** allseitig; kardanisch [mot]
**universal beam** Doppel-T-Träger *m* [wer]
**universal drive** Kardanantrieb *m* [mot]
**universal drive shaft** Gelenkwelle *f* (Kardanwelle) [mas]
**universal joint** Kardanverbindung *f* [mas]; Kardanwelle *f* (Kardanantrieb) [mot]; Kardanantrieb *m* (Kardanwelle) [mot]; Antriebsgelenk *n* [mas]; Kardangelenk *n* (Verbindung) [mot]; Kreuzgelenk *n* (Kardangelenk) [mot]
**universal joint coupling** Kardangelenkkupplung *f* (an ABI-Ramme) [mas]
**universal jointed shaft** Kugelgelenkwelle *f* [mot]
**universal joint housing** Antriebsgelenkgehäuse *n* [mas]; Kardangehäuse *n* [mot]
**universal joint shaft** Gelenkwelle *f* (Kardanwelle) [mas]
**universal joint yoke** Kreuzgelenkgabel *f* [mot]
**universal mill plates** Breitflachstahl *m* [mas]
**universal-mounted** kardanisch aufgehängt [mot]; kardanisch gelagert [mot]
**universal pliers** Kombizange *f* [wzg]
**universal shaft** Kardanwelle *f* [mot]
**universal spring support** Doppelschakenaufhängung *f* [mas]
**unkilled** unberuhigt (Stahl) [mas]
**unknown loss** Restverlust *m* [pow]
**unladen weight** Gewicht unbeladen [mot]
**unleaded** bleifrei (Benzin) [mot]
**unlimited** unbegrenzt
**unlined** unbelegt (ohne Begrenzung) [mas]

**unlisted dimensions** fehlende Maße *pl* (in Zeichnungen) [con]
**unload** ausladen *v* (Schiff, Lkw) [mot]; entladen *v* (Batterie, Kondensator) [elt]; löschen *v* (Schiff, Waggon entladen) [mot]
**unloaded** unbelastet (leer, ohne Ladung) [mot]
**unloader** Entlader *m* [mot]
**unloader valve** Entlastungsventil *n* [mas]
**unloading capacity** Entladeleistung *f* [mot]
**unloading piston** Entladekolben *m* [mbt]
**unlock** entriegeln *v* (öffnen) [mas]; entsichern *v* (aufschließen) [mas]
**unmachined** roh (unbearbeitet) [mas]; unbearbeitet (roh, als Rohling) [mas]
**unmachined part** Rohteil *n* [mas]
**unmachined weight** Rohgewicht *n* [mas]
**unmatched** unübertroffen (keiner ist besser)
**unnatural** unnatürlich
**unnecessary** überflüssig (unnötig)
**unobjectionable** einwandfrei
**unpickled** ungebeizt [mas]
**unplug** ausstöpseln *v* [elt]
**unprotected** ungeschützt
**unsaponifiable** verseifungsfest (Schmierfett) [mas]
**unsaturated** ungesättigt [che]
**unscrew** abschrauben *v* (lösen) [met]; losschrauben *v* (eine Schraube lösen) [met]
**unskilled worker** ungelernter Arbeiter *m*
**unstabilized** ungebunden [bau]
**unstrained member** Blindstab *m* (Spannbeton) [bau]
**unsurpassed** unübertroffen (enorme Leistung)

**unworked penetration** Ruhpenetration *f* [mas]
**update** aktualisieren *v* (auf neuen Stand bring); verändern *v* (von vorhandenen Daten) [edv]
**up-draught carburettor** Steigstromvergaser *m* [mot]
**up-flow** Aufwärtsströmung *f*
**up front** vorne [mot]
**upgrade** höher stufen *v* (Qualität); veredeln *v* (im Wert verbessern)
**uphill** bergauf [mot]
**upholstered** gepolstert [mot]
**upkeep** Instandhaltung *f* (Pflege, Erhalt) [mas]
**upkeep cost** Unterhaltungskosten *pl* [met]
**uppercarriage** Oberwagen *m* (des Baggers) [mbt]
**uppercarriage base-plate** Oberwagengrundplatte *f* [mbt]
**uppercarriage main frame** Oberwagengrundplatte *f* [mbt]
**upper part of boom** Auslegeroberteil *n* [mbt]
**upper rim** Oberfelge *f* [mot]
**upper trough chain conveyor** Obertrumkettenförderer *m* (zum Brecher) [roh]
**upright** aufrecht (in aufrechter Stellung)
**upright** Pfosten *m* [bau]; Ständer *m* [bau]; Stiel *m* (Stahlbau) [bau]
**U-profile butt weld** Tulpenschweißung *f* [met]
**upset** stauchen *v* (zur Formveränderung) [met]
**upshift** hochschalten *v* [mot]
**uptake tube** Abführrohr *n* (nach oben) [was]; Steigrohr *n* [pow]
**upthrust guide** Gegenführung *f*
**up-to-date** modernst
**upturn** Aufkantung *f* [bau]

**upward direction, in the -** aufwärts (Richtung nach oben) [con]
**upward gas passage** Aufwärtszug *m* (Steigzug, Fallzug) [mbt]; Steigzug *m* (Aufwärtszug; Fallzug) [pow]
**upward inclination** Steigung *f* (Ansteigen der Bahnstrecke) [mot]
**upwards** ansteigend (Straße) [geo]; aufwärts (auch bildlich)
**upwards motion** Aufwärtsbewegung *f* (der Maschine) [met]
**upward travel** Aufwärtslauf *m* (Rolltreppe) [mbt]
**U-ring** U-Ring *m* [mot]
**usable** einsetzbar
**usage** Gepflogenheit *f* (Usus, Sitte)
**use** Anwendung *f*; Nutzung *f* (Anwendung, Verbrauch); Verwendung *f* (keine Verwendung für); Gebrauch *m* (Nutzung, Anwendung); Verbrauch *m* (Benutzung und Abnutzung)
**use** verbrauchen *v* (benutzen und abnutzen)
**use, alternate -** wechselseitige Benutzung *f*
**use, best possible -** optimale Nutzung *f*
**used** verbraucht (benutzen und abnutzen); verschlissen (aufgebraucht, benutzt)
**used air** Abluft *f* (verbrauchte Luft)
**used machine** Gebrauchtgerät *n* (gebrauchtes Gerät) [mot]
**used oil** Altöl *n* (verbraucht, wird entsorgt) [rec]
**used rails** Altschienen *pl* [rec]
**usefulness** Brauchbarkeit *f*
**user** Anwender *m* (Computer) [edv]
**user guide** Benutzerhandbuch *n* (Bedienerhandbuch) [edv]
**user interface** Bedienerschnittstelle *f* [edv]; Bedienoberfläche *f* [edv]; Benutzeroberfläche *f* [edv]; Benutzungsoberfläche *f* [edv]

**user interface, graphical -** grafische Benutzeroberfläche $f$ [edv]
**use up** aufbrauchen $v$ (bis Ende verbrauchen)
**U-shaped tube** U-Rohr $n$ [mas]
**using** Handhabung $f$ (Bedienung) [edv]
**usufractuary right** Nutzungsrecht $n$ [jur]
**utensils** Bedarfsgegenstände $pl$
**utilities** Dienstprogramm $n$ [edv]
**utility** Softwareunterstützung $f$ (bestehende Aufgabe) [edv]; Elektrizitätsversorgungsunternehmen $n$ [eco]
**utility company** Versorgungsunternehmen $n$ (Kraftwerk) [pow]
**utility helicopter** Mehrzweckhubschrauber $m$ [mot]
**utility line** Versorgungsleitung $f$ [elt]
**utility machine** Maschine für Aufräumarbeiten $f$ [mas]
**utility room** Gerätekammer $f$ (für Haushaltgeräte) [bau]
**utility service lines** Versorgungsleitung $f$ [mot]
**utilizable** gebrauchstauglich (benutzbar)
**utilization** Anwendung $f$; Ausnutzung $f$; Benutzung $f$ (Gebrauch)
**utilization of capacities** Kapazitätsausgleich $m$
**utilization of capacity** Kapazitätsausnutzung $f$ (der Werke)
**utilization width** Nutzungsbreite $f$ (der Rolltreppe) [mbt]
**utilize** ausnutzen $v$ (benutzen); verbrauchen $v$ (sich zunutze machen)
**utilized** genutzt
**U-tube pressure gauge** Differentialmanometer $f$ [pow]
**U-weld** U-Naht $f$ (Schweißnaht) [met]; U-Naht $f$ [met]

# V

**vacant terminal** Leerklemme *f* [elt]
**vacuum** Unterdruck *m* [mot]
**vacuum arc heating** Vakuumlichtbogenofen *m* [mas]
**vacuum contactor** Vakuumschütz *m* [elt]
**vacuum degasified** vakuumentgast [mas]
**vacuum distributor** Saugluftverteiler *m* [mot]
**vacuum fittings and accessories** Vakuumarmaturen und -zubehör *pl* [mas]
**vacuum forming** Vakuumformen *n* (Vakuumprozess mit Folie) [mas]
**vacuum gauge** Unterdruckmesser *m* [mot]; Vakuummeter *n* [mot]
**vacuum governor** Unterdruckregler *m* [mot]
**vacuum lifter** Vakuumhebegerät *n* [mas]
**vacuum line** Saugluftleitung *f* [mot]
**vacuum-metallurgical process** vakuummetallurgisches Verfahren *n* [mas]
**vacuum meter** Vakuummeter *n* [mot]
**vacuum-operated brake** saugluftbetätigte Bremse *f* [mot]
**vacuum oxygen decarburisation** Vakuumfrischen *n* [mas]
**vacuum pump** Saugluftpumpe *f* [mot]; Vakuumpumpe *f* [mot]
**vacuum pump element** Unterdruckförderer *m* [mot]
**vacuum reservoir** Saugluftbehälter *m* [mot]
**vacuum servo brake** Saugluftbremse *f* [mot]; Vakuumbremse *f* [mot]; Vakuumleitung *f* [mot]
**vacuum shift cylinder** Saugluftschaltzylinder *m* [mot]
**vacuum switch** Vakuumschalter *m* [elt]
**valence** Gewichtung *f* [mas]
**valence of weld** Nahtwertigkeit *f* (Wertigkeit der Naht) [met]
**validation** Validation *f* [edv]
**validity** Gültigkeit *v*
**valley** Kehle *f* [bau]
**value** abschätzen *v* (bewerten)
**value, average -** Mittelwert *m* [mat]
**value transmitter, actual -** Istwertgeber *m* [msr]
**valve** dicht [mas]
**valve** valve *f* [elt]; Schieber *m* [mas]
**valve actuating** Ventilbetätigung *f* [mot]
**valve actuator** Betätigungsvorrichtung für Ventile *f* [pow]
**valve, air operated -** luftbetätigtes Ventil *n* [mas]
**valve attachment** Ventilanbau *m* (Ventilbestückung) [mot]
**valve bank** Ventilleiste *f* [mot]; Ventilverteilerleiste *f* [mot]; Ventilverteilerleiste *f* [mot]
**valve block** Steuerblock *m* [mot]; Ventilblock *m* [mot]; Vierfach-Steuerblock *m* [mot]; Zweifachsteuerblock *m* [elt]
**valve block mounting** Steuerblockbefestigung *f* [mot]
**valve body** Düsenhalter *m* (bei Einspritzventil) [mas]; Ventilkörper *m* [pow]
**valve bonnet** Ventilaufsatz *m* [pow]
**valve bore** Durchgangsöffnung *f* (Ventil) [pow]
**valve bridge** Ventilleiste *f* [mot]
**valve cage** Ventilkorb *m* [mot]

**valve cap** Ventilkappe *f* [mot]
**valve chamber** Ventilkammer *f* [mot]
**valve chamber cover** Ventilkammerverkleidung *f* [mot]; Ventilkammerdeckel *m* [mot]
**valve cone** Ventilkegel *m* [mot]
**valve cross head** Ventilbrücke *f* [mot]
**valve diameter** Ventildurchmesser *m* [mot]
**valve extension** Ventilverlängerung *f* [mot]
**valve follower** Ventilheber *m* (Ventilstößel) [mot]
**valve gear** Ventilsteuerung *f* [mot]
**valve grinder** Ventilschleifvorrichtung *f* [mot]
**valve grinding** Ventilschleifen *n* [mot]
**valve head** Ventilteller *m* [mot]
**valve housing** Ventilkammer *f* [mot]; Ventilgehäuse *n* [mot]
**valve insert** Ventileinsatz *m* [mot]
**valve in the head** Ventil; hängendes *n* [mas]
**valve keeper, two-piece -** zweiteiliger Ventilhalter *m* [mas]
**valve key** Ventilkeil *m* [mot]
**valve lever** Ventilhebel *m* [mot]
**valve lift** Ventilhub *m* [mot]
**valve lifter** Ventilheber *m* [mot]; Ventilstößel *m* [mot]
**valve lip** Ventilsitz *m* [mot]
**valve location** Ventilanordnung *f* (Lage des Ventils) [mot]
**valve operating gear** Armaturenantrieb (Schieberverstellung)
**valve plunger** Ventilstößel *m* [mot]
**valve pocket** Ventilkammer *f* [mot]
**valve pushrod** Ventilstoßstange *f* [mot]
**valve push rod** Ventilstößel *m* [mot]
**valve reseater** Ventilsitzbearbeitungsgerät *n* [wzg]
**valve retainer** Ventilteller *m* [mot]

**valve rocker** Ventilhebel *m* [mot]
**valve rocker arm** Ventilkipphebel *m* [mot]
**valve rod** Ventilschaft *m* [mot]
**valve rotator** Ventildreher *m* [mot]
**valves and fittings** Feinarmaturen *pl* [pow]; feine Armaturen *pl* [pow]
**valve seat** Ventilsitz *m* [mot]
**valve seat insert** Ventilsitzring *m* [mot]
**valve selector** Ventilwähler *m* [mot]
**valve set screw** Ventileinstellschraube *f* [mot]
**valve setting** Ventileinstellung *f* [mot]
**valve spindle** Ventilspindel *f* [pow]
**valve spool** Steuerschieber *m* [mot]
**valve spring** Ventilfeder *f* [mot]
**valve spring, inner -** innere Ventilfeder *f* [mot]
**valve spring key** Ventilfederkeil *m* [mot]
**valve spring remover** Ventilheber *m* [mot]
**valve spring retainer** Ventilfederteller *m* [mot]
**valve spud** Ventilschaft *m* [mot]
**valve stem guide** Ventilführung *f* [mot]
**valve support** Ventilträger *m* [mot]
**valve tappet** Ventilstößel *m* [mot]
**valve tappet clearance** Ventilstößelspiel *n* [mot]
**valve timing** Ventileinstellung *f* [mot]
**valve trains** Ventilgestänge *n* [mot]
**valve with roller lever** Rollenhebelventil *n* [mot]
**valve with roller lever and idle return** Rollenhebelventil mit Leerrücklauf *n* [mot]
**van** Kastenwagen *m* (Kofferaufbau des Lkw) [mot]
**vanadium steel** Vanadiumstahl *m* [wer]
**vane** Blatt *n* (des Ventilators) [mot]

**vane control** Leitschaufelregulierung *f* [mot]
**vane pump** Flügelpumpe *f* [mot]
**vane ring** Leitschaufelkranz *m* (Ventilator) [mot]
**vane support** Leitschaufelträger *m* [mot]
**vanish** verschwinden *v* [bau]
**van-line** Speditionsunternehmen *n* [mot]
**vaporization** Verdampfung *f* [phy]
**vaporizer** Zerstäuber *m* [che]
**vapours burner** Brüdenbrenner *m* [pow]
**vapours piping** Brüdenleitungen *f* [pow]
**vapour state** dampfförmiger Zustand *m* [pow]
**variability** Veränderlichkeit *f*; Größenfaktor *m*
**variable** Veränderliche *f* [mat]
**variable capacitor** Drehkondensator *m* [elt]
**variable capacity pump** Regelpumpe *f* [mot]
**variable control** Bedarfssteuerung *f* [mot]; Mengenbedarfssteuerung *f* [mot]; stufenlose Regelung *f* [msr]
**variable displacement pump** Verstellpumpe *f* [mot]
**variable gain amplifier** Regelverstärker *m* [elt]
**variable, logic -** logische Variable *f* [mat]
**variable pump** Verstellpumpe *f* [mot]
**variable resistor** Drehwiderstand *m* [elt]
**variable sensitivity probe** Tiefenprüfkopf *m* [msr]
**variable setting, continuously -** stufenlose Einstellung *f* (Regelung) [mot]
**variable transformer** Regeltransformator *m* [elt]

**variation** Abweichung *f* (zusätzliche Möglichkeit.); Änderung *f*; Spielraum *m* (Möglichkeit); Wechsel *m* (Abänderung, Neuerung)
**variation of wall thickness** Wanddickenschwankung *f* [bau]
**variety of loads** unterschiedliche Belastungsanforderungen *pl* [mas]
**variometer** Spannungsregler *m* [elt]
**varistor** Varistor *m* [elt]
**varnish** anstreichen *v* [bau]
**vary** ändern *v* (variieren); schwanken *v*
**vat** Zuber *m* (Bottich, Wanne)
**V-band clamp** Schelle *f* (Keilriemen) [mas]
**V-belt** Keilriemen *m* (zur Kraftübertragung) [mot]; Treibriemen *m* [mot]
**V-belt drive** Keilriemenantrieb *m* [mot]; Keilriementrieb *m* [mas]
**V-belt, endless -** endloser Keilriemen *m* [mas]
**V-belt guard** Keilriemenschutz *m* (über Riemen, Rad) [mot]
**V-belt, narrow -** Schmalkeilriemen *m* [mot]
**V-belt profile** Keilriemenprofil *n* [mas]
**V-belt pulley** Keilriemenscheibe *f* (führt, lenkt um) [mot]
**V-belt wheel** Keilriemenrad *n* [mot]
**Vee-belt** Treibriemen *m* [mot]
**vegetation** Pflanzenwelt *f* [bff]; Bewuchs *m* (Pflanzenbewuchs) [bff]; Pflanzenwuchs *m* [bff]
**vehicle** Wagen *m* (Fahrzeug allgemein, auch Bahn) [mot]
**vehicle body** Wagenkasten *m* [mot]
**vehicle clearance side** Wendekreisdurchmesser *m* [mot]
**vehicle electronics** Autoelektronik *f* [elt]
**vehicle engine** Fahrzeugmotor *m* [mot]

**vehicle manufacturing** Fahrzeugbau *m* (Landwirtschaft, Pkw, Nutzfahrzeuge) [mot]
**vehicle parts** Fahrzeugteile *pl* [mot]
**vehicle springs** Autofedern *pl* [mot]
**vein** Ader *f* [elt]
**veining** Holzmaserung *f* [wer]
**velocity head** Rampe *f* (Zug überwindet ohne große Kraft) [mot]
**velocity of expansion** Ausbreitungsgeschwindigkeit *f* [phy]
**velocity of flow** Strömungsgeschwindigkeit *f* [phy]
**velocity of propagation** Ausbreitungsgeschwindigkeit *f* [phy]
**vendor processing** Lieferantenbearbeitung *m* [eco]
**veneer plaster** Gipsputz *m* [bau]
**V-engine** V-Motor *m* [met]
**vent** entlüften *v* (z.B. Lagerraum) [air]
**vent cock** Entlüfterhahn *m* [mot]
**ventilate** entlüften *v* [air]
**ventilated ceiling** Klimadecke *f* [bau]
**ventilated flat roof** Kaltdach *n* [bau]
**ventilation** Belüftung *f* [mot]
**ventilation duct** Lüftungskanal *m* [air]
**ventilation hood** Dachhaube *f* (für Belüftung) [pow]; Dachlüfterhaube *f* [pow]
**ventilation nozzle** Entlüftungsdüse *f* [air]
**ventilator** Windflügel *m* (Ventilator) [mas]
**ventilator window** Ausstellfenster *n* [mbt]
**vent pipe** Entlüftungsrohr *n* [mot]
**vent screw** Entlüftungsschraube *f* [mot]
**venturi tube** Mischrohr *m* (Vergaser) [mot]
**vent valve** Entlüftungsventil *n* [pow]
**verge** Ortgang *m* [bau]; Bankett *n* (Schulter der Straße) [bod]; Straßenbankett *n* [bod]

**verification** Verifikation *f* [edv]
**verification test** Abnahmetest *m* [msr]
**verify** belegen *v* (beweisen)
**vermillion** blutorange (RAL 2002) [nrm]
**vernier** Feineinsteller *m* [msr]
**vernier adjustment** Feineinstellung *f* [msr]
**versatile machine** Universalgerät *n*
**version** Ausführung *f* (Version, Fassung) [con]
**vertexes** Eckpunkte *m* [edv]
**vertical** aufrecht (in senkrechter Haltung); lotrecht (senkrecht) [con]; vertikal (senkrecht)
**vertically adjustable** höhenverstellbar (z.B. Schienen) [mot]
**vertical-tube boiler** Steilrohrkessel *m* [pow]
**vertisoil** Schwellton *m* [bau]
**very thin sheet metal** Blech *n* (Feinstblech, unter 0,5 mm) [wer]; Feinstblech *n* (unter 0,5 mm) [wer]
**vessel** Behälter *m* [pow]; Behälter *m* [pow]; Schüssel *m* (Gefäß, Schiff); Wasserfahrzeug *n* (Schiff, Boot, Kahn) [mot]
**viaduct** Viadukt *m* (hohe Vielbogenbrücke) [mot]
**vibrate** rütteln *v*; schwingen *v* (vibrieren) [phy]; vibrieren *v* (schwingen) [phy]
**vibrating compacter** Rüttelverdichter *m* [roh]
**vibrating compactor** Vibrationsverdichter *m* [mot]
**vibrating feeder chute** Schüttelrutsche *f* [roh]
**vibrating grinder** Schwingschleifer *m* [wzg]
**vibrating roller** Rüttelwalze *f* (Anhängerüttelwalze) [mas]
**vibrating screen** Schüttelsieb *n* [roh]
**vibrating stoker** Schüttelrost *m* [roh]

**vibrating test** Vibrationsversuch *m* [msr]
**vibrating trickle feed tray** Schüttelrutsche *f* [roh]
**vibration** Erschütterung *f*; Unwucht *f* [mot]; Vibration *f* (Schwingung, Erschütterung) [phy]
**vibration-cushioned** schwingungsgedämpft [mot]
**vibration damper** Dämpfer *m* (Schwingungsdämpfer) [mot]; Dämpfer *m* (von Schwingungen) [mot]; Schwingungsdämpfer *m* [mot]
**vibration, forced -** erzwungene Schwingung *f* [phy]
**vibration, free -** freie Schwingung *f* [phy]
**vibration, natural -** Eigenschwingung *f* [phy]
**vibration resistant** vibrationsfest
**vibrator** Rüttelvorrichtung *f* [mas]; Wechselrichter *m* [elt]
**vibratory stress** Schwingungsbeanspruchung *f* [wer]
**vice** Zwinge *f* (Schraubstock (B)) [wzg]; Schraubstock *m* (Zwinge (B)) [wzg]
**Vickers hardness** Vickershärte *f* [wer]
**video screen** Bildschirm *m* (z.B. für Video) [elt]
**view** Ansicht *f* [con]; Aussicht *f* (Landschaft, Arbeitsstelle); Schnitt *m* [con]
**view** betrachten *v* (sich ansehen)
**viewer-centred perspective** Betrachterperspektive *f* [edv]
**viewer-independent perspective** betrachterunabhängige Perspektive *f* [con]
**view finder** Sucher *m* (an der Kamera)
**view on soldered points** Sicht auf Lötpunkte
**view, within -** in Sicht

**vignol rail** Vignolschiene *f* [mot]
**violate** verletzen *v* (ein Gesetz brechen) [jur]
**violet blue** violettblau (RAL 5000) [nrm]
**virgin face** natürliche Wand *f* (des Steinbruches) [roh]; ungesprengte Wand *f* [roh]
**virgin paper tape** Lochstreifen *m* (noch ungelocht) [edv]
**virgin stone** Naturstein *m* [min]
**viscosity** Zähflüssigkeit *f* (z.B. Öl) [phy]
**viscous-type damper** Flüssigkeitsdämpfer *m* [mot]
**vise** Schraubstock *m* (Zwinge, Backe (A)) [wzg]
**visible signal** optisches Signal *n* (Lampe, Leuchte) [phy]
**visit** Befahrung *f* (Besichtigung im Bergbau) [roh]
**visit** befahren *v* (besichtigen) [roh]
**visual control** Sichtkontrolle *f*
**V-joint** V-Fuge *f* [bau]
**void** Hohlraum *m* [phy]
**volatile matter** flüchtige Bestandteile *pl* [pow]
**volatilization** Verflüchtigung *f* [pow]
**voltage** Spannung *f* [elt]
**voltage adjustment** Spannungsabgleich *m* [elt]
**voltage amplifier** Spannungsverstärker *m* [elt]
**voltage between terminals** Klemmenspannung *f* [elt]
**voltage breakdown** Spannungszusammenbruch *m* [elt]
**voltage control** Spannungsregelung *f* [elt]; Spannungsmesser *m* [msr]
**voltage-controlled** spannungsgeregelt [elt]
**voltage controller** Spannungsregler *m* [elt]

**voltage converter** Spannungsumformer *m* [elt]
**voltage-dependent** spannungsabhängig [elt]
**voltage difference** Spannungsdifferenz *f* [elt]
**voltage distribution** Spannungsverteilung *f* [elt]
**voltage divider** Spannungsteiler *m* [elt]
**voltage drop** Spannungsabfall *m* [elt]
**voltage fluctuation** Spannungsschwankung *f* [elt]
**voltage follower** Spannungsfolger *m* [elt]
**voltage generator** Spannungsquelle *f* [elt]
**voltage insulation strength** Spannungsfestigkeit *f* [elt]
**voltage limiter** Spannungsbegrenzer *m* [elt]
**voltage loss** Spannungsabfall *m* [elt]
**voltage measuring** Spannungsmessung *f* [msr]
**voltage peak** Spannungsspitze *f* [elt]
**voltage pulse** Spannungsimpuls *m* [elt]; Spannungssprung *m* [elt]
**voltage regulator** Spannungsregler *m* [elt]
**voltage selector** Spannungswähler *m* [elt]
**voltage source** Spannungsquelle *f* [elt]
**voltage stabilizer** Spannungsstabilisator *m* [elt]
**voltage transformer** Spannungswandler *m* [elt]
**voltage variation** Spannungsabweichung *f* [elt]
**voltaic** galvanisch [elt]
**voltaic battery** galvanische Zelle *f* [elt]; Primärelement *n* [elt]
**voltmeter** Spannungsmesser *m* [msr]; Spannungsprüfgerät *n* [msr]

**volume compressor** Kübelfettpresse *f* [mot]
**volume consistency** Raumbeständigkeit *f* [wer]
**volume of shipments** Versandleistung *f* (hohe)
**volume of waste water** Abwasseranfall *m* [was]
**volume pressure, constant -** gleichbleibende Förderleistung *f* [mot]
**volume weight** Raumgewicht *n* [bau]
**volute** Schnecke *f* [mas]
**volute spring** Kegelstumpffeder *f* [mas]; Schneckenfeder *f* [mas]; Wickelfeder *f* [mas]
**vortex burner** Wirbelbrenner *m* [pow]
**vortex furnace** Wirbelkammerfeuerung *f* [pow]
**V-ring** Keilring *m* [mot]
**V-shaped snow plough** Keilschneepflug *m* [mot]
**V-shaped trench** Spitzgraben *m* (Dreieck, Spitze unten) [bau]
**V-type collar packing** Dachmanschette *f* (Teil im Zylinder) [mas]
**V-type engine** V-Motor *m* [mot]
**vulcanisation** Vulkanisierung *f* [mot]
**vulcanise** vulkanisieren *v* [met]
**vulcanising press** Vulkanisierpresse *f* [wzg]
**vulnerable** störungsanfällig

# W

**wafer** Scheibe *f* (Waffel, Waffelblech) [wer]; Waffel *f* [wer]
**wage** Lohnkosten *pl* [eco]
**wage and salary agreement** Tarifvereinbarung *f* [eco]
**wage and salary negotiation** Tarifverhandlung *f* [eco]
**wage payment** Lohnzahlung *f* [eco]
**wages** Entlohnung *f* (Löhne) [eco]
**wages roll** Lohnliste *f* [eco]
**wagon** Güterwagen *m* (allgemein) [mot]; Wagen *m* (Waggon) [mot]; Waggon *m* (nur für Güterwagen) [mot]
**wagon bridge** Wagenbrücke *f* [mot]
**wagon carriage** Rollbock *m* (trägt Normalspurwagen auf Schmalspur) [mot]
**wagon, covered -** gedeckter Güterwagen *m* (geschlossen) [mot]
**wagon design** Wagenkonstruktion *f* [con]
**wagon end** Stirnseite *f* (des Waggons) [mot]
**wagon fixture** Waggonbeschlagteil *n* [mot]
**wagon for the carriage of plate glass** Bockwagen *m* (für Glasplatten) [mot]
**wagon, high-sided open -** offener Güterwagen *m* [mot]
**wagon loading station** Waggonbeladestation *f* [mot]
**wagon-maker** Spengler *m* (Stellmacher, Wagner) [mot]
**wagons without buffers** Wagen ohne Puffer *m* (pufferlos) [mot]
**wagon tipper** Wagenkipper *m* [roh]
**wagon tippler** Kippbühne *f* (max. 90 über Stirnwand) [mot]; Waggonkipper *m* [roh]
**wagon tracks** Wagenspuren *pl* (in unbefestigter Straße) [mot]
**waiting booth** Wartehalle *f* (Bus) [mot]
**waiting room** Aufenthaltsraum *m* (im Bahnhof) [mot]; Wartesaal *m* (im Bahnhof) [mot]
**wake** Blasenspur *f* (Kielwasser) [mot]; Kielwasser *n* (Blasenspur) [mot]
**waler** Riegel *m* [bau]
**waler bolt** Riegelbolzen *m* [bau]
**walk escalator** Gehtreppe *f* (geneigter Rollsteig) [mbt]
**walking beam** Tandemausgleichsschwinge *f* [mot]; Tandemschwinge *f* (an Muldenkipper) [mot]; Tandemausgleichsbalken *m* [mot]
**walking beam furnace** Hubbalkenofen *m* [mas]
**walking pads** Schreitwerk *n* (unter Brecher) [roh]
**walking speed** Schreitgeschwindigkeit *f* [roh]
**walking surface** Lauffläche *f* (für Fußgänger) [bau]
**walkway** Bühne *f* [pow]; Laufbühne *f*
**wall** Mauer *f* [bau]
**wall anchor** Maueranker *m* [bau]
**wall cladding** Wandverkleidung *f* [mas]
**wall connection** Wandanschluss *m* [bau]
**wall, corroded -** korrodierte Wand *f* [met]
**wall deslagger** Wandrußbläser *m* [pow]
**wall duct** Mauerdurchführung *f* [bau]
**walled-in space** umbauter Raum *m* (eines Hauses oder einer Halle) [bau]
**wall entrance** Wanddurchbruch *m* [bau]

**wall lining** Wandauskleidung *f* [bau]
**wall member** Wandstab *m* (Stahlbau) [bau]
**wall of boiler, outer -** Kesselaußenwand *f* [pow]
**wall of the bore hole** Bohrlochwandung *f* [bau]
**wall opening** Mauerdurchführung *f* [bau]; Wanddurchführung *f* [bau]
**wall outlet** Wandsteckdose *f* [elt]
**wall panels** Wandelemente *n* [bau]
**wall plate** Wandplatte *f* (Verzierung, Erinnerung) [bau]
**wall plug** Wandsteckdose *f* [elt]
**wall, rear -** Rückwand *f*
**wall socket** Wandsteckdose *f* [elt]; Wandanschluss *m* (z.B. Steckdose) [elt]
**wall soot blower** Wandrußbläser *m* [pow]
**wall thickness** Wandstärke *f* [pow]
**wall thickness gauge** Wanddickenzusatz *m* [bau]
**wall thickness gauging** Wanddickenmessung *f* [bau]
**wall thickness measurement** Wanddickenmessung *f* [mas]
**wall tiles** Wandfliesen *pl* [bau]
**wall-to-wall carpeting** Teppichboden *m* [bau]
**wall-to-wall rug** Teppichboden *m* [bau]
**wall tube** Wandrohr *n* (Strahlraum) [pow]
**wall, welded -** geschweißte Wand *f* [mas]
**ward** Station *f* (im Krankenhaus) [hum]
**wardrobe** Kleiderschrank *m* [bau]
**warehouse** Lagerhaus *n* [bau]
**warehouse system** Lagersystem *n* (auf Lager)
**warmed up** angewärmt (Speisen) [pow]
**warming-up period** Anheizzeit *f* [pow]
**warm scaled** verzundert (bei Metallen) [mas]
**warm up** anwärmen *v* [pow]; wärmen *v* [pow]; warmlaufen *v* [mot]
**warm-up period** Anwärmzeit *f* (Kessel, Leitungen) [pow]
**warm-up time** Anwärmzeit *f* (Geräte)
**warning** Warnung *f*; Anzeichen *n* (Symptome)
**warning device** Warnanlage *f* [mot]
**warning light** Warnlampe *f* [mot]
**warning sign** Verbotsschild *n*
**warning signal** Alarmsignal *n*; Warnsignal *n* [mot]
**warp** verdrehen *v* (sich werfen, verbeulen) [mas]; verwinden *v* (verziehen durch Wärme) [mas]
**warped** verwunden (verbogen)
**warping** Verwinden *n* (Verziehen) [mas]; Verziehen *n* (Verwinden durch Hitze) [mas]
**warranty adjustment** Garantieleistung *f* (Anerkennung und Bereinigung) [eco]
**warranty claim** Garantieantrag *m* [eco]
**warranty claim on parts** Ersatzteilreklamation *f*
**warranty insurance** Garantieversicherung *f* [jur]
**warranty payments** Garantieleistung *f* [eco]
**wash** waschen *v*
**washer** Anlaufscheibe *f* [mas]; Beilegscheibe *f* (Unterlegscheibe) [mas]; Unterlegscheibe *f* (allgemein) [mas]; Waschanlage *f* (der Windschutzscheibe) [mot]; Federteller *m* [mas]; Wascher *m* (der Scheibenwaschanlage) [mot]
**washer system** Scheibenwaschanlage *f* [mot]

**washery** Kohlenwäsche *f* (Steine raussuchen) [roh]
**washing hatches** Waschluke *f* (Dampflokkessel waschen) [mot]
**washout** Unterspülung *f* [bau]
**wash-out** Spülung *f* [pow]
**wash plate** Schwallwand *f* [mot]; Schwallblech *n* [mot]
**wash waste** Waschberge *pl* (im Kohlenbergbau) [roh]
**waste** verschwendet
**waste** Vernichtung *f* (Verschwendung); Verschwendung *f*; Abfall *m* [rec]; Abfallstoff *m* [rec]; Ausschuss *m* (Schrott) [rec]; Unrat *m* [rec]; Bergematerial *n* (bei Steinkohlengewinnung) [roh]
**waste** vernichten *v* (verschwenden)
**waste fuel** Abfallbrennstoff *m* [rec]
**waste gas** Abgas *n* [air]
**waste gas analysis** Abgasanalyse *f* [msr]
**waste gas loss** Abgasverlust *m* [mot]
**waste gas samples** Abgasprobe *f* [msr]
**waste heat** Abhitze *f* [pow]
**waste heat boiler** Abhitzekessel *m* [pow]
**waste heat boiler with once- through forced flow** Zwangdurchlaufabhitzekessel *m* [pow]
**waste heat recovering and utilizing** Abwärmeverwertung *f* [pow]
**waste oil** Altöl *n* [rec]
**waste paper** Papierabfall *m* [rec]
**waste paper basket** Papierkorb *m* [rec]
**waste pipe** Wasserabfluss *m* [bau]
**waste product** Abfallprodukt *n* [rec]
**waste steam** Wrasen *m* (Schwaden) [pow]; Schwaden *pl* (Wrasen) [pow]
**waste water** Abwasser *n* (benutztes Wasser) [was]

**wasting** Abschlagen *v* (Kanten) [bau]
**watch** beobachten *v* (zusehen); zusehen *v* (an Baustelle)
**watchful** vorsichtig (aufpassend)
**watch your step** Vorsicht Stufe
**water** bewässern *v* [was]; gießen *v* (z.B. die Blumen) [was]; sprengen *v* (gießen, bewässern) [was]; tränken *v* (auch Tiere) [was]
**water ash screen** Aschenfangrost *m* [pow]
**water balance** Wasserwaage *f* [bau]
**water basin** Wasserwanne *f* [bau]
**water blue** wasserblau (RAL 5021) [nrm]
**water catchment area** Wassereinzugsgebiet *n* (Wassergewinnungsgebiet) [was]; Wassergewinnungsgebiet *n* (Wassereinzugsgebiet) [was]
**water cement ratio** Wasser/Zementwert *m* [bau]
**water circulation** Wasserumlauf *m* [pow]
**water column** Wassersäule *f* [msr]
**water column gauge glass** Wasserstandsglas *f* [pow]
**water content** Wassergehalt *m* [bau]
**water-cooled** wassergekühlt [pow]
**water-cooled furnace** wassergekühlte Brennkammer *f* [pow]
**water-cooling** Wasserkühlung *f* [mot]
**watercraft** Wasserfahrzeug *n* (Kahn, Schiff usw.) [mot]
**water director ferrule** Wasserleitblech *n* (im Zylinderkopf) [mot]
**water discharge screw** Entwässerungsschraube *f* [mot]
**water drain** Wasserabfluss *m* [bau]
**water drum** Untertrommel *f* [pow]; Wasserfass *n*
**water edge** Flussrand *m* (Ufer) [geo]
**water faucet** Wasserhahn *m* [bau]

**water feed** Wasserzufluss *m* [bau]
**water filling** Wasserfüllung *f* [mot]
**water filter** Wasserfilter *m* [mot]; Wasserfiltereinsatz *m* [bau]
**water guide** Wasserleitstück *n* [bau]
**water hammer** Wasserschlag *m* [pow]
**water head** Wassersäule *f* [mot]
**water heating** Wasserheizung *f* [mot]
**water inlet connection** Kühlwassereinlaufstutzen *m* [mot]
**water intake** Wasserzufluss *m* [bau]
**water jacket** Wassermantel *m* [mot]
**water jet coupling** Wasserstrahlankopplung *f* [bau]
**water leakage** Wasseraustritt *m* (nicht erwünscht) [mot]
**water level** Abflusshöhe *f* [was]; Wasserspiegel *m* [was]; Wasserstand *m* (z.B. Fluss bei Hochwasser) [was]
**water-level gauge** Wasserstandsanzeiger *m* (Dampflok) [mot]
**water level indicator** Wasserstandsanzeiger *m* [msr]
**water-level sight glass** Wasserstandsschauglas *f* (Typ Klinger, Dampflok) [mot]
**water line** Wasserleitung *f* [was]
**water main** Hauptwasserleitung *f* [was]
**water mains** Rohrnetz *n* (Wasser-) [was]
**water mains cock** Hauptwasserhahn *m* [bau]
**water mains supply** Wasseranschluss *m* (Hauptanschluss) [bau]
**water mark** Pegel *m* (Wasserstand) [was]
**water out** Wasseraustritt *m* (erwünscht, geplant) [mot]
**water outlet connection** Kühlwasserauslaufstutzen *m* [mot]
**water path** Wasserstrecke *f* [bau]
**water pipe** Wasserleitung *f* [bau]; Wasserleitungsrohr *n* [mas]

**water piper** Wasserabstreifer *m* [mot]
**water pocket** Wasserpfropfen *m* (Überhitzer) [pow]; Wassersack *m* (Laschung) [pow]
**water pressure** Wasserdruck *m* [phy]
**waterproof** wasserdicht
**water-proofing** Wasserdichtigkeit herstellen *f* [bau]
**waterproof weld** wasserdicht schweißen [met]
**water protection area** Wasserschutzgebiet *n* [was]
**water pump** Wasserpumpe *f* [mot]
**water-pump belt** Wasserpumpenriemen *m* [mot]
**water-pump body** Wasserpumpengehäuse *n* [mot]
**water-pump cover** Wasserpumpendeckel *m* [mot]
**water-pump gland** Wasserpumpenstopfbuchse *f* [mot]
**water-pump impeller** Wasserpumpenflügelrad *n* [mot]
**water-pump packing** Wasserpumpenpackung *f* [mot]
**water-pump pliers** Wasserpumpenzange *f* [wzg]
**water-pump sealing** Wasserpumpenabdichtung *f* [mot]
**water-pump shaft** Wasserpumpenwelle *f* [mot]
**water quenched** wasservergütet (nach Blech erhitzen) [met]
**water reservoir** Stausee *m*
**water resistance** Wasserbeständigkeit *f* [wer]
**water-resistant** wasserbeständig [wer]
**water-resisting** wasserbeständig [wer]
**water-sealed furnace hopper** Brennkammertrichter mit Wasserkastenabschluss *m* [pow]
**water separation** Dampftrocknung *f* (Trommel) [pow]

**water separator** Wasserabscheider *m* (z.B. an Motoren) [mot]
**water shelf** Zwischenboden *m* (am Zylinderkopf) [mot]
**water-side tube fault** Rohrschaden; wasserseitiger *m* [pow]
**water solubility** Wasserlöslichkeit *f* [che]
**water-solubility** Wasserlöslichkeit *f* [bau]
**water-soluble** wasserlöslich [pow]
**water space** Wasserraum *m* [pow]; Wasserraum *m* (Trommel) [pow]
**water stabilizing cylinder** Wasserberuhigungszylinder *m* [bau]
**water stop** Fugendichtung *f* [bau]
**water supply** Wasserversorgung *f* [was]; Wasservorrat *m* [was]; Wasserzuflusss *m* [bau]
**water table** Grundwasserspiegel *m* [bod]; Grundwasserstand *m* [bod]
**water tank** Wasserwanne *f* [bau]; Wasserbehälter *m* [bau]
**water temperature gauge** Kühlwasserfernthermometer *n* [mot]
**water temperature regulator** Thermostat *m* (Temperaturregler) [msr]
**water tight** wasserdicht [wer]
**water trap** Wasserabscheider *m* (z.B. an Motoren) [mot]
**water treatment plants** Kühlwasseraufbereitungsanlage *f* [mas]
**water tube attemperator** Wasserrohrkühler *m* [pow]
**water tube boiler** Wasserrohrkessel *m* [pow]
**water tube wall** Rohrauskleidung *f* (Kühlfläche) [pow]
**water wall** Rohrwand *f* (Kühlschirm) [pow]
**water wall, bare -** unverkleidete Rohrwand *f* [pow]
**wattless** energielos [elt]
**wattless component** Blindkomponente *f* [elt]
**wattless load** Blindstrom *m* [elt]
**wattless power** Blindleistung *f* [elt]
**wave** Welle *f* (Radio, auch Wasser) [phy]
**wave, continuous -** durchgehende Welle *f* [phy]; kontinuierliche Welle *f* [phy]
**wave, damped -** gedämpfte Welle *f* (Einschwenkvorgang) [phy]
**wave, elastic -** elastische Welle *f* [bau]
**wave front** Wellenfront *f* [phy]
**wave generation** Wellenerzeugung *f* [elt]
**wave guide** Hohlleiter *m* [elt]
**wave length** Wellenlänge *f* [phy]
**wave motion** Wellenbewegung *f* [phy]
**wave movement** Wellenbewegung *f* [phy]
**wave penetration** Eindringtiefe *f* (der Welle) [phy]
**wave propagation** Wellenausbreitung *f* [phy]
**wave reflection** Wellenreflexion *f* [phy]
**wave splitting** Wellenspaltung *f* [phy]
**wave spread, longitudinal -** Geschwindigkeit der Longitudinalwelle *f* [phy]
**wave spring lock washer** gewellter Federring *m* [mas]
**wave spring washer** gewellte Federscheibe *f* [mas]
**wave, stationary -** stehende Welle *f* [phy]
**wave structure** Wellenstruktur *f* [elt]
**wave surface** Wellenfläche *f* [elt]
**wave tail** Wellenrücken *m* [elt]
**wave train** Wellenzug *m* [mot]; Signalpaket *n* [elt]
**wave train, damped -** gedämpfter Wellenzug *m* [phy]

**wave transformation**
Wellenumwandlung *f* [elt]
**wave velocity, longitudinal -**
Geschwindigkeit der
Longitudinalwelle *f* [phy]
**wave washer** Federring *m* [mas]
**way** Art und Weise *f*
**way valve** Wegeventil *n* [mas]
**weak** verdünnt (also schwächer
geworden) [mas]
**weak current** Schwachstrom *m* [elt]
**weaken** abschwächen *v* (Sturm, eine
Aussage)
**weak point** schwache Stelle *f* [mas]
**wear** Abnutzung *f* (Verschleiß) [wer];
scheuern *f* (verschleißen, abnutzen)
[mas]; Verschleiß *m* (Ermüdung,
Verbrauch) [mas]
**wear and tear** Verschleiß *m*
(Ermüdung und Verbrauch) [mas]
**wear bar** Schleißschiene *f* [mas]
**wear cap** Verschleißkappe *f* [mot];
Verschleißspitze *f* [mas]
**wear-free** verschleißfrei [mas]
**wearing** Abnutzung *f* [wer];
Verschleiß *m* [wer]
**wearing course** Decke *f* (Straße;
Verschleißoberfläche) [bau];
Deckschicht *f* (der Straße;
Verschleißdecke) [bau]; Schwarzdecke
*f* (oberste Straßenschicht) [bau];
Verschleißdecke *f* (der Straße) [bau]
**wearing off** Abzehrung *f* [wer]
**wearing plate** Schleifscheibe *f* (nutzt
sich ab) [mas]; Schleißscheibe *f*
[mas]
**wearing surface** Verschleißschicht *f*
[mas]
**wear limits** Grenzen der Abnützung
*pl* [mas]
**wear liner** Schleißrücken *m*
(Staubrohre) [pow]
**wear pad** Verschleißschutz *m* [mas]
**wear part** Verschleißteil *n* [mas]

**wear part drawing**
Verschleißteilzeichnung *f* [mas]
**wear plate** Aufpanzerungsplatte *f* (auf
Löffel) [mas]; Schleißplatte *f* (Mühle)
[pow]
**wear resistance** Verschleißfestigkeit *f*
[pow]
**wear-resistant** scheuerfest [mas];
verschleißfest [mas]
**wear-resistant liner**
Verschleißauskleidung *f* [pow]
**wear sole** Schleißsohle *f* [mas]
**wear strip** Schleißleiste *f* [mas];
Schrämmkante *f* (z.B. seitlich am
Lkw) [mas]; Schrämmleiste *f*
(Schrägkante; Lkw) [mas]
**wear through** durchscheuern *v*
(scheuern) [mas]
**weather** abblättern *v* (durch
Verwitterung) [wer]
**weather conditions**
Wetterbedingungen *pl* [wet]
**weathered** abgeblättert (durch Alter)
[wer]; verwittert [wer]
**weather forecast** Wettervorhersage *f*
(Wetterbericht) [wet]
**weather hood** Dachhaube *f* (für
Belüftung) [pow]
**weathering** Verwitterung *f* [wet]
**weather map** Wetterkarte *f* (TV,
Presse usw.) [wet]
**weatherproof** wetterbeständig
(wetterfest) [wet]; wetterdicht
(wetterfest) [wet]; wetterfest
(Kleidung) [wet]
**weather-proof measures**
Wetterschutzmaßnahmen *pl* (bewährt)
[wet]
**weather report** Wetterbericht *m* (mit
Satellitenbildern) [wet]
**weather resistance**
Wetterbeständigkeit *f* [wer]
**web** Steg *m* (zwischen Unter- und
Obergurt) [mot]

**web bracing** Ausfachung *f* (Stahlbau) [bau]
**web member** Füllstab *m* (Stahlbau) [bau]; Gitterstab *m* (Stahlbau) [bau]
**web of rail** Schienensteg *m* (zw. Kopf u. Bodenplatte) [mot]
**web plate** Schottblech *n* (Stahlbau) [mot]
**web thickness** Stegdicke *f* (z.B. eines Trägers) [bau]
**wedge** Keil *m* (aus Holz, Eisen; Spaltwerkzeug) [wzg]; Klemmkeil *m* [mot]; Unterlegkeil *m* [mot]; Vorsatzteil *n* (Keil) [mas]
**wedged** verkeilt (zwei Wagen, Sprengfels)
**wedge pin** Keilbolzen *m* [mot]
**wedge-type cotter** Keilstopper *m* [mot]
**weigh** wägen *m* (abschätzen)
**weigh** abschätzen *v* (gewichten); belasten *v* (stark beladen) [mot]
**weigh-bridge ticket** Wiegekarte *f* [msr]
**weigher** Waage *f* [msr]
**weighing** Abschätzung *f* (Wägen, Überlegen) [msr]
**weighing equipment** Wiegeeinrichtung *f* [msr]
**weighing indicator** Gewichtsanzeiger *m* [bau]
**weighing scale** Waage *f* [msr]
**weight and side pull** Druck und Zug *m* [mot]
**weight-bearing element** tragendes Element *n* [bau]
**weight brake** Gewichtsbremse *f* [mot]
**weight card** Wiegebescheinigung *f* [msr]
**weight-dependent** gewichtsabhängig
**weight, loose -** Schüttgewicht *n* [wer]
**weight of hammer** Fallgewicht *n* [bau]

**weight per drawing** Gewicht pro Zeichnung *n* [con]
**weight per linear metre** Gewicht pro laufenden Meter *n* [con]
**weight range** Gewichtsbereich *m* (der Schmiedestücke) [mas]
**weight, rear -** Heckgewicht *n* [mot]
**weight, reduced -** reduziertes Gewicht *n*
**weight saving** Gewichtsersparnis *f* [mas]
**weight, specific -** spezifisches Gewicht *n* [phy]
**weight stabilizing** Gewichtsverlagerung *f* [mas]
**weight tolerance** Gewichtstoleranz *f* [con]
**weighty** gewichtig
**weld** gehetet [met]
**weld** Naht *f* [met]; Schweißnaht *f* (Schweißung) [met]
**weldability** Schweißbarkeit *f* [met]
**weldability test** Schweißbarkeitsprüfung *f* [met]
**weldable** schweißbar [met]
**weld all around** umlaufende Naht *f* (Schweißnaht) [met]
**weld deposit** Schweißgut *n* [met]
**weld displacement** wandern *v* (von Schweißnähten) [met]
**welded** geschweißt [met]
**welded-in stub** Einschweißnippel *m* [met]; Schweißnippel *m* [met]
**welded oil-tight** öldicht geschweißt [met]
**welded on** angeschweißt [wer]
**welded-on flange** Vorschweißflansch *m* [mas]
**welded-stub connection** Einschweißnippel *m* [met]
**welder** Handschweißer *m* [met]
**welder, certified -** geprüfter Handschweißer *m* [met]; geprüfter Schweißer *m* [met]

**welder's gloves** Schweißerhandschuhe *pl* (3-Finger-Handschuh) [met]
**welder's helmet** Schweißerhelm *m* (mit Athermalglas) [met]
**welder's test** Schweißprüfung *f* [met]
**weld-in bush** Einschweißbuchse *f* [met]
**welding** Schweißtechnik *f* [met]; Schweißarbeiten *pl* [met]
**welding apparatus** Schweißgerät *n* [met]
**welding bead** Raupe *f* (Schweißnaht) [met]; Schweißnaht *f* [met]; Schweißwulst *f* [met]
**welding beads** Schweißperlen *pl* [met]
**welding calliper** Schweißlehre *f* [met]
**welding certificate** Schweißbescheinigung *f* [met]; Schweißprüfbescheinigung *f* [met]
**welding circuit** Schweißstromkreis *m* [elt]
**welding converter** Schweißumformer *m* [elt]
**welding crack** Schweißriss *m* [met]
**welding cracked** Schweißung gerissen *f* [met]
**welding current** Schweißstrom *m* [elt]
**welding, defective -** mangelhafte Schweißung *f* [met]
**welding design** Schweißkonstruktion *f* [mas]
**welding edge** Schweißkante *f* [met]
**welding electrode** Schweißelektrode *f* [met]
**welding filler** Schweißzusatzwerkstoff *m* [met]
**welding fixture** Schweißvorrichtung *f* [mas]
**welding flux** Schweißpulver *n* [met]
**welding generator** Schweißstromgenerator *m* [elt]

**welding goggles** Schweißerschutzbrille *f* [met]
**welding instruction** Schweißanweisung *f* (Schweißvorschrift) [met]; Schweißvorschrift *f* [met]
**welding manipulator** Schweißdrehtisch *m* [met]
**welding neck flange** Vorschweißflansch *m* [mas]
**welding nut** Schweißmutter *f* (auf Blech aufgeschweißt) [mas]
**welding of rails** Schienenschweißung *f* [met]
**welding operator** Maschinenschweißer *m* [met]
**welding parameter** Schweißausstattung *f* [met]
**welding pass** Schweißlage *f* (erste Schweißlage) [met]
**welding position** Schweißposition *f* (z.B. waagerecht) [met]
**welding positioner** Schweißdrehtisch *m* [met]
**welding procedure** Schweißverfahren *n* (Hunderte bekannt) [met]
**welding procedure specification** Schweißverfahrensrichtlinie *f* [met]
**welding process** Schweißvorgang *m* (während des Schweißvorganges) [met]
**welding rod** Schweißelektrode *f* [met]; Schweißdraht *m* [met]; Schweißstab *m* [met]
**welding seam** Schweißnaht *f* [met]; Schweißnaht *f* (Schweißverbindung) [met]
**welding-seam gauge** Schweißnahtlehre *f* [met]
**welding seam image converter** Schweißnahtbildgerät *n* [met]
**welding sequence** Schweißfolge *f* [met]
**welding set** Schweißgerät *n* [met]

**welding shop** Schweißerei *f* [met]
**welding splatter** Schweißspritzer *m* [met]
**welding splatter, covered-over -** überdeckte Schweißspritzer *pl* [met]
**welding stress** Schweißspannung *f* [met]
**welding supervisor** Schweißaufsicht *f* [met]; Schweißkontrolleur *m* [met]
**welding template** Schweißschablone *f* [met]
**welding torch** Schweißbrenner *m* [met]
**welding torsion** Schweißspannung *f* [met]
**welding transformer** Schweißtransformator *m* [elt]
**welding voltage** Schweißspannung *f* [elt]
**welding wire** Schweißdraht *m* [met]
**welding with pressure** Pressschweißen *n* (DIN 1910) [met]
**weld inspection** Schweißnahtprüfung *f* [met]
**weld junction** Übergangszone *f* (Blech zu Blech) [met]
**weldment** Schweißkonstruktion *f* (Schweißteil) [met]; Schweißteil *n* (Schweißkonstruktion) [met]
**weld metal** Schweißgut *n* [met]
**weld nugget diameter** Linsendurchmesser *m* (beim Schweißen) [met]
**weld position** Schweißlage *f* (Position) [met]
**weld reinforcement** Nahtüberhöhung *f* [met]
**weld seam** Schweißnaht *f* (z.B. DIN 1912 und andere) [met]
**weld seam testing equipment** Schweißnahtprüfanlage *f* [met]
**weld sensor** Schweißnahtabtaster *m* (mechanisch) [met]
**weld shape** Nahtform *f* [met]

**weld smoke** Schweißrauch *m* [met]
**weld testing installation** Schweißnahtprüfanlage *f* [met]
**weld through** durchschweißen *v* [met]
**weld waterproof** wasserdicht schweißen [met]
**weld with full penetration** durchschweißen *v* [met]
**well** Rundschacht *m* (Brunnen) [bau]
**well-balanced** ausgewogen
**well-base rim** Tiefbettfelge *f* [mot]
**well capacity** Brunnenleistung *f* [was]
**well drilling** Brunnenbohren *n* [bau]
**well grab** Schachtgreifer *m* [mbt]
**well making** Brunnenbau *m* [bau]
**well shaft** Brunnenschacht *m* [bau]
**well-type furnace** Brunnenfeuerung *f* [pow]
**well-wagon** Tiefladewagen *m* (mit tiefem Bett) [mot]
**wellway railing** Schachtgeländer *n* (oberstes Stockwerk) [mbt]
**wet** nässen
**wet** nass machen *v*
**wet air cleaner** Nassluftfilter *m* [mot]
**wet bottom boiler** Schmelzkessel *m* [pow]
**wet-bottom boiler** Staubfeuerung mit flüssiger Entaschung *f* [pow]
**wet bottom furnace** Feuerung mit flüssiger Entaschung *f* [pow]
**wet brake** Nassbremse *f* (statt Scheibenbremse) [mot]
**wet brake system** Nassbremssystem *n* [mot]
**wet-bulb temperature** Verdunstungstemperatur *f* [msr]
**wet-bulb thermometer** Verdunstungsthermometer *n* [msr]
**wet multi-disk brake** Nasslamellenbremse *f* [mot]
**wet run** Nasslauf *m* (der Lamellenbremse) [mot]

**wet steam** Nassdampf *m* [pow]
**wetting** benetzend (nässend) [wer]
**wetting agent** Benetzungsmittel *n* [mas]
**wet type dust collector** Nassentstauber *m* [pow]
**wet-type master clutch** Ölhauptkupplung *f* [mas]
**whattle** Flechtwerk *n* [bau]
**wheel** Rolle *f* (Rad) [mas]; Walze *f* (Rad) [mot]
**wheel arrangement** Achsfolge *f* (Lokomotive) [mas]; Radanordnung *f* [mot]
**wheel assembly** Scheibenrad *n* [mas]
**wheel balance** auswuchten *v* (statisch und dynamisch) [mot]
**wheel barrow** Schiebekarre *f* (Schubkarre) [bau]
**wheelbase** Achsabstand *m* (Abstand Vorder- zu Hinterrad) [con]; Achsstand *m* [con]; Radsatzabstand *m* [mot]; Radstand *m* [mot]
**wheel bearing** Radlager *n* [mot]
**wheel body** Radscheibe *f* (des Waggons) [mot]
**wheel boss** Radnabe *f* (bei der Bahn) [mot]
**wheel brake** Radbremse *f* [mot]
**wheel brake, rear -** Hinterradbremse *f* [mot]
**wheel cambering** Radsturz *m* [mot]
**wheel castor** Radvorlauf *m* [mot]
**wheel centre** Radkörper *m* (Nabe) [mot]
**wheelchair** Rollstuhl *m* (für Körperbehinderte) [hum]
**wheel chock** Unterlegkeil *m* (für Kfz) [mot]
**wheel cylinder** Radbremszylinder *m* [mot]; Radzylinder *m* [mot]
**wheel diameter** Raddurchmesser *m* [mot]
**wheel disc** Radscheibe *f* [mot]

**wheel disc brake** Radscheibenbremse *f* [mot]
**wheel disc, double-dished -** zweifach gewellte Radscheibe *f* [mot]
**wheel drive** Radantrieb *m* [mot]
**wheel, driving -** treibendes Kettenrad *n* [mas]
**wheeled dozer** Radplaniergerät *n* [mot]
**wheeled excavator** Mobilbagger *m* (Bagger auf Rädern) [mbt]
**wheeled hydraulic excavator** Mobilhydraulikbagger *m* [mbt]
**wheeled loader** Radlader *m* [mot]
**wheeled vehicle** Räderfahrzeug *n* [mot]
**wheel flange** Spurkranz *m* (führt Eisenbahnrad) [mot]
**wheel, free -** Freilauf *m* (Räder, Getriebe) [mot]
**wheel hub** Radnabe *f* [mot]
**wheel lathe** Radsatzdrehbank *f* (z.B. bei der Bahn) [mas]; Radsatzdrehmaschine *f* (z.B. bei der Bahn) [mas]
**wheel lean** Radsturz *m* (beim Grader) [mot]
**wheel lean adjusting** Radsturzverstellung *f* [mot]
**wheel load** Radlast *f* (wird oder kann getragen werden) [mot]
**wheel loader** Radlader *m* [mot]
**wheel-mounted front-end loader** Radlader *m* [mot]
**wheel mounting bolt** Radbefestigungsbolzen *m* [mot]
**wheel mounting nut** Radbefestigungsmutter *f* [mot]
**wheel nut** Radmutter *f* [mot]
**wheel-nut pin** Radmutterbolzen *m* [mot]
**wheel press** Radsatzpresse *f* [mot]
**wheel profile** Radprofil *n* (des Eisenbahnrades) [mot]

**wheel puller**  Radabzieher *m* [mot]
**wheel rake**  Sturz *m* (der Räder) [mot]
**wheel, rear -**  Hinterrad *n* [mot]
**wheel reclaimer**
  Schaufelradaufnahmegerät *n* [mbt]
**wheel resistant welding**
  rollschweißen *v* [met]
**wheel rim**  Radfelge *f* [mot];
  Felgenkranz *m* [mot]; Radkranz *m*
  (läuft auf Schiene) [mot]
**wheel rim with tyre**  Radkranz *m* (mit Reifen) [mot]
**wheels and tyres**  Räder und Bereifung *pl* [mot]
**wheel seat**  Nabensitz *m* [mot]
**wheel set**  Radsatz *m* (der Bahn) [mot]
**wheel set bearing**  Achslager *n* (des Waggons) [mas]; Radsatzlager *n* [mot]
**wheel set capacity**  Radsatzlast *f* [mot]
**wheel set load**  Radsatzlast *f* [mot]
**wheel set pump**  Radsatzpumpe *f* [mot]
**wheel set shaft**  Radsatzwelle *f* [mot]
**wheel set test assembly**
  Radsatzprüfstand *m* [mot]
**wheel-set wheel**  Laufrad *n* (des Waggons) [mot]
**wheel spider**  Radstern *m* [mot]
**wheel spindle**  Achsnabe *f* [mas];
  Hohlachse *f* [mas]; Achsschenkel *m* [mot]
**wheel with tyre**  Rad mit Radreifen *n* (bei der Bahn) [mot]; Reifenrad *n* (bei der Bahn) [mot]
**whet**  wetzen *v* (ein Beil am Wetzstein) [wzg]
**whirl**  Sog *m* (Wasserwirbel) [was]
**whistle**  Pfeife *f* (der Dampflok) [mot]
**whistle**  pfeifen *v* (z.B. Lok, Fabriksignal)
**whistle chain**  Pfeifenzugkette *f* (Dampflok) [mot]

**whistle lever**  Pfeifenzughebel *m* (Dampflok) [mot]
**white aluminium**  weißaluminium (RAL 9006) [nrm]
**white bronze**  Weißmetall *n* [wer]
**white lead**  Bleiweiß *n* [mas]
**white metal lining**  Weißmetalllager *n* [mas]
**white print**  Weißpause *f* [con]
**whitewash**  Kalktünche *f* [bau]
**whitewash**  schlämmen *v* [bau]; weißen *v* [met]
**whitewashed**  gekalkt [bau]
**wick lubrication**  Dochtschmierung *f* [mas]
**wide**  ausgedehnt (weites Land)
**wide-band amplifier**
  Breitbandverstärker *m* [elt]
**wide-band clamp**  Breitbandschelle *f* [mas]
**wide base tire**  Breitfelgenreifen [mot]
**wide base tyre**  Breitreifen *m* [mot]
**wide-body side-discharging car**
  Großraumseitenentladewagen *m* [mot]
**wide-body wagon**  Großraumwagen *m* (für Massengüter) [mot]
**widen**  verbreitern *v* (z.B. Straße) [mot]
**widened**  verbreitert (z.B. Straße) [mot]
**wideness and distance**  Weite *f* (des Landes)
**widening**  Verbreiterung *f* [mot]
**wide tyres**  Breitreifen *m* [mot]
**width**  Weite *f* (eines Gegenstandes) [con]; Umfang *m* (Breite) [con]
**width across corners**  Übereckmaß *n* (der Schraube) [mas]
**width across flats**  Schlüsselweite *f* (der Schraube) [mas]
**width crowning**  Balligkeit *f* [mas]; Breitballigkeit *f* [mas]
**width of belt**  Gurtbreite *f* [mot]
**width of crusher mouth**
  Brechmaulweite *f* (des Brechers) [roh]

**width of grate** Rostbreite *f* [pow]
**width of inner link** Innengliedbreite *f* [mas]
**width of mesh** Maschenweite *f* (Staubsieb) [pow]
**width of mouth** Maulweite *f* (des Brechers) [roh]
**width of sound beam** Schallstrahlbreite *f* [elt]
**width of teeth** Zahnweite *f* [mas]
**width of the cut** Schnittbreite *f* (im Bergbau) [roh]
**width of tooth face** Zahnbreite *f* (Zahnrad) [mas]
**wildwood** Gestrüpp *n* (Unterholz) [bff]
**winch** Winch *f* (Seilwinde Hafen oder Schiff) [mot]; Winde *f* [mot]; Drehstock *m* [mas]
**winch base** Windenträger *m* [mot]
**wind** umwickeln *v* (wickeln um etwas herum)
**wind bracing** Windversteifung *f* (Stahlbau) [bau]
**winder** Fördermaschine *f* (Bergwerk) [roh]; Haspel *f* (Rolle) [mas]
**wind girder** Windträger *m* (Stahlbau) [bau]
**winding** Leitung *f* (Wicklung) [elt]; Spule *f* [elt]; Wicklung *f* [elt]
**winding losses** Wicklungsverluste *pl* [elt]
**winding machine** Wickelautomat *m* (für Ankerwicklung) [elt]
**winding machine, automatic -** schnell laufender Wickelautomat *m* [wzg]
**winding, secondary -** Sekundärspule *f* [elt]
**wind intensity** Windstärke *f* [wet]
**wind load** Windlast *f* [bau]
**window case** Fensterzarge *f* [bau]
**window crank** Fensterkurbel *f* [mot]

**window cross** Fensterkreuz *n* [bau]
**window fittings** Fensterbeschläge *m* [mas]
**window flap** klappbares Einsichtsfenster *n* [mas]
**window frame** Fensterrahmen *m* (Auto) [mot]
**window gasket** Fensterdichtung *f* [bau]
**window gas strut** Gasdruckfeder *f* [mot]
**window grill** Fenstergitter *n* [bau]
**window head** Fenstersturz *m* [bau]
**window lifter** Fensterheber *m* [mot]
**window lifter rail** Fensterheberschiene *f* [mot]
**window lintel** Fenstersturz *m* [bau]
**window management** Fensterverwaltung *f* [edv]
**window pane** Fensterscheibe *f* [bau]
**window rail seal** Fensterabdichtschiene *f* [mot]
**window, rear -** Heckfenster *n* [mot]; Rückfenster *n* [mot]; Rückwandfenster *n* [mot]
**window sill** Fensterbrüstung *f* [bau]; Fenstersims *m* [bau]
**window strip** Klemmprofil *n* [mot]
**window washer** Scheibenwaschanlage *f* [mot]
**wind power** Windkraft *f* (z.B. Sturm oder Kraftwerk) [wet]
**wind power station** Windkraftwerk *n* [pow]
**wind pressure** Winddruck *m* (Wirkung auf Bauwerke) [bau]
**wind resistance** Luftwiderstand *m* [air]
**windrow spreader** Randstreifenverteiler *m* [mbt]
**windscreen** Frontscheibe *f* (am Auto) [mot]; Windschutzscheibe *f* [mot]
**windscreen frame** Windschutzscheibenrahmen *m* [mot]

**windscreen washer** Scheibenwaschanlage *f* [mot]
**windscreen wiper** Scheibenwischer *m* [mot]
**windshield** Frontscheibe *f* (am Auto) [mot]; Windschutzscheibe *f* [mot]
**windshield wiper** Scheibenwischer *m* [mot]
**wind speed** Windgeschwindigkeit *f* [wet]
**wine red** weinrot (RAL 3005) [nrm]
**wing** Schwinge *f* (Flügel) [mot]; Anbau *m* (am Haus) [bau]; Kotflügel *m* [mot]
**wing bolt** Flügelschraube *f* [mas]
**wing lamp** Kotflügelleuchte *f* [mot]
**wing nut** Flügelmutter *f* [mas]
**wing screw** Flügelschraube *f* [mas]
**wing stay** Kotflügelstütze *f* [mot]
**wing tank** Seitentank *m* (z.B. im Flugzeug) [mot]
**winter application** Wintereinsatz *m* (Arbeit, Militär)
**winter operation** Winterbetrieb *m* [pow]
**winze** Blindschacht *m* [roh]
**wiper** Kontaktbürste *f* [elt]; Schleifkontakt *m* [elt]; Wischer *m* (Scheibenwischer) [mot]
**wiper arm** Wischarm *m* [mot]; Wischerarm *m* (Scheibenwischer) [mot]
**wiper blade** Wischarm *m* [mot]; Wischblatt *n* [mot]
**wiper motor** Wischermotor *m* [elt]
**wiper ring** Abstreifring *m* [mot]
**wiper, vertical -** Parallelscheibenwischer *m* [mot]
**wiper width** Wischerbreite *f* (Scheibenwischer) [mot]
**wiping contact** Gleitkontakt *m* [elt]
**wiping seal** Abstreifring *m* [mot]
**wire** Ader *f* (Draht); Leitung *f* (Strom-) [elt]

**wire** verdrahten *v* [elt]
**wire adaptor** Leitungsanschlussstück *n* [elt]
**wire break** Leitungsbruch *m* [elt]
**wire cloth** Drahtgewebe *n* [wer]
**wire cross-section** Leitungsquerschnitt *m* [elt]
**wire cutter** Drahtschneider *m* [wzg]
**wire cutters** Drahtschere *f* [wzg]
**wired** verdrahtet [elt]; verkabelt [elt]
**wired circuit board** Leiterplatte *f* (z.B. Platine) [elt]
**wire diameter** Drahtdurchmesser *m* [mas]
**wire drawing** Drahtziehen *n* [mas]
**wire electrode, bare -** nackte Elektrode *f* (Schweißen) [wer]
**wire fabric** Baustahlgewebe *n* [wer]
**wire fastener connecting link** Drahtverschlussglied *n* [mas]
**wire fuse, open -** offene Sicherung *f* [elt]
**wire gauge** Drahtlehre *f* [mas]
**wire guard** Drahtgitter *n* [mas]
**wire, hard-drawn -** federhart gezogener Draht *m* [met]
**wire holder** Schelle *f* [elt]
**wire injection equipment** Drahteinspulmaschine *f* [mas]
**wire leaf spring** Drahtformfeder *f* [mas]
**wire mesh** Maschendraht *m* [bau]; Drahtgeflecht *n* [mas]
**wire-mesh fence** Maschendrahtzaun *m* [bau]
**wire mesh mattress** Isoliermatte mit Drahtgeflecht *f* [pow]
**wire nail with extra large head** Breitkopfstift *m* [mas]
**wire race bearing** Drehwälzlager *n* [mot]
**wire-race bearing** Drahtwälzlager *n* [mas]
**wire rod** Walzdraht *m* [mas]

**wire rope** Seilzug *m* [mot]; Drahtseil *n* [mas]; Kabel *n* (auch Drahtseil) [mas]
**wire spiral warp** Schlauch mit Scheuerschutz *m* [mas]
**wire-spoked wheel** Drahtspeichenrad *n* [mot]
**wire strand** Drahtader *f* [elt]; Drahtlitze *f* [elt]
**wire termination** Kabelanschluss *m* [elt]
**wire testing** Drahtprüfung *f* [msr]
**wire travel, mechanical -** Drahtvorschubeinrichtung *f* [mas]
**wiring** Leitung *f* [elt]; Verdrahtung *f* [elt]; Verkabelung *f* [elt]; Leitungen *pl* (elektrische -) [elt]
**wiring diagram** Schaltplan *m* [elt]; Verdrahtungsplan *m* [elt]; Schaltbild *n* (elektrisch) [elt]; Schaltschema *n* (elektrisch) [elt]
**wiring harness** Kabelbaum *m* (Kabelbaum) [elt]
**wiring schematic** Schaltplan *m* [elt]
**wiring symbol** Schaltzeichen *n* [elt]
**wish-wash interval** Wisch-Waschintervall *n* (Waschanlage) [mot]
**withdraw** abziehen *v* (Material entnehmen)
**withdrawal** Anzapfung *f*; Ausmusterung *f* (der alten Dampflok); Materialentnahme *f*; Rücksaugung *f* [pow]
**wither** welken *v* (verwelken, z.B. Pflanzen) [bff]
**withered** verwelkt [bff]
**withstand** verkraften *v* (aushalten, ertragen)
**witness** zusehen *v* (bei Unfall)
**witnessed and approved** bezeugt und anerkannt [jur]
**wobble** Axialschlag *m* (eines Wälzlagers) [mas]; Seitenschlag *m* (z.B. des Schwungrades) [mas]

**wobble** flattern *v* (der Räder) [mot]
**wobble plate** Taumelscheibe *f* [mas]
**wobble rack** Taumelständer *m* [mas]
**wobbling disc** Taumelscheibe *f* [mas]
**wooden beam** Holzbalken *m* [bau]; Holzträger *m* [bau]
**wooden girder** Holzträger *m* [bau]
**wooden sleeper** Holzschwelle *f* (der Bahn (B)) [mot]
**wooden tie** Holzschwelle *f* (der Bahn (A)) [mot]
**wood, long -** Langholz *n* [wer]
**wood pulp board** Holzpappe *f* (Zellstoffpappe) [wer]
**woodruff key** Scheibenfeder *f* [mas]
**wood screw** Holzschraube *f* [mas]
**wood shavings** Sägespäne *pl* [rec]
**wood window** Holzfenster *n* [bau]
**wording** Text *m* (Wortlaut)
**work** Arbeit *f*; Arbeitsplatz *m* (Stellung, Anstellung); Arbeitsstück *n* (Werkstück) [met]; Bauwerk *n* [bau]
**workability** Verarbeitbarkeit *f* [bau]
**work arm** Lastarm *m* (Hebel) [mas]
**workbench** Werkbank *f* (Teil des Arbeitsbereichs) [mas]
**work certificate** Zeugnis *n* (Arbeitsbescheinigung) [eco]
**work commenced** begonnene Arbeit *f*
**work-creation program** Arbeitsbeschaffungsmaßnahme *f*
**work drawing** Gebäudezeichnung *f* [con]
**work, during -** bei der Arbeit
**work experience** Praktikum *n* (z.B. 3 Wochen in Schulzeit)
**work force** Arbeitskräfte *pl*
**work function** Austrittsarbeit *f* (Arbeitsfunktion)
**working** arbeitend (funktionierend) [met]
**working** Bearbeitung *f* [met]
**working aisle** Arbeitsgang *m* (in der Lagerhalle) [met]

**working area** Arbeitsbereich *m* (in der Werkshalle) [met]
**working-area** Arbeitsfläche *f*
**working condition** Arbeitsbedingung *f* [met]; Betriebsbedingung *f* [pow]
**working condition, in proper -** funktionsfähig
**working current** Arbeitsstrom *m* [elt]; Betriebsstrom *m* [elt]
**working cycle** Arbeitsspiel *n* [mas]
**working drawing** Arbeitszeichnung *f*; Ausführungszeichnung *f* [con]
**working electrode** Arbeitselektrode *f* [elt]
**working fluid** Arbeitsmedium *n* [wer]
**working hour** Arbeitsstunde *f*
**working hours and shift schedules** Arbeitszeitmanagement *n*
**working length** Nutzlänge *f* [mot]
**working level** Sohle *f* (im Bergwerk) [roh]
**working-life** Arbeitsleben *n*
**working light** Anbauscheinwerfer *m* [mot]
**working load** Gebrauchslast *f* [bau]; Nutzlast *f* [mot]; Schwungmasse *f* [mas]
**working material regulation** Arbeitsstoffverordnung *f* [jur]
**working medium** Arbeitsmedium *n* [wer]
**working motion** Arbeitsbewegung *f*
**working on shoulders** Bankettbearbeitung *f* [mbt]
**working platform** Arbeitsbühne *f*
**working position** Anstellbewegung *f*; Arbeitsstellung *f* [mas]
**working pressure** Arbeitsdruck *m* (Betriebsdruck) [pow]; Betriebsdruck *m* (Arbeitsdruck) [mot]; Trommeldruck *m* [pow]
**working property** Formbarkeit *f* [mas]
**working-range** Arbeitszone *f*
**working resistance** Arbeitswiderstand *m* [elt]
**working schedule** Arbeitsprogramm *n* [met]
**working sequence** Arbeitskette *f* (Arbeitsablauf) [met]
**working service** Lebensdauer *f*
**working site** Arbeitsstelle *f* [met]; Montagestelle *f* (Baustelle) [bau]
**working-site illumination kit** Signalmittelsatz *m* [mot]
**working-slope** Arbeitsböschung *f* [mbt]
**working speed** Arbeitsgeschwindigkeit *f* [met]
**working stroke** Arbeitshub *m* [mot]; Arbeitshub *m* (des Kolbens im Zylinder) [mot]
**working time** Arbeitszeit *f*
**working tool** Arbeitswerkzeug *n* [wzg]
**working voltage** Arbeitsspannung *f* [elt]; Betriebsspannung *f* [elt]
**working width** Arbeitsbreite *f*
**working with full strength** voller Arbeitseinsatz *m*
**work in the field** praktische Arbeit *f* (in der Praxis)
**work items** Positionen *pl* [bau]
**work life** Arbeitsleben *n*
**workman** Arbeiter *m*
**workmanlike** fachgerecht (-Reparatur)
**workmanship** Bauleistung *f* (Ausführung, Arbeit) [bau]; handwerkliche Leistung *f*; Werkstattarbeit *f* (gute Qualität) [mas]
**workmen's compensation** Arbeiterunfallversicherung *f* [jur]
**work of emission** Austrittsarbeit *f* (Emissionsarbeit) [pow]
**work on** bearbeiten *v* (körperlich daran arbeiten) [met]
**work order number** Arbeitsauftragsnummer *f* [eco]

**workpiece** Werkstück *n* (an dem gearbeitet wird) [mas]
**work planning** Arbeitsvorbereitung *f* [met]
**work point** Arbeitspunkt *m* (Bauteil) [mas]
**work running** laufende Arbeiten *pl*
**works** Werk *n* (z.B. ab Werk) [met]
**workshop** Betrieb *m* (Werkstatt) [eco]; Werk *n* [eco]
**workshop assembly** Werkstattzusammenbau *m* [met]
**workshop drawing** Konstruktionszeichnung *f* [con]; Werkstattzeichnung *f* [con]
**workshop equipment** Werkstatteinrichtung *f* [con]
**workshop manager** Werkstattleiter *m* (Betriebsleiter) [met]
**workshop manual** Werkstatthandbuch *n* [met]
**works manager** Betriebsleiter *m* (Werksleiter) [met]
**works railway** Werksbahn *f* (in großer Fabrik) [mot]
**workstation** Arbeitsplatzrechner *m* [edv]
**work stoppage** Arbeitsunterbrechung *f*; Unterbrechung *f* [met]
**work time** Arbeitszeit *f* (am Tag)
**work-time bonus** Arbeitszeitguthaben *n*
**work together** zusammenwirken *v*
**worldwide coverage** Weltdeckung *f* (Versicherung mit Weltdeckung) [jur]
**worm and sector steering device** Lenkvorrichtung mit Schnecke *f* [mot]
**worm crown gear** Schneckenradkranz *m* [mas]
**worm drive** Schneckenantrieb *m* [mot]; Schneckentrieb *m* [mot]
**worm-drive gear unit** Schneckengetriebe *n* [mot]
**worm drive hose clip** Schneckengewindeschelle *f* [mot]
**worm gear** Schneckentrieb *m* (Schneckenantrieb) [mas]; Schneckengetriebe *n* [mot]; Schneckenrad *n* [mas]
**worm gear drive** Schneckenantrieb *m* [mot]
**worm gear hub** Schneckenradnabe *f* [mot]
**worm gearing** Schneckengetriebe *n* [mot]
**worm gear shaft** Schneckenwelle *f* [mot]
**worm shaft** Schneckenwelle *f* [mas]
**worm thread** Schneckengewinde *n* [mot]
**worm type feeder** Schneckenförderer *m* [pow]
**worm wheel** Schneckenrad *n* [mas]
**worm wheel rim** Schneckenradkranz *m* [mot]
**worn** ausgeschlagen [mas]; kaputt (durch langen Gebrauch) [mas]; verschlissen (abgenutzt) [mas]
**worth the trial** den Versuch wert
**wrapped** umhüllt (verpackt); verpackt
**wrapping** Verpackung *f* (in Papier)
**wreck** Schiffswrack *n* (markiert durch Boje) [mot]
**wreck** abbrechen *v* (Gebäude) [bau]
**wrecker crane** Abschleppfahrzeug *f* (mit Kran) [mot]; Abschleppkran *m* (Fahrzeug mit Kran) [mot]
**wrecking** Abbrucharbeit *f* [bau]; Abriss *m* (Bauwerk) [bau]
**wrench** Schraubenschlüssel *m* (Schlüssel) [wzg]; Spannschlüssel *m* [wzg]
**wrench, adjustable -** verstellbarer Schlüssel *m* [wzg]
**wrench head bolt** Sechskantschraube *f* [mas]

**wrinkles** Krähenfüße *pl* (Schweißen) [hum]
**wrist** Handgelenk *n* [hum]
**writing speed**
 Schreibgeschwindigkeit *f* [edv]
**wrought iron** Schweißstahl *m* [mas];
 Schmiedeeisen *n* [mas];
 Schweißeisen *n* [mas]
**wye** Gleisdreieck *n* (Y-förmig) [mot]

## X

**X-axis** X-Achse *f* [elt]
**X-cut** X-Schnitt *m* [elt]
**X-rayed** geröntgt (durchleuchtet) [wer]
**X-ray examination** Röntgenprüfung *f* [msr]
**X-ray material testing** Röntgenstrahl-Materialprüfung *f* [met]
**x-y recorder** x-y-Schreiber *m* [elt]

## Y

**yard** Garten *m* (um Haus) [bff]
**yardstick** Schmiege *f* (Gliedermaßstab) [msr]; Gliedermaßstab *m* (Zollstock) [msr]; Klappmaßstab *m* (Zollstock, Schmiege) [msr]; Zollstock *m* (Schmiege, Gliedermaßstab) [msr]
**Y-connected** sterngeschaltet (Motor) [elt]
**Y-connection** Sternschaltung *f* (Motor) [elt]
**Y-cut quartz** Y-Quarz *m* (Ankopplung) [elt]
**Y-delta connection** Sterndreieckschaltung *f* [elt]
**year of erection** Baujahr *n* (des Hauses, der Anlage) [bau]
**year of make** Baujahr *n* (des Baggers, der Maschine)
**year of manufacture** Herstellungsjahr *n*
**year of one's life** Lebensjahr *n*
**yellow** gelb (Farbton, z.B. RAL 1006, maisgelb) [nrm]
**yellowed** vergilbt
**yellow green** gelbgrün (RAL 6018) [nrm]
**yellow grey** gelbgrau (RAL 7034) [nrm]
**yellow olive** gelboliv (RAL 6014) [nrm]
**yellow orange** gelborange (RAL 2000) [nrm]
**yield point** Elastizitätsgrenze *f* [wer]; Fließgrenze *f* [mas]; Streckgrenze *f* [wer]
**yield strength** Streckgrenze *f* (rechnerischer Wert) [con]
**yield stress** Streckspannung *f* [wer]
**Y-jet burner** Y-Brenner *m* [pow]
**Y-jet type oil burner** Y-Brenner *m* [pow]
**yoke** Ablenkspule *f* (Bildröhre) [elt]; Kreuzkopf *m* [mas]; Ausrückjoch *n* (Maschinen-, Fahrzeugteil) [mas]; Drainagelöffellager *n* [mas]; Greiferlager *n* [mbt]; Joch *n* (Lager, Halter) [mas]; Magnetjoch *n* [elt]; Tragjoch *n* (z.B. Greiferlager) [mot]
**yoke of catenary wire** Oberleitungsjoch *n* [mot]
**Y-voltage** Sternspannung *f* [elt]

# Z

**Z-bar** Z-Stahl *m* [wer]
**Z-clamp** Spannplatte *f* [mas]
**Zener breakdown** Zener-Durchbruch *m* [elt]
**Zener diode** Zener-Diode *f* [elt]
**zero** Nullstelle *f* [mat]
**zero adjuster** Nulllinieneinsteller *m* [msr]
**zero conductor** neutraler Leiter *m* [elt]; Nullleiter *m* [elt]
**zero crossing** Nulldurchgang *m* [edv]
**zero-energy house** Nullenergiehaus *n* [bau]
**zero line** Nulllinie *f* [mat]
**zero position** Nullstellung *f* [mot]
**zero shift** Nullpunktverschiebung *f* [msr]; Nullpunktwanderung *f* [msr]
**zero wire** Mittelleiter *m* [elt]; Nullleiter *m* [elt]
**zig-zag path** Zickzackverlauf *m* [elt]
**zinc-air cell** Zink-Luft-Zelle *f* (Batterie) [elt]
**zinc alloys** Zink-Basislegierungen *f* [wer]
**zinc battery** Zinkbatterie *f* [elt]
**zinc coating** Zinkauflage *f* (Beschichtung) [met]
**zinc dust** Zinkstaub *m* (wird von Wasser attackiert) [roh]
**zinc-plated** verzinkt [met]
**zinc-rich** zinkreich (viel Zink enthalten) [wer]
**zinc yellow** zinkgelb (RAL 1018) [nrm]
**zone, dead -** tote Zone *f*
**zone, neutral -** neutrale Zone *f* (eines Biegeteils) [wer]
**zone of compression** Druckzone *f* [bau]
**zone of penetration** Einbrandzone *f* (Schweißnaht) [met]
**zone of transition** Übergangszone *f* [wer]

# Sprachtransporter.

Das Wörterbuch fasst die Fachterminologie sämtlicher Kernfelder der Logistik mit über 90.000 Einträgen je Sprachrichtung auf aktuellem Stand zusammen.

Walter und Cory Benz
Dieter Wessels
**Wörterbuch Logistik**
Band 1: Deutsch-Englisch

804 Seiten, Festeinband
ISBN 3-464-49436-5

Walter und Cory Benz
Dieter Wessels
**Wörterbuch Logistik**
Band 2: Englisch-Deutsch

890 Seiten, Festeinband
ISBN 3-464-49437-3

Ein unentbehrliches Nachschlagewerk für Übersetzer und alle, die sich in den Bereichen Wirtschaft, Handel, Transport und Verkehr mit Fragen der Logistik befassen.

---

Weitere Informationen zum Programm
im Buchhandel, direkt beim Verlag oder
im Internet.

Cornelsen Verlag
14328 Berlin
www.cornelsen.de

# Just look (it) up!

**Up-to-date and professional**

Das Standardwerk für Wirtschaftsenglisch von Hamblock/Wessels – in der komplett überarbeiteten und aktualisierten 6. Auflage der Handausgabe. Mit bewährt nutzerfreundlichem Konzept: zusätzliche Kollokationen, Idioms und Erläuterungen zu Grammatik, Übersetzungskontext und Fachgebiet.
Ein unentbehrliches Nachschlagewerk für alle, die beruflich in *Business English* kommunizieren.

D. Hamblock / D. Wessels
**Wörterbuch Wirtschaftsenglisch**
Dt.-Engl./Engl.-Dt.

6., aktualisierte und erweiterte Auflage
1060 Seiten, Festeinband
ISBN 3-464-49462-4

Weitere Informationen zum Programm im Buchhandel, direkt beim Verlag oder im Internet.

Cornelsen Verlag
14328 Berlin
www.cornelsen.de

# Verschenk ein paar Stunden Wissensdurst!

Bücher sind die idealen Geschenke, denn sie bieten Seite für Seite: Wissen oder Einsicht, Erkenntnis oder Klugheit, Scharfsinn oder Weisheit.

**Bücher**
Zeit für dich.
www.branchenwerbung-buch.de